Tremml/Karger/Luber
Der Amtshaftungsprozess

Der Amtshaftungsprozess

Amtshaftung · Notarhaftung · Europarecht

von

Dr. Bernd Tremml, M.C.J.
Rechtsanwalt und Fachanwalt für Verwaltungsrecht
in München

Dr. Michaal Karger
Rechtsanwalt und Fachanwalt für Verwaltungsrecht
und Informationstechnologie in München

und

Dr. Michael Luber, LL.M.Eur.
Referent im Bayerischen Staatsministerium der Finanzen

4., neu bearbeitete Auflage

Verlag Franz Vahlen München 2013

www.vahlen.de

ISBN 978 3 8006 4701 9

© 2013 Verlag Franz Vahlen GmbH
Wilhelmstraße 9, 80801 München
Druck: Nomos Verlagsgesellschaft mbH & Co. KG
In den Lissen 12, 76547 Sinzheim

Satz: Druckerei C. H. Beck Nördlingen

Umschlaggestaltung: Martina Busch, Grafikdesign, Homburg Kirrberg

Gedruckt auf säurefreiem, alterungsbeständigem Papier
(hergestellt aus chlorfrei gebleichtem Zellstoff)

Vorwort zur 4. Auflage

Der Grundrechtekatalog des Grundgesetzes, die Rechtsweggarantie des Art. 19 Abs. 4 GG und das Rechtsstaatsprinzip garantieren, dass staatliches Unrecht nicht hingenommen werden muss, sondern umfassend beseitigt werden kann. Es gibt allerdings zahllose Konstellationen, in denen das staatliche Handeln zu einem Schaden geführt hat, noch bevor es rückgängig gemacht werden konnte, etwa bei der Verletzung von Verkehrssicherungspflichten und der Verzögerung von Bauvorhaben durch die öffentliche Hand. Der Schutz des Bürgers vor rechtswidrigem staatlichen Handeln wäre aber unvollständig, wenn die öffentliche Hand diesen von ihr verursachten Schaden nicht ausgleichen müsste. Dies ist die Aufgabe des Amtshaftungsrechts als notwendiger Bestandteil eines umfassenden Rechtsschutzsystems.

Allerdings ist dieses Rechtsschutzsystem nach wie vor lückenhaft, widersprüchlich und ohne systematische Ordnung, nachdem eine umfassende Kodifikation in Form des Staatshaftungsgesetzes scheiterte. Der Gesetzgeber begnügt sich seitdem mit der Normierung von Einzelansprüchen, zuletzt mit dem Entschädigungsanspruch bei überlangen Gerichtsverfahren. Auch die Rechtsprechung trägt zu dem Durcheinander bei, etwa durch die Kreation des im Gesetz nicht geregelten Folgenentschädigungsanspruchs, der bei konsequenter Anwendung in einem unauflösbaren Widerspruch zu den gesetzlich normierten Anspruchsgrundlagen stehen würde. Zusätzliche Probleme ergeben sich aus der Konstruktion der Amtshaftung als übergeleiteter Beamtenhaftung, aus der Überlagerung des deutschen Staatshaftungsrechts durch das europäische Unionsrecht und aus den unterschiedlichen Rechtswegzuweisungen.

Andererseits kann man nicht von einem „dunklen Fleck auf der weißen Weste des Rechtsstaats" sprechen, wie dies Kluth in der F.A.Z. vom 17. November 2011 getan hat. Das Amtshaftungsrecht lässt sich durchaus systematisch erfassen und für die praktische Rechtsanwendung handhabbar machen.

Das vorliegende Werk möchte dazu einen Beitrag leisten, indem es nicht nur die materiell-rechtlichen Anspruchsgrundlagen des Staatshaftungsrechts, sondern auch die Fragen der prozessualen Durchsetzung beleuchtet: Denn in aller Regel setzt die erfolgreiche Geltendmachung eines Staatshaftungsanspruchs die Beschreitung des Klagewegs voraus, da die Vertreter der beklagten Behörden nur in seltenen Ausnahmefällen die Verantwortung für außergerichtliche Vergleiche übernehmen wollen.

Die nunmehr vorliegende vierte Auflage hat wiederum umfangreiche Änderungen und Erweiterungen erfahren, um die gesetzgeberischen Maßnahmen und die Erkenntnisse der Rechtsprechung, teilweise auch in Form von gravierenden Rechtsprechungsänderungen, nachzuzeichnen. Hervorzuheben sind in diesem Zusammenhang der Entschädigungsanspruch bei überlangen Gerichtsverfahren und der weitgehende Haftungswegfall bei rechtswidriger Verweigerung des gemeindlichen Einvernehmens.

Die Autoren bedanken sich für die Mithilfe von Frau Barbara Sandfuchs, Herrn Tobias Christopher Kumpf und Frau Lisa Eberlein bei der Schlussredaktion.

Herr Dr. Michael Karger ist aus dem Kreis der Verfasser ausgeschieden.

Das Buch befindet sich auf dem Stand von Anfang April 2013.

München, im Mai 2013
Dr. Bernd Tremml
Dr. Michael Luber

Inhaltsverzeichnis

Vorwort	V
Abkürzungsverzeichnis	XXIII
Literaturverzeichnis	XXVII

1. Teil. Überblick

1. Kapitel. Einführung	1
2. Kapitel. Die Amtshaftung im System der staatlichen Ersatzleistungen	3
A. Das Recht der staatlichen Ersatzleistungen als „gewachsenes Chaos"	3
I. Haftung für hoheitliches Unrecht	3
II. Ersatzpflicht bei rechtmäßigen hoheitlichen Eingriffen	5
B. Neuere Entwicklungen und Reformbestrebungen	5
I. Reform des Staatshaftungsrechts	5
II. Reform des Systems der Rechtswegzuweisungen	6
III. Staatshaftung in den neuen Bundesländern	7
IV. Entwicklungen im Europarecht	8
1. Staatshaftung für legislatives Unrecht	8
2. Staatshaftung für judikatives Unrecht	8
V. Amtshaftung für gescheiterte Vertragsbeziehungen	9
VI. Amtshaftung für den Einsatz von EDV und IuK-Technologie	9

2. Teil. Die materiellen Erfolgsaussichten eines Amtshaftungsprozesses

3. Kapitel. Der Amtshaftungsanspruch gem. § 839 BGB i.V. m. Art. 34 GG	12
A. Begriff und Struktur der Amtshaftung	12
I. Übergeleitete persönliche Beamtenhaftung	12
II. „Konstruktionsmängel" der Amtshaftung	13
1. Haftungsprivilegierungen	13
2. Verschulden	13
3. Keine Naturalrestitution	14
B. Anspruchsvoraussetzungen	14
I. Ausübung eines öffentlichen Amtes durch einen Amtsträger	14
1. Amtsträger – der haftungsrechtliche Beamtenbegriff	15
2. Öffentliches Amt	18
3. Handeln „in Wahrnehmung" des öffentlichen Amtes	20
II. Verletzung einer drittbezogenen Amtspflicht	21
1. Amtspflicht	21
a) Amtspflicht zum rechtmäßigen Handeln	21
b) Amtspflicht zum zuständigkeitsgemäßen Handeln	22
c) Amtspflicht zur Beachtung des Verfahrensrechts	22
d) Amtspflicht zur fehlerfreien Ermessensausübung	22
e) Amtspflicht zum verhältnismäßigen Handeln	23
f) Amtspflicht zur raschen Sachentscheidung	23
g) Amtspflicht zur Erteilung von richtigen Auskünften, zur Beratung, zur richtigen öffentlichen Bekanntmachung und zur Einhaltung von Zusagen	24
h) Amtspflicht zu konsequentem Verhalten	25
i) Amtspflicht zur Rückgängigmachung von als unzulässig erkannten Maßnahmen	26

2. Drittbezogenheit der verletzten Amtspflicht	26
a) Allgemeine Anforderungen an die Drittbezogenheit	27
b) „Dritter"	27
c) Reichweite der Schutzwirkung einer drittbezogenen Amtspflicht	28
d) Schutzwürdiges Vertrauen als haftungsbegrenzendes Kriterium	29
e) Einzelfragen zur Drittbezogenheit	31
aa) Amtspflichten im Rahmen von Sonderverbindungen	31
bb) Allgemeine Amtspflichten	31
cc) Dienst- und Rechtsaufsicht	31
dd) Betriebs- und Anlagenaufsicht	32
ee) Wirtschaftsaufsicht	32
ff) Legislatives und normatives Unrecht	33
(1) Erlass einer rechtswidrigen Rechtsnorm	33
(2) Legislatives Unterlassen	34
III. Verschulden	35
1. Relevanz der Schuldform	35
a) Vorsatz	36
b) Fahrlässigkeit	36
2. „Objektivierung" des Verschuldens	37
a) Unzureichende Behördenausstattung	37
b) Fehlerhafte Rechtsanwendung	37
IV. Zurechnung des Schadens	39
1. Kausalität	39
2. Einwand des rechtmäßigen Alternativverhaltens	39
3. Schutzzweck der Norm	40
V. Haftungsausschluss und Haftungsbeschränkungen	40
1. Anderweitige Ersatzmöglichkeit, § 839 Abs. 1 Satz 2 BGB	40
a) Allgemeines	40
b) Die anderweitige Ersatzmöglichkeit als „negatives Tatbestandsmerkmal"	41
c) Bestehen einer anderweitigen Ersatzmöglichkeit	41
d) Schuldhafter Verlust einer anderweitigen Ersatzmöglichkeit	43
e) Unanwendbarkeit der Subsidiaritätsklausel: Fallgruppen	43
aa) Ansprüche gegen einen anderen Hoheitsträger	43
bb) Teilnahme am allgemeinen Straßenverkehr	44
cc) Versicherungsansprüche des Geschädigten	44
dd) Entgeltfortzahlungsansprüche	44
2. Richterspruchprivileg, § 839 Abs. 2 Satz 1 BGB	45
a) Spruchrichter	45
b) Urteil in einer Rechtssache	45
c) Straftat	46
d) Ausnahme nach § 839 Abs. 2 Satz 2 BGB	46
3. Schuldhafter Nichtgebrauch eines Rechtsmittels, § 839 Abs. 3 BGB	47
a) Rechtsmittel	47
b) Schuldhafte Nichteinlegung	49
c) Kausalität	49
4. Gesetzlicher Ausschluss der Haftungsüberleitung	50
a) Notarhaftung	50
b) Gebührenbeamte	51
c) Auswärtiger Dienst	51
d) Haftung gegenüber Ausländern	51
e) Dienst- und Arbeitsunfälle	52
VI. Verjährung	52
1. Beginn der Verjährung	52
2. Hemmung der Verjährung durch Rechtsverfolgung	53
3. Hemmung der Verjährung bei Verhandlungen	55
4. Übergangsregelungen	55

C. Rechtsfolgen	56
I. Geldersatz	56
II. Grundsatz der Vorteilsausgleichung	57
III. Maßgeblicher Zeitpunkt für die Feststellung des Schadens	57
IV. Schmerzensgeld und Entschädigung	57
V. Mitverschulden	58
VI. Drittschadensliquidation	59
D. Konkurrenzen	59
4. Kapitel. Weitere Anspruchsgrundlagen bei rechtswidrigem Verwaltungshandeln	**61**
A. Überblick	61
B. Allgemeines Deliktsrecht und verschuldensabhängige Haftung nach dem StVG	61
C. Gefährdungshaftung	61
D. Unmittelbare Staatshaftung in den neuen Bundesländern	63
I. Allgemeines	63
II. Haftungsvoraussetzungen	63
1. Eingriff in ein Rechtsgut	64
2. Schadenszufügung durch Mitarbeiter oder Beauftragte staatlicher oder kommunaler Organe in Ausübung staatlicher Tätigkeit	64
3. Rechtswidrigkeit	65
4. Haftungsbeschränkungen und Haftungsausschluss	66
5. Art und Umfang des Schadensersatzes	66
6. Verjährung	66
7. Anspruchsgegner	67
III. Verhältnis zur Amtshaftung, Konkurrenzen	67
IV. Verfahrensrechtliche Fragen	67
E. Entschädigungsanspruch aus enteignungsgleichem Eingriff	68
I. Anspruchsvoraussetzungen	68
1. Eigentum i. S. d. Art. 14 Abs. 1 GG als Schutzgut	68
2. Rechtswidriger hoheitlicher Eingriff	70
a) Eingriff durch Rechtsakt	70
b) Eingriff durch Realakt	70
c) Eingriff durch „qualifiziertes Unterlassen"	70
d) Rechtswidrigkeit der hoheitlichen Maßnahme	71
e) Allgemeinwohlbezogenheit des Eingriffs	71
3. Unmittelbare Beeinträchtigung	71
4. Verschulden	72
5. Vorrang des Primärrechtsschutzes	72
6. Verjährung	74
7. Erlöschen des Anspruchs	74
II. Entschädigung	75
III. Anspruchsgegner	76
IV. Verhältnis zur Amtshaftung, Konkurrenzen	76
F. Entschädigungsanspruch aus aufopferungsgleichem Eingriff	77
I. Anspruchsvoraussetzungen	77
1. Rechtsgut des Art. 2 GG	77
2. Hoheitlicher Eingriff und Sonderopfer	77
3. Unmittelbare Beeinträchtigung	78
4. Verschulden	78
5. Vorrang des Primärrechtsschutzes	78
6. Verjährung	78
7. Erlöschen des Anspruchs	78
II. Entschädigung	79
III. Anspruchsgegner	79
IV. Verhältnis zur Amtshaftung, Konkurrenzen	79

G. Schadensersatzansprüche aus verwaltungsrechtlichen Schuldverhältnissen 79
   I. Allgemeines 79
      1. Begriff 79
      2. Entsprechende Anwendbarkeit bürgerlich-rechtlicher Vorschriften und Grundsätze 80
      3. Verschulden und Haftungsbeschränkungen 81
      4. Verhältnis zum Amtshaftungsanspruch 82
   II. Einzelne verwaltungsrechtliche Schuldverhältnisse 82
      1. Öffentlich-rechtlicher Vertrag 82
      2. Öffentlich-rechtliche Verwahrung 83
      3. Öffentlich-rechtliche Geschäftsführung ohne Auftrag 83
      4. Öffentlich-rechtliche Benutzungs- und Leistungsverhältnisse 84
      5. Beamtenverhältnis 85
H. Öffentlich-rechtlicher Folgenbeseitigungsanspruch 87
   I. Allgemeines 87
   II. Anspruchsvoraussetzungen 88
      1. Hoheitlicher Eingriff in ein absolutes Recht 88
      2. Rechtswidrigkeit der Beeinträchtigung 89
          a) Beeinträchtigung durch rechtswidrigen VA 89
          b) Beeinträchtigung durch Immissionen 89
          c) Rechtsverletzende Äußerungen von Hoheitsträgern 90
      3. Fortdauer der Beeinträchtigung 90
      4. Kein Ausschluss des Folgenbeseitigungsanspruchs 90
   III. Inhalt und Umfang des Folgenbeseitigungsanspruchs 91
   IV. Verjährung 92
   V. Verhältnis zur Amtshaftung, Konkurrenzen 92
   VI. Prozessuale Durchsetzung 92
K. Sozialrechtlicher Herstellungsanspruch 93
   I. Allgemeines 93
   II. Anspruchsvoraussetzungen 93
      1. Sozialrechtliche Sonderbeziehung 93
      2. Pflichtwidriges Verwaltungshandeln 94
      3. Nachteilige Dispositionen des Betroffenen 94
   III. Inhalt und Umfang des sozialrechtlichen Herstellungsanspruchs 94
   IV. Verhältnis zur Amtshaftung 94
L. Öffentlich-rechtlicher Erstattungsanspruch 95
   I. Allgemeines 95
   II. Anspruchsvoraussetzungen 95
   III. Inhalt und Umfang des Erstattungsanspruchs 96

3. Teil. Die prozessuale Durchsetzung des Amtshaftungsanspruchs

5. Kapitel. Einführung und Überblick 97

6. Kapitel. Die Vorbereitung des Amtshaftungsprozesses 99
A. Durchführung bestimmter Vorverfahren 99
   I. Inanspruchnahme von Primärrechtsschutz 99
      1. Anspruchsausschluss nach § 839 Abs. 3 BGB 99
      2. Hemmung der Verjährung 99
      3. Bindende Entscheidung über Vorfragen des Amtshaftungsprozesses insbesondere durch eine Fortsetzungsfeststellungsklage 100
          a) Überblick 100
          b) Feststellungsinteresse bei der Fortsetzungsfeststellungsklage 101
   II. Durchsetzung einer anderweitigen Ersatzmöglichkeit 103
   III. Verwaltungsbehördliches Vorverfahren 104
   IV. Schlichtungsverfahren 105
B. Begrenzung des Kostenrisikos 106
   I. Rechtsschutzversicherung 106

II. Beantragung von Prozesskostenhilfe	106
III. Vereinbarung eines Erfolgshonorars	106
IV. Beteiligung eines Prozessfinanzierers	107
V. Erhebung einer Teilklage	107
C. Sicherung oder Verbesserung der Beweissituation	108
I. Durchführung eines selbständigen Beweisverfahrens	108
II. Zeugenschaffung	108
D. Musterprozesse	109
E. Beschleunigte Verfahren	109
I. Mahnverfahren	109
II. Urkundenprozess	109

7. Kapitel. Die Zulässigkeit der Amtshaftungsklage ... 110

A. Zulässigkeit des Rechtswegs	110
I. Ordentlicher Rechtsweg, Art. 34 Satz 3 GG	110
II. Aufspaltung des Rechtswegs	111
1. Amtshaftungsanspruch, § 839 BGB i. V. m. Art. 34 GG	111
2. Schadensersatzanspruch aus § 1 StHG DDR	111
3. Öffentlich-rechtliche Gefährdungshaftung	111
4. Entschädigungsanspruch aus enteignungsgleichem Eingriff	111
5. Aufopferungsanspruch	111
6. Rechtsweg für Schadensersatzansprüche aus verwaltungsrechtlichen Schuldverhältnissen	111
a) Gesetzlich eindeutig geregelte Fälle	111
b) Sonstige Fälle	112
7. Öffentlich-rechtlicher Folgenbeseitigungsanspruch	112
8. Sozialrechtlicher Herstellungsanspruch	112
9. Öffentlich-rechtlicher Erstattungsanspruch	112
III. Rechtswegspaltung und rechtswegübergreifende Entscheidungskompetenz nach § 17 Abs. 2 GVG	113
1. Grundsatz der rechtswegüberschreitenden Entscheidungskompetenz	113
2. Vorrang des ordentlichen Rechtswegs bei Amtshaftungsansprüchen	114
B. Sachliche Zuständigkeit	115
C. Örtliche Zuständigkeit	115

8. Kapitel. Die Begründetheit der Amtshaftungsklage ... 117

A. Richtiger Beklagter (Passivlegitimation)	117
B. Klageanträge und Tenorierung	119
C. Bindungswirkung von Behörden- und Gerichtsentscheidungen	120
I. Nachprüfbarkeit von Verwaltungsakten und anderen Rechtshandlungen	120
II. Bindungswirkung von Entscheidungen anderer Gerichte	121
D. Maßgeblicher Zeitpunkt für die Beurteilung der Sach- und Rechtslage	122
E. Maßgeblicher Zeitpunkt für das Fehlen einer anderweitigen Ersatzmöglichkeit i.S. v. § 839 Abs.1 Satz 2 BGB	123

9. Kapitel. Verteilung der Darlegungs- und Beweislast sowie Beweisführung ... 124

A. Beweisführung und Beweisermittlung durch den Geschädigten	124
I. Beibringungsgrundsatz im Amtshaftungsprozess	124
II. Beweisermittlung durch den Geschädigten	124
1. Beweisermittlung im laufenden Amthaftungsprozess	124
2. Beweisermittlung im vorgelagerten Verwaltungsgerichtsprozess	125
a) Aktenvorlage und Akteneinsicht	125
b) Amtsermittlungsgrundsatz	126
3. Beweisermittlung durch Auskunftsansprüche nach den Informationsgesetzen des Bundes und der Länder	126
III. Erleichterungen bei der Beweisführung	126

B. Darlegungs- und Beweislast des Geschädigten 127
  I. Verletzung einer drittbezogenen Amtspflicht 127
    1. Hoheitliche Tätigkeit 127
    2. Verletzung der Amtspflicht 128
  II. Verschulden 128
    1. Grundsatz 128
    2. Beweislastumkehr gem. § 280 Abs. 1 Satz 2, § 286 Abs. 4 BGB 129
    3. Beweislastumkehr durch gesetzliche Schuldvermutungen 130
    4. Unrichtige Gesetzesauslegung oder Rechtsanwendung 131
  III. Schaden 131
    1. Reduziertes Beweismaß gem. § 287 ZPO 132
    2. Beweisaufnahme 132
    3. Beweiserleichterung bei entgangenem Gewinn 133
    4. Beweissicherungspflichten des Amtsträgers 134
  IV. Ursächlichkeit der Amtspflichtverletzung für den Schaden 135
    1. Beweiserleichterungen nach § 287 ZPO 135
    2. Tatsächliche Vermutung 136
    3. Amtspflichtverletzung durch Unterlassen 137
  V. Fehlen einer anderweitigen Ersatzmöglichkeit bei fahrlässiger
     Amtspflichtverletzung 138
    1. Bestehender Ersatzanspruch gegen Drittschädiger 138
    2. Durchsetzbarkeit des Ersatzanspruchs gegenüber dem Drittschädiger 139
  VI. Richterspruchprivileg, § 839 Abs. 2 BGB 139
C. Darlegungs- und Beweislast des Beklagten 139
  I. Einwendungstatbestände 139
    1. Ausschluss der Widerrechtlichkeit 140
    2. Höhere Gewalt im Straßenverkehr 140
    3. Rechtsirrtum 140
    4. Richtigkeit und Vollständigkeit einer Auskunft 141
  II. Schuldhafte Versäumung eines Rechtsmittels 141
  III. Mitverschulden des Geschädigten 141
  IV. Ausschluss der Haftungsüberleitung 141
  V. Beweisvereitelung 142

4. Teil. Praxisrelevante Fallgruppen des Amtshaftungsprozesses

10. Kapitel: Amtshaftung im Bereich des Öffentlichen Baurechts 144
A. Typische Schadenskonstellationen 144
B. Amtshaftung bei der Aufstellung eines Bebauungsplans 144
  I. Amtshaftung wegen eines unwirksamen Bebauungsplans 144
    1. Gemeinderatsmitglieder als Amtsträger 144
    2. Verletzung einer drittgerichteten Amtspflicht 144
      a) Vorschriften zur Sicherstellung eines geordneten Verfahrens 145
      b) Abwägungsgebot, § 1 Abs. 7 BauGB 145
    3. Verschulden 146
    4. Vorrang des Primärrechtsschutzes 146
    5. Anderweitige Ersatzmöglichkeit 146
    6. Schaden 147
      a) Fehlgeschlagene Aufwendungen 147
      b) Grundsatz der Planerhaltung 147
    7. Zusammentreffen des rechtswidrigen Bebauungsplans mit einer
       rechtswidrigen Baugenehmigung 147
    8. Inzidentprüfung der Rechtmäßigkeit des Bebauungsplans durch die
       Zivilgerichte 148
  II. Amtshaftung wegen Nichterlass eines Bebauungsplans 148
  III. Amtshaftung wegen verzögerten Erlasses eines Bebauungsplans 148

IV. Besondere Fallgruppen: Amtshaftung bei Überplanung von Flächen mit Altlasten, Bergschäden und Überschwemmungsgefahren 149
   1. Allgemeines 149
   2. Amtspflichten 150
      a) Kenntnis oder Kennenmüssen des Gefahrenpotentials 150
      b) Art und Umfang der Prüfungspflicht 151
   3. Drittbezogenheit der Amtspflicht 152
      a) Geschützte Dritte 152
      b) Nicht geschützter Personenkreis 153
      c) Sachlicher Schutzbereich und ersatzfähige Schäden 154
         aa) Unmittelbare Beziehung des Schadens zu einer Gesundheitsgefährdung 154
         bb) Verlässlichkeitsgrundlage und schutzwürdiges Vertrauen 154
         cc) Einzelfragen 155
      d) Maßgeblicher Zeitpunkt für die Schadensberechnung 156
   4. Verschulden der Gemeinderatsmitglieder 156
   5. Mitverschulden des Geschädigten 157
   6. Anderweitige Ersatzmöglichkeit 157
      a) Ansprüche gegen den Veräußerer des Grundstücks 157
      b) Ansprüche gegen sonstige Dritte 158
   7. Amtshaftung bei Überplanung von Flächen mit Bergschäden und mit Hochwassergefahren 158

C. Amtshaftung für fehlerhafte Bauverwaltungsakte 159
  I. Fehlerhafte Erteilung einer Baugenehmigung 159
   1. Rechtswidriger Vorbescheid und rechtswidrige Genehmigung 160
      a) Drittbezogenheit der Amtspflicht 160
         aa) Geschützter Personenkreis 160
         bb) Vertrauenstatbestand 161
         cc) Schutzzweck der im Baugenehmigungsverfahren zu beachtenden Amtspflichten 162
      b) Anderweitige Ersatzmöglichkeit 162
      c) Haftungsausschluss gem. § 839 Abs. 3 BGB 163
   2. Fehlerhafte Baugenehmigung für ein unbeplantes Altlastenareal 163
   3. Nachträgliche Auflagen 164
  II. Rechtswidrige Versagung der Baugenehmigung 164
  III. Rechtswidrige Versagung des gemeindlichen Einvernehmens 166
   1. Amtspflichten 166
   2. Grundsätzlich keine Drittgerichtetheit 167
   3. Ausnahmen – Haftung der Gemeinden 168
      a) Bindungswirkung der Einvernehmensverweigerung 168
      b) Amtsmissbrauch 169
      c) Identität von Gemeinde und Bauaufsichtsbehörde 169
      d) Verweigerung eines objektiv nicht erforderlichen Einvernehmens ... 169
      e) Einlegung von Rechtsbehelfen gegen die Baugenehmigung 170
   4. Verjährung und Schadensersatz 171
  IV. Verzögerte Entscheidung über den Bauantrag 171
   1. Rechtswidrige Entscheidungsverzögerung und anschließende Genehmigungserteilung 171
   2. Rechtswidrige Entscheidungsverzögerung und anschließende Ablehnung des Bauantrags 172
  V. Amtshaftung bei genehmigungsfreien Bauvorhaben 173

D. Amtshaftung für fehlerhafte Auskünfte und unterlassene Belehrung 174
  I. Fehlerhafte Auskünfte 174
  II. Unterlassene Belehrung 176

E. Prozessuale Fragen 177
  I. Darlegungs- und Beweislast 177
  II. Zulässigkeit einer Drittwiderklage 177

11. Kapitel. Amtshaftung bei Verletzung von Verkehrssicherungspflichten ... 179
A. Allgemeines ... 179
B. Verkehrssicherungspflicht als Amtspflicht ... 180
    I. Straßenverkehrssicherungspflicht ... 181
        1. Persönlicher Schutzbereich ... 182
        2. Straßen und Wege ... 182
        3. Inhalt und Umfang ... 184
        4. Kontroll- und Überwachungsmaßnahmen ... 185
        5. Kein Verweisungsprivileg gem. § 839 Abs. 1 Satz 2 BGB ... 185
        6. Räum- und Streupflicht ... 186
    II. Straßenverkehrsregelungspflicht ... 186
    III. Wasserstraßen, Häfen, Schleusen und Deiche ... 187
C. Zumutbarkeit ... 187
    I. Art und Maß der Gefahr ... 188
    II. Leistungsfähigkeit ... 188
    III. Vertrauen Geschädigter ... 190
    IV. Neue Bundesländer ... 191
D. Verschulden ... 192
E. Schaden ... 192
F. Verantwortliche Körperschaft: Passivlegitimation ... 193
G. Darlegungs- und Beweislast ... 193
    I. Verschulden ... 193
    II. Kausalität ... 194
    III. Besonderheiten bei einzelnen Pflichten ... 195
        1. Verletzung der gemeindlichen Räum- und Streupflicht ... 195
            a) Pflichtverletzung ... 195
            b) Verschulden ... 196
            c) Ursachenzusammenhang ... 196
        2. Sicherung des Straßenverkehrs ... 197

12. Kapitel. Amtshaftung im Bereich des Öffentlichen Informationsrechts ... 199
A. Überblick ... 199
    I. Staatliche Informationstätigkeit ... 199
        1. Staatliche Informationsbereitstellung ... 199
        2. Staatliche Aufklärung ... 200
            a) Eingriffscharakter und Rechtsgrundlagen ... 200
            b) Eingriffsintensität ... 201
    II. Staatliche Informationsverwendung ... 202
B. Staatliche Informationsbereitstellung ... 202
    I. Informationszugang ... 202
    II. Drittschützende Amtspflichten ... 203
        1. Vollständigkeit der Information ... 203
        2. Richtigkeit der gewährten Information ... 204
        3. Verständlichkeit der Information ... 204
        4. Beachtung der Ausschlussgründe ... 205
        5. Beteiligung eines Dritten ... 206
        6. Frist zur Informationsgewährung ... 206
    III. Weitere Voraussetzungen eines Amtshaftungsanspruchs ... 206
        1. Vorrang des Primärrechtsschutzes ... 206
        2. Anderweitige Ersatzmöglichkeit ... 206
        3. Mitverschulden ... 207
C. Hoheitliche Produktinformation nach § 26 und § 31 des Produktsicherheitsgesetzes ... 207
    I. Anwendungsbereich ... 207
        1. Fachgesetzübergreifende Befugnisnorm ... 207
        2. Unanwendbarkeit des ProdSG ... 208

3. Bereitgestelltes Produkt	208
4. Generelle und konkrete Empfehlungen	208
II. Subsidiarität behördlicher Informationstätigkeit	209
1. Warnungen	209
2. Veröffentlichung von Informationen	211
III. Amtspflichtverletzungen bei behördlichen Warnungen nach § 26 Abs. 2 Satz 2 Nr. 9 ProdSG	212
1. Amtspflicht zur sachgemäßen Sachverhaltsermittlung: Risikobeurteilung	212
2. Amtspflicht zu verhältnismäßigem Handeln	213
a) Subsidiarität behördlicher Warnungen	213
b) Geringstmöglicher Eingriff und Schonung unbeteiligter Dritter	213
c) Verhältnismäßigkeit i. e. S. und Pflicht zur Entwarnung	214
3. Amtspflicht zur fehlerfreien Ermessensausübung	215
4. Amtspflicht zu zuständigkeits- und verfahrensgemäßem Handeln	215
a) Zuständigkeit	215
b) Anhörung des betroffenen Unternehmens	216
IV. Weitere Voraussetzungen einer Amtshaftung wegen behördlicher Produktwarnungen	216
1. Drittschützender Charakter der Amtspflichten	216
2. Kausalität	217
3. Verschulden	217
E. Produktinformation durch die Bundesregierung	217
I. Der rechtliche Rahmen	217
1. Aufgabeneröffnung	218
2. Zuständigkeit	218
a) Verbandskompetenz	219
b) Organkompetenz	219
3. Handeln der Bundesregierung als staatsleitendes Organ	219
4. Richtigkeit und Sachlichkeit der Information	220
a) Richtigkeit	220
b) Sachlichkeit	220
aa) Abgrenzung zwischen neutraler Information und Warnung bzw. Empfehlung	220
bb) Maßstab	221
II. Amtspflichtverletzungen bei Information durch die Bundesregierung	221
1. Amtspflicht zur sachgemäßen Sachverhaltsermittlung	221
2. Amtspflicht zu richtiger und sachlicher Information	222
3. Amtspflicht zu zuständigkeits- und verfahrensgemäßem Handeln	222
III. Weitere Voraussetzungen einer Amtshaftung wegen fehlerhafter Informationstätigkeit der Bundesregierung	223
F. Staatliche Haftung für Verstöße gegen das Datenschutzrecht infolge der Verwendung von EDV und IuK-Technologie	224
I. Verschuldensabhängige Haftung nach § 7 BDSG	226
1. Schutzgut und Anspruchsberechtigte	226
2. Verantwortliche Stelle	226
3. Unzulässige oder unrichtige Verarbeitung	226
4. Verschulden und Umkehr der Beweislast	227
5. Kausalität und ersatzfähiger Schaden	227
6. Verjährung	228
7. Anforderungen an die Darlegungslast	228
II. Gefährdungshaftung bei automatisierter Datenverarbeitung nach § 8 BDSG	228
1. Schutzgut und Anspruchsberechtigte	229
2. Verantwortliche Stelle	229
3. Automatisierte Datenverarbeitung	229
4. Unzulässige oder unrichtige Verarbeitung	229
5. Rechtswidrigkeit und Verschulden nicht erforderlich	230

    6. Ersatzfähiger materieller und immaterieller Schaden; Haftungshöchstgrenze 230
    7. Benennung des Schädigers bei Datenpool nicht erforderlich 230
    8. Mitverschulden 231
    9. Verjährung 231
  III. Weitere Anspruchsgrundlagen bei Verstößen gegen Datenschutzbestimmungen 231
  IV. Rechtsweg 231

13. Kapitel. Amtshaftung im Bereich der Wirtschaftsaufsicht 233
  A. Finanzdienstleistungsaufsicht 233
    I. Amtspflichten 233
    II. Garantiezusage der Bundesregierung im Zuge der Finanzmarktkrise 234
  B. Gewerberecht 234
    I. Amtspflichten 234
    II. Drittbezogenheit der Amtspflicht 235
    III. Verschulden 235
  C. Gaststättenrecht 236
    I. Amtspflichten 236
    II. Drittbezogenheit der Amtspflicht 236
      1. Zuverlässigkeitsprüfung gem. § 4 Abs. 1 Satz 1 Nr. 1 GastG 236
      2. Amtspflichten gem. § 4 Abs. 1 Satz 1 Nr. 2 und 3 GastG 237
      3. Anordnung von Auflagen gem. § 5 GastG 237
      4. Sperrzeit 238
    III. Gaststätten- und Bauordnungsrecht 238
  D. Handwerksrecht 239
    I. Amtspflichten gegenüber den Mitgliedern 239
      1. Führung der Handwerksrolle 239
      2. Erlass von Beitragssatzungen 239
    II. Amtspflichten im Rahmen der Aufsicht über andere Handwerksorganisationen 240
  E. Freie Berufe 240

14. Kapitel. Amtshaftung im Bereich des Steuerrechts 241
  A. Rechtswidrige Steuergesetzgebung 241
  B. Rechtswidriges Besteuerungsverfahren 241
    I. Amtspflichten 241
      1. Amtspflichten bei der Steuerveranlagung 242
      2. Amtspflichten bei der Steuererhebung 243
      3. Amtspflichten bei der Vollstreckung 243
      4. Amtspflichten im Steuerstraf- und Bußgeldverfahren 244
      5. Wahrung des Steuergeheimnisses 244
    II. Verschulden 244
    III. Schaden 244
      1. Zinsaufwand und Beeinträchtigung von Eigentumsrechten 244
      2. Steuerberaterkosten 245
    IV. Verjährung 246
  C. Rechtswidrige Auskunft 246
  D. Prozessuale Fragen 246
    I. Rechtsweg 246
    II. Vorverfahren 247
    III. Zulässigkeit einer Fortsetzungsfeststellungsklage 247

15. Kapitel. Amtshaftung im Rechtspflegebereich 248
  A. Amtshaftung bei richterlichem Handeln 248
    I. Grundsatz der richterlichen Unabhängigkeit 248

II. Amtspflichten	249
1. Amtspflicht zur raschen Entscheidung	249
2. Amtspflichten im Strafverfahren	249
a) Amtspflichten bei der Anordnung von Zwangsmaßnahmen im strafrechtlichen Ermittlungsverfahren	249
b) Amtspflichten in der Hauptverhandlung	250
3. Amtspflichten in den Verfahren der Freiwilligen Gerichtsbarkeit und im Zwangsversteigerungsverfahren	250
4. Amtspflichten beim Abschluss eines Prozessvergleichs	251
III. Anderweitige Ersatzmöglichkeit	251
B. Handeln der Staatsanwaltschaft	252
I. Amtspflichten	252
1. Amtspflichten gegenüber dem Verletzten	252
2. Amtspflichten gegenüber dem Beschuldigten	253
3. Amtspflichten gegenüber Dritten	255
II. Sonstige Anspruchsvoraussetzungen	255
1. Anwendbarkeit der Kollegialgerichtrichtlinie	255
2. Verjährung	256
3. Schuldhafter Nichtgebrauch eines Rechtsmittels	256
III. Anspruch auf Schmerzensgeld	256
IV. Weitere Anspruchsgrundlagen	257
C. Die Haftung des gerichtlichen Sachverständigen	258
I. Einführung	258
II. Die Haftungsvoraussetzungen	258
1. Gerichtlicher Sachverständiger	259
2. Gerichtliche Entscheidung	259
3. Pflichtverletzung und Drittschutz	259
4. Verschulden	260
5. Ausschluss durch Rechtsmittelversäumnis	260
III. Prozessuale Fragen	260
1. Sachliche Zuständigkeit	260
2. Beweislast	260
3. Streitverkündung	261
D. Amtshaftung bei zwangsweiser Unterbringung	261
I. Amtshaftung gegenüber dem Patienten	261
II. Amtshaftung gegenüber Dritten	261
1. Anwendungsbereich	262
2. Amtspflicht	262
3. Drittgerichtetheit der Amtspflicht	262
4. Zurechnungszusammenhang	263
5. Verschulden	263
6. Anspruchsausschluss nach § 839 Abs. 1 BGB	263
E. Amtshaftung im Haftvollzug	263
F. Entschädigung bei überlangen Gerichtsverfahren	264
I. Anspruchsvoraussetzungen	264
1. Gerichtsverfahren	264
2. Unangemessene Verfahrensdauer	264
3. Erheben der Verzögerungsrüge	265
II. Entschädigung	265
III. Verhältnis zur Amtshaftung	266
IV. Prozessuale Geltendmachung	266
1. Aktiv- und Passivlegitimation	266
2. Gerichtliche Zuständigkeit	266
3. Fristen	267
4. Prozesskostenhilfe	267

16. Kapitel. Amtshaftung für gescheiterte Vertragsbeziehungen 268
   A. Rechtswidrig versagte Genehmigung des Vertragsschlusses 268
      I. Kommunalaufsichtsbehördliche Genehmigung 268
      II. Vormundschaftsgerichtliche Genehmigung 269
   B. Rechtswidrig erteilte Genehmigung 269
      I. Kommunalaufsichtsbehördliche Genehmigung 269
      II. Vormundschaftsgerichtliche Genehmigung 269
   C. Unterlassene Kontrolle des Vertragspartners 270
   D. Schadensersatz nach § 126 GWB wegen eines rechtswidrig verweigerten Vertragsschlusses 270
      I. Überblick 270
      II. Anspruchsvoraussetzungen 271
         1. Verstoß gegen eine bieterschützende Vorschrift 271
         2. Sog. Echte Chance 271
         3. Auftragswert 272
         4. Kausalzusammenhang 272
         5. Verschulden 272
         6. Umfang des Schadensersatzes 272
         7. Verjährung 272
      III. Konkurrenzen 273
   E. Eingriff in ein Wettbewerbsverhältnis zwischen Privaten 273
   F. Rechtswidrige „Verdrängung" eines Privaten 273
      I. Rechtswidrige Ausübung eines Vorkaufsrechts 273
      II. Kommunalwirtschaftliche Betätigung 274
         1. Vorrang des Primärrechtsschutzes 274
            a) Entwicklung der Rechtsprechung bis 2002 274
            b) Rechtsprechungsänderung des BGH 275
            c) Konsequenzen für die Frage des Primärrechtsschutzes 276
         2. Weitere Anspruchsvoraussetzungen 276

17. Kapitel. Amtshaftung für Truppenschäden 277
   A. Bundeswehr 277
   B. Andere Streitkräfte 278
      I. Ausländische NATO-Truppen 278
      II. Andere ausländische Truppen 279
   C. Schadensfälle nach dem NTS 279
      I. Grundlagen 280
         1. Ersatzverpflichteter 280
         2. Handlung oder Unterlassung 280
         3. In Ausübung des Dienstes 281
         4. Drittschaden 281
      II. Behördliches Verfahren 282
         1. Frist 282
         2. Zuständige Behörde 283
         3. Form 283
         4. Entschließung 284
      III. Klageverfahren 284

5. Teil. Der Europäische Amtshaftungsprozess

18. Kapitel. Unionsrechtliche Staatshaftung der Mitgliedstaaten 288
   A. Rechtsgrundlage der unionsrechtlichen Staatshaftung 288
   B. Rechtsnatur des Anspruchs 289
   C. Voraussetzungen der unionsrechtlichen Staatshaftung 290
      I. Unionsrechtliche Rechtsnormen mit Individualschutzcharakter 290

II. Hinreichend qualifizierter Verstoß gegen Unionsrecht durch mitgliedstaatliches Organ 291
    1. Kriterien zur Feststellung eines hinreichend qualifizierten Verstoßes 291
    2. Mitgliedstaatliche Organe 292
       a) Legislatives Unrecht 292
       b) Administratives Unrecht 294
       c) Judikatives Unrecht 295
          aa) Besonderheiten der Judikative 295
          bb) Offenkundiger Verstoß gegen Unionsrecht 296
          cc) Konsequenzen für das Richterspruchprivileg des § 839 Abs. 2 BGB 297
       d) Zurechenbarkeit des Verstoßes 298
III. Unmittelbarer Kausalzusammenhang 298
IV. Weitere Haftungsvoraussetzungen nach nationalem Recht 299
    1. Verschulden 299
    2. Ausschlussfristen 300
    3. Vorrang des Primärrechtsschutzes 300
    4. Subsidiarität 300

D. Umfang der Entschädigung 301
E. Verjährung 301
F. Prozessuale Durchsetzung 302
  I. Gerichtsbarkeit und Rechtsweg 302
  II. Aktivlegitimation 303
  III. Passivlegitimation 303
    1. Der Mitgliedstaat und seine nachgeordneten (Gebiets-)körperschaften .. 303
    2. Haftung als Gesamtschuldner 304
  IV. Subsidiarität der Amtshaftungsklage 304
    1. Feststellung des Rechtsverstoßes durch den EuGH 304
    2. Primärrechtsschutz 305
    3. Verweisung auf andere Klagemöglichkeiten 305

19. Kapitel. Amtshaftung der Europäischen Union bei einem Verstoß gegen Unionsrecht 306

A. Allgemeines 306
B. Materiell-rechtliche Haftungsvoraussetzungen 307
  I. Ausübung einer Amtstätigkeit durch ein Organ oder einen Bediensteten der Union 307
    1. Organe und Bedienstete der Union 307
    2. Amtstätigkeit 307
  II. Rechtsverletzung 308
    1. Administratives Unrecht 309
    2. Normatives Unrecht 309
    3. Judikatives Unrecht 310
  III. Maß der Rechtsverletzung 310
  IV. Rechtswidrigkeit 311
  V. Zurechenbarkeit der Rechtsverletzung 311
  VI. Verschulden 311
  VII. Schaden und Kausalität 312
    1. Schadensersatz 312
    2. Kausalität 312
  VIII. Verjährung 313
C. Exkurs: Haftung bei rechtmäßigem Handeln und vertragliche Haftung 313
  I. Haftung bei rechtmäßigem Handeln 313
  II. Vertragliche Haftung 314
D. Haftung der Europäischen Zentralbank und ihrer Bediensteten nach Art. 340 Abs. 3 AEUV 314

E. Gerichtliche Durchsetzung des Amtshaftungsanspruchs gegen die Union 315
  I. Zulässigkeit der Klage 315
    1. Zuständiges Gericht und Rechtsweg 315
    2. Ordnungsgemäße Klageerhebung 315
    3. Klagebefugnis 316
    4. Vorverfahren 316
    5. Klagefrist und Verjährung 316
    6. Rechtsschutzbedürfnis 317
      a) Rechtsschutzmöglichkeiten des Unionsrechts 317
      b) Vorrang nationaler Rechtsbehelfe 317
        aa) Ausschließliche Verantwortlichkeit der Union 317
        bb) Ausschließliche Verantwortung des Mitgliedstaates 318
        cc) Gemeinsame Verantwortlichkeit 318
    7. Aktivlegitimation 319
    8. Passivlegitimation 319
  II. Beweisführung und Beweislast 320
    1. Beweisverfahren vor dem EuG 320
      a) Darlegungs- und Beweislast; Ermittlung des Streitstoffs 320
      b) Beweismittel 320
      c) Beweisaufnahme und Beweiswürdigung 321
    2. Beweisverfahren beim EuGH 321
  III. Rechtsmittel 321
    1. Statthaftigkeit 321
    2. Rechtsmittelbefugnis 322
    3. Rechtsmittelfrist 322
    4. Rechtsmittelverfahren 322
  IV. Abschließende Entscheidung und Vollstreckung 323

6. Teil. Der Regressprozess

20. Kapitel. Beamtenhaftung und Rückgriff des Staates 325
  A. Übergeleitete persönliche Beamtenhaftung 325
  B. Rückgriff des Dienstherren gegen den Amtswalter 325
    I. Rechtliche Grundlagen für einen Rückgriff 326
      1. Anspruchsgrundlage 326
      2. Amtsbezogenheit 326
      3. Rückgriffsausschluss und Rückgriffsbeschränkung 326
        a) Finanzverwaltung 326
        b) Richter 327
        c) Verkehrshaftpflicht 327
        d) Beamtenrechtliche Fürsorgepflicht 327
        e) Schulbereich 327
      4. Rechtswidrigkeit der Pflichtverletzung 328
      5. Verschulden 328
      6. Mitverschulden 328
      7. Verjährung 328
      8. Umfang des Regresses 329
    II. Geltendmachung des Rückgriffsanspruchs 329
      1. Rechtsweg und Klageart 329
      2. Beweislastfragen 329
      3. Prozessuale Konsequenzen des Erstprozesses 329
      4. Aufrechnung als Klagealternative 330

21. Kapitel. Die Regresshaftung der Mitglieder kommunaler Kollegialorgane 331
  A. Voraussetzungen für einen Rückgriff 331
  B. Kausalität 331
  C. Verschulden 332

22. Kapitel. Die Regresshaftung von Beliehenen und Verwaltungshelfern	333
A. Rechtsgrundlage	333
B. Anwendung des Haftungsprivilegs nach Art.34 Satz 2 GG	333
23. Kapitel. Regress zwischen mehreren Hoheitsträgern	334
A. Materiell-rechtliche Grundlagen	334
B. Rechtsweg	334
24. Kapitel: Regress zwischen Hoheitsträger und privatem Mitschädiger	335

7. Teil. Der Notarhaftungsprozess

25. Kapitel. Materiell-rechtliche Voraussetzungen der Notarhaftung	338
A. Rechtliche Grundlagen der Notarhaftung	338
I. § 19 BNotO als zentrale Anspruchsnorm	338
II. Ausnahme	338
B. Ausübung einer Notartätigkeit	339
C. Amtspflichten	340
I. Prüfungs- und Belehrungspflichten	341
1. Prüfungs- und Belehrungspflichten aus Urkundstätigkeit	341
a) Pflicht zur Willenserforschung	341
b) Pflicht zur Sachverhaltsklärung	342
c) Pflicht zur Belehrung über die rechtliche Tragweite des Geschäfts ...	343
d) Erörterungspflicht bei Zweifeln an der Wirksamkeit des Geschäfts	344
e) Weitere Hinweispflichten	345
2. Erweiterte Belehrungspflicht aus Betreuungsverpflichtung	345
3. Belehrungsbedürftigkeit	347
II. Beurkundungspflichten	347
1. Errichtung einer formell rechtswirksamen Urkunde	347
2. Strikte Beachtung der Beteiligteninteressen	348
3. Materielle Inhaltskontrolle	348
III. Vollzugstätigkeit	348
1. Umfang	348
2. Zeitspanne	349
IV. Tatsachenbeurkundungen, Notarbestätigungen und Beglaubigungen	350
V. Selbständige Betreuungstätigkeit	351
1. Verwahrung gemäß § 23 BNotO	351
a) Übernahme	351
b) Auszahlungsfehler	352
2. Selbständige Betreuungstätigkeit nach § 24 BNotO	353
D. Drittbezogenheit der Amtspflicht: Geschützter Personenkreis	353
I. Unmittelbar Beteiligte	354
II. Mittelbar Beteiligte	354
III. Sonstige Dritte	355
E. Rechtswidrigkeit und Verschulden	356
I. Rechtskenntnisse	356
II. Gebot des sichersten Wegs	358
III. Billigung der Rechtsauffassung durch ein Kollegialgericht	358
F. Kausalität und Schutzzweckzusammenhang	358
G. Haftung des Notars für Dritte	359
I. Gesamtschuldnerische Haftung	359
II. Haftung des Notars für Hilfspersonen	360
H. Subsidiarität der Notarhaftung	361
I. Voraussetzungen	362
1. Keine vorsätzliche Amtspflichtverletzung	362
2. Kein Fall der §§ 23, 24 BNotO	362

3. Kein Subsidiaritätseinwand eines ebenfalls Haftpflichtigen	363
4. Bestehen, Durchsetzbarkeit und Zumutbarkeit	363
II. Rechtsfolgen	364
K. Schuldhafter Nichtgebrauch eines Rechtsmittels	365
I. Rechtsmittel	365
II. Verschulden des Geschädigten	366
L. Verjährung	366
M. Länderspezifische Besonderheiten	367
N. Rechtsfolgen	368
I. Schadensersatz	368
II. Mitverschulden	369
26. Kapitel. Prozessuale Geltendmachung	**370**
A. Zulässigkeit der Klage	370
B. Passivlegitimation	370
C. Darlegungs- und Beweislast	370
I. Darlegungs- und Beweislast auf Seiten des Klägers	370
1. Amtspflichtverletzung	370
a) Belehrungspflichten	371
b) Weisungen	372
2. Verschulden	372
3. Haftungsausfüllende Kausalität	373
4. Anderweitige Ersatzmöglichkeit	374
II. Darlegungs- und Beweislast auf Seiten des Beklagten	375
D. Sonstige prozessuale Fragen	375
Sachverzeichnis	377

Abkürzungsverzeichnis

A. A.	anderer Ansicht
a. a. O.	am angegebenen Ort
ABl.	Amtsblatt der EG
Abs.	Absatz
AcP	Archiv für civilistische Praxis
AfP	Archiv für Presserecht
AGGVG	Ausführungsgesetz zum GVG
AGLMBG	Ausführungsgesetz zum LMBG
AMG	Arzneimittelgesetz
AnwBl.	Anwaltsblatt
AO	Abgabenordnung
AöR	Archiv für öffentliches Recht
AtomG	Gesetz über die friedliche Verwendung der Kernenergie und den Schutz gegen ihre Gefahren (Atomgesetz)
Aufl.	Auflage
BAFöG	Bundesausbildungsförderungsgesetz
BauGB	Baugesetzbuch v. 12.8.1986
bay	bayerisch
BayBG	Bayerisches Beamtengesetz
BayKWBG	Bayerisches Gesetz über kommunale Wahlbeamte
BayLÜG	Bayerisches Lebensmittelüberwachungsgesetz
BayObLGZ	Entscheidungssammlung des Bayerischen Obersten Landesgerichts in Zivilsachen
BayVBl.	Bayerische Verwaltungsblätter
BayVerfGH	Bayerischer Verfassungsgerichtshof
BB	Betriebsberater
BBesG	Bundesbesoldungsgesetz
BBG	Bundesbeamtengesetz
BBodSchG	Gesetz zum Schutz vor schädlichen Bodenveränderungen und zur Sanierung von Altlasten (Bundes-Bodenschutzgesetz)
BBodSchG	Bundesbodenschutzgesetz
BDSG	Bundesdatenschutzgesetz
BeamtVG	Beamtenversorgungsgesetz
bestr.	bestritten
BeurkG	Beurkundungsgesetz
BGB	Bürgerliches Gesetzbuch
BGBl.	Bundesgesetzblatt
BGH	Bundesgerichtshof
BGHZ	Entscheidungen des Bundesgerichtshofs in Zivilsachen (zitiert nach Band u. Seite)
BGSG	Bundesgrenzschutzgesetz
BierStG	Biersteuergesetz
BImSchG	Bundes-Immissionsschutzgesetz
BK	Kommentar zum Bonner Grundgesetz („Bonner Kommentar")
BLG	Bundesleistungsgesetz
BörsG	Börsengesetz
brandb, bdb	brandenburgisch
BRRG	Beamtenrechtsrahmengesetz
BSGE	Entscheidungssammlung des Bundessozialgerichts
BT-Drs.	Bundestags-Drucksache
BVerfG	Bundesverfassungsgericht
BVerfGE	Amtliche Sammlung der Entscheidungen des Bundesverfassungsgerichts

BVerwG	Bundesverwaltungsgericht
BVerwGE	Amtliche Sammlung der Entscheidungen des Bundesverwaltungsgerichts
BVG	Bundesversorgungsgesetz
bw	baden-württembergisch
CR	Computer und Recht
DB	Der Betrieb
DDR	Deutsche Demokratische Republik
ders., dies.	derselbe, dieselben
DGVZ	Deutsche Gerichtsvollzieher-Zeitung
DNotZ	Deutsche Notarzeitung
DÖV	Die öffentliche Verwaltung
DRiZ	Deutsche Richterzeitung
DtZ	Deutsch-Deutsche Rechts-Zeitschrift
DVBl.	Deutsches Verwaltungsblatt
EAGV	Vertrag über die Europäische Atomgemeinschaft
EEA	Einheitliche Europäische Akte
EG	EG-Vertrag in der Fassung des Vertrages von Nizza; Europäische Gemeinschaft(en)
EGBGB	Einführungsgesetz zum Bürgerlichen Gesetzbuche
Einl. ALR	Einleitung zum Allgemeinen Landrecht für die preußischen Staaten v. 5.2.1894
EL	Ergänzungslieferung
EMRK	Europäische Konvention der Menschenrechte und Grundfreiheiten (Europarat)
ErbStDV	Durchführungsverordnung zum Erbschaftsteuergesetz
EU	Europäische Union
EuG	Gericht erster Instanz beim EuGH
EuGH	Europäischer Gerichtshof
EuGRZ	Europäische Grundrechte-Zeitschrift
EuR	Europarecht
EuZW	Europäische Zeitung für Wirtschaftsrecht
EWG	Europäische Wirtschaftsgemeinschaft
EWGV	Vertrag zur Gründung der Europäischen Wirtschaftsgemeinschaft v. 25.3.1957
f., ff.	folgende
FinDAG	Finanzdienstleistungsaufsichtsgesetz
GastG	Gaststättengesetz
GewO	Gewerbeordnung idF der Bekanntmachung v. 1.1.1987
GG	Grundgesetz für die Bundesrepublik Deutschland v. 23.5.1949
GPSG	Geräte- und Produktsicherheitsgesetz (n. F.)
GSG	Gerätesicherheitsgesetz a. F.
HaftpflG	Haftpflichtgesetz
Hrsg., hrsg	Herausgeber, herausgegeben
i. d. F.	in der Fassung
i. V. m.	in Verbindung mit
IfSG	Gesetz zur Verhütung und Bekämpfung von Infektionskrankheiten beim Menschen (Infektionsschutzgesetz)
insbes.	insbesondere
IStR	Zeitschrift für internationales Steuerrecht
JA	Juristische Arbeitsblätter
Jura	Juristische Ausbildung
JuS	Juristische Schulung
JZ	Juristenzeitung
K&R	Kommunikation & Recht
Kap.	Kapitel
KWG	Kreditwesengesetz
lit.	littera

LKrO	Landkreisordnung
LKV	Landes- und Kommunalverwaltung
LMBG	Lebensmittel- und Bedarfsgegenständegesetz
LSA	Land Sachsen-Anhalt
LuftVG	Luftverkehrsgesetz
m. w. N.	mit weiteren Nachweisen
MDR	Monatsschrift für Deutsches Recht
MMR	MultiMedia und Recht
NJ	Neue Justiz
NJW	Neue Juristische Wochenschrift
NRW	Nordrhein-Westfalen
NTS	NATO-Truppenstatut
NuR	Natur und Recht
NVwZ	Neue Zeitschrift für Verwaltungsrecht
NWVBl.	Nordrhein-Westfälische Verwaltungsblätter
NZV	Neue Zeitschrift für Verkehrsrecht
OBGNW	nordrhein-westfälisches Ordnungsbehördengesetz
OLG-NL	OLG-Rechtsprechung Neue Länder
PflVG	Pflichtversicherungsgesetz
PolGNW	nordrhein-westfälisches Polizeigesetz
ProdHaftG	Gesetz über die Haftung für fehlerhafte Produkte (Produkthaftungs-gesetz)
RBHG	Gesetz über die Haftung des Reichs für seine Beamten (Reichsbeamtenhaftungsgesetz)
Rdn.	Randnummer
RDV	Recht der Datenverarbeitung
RIW	Recht der internationalen Wirtschaft
Rs.	Rechtssache
RVO	Reichsversicherungsordnung
S.	Seite, Satz
sächs	sächsisch
SGB	Sozialgesetzbuch ...
SGG	Sozialgerichtsgesetz
SH	Schleswig-Holstein
SKAufG	Streitkräfteaufenthaltsgesetz
Slg.	Sammlung der Entscheidungen des Europäischen Gerichtshofs
sog.	sogenannt
st. Rsp.	ständige Rechtsprechung
StHG-DDR	DDR-Staatshaftungsgesetz
StrEG	Gesetz über die Entschädigung für Strafverfolgungsmaßnahmen
StrG	Straßengesetz
StVG	Straßenverkehrsgesetz
StVO	Straßenverkehrsordnung
StVZO	Straßenverkehrs-Zulassungs-Ordnung
SVG	Soldatenversorgungsgesetz
thür	thüringisch
UAbs.	Unterabsatz
UmweltHG	Umwelthaftungsgesetz
UPR	Umwelt- und Planungsrecht
UPR	Umwelt- und Planungsrecht
VAG	Versicherungsaufsichtsgesetz
VerfO (EuGH)	Verfahrensordnung des Gerichtshofs der Europäischen Gemeinschaften
VermG	Vermögensgesetz
VersR	Versicherungsrecht
VerwArch.	Verwaltungsarchiv
vgl.	vergleiche

VIZ	Zeitschrift für Vermögens- und Immobilienrecht
VVDStRL	Veröffentlichungen der Vereinigung der deutschen Staatsrechtslehrer
VVG	Versicherungsvertragsgesetz
VwGO	Verwaltungsgerichtsordnung
WHG	Gesetz zur Ordnung des Wasserhaushalts (Wasserhaushaltsgesetz)
WiVerw	Wirtschaft und Verwaltung. Vierteljahresbeilage zum Gewerbearchiv
WM	Zeitschrift für Wirtschafts- und Bankrecht, Wertpapiermitteilungen
WuR	Wirtschaft und Recht. Zeitschrift für Wirtschaftspolitik und Wirtschaftsrecht, Zürich
z. B.	zum Beispiel
ZGR	Zeitschrift für Unternehmens- und Gesellschaftsrecht
ZHR	Zeitschrift für das gesamte Handelsrecht und Wirtschaftsrecht
ZLR	Zeitschrift für das gesamte Lebensmittelrecht
ZPO	Zivilprozessordnung
ZRP	Zeitschrift für Rechtspolitik
ZZP	Zeitschrift für Zivilprozess

Literaturverzeichnis

Abel, Ralf B., Die aktuelle Entwicklung der Rechtsprechung zu neueren Glaubensgemeinschaften, NJW 1997, 426; *ders.*, Die Entwicklung der Rechtsprechung zu neueren Glaubensgemeinschaften, NJW 1996, 91.
Albrecht Philipp/Lustig Sigrid, Amtshaftung bei unterlassener Anpassung eines Folgebescheids, DStR 2008, 409.
Althammer, Christoph/Schäuble, Daniel, Effektiver Rechtsschutz bei überlanger Verfahrensdauer – Das neue Gesetz aus zivilrechtlicher Perspektive, NJW 2012, 1
Amann, Hermann/Brambring, Günter/Hertel, Christian, Vertragspraxis nach neuem Schuldrecht, 2003.
André, Achim, Beweislast und Beweisführung vor dem Europäischen Gerichtshof, München 1966; *ders.*, Konkurrierende Ersatzansprüche vor deutschen Gerichten und dem Europäischen Gerichtshof, NJW 1968, 331.
Armbrüster, Christian/Kämmerer, Jörn Axel, Verjährung von Staatshaftungsansprüchen wegen fehlerhafter Richtlinienumsetzung, NJW 2009, 3601.
Arndt, Herbert, Die Streupflicht für Straßen in der Rechtsprechung des Bundesgerichtshofes, DRiZ 1973; *ders.*, Stationierungsschäden – Aus der Rechtsprechung des Bundesgerichtshofs über die Abgeltung von Unrechtsschäden durch stationierte Truppen, VersR 1973, 481; *ders./Lerch, Klaus/Sandkühler, Gerd*, Bundesnotarordnung, 6. Aufl., 2008.
Bamberger, Heinz Georg/Roth, Herbert, BGB, Bd. 2, 3. Aufl., 2012.
v. Bar, Christian, Entwicklungen und Entwicklungstendenzen im Recht der Verkehrs(sicherungs)pflichten, JuS 1988, 169; *ders.*, Verkehrspflichten, 1980.
Battis, Ulrich/Krautzberger, Michael/Löhr, Rolf-Peter, BauGB, 11. Aufl., 2009.
Bauer, Hans Joachim/Oefele, Helmut Freiherr von, Grundbuchordnung, 2. Aufl., 2006.
Baumbach, Adolf/Lauterbach, Wolfgang/Albers, Jan/Hartmann, Peter, ZPO, 70. Aufl., 2012.
Baumbach, Adolf/Hopt, Klaus, Handelsgesetzbuch, 35. Aufl., 2012.
Baumeister, Peter, Legislativ- und Exekutivunrecht im Fall Brasserie du Pêcheur, BayVBl. 2000, 225.
Baumeister, Peter/Ruthig, Josef, Staatshaftung wegen Vollzugs nichtiger Normen, JZ 1999, 117.
Baumgärtel, Gottfried, Handbuch der Beweislast im Privatrecht, Bd. 1, 3. Aufl., 2007.
Becker, Florian/Blackstein, Ylva, Der transparente Staat – Staatliche Verbraucherinformation über das Internet, NJW 2011, 490.
Berg, Wilfried, Die behördliche Warnung – eine neue Handlungsform des Verwaltungsrechts?, ZLR 1990, 565.
Bergmann, Karl-Otto/Schumacher, Hermann, Die Kommunalhaftung. Ein Handbuch des Staatshaftungsrechts, 4. Aufl., 2007; *dies.*, Verkehrssicherungspflicht in den neuen Bundesländern, DtZ 1994, 2.
Berkemann, Jörg/Halama, Günter/Siebert, Karin, Handbuch zum Recht der Bau- und Umweltrichtlinien der EU, 2011.
Beyer, Stefanie, Amtspflichtwidrige Bauleitplanung in überschwemmungsgefährdeten Gebieten, NWVBl 2004, 48 ff.
Beyerlein, Thorsten/Borchert, Günter, Verbraucherinformationsgesetz, 2010.
Bleckmann, Albert, Der Verwaltungsvertrag als Handlungsmittel der Europäischen Gemeinschaften, DVBl. 1981, 889.
Bihler, Michael/Koch, Michael/Mücke, Wolfgang/Weindl, Jörg, Kursbuch Altlasten, 2001.
Blomeyer, Jürgen, Die Haftung des Staates für die Verzögerung von Zivilprozessen, NJW 1977, 557.
v. Bogdandy, Armin, Europa 1992 – die außervertragliche Haftung der Europäischen Gemeinschaft, JuS 1990, 872.
Boehme-Neßler, Volker, Electronic Government: Internet und Verwaltung, NVwZ 2001, 374.
Börner, Guido, Amtshaftung und Vertrauensschutz, NVwZ 1996, 749.
Bonner Kommentar zum Grundgesetz, 136. EL, 2008. *Boujong, Karlheinz*, Zum Staatshaftungsrecht im Gebiet der früheren DDR, in: Festschrift für *Gelzer*, 1991, S. 273; *ders.*,

Schadensersatz- und Entschädigungsansprüche wegen fehlerhafter Bauleitplanung und rechtswidriger Bauverwaltungsakte nach der Rechtsprechung des BGH, WiVerw 1991, 59.

Braun, Christian/Spannbrucker, Christian, Gewerbesteuerverfahren – Ein haftungsfreier Raum im Verhältnis Gemeinde und Finanzverwaltung?, NVwZ 2011, 82.

Brambring, Günter/Jerschke, Hans-Ulrich (Hrsg.), Beck'sches Notar-Handbuch, 5.Aufl., 2009.

Brambring, Günter/Schippel, Helmut, Vertragsmuster des Notars und AGB, NJW 1979, 1802.

Braun, Armin, Die neue FLL-Baumkontrollrichtlinie, AFZ-Der Wald 2005, 186 ff.

Braun, Chrisitan/Spannbrucker, Christian, Amtshaftung – Verjährungshemmung durch Primärrechtsschutz, DVBl 2009, 884.

Brinktrine, Ralf, Die Amts- und Staatshaftung der Rechts- und Fachaufsichtsbehörden für Maßnahmen der Kommunalaufsicht, Verw 43, 273 (2010).

Britz, Gabriele/Eifert, Martin/Groß, Thomas, Verwaltungsinformation und Informationsrichtigkeit, DÖV 2007, 717.

Brohm, Winfried, Rechtsstaatliche Vorgaben für informelles Verwaltungshandeln, DVBl. 1994, 133.

Bröhmer, Jürgen, Die Weiterentwicklung des europäischen Staatshaftungsrechts – EuGH, EuGRZ 1996, 144, JuS 1997, 117.

Brüning, Christoph, Haftung der Gemeinderäte, Hauptverwaltungsbeamten und Beigeordneten. Amtshaftung – Eigenhaftung – Regress – Sanktionen, 2006.

Buchbinder, Norbert, Schadensersatzpflicht der Steuerverwaltung in Fällen der Amtspflichtverletzung – Anmerkung zum Urteil des LG Nürnberg-Fürth vom 30.10.2008 – 4 O 6567/08, DStZ 2009, 250.

Büchner-Uhder, Willi, Staatshaftungsgesetz als Landesrecht der neuen Bundesländer, NJ 1991, 153.

Bull, Hans Peter, Verwaltung durch Maschinen, 1964.

Bundesministerium der Justiz, Zur Reform des Staatshaftungsrechts. Rechtstatsächliche Erkenntnisse in Staatshaftungssachen, Verwaltungserhebung und Gerichtsaktenauswertung, 1976.

Bunte, Hermann-Josef, Die EG-Richtlinie über mißbräuchliche Klauseln in Verbraucherverträgen und ihre Umsetzung durch das Gesetz zur Änderung des AGBG, DB 1996, 1389.

Burger, Simon, Zur Passivlegitimation im europäischen Staatshaftungsrecht – Unter besonderer Berücksichtigung der Anwendung unionsrechtswidriger Normen –, DVBl 2012, 207.

Burkhardt Frank/Granow, Heinrich, Das Abkommen zur Änderung des Zusatzabkommens zum NATO-Truppenstatut (ZA-NTS), NJW 1995, 424.

Burmann, Michael, Die Verkehrssicherungspflicht für den Straßenverkehr, NZV 2003, 20 ff.

Calliess, Christian/Ruffert, Matthias (Hrsg.), EGV/AEUV – Das Verfassungsrecht der Europäischen Union mit Europäischer Grundrechtecharta, 4.Aufl., 2011.

Christoph, Karl-Heinz, Staatshaftung im beigetretenen Gebiet, NVwZ 1991, 536.

Coeppicus, Rolf, Spruchrichterprivileg bei Anordnung einer Betreuung?, NJW 1996, 1947.

Dänekamp, Franz, Nutzungszinsen nach § 452 BGB – Haftungsrisiko für Notare bei der Gestaltung von Grundstückskaufverträgen, NJW 1994, 2271.

Däubler, Wolfgang/Klebe, Thomas/Wedde, Peter/Weichert, Thilo, Bundesdatenschutzgesetz, 3. Aufl., 2012.

v. Danwitz, Thomas, Die gemeinschaftsrechtliche Staatshaftung der Mitgliedstaaten. Entwicklung, Stand und Perspektiven der Europäischen Haftung aus Richterhand, DVBl. 1997, 1; *ders*., Zur Entwicklung der gemeinschaftsrechtlichen Staatshaftung, JZ 1994, 335.

de Witt, Siegfried/Burmeister, Thomas, Amtshaftung für rechtswidrig erteilte Baugenehmigungen, NVwZ 1992, 1039.

Deckert, Martina, Die Verkehrspflichten, Jura 1996, 348.

Dederer, Hans-Georg, Regress des Bundes gegen ein Land bei Verletzung von EG-Recht, NVwZ 2001, 258.

Desens, Marc, Zurechnung amtshaftungsrechtlicher Verantwortung bei mehreren Hoheitsträgern, DÖV 2009, 197.

Detterbeck, Steffen/Windthorst, Kay/Sproll, Hans-Dieter, Staatshaftungsrecht, 2000.

Detterbeck, Steffen, Drittgerichtete Amtspflichten einer verwaltungsintern beauftragten Behörde eines anderen Rechtsträgers – BGH, NVwZ 2001, 1074, JuS 2002, 127; *ders*., Haftung der Europäischen Gemeinschaft und gemeinschaftsrechtlicher Staatshaftungsanspruch, AöR 125 (2000), 202 ff.

Deubert, Michael, Das Gesetz zur Stärkung elektronischer Verwaltungstätigkeit vom 24. Dezember 2002 für eine „internetfähige" Verwaltung – ein Überblick, BayVBl. 2003, 426.
Dietrich, Michael, Prozessvergleiche „auf dringendes Anraten des Gerichts" und Staatshaftung, ZZP 120, 443.
Di Fabio, Udo, Richtlinienkonformität als ranghöchstes Auslegungsprinzip? Überlegungen zum Einfluß des indirekten Gemeinschaftsrechts auf die nationale Rechtsordnung, NJW 1990, 947; ders., Risikoentscheidungen im Rechtsstaat, 1994; ders., Information als hoheitliches Gestaltungsmittel, JuS 1997, 1.
Dippel, Martin, Das gemeindliche Einvernehmen gem. § 36 BauGB in der jüngeren Rechtsprechung – alle Fragen schon geklärt?, NVwZ 2011, 769.
Dörner, Heinrich/Ebert, Ina/Eckert, Jörn/Hoeren, Thomas/Kemper, Rainer/Schulze, Reiner/ Staudinger, Ansgar, Bürgerliches Gesetzbuch, 7. Aufl. 2011.
Dörr, Claus, Der gemeinschaftsrechtliche Staatshaftungsanspruch in der Rechtsprechung des Bundesgerichtshofs, DVBl. 2006, 598 ff.; ders., Der unionsrechtliche Staatshaftungsanspruch in Deutschland zwanzig Jahre nach Francovich, EuZW 2012, 86.
Dötsch, Wolfgang, Öffentlich-rechtliche Schmerzensgeldansprüche?, NVwZ 2003, 185.
Dolde, Klaus-Peter, Behördliche Warnungen vor nicht verkehrsfähigen Lebensmitteln, Rechtsgutachten, 1987.
Drews, Bill., Preußisches Polizeirecht. Fortgeführt mit dem Titel „Allgemeines Polizeirecht" von *Wacke, Gerhard.* 9. Aufl. v. *Vogel, Klaus* u. *Martens, Wolfgang.*
Duckwitz, Edmund, Anforderungen an Verwaltungsentscheidungen in Staatshaftungsangelegenheiten, NJW 1989, 145.
Dumbs, Mathias, Schadensregulierung in der Verteidigungslastenverwaltung nach dem NATO-Truppenstatut, VersR 2007, 27 ff.
Dziallas, Olaf, Unverbindlichkeit einer mündlichen Auskunft über Bebaubarkeit, NZBau 2008, 375.
Ehlers, Dirk, Die Weiterentwicklung des Staatshaftungsrechts durch das europäische Gemeinschaftsrecht, JZ 1996, 776.
Eichinger, Matthias, Verschuldensunabhängige Ersatzleistung bei menschenunwürdiger Unterbringung, JR 2012, 57.
Eiding, Lutz/Hofmann-Hoeppel, Jochen, Formularbuch Verwaltungsrecht, 1. Aufl. 2013.
v. Einem, Hans-Jörg, Die Unterbrechung der Verjährung des Amtshaftungsanspruchs bei Inanspruchnahme sozialgerichtlichen Rechtsschutzes, BayVBl. 1991, 164; ders., Nochmals: Amtshaftungsansprüche zwischen Hoheitsträgern, BayVBl. 1997, 554.
Emmerich, Volker, Anm. zu EuGH NJW 1996, 1267 – Brasserie du Pêcheur, JuS 1996, 745.
Engelien-Schulz, Thomas, Gefährdungshaftung öffentlicher Stellen nach § 8 BDSG, DSB 2010, 8.
Epiney, Astrid, Neuere Rechtsprechung des EuGH in den Bereichen institutionelles Recht, allgemeines Verwaltungsrecht, Grundfreiheiten, Umwelt- und Gleichstellungsrecht, NVwZ 2004, 1067; dies., Zur Entwicklung der Rechtsprechung des EuGH im Jahr 2006, NVwZ 2007, 1012 ff.
Epping, Volker/Hillgruber, Christian, GG, 2009.
Erichsen, Hans-Uwe/Ehlers, Dirk (Hrsg.), Allgemeines Verwaltungsrecht, 14. Aufl., 2010.
Ernst, Werner/Zinkahn, Willy/Bielenberg, Walter/Krautzberger, Michael, Baugesetzbuch, 104. EL, 2012.
Eyermann, Erich, Verwaltungsgerichtsordnung, 13. Aufl., 2010.
Eylmann, Horst/Vaasen, Hans-Dieter, Bundesnotarordnung, Beurkundungsgesetz, 3. Aufl., 2011.
Eylmann, Horst, Bewegung im Berufsrecht der Notare, NJW 1998, 2929.
Faber, Martina, Folgenbeseitigungsanspruch nach ehrverletzenden Meinungsäußerungen, NVwZ 2003, 159.
Feser, Andreas/Kirchmaier, Robert, Die Erledigung des Rechtsstreits in der Hauptsache im Verwaltungsprozeß – Versuch einer systematischen Strukturierung, BayVBl. 1995, 641.
Finkelnburg, Klaus, Bauleitplanung, Teilungsgenehmigung, Vorkaufsrechte und Zulässigkeit von Vorhaben, NJW 1998, 1.
Fischer, Hartmut, Amtshaftung der Gemeinde bei überplanten Altlasten, ZfIR 2002, 268 ff.
Flaig, Annika, Das Verbraucherinformationsgesetz und die Umsetzung durch die Landesuntersuchungsämter – hilft die aktuelle Rechtsprechung der Praxis weiter?, ZLR 2010, 179.
Fluck, Peter, Amtspflichtverletzung durch Staatsanwälte, NJW 2001, 202.

Fluck, Jürgen/Theuer, Andreas, Informationsfreiheitsrecht mit Umweltinformations- und Verbraucherinformationsrecht IFG/UIG/VIG, Stand 24. Aktualisierung November 2008.
Förster, Christian, Verschuldensvermutung bei der Amtshaftung – Aufsichtsratspflicht von Kindergartenpersonal, NJW 2013, 1201.
Forsthoff, Ernst, Lehrbuch des Verwaltungsrechts, Allgemeiner Teil, 10. Aufl. 1973
Franz, Georg, Die Verjährung des allgemeinen Folgenbeseitigungsanspruchs, BayVBl. 2002, 485.
Franckenstein, Georg, Die nichtige Baugenehmigung und ihr Schadensersatz, NWVBl. 2000, 85.
Frenz, Walter/Götzkes, Vera, Anmerkung zur Entscheidung FIAMM des EuGH (Große Kammer) vom 9. September 2008 – C-120/06 P und C-121/06 P, DVBl 2009, 1052.
Fuhrmann, Claas/Potsch, Nicolas, Amtshaftung der Finanzverwaltung wegen Verstoßes gegen europäisches Unionsrecht, NZG 2011, 1218.
Gaentzsch, Günther, Aufhebung der baulichen Nutzbarkeit von Altlastenflächen, NVwZ 1990, 505.
Galke, Gregor, Die Entschädigung nach dem StrEG – ein Fall verschuldensunabhängiger Staatshaftung, DVBl. 1990, 145.
Gallois, Franz-Peter, Sachlicher Schutzbereich der Amtspflicht und Verschulden des Bauherren bei einer rechtswidrig erteilten und später aufgehobenen Baugenehmigung, BauR 2002, 884 ff.
Ganter, Hans Gerhard, Die Rechtsprechung des Bundesgerichtshofs zu den Belehrungs-, Hinweis- und Warnpflichten der Notare, WM 1996, 701; ders., Die jüngste Rechtsprechung des BGH zum Notarhaftungsrecht, ZNotP 2006, 42 ff.; ders., Aktuelle Rechtsprechung zum Notarhaftungsrecht, DNotZ 2007, 246 ff.
Gaßner, Hartmut/Kendiza, Jens-Erik, Atomrechtliche Staatshaftung und Laufzeitverlängerungen, ZUR 2010, 456.
Geigel, Reinhart, Der Haftpflichtprozess, 26. Aufl., 2011. *Geis, Max-Emanuel*, Die Schuldrechtsreform und das Verwaltungsrecht, NVwZ 2002, 385.
Geimer, Reinhold, Zivilprozessordnung, 27 Aufl., 2009.
Geißler, Markus, Rechtsprobleme der Amtshaftung bei fehlender Verbürgung der Gegenseitigkeit, DGVZ 1994, 97; ders., Die Geltendmachung und Beitreibung von Ansprüchen aus Truppenschäden nach dem NATO-Truppenstatut, NJW 1980, 2615.
Geldhauser, Hubert, Keine Haftung zwischen Hoheitsträgern bei „gleichsinnigem" Zusammenwirken, BayVBl. 1995, 714.
Gellermann, Martin, Beeinflussung des bundesdeutschen Rechts durch Richtlinien der EG. Dargestellt am Beispiel des europäischen Umweltrechts, Köln, 1994; ders., Staatshaftung und Gemeinschaftsrecht – Nochmals zum Francovich-Urteil des EuGH, EuR 1994, 342.
Giesberts, Ludger, Amtshaftung für überplante Altlasten auf ehemaligen Industrie-, Gewerbe- und Deponieflächen, DB 1996, 361.
Göpfert, Andreas, Der Fruchterhalt im Verwaltungsprozeß: Gedanken zur Fortsetzungsfeststellungsklage, NVwZ 1997, 143.
Gola, Peter/Schomerus, Rudolf, Bundesdatenschutzgesetz, Kommentar, 11. Aufl., 2011.
Gounalakis, Georgios, Verdachtsberichterstattung durch den Staatsanwalt, NJW 2012, 1473.
Grabitz, Eberhard/Hilf, Meinhard (Hrsg.), Das Recht der Europäischen Union, Band II, 48. EL., 2012.
Gramm, Christof, Rechtsfragen der staatlichen AIDS-Aufklärung, NJW 1989, 2917.
Gratias, Matthias, Bankenaufsicht, Einlegerschutz und Staatshaftung, NJW 2000, 786.
Grau, Carsten/Blechschmidt, Vanessa, Ersatzansprüche für Schäden durch strafprozessuale Maßnahmen – insbesondere Durchsuchungsaktionen und Beschlagnahmen, BB 2011, 2378.
Graupeter, Uwe, Rechtsfolgen der rechtswidrigen Versagung des gemeindlichen Einvernehmens und rechtmäßige Handlungsalternativen der Gemeinden zur Verhinderung eines Bauvorhabens, ZfBR 2005, 432 ff.
Gröschner, Rolf, Anmerkung zu BVerwGE 87, 37, JZ 1991, 628; ders., Aufklärung der Öffentlichkeit in Umweltfragen – wirtschaftspolitisches Ziel und wirtschaftsverwaltungsrechtliche Aufgabe, WUR 1991, 71; ders., Öffentlichkeitsaufklärung als Behördenaufgabe, DVBl. 1990, 619.
Groß, Wolfgang, Europa 1992: Einwirkungen des Europäischen Rechts in den innerstaatlichen Bereich der Bundesrepublik Deutschland, JuS 1990, 522.
von der Groeben, Hans/Schwarze, Jürgen, Kommentar zum EU-/EG-Vertrag, 6. Aufl., 2004.

Grzechca, Sven, Amtshaftung wegen Erteilung einer rechtwidrigen Baugenehmigung, NZBau 2008, 497.
Grziwotz, Herbert, Notarielle Pflicht zur Gesetzeskorrektur, NJW 1995, 641.
Gundel, Jörg, Die Bestimmung des richtigen Anspruchsgegners der Staatshaftung für Verstöße gegen Gemeinschaftsrecht, DVBl. 2001, 95; *ders.*, Neue Anforderungen des EGMR an die Ausgestaltung des nationalen Rechtsschutzsystems, DVBl. 2004, 17; *ders.*, Gemeinschaftsrechtliche Haftungsvorgaben für judikatives Unrecht – Konsequenzen für die Rechtskraft und das deutsche „Richterprivileg" (§ 839 II BGB), EWS 2004, 8 ff.
Gündisch, Jürgen/Wienhues, Sigrid, Rechtsschutz in der Europäischen Union, 2. Aufl., 2003.
Haack, Stefan, Die Haftung des Staates für Zufallsschäden, VerwArch 2005, 70; *ders.*, Entschädigungspflichtige Grundrechtseingriffe außerhalb des Eigentumsschutzes, DVBl 2010, 1475.
Haaß, Bernhard, Amtshaftung für Bauplanung bei rechtmäßigem Alternativverhalten?, NJW-Spezial 2008, 396.
Häde, Ulrich, Staatshaftung für legislatives Unterlassen, BayVBl. 1992, 449; *ders.*, Keine Staatshaftung für mangelhafte Bankenaufsicht – Zum Urteil des EuGH vom 12.10.2004 in der Rs. C-222/02, EuZW 2005, 39 ff.
Hager, Gerd/Kirchberg, Christian, Haftungsfragen bei Veränderungssperre, Zurückstellung und faktischer Bausperre, NVwZ 2002, 538.
Hailbronner, Kai, Staatshaftung bei säumiger Umsetzung von EG-Richtlinien. Zur Entscheidung des EuGH v. 19.11.1991 – Rs. C 60/90 und C 9/90, JZ 1992, 284.
Hakenberg, Waltraud, Der europäische zivilrechtliche Verbraucherschutz, AnwBl. 1997, 56.
Haratsch, Andreas, Anm. zu EuGH, Urteil vom 13.6.2006, Rs. C-173/03, Traghetti, JZ 2006, 1176 ff.
Hartmann, Bernd J., Amtshaftung für Volksgesetzgebung, VerwArch 2007, 500.
Haug, Karl H., Fragen des Schadensersatzes in der Notariatspraxis, DNotZ 1978, 514; *ders.*, Anmerkung zu BGH, Entsch. v. 15.11.1984, NJW 1985, 2028, in: DNotZ 1985, 237; *ders.*, Die Amtshaftung des Notars, 2. Aufl., München 1997; *ders.*, Zur Beschwerde nach § 15 Abs. 1 Satz 1 und 3 BNotO im Verhältnis zum Prätendenten-Rechtsstreit zwischen den von der Amtsverweigerung betroffenen Beteiligten und zum Haftpflichtprozeß, DNotZ 1992, 18.
Hebeler, Timo, Die BGH-Rechtsprechung zur Drittbezogenheit der Amtspflichtverletzung im Baurecht – Bestandsaufnahme, Kritik und Ausblick-, VerwArch 2007, 136 ff.
Heckmann, Dirk, E-Government im Verwaltungsalltag, K&R 2003, 425.
Heckner, Wolfgang, Kühler Kopf in der Krisensituation – die Bewältigung von Lebensmittel-Gefahrenfällen, ZLR 1994, 1.
Heintzen, Markus, Die staatliche Warnung als Handlungsform der Verwaltung?, in: *Becker-Schwarze, Katrin* (Hrsg.), Wandel der Handlungsformen im öffentlichen Recht, 1991, S. 167; *ders.*, Hoheitliche Warnungen und Empfehlungen im Bundesstaat, NJW 1990, 1448.
Heitmann, Klaus, Abgeltung von Schäden, verursacht durch ausländische Truppen, VersR 1992, 160.
Henrichs, Helmut, Gemeinschaftsrecht und nationale Verfassungen. Eine Konfliktstudie, EuGRZ 1989, 237.
Hentschel, Peter/König, Peter/Dauer, Peter, Straßenverkehrsrecht, 41. Aufl., 2011.
Herbst, Elke/Lühmann, Hans, Die Staatshaftungsgesetze der neuen Länder, 1997.
Hertwig, Stefan, Haftung für Planungsfehler des Architekten, der Bauingenieurs und der Planungsbehörde, NZBau 2003, 359 ff.
Herz, Bodo, Haftung für Verletzungen der Straßenverkehrssicherungspflicht, NJW-Spezial 2008, 361.
Heselhaus, Sebastian, Die Verjährung im Staatshaftungsrecht nach der Schuldrechtsreform, DVBl. 2004, 411.
Hildebrandt, Thomas/Kaestner, Natalie Klara, Richter- und Schiedsrichterhaftung wegen überlanger Verfahrensdauer, BauR 2010, 2017.
Hillermeier, Heinz, Persönliche Haftung in der öffentlichen Verwaltung, 1999.
Hilsberg, Rainer, Übertragung der hoheitlichen Verkehrssicherungspflicht auf private Dritte, MDR 2010, 62.
Hochhuth, Martin, Vor schlichthoheitlichem Verwaltungseingriff anhören? – Drei Thesen zur Dogmatik des Realhandelns, NVwZ 2003, 30.
Hörstel, Reinhard, Staatshaftung wegen Verschleppung staatsanwaltlicher Ermittlungen (Balsam AG), NJW 1996, 497.

Hoffman, Egon/Pöltl, Rene/Seitter, Oswald, Gaststättenrecht, 5. Aufl., 2003.
Honig, Gerhart /Knörr Matthias, Handwerksordnung, 4. Aufl., 2008.
Hoppe, Rene, Die Notwendigkeit der Rechtsmittelerschöpfung als Voraussetzung der Amtshaftung, JA 2011, 167.
Hoppe, Werner/Bönker, Christian/Grotefels, Susan, Öffentliches Baurecht, 4. Aufl., 2010.
Hoppe, Werner/Henke, Peter, Der Grundsatz der Planerhaltung im Städtebaurecht, DVBl. 1997, 1407.
Hoppenberg, Michael/de Witt, Siegfried (Hrsg.), Handbuch des öffentlichen Baurechts, Stand: 33. EL, 2012.
Horn, Lutz/Graef, Andreas, Vergaberechtliche Sekundäransprüche – Die Ansprüche aus §§ 125, 126 GWB und dem BGB, NZBau 2005, 505.
Huber, Michael, Anwalts-Haftungsfalle „Vergleich" im „Sachverständigen-Prozess", NJW-Editorial, Heft 19/2003.
Huber, Peter M., Die Informationstätigkeit der öffentlichen Hand – ein grundrechtliches Sonderregime aus Karlsruhe?, JZ 2003, 290.
Hüttenbrink, Jost, Die öffentlich-rechtliche Haftung der ehrenamtlichen Organverwalter gegenüber ihren Selbstverwaltungskörperschaften, DVBl. 1981, 989.
Huff, Martin W., Eine erste Bewertung des EuGH-Urteils Dillenkofer, NJW 1996, 3190; *ders.*, Das Vorlageverfahren zum Europäischen Gerichtshof – wichtig auch für Rechtsanwälte, BRAK Mitteilungen 1998, 11.
Huhn, Diether/v. Schuckmann, Hans-Joachim, Beurkundungsgesetz, 4. Aufl., 2003.
Hummel-Liljegren, Hermann, Staatliche Warnungen vor unschädlichen Lebensmitteln sind unverhältnismäßig, unzumutbar und verfassungswidrig, ZLR 1991, 126.
Immenga, Ulrich/Mestmäcker, Ernst-Joachim, Wettbewerbsrecht, Band 2: GWB, 4. Aufl., 2007.
Infratest Burke Rechtsforschung, Zur Reform des Staatshaftungsrechts, Rechtstatsächliche Untersuchungen zu Staatshaftungssachen bei Bund, Ländern und Kommunen – Band 2 Tabellarische Ergebnisse, 1999; *dies.*, Zur Reform des Staatshaftungsrechts, Finanzieller Mehrbedarf bei Bund, Ländern und Kommunen im Falle einer Gesetzesänderung – „Prognose", 2000.
Itzel, Peter, Neuere Entwicklungen im Amts- und Staatshaftungsrecht MDR 2012, 564 ff.; *ders.*, Neuere Entwicklungen im Amts- und Staatshaftungsrecht MDR 2011, 517 ff.; *ders.*, Neuere Entwicklungen im Amts- und Staatshaftungsrecht MDR 2010, 426 ff.; *ders.*, Neuere Entwicklungen im Amts- und Staatshaftungsrecht – Rechtsprechungsüberblick 2006, MDR 2007, 689 ff.
Jacobs, Wolfgang, Haftung des gerichtlichen Sachverständigen, ZRP 2001, 489
Jäde, Henning, Auf der Flucht vor dem neuen Baurecht, BayVBl. 1994, 363; *ders.*, Gemeinde und Baugesuch, 3. Aufl., 2009; *ders.*, Das Ende des gemeindlichen Einvernehmens?, UPR 2011, 125.
Jansen, P., Gesetz über die Angelegenheiten der Freiwilligen Gerichtsbarkeit, 3. Aufl., 2006.
Jarass, Hans D., Die Vorgaben des Europäischen Gentechnikrechts für das deutsche Recht, NuR 1991, 49; *ders.*, EG-Kompetenzen und das Prinzip der Subsidiarität nach Schaffung der Europäischen Union, EuGRZ 1994, 209; *ders.*, Grundfragen der innerstaatlichen Bedeutung des EG-Rechts. Die Vorgaben des Rechts der Europäischen Gemeinschaft für die nationale Rechtsanwendung und die nationale Rechtsetzung nach Maastricht 1994; *ders.*, Konflikte zwischen EG-Recht und nationalem Recht vor den Gerichten der Mitgliedstaaten, DVBl. 1995, 954; *ders.*, Richtlinienkonforme bzw. EG-rechtskonforme Auslegung nationalen Rechts, EuR 1991, 211; *ders.*, Voraussetzungen der innerstaatlichen Wirkung des EG-Rechts, NJW 1990, 2420; *ders.*, Haftung für Verletzung von EU-Recht durch nationale Organe und Amtsträger, NJW 1994, 881
Jarass, Hans D./Pieroth, Bodo, Grundgesetz für die Bundesrepublik Deutschland, 12. Aufl., 2012.
Jauernig, Othmar, Bürgerliches Gesetzbuch, 14. Aufl., 2011.
Jeromin, Curt M., Die Bestandskraft von Verwaltungsakten im Amtshaftungsprozeß, NVwZ 1991, 543; *ders.*, Gemeindliches Einvernehmen – Planungshoheit, Ersetzung und Haftungsfolgen, BauR 2011, 456.
Jerschke, Hans-Ulrich, Öffentlichkeitspflicht der Exekutive und Informationsrecht der Presse, 1971.
Jochum, Georg Nikolaus, Amtshaftung bei Abwägungs- und Prognosefehlern in der Bauleitplanung, 1994.

Johlen, Heribert/Oerder, Michael (Hrsg.), Münchener Anwaltshandbuch, Verwaltungsrecht, 3. Aufl., 2009.

Kapoor, Arun/Klindt, Thomas, Das neue deutsche Produktsicherheitsgesetz (ProdSG), NVwZ 2012, 719.

Kaiser, Stefan, Die fremdenrechtlichen Staatshaftungsausschlüsse im Lichte der Rechtsprechung des EuGH, NVwZ 1997, 667.

Kanzleiter, Rainer, Anmerkung zu BGH, Urt. v. 7. 11. 1978, DNotZ 1979, 311, in: DNotZ 1979, 314.

Kapsa, Bernhard, Aktuelle Probleme des Notarhaftungsrechts in der Rechtsprechung des Bundesgerichtshofs, ZNotP 20007, 2 ff.

Karpenstein, Ulrich/Johann, Christian, Der Honeywell-Beschluss – Staatshaftung für unanwendbare Gesetze?, NJW 2010, 3405.

Kellner, Martin, Zur Drittwirkung der Amtspflicht, DVBl. 2010, 799.

Kemmler, Iris, Nationaler Stabilitätspakt und Aufteilung der EU-Haftung zwischen Bund und Ländern nach der Föderalismusreform, LKV 2006, 529 ff.

Kenntner, Markus, Ein Dreizack für die offene Flanke: Die neue EuGH-Rechtsprechung zur judikativen Gemeinschaftsrechtsverletzung, EuZW 2005, 235 ff.

Ketterer, Hermann/Giehl, Friedrich/Leonhardt,Paul, Die Streupflicht in Gesetzgebung und Rechtsprechung, 3. Aufl., 1970.

Kiethe, Kurt/Groeschke, Peer, Die Stärkung der Rechte des Klägers im Berufungs- und Revisionsrecht durch die Köbler-Entscheidung des EuGH, WRP 2006, 29 ff.

Kilian, Roland/Schwerdtfeger, Carsten, Amtshaftung und Einspruchsverfahren – Neues zur Höhe des Kostenersatzes bei Korrektur von Steuerbescheiden im Einspruchsverfahren, DStR 2006, 1773.

Kischel, Uwe, Handle und liquidiere? – Keine Geschäftsführung ohne Auftrag im öffentlichen Recht, VerwArch. 90 (1999), 391; *ders.*, Gemeinschaftsrechtliche Staatshaftung zwischen Europarecht und nationaler Rechtsordnung, EuR 2005, 441.

Kleinert, Jens/Podewils, Felix, Die Amtshaftung im Steuerrecht – unter besonderer Berücksichtigung der Problematik legislativen Unrechts, BB 2008, 2329.

Klindt, Thomas, Das neue Geräte- und Produktsicherheitsgesetz, NJW 2004, 465

v. Klitzing, Amtshaftungsansprüche bei verzögerter Behandlung von Baugesuchen, BayBgm. 1986, 60.

Kloepfer, Michael/von Lewinski, Kai, Das Informationsfreiheitsgesetz des Bundes, DVBl. 2005, 1277.

Kluth, Winfried, Die Haftung der Mitgliedstaaten für gemeinschaftsrechtswidrige höchstrichterliche Entscheidungen – Schlussstein im System der gemeinschaftsrechtlichen Staatshaftung, DVBl. 2004, 393; *ders.*, Ohne Haftung, F.A.Z. vom 17.11.2011, S. 8

Knuth, Andreas, Die Brandenburgische Bauordnung auf neuen Wegen, LKV 2004, 193 ff.

Koch, Hans-Joachim/Schütte, Peter, Bodenschutz und Altlasten in der Bauleitplanung, DVBl. 1997, 1415.

Koebel, Ulrich, Einstweilige Verfügungen und Pressefreiheit, NJW 1967, 321.

Koenig, Christian, Ausgestaltung von Resale im neuen TKG – ohne Staatshaftungsrisiko!, MMR 2004, 139; *ders.*, Haftung der Europäischen Gemeinschaft gem. Art. 288 II EG wegen rechtswidriger Kommissionsentscheidungen in Beihilfesachen, EuZW 2005, 202 ff.

Kokott, Juliane/Henze, Thomas/Sobotta, Christoph, Die Pflicht zur Vorlage an den Europäischen Gerichtshof und die Folgen ihrer Verletzung, JZ 2006, 633 ff.

Kollmer, Norbert, Zivilrechtliche und arbeitsrechtliche Wirkungen des Gerätesicherheitsgesetzes, NJW 1997, 2015.

Komorowski, Alexis von, Amtshaftungsansprüche von Gemeinden gegen andere Verwaltungsträger, VerwArch. 93 (2002), 62.

Kopp, Ferdinand O./Schenke, Wolf-Rüdiger, Verwaltungsgerichtsordnung, 18. Aufl., 2012; *ders./Ramsauer, Ulrich*, Verwaltungsverfahrensgesetz, 13. Aufl., 2012.

Kraatz, Horst, Durchsetzbarkeit zivilrechtlicher Forderungen und Schuldtitel aus Vertrags- und Schadensersatzrecht gegen Mitglieder der Stationierungsstreitkräfte in der Bundesrepublik Deutschland, NJW 1987, 1126.

Kreissl, Stephan, Die Haftung des Staates für den Einsatz privater Unternehmer, NVwZ 1994, 349.

Kremer, Carsten, Gemeinschaftsrechtliche Grenzen der Rechtskraft, EuR 2007, 470 ff.; *ders.*, Staatshaftung für Verstöße gegen Gemeinschaftsrecht durch letztinstanzliche Gerichte, NJW 2004, 480 ff.

Kretschmer, Joachim, Ist ein Vorstandsmitglied einer Landesbank ein Amtsträger – oder: Die Sache Gribkowsky, StRR 2012, 91.

Krieger, Heike, Haftung des nationalen Richters für Verletzung des Gemeinschaftsrechts – Das Urteil Köbler des EuGH, EuZW 2003, 718, JuS 2004, 855 ff.

Krohn, Günter, Enteignung, Entschädigung, Staatshaftung, 1993; *ders.*, Baurechtlicher Vertrauensschutz bei rechtswidrigen baurechtlichen Genehmigungen, in: Verantwortung und Gestaltung, Festschrift für *Karlheinz Boujong* (1996), S. 573; *ders.*, Der Stand des Rechts der staatlichen Ersatzleistungen nach dem Scheitern des Staatshaftungsgesetzes, VersR 1991, 1085; *ders.*, Amtshaftung und Bauleitplanung – Zur „Altlasten"-Rechtsprechung des Bundesgerichtshofs – in: Festschrift für *Gelzer*, 1991, S. 281; *ders.*, Zum Stand des Rechts der staatlichen Ersatzleistungen nach dem Scheitern des Staatshaftungsgesetzes, VersR 1991, 1085.

Krohn, Günter/Schwager, Gudrun, Die neuere Rechtsprechung des Bundesgerichtshofs zum Amtshaftungsrecht, DVBl. 1992, 321.

Krohn, Günter/de Witt, Siegfried, Schadensersatz wegen nicht erteilten Bauvorbescheids, NVwZ 2005, 1387 ff.

Kügel, Wilfried, Die Entwicklung des Altlasten- und Bodenschutzrechts, NJW 2004, 1570 ff.

Kümper, Boas, Zur Frage einer Staatshaftung beim Zugang zu Umweltinformationen, ZUR 2012, 395.

Kugelmann, Dieter, Das Informationsfreiheitsgesetz des Bundes, NJW 2005, 3609

Kullmann, Hans Josef, Das künftige Produktsicherheitsgesetz, ZRP 1996, 436; *ders.*, Die Rechtsprechung des BGH zum Produkthaftpflichtrecht in den Jahren 1995–1997, NJW 1997, 1746.

Lampert, Stephen, Schäden am Kraftfahrzeug als Folge behördlich veranlasster Abschleppmaßnahmen, NJW 2001, 3526.

v. Landmann, Robert/Rohmer, Gustav, Gewerbeordnung und ergänzende Vorschriften, 61. EL, 2012.

Lebensmittelrechts-Handbuch, verfasst von *Streinz, Rudolf* (Red.), *Bertling, Lutz*, u. a., 28. EL, München 2008 (zitiert: *Verfasser* in Lebensmittelrechts-Hdb.).

Lege, Joachim, Nochmals: Staatliche Warnungen, DVBl. 1999, 569.

Leibholz, Gerhard/Rinck, Hans-Justus/Hesselberger, Dieter, GG, 461. EL, 20012.

Leidinger, Tobias, Hoheitliche Warnungen, Empfehlungen und Hinweise im Spektrum staatlichen Informationshandelns, DÖV 1993, 925.

Leinemann, Ralf, Amtshaftung für Altlasten: Ansprüche eines Mieters, NVwZ 1992, 146.

Lindemann, Michael, Die Pflicht zur menschenwürdigen Unterbringung Strafgefangener als „Kardinalpflicht der Justizvollzugsorgane", JR 2010, 469.

Lindner, Josef Franz, Anm. zu EuGH, Urteil vom 13.06.2006, Rs. C-173/03, Traghetti, BayVBl. 2006, 696 f.

Lühmann, Hans, Die staatshaftungsrechtlichen Besonderheiten in den neuen Ländern, NJW 1998, 3001.

Maass, Eike, Haftungsrecht des Notars, 1994.

Maczynski, Tim, Schadensersatzansprüche gegen die EG basierend auf völkerrechtswidrigem Sekundärrecht, EuZW 2006, 459 ff.

Mader, Oliver, Zur Amtshaftung der Gemeinde für rechtswidrige Beschlüsse des Gemeinderats – ausgewählte Probleme der Haftungsbegründung, BayVBl. 1999, 168.

Mansel, Heinz-Peter, Die Neuregelung des Verjährungsrechts, NJW 2002, 89.

Martens, Joachim, Die Rechtsprechung zum Verwaltungsverfahrensrecht, NVwZ 1987, 106.

Maunz /Dürig, Grundgesetz, 65. EL, 20012.

Maurer, Hartmut, Allgemeines Verwaltungsrecht, 18. Aufl., 2011; *ders.*, Staatshaftung im europäischen Kontext, in: Verantwortung und Gestaltung, Festschrift für Karlheinz Boujong, 1996, S. 591.

Medicus, Dieter, Anm. zu OLG Nürnberg JZ 1967, 61, in: JZ 1967, 63; *ders.*, Gesetzliche Schuldverhältnisse, 5. Aufl., 2007.

Meier, Gert, Zur Einwirkung des Gemeinschaftsrechts auf nationales Verfahrensrecht im Falle höchstrichterlicher Vertragsverletzungen; EuZW 1991, 11; *ders.*, Zur Schadensersatzpflicht

der Bundesrepublik Deutschland für Verstöße gegen Gemeinschaftsrecht – ein Leitfaden für die Zivilgerichte, NVwZ 1996, 660.
Meinert, Philipp/Strauß, Franziska, Amtshaftung der Bundeswehr für Rechtsverletzungen im Rahmen von UN-Friedensmissionen, Jura 2011, 321.
Metzner, Richard, Gaststättengesetz, 6.Aufl., 2002
Meyer, Alfred Hagen, Lebensmittelrecht, 1998.
Meyer, Hubert, Amtspflichten der Rechtsaufsichtsbehörde – Staatliche Fürsorge statt Selbstverwaltung?, NVwZ 2003, 818.
Michel, Elmar/Kienzle, Werner/Pauly, Renate, Das Gaststättengesetz, 14. Aufl., 2003.
Moelle, Dirk/Mecklenbrauck, Henning, Verschärfung und Neuordnung des Produktsicherheitsrechts, PHi 2003, 210.
Möllers, Thomas M. J., Rechtsgüterschutz im Umwelt- und Haftungsrecht, 1996.
Muckel, Stefan, Staatliche Warnungen vor sog. Jugendsekten, JA 1995, 343.
Müggenborg, Hans-Jürgen, Bergschadensersatz nach BBerG, NuR 2011, 689.
Murach, Jochen, Rechtswegzuständigkeit bei Ersatzansprüchen aus verwaltungsrechtlichen Schuldverhältnissen nichtvertraglicher Art, BayVBl. 2001, 682.
Murswiek, Dietrich, Das Bundesverfassungsgericht und die Dogmatik mittelbarer Grundrechtseingriffe – Zu der Glykol- und Osho-Entscheidung vom 26.6.2002, NVwZ 2003, 1; *ders.*, Staatliche Warnungen, Wertungen, Kritik als Grundrechtseingriffe, DVBl. 1997, 1021.
v. Mutius, Albert/Groth Andy, Amtshaftung bei fehlerhafter kommunal-aufsichtsbehördlicher Genehmigung privatrechtlicher Geschäfte, NJW 2003, 1278.
Neusel, Tibet, Die Staatshaftung für Fehler von Finanzbeamten, Stbg 2003, 366.
Nissen, Willi, Amtshaftung der Finanzverwaltung, 2. Aufl., 2005.
Notthoff, Martin, Die Haftung von Trägern öffentlicher Gewalt für durch Handlungen Privater verursachter Schädigungen, NVwZ 1994, 771.
Numberger, Ulrich, Abstandsflächenrecht und Nachbarschutz im vereinfachten Baugenehmigungsverfahren der Bayerischen Bauordnung 2008, BayVBl 2008, 741.
Núñez Müller, Marco, Die Verjährung außervertraglicher Schadensersatzansprüche gegen die EG, EuZW 1999, 611.
Nüßgens, Karl/Boujong, Karlheinz, Eigentum, Sozialbindung, Enteignung, 1987.
Obwexer, Walter, Anm. zu EuGH, Urteil vom 30.9.2003, Rs. C-224/01, Köbler, EuZW 2003, 726 ff.
Ohler, Christoph, Zur Verfassungsmäßigkeit „staatlicher Informationsarbeit", ZLR 2002, 631.
Ortloff, Karsten-Michael, Ex oriente lux – brandenburgische Baugenehmigung mit Konzentrationswirkung, NVwZ 2003, 1218 ff.
Ossenbühl, Fritz, Staatshaftung bei überlangen Gerichtsverfahren, DVBl 2012, 857; *ders.*, Der gemeinschaftsrechtliche Staatshaftungsanspruch, DVBl. 1992, 994; *ders.*, Der polizeiliche Ermessens- und Beurteilungsspielraum, DÖV 1976, 463; *ders.*, Informelles Hoheitshandeln im Gesundheits- und Umweltrecht, in: Jahrbuch des Umwelt- und Technikrechts 1987, S. 27; *ders.*, Staatshaftung für Altlasten, DÖV 1992, 761; *ders.*, Zur Staatshaftung bei behördlichen Warnungen vor Lebensmitteln, ZHR 155 (1991), 329; *ders.*, Staatshaftungsrecht, 5. Aufl., 1998; *ders.*, Umweltpflege durch behördliche Warnungen und Empfehlungen, 1986; *ders.*, Das Staatshaftungsrecht in den neuen Bundesländern, NJW 1991, 1201; *ders.*, Öffentliches Recht in der Rechtsprechung des BGH, NJW 2000, 2945; *ders.*, Enteignungsgleicher Eingriff im Wandel – BGH, NJW 1987, 1945, JuS 1988, 193; *ders./Cornils, Matthias*, Staatshaftungsrecht, 6. Aufl. 2013
Palandt, Otto, Bürgerliches Gesetzbuch, 71. Aufl., 2012.
Palme, Christoph, Staatshaftung wegen Nichtumsetzung des europäischen Gentechnikrechts, EuZW 2005, 109 ff.
Panagiotis, Lazaratos, Rechtliche Auswirkungen der Verwaltungsautomation auf das Verwaltungsverfahren, 1989.
Pape, Kay Artur, Die Bewältigung von Altlasten in der Praxis, NJW 1994, 409.
Papier, Jürgen, Anmerkung zu BGHZ 106, 323, in: DVBl. 1989, 504.
Peine, Franz-Joseph, Anmerkung zu BGH JZ 1987, 822, JZ 1987, 824.
Petershagen, Jörg, Die Amtshaftung für stürzende Verkehrszeichen, NZV 2011, 528.
Pfab, Susanne, Staatshaftung in Deutschland, 1997.
Pfützenreuter, Volker, Zulässiger Rechtsweg in den Amtshaftungsfällen, EFG 2009, 1583.

Philipp, Renate, Staatliche Verbraucherinformation im Umwelt- und Gesundheitsrecht, 1990.
Pieper, Stefan Ulrich, Mitgliedstaatliche Haftung für die Nichtbeachtung von Gemeinschaftsrecht, NJW 1992, 2454; *ders.*, Subsidiaritätsprinzip – Strukturprinzip der Europäischen Union, DVBl. 1993, 705.
Polly, Sebastian/Lach, Sebastian, Das neue Produktsicherheitsgesetz – was Wirtschaftsakteure beachten sollten, BB 2012, 71.
Popper, Hans, Rechtsprobleme der automatisierten Verwaltung, DVBl. 1977, 509.
Potinecke, Harald W., Das Geräte- und Produktsicherheitsgesetz, DB 2004, 55.
Prieß, Hans-Joachim, Die Haftung der EG-Mitgliedstaaten bei Verstößen gegen das Gemeinschaftsrecht, NVwZ 1993, 118.
Prieß, Hans-Joachim/Hölzl, Franz Josef, Drei Worte des EuGH: Schadensersatz ohne Verschulden, NZBau 2011, 21.
Pünder, Hermann/Schellenberg, Dieter, Vergaberecht, 2011.
Queitsch, Peter, Haftungsbestände im Bereich der Abwasserbeseitigung, UPR 2006, 329 ff.
Raap, Christian, Truppenstationierung in Deutschland nach der Wiedervereinigung, MDR 1991, 1129.
Radermacher, Ludger, Gemeinschaftsrechtliche Staatshaftung für höchstrichterliche Entscheidungen, NVwZ 2004, 1415 ff.
Rädler, Peter, Wer haftet für Altansprüche aus dem DDR-Staatshaftungsgesetz?, DtZ 1993, 296.
Raeschke-Kessler, Hilmar, Amtshaftung und vertragliche Haftung bei Altlasten, DVBl. 1992, 683; *ders.*, Amtshaftung, vertragliche Haftung und Störerausgleich bei Altlasten, NJW 1993, 2275.
Rebler, Adolf, Verkehrssicherungspflichten an öffentlichen Straßen, SVR 2007, 129 ff.
Rebmann, Kurt/Säcker, Franz Jürgen/Rixecker, Roland, Münchener Kommentar zum Bürgerlichen Gesetzbuch, Bd. 5, Schuldrecht, Besonderer Teil III (§§ 705–853), 5. Aufl. 2009.
Redeker, Konrad/v. Oertzen, Hans-Joachim, Verwaltungsgerichtsordnung, 15. Aufl., 2010.
Rehbinder, Manfred, Altlasten: Amtshaftung für fehlerhafte Bauleitplanung, JuS 1989, 885.
Reich, Norbert, Der Schutz subjektiver Gemeinschaftsrechte durch Staatshaftung, EuZW 1996, 709; *ders.*, A.G.M. COS.MET oder: Wem dient das EU-Produktsicherheitsrecht, VuR 2007, 410.
Reithmann, Christoph, Handbuch der notariellen Vertragsgestaltung, 8. Aufl., Köln 2001; *ders.*, Neue Vertragstypen des Immobilienerwerbs, NJW 1992, 649; *ders.*, Warnpflichten des Notars bei Beurkundungen, NJW 1995, 3370.
Remus, Dieter, Amtshaftung bei verzögerter Amtstätigkeit des Richters, NJW 2012, 1403.
Rengeling, Hans-Werner, Grundrechtsschutz in der Europäischen Gemeinschaft. Bestandsaufnahme und Analyse der Rechtsprechung des Europäischen Gerichtshofs zum Schutz der Grundrechte als allgemeine Rechtsgrundsätze, 1993.
Rengeling, Hans-Werner/Middeke, Andreas/Gellermann, Martin (Hrsg.), Handbuch des Rechtsschutzes in der Europäischen Union, 2. Aufl., 2003.
Retzlaff, Björn, Schadensersatzanspruch des Bauherrn nach ungerechtfertigter Baueinstellung bei Genehmigungsfreiheit?, NJW 1999, 3224.
Riederer v. Paar, Otto Freiherr, Die Beweislast im Notarhaftpflichtprozeß, DNotZ 1985, 25.
Rinne, Eberhard, Aus der neueren Rechtsprechung des BGH zur Haftung des öffentlichen Hand bei Verletzung der Räum- und Streupflicht auf öffentlichen Verkehrsflächen, NJW 1996, 3303; *ders.*, Die Nachprüfbarkeit von Verwaltungsakten im Verwaltungsprozeß, in: Festschrift für *Boujong* (1996), S. 633; *ders.*, Aus der neueren Rechtsprechung des BGH zur Haftung der öffentlichen Hand bei Verletzung der Räum- und Streupflicht auf öffentlichen Verkehrsflächen, NJW 1996, 3303; *ders./Schlick, Wolfgang*, Die Rechtsprechung des BGH zu den öffentlich-rechtlichen Ersatzleistungen, NVwZ 2002, Beilage Nr. II; *ders.*, Straßenverkehrsregelungs- und Straßenverkehrssicherungspflicht in der amtshaftungsrechtlichen Rechtsprechung des Bundesgerichtshofs, NVwZ 2003, 9.
Rinsche, Franz-Josef, Die Haftung des Rechtsanwalts und Notars, 7. Aufl., 2005.
Robbers, Gerhard, Behördliche Auskünfte und Warnungen gegenüber der Öffentlichkeit, AfP 1990, 84; *ders.*, Schlichtes Verwaltungshandeln, DÖV 1987, 272.
Rodríguez Iglesias, Gil Carlos, Gedanken zum Entstehen einer Europäischen Rechtsordnung, NJW 1999, 1.
Rohlfing, Bernd, Amtshaftung bei rechtswidriger Versagung/Verzögerung von Genehmigungen, BauR 2006, 947 ff.; *ders.*, Amtshaftung wegen behördlicher Falschauskunft,

NdsVBl 2008, 57 ff.; *ders.*, Amtshaftungsbezogener Gesamtschuldnerausgleich zwischen Ausgangs- und Widerspruchsbehörde, KommJur 2011, 326; *ders.*, Die Darlegungs- und Beweislast beim amtshaftungsrechtlichen Verweisungsprivileg (§ 839 I 2 BGB), MDR 2010, 237.

Rosenkötter, Annette, Rechtmäßiges Alternativverhalten bei Bekanntmachungsfehler, NZBau 2008, 497.

Rossi, Matthias, Informationsfreiheitsgesetz, 2006.

Roßnagel, Alexander, Das elektronische Verwaltungsverfahren, NJW 2003, 469; *ders.*, Die fortgeschrittene elektronische Signatur, MMR 2003, 164; *ders.*, Handbuch Datenschutzrecht, 2003.

Rotermund, Carsten/Krafft, Georg, Haftungsrecht in der kommunalen Praxis. Handbuch zur Organisation der Haftungsvermeidung, 5. Aufl., 2013.

Roth, David, Die Garantieerklärung der Bundesregierung: Juristisch unverbindlich – politisch bindend, NJW 2009, 566.

Rozek, Jochen, Grundfälle zur verwaltungsgerichtlichen Fortsetzungsfeststellungsklage, JuS 1995, 414 (Teil I), 598 (Teil 2), 697 (Teil III).

Saenger, Ingo, Staatshaftung wegen Verletzung europäischen Gemeinschaftsrechts, JuS 1997, 865.

Salomon, tim/tho Pesch, Sebastian, License to kill? – Staatshaftung und die Zertifizierung von maritimen Sicherheitsdiensten, ZRP 2012, 1.

Sandkühler, Gerd, Grundlagen des Amtshaftungsrechts, JA 2001, 149.

Säuberlich, Björn-Peter, Staatliche Haftung unter europäischem Einfluss – Die Pflicht zur gemeinschaftsrechtskonformen Auslegung des Amtshaftungsanspruchs bei legislativem Unrecht, EuR 2004, 954 ff.

Schade, Rainer, Öffentliche Warnungen zum Schutz der Verbraucher vor Gesundheitsschäden durch Lebensmittel, Kosmetika und Bedarfsgegenstände, ZLR 1991, 601.

Schaffland, Hans-Jürgen/Wiltfang, Noeme, Bundesdatenschutzgesetz, 2011.

Scheffer, Markus, Regressanspruch gegen Richter wegen Amtspflichtverletzung, NVwZ 2010, 425.

Scheidler, Alfred, Geltung deutschen Rechts bei Baumaßnahmen der Stationierungsstreitkräfte in Deutschland, BayVBl. 2004, 101; *ders.*, Die Verfahrensstandschaft deutscher Behörden für die Stationierungsstreitkräfte, VBlBW 2006, 224 ff.

Schenke, Wolf-Rüdiger, Folgenbeseitigungsanspruch und mitwirkendes Verschulden, JuS 1990, 370.

Schenke, Wolf-Rüdiger/Guttenberg, Ulrich, Rechtsprobleme einer Haftung bei normativem Unrecht – Bemerkungen zu BGH, DÖV 1991, 1065 ff., DÖV 1991, 945

Schenke, Wolf-Rüdiger/Ruthig, Josef, Amtshaftungsansprüche von Bankkunden bei Verletzung der staatlichen Bankenaufsichtspflichten, NJW 1994, 2324.

Scherer, Joachim, Rechtsweg bei öffentlich-rechtlicher „Culpa in contrahendo", NVwZ 1986, 540.

Schieble, Christoph, Öffentliche Warnungen vor unsicheren Verbraucherprodukten: Behördliche Befugnisse und Haftungsrecht, VuR 2007, 401.

Schink, Alexander, Konfliktbewältigung und Amtshaftung bei der Bauleitplanung auf Altlasten, NJW 1990, 351.

Schippel, Helmut/Bracker, Ulrich, Bundesnotarordnung, 9. Aufl., 2011; *ders.*, Das Notariat in den neuen Ländern, DNotZ 1991, 171.

Schlarmann, Hans/Krappel, Thomas, Amtshaftungsansprüche gegen Gemeinden wegen rechtswidriger Versagung ihres Einvernehmens nach § 36 I 1 BauGB auch bei Ersetzungsbefugnis der Baugenehmigungsbehörde?, NVwZ 2011, 215.

Schlattmann, Arne, Anmerkungen zum Entwurf eines Dritten Gesetzes zur Änderung verwaltungsverfahrensrechtlicher Vorschriften, DVBl. 2002, 105.

Schlichter, Otto/Stich, Rudolf/Driehaus, Hans-Joachim/Paetow, Stefan, Berliner Kommentar zum Baugesetzbuch, 17. EL., 2010.

Schlick, Wolfgang, Die neuere Rechtsprechung des Bundesgerichtshofs zur Amtshaftung im Zusammenhang mit dem Baurecht, DVBl 2007, 457 ff.; *ders.*, Die Rechtsprechung des BGH zu den öffentlich-rechtlichen Ersatzleistungen, Teil 1 NJW 2008, 31, Teil 2 NJW 2008, 127; *ders.*, Neuere Rechtsprechung des Bundesgerichtshofs zur Amtshaftung und zur Entschädigung aus enteignungsgleichem Eingriff im Zusammenhang mit dem Baurecht, BauR 2008, 290; *ders.*, Prozessrechtliche Besonderheiten des Amtshaftungsprozesses, DVBl. 2010, 1484.

Schlick, Wolfgang/Rinne, Eberhard, Die Rechtsprechung des BGH zum Staatshaftungsrecht, NVwZ 1997, 1065 (Teil I) und 1171 (Teil II).
Schmid, Hugo, Der Umfang der Raum- und Streupflicht auf öffentlichen Straßen und Wegen, NJW 1988, 3177.
Schmidt, Burkhard, Der Irrtum des Kollegialgerichts als Entschuldigungsgrund?, NJW 1993, 1630.
Schmitt-Kammler, Arnulf, Das „Sonderopfer" – ein lebender Leichnam im Staatshaftungsrecht?, NJW 1990, 2515.
Schneider, Egon, Anmerkung zu BGH, Urt. v. 28.4.1966, NJW 1966, 1263.
Schneider, Jens-Peter, Effektiver Rechtsschutz Privater gegen EG-Richtlinien nach dem Maastricht-Urteil des Bundesverfassungsgerichts, AöR 119 (1994), 294.
Schneider, Tobias, Folgenbeseitigung im Verwaltungsrecht, 1994.
Schneider, Wilhelm, Haftungsfragen im Zusammenhang mit der Verkehrssicherheit von Bäumen, VersR 2007, 743 ff.
Schoch, Friedrich, Staatliche Informationspolitik und Berufsfreiheit, DVBl. 1991, 667; *ders.*, Amtshaftung, Jura 1988, 585; *ders.*, Die Haftungsinstitute des enteignungsgleichen und enteignenden Eingriffs im System des Staatshaftungsrechts, Jura 1989, 529; *ders.*, Die Haftung aus enteignendem und enteignungsgleichem Eingriff, Jura 1990, 140; *ders.*, Geschäftsführung ohne Auftrag im öffentlichen Recht, Jura 1994, 241; *ders.*, Individualrechtsschutz im deutschen Umweltrecht unter dem Einfluß des Gemeinschaftsrechts, NVwZ 1999, 457; *ders.*, Amtliche Publikumsinformation zwischen staatlichem Schutzauftrag und Staatshaftung, NJW 2012, 2844.
Schoch, Friedrich/Schmidt-Aßmann, Eberhard/Pietzner, Rainer (Hrsg.), Verwaltungsgerichtsordnung, Kommentar, 21. EL, 2011.
Schockweiler, Fernand, Die Haftung der EG-Mitgliedstaaten gegenüber dem einzelnen bei Verletzung des Gemeinschaftsrechts, EuR 1993, 107.
Schöndorf-Haubold, Bettina, Die Haftung der Mitgliedstaaten für die Verletzung von EG-Recht durch nationale Gerichte, JuS 2006, 112.
Scholz, Georg/Tremml, Bernd, Staatshaftungs- und Entschädigungsrecht, 5. Aufl., 1994.
Schomerus, Thomas/Tolkitt, Ulrike, Die Umweltinformationsgesetze der Länder im Vergleich, NVwZ 2007, 1119.
Schotten, Günther, Schmellenkamp, Cornelia, Das internationale Privatrecht in der notariellen Praxis, 2. Aufl., 2007.
Schröder, Stephan, Straßenverkehrssicherungspflicht: Räum- und Streupflicht im Winter, SVR 2007, 419 ff.
Schröder, Meinhard, Das Bundesverfassungsgericht als Hüter des Staates im Prozeß der europäischen Integration. Bemerkungen zum Maastricht-Urteil, DVBl. 1994, 316.
Schröer, Thomas/Kullick, Christian, Zur Amtshaftung bei Ersetzung des gemeindlichen Einvernehmens, NZBau 2012, 31.
Schullan, Rudolf, Zur Reform der Staatshaftung, BayVBl. 1990, 360.
Schumacher, Hermann, Die Änderungen des BauGB durch das Gesetz zur Erleichterung von Planungsvorhaben für die Innenentwicklung der Städte (BauGB2007) unter besonderer Berücksichtigung haftungsrechtlicher Aspekte, BADK-Information 3/2007, 115 ff.
Schuppan, Tino/Reichard, Christoph, eGovernment: Von der Mode zur Modernisierung, LKV 2002, 105.
Schwager, Gudrun/Krohn, Günter, Die neuere Rechtsprechung des Bundesgerichtshofs zum Amtshaftungsrecht, DVBl. 1990, 1077.
Schwarz, Kyrill-A., Regressmöglichkeiten des Landes gegen Kommunen bei Verletzung von Gemeinschaftsrecht?, KommJur 2010, 45.
Seidl, Achim/Reimer, Ekkehart/Möstl, Markus, Allgemeines Verwaltungsrecht, 2003.
Seitz, Claudia: Schadenersatzanspruch eines Unternehmens wegen der rechtswidrigen Untersagung eines Zusammenschlusses durch die Europäische Kommission, EuZW 2007, 659 ff.
Sellmann, Christian/Augsberg, Steffen, Chancen und Risiken des Bundesinformationsfreiheitsgesetzes – Eine „Gebrauchsanleitung" für (private) Unternehmen, WM 2006, 2293.
Seyfahrt, Sebastian, Haftung des Anwalts für Fehler des Gerichts, AnwBl. 2009, 48
Simitis, Spiros, Bundesdatenschutzgesetz, 7. Aufl., 2011.
Simon, Alfons/Busse, Jürgen (Hrsg.), Bayerische Bauordnung, Bd. I, bearbeitet von *Bauer, Sabine*, u. a., 108. Aufl. 2012.

Soergel, Hans-Theo, neu hrsg. v. *Siebert, W.*, Bürgerliches Gesetzbuch: mit Einführungsgesetz und Nebengesetzen, 13. Aufl. (Bd. 1 und Bd. 2) u. 13. Aufl. (Bd. 4) 1978, 1988, 1999, 2002.
Sprau, Hartwig (Hrsg.), Justizgesetze in Bayern, 1988.
Staab, Ulrich, Der Straßenzustand und die Verkehrssicherungspflicht der öffentlichen Hand im Straßenverkehr, VersR 2003, 689 ff.
Staudinger, Julius von, Kommentar zum Bürgerlichen Gesetzbuch, 13. Aufl., 2003.
Steffen, Erich, Haftung für Amtspflichtverletzungen des Staatsanwalts, DRiZ 1972, 153.
Stein, Christoph/Itzel, Peter/Schwall, Karin, Praxishandbuch des Amts- und Staatshaftungsrechts, 2005.
Steinbach, Armin, Zur Rechtswirkung von WTO-Streitbeilegungsentscheidungen in der Gemeinschaftsrechtsordnung – zugleich Anmerkung zum EuGH-Urteil Léon van Parys, EuZW 2005, 331 ff.
Steinle, Christian/Schwartz, Simone, Schadensersatz wegen Fehlern im Fusionskontrollverfahren: das Urteil Schneider III, BB 2007, 1741 ff.
Steinweg, Christian, Zur Bedeutung der Bestandskraft von Verwaltungsakten im Amtshaftungsprozess, NJW 2003, 3037.
Stelkens, Paul/Bonk, Heinz-Joachim/Sachs, Michael, Verwaltungsverfahrensgesetz, 7. Aufl., 2008.
Stelkens, Ulrich, Zum Erfordernis einer Staatshaftung gegenüber juristischen Personen des öffentlichen Rechts, DVBl. 2003, 22; *ders.*, Amtshaftung und Regress bei Schädigungen durch Verwaltungshelfer, JZ 2004, 656; *ders.*, Die Stellung des Beliehenen innerhalb der Verwaltungsorganisation – dargestellt am Beispiel der Beleihung nach § 44 III BHO/LHO, NVwZ 2004, 304.
Stich, Rudolf, Überplanung problematischer Flächen für Zwecke der Bebauung, DVBl. 2001, 409.
Stöhr, Karlheinz, Schadensersatzansprüche wegen verspäteter Umsetzung der EG-Pauschalreiserichtlinie, NJW 1999, 1062.
Stollenwerk, Detlef, Verkehrsberuhigung und Verkehrssicherungspflicht, VersR 1995, 21.
Storr, Stefan, Abschied vom Spruchrichterprivileg?, DÖV 2004, 545 ff.
Streinz, Rudolf, Anmerkungen zu dem EuGH-Urteil in der Rechtssache Brasserie du Pêcheur und Factortame, EuZW 1996, 201; *ders.*, EUV, AEUV, 2. Aufl., 2012; *ders.*, Anm. zu EuGH, Urteil vom 30.09.2003, Rs. C-224/01, Köbler, JuS 2004, 425 ff.
Stüer, Bernhard, Der Bebauungsplan. Städtebaurecht in der Praxis, 4. Aufl., 2009; *ders.*, Handbuch des Bau- und Fachplanungsrechts. Planung – Genehmigung – Rechtsschutz, 4. Aufl., 2009.
Stuttmann, Martin, Zweite Chance beim Zivilrichter: Die Amtshaftungsklage gegen bestandskräftige Verwaltungsakte, NJW 2003, 1432.
Sydow, Gernot, Informationsgesetzbuch häppchenweise, NVwZ 2008, 481.
Terhechte, Philipp, Zum Amtshaftungsanspruch bei Organisationsmängeln innerhalb der Dritten Gewalt, DVBl. 2007, 1134.
Terwiesche, Michael, Staatshaftung für Altbergbauschäden, NVwZ 2007, 284 ff.; *ders.*, Kriegsschäden und Haftung der Bundesrepublik Deutschland, NVwZ 2004, 1324 ff.
Thomas, Heinz/Putzo, Hans, Zivilprozessordnung mit GVG und EG, 33. Aufl., 2012.
Tietjen, Daniel, Die Bedeutung der deutschen Richterprivilegien im System des gemeinschaftsrechtlichen Staatshaftungsrechts – Das EuGH-Urteil „Traghetti del Mediterraneo".
Tombrink, Christian, Der irrende OLG-Senat – Zur Amtshaftung für fehlerhafte Gerichtsentscheidungen, NJW 2002, 1324; *ders.*, „Der Richter und sein Richter" – Fragen der Amtshaftung für richterliche Entscheidungen, DRiZ 2002, 296.
Treffer, Christian, Zur Gefährdungshaftung der Sicherheitsbehörden, BayVBl. 1996, 200.
Tremml, Bernd/Nolte, Steffen, Amtshaftung wegen behördlicher Warnungen nach dem Produkthaftungsgesetz, NJW 1997, 2265.
Tremml, Bernd/Luber, Michael, Amtshaftungsansprüche wegen rechtswidriger Produktinformationen, NJW 2005, 1745; *dies.*, Die Amtshaftung der Handwerksorganisationen, GewArch 2007, 393; dies., Amtshaftungsansprüche wegen rechtswidriger Produktwarnungen, NJW 2013, 262.
Unterreitmeier, Johannes, Die Bereinigung der Rechtswegzuweisungen im Staatshaftungsrecht, BayVBl. 2009, 289.
Vogel, Joachim, Amtspflichten der Staatsanwaltschaft gegenüber dem Verletzten?, NJW 1996, 3401.

Volhard, Rüdiger, Amtspflichten des Notars bei Eingriffen in den Vertragsvollzug, DNotZ 1987, 523.
Vonnahme, Burkhard, Staatshaftung für Umweltschäden infolge normativen Unrechts, 1994.
Wagner, Georg, Das Zweite Schadensersatzrechtsänderungsgesetz, NJW 2002, 2049.
Wagner, Klaus, Amtshaftungsrechtliche Folgen fehlerhaften Handelns der Finanzverwaltung und Finanzgerichtsbarkeit, ZSteu 2011, 337.
Waldner, Wolfram, Anm. zu OLG Brandenburg, Entsch. v. 11.12.1995, DNotZ 1997, 248, in: DNotZ 1997, 252.
Waltermann, Änderungen im Schadensrecht durch das neue SGB VII, NJW 1997, 3401.
Weber, Claus, Neue Konturen des gemeinschaftsrechtlichen Staatshaftungsanspruchs nach der Entscheidung des EuGH in der Rechtssache Konle, NVwZ 2001, 287.
Weber, Sebastian, Informationsfreiheitsgesetze und prozessuales Akteneinsichtsrecht, NVwZ 2008, 1284.
de Weerth, Jan, Rückwirkende EuGH-Urteile und Bestandskraft von Steuerbescheiden, DStR 2008, 1669.
Wegener, Bernhard W., Staatshaftung für die Verletzung von Gemeinschaftsrecht durch nationale Gerichte?, EuR 2002, 785 ff.
Weise, Stefan/Hänsel, Tobias, Anm. zu BGH Urt. v. 25.10.2007 – Az. III ZR 62/07 (= BeckRS 2007, 18753), NJW-Spezial 2008, 108.
von Weschpfennig, Armin, Der Regress des Staates beim beliehenen Unternehmer – Anwendbarkeit der Grundsätze zum verwaltungsrechtlichen Schuldverhältnis –, DVBl. 2011, 1137.
Widmann, Werner, Anmerkung zum Urteil des BGH vom 12.5.2011, BB 2011, 2342
Willenbruch, Klaus, Zur Frage etwaiger Schadensersatzansprüche von Bietern gegen den Auftraggeber – Anmerkung zur Entscheidung des BGH vom 26.1.2010 – X ZR 86/08, VergabeR 2010, 859.
Wißmann, Hinnerk, Amtshaftung als Superrevision der Verwaltungsgerichtsbarkeit, NJW 2003, 3455.
Wolff, Hans J./Bachof, Otto/Stober, Rolf, Verwaltungsrecht I, 12. Aufl., 2007.
Wolff, Hans J./Bachof, Otto/Stober, Rolf, Verwaltungsrecht II, 7. Aufl., 2010.
Wurm, Michael, Schadensersatzfragen bei der Überplanung sog. „Altlasten", UPR 1990, 201; ders., Das Einvernehmen der Gemeinde nach § 36 BauGB in der neueren (Amtshaftungs-)Rechtsprechung des Bundesgerichtshofs, in: Verantwortung und Gestaltung, Festschrift für *Karlheinz Boujong* (1996), S. 687.
Wustmann, Ulrich, Privatisierung von Laborleistungen und Fragen der Amts- und Staatshaftung, BayVBl. 2007, 449.
Zeidler, Karl, „Verwaltungsfabrikat" und Gefährdungshaftung, DVBl. 1959, 681.
Zeiser, Eva-Maria, Der Wegfall der Außenwirkung der Einvernehmensversagung – Kommt der Paradigmenwechsel im kommunalen Haftpflichtrecht Bayerns? –, BayVBl. 2010, 613.

1. Teil. Überblick

1. Kapitel. Einführung

Im Amtshaftungsprozess stoßen zwei rechtliche Welten aufeinander: In einem Zivilprozess werden dem öffentlichen Recht zuzuordnende Rechtsfragen auf der Grundlage einer bürgerlich-rechtlichen Haftungsnorm behandelt. Naturgemäß führt das zu erheblichen Schwierigkeiten sowohl auf der materiell-rechtlichen als auch auf der prozessualen Ebene.

Nach einer statistischen Erhebung zur Reform des Staatshaftungsrechts aus dem Jahre 1972 scheiterten rund 75 Prozent aller Amtshaftungsklagen ganz, etwa 20 Prozent der Klagen wurden zum Teil abgewiesen.[1] Einer vom Bundesministerium der Justiz in Auftrag gegebenen Studie zum Geschäftsanfall in Staatshaftungssachen für die Jahre 1993 bis 1995 zufolge hat sich daran nichts Wesentliches geändert.[2] Die auffallend hohe Misserfolgsquote ist wohl unter anderem darauf zurückzuführen, dass der Tatbestand der Amtshaftung aufgrund seiner historisch bedingten „Verzerrungen und Ungereimtheiten"[3] denkbar undurchsichtig ist.

Nach der Statistik stehen die Chancen des Hoheitsträgers für die erfolgreiche Abwehr eines Amtshaftungsanspruchs also weitaus besser als die Chancen des Klägers. Jedoch ist der Prozess auch für den Beklagten mit erheblichen Schwierigkeiten und Risiken behaftet: Im Hinblick auf bestimmte Anspruchsvoraussetzungen zeigt die Rechtsprechung eine klare Tendenz zur Ausweitung der Haftung, beispielsweise bei der weitgehenden „Objektivierung" des Verschuldensmerkmals oder bei der restriktiven Anwendung der Subsidiaritätsklausel des § 839 Abs. 1 Satz 2 BGB bei der Teilnahme am allgemeinen Straßenverkehr.

Auch die vom Bundesministerium der Justiz in Auftrag gegebene rechtstatsächliche Untersuchung belegt, dass ein Vorgehen gegen den rechtswidrig handelnden Hoheitsträger nicht von vornherein aussichtslos ist: Von insgesamt 112.854 in den Jahren 1993 bis 1995 bei Bund, Ländern und Kommunen geltend gemachten Entschädigungsansprüchen wurde nur in 36.138 Fällen jegliche Leistung verweigert; von den insgesamt geltend gemachten Forderungen in Höhe von über 943 Mio. DM wurden immerhin über 265 Mio. DM zuerkannt.[4] Den größten Anteil daran trugen die Kommunen: Gegen sie wurden in insgesamt 73.170 Fällen Ansprüche in einem Volumen von über 548 Mio. DM geltend gemacht, Zahlungen wurden in Höhe von über 176 Mio. DM geleistet.[5]

Nach Art. 34 Satz 3 GG haben über die Frage, ob für hoheitliches Unrecht nach Amtshaftungsgrundsätzen gehaftet wird, nicht die Verwaltungsgerichte, sondern die ordentlichen Gerichte zu entscheiden. Diese Rechtswegzuweisung erweist sich als wenig sachgerecht. Es ist kein Geheimnis, dass die Beurteilung rein öffentlich-

---

[1] Reform des Staatshaftungsrechts, S. 161, 197; vgl. hierzu *Schneider, T.*, S. 23 f.
[2] *Infratest Burke Rechtsforschung*, Band 2 Tabellen B 4.1, K 4, L 4.1.
[3] So *Ossenbühl/Cornils* (Staatshaftungsrecht), S. 8.
[4] *Infratest Burke Rechtsforschung*, Zur Reform des Staatshaftungsrechts – Band 2 Tabelle T 1/93–95.
[5] *Infratest Burke Rechtsforschung*, Zur Reform des Staatshaftungsrechts – Band 2 Tabelle TK 1/93–95.

rechtlicher Fragen vielen Zivilrichtern Schwierigkeiten bereitet. Dies erklärt auch, warum so viele Amtshaftungsfälle ihren Weg zum BGH finden. Die Anzahl der höchstrichterlichen Entscheidungen zur Amtshaftung ist mittlerweile kaum noch überschaubar.

6   Allein mit den Gesetzestexten des § 839 BGB und des Art. 34 GG lassen sich Amtshaftungsfälle nicht lösen. Bedingt durch die zahlreichen Defizite der Anspruchsgrundlage hat der BGH eine Vielzahl von Korrekturen vorgenommen, die das Amtshaftungsrecht überwiegend zum „case law" machen.

7   Mit diesem Band soll versucht werden, die materiell-rechtlichen Aspekte des Amtshaftungsanspruchs und die bei der gerichtlichen Durchsetzung auftretenden Probleme anschaulich zu machen. Hierbei kann es nicht bei einer isolierten Betrachtung der Amtshaftung nach § 839 BGB i. V. m. Art. 34 GG als staatlicher Haftung für verschuldetes hoheitliches Unrecht verbleiben. Vielmehr müssen Parteien und Gericht auch weitere Anspruchsgrundlagen berücksichtigen, die an hoheitliches Unrecht anknüpfen. Diese weisen in ihren Voraussetzungen und Rechtsfolgen zumeist erhebliche Unterschiede zur Amtshaftung auf. Ein Beispiel hierfür ist der verschuldensunabhängige Anspruch aus enteignungsgleichem Eingriff, der im Amtshaftungsprozess von Amts wegen zu prüfen ist.

8   Der Schwerpunkt der Darstellung liegt – ihrem Titel entsprechend – auf den materiell-rechtlichen Voraussetzungen des Amtshaftungsanspruchs und seiner Durchsetzung im Prozess. Daneben werden – in Grundzügen – die weiteren an hoheitliches Unrecht anknüpfenden Anspruchsgrundlagen berücksichtigt. Demgegenüber werden Ansprüche, die auf ein rechtmäßiges hoheitliches Handeln zurückgehen, wie etwa die Entschädigung bei rechtmäßiger Enteignung nach Art. 14 Abs. 3 GG in Verbindung mit einer einfachgesetzlichen Entschädigungsvorschrift, nicht behandelt. Diesbezüglich ergeben sich regelmäßig keine Konkurrenzfragen oder Verknüpfungen zur Amtshaftung.

2. Kapitel. Die Amtshaftung im System der staatlichen Ersatzleistungen

A. Das Recht der staatlichen Ersatzleistungen als „gewachsenes Chaos"

Das Recht der staatlichen Ersatzleistungen[6] umfasst unterschiedliche Schadensersatz-, Entschädigungs- und Wiederherstellungsansprüche des Bürgers bei Beeinträchtigung seiner Rechte durch hoheitliches Verhalten. Die einzelnen Anspruchsgrundlagen überschneiden und ergänzen sich, teilweise schließen sie sich gegenseitig aus. Das Recht der staatlichen Ersatzleistungen stellt sich nicht als ein in sich geschlossenes und stimmiges System, sondern eher als ein „gewachsenes Chaos" dar.[7] Grundsätzlich lassen sich dabei zwei Arten der Ersatzleistungen voneinander trennen: die Haftung für hoheitliches Unrecht und der Ausgleich von Nachteilen in Fällen rechtmäßiger Ausübung von Staatsgewalt.[8]

I. Haftung für hoheitliches Unrecht

Die Haftung des Staates gegenüber dem Bürger für hoheitliches Unrecht ist ein wesentliches Merkmal der Rechtsstaatlichkeit: Die Staatshaftung ergänzt den Grundsatz der Gesetzmäßigkeit der Verwaltung (Art. 20 Abs. 3 GG) und die Rechtsschutzgarantie (Art. 19 Abs. 4 GG).[9]

Die klassische Form der Unrechtshaftung und wesentliche Säule im System des Ersatzleistungsrechts ist die in § 839 BGB i. V. m. Art. 34 GG normierte Amtshaftung. Sie knüpft an rechtswidriges und schuldhaftes Verhalten eines Amtsträgers im Rahmen hoheitlicher Betätigung an und gewährt einen Schadensersatzanspruch in Geld.

Die zweite Säule der Unrechtshaftung bildet die auf dem Prinzip der Lastengleichheit aller Bürger basierende Aufopferungsentschädigung für rechtswidrige Eingriffe in das Eigentum (Anspruch aus enteignungsgleichem Eingriff) oder in immaterielle Rechtsgüter im Sinne von Art. 2 Abs. 2 GG (allgemeiner Aufopferungsanspruch). Die Entschädigung nach Aufopferungsgrundsätzen setzt im Gegensatz zur Amtshaftung kein schuldhaftes Verhalten voraus.

Hinzu treten zahlreiche weitere gesetzlich normierte Anspruchsgrundlagen, etwa die in verschiedenen Gesetzen geregelte öffentlich-rechtliche Gefährdungshaftung.

---

[6] Vgl. zu diesem Begriff *Maurer*, § 25, Rn. 1 ff., der Terminus bezeichnet das gesamte System der öffentlich-rechtlichen Restitutions- und Kompensationsleistungen, unabhängig davon, ob die Ersatzleistungspflicht des Staates auf rechtmäßigem oder rechtswidrigem Handeln beruht. Die Terminologie im Schrifttum ist uneinheitlich. *Ossenbühl* verwendet diesbezüglich den Begriff der „Staatshaftung" in einem umfassenden Sinn. Vgl. zum Sprachgebrauch *Schneider, T.*, S. 18, Fn. 1 m. w. N.

[7] *Ossenbühl/Cornils* (Staatshaftungsrecht), S. 2. Sehr kritisch auch *Kluth*, F.A.Z.v. 17.11.2011, S. 8: „dunkler Fleck auf der weißen Weste des Rechtsstaats", „Regelungen, die entweder funktionell überholt sind (...) oder auf rechtsstaatlich bedenklichen richterrechtlichen Konstruktionen beruhen".

[8] *Schneider, T.*, S. 18 f.

[9] *Maurer*, § 25, Rn. 9.

14 Die Rechtsprechung hat verbleibende unbillige Haftungslücken teilweise durch richterrechtlich begründete Ansprüche geschlossen. Hierbei handelt es sich um die Haftung für die Verletzung von Pflichten aus „verwaltungsrechtlichen Schuldverhältnissen", denn auf „Naturalrestitution" gehenden öffentlich-rechtlichen Folgenbeseitigungsanspruch und den sozialrechtlichen Herstellungsanspruch.

15 Übersichtsweise lassen sich die Anspruchsgrundlagen wegen „hoheitlichen Unrechts" gegen nationale Hoheitsträger damit von der Rechtsfolgenseite her wie folgt einteilen:

I. Schadensersatzansprüche

Der von einer öffentlich-rechtlichen Körperschaft zu leistende Schadensersatz ist grundsätzlich auf Ersatz in Geld beschränkt. Naturalrestitution kann regelmäßig nicht verlangt werden.

1. **Öffentlich-rechtliche Gefährdungshaftung:** Verschuldensunabhängige Haftung.
2. **Haftung wegen Pflichtverletzung im Rahmen eines verwaltungsrechtlichen Schuldverhältnisses:** quasivertragliche, verschuldensabhängige Haftung.
3. **Amtshaftung gem. § 839 BGB i. V. m. Art. 34 GG:** auf den Staat übergeleitete Haftung für rechtswidriges und schuldhaftes Verhalten eines Amtsträgers.
4. **Staatshaftung nach § 1 StHG DDR:** verschuldensunabhängige Haftung für rechtswidriges Verhalten der Landes- und Kommunalbehörden in den neuen Bundesländern (mit Ausnahme von Berlin und Sachsen).
5. **Unionsrechtlich begründete Staatshaftung:** Haftung des Mitgliedsstaats bei qualifiziertem Verstoß gegen eine individualschützende Rechtsnorm des Unionsrechts.

II. Entschädigungsansprüche

Von den Schadensersatzansprüchen sind die Entschädigungsansprüche streng zu unterscheiden. Zwar bezwecken auch sie die finanzielle Kompensation für einen eingetretenen Schaden, doch beschränkt sich die Entschädigung im Wesentlichen auf einen Ausgleich, der regelmäßig hinter dem Schadensersatz zurückbleibt. Ebenso wie der Schadensersatz ist die Entschädigung auf Ausgleich in Geld beschränkt.

1. **Anspruch aus enteignungsgleichem Eingriff:** Entschädigung für eine rechtswidrige Beeinträchtigung des Eigentums.
2. **Allgemeiner Aufopferungsanspruch:** Entschädigung für rechtswidrige Eingriffe in ein nicht-vermögenswertes Recht.

III. Ansprüche auf Folgenbeseitigung und Erstattung

Sofern der betroffene Bürger keine finanzielle Kompensation für eine erlittene **Rechtsbeeinträchtigung**, sondern Folgenbeseitigung oder die (Rück-)Erstattung **erbrachter** Leistungen begehrt, kommen die folgenden Anspruchsgrundlagen in Betracht:

1. **Öffentlich-rechtlicher Folgenbeseitigungsanspruch:** Anspruch auf Wiederherstellung des status quo (= eingeschränkte Naturalrestitution).
2. **Sozialrechtlicher Herstellungsanspruch:** Herstellung des Rechtszustands, der bei ordnungsgemäßem Verwaltungshandeln bestehen würde.
3. **Öffentlich-rechtlicher Erstattungsanspruch:** Ausgleich rechtsgrundlos erworbener Vermögensvorteile.

II. Ersatzpflicht bei rechtmäßigen hoheitlichen Eingriffen

Die Ersatzpflicht des Staates ist aber nicht auf die Fälle des hoheitlichen Unrechts beschränkt. Greift der Staat im Interesse des Allgemeinwohls rechtmäßig in geschützte Rechtspositionen des Einzelnen ein, so sind die hieraus resultierenden Belastungen regelmäßig durch eine Entschädigungsleistung auszugleichen.

Bei einer Enteignung ist nach Maßgabe des Art. 14 Abs. 3 GG eine Enteignungsentschädigung zu leisten.[10] Bei Beschränkungen des Eigentums, die für den Betroffenen eine unverhältnismäßige und nicht mehr zumutbare Belastung darstellen, besteht nach den Grundsätzen der ausgleichspflichtigen Inhaltsbestimmung im Rahmen des Art. 14 Abs. 1 Satz 2 GG ein „eigentumsrechtlicher Ausgleichsanspruch", der auf Entschädigung gerichtet ist.[11] Werden dem Betroffenen durch eine rechtmäßige hoheitliche Maßnahme hinsichtlich einer durch Art. 14 Abs. 1 GG geschützten Rechtsposition Nachteile auferlegt, die die enteignungsrechtliche Opfergrenze überschreiten, so ist nach allgemeinen Aufopferungsgrundsätzen eine Entschädigung aus enteignendem Eingriff zu leisten.[12]

Verbrechensopfer und deren Hinterbliebene können schließlich nach dem Gesetz über die Entschädigung für Opfer von Gewalttaten (OEG) eine Versorgung in entsprechender Anwendung der Vorschriften des Bundesversorgungsgesetzes erhalten. Ihren Rechtsgrund findet diese Entschädigungsleistung sowohl im Gedanken der Aufopferung als auch im Sozialstaatsprinzip.[13]

B. Neuere Entwicklungen und Reformbestrebungen

I. Reform des Staatshaftungsrechts

Die offensichtlichen Mängel im System der Amtshaftung wurden durch die Korrekturen der Rechtsprechung nur zum Teil behoben. Durch die Entwicklung ergänzender Haftungsinstitute entstand ein mehrschichtiges und komplexes Staatshaftungsrecht, das sich aus sehr unterschiedlichen und nur unvollkommen aufeinander abgestimmten gesetzlichen, gewohnheitsrechtlichen und richterrechtlichen Rechtsinstituten zusammensetzt.[14] Aufgrund der Unübersichtlichkeit und Komplexität des Rechts der staatlichen Ersatzleistungen hat es immer wieder Anstöße gegeben, das Staatshaftungsrecht in einem einheitlichen Gesetz zu kodifizieren.

Als Ergebnis einer nahezu zwanzigjährigen Vorarbeit trat Anfang 1982 das Staatshaftungsgesetz des Bundes in Kraft. Dieses ersetzte die Amtshaftung nach § 839 BGB i. V. m. Art. 34 GG durch eine unmittelbare, verschuldensunabhängige und ausschließliche Unrechtshaftung des Staates. Das Staatshaftungsgesetz wurde jedoch vom Bundesverfassungsgericht mit Urteil vom 19.10.1982 wegen fehlender Gesetzgebungskompetenz des Bundes für verfassungswidrig erklärt.[15]

---

[10] Siehe hierzu *Ossenbühl/Cornils* (Staatshaftungsrecht), S. 153 ff.; *Maurer*, § 27, Rn. 26 ff.
[11] Vgl. BVerfGE 58, 137 (Pflichtexemplarentscheidung); BVerfGE 79, 174, 192; BGH NJW 1993, 1255; BGH NJW 1993, 2095; siehe hierzu *Maurer*, § 27, Rn. 79 ff.
[12] Siehe hierzu *Ossenbühl/Cornils* (Staatshaftungsrecht), S. 325 ff.; *Maurer*, § 27, Rn. 107 ff.
[13] *Ossenbühl/Cornils* (Staatshaftungsrecht), S. 470.
[14] *Maurer*, § 25, Rn. 1.
[15] BVerfGE 61, 149; vgl. hierzu *Maurer*, § 25 Rn. 5 ff.; *Ossenbühl/Cornils* (Staatshaftungsrecht), S. 751; *Pfab*, S. 21 ff.

20 Mit Gesetz zur Änderung des Grundgesetzes vom 27.10.1994 wurde deshalb dem Bund in Art. 74 Abs. 1 Nr. 25 GG die konkurrierende Gesetzgebungskompetenz für die Staatshaftung eingeräumt; die Föderalismusreform I hat hieran nichts geändert. Der Bund könnte nunmehr ein umfassendes Staatshaftungsgesetz erlassen.[16]

21 Maßgeblicher Ansatz der Reformvorschläge ist die Schaffung einer originären und primären Haftung des Staates wegen hoheitlicher Verletzung drittgerichteter Rechtspflichten, die grundsätzlich verschuldensunabhängig sein soll und eine Eigenhaftung des Amtsträgers ausschließt.[17] Die Reformvorschläge sehen außerdem eine Vereinheitlichung und Harmonisierung des primären und sekundären Rechtsschutzes vor, da die gegenwärtige Aufspaltung der Rechtswege als nicht mehr vertretbar angesehen wird.[18]

22 Allerdings ist mit einer gesetzlichen Neuregelung in absehbarer Zeit nicht zu rechnen. Eine vom Bundesministerium der Justiz in Auftrag gegebene prognostische Studie zum finanziellen Mehrbedarf bei Bund, Ländern und Kommunen im Falle einer Reform des Staatshaftungsrechts hat gezeigt, dass die öffentlichen Haushalte mit einer beträchtlichen Mehrbelastung zu rechnen hätten, wenn die Restriktionen des derzeit geltenden Staatshaftungsrechts wegfallen würden.[19] In Anbetracht der angespannten Haushaltslage kann damit eine baldige Reform kaum erwartet werden.[20] Auch der Hinweis in der Literatur, dass in der Vergangenheit die meisten staatshaftungsrechtlichen Ansprüche durch die Tätigkeit von Bahn und Post verursacht wurden, diese aber nach deren Privatisierung nicht mehr in den Bereich der Staatshaftung fallen, wird daran nichts ändern.[21]

II. Reform des Systems der Rechtswegzuweisungen

23 Da in absehbarer Zeit nicht mit einer umfassenden Reform des Staatshaftungsrechts zu rechnen ist, hat sich die Justizministerkonferenz auf ihrer 79. Sitzung am 11. und 12.6.2008 zumindest für eine Bereinigung des Systems der Rechtswegzuweisungen ausgesprochen. Der Beschluss sieht ausgehend von dem Grundsatz, dass Streitigkeiten in Angelegenheiten des öffentlichen Rechts den allgemeinen oder besonderen Verwaltungsgerichten und privatrechtliche Streitigkeiten den ordentlichen Gerichten zugewiesen werden sollten, vor, dass Streitigkeiten im Entschädigungsrecht (einschließlich solcher des Art. 14 Abs. 3 Satz 4 GG) sowie Streitigkeiten im Sinne des Art. 34 GG grundsätzlich derjenigen Gerichtsbarkeit zugewiesen werden, der auch die Entscheidung über die Rechtmäßigkeit der dem geltend gemachten Anspruch zugrunde liegenden Ausübung vollziehender Gewalt obliegt.[22] Es soll zeitnah ein Gesetzentwurf zur Neuordnung der Rechtswegzuweisungen erarbeitet und in das Gesetzgebungsverfahren eingebracht werden.

24 Die Präsidentin des Bundesverwaltungsgerichts und die Präsidenten der Oberverwaltungsgerichte bzw. Verwaltungsgerichtshöfe haben diesen Beschluss auf ihrer Jahrestagung am 10.10.2008 sehr begrüßt.

---

[16] Zur Gesetzgebungskompetenz für einzelgesetzliche Staatshaftungsregelungen am Beispiel des Atomrechts *Gaßner/Kendiza*, ZUR 2010, 456.
[17] *Pfab*, S. 155 m.w.N.; siehe zur Reformdiskussion auch *Ossenbühl/Cornils* (Staatshaftungsrecht), S. 736 ff.; *Maurer*, § 25 Rn. 4 ff.; *Schullan*, BayVBl. 1990, 360 ff.
[18] Siehe hierzu *Pfab*, S. 153 f.
[19] *Infratest Burke Rechtsforschung*, Zur Reform des Staatshaftungsrechts – Prognose, S. 40 f.
[20] Kritisch *Kluth*, F.A.Z. v. 17.11.2011, S. 8.
[21] *Kluth*, DVBl. 2004, 393, 403.
[22] Zum Ganzen *Unterreitmeier*, BayVBl 2009, 289.

Die Konzentration des Rechtsschutzes bei dem Gericht, das auch über den Primärrechtsschutz entscheidet, war bereits ein Kernelement der Staatshaftungsreform. Zum ganz überwiegenden Teil würde der Rechtsschutz dann durch die Gerichte der allgemeinen und besonderen Verwaltungsgerichtsbarkeit (Finanz- und Sozialgerichte) gewährt, was bedeuten würde, dass in einem einzigen Verfahren über sämtliche Rechtsschutzbegehren (primär Aufhebung des rechtswidrigen Hoheitsaktes, sekundär Gewährung von Schadensersatz) entschieden werden könnte. Dies würde vor allem für den Rechtsschutz suchenden Bürger zu entscheidenden Verbesserungen führen, da er dann nicht mehr nach Durchführung eines verwaltungsgerichtlichen Verfahrens erneut ein weiteres selbständiges Verfahren – vor einem anderen Gericht – einleiten müsste. Auch wegen der regelmäßig größeren Sachnähe der Verwaltungsgerichte wäre eine solche Regelung sehr sinnvoll. Kritisch wäre allein zu sehen, dass diese Lösung zu einer Zersplitterung des Staatshaftungsrechts aufgrund der Anwendung durch unterschiedliche Gerichtsbarkeiten (ordentliche Gerichte, Verwaltungsgerichte sowie Finanz- und Sozialgerichte) führen würde.[23] Gleichwohl wäre es sehr wünschenswert, wenn dieser Reformansatz baldmöglichst verwirklicht würde.

25

III. Staatshaftung in den neuen Bundesländern

Das Fehlen einer umfassenden Kodifikation der Staatshaftung in den alten Ländern der Bundesrepublik hat dazu beigetragen, dass das Staatshaftungsgesetz der DDR (StHG-DDR) aus dem Jahre 1969, das eine unmittelbare und verschuldensunabhängige Staatshaftung für schädigende Folgen hoheitlichen Handelns vorsah, gem. Art. 9 Abs. 1 Satz 1 des Einigungsvertrages in modifizierter Form in den neuen Bundesländern als Landesrecht übernommen wurde.[24]

26

Das StHG-DDR sieht einen gegenüber der Amtshaftung erheblich erweiterten Haftungsrahmen vor und bedingt damit ein höheres Haftungsrisiko für Länder und Kommunen in den neuen Bundesländern. Dies gilt vor allem deshalb, weil immer wieder haftungsrelevante „Altlasten" aus den Zeiten der ehemaligen DDR bekannt werden.[25] Es gibt deshalb starke Tendenzen, die weitgehende Haftung nach dem StHG-DDR durch restriktive Auslegung und gesetzliche Modifizierungen zurückzudrängen. Brandenburg und Thüringen haben mittlerweile ein wesentliches Element des StHG-DDR, das spezielle Vorverfahren nach § 6 StHG-DDR, aufgehoben. Sachsen-Anhalt hat das StHG zunächst mit Gesetz vom 24.8.1992 grundlegend geändert und in der Folge durch das Gesetz zur Regelung von Entschädigungsansprüchen im Land Sachsen-Anhalt[26] vollständig ersetzt. Das Land Berlin hat das zunächst im Ostteil der Stadt geltende StHG-DDR mittlerweile durch Gesetz ganz aufgehoben. Auch in Sachsen gilt das StHG seit dem 1.5.1998 nicht mehr. Schließlich hat auch Mecklenburg-Vorpommern das StHG durch Gesetz vom 12.3.2009 aufgehoben.[27]

27

---

23 Vgl. MünchKommBGB/*Papier*, § 839 BGB, Rn. 388 zur Staatshaftungsreform.
24 Vgl. allgemein zur Staatshaftung in den neuen Bundesländern *Sachs*, Art. 34, Rn. 24 f.
25 Vgl. etwa zur Haftung wegen der Zulassung gesundheitsschädlicher DDT-haltiger Holzschutzmittel durch die DDR-Behörden DER SPIEGEL Nr. 50/97, S. 208 ff.
26 Zuletzt in der Fassung der Bekanntmachung vom 1. Januar 1997.
27 GVOBl. M-V 2009, 281.

IV. Entwicklungen im Europarecht

28 Das Europarecht wirkt in immer stärkerem Maße auf die nationalen Rechtsordnungen ein. Davon bleibt auch das deutsche Staatshaftungsrecht nicht „verschont": Sowohl bei der Haftung für legislatives Unrecht als auch bei der Haftung für judikatives Unrecht sind erhebliche Veränderungen gegenüber dem herkömmlichen deutschen Haftungssystem zu verzeichnen; einen Abschluss hat diese Entwicklung noch lange nicht gefunden.

1. Staatshaftung für legislatives Unrecht

29 Nach der Rechtsprechung des BGH war bislang die Staatshaftung für eine Untätigkeit des deutschen Gesetzgebers ausgeschlossen. Ein Amtshaftungsanspruch für legislatives Unterlassen nach § 839 BGB i.V.m. Art. 34 GG wurde verneint, da den Gesetzgeber diesbezüglich keine drittbezogenen Amtspflichten treffen. Eine Haftung aus enteignungsgleichem Eingriff wurde mit der Begründung abgelehnt, es fehle der Judikative an der Kompetenz, in den Entscheidungsspielraum der Legislativorgane einzugreifen.

30 Mit der *Francovich*-Entscheidung aus dem Jahre 1991[28] hat der EuGH dagegen einer Haftung für legislatives Unterlassen auf europarechtlicher Grundlage den Weg geebnet und in mittlerweile gefestigter Rechtsprechung[29] einen eigenständigen, unmittelbaren unionsrechtlichen Staatshaftungsanspruch für legislatives Unrecht begründet.[30]

30a Noch nicht absehbar sind darüber hinaus die Konsequenzen, die der *Honeywell*-Beschluss des Bundesverfassungsgerichts vom 6.7.2010 bringen wird. Das Gericht hat darin festgestellt, dass der vom Grundgesetz gewährleistete Vertrauensschutz die Erwägung verlange, in Konstellationen der rückwirkenden Nichtanwendbarkeit eines Gesetzes infolge einer Entscheidung des Gerichtshofs der Europäischen Union innerstaatlich eine Entschädigung dafür zu gewähren, dass ein Betroffener auf die gesetzliche Regelung vertraut und in diesem Vertrauen Dispositionen getroffen hat.[31] Bislang hat „der vom BVerfG geworfene Stein an den Ufern der Fachgerichte" noch keine großen Wellen geschlagen.[32] Ohne eine weitreichende Rechtsfortbildung lässt sich ein solcher Entschädigungsanspruch aber dogmatisch nicht herleiten.

2. Staatshaftung für judikatives Unrecht

31 Anders als beim legislativen Unrecht ist die Staatshaftung für judikatives Unrecht zwar nicht schon von vornherein ausgeschlossen; Amtshaftungsansprüche scheitern aber in aller Regel am sog. Richterspruchprivileg des § 839 Abs. 2 BGB, wonach der Staat – vermittelt über Art. 34 GG – nur dann für das Handeln seiner Richter haften muss, wenn der Richter bei der Urteilsfällung eine Straftat begangen hat – Fälle, die sich an einer Hand abzählen lassen.

---

[28] EuGH NJW 1992, 165 – *Francovich*.
[29] EuGH NJW 1996, 1267 – *Brasserie du Pêcheur*; EuGH EuZW 1996, 274 – *British Telecommunications*; EuGH EuZW 1996, 435 – *Lomas*; EuGH NJW 1996, 3141 – *Dillenkofer*; EuGH NJW 1997, 119, Tz. 51 f. – *Denkavit*.
[30] Vgl. *Ossenbühl*, DVBl. 1992, 994; *Huff*, NJW 1996, 3190, 3191.
[31] BVerfG NJW 2010, 4322 (Ls. 2).
[32] So die Formulierung von *Karpenstein/Johann*, NJW 2010, 3405.

Nach der neuesten Rechtsprechung des Europäischen Gerichtshofs lässt sich jedoch 32
dieses Erfordernis jedenfalls für die unionsrechtliche Staatshaftung nicht mehr aufrechterhalten. Denn ihr zufolge besteht ein Amtshaftungsanspruch schon dann, wenn einem Gericht ein hinreichend qualifizierter Verstoß gegen Unionsrecht vorgeworfen werden kann,[33] der jedenfalls dann vorliegt, wenn das Gericht offenkundig gegen das geltende Unionsrecht verstoßen hat.[34] Die Anforderungen liegen daher niedriger als nach herkömmlichem deutschen Staatshaftungsrecht, weil dort der Verstoß zugleich eine Straftat darstellen muss.

Insgesamt geht vom Unionsrecht ein „kräftiger Schub in Richtung modernem 33
Staatshaftungsrecht"[35] und ein deutlicher Impuls zu seiner Fortentwicklung aus.[36]

V. Amtshaftung für gescheiterte Vertragsbeziehungen

Als neueste Entwicklung im Staatshaftungsrecht zeichnet sich die Amtshaftung 34
für gescheiterte zivilrechtliche Vertragsbeziehungen ab. Soweit es um staatliche Genehmigungen, etwa eine vormundschaftsgerichtliche Zustimmung zu einem Vertragsschluss, geht, ist der „herkömmliche" Bereich des Amtshaftungsrechts noch nicht verlassen. Besonderheiten ergeben sich aber bereits dann, wenn Ausgangspunkt der Amtshaftung nicht mehr ein staatliches Verwaltungshandeln ist, das unmittelbar zu einem Schaden führt, sondern eine gescheiterte Vertragsbeziehung zu einem Dritten, insbesondere aufgrund eines betrügerischen Vorgehens oder einer Insolvenz des Dritten, für die der Staat (!) in Regress genommen werden soll. Zentraler Vorwurf ist dabei entweder ein gesetzgeberisches Unterlassen hinsichtlich notwendiger Regularien zur Überwachung der Geschäftstätigkeit des Vertragspartners oder eine mangelhafte Aufsichtstätigkeit der staatlichen Behörden über die Geschäftstätigkeit des Dritten. Schließlich gehören zu dieser Fallgruppe auch die Konstellation des Verstoßes gegen Vergaberecht und der unerlaubte Wettbewerb durch ein gemeindliches Unternehmen, das ein Privatunternehmen aus einem angestrebten Vertrag „verdrängt".

Letztlich zieht damit das Staatshaftungsrecht die Konsequenz aus der neuen Rolle 35
des Staates als vorsorgender, fürsorgender und ermöglichender Partner des Bürgers. Gleichwohl ist diese Entwicklung außerordentlich bedenklich, führt sie doch zu einer weiteren Verantwortungsverlagerung auf den Staat gerade in einem Bereich, in dem es um originäre Selbstbestimmung des Bürgers geht.

VI. Amtshaftung für den Einsatz von EDV und IuK-Technologie

Der Staat bedient sich in immer größerem Maße der EDV, um einerseits seine 35a
Verwaltungsabläufe effizienter zu gestalten und um andererseits dem Bürger die Inanspruchnahme von Verwaltungsdienstleistungen zu erleichtern. Die dafür nötigen rechtlichen Grundlagen sollen mit dem sog. Gesetz zur Förderung der elektronischen Verwaltung (E-Government-Gesetz – EgovG)[37] geschaffen werden. Verschiedene dort vorgesehene Instrumentarien, etwa die elektronische Akteneinsicht nach

---

[33] EuGH NJW 2003, 3539 – *Köbler*.
[34] EuGH NJW 2003, 3539, 3541, Tz. 53 – *Köbler*.
[35] *Maurer*, § 31, Rn. 18; vgl. auch *Pfab*, S. 99 ff.
[36] *Kluth*, DVBl. 2004, 393, 403.
[37] Referentenentwurf des BMI vom 5.3.2012.

§ 8 EGovG, der geplante § 27a VwVfG zur öffentlichen Bekanntmachung im Internet oder der geplante § 87a Abs. 4 AO zur elektronischen Form von Verwaltungsakten der Finanzbehörden, bergen allerdings auch gewaltige Haftungsrisiken hinsichtlich des Datenmissbrauchs (unbefugte Akteneinsicht), der Verletzung des Allgemeinen Persönlichkeitsrechts durch die Breitenwirkung des Internets oder durch die fehlerhafte „Adressierung" von Steuerverwaltungsakten in sich.

35b Der Referentenentwurf des BMI schweigt allerdings zu diesen Haftungsfragen. Lediglich in § 12 Abs. 2 des Referentenentwurfs des EGovG ist vorgesehen, dass die Bundesregierung durch Rechtsverordnung die Gewährleistung und Haftung beim elektronischen Bereitstellen von Daten regeln soll. Freilich betrifft dies nur einen kleinen Ausschnitt aus dem gesamten Haftungsbereich. Zentrale Fragen sind dabei, inwieweit eine Gefährdungshaftung einzuführen und wie die Beweislastverteilung vorzunehmen ist. Vorzugswürdig wird hier sein, zwar keine pauschale Gefährdungshaftung zu normieren, weil dann von den neuen Instrumentarien nur äußerst zurückhaltend Gebrauch gemacht werden wird, andererseits aber die Beweislastverteilung deutlich zugunsten des Bürgers zu regeln. Ansätze hierfür finden sich in § 7 und § 8 BDSG, wo in § 7 BDSG eine Beweislastumkehr hinsichtlich des Verschuldens und in § 8 BDSG eine Gefährdungshaftung öffentlicher Stellen normiert ist.

2. Teil. Die materiellen Erfolgsaussichten eines Amtshaftungsprozesses

Angesichts der zahlreichen Fallstricke, in denen man sich in einem Amtshaftungsprozess verfangen kann, lässt sich der Entschluss zur Klageerhebung keinesfalls leicht fassen. Der erste Schritt der Entscheidungsphase betrifft die Frage der materiellen Erfolgsaussichten einer Amtshaftungsklage. Erst im Anschluss daran stellen sich die Fragen der Beweisbarkeit und der prozessualen Durchsetzbarkeit.

Dem Rechtsanwalt obliegt dabei eine eingehende und sorgfältige Analyse der Sach- und Rechtslage als Grundlage einer allgemeinen, umfassenden und erschöpfenden Beratung des Mandanten.[1] Ist ein Prozess erkennbar aussichtslos, muss er von der Klageerhebung abraten.[2] Sind bereits Klagen vor den Verwaltungsgerichten abgewiesen worden, sind weitere Amtshaftungsklagen nur in den seltensten Fällen erfolgreich. Im Übrigen eignen sich Amtshaftungsprozesse ohnehin nicht zu einem Feldzug gegen die Verwaltung. Selbst bei einer verhältnismäßig sicheren Beurteilung der Erfolgsaussichten aufgrund einer Vergleichbarkeit des konkreten Falls mit höchstrichterlich bereits entschiedenen Fällen besteht immer noch ein gewisses Prozessrisiko.[3]

Bei der Prüfung der materiellen Erfolgsaussichten darf keinesfalls nur auf den Amtshaftungsanspruch abgestellt werden. Vielmehr sind auch weitere Anspruchsgrundlagen in die Prüfung einzubeziehen, die sich vom Haftungsgrund und Haftungsumfang her zum Teil beträchtlich vom Amtshaftungsanspruch unterscheiden. So verlangt etwa die Haftung aus enteignungsgleichem Eingriff kein Verschulden, kann andererseits aber auch nicht einen entgangenen Gewinn ersetzen.

Spielen unionsrechtliche Fragen eine Rolle, steigt das Komplexitätsniveau nochmals an. In diesem Fall sind nämlich zusätzliche Differenzierungen bei den einzelnen Tatbestandsmerkmalen des Amtshaftungsanspruchs aufgrund des Anwendungsvorrangs des Unionsrechts erforderlich. Die dabei zu beachtenden Fragen werden in einem eigenen Teil des Buches über den Europäischen Amtshaftungsprozess behandelt.

---

[1] *Prechtel*, S. 16.
[2] BFH NJW 1986, 2043.
[3] *Prechtel*, S. 18.

3. Kapitel. Der Amtshaftungsanspruch gem. § 839 BGB i.V.m. Art. 34 GG

A. Begriff und Struktur der Amtshaftung

I. Übergeleitete persönliche Beamtenhaftung

40 Die Amtshaftung ist die auf den Staat übergeleitete persönliche Beamtenhaftung.[4] Der Staat haftet nicht neben dem Amtsträger, sondern an dessen Stelle. Die in § 839 BGB vorgesehene Eigenhaftung des Beamten wird durch Art. 34 GG mit schuldbefreiender Wirkung auf den Staat übergeleitet.[5] Anspruchsgegner ist also nicht der Beamte, sondern der Staat, eine Klage gegen den Beamten hätte also trotz des Wortlauts des § 839 BGB keine Aussicht auf Erfolg,[6] sofern er nicht ausnahmsweise nach anderen spezialgesetzlichen Vorschriften, etwa als Kfz-Halter gemäß § 7 StVG, parallel haftet.[7] Es handelt sich mithin um eine mittelbare Staatshaftung.[8]

41 Die beim Inkrafttreten des BGB in § 839 BGB normierte Eigenhaftung des Beamten beruhte auf dem Verständnis des Staatsdienertums im 19. Jahrhundert. Danach wurde rechtmäßiges Handeln des Staatsdieners dem Landesherrn zugerechnet. Rechtswidriges Handeln dagegen fiel allein in die Verantwortlichkeit des Beamten, nicht zuletzt deshalb, weil nach dem geltenden Staatsverständnis vom Staat selbst kein Unrecht ausgehen konnte.[9]

42 Art. 34 Satz 1 GG enthält demgegenüber im Interesse des Geschädigten eine Mindestgarantie der Staatshaftung, d.h. der Haftung des Staates für die schuldhafte Verletzung von Rechtsvorschriften.[10] Die Haftungsverlagerung gem. Art. 34 GG beruht im Wesentlichen auf zwei rechtspolitischen Erwägungen: Zum einen dient sie dem Schutz des Geschädigten, der mit dem Staat einen leistungsfähigen Schuldner erhalten soll. Zum anderen soll durch die Haftungsverlagerung die Handlungs- und Entschlussfreudigkeit der Beamten gestärkt werden.

43 § 839 BGB erfasst an sich nur die Amtspflichtverletzung eines Beamten im statusrechtlichen Sinne. Art. 34 Satz 1 GG erweitert diese Haftung des Staates auf Amtspflichtsverletzungen eines jeden Inhabers öffentlicher Gewalt, der nicht notwendig Beamter im statusrechtlichen Sinne sein muss (vgl. Art. 34 Satz 1 GG: „jemand"). Diesbezüglich spricht man auch von einem „Beamten im haftungsrechtlichen Sinne." § 839 BGB und Art. 34 GG bilden deshalb eine einheitliche Anspruchsgrundlage für den Amtshaftungsanspruch.[11]

---

[4] *Ossenbühl/Cornils* (Staatshaftungsrecht), S. 12.
[5] OLG Frankfurt a.M. NJW-RR 2007, 283.
[6] Vgl. OLG Nürnberg NVwZ 2001, 1324 (LS 1).
[7] Palandt/*Sprau*, § 839 BGB, Rn. 12.
[8] *Maurer*, § 26, Rn. 1.
[9] Vgl. zur historischen Rechtsentwicklung *Ossenbühl/Cornils* (Staatshaftungsrecht), S. 8 ff.; *Maurer*, § 26, Rn. 2 ff.; *Pfab*, S. 4 ff.
[10] Vgl. BVerfGE 61, 149, 199 f.; BVerfG NVwZ 1998, 271, 272; *Jarass/Pieroth*, Art. 34 GG, Rn. 2.
[11] *Maurer*, § 26, Rn. 7; im Schrifttum werden beide Normen teilweise auch in umgekehrter Reihenfolge zitiert („Art. 34 GG i.V.m. § 839 BGB"), vorliegend soll aber die Zitierweise des BGH übernommen werden.

Anders als ein Schadensersatzanspruch nach den §§ 823 ff. BGB setzt der Amts- 44
haftungsanspruch nach § 839 BGB i. V. m. Art. 34 GG nicht voraus, dass der Schaden auf der Verletzung eines geschützten Rechtsguts beruht. Haftungsvoraussetzung ist vielmehr, dass der Schaden aus der Verletzung einer besonderen Pflicht, nämlich einer dem Beamten gegenüber dem Geschädigten obliegenden Amtspflicht resultiert. Das Tatbestandsmerkmal der Rechtsgutverletzung wird durch das Tatbestandsmerkmal der Amtspflichtverletzung ersetzt.[12]

Neben Art. 34 GG finden sich auch in zahlreichen Landesverfassungen entspre- 45
chende Haftungsnormen, die parallel anwendbar sind.[13]

II. „Konstruktionsmängel" der Amtshaftung

Die personale, an die Eigenhaftung des Beamten anknüpfende Konstruktion der 46
Amtshaftung bedingt eine Reihe erheblicher Mängel:[14]

1. Haftungsprivilegierungen

Dem Staat kommen alle haftungsrechtlichen Privilegierungen zugute, die eigent- 47
lich auf die Person des Amtswalters zugeschnitten sind.[15] Dies gilt insbesondere für das sogenannte Verweisungsprivileg des § 839 Abs. 1 Satz 2 BGB, nach dem der Staat nicht in Anspruch genommen werden kann, wenn neben ihm noch ein Dritter als Haftender herangezogen werden kann. Diese Subsidiaritätsklausel wird zwar allgemein als antiquiert angesehen,[16] kommt aber gleichwohl in den meisten Fällen zur Anwendung. Immerhin verneint die Rechtsprechung mittlerweile die Anwendbarkeit der Subsidiaritätsklausel für bestimmte Fallgruppen, in denen eine Privilegierung des Staates besonders unbillig erscheint, etwa bei der Teilnahme von Hoheitsträgern am allgemeinen Straßenverkehr.

2. Verschulden

Die Anknüpfung der Amtshaftung an das Verhalten des Beamten hat zur Folge, 48
dass auch die übergeleitete Haftung das persönliche Verschulden des Amtswalters voraussetzt. Dem Bürger ist es aber angesichts des anonymen Verwaltungsapparats und einer oft schwer durchschaubaren Arbeits- und Funktionsteilung in der Regel nicht möglich, den konkret verantwortlichen Beamten zu identifizieren und diesem ein Verschulden nachzuweisen.[17] Die Rechtsprechung hat diesem Umstand Rechnung getragen. Sie koppelt die Verschuldensprüfung durch einen Rückgriff auf die Figur des „Organisationsverschuldens" weitgehend von der individuellen Verantwortlichkeit des Amtsträgers ab.[18] Die so bewirkte Entindividualisierung und Objektivierung des Verschuldens im Rahmen der Amtshaftung unterscheidet den Amtshaftungsanspruch maßgeblich von den übrigen zivilrechtlichen Deliktstatbeständen.[19]

---

[12] Vgl. *Rotermund/Krafft*, Rn. 77.
[13] BayObLG NJW 1976, 1979 für Art. 79 BayVerf.
[14] Vgl. *Ossenbühl/Cornils* (Staatshaftungsrecht), S. 737.
[15] Vgl. z. B. BGH NJW 2002, 3096 zu § 106 Abs. 3 SGB VII.
[16] Vgl. BGHZ 42, 176, 181; dazu *Ossenbühl/Cornils* (Staatshaftungsrecht), S. 80 ff.; *Maurer*, § 26, Rn. 30 ff.
[17] *Ossenbühl/Cornils* (Staatshaftungsrecht), S. 738.
[18] Vgl. BGH NJW 1964, 41, 44; BGH DVBl. 1989, 1094, 1096.
[19] *Ossenbühl/Cornils* (Staatshaftungsrecht), S. 738.

3. Keine Naturalrestitution

49 Der Amtshaftungsanspruch ist grundsätzlich nur auf Schadensersatz in Geld oder Leistung anderer vertretbarer Sachen gerichtet.[20] Naturalrestitution kann nicht verlangt werden. Aufgrund der personalen Konstruktion der Amtshaftung kann der Staat nämlich nur auf solche Leistungen in Anspruch genommen werden, die der Beamte selbst als Privatperson erfüllen kann. Da der Amtswalter als Privatperson aber nicht berechtigt ist, Amtshandlungen vorzunehmen, scheidet ein Anspruch auf Naturalrestitution aus.

B. Anspruchsvoraussetzungen

50 Gem. § 839 BGB i. V. m. Art. 34 GG ist ein Amtshaftungsanspruch gegeben, wenn die folgenden Voraussetzungen erfüllt sind:

(1) Handeln oder Unterlassen eines Amtsträgers in Ausübung eines öffentlichen Amtes
(2) Verletzung einer drittbezogenen Amtspflicht
(3) Verschulden
(4) Kausalität der Amtspflichtverletzung für den Schaden
(5) Kein Haftungsausschluss und keine Haftungsbeschränkungen
(6) Keine Verjährung des Anspruchs.

I. Ausübung eines öffentlichen Amtes durch einen Amtsträger

51 Ob ein bestimmtes Verhalten als Ausübung eines öffentlichen Amtes durch einen Amtsträger anzusehen ist, bestimmt sich nach der ständigen Rechtsprechung des BGH grundsätzlich danach, ob die eigentliche Zielsetzung des Tätigwerdens des Amtsträgers hoheitlicher Tätigkeit zuzurechnen ist und ob, wenn dies der Fall ist, zwischen dieser Zielsetzung und der schädigenden Handlung ein so enger äußerer und innerer Zusammenhang besteht, dass die Handlung ebenfalls als dem Bereich hoheitlicher Betätigung zugehörig angesehen werden muss. Dabei ist nicht auf die Person des Handelnden, sondern auf seine Funktion, d.h. auf die Aufgabe, deren Wahrnehmung die im konkreten Fall ausgeübte Tätigkeit diente, abzustellen.[21]

51a Die Prüfung dieser Tatbestandsvoraussetzung umfasst also insgesamt drei Einzelmerkmale: (1) ein Amtsträger muss (2) ein öffentliches Amt (3) wahrgenommen haben.

51b Der BGH nimmt dabei eine sehr extensive Auslegung dieser Tatbestandsmerkmale vor, wie sich in der Konstruktion der Rechtsfiguren „Beliehener" und „Verwaltungshelfer" zeigt und wie er sie in seinen Urteilen zum Recht des Zivildienstes[22] und zur Heilbehandlung von Soldaten[23] fortgeführt hat. Im Zweifel ist das Vorliegen der Tatbestandsmerkmale zu bejahen, weil das Risiko fehlerhaften staatlichen Handelns nicht dem einzelnen Bediensteten aufgebürdet werden sollte.

---

[20] BGHZ 5, 102; 34, 99, 105 ff.; Palandt/*Sprau*, § 839 BGB, Rn. 78.
[21] BGH NVwZ-RR 2011, 658; BGHZ 147, 169, 171; BGH NJW 1992, 2882.
[22] BGH DVBl. 1992, 1293.
[23] BGH NJW 1996, 2431.

Hat der Beamte (im statusrechtlichen Sinn) nicht in Ausübung eines öffentlichen 51c
Amtes gehandelt, haftet er unmittelbar selbst nach § 839 BGB ohne Haftungsüberleitung auf den Staat gemäß Art. 34 GG.[24]

1. Amtsträger – der haftungsrechtliche Beamtenbegriff

Nach § 839 BGB i. V. m. Art. 34 GG haftet der Staat für das Verhalten einer Person in Ausübung eines dieser anvertrauten öffentlichen Amtes. Für den Amtshaftungsanspruch ist es deshalb nicht erforderlich, dass es sich bei dem Amtswalter um einen Beamten im statusrechtlichen Sinne handelt. Entscheidend ist allein, ob der Amtswalter mit einem öffentlichen Amt, also hoheitlichen Aufgaben betraut wurde und er die Amtspflichtverletzung in Ausübung dieses öffentlichen Amtes begangen hat. Man spricht insoweit auch vom „Beamten im haftungsrechtlichen Sinne". 52

Unter dem Begriff „Staat" sind nicht nur die Bundesrepublik Deutschland und 52a die einzelnen Länder, sondern auch andere juristische Personen des Öffentlichen Rechts zu verstehen. Dazu gehören etwa die Gemeinden und Landkreise[25], aber auch beispielsweise die kassenärztlichen Vereinigungen[26] oder die AOK als Trägerin der gesetzlichen Krankenversicherung[27]. Eine juristische Person des Privatrechts scheidet dagegen als Zurechnungssubjekt aus;[28] auch bei Beliehenen oder Verwaltungshelfern haften nicht diese – als natürliche oder juristische Personen des Privatrechts –, sondern die dahinter stehende Körperschaft des Öffentlichen Rechts.[29]

Damit können auch Personen, die nicht in einem beamtenrechtlichen Dienst- und 53 Treueverhältnis stehen, Beamte im haftungsrechtlichen Sinne sein, sofern sie nur hoheitliche Aufgaben wahrnehmen.

Im Bereich der juristischen Personen des Öffentlichen Rechts gilt dies z. B. für Personen, die 53a
- in einem sonstigen öffentlich-rechtlichen Dienstverhältnis stehen, z. B. Richter, Soldaten[30] und Zivildienstleistende[31];
- in einem privatrechtlichen Dienstverhältnis zu einem öffentlich-rechtlichen Dienstherren stehen, also insbesondere Beschäftigte im öffentlichen Dienst;[32]
- in einem öffentlich-rechtlichen Amtsverhältnis stehen, z. B. Mitglieder von Bundes- oder Landesregierungen,[33] Bürgermeister[34] sowie Gemeinderatsmitglieder;[35]
- in einem privatrechtlichen Dienstverhältnis zu einer öffentlich-rechtlich korporierten Religionsgemeinschaft stehen, z. B. ein Sektenbeauftragter;[36]
- in einem Dienstverhältnis zu einer sonstigen juristischen Person des Öffentlichen Rechts stehen, z. B. die Mitglieder des Zulassungsausschusses einer kassenärztlichen Vereinigung,[37] die Bediensteten der AOK[38] oder einer anderen gesetzlichen

---
[24] BGH NVwZ 2005, 484, 487.
[25] OLG Saarbrücken FamRZ 2012, 158 (als Träger eines Jugendamtes).
[26] BGH NJW-RR 1991, 475.
[27] OLG Saarbrücken NJW-RR 2001, 813.
[28] BGHZ 49, 108, 115 f.; BGH NVwZ 1994, 823; OLG München, Urt. v. 29.3.2012, Az. 1 U 4444/11.
[29] Näher dazu Rn. 556 ff.
[30] OLG Koblenz VersR 2011, 79.
[31] BGH NVwZ 2000, 963; BGH NJW 1997, 2109; BGH NJW 1992, 2882.
[32] Vgl. BGHZ 2, 350, 354; Bamberger/Roth/*Reinert*, § 839 BGB, Rn. 5.
[33] Vgl. BGH DB 1967, 985; BGHZ 56, 40, 44; MünchKommBGB/*Papier*, § 839 BGB, Rn. 131; Palandt/*Sprau*, § 839 BGB, Rn. 15.
[34] BGH NJW 1993, 933, 934; BGH NJW 1980, 2573, 2574.
[35] BGH NJW 1990, 1042, 1043.
[36] BGH NJW 2003, 1308.
[37] BGH NJW-RR 1991, 475; LG Düsseldorf, Urt. v. 5.4.2012, Az. 5 O 724/06.

Krankenversicherung[39] sowie die beim medizinischen Dienst der Krankenkassen angestellten Ärzte.[40]

54 Außerhalb der organisierten Staatlichkeit stehende Privatpersonen können „Beamte im haftungsrechtlichen Sinne" sein, sofern ihnen die Wahrnehmung hoheitlicher Funktionen anvertraut worden ist:[41]

55 – Hierzu zählen in erster Linie die sog. „Beliehenen".[42] Dies sind natürliche oder juristische Personen des Privatrechts, denen durch Gesetz oder aufgrund eines Gesetzes durch Verwaltungsakt oder durch öffentlich-rechtlichen Vertrag hoheitliche Kompetenzen zur Wahrnehmung im eigenen Namen übertragen worden sind. Beliehene üben die ihnen übertragenen hoheitlichen Befugnisse im eigenen Namen als Behörde aus.[43] Als Beispiele sind etwa Luftfahrzeugführer (§ 29 Abs. 3 LuftVG),[44] Schiffskapitäne (§§ 75 Abs. 1, 106 SeemannsG) und Jagdaufseher (§ 25 Abs. 2 BJagdG) zu nennen.[45] Beliehene sind auch die gem. § 4 ZDG anerkannten privatrechtlich organisierten Beschäftigungsstellen für den Zivildienst,[46] die amtlich anerkannten Sachverständigen für den Kraftfahrzeugverkehr im Rahmen ihrer Tätigkeit nach § 29 StVZO,[47] die amtlich anerkannten Sachverständigen für Anlagen i. S. d. BImSchG[48] und die Mitglieder der freiwilligen Feuerwehr[49].

56 Keine Beliehenen sind dagegen die Träger eines privaten Amtes, das lediglich durch gesetzliche Regelungen näher ausgestaltet ist, wie z. B. der Testamentsvollstrecker, der Nachlass- oder der Insolvenzverwalter.[50]

57 – Hierher gehören weiter die sog. „unselbständigen Verwaltungshelfer". Diese verfügen zwar im Unterschied zu den Beliehenen über keine hoheitlichen Kompetenzen.[51] Ihr Verhalten wird dem Hoheitsträger aber deshalb zugerechnet, weil sie eine lediglich untergeordnete Hilfstätigkeit wahrnehmen und den Weisungen der Verwaltung so weitgehend unterworfen sind, dass sie gleich einem Werkzeug der öffentlichen Verwaltung bei der Erfüllung hoheitlicher Aufgaben tätig werden (sog. „Werkzeugtheorie").[52] Handelt es sich bei dem Verwaltungshelfer um eine juristische Person des Privatrechts, ist gleichwohl nicht die Gesellschaft, sondern der einzelne Mitarbeiter Amtsträger, da eine juristische Person des Privatrechts nicht als solche Beamter sein kann.[53] Zu den unselbständigen Verwaltungshelfern zählen etwa die Schülerlotsen[54] oder mit Hilfsaufgaben betraute Schüler, etwa bei

---

[38] OLG Saarbrücken NJW-RR 2001, 813.
[39] OLG Hamm, Urt. v. 5.6.2009, Az. 11 U 193/08.
[40] BGH VersR 2006, 698.
[41] BGH VersR 2006, 698; Bamberger/Roth/*Reinert*, § 839 BGB, Rn. 7.
[42] BGH NJW 2005, 286.
[43] *Stelkens/Bonk/Sachs*, § 1 VwVfG, Rn. 234.
[44] Aber nur während des Flugs sowie Start und Landung, LG Berlin, Urt. v. 8.1.2009, Az. 23 O 86/07.
[45] MünchKommBGB/*Papier*, § 839 BGB, Rn. 133.
[46] Vgl. BGHZ 87, 253, 256; BGH NJW 1992, 2882; BGH NJW 1997, 2109; BGH NVwZ 2001, 835; BGH NJW 2003, 348.
[47] Vgl. BGHZ 49, 108; OLG Köln NJW 1989, 2065; BGH NVwZ-RR 2001, 147.
[48] BGH NJW 1993, 1784.
[49] BGHZ 20, 290, 292.
[50] Palandt/*Sprau*, § 839 BGB, Rn. 23.
[51] Nicht endgültig geklärt ist die Frage, ob mit Rettungsdienstaufgaben betraute Hilfsorganisationen als Verwaltungshelfer oder Beliehene anzusehen sind, vgl. auch BGH NJW 2003, 1184, 1185; vgl. allgemein zu Rettungsdiensten auch Staudinger/*Wurm*, § 839 BGB, Rn. 624.
[52] Vgl. BGHZ 48, 98, 103; OLG Hamm BauR 2011, 1337.
[53] BGH NVwZ 2006, 966.
[54] OLG Köln NJW 1968, 655.

der Aufsicht bei Abwesenheit des Klassenlehrers,⁵⁵ private Unternehmer bei der Durchführung einer Ersatzvornahme,⁵⁶ nicht aber Pflegeeltern, da die Pflege des Kindes keine Aufgabe des Jugendamtes ist.⁵⁷
- Auch selbständige Privatunternehmer, die von einem Hoheitsträger aufgrund eines privatrechtlichen Vertrages zur Erfüllung hoheitlicher Aufgaben eingesetzt werden (partielle Aufgabenprivatisierung), können als Beamte im haftungsrechtlichen Sinn angesehen werden.⁵⁸

58

Beispiele:
- Die Polizei beauftragt ein privates Unternehmen mit dem Abschleppen eines verkehrswidrig geparkten Fahrzeuges, ist aber bei der Abschleppmaßnahme nicht zugegen;
- ein Träger der Straßenbaulast beauftragt ein privates Bauunternehmen mit Instandsetzungsarbeiten an der Straße oder mit dem Mähen von Straßenbegleitgrün;⁵⁹
- eine Gemeinde beauftragt eine Elektrofirma mit der Wartung einer Ampelanlage;
- das Bergamt überträgt Sicherungs- und Verfüllarbeiten eines Tagebruchs an ein privates Unternehmen.⁶⁰

Wenn man den Unternehmer nicht als Amtsträger im Sinne von § 839 BGB i. V. m. Art. 34 GG qualifiziert, so steht dem durch den Unternehmer geschädigten Dritten kein Amtshaftungsanspruch zu. Der Staat würde dem Geschädigten im Regelfall nur nach § 831 BGB haften, also mit der Möglichkeit, sich nach § 831 Abs. 1 Satz 2 BGB zu exkulpieren; diese Rechtsschutzlücke wäre jedoch systemwidrig.

59

Insbesondere bei den häufig vorkommenden „Abschleppfällen", bei denen ein von der Polizei mit der Durchführung einer Abschleppmaßnahme beauftragter Unternehmer das abzuschleppende Fahrzeug beschädigt, ist dieser als „Erfüllungsgehilfe" der Polizei bei der Erfüllung ihrer hoheitlichen Aufgaben und damit als Beamter im haftungsrechtlichen Sinne einzustufen.⁶¹ Dies hat der BGH in einer grundlegenden Entscheidung, deren Rechtsgedanken im Übrigen auf andere, vergleichbare Fallkonstellationen anzuwenden sind, mit folgenden Erwägungen bejaht:⁶²

60

Die öffentliche Hand kann sich jedenfalls im Bereich der Eingriffsverwaltung der Amtshaftung für fehlerhaftes Verhalten ihrer Bediensteten grundsätzlich nicht dadurch entziehen, dass sie die Durchführung einer von ihr angeordneten Maßnahme durch privatrechtlichen Vertrag auf einen privaten Unternehmer überträgt. Je stärker der hoheitliche Charakter der Aufgabe in den Vordergrund tritt, je enger die Verbindung zwischen der übertragenen Tätigkeit und der von der Behörde zu erfüllenden hoheitlichen Aufgabe und je begrenzter der Entscheidungsspielraum des Unternehmers ist, desto näher liegt es, diesen als Beamten im haftungsrechtlichen Sinne anzusehen. Bei polizeilichen Vollstreckungsmaßnahmen wie der Ersatzvornahme durch Abschleppen eines Kfz handelt es sich um hoheitliche Maßnahmen, bei denen der beigezogene private Unternehmer gleichsam als „Erfüllungsgehilfe" der Polizei tätig wird. Für die staatshaftungsrechtliche Würdi-

61

---

⁵⁵ LG Rottweil NJW 1970, 474.
⁵⁶ OLG Koblenz BauR 2011, 306.
⁵⁷ BGHZ 166, 268.
⁵⁸ Vgl. dazu im Kontext der Privatisierung von Staatsaufgaben *Wustmann*, BayVBl. 2007, 449 ff.
⁵⁹ OLG Nürnberg NVwZ-RR 2010, 955.
⁶⁰ OLG Hamm BauR 2011, 1337.
⁶¹ OLG Saarbrücken NJW 2007, 681; MünchKommBGB/*Papier*, § 839 BGB, Rn. 18; *Ossenbühl/Cornils* (Staatshaftungsrecht), S. 22 ff.; OLG Nürnberg JZ 1967, 61 mit Anm. *Medicus*.
⁶² BGH NJW 1993, 1258; vgl. hierzu MünchKommBGB/*Papier*, § 839 BGB, Rn. 137 f.; *Kreissl*, NVwZ 1994, 349; *Notthoff*, NVwZ 1994, 771.

gung des Vorganges kommt es nach Ansicht des BGH nicht darauf an, ob im Innenverhältnis die Beauftragung des Unternehmens auf privatrechtlicher Grundlage erfolgt ist. Maßgeblich ist, dass sich dem Geschädigten im Außenverhältnis das Handeln des Unternehmers als das eines „Erfüllungsgehilfen" des Trägers öffentlicher Gewalt darstellt.

62 Allerdings soll ein privates Abschleppunternehmen nicht mehr als „Erfüllungsgehilfe" handeln, wenn es ein Fahrzeug lediglich verwahrt und der Träger öffentlicher Gewalt keinen tatsächlichen Einfluss hierauf nimmt.[63]

62a – Schließlich können sogar solche Privatunternehmer, die vom Geschädigten beauftragt worden, als Beamte im haftungsrechtlichen Sinn angesehen werden, wenn sein Handeln eng mit dem hoheitlichen Handeln einer Behörde verbunden sind.[64]

2. Öffentliches Amt

63 Ein öffentliches Amt wird wahrgenommen, wenn das Verhalten der handelnden Person funktionell in den hoheitlichen Tätigkeitsbereich fällt. Ist die handelnde Person ein Beamter im statusrechtlichen Sinn, entscheidet sich hierdurch, ob der Beamte persönlich nach § 839 BGB haftet oder ob es wegen der Wahrnehmung einer hoheitlichen Tätigkeit zu einer Haftungsüberleitung auf den Staat gemäß Art. 34 GG kommt. Bei den sog. Beamten im haftungsrechtlichen Sinn entscheidet die Prüfung, ob ein öffentliches Amt wahrgenommen wird, darüber, ob überhaupt Amtshaftungsrecht zur Anwendung kommt. Die Prüfung, ob ein öffentliches Amt wahrgenommen wird, ist also stets erforderlich, da nur dann der Anwendungsbereich von § 839 BGB i. V. m. Art. 34 GG überhaupt eröffnet ist.

63a Die Zuordnung kann im Einzelfall erhebliche Probleme aufwerfen, da nicht jedes staatliche Handeln zugleich hoheitliche Tätigkeit ist:

64 Zum hoheitlichen Tätigkeitsbereich zählen die hoheitlich-obrigkeitliche Eingriffsverwaltung (Verwaltung durch Einsatz von Befehls- und Zwangsgewalt, insbesondere im Polizei- und Sicherheitsrecht) und die sog. schlicht-hoheitliche Verwaltung[65] (z. B. Bau und Unterhaltung von öffentlichen Verkehrsflächen, Fürsorgeverwaltung, Kulturverwaltung, Verwaltungsleistungen durch öffentliche Einrichtungen, z. B. kommunale Wasserversorgung, Kanalisation etc.) sowie auch solche Tätigkeiten, die nicht der Verwaltung i. e. S. zugerechnet werden können, etwa die Anklageerhebung durch die Staatsanwaltschaft auf dem Gebiet der Strafrechtspflege.[66]

65 Nicht zum hoheitlichen Tätigkeitsbereich gehören das Verwaltungsprivatrecht (Erfüllung hoheitlicher Aufgaben in den Formen des Privatrechts, z. B. die Unterhaltung eines kommunalen Verkehrsbetriebs in der Rechtsform einer GmbH oder einer AG), die fiskalische Verwaltung (Teilnahme der öffentlichen Hand als Privatrechtsträger am allgemeinen Rechtsverkehr, z. B. Bedarfsdeckung durch Einkauf von Büromaterial) sowie die Teilnahme des Staates am allgemeinen wirtschaftlichen Wettbewerb (z. B. kommunale Molkereien und Sparkassen).

66 Die Zuordnung ist zumeist einfach zu treffen, wenn die zu beurteilende Maßnahme eine Rechtshandlung darstellt. Maßgebliches Abgrenzungskriterium ist dann die Rechtsform des Handelns:[67] Nimmt der Amtsträger seine Aufgaben in den

---

[63] OLG Hamm NJW 2001, 375; kritisch *Lampert*, NJW 2001, 3526.
[64] BGH NVwZ 2012, 381.
[65] BGH NJW 1962, 796.
[66] OLG Dresden NJW 2001, 319.
[67] Vgl. BGH NJW 2000, 2810; MünchKommBGB/*Papier*, § 839 BGB, Rn. 144 f.; kritisch *Ossenbühl/Cornils* (Staatshaftungsrecht), S. 29 f.; *ders.*, NJW 2000, 2945, 2948, der auf Inhalt und Zielsetzung hoheitlichen Handelns abstellt.

Handlungsformen des öffentlichen Rechts wahr, indem er Verwaltungsakte, Rechtsnormen oder Verwaltungsvorschriften erlässt oder öffentlich-rechtliche Verträge abschließt, so liegt stets ein „Handeln in Ausübung eines öffentlichen Amtes" vor. Bedient sich der Hoheitsträger hingegen der Handlungsformen des Privatrechts, indem er z. B. einen privatrechtlichen Vertrag abschließt[68] oder ein Leistungsverhältnis privatrechtlich (etwa durch die Verwendung von AGB) ausgestaltet, so ist ein „Handeln in Ausübung eines öffentlichen Amtes" zu verneinen.

Schwieriger ist dagegen die Beurteilung eines tatsächlichen Handelns (sog. „Realakte"), da das nach außen erkennbare Kriterium der Rechtsform fehlt. Hier ist auf den Aufgabencharakter und den Funktionszusammenhang mit der zu erfüllenden hoheitlichen Aufgabe abzustellen: Bei der Beurteilung eines Realakts ist demgemäß zu prüfen, ob die Zielsetzung dem hoheitlichen Aufgabenbereich zugehört und zwischen dieser Zielsetzung und dem Realakt ein hinreichend enger innerer und äußerer Zusammenhang[69] besteht.[70] Dabei ist nicht auf die Person des Handelnden, sondern auf seine Funktion, das heißt auf die Aufgabe, deren Wahrnehmung die im konkreten Fall auszuübende Tätigkeit dient, abzustellen.[71]

Umfangreiche Rechtsprechung liegt beispielsweise zur Einstufung der Tätigkeit eines Prüfers vor.[72] Danach ist von der Ausübung eines öffentlichen Amtes auszugehen, wenn die Arbeit des Prüfers mit der Verwaltungstätigkeit einer Behörde auf das Engste zusammenhängt und er in diese so maßgeblich eingeschaltet ist, dass seine Prüfung geradezu einen Bestandteil der von der Behörde ausgeübten und sich in ihrem Handeln niederschlagenden hoheitlichen Tätigkeit bildet. Als Ausübung eines öffentlichen Amtes wurden dementsprechend etwa Prüfungstätigkeiten der Kraftfahrzeugsachverständigen nach § 21 StVZO, § 29 StVZO und § 47a StVZO, der Sachverständigen nach der Prüfordnung für Luftfahrgerät sowie der Prüfingenieure für Baustatik angesehen.

Heranzuziehen ist ferner die Rechtsprechung zum strafrechtlichen Amtsträgerbegriff gemäß § 11 Abs. 1 Nr. 2 lit. c StGB. Unter dem Gesichtspunkt der Einheit der Rechtsordnung kann nämlich nicht einerseits der strafrechtliche Amtsträgerbegriff bejaht und andererseits amtshaftungsrechtlich die Ausübung eines öffentlichen Amtes für dasselbe Verhalten verneint werden. Dementsprechend hat der BGH bei einem Strafurteil darauf abgestellt, dass die im konkreten Fall vorgenommene Beurteilung, ob eine Aufgabe öffentlicher Verwaltung wahrgenommen werde, „im Übrigen auch der zivilrechtlichen Betrachtungsweise" entspreche.[73] Folglich ist etwa die Tätigkeit der Vorstandsmitglieder der WestLB aufgrund der vom BGH strafrechtlich bejahten Amtsträgereigenschaft[74] auch amtshaftungsrechtlich als Ausübung eines öffentlichen Amtes anzusehen.

Lässt sich das Handeln nach den vorstehenden Kriterien nicht eindeutig dem hoheitlichen Tätigkeitsbereich zuordnen, so soll nach der in der Literatur herrschenden Auffassung folgende Vermutung gelten: Ist der Staat zur Wahrnehmung öffentlich-rechtlich zugewiesener Aufgaben tätig geworden, so ist das Verhalten Dritten gegenüber an den Normen des öffentlichen Rechts zu messen, solange der entgegen-

---

[68] BGH NJW 2000, 2810 für Bürgschaftsübernahme durch einen Bürgermeister.
[69] Vgl. *Ossenbühl/Cornils* (Staatshaftungsrecht), S. 31; Staudinger/*Wurm*, § 839 BGB, Rn. 83; Bamberger/Roth/*Reinert*, § 839 BGB, Rn. 15.
[70] BGH NVwZ 2012, 381, 382 f.; BGHZ 187, 194; BGH NJW 2002, 3172; BGH NJW 1993, 1258; OLG Sachsen-Anhalt NVwZ-RR 2011, 183 (zu einer Feuerwehrübung).
[71] BGH NVwZ 2012, 381, 382.
[72] Zusammenfassung bei BGH NVwZ 2012, 381, 382 f.
[73] BGH NJW 2012, 2530, 2532 (Rn. 22).
[74] BGH NJW 1983, 2509 (Fall Poulain II); kritisch *Kretschmer*, StRR 2012, 91.

stehende Wille, nach Maßgabe des Privatrechts zu handeln, nicht deutlich in Erscheinung tritt.[75] Nimmt die Behörde typische Aufgaben ihrer Hoheitsverwaltung wahr, so sind in der Regel auch die Rechtsbeziehungen, die gegenüber dem Bürger entstehen, als öffentlich-rechtlich zu qualifizieren.[76]

70   Die Zuordnung der Teilnahme am allgemeinen Straßenverkehr („Dienstfahrt") richtet sich dementsprechend danach, ob die Fahrt ihrer Zielsetzung nach der Erfüllung einer hoheitlichen Aufgabe dient.[77] Ist dies der Fall, so muss weiter geprüft werden, ob zwischen der Fahrt und ihrer Zielsetzung ein so enger innerer und äußerer Zusammenhang besteht, dass die Fahrt als Bestandteil der hoheitlichen Aufgabenerfüllung gewertet werden kann.[78]

> **Beispiel:** Die Polizisten A und B fahren mit dem Streifenwagen zur Tankstelle des T. Erfolgt die Anfahrt deshalb, weil das Fahrzeug aufgetankt werden soll, so ist Zielsetzung der Fahrt ein fiskalisches Hilfsgeschäft, das dem Zivilrecht zuzuordnen ist. Dass A und B Beamte im statusrechtlichen Sinne sind und einen Dienstwagen fahren, ist für die Zuordnung unbeachtlich, da es auf den Zweck (die Zielsetzung) der Fahrt ankommt. Erfolgt die Anfahrt aufgrund eines Notrufes von T wegen eines Überfalls, so ist Zielsetzung der Fahrt die Erfüllung einer hoheitlichen Aufgabe (Gefahrenabwehr, Strafverfolgung). Die Anfahrt erfolgt dann zur Wahrnehmung dieser hoheitlichen Aufgabe und weist deshalb einen hinreichend engen Zusammenhang zum hoheitlichen Bereich auf.

71   Die vom BGH herangezogenen Kriterien der Zielsetzung und des engen inneren und äußeren Zusammenhangs weisen erhebliche Unschärfen auf. Insbesondere bei der Beurteilung von Kfz-Fahrten ist die Rechtsprechung dementsprechend uneinheitlich.[79] Im Schrifttum wird angeregt, Kfz-Fahrten dem hoheitlichen Bereich nur noch bei Inanspruchnahme von Sonderrechten gem. § 35 StVO zuzuordnen und im Übrigen dem privatrechtlichen Bereich zuzuweisen.[80] Teilweise wird auch vertreten, dass bei Fahrten von Einsatzfahrzeugen (Militär-, Polizei- oder Feuerwehrfahrzeugen) im Regelfall ein innerer Zusammenhang mit einer hoheitlichen Aufgabe anzunehmen sei;[81] in prozessualer Hinsicht soll dies aber noch keinen Anscheinsbeweis begründen.[82] Diese Vorschläge sind aber, soweit ersichtlich, von der Rechtsprechung noch nicht aufgegriffen worden.[83]

3. Handeln „in Wahrnehmung" des öffentlichen Amtes

72   Nach Art. 34 Satz 1 GG muss der Amtsträger „in Wahrnehmung eines ihm anvertrauten öffentlichen Amtes" handeln. Ein Amtshaftungsanspruch scheidet demnach aus, wenn der Schaden nur „bei Gelegenheit" der Amtsausübung zugefügt wurde.[84] „In Wahrnehmung eines Amtes" handelt der Amtswalter nur, wenn das Ziel der Tätigkeit dem hoheitsrechtlichen Funktionskreis zuzurechnen ist und zwischen der schädigenden Handlung und ihrer Zielsetzung ein innerer Zusammenhang be-

---

[75] MünchKommBGB/*Papier*, § 839 BGB, Rn. 148 m. w. N.
[76] BGH NJW 2005, 429.
[77] Vgl. BGH DÖV 1979, 865.
[78] Bamberger/Roth/*Reinert*, § 839 BGB, Rn. 22.
[79] Vgl. die Nachweise bei MünchKommBGB/*Papier*, § 839 BGB, Rn. 176 und bei *Ossenbühl*/*Cornils* (Staatshaftungsrecht), S. 36 ff.
[80] Vgl. *Maurer*, § 3, Rn. 22; *Ossenbühl*/*Cornils* (Staatshaftungsrecht), S. 38.
[81] Palandt/*Sprau*, § 839 BGB, Rn. 23.
[82] Vgl. BGH NJW 1966, 1264.
[83] Vgl. BGH NJW 1992, 1227, 1228.
[84] OLG Rostock NJOZ 2008, 4745; Bamberger/Roth/*Reinert*, § 839 BGB, Rn. 32; Palandt/*Sprau*, § 839 BGB, Rn. 17.

steht.⁸⁵ An dem erforderlichen inneren Zusammenhang fehlt es, wenn die Handlung völlig losgelöst von der dienstlichen Tätigkeit erfolgt und die einzige Verbindung darin besteht, dass sie während des Dienstes vorgenommen wird.

Beispiel: Ein Beamter benutzt einen Dienstwagen unerlaubt für persönliche Zwecke („Schwarzfahrt")⁸⁶.

An dem erforderlichen inneren Zusammenhang fehlt es auch dann, wenn ein Polizeibeamter beim Einsatz von seiner Schusswaffe nicht aufgrund einer bestehenden Gefahr, sondern aus rein persönlichen Motiven Gebrauch macht.⁸⁷

Ein Fall der Wahrnehmung des öffentlichen Amtes liegt jedoch vor, wenn ein Polizeibeamter mit Billigung seines Dienstherrn nach Dienstschluss seine Dienstwaffe mit nach Hause nimmt und dort verwahrt.⁸⁸

II. Verletzung einer drittbezogenen Amtspflicht

Wesentliche Voraussetzung eines Amtshaftungsanspruchs ist die Verletzung einer einem Dritten gegenüber bestehenden Amtspflicht. Amtspflichten eines Amtswalters bestehen grundsätzlich nur im Innenverhältnis gegenüber seinem Dienstherren. Nur wenn die Amtspflicht zumindest auch den Zweck hat, den Dritten vor Schädigungen zu bewahren, kann dieser bei Verletzung der Pflicht einen Amtshaftungsanspruch geltend machen. Amtspflichtverletzungen können dabei nicht nur durch ein positives Tun, sondern auch durch ein Unterlassen begangen werden, sofern eine entsprechende Pflicht zum Handeln besteht.⁸⁹

1. Amtspflicht

Die Amtspflichten ergeben sich aus den Normen und allgemeinen Rechtsgrundsätzen, die den Aufgaben- und Pflichtenkreis des Amtswalters regeln. Maßgeblich sind neben dem Grundgesetz die einfachen Gesetze, untergesetzliche Rechtsnormen und Verwaltungsvorschriften sowie dienstliche Einzelweisungen.⁹⁰

Mit der Zeit hat sich eine reichhaltige Kasuistik zu den Amtspflichten entwickelt.⁹¹ Als wichtigste Beispiele für Amtspflichten lassen sich nennen:

a) Amtspflicht zum rechtmäßigen Handeln

Die Amtspflicht zu rechtmäßigem Handeln ergibt sich aus dem Grundsatz der Gesetzmäßigkeit der Verwaltung (Art. 20 Abs. 3 GG).⁹² Der Amtsträger hat sich bei Wahrnehmung seiner Aufgaben an die Gesetze und sonstigen Rechtsvorschriften zu halten; hierzu gehören auch Dienst- und Verwaltungsvorschriften.⁹³ Hierher gehört insbesondere die Pflicht, keine unerlaubten Handlungen zu begehen, d. h. die hoheitlichen Aufgaben so wahrzunehmen, dass Rechtsgüter Dritter nicht verletzt wer-

---

⁸⁵ BGHZ 69, 128, 132.
⁸⁶ BGH NJW 1994, 660.
⁸⁷ Vgl. BGHZ 11, 181, 185.
⁸⁸ BGH NJW 2000, 1637.
⁸⁹ BGH NVwZ 1990, 699.
⁹⁰ Palandt/*Sprau*, § 839 BGB, Rn. 31; *Ossenbühl/Cornils* (Staatshaftungsrecht), S. 44; Bamberger/Roth/*Reinert*, § 839 BGB, Rn. 33.
⁹¹ Hierzu etwa MünchKommBGB/*Papier*, § 839 BGB, Rn. 193 ff.; *Ossenbühl/Cornils* (Staatshaftungsrecht), S. 45 ff.
⁹² *Ossenbühl/Cornils* (Staatshaftungsrecht), S. 46 f. m. w. N.
⁹³ BGH NVwZ-RR 2010, 675; OLG Hamm, Urt. v. 4.11.2009, Az. 11 U 15/09; OLG Karlsruhe FamRZ 2007, 45.

den,⁹⁴ insbesondere nicht das Eigentum⁹⁵. Außerdem darf ein Eingriff nur vorgenommen werden, wenn für ein solches Vorgehen eine Rechtsgrundlage existiert.⁹⁶

b) Amtspflicht zum zuständigkeitsgemäßen Handeln

77 Grundsätzlich kann auch eine Überschreitung der Zuständigkeitsgrenzen eine Amtspflichtverletzung begründen.⁹⁷ Der Zweck der Zuständigkeitsbestimmungen beschränkt sich nicht nur auf ein bloß formales Element, vielmehr soll auch eine sachlich richtige Entscheidung durch den mit der erforderlichen Sachkompetenz ausgestatteten Hoheitsträger gewährleistet werden.

78 Sofern es jedoch um den Erlass eines Verwaltungsakts geht, ist § 46 VwVfG zu beachten. Danach ist die örtliche Unzuständigkeit der Erlassbehörde ohne Relevanz, wenn offensichtlich ist, dass die Verletzung die Entscheidung in der Sache nicht beeinflusst hat. Sofern die Unbeachtlichkeitsklausel des § 46 VwVfG eingreift, liegt haftungsrechtlich keine Amtspflichtverletzung vor.⁹⁸

c) Amtspflicht zur Beachtung des Verfahrensrechts

79 Der Amtswalter ist verpflichtet, die verfahrensrechtlichen Vorschriften zu beachten und richtig anzuwenden.⁹⁹ Für Verfahrensfehler beim Erlass eines Verwaltungsakts sind allerdings die Heilungsklausel des § 45 VwVfG und die Unbeachtlichkeitsklausel des § 46 VwVfG zu beachten.¹⁰⁰

80 Ein besonders wichtiger Verfahrensgrundsatz, dessen Missachtung häufig zu einer Amtspflichtverletzung führt, ist die Pflicht zur sachgemäßen Sachverhaltsermittlung: Aufgrund des Amtsermittlungsgrundsatzes im Verwaltungsverfahren (vgl. § 24 VwVfG) hat die Behörde im Rahmen des Zumutbaren den Sachverhalt so umfassend zu erforschen, dass die Beurteilungsgrundlage nicht in wesentlichen Punkten zum Nachteil des Betroffenen unvollständig bleibt.¹⁰¹ Sofern es dem Amtsträger an der für die Sachverhaltsermittlung notwendigen Sachkunde fehlt (etwa bei schwierigen technischen Sachverhalten), hat er sachverständigen Rat einzuholen.¹⁰² Die Pflicht zur sachgemäßen Sachverhaltsermittlung wird von der Unbeachtlichkeitsklausel des § 46 VwVfG nicht erfasst.¹⁰³

81 Anträge sind ordnungsgemäß aufzunehmen.¹⁰⁴ Sind sie unvollständig oder unklar, hat sie der Amtswalter mit dem Antragsteller zu besprechen und auf ihre sachgemäße Formulierung und Vervollständigung hinzuwirken.¹⁰⁵

d) Amtspflicht zur fehlerfreien Ermessensausübung

82 Nach früherer Rechtsprechung begründete ein Ermessensfehler erst dann eine Amtspflichtverletzung, wenn Ermessensmissbrauch (Willkür) vorlag.¹⁰⁶ In seiner

---

⁹⁴ BGHZ 69, 128, 138 ff.; Palandt/*Sprau*, § 839 BGB, Rn. 37 m. w. N.
⁹⁵ Brandenburgisches OLG NJW-RR 2012, 96 f.; OLG Hamm, Urt. v. 28.5.2010, Az. 11 U 304/09.
⁹⁶ BGHZ 63, 319, 322.
⁹⁷ BGH NJW 1992, 3229.
⁹⁸ *Ossenbühl/Cornils* (Staatshaftungsrecht), S. 47; differenzierend MünchKommBGB/*Papier*, § 839 BGB, Rn. 205 f., wonach die aus § 46 VwVfG folgende Unbeachtlichkeit bei Ermessensakten nicht den Unrechtsgehalt des Aktes nimmt, es jedoch meistens an einem durch den Amtspflichtverstoß verursachten Schaden fehlen wird.
⁹⁹ Brandenburgisches OLG, Urt. v. 16.2.2010, Az. 2 U 5/08.
¹⁰⁰ MünchKommBGB/*Papier*, § 839 BGB, Rn. 204.
¹⁰¹ BGH VersR 2010, 346; BGH NJW 1989, 99; *Kellner*, DVBl. 2010, 799.
¹⁰² BGH NVwZ 1988, 283.
¹⁰³ *Ossenbühl/Cornils* (Staatshaftungsrecht), S. 47.
¹⁰⁴ OLG Karlsruhe AgrarR 2004, 415.
¹⁰⁵ BGH BeckRS 2008, 13733; OLG Köln VersR 2002, 1025.
¹⁰⁶ BGHZ 45, 143, 146.

neueren Rechtsprechung hat der BGH nunmehr den Maßstab des § 114 VwGO übernommen.[107] Demnach liegt eine Amtspflichtverletzung vor, wenn die gesetzlichen Grenzen des Ermessens überschritten wurden oder wenn von dem Ermessen nicht in einer dem Zweck der Ermächtigung entsprechenden Weise Gebrauch gemacht worden ist.[108] Ein erheblicher Ermessensfehler liegt in den Fällen der Ermessensüberschreitung, des Ermessensnichtgebrauchs und des Ermessensfehlgebrauchs vor.[109]

Wenn andere pflichtgemäße Entscheidungen möglich gewesen wären, ist eine Amtspflichtverletzung zu verneinen.[110] Liegt dagegen eine Ermessensreduzierung auf Null vor und ist deshalb nur eine einzige ermessensfehlerfreie Entscheidung möglich, so ist jede abweichende Entscheidung amtspflichtwidrig.[111]

e) Amtspflicht zum verhältnismäßigen Handeln

Die Amtspflicht zum verhältnismäßigen Handeln resultiert aus dem mit Verfassungsrang versehenen Verhältnismäßigkeitsgrundsatz und ist im Rahmen jeder Amtsausübung zu beachten.[112] Staatliche Eingriffe in die geschützte Rechtssphäre des Bürgers müssen zur Zielerreichung geeignet und erforderlich sein. Außerdem darf die Maßnahme nicht zu einem Nachteil führen, der zu dem erstrebten Erfolg außer Verhältnis steht. Aus der Notwendigkeit, das mildeste Mittel anzuwenden, folgt die Pflicht, die nachteiligen Folgen für den Betroffenen abzumildern.[113] Daneben obliegt der Behörde die ebenfalls dem Verhältnismäßigkeitsgrundsatz zuzuordnende Amtspflicht, bei der Amtsausübung in keiner Weise unzulässig in den Bereich unbeteiligter Dritter einzugreifen.[114]

f) Amtspflicht zur raschen Sachentscheidung

Den Behörden obliegt die Amtspflicht, Anträge mit der gebotenen Beschleunigung zu bearbeiten und nach Abschluss der Prüfung unverzüglich zu bescheiden.[115]

Gegen eine verzögerte Antragsbearbeitung kann der Bürger mit der Untätigkeitsklage gem. § 75 VwGO vorgehen. Dies bedeutet aber nicht, dass der Höchstzeitraum für eine Entscheidung der Behörde stets der Dreimonatsfrist des § 75 Satz 2 VwGO entspricht.[116] Er kann vielmehr wesentlich kürzer bemessen sein, etwa wenn der Behörde der Sachverhalt schon aufgrund vorangegangener Anträge bekannt war.[117] Ein Zeitraum von einem Jahr und acht Monaten für die Erledigung eines Antrags auf Eintragung einer Auflassungsvormerkung im Grundbuch ist aber in jedem Fall deutlich zu lang.[118]

Die Amtspflicht zur raschen Sachentscheidung hat darüber hinaus im Strafprozessrecht besondere Relevanz: Die Staatsanwaltschaft trifft die Amtspflicht gegenüber dem Beschuldigten, die Ermittlungen zügig durchzuführen und nach ihrem Ab-

---

[107] *Ossenbühl/Cornils* (Staatshaftungsrecht), S. 49.
[108] BGHZ 74, 144; BGHZ 75, 120, 124.
[109] Siehe zu den Ermessensfehlern im einzelnen *Maurer*, § 7, Rn. 19 ff.
[110] Vgl. Palandt/*Sprau*, § 839 BGB, Rn. 34.
[111] Palandt/*Sprau*, § 839 BGB, Rn. 34.
[112] BGHZ 55, 261, 266.
[113] BGHZ 18, 366, 368 f.
[114] BGHZ 16, 111, 113; Staudinger/*Wurm*, § 839 BGB, Rn. 136.
[115] BGHZ 30, 19, 26 f.; BGH DVBl. 2001, 1619; BGH NVwZ 2002, 124; ausführlich Staudinger-*Wurm*, § 839 BGB, Rn. 130 ff.; *Schlick*, NJW 2008, 127, 129.
[116] LG Köln NJW 2011, 3380 zur Amtshaftung einer Rechtsanwaltskammer, die nicht innerhalb von drei Monaten über die Verleihung einer Fachanwaltsbezeichnung entschieden hatte.
[117] BGH NVwZ 1993, 299 (zur verzögerten Bescheidung einer Bauvoranfrage).
[118] BGH NJW 2007, 830.

schluss in angemessener Zeit entweder Anklage zu erheben oder das Verfahren einzustellen.[119]

88   Auch den Gerichten obliegt eine Amtspflicht zur beschleunigten Bearbeitung von Verfahren. Diese Beschleunigungspflicht ergibt sich aus Art. 19 Abs. 4 GG und Art. 6 Abs. 1 EMRK und verlangt, dass innerhalb angemessener Zeit eine abschließende, gerichtliche Entscheidung vorliegt.[120] Damit kann eine unvertretbare Verschleppung von Gerichtsverfahren zu einer Amtshaftung führen, mit der Folge, dass der Verzögerungsschaden zu ersetzen ist.

g) Amtspflicht zur Erteilung von richtigen Auskünften, zur Beratung, zur richtigen öffentlichen Bekanntmachung und zur Einhaltung von Zusagen

89   Im Regelfall wird die Behörde Auskünfte[121] und Belehrungen nur auf eine Anfrage des Bürgers hin geben. Auskünfte müssen richtig, klar, unmissverständlich und vollständig[122] sein.[123] Entscheidend ist der Empfängerhorizont.[124] Auch eine Beratung[125] muss richtig, vollständig und unmissverständlich sein und kann sogar eine Information über naheliegende Gestaltungsmöglichkeiten umfassen.[126] Die Verpflichtung gilt auch für Auskünfte, zu deren Erteilung der Amtswalter eigentlich nicht befugt oder verpflichtet war.[127] Bei der Weiterleitung der Auskunft einer anderen Behörde gelten diese Amtspflichten nur für die „Auskunftsbehörde", nicht aber für die die Auskunft weiterleitende Behörde.[128]

90   Auch ohne Nachfrage seitens des Bürgers kann den Amtswalter eine aktive Aufklärungspflicht treffen: Kann der Beamte erkennen, dass der Bürger durch das behördliche Verhalten zu für ihn nachteiligen Maßnahmen veranlasst wird, so muss er ihn ungefragt über die Sach- und Rechtslage in Kenntnis setzen.[129]

91   Diese Pflicht zur aktiven Aufklärung darf aber nicht überdehnt werden. Sie besteht nur dann, wenn es für den Beamten deutlich erkennbar ist, dass beim Bürger ein entsprechendes Informationsdefizit besteht.[130] Der Umfang der Aufklärungspflicht richtet sich nach dem erkennbaren Kenntnisstand des Bürgers. Deshalb können besondere Fachkenntnisse des Auskunftsempfängers (z. B. die Kenntnisse eines Architekten über die Grundzüge des Baurechts) dazu führen, dass der Beamte nicht

---

[119] BGH VersR 1983, 754.
[120] Vgl. *Jarass/Pieroth*, Art. 19 GG, Rn. 62 m.w.N. Verstößt ein Gericht gegen die Amtspflicht zur beschleunigten Verfahrensbearbeitung und verweigert oder verzögert pflichtwidrig die Ausübung des Amtes, findet das sog. „Richterspruchprivileg" gem. § 839 Abs. 2 Satz 2 BGB keine Anwendung.
[121] Zur Auskunft in Form eines Faxsendesignals OLG Hamm, Urt. v. 5.5.2010, Az. 11 U 202/09.
[122] Dazu OLG Saarbrücken NJOZ 2006, 2496.
[123] BGH, Urt. v. 8.11.2012, Az. III ZR 151/12 und III ZR 293/11; BGH, Urt. v. 9.10.2008, BeckRS 2008, 22021; OLG Hamm, Urt. v. 8.7.2009, Az. 11 U 9/09 (zu einer unrichtigen Melderegisterauskunft); Thüringer OLG, Urt. v. 1.7.2009, Az. 4 U 588/08 (Falschauskunft hinsichtlich der Denkmaleigenschaft eines Gebäudes); Bamberger/Roth/*Reinert*, § 839 BGB, Rn. 38 m.w.N.; *Rohlfing*, NdSVBl 2008, 57 ff.
[124] *Ossenbühl/Cornils* (Staatshaftungsrecht), S. 50 m.w.N.
[125] Zu einem Sonderfall (Mitwirkung bei der Erstellung eines Testaments) OLG Karlsruhe VersR 2011, 800.
[126] OLG München, Urt. v. 4.8.2011, Az. 1 U 5070/10; OLG München NJW 2011, 3244 f.; zu den Grenzen OLG München, Urt. v. 26.5.2011; Az. 1 U 4834/10; OLG Hamm, Urt. v. 5.6.2009, Az. 11 U 193/08; LG Berlin Urt. v. 17.2.2011, Az. 86 O 175/10.
[127] BGH VersR 1985, 492; BGHZ 117, 83, 87.
[128] OLG Köln VersR 2005, 508.
[129] BGH VersR 2006, 76; BGHZ 45, 23, 28 f.; BGH NJW 1985, 1335; OLG München, Beschl. v. 14.12.2010, Az. 1 U 3304/10.
[130] BGH NJW 1985, 1335.

verpflichtet ist, eine Klarstellung vorzunehmen, die gegenüber einem nicht informierten Laien (z. B. dem Bauherrn selbst) geboten wäre.[131]

Auch in einer unzutreffenden öffentlichen Bekanntmachung kann eine Amtspflichtverletzung liegen. Entsprechend den für amtliche Auskünfte geltenden Maßstäben nimmt die Rechtsprechung im Wege eines erst-recht-Schlusses an, dass diese richtig, klar, unmissverständlich und vollständig zu sein hat.[132] 91a

Von der behördlichen Auskunft, die sich nur auf gegenwärtige Umstände tatsächlicher oder rechtlicher Art bezieht (z. B. auf die bauliche Nutzbarkeit eines Grundstücks), ist die Zusage zu unterscheiden. Die Zusage bezieht sich auf ein künftiges Verhalten der Verwaltung. Die Grenze zwischen beiden Erklärungen ist allerdings oft fließend. So kann eine in Form einer Zusage gekleidete Erklärung der Verwaltung, sie werde künftig etwas Bestimmtes tun, in Wahrheit eine Auskunft über die Tatsache darstellen, dass die Verwaltung eine Absicht zu dem künftigen Tun (gegenwärtig) besitzt.[133] 92

Wie die Auskunft muss auch die Zusage richtig, unmissverständlich und vollständig sein.[134] 93

Rechtmäßige Zusagen an den Bürger müssen darüber hinaus von der Verwaltung eingehalten werden. Dies gilt allerdings nur dann, wenn die Zusage wirksam abgegeben worden ist. Sofern sich die Zusage auf den Erlass eines Verwaltungsakts bezieht (dann liegt eine Zusicherung vor), ist sie gem. § 38 Abs. 1 VwVfG nur wirksam, wenn die Schriftform beachtet worden ist. An die nur mündliche Zusicherung, einen bestimmten Verwaltungsakt zu erlassen oder nicht zu erlassen, ist die Behörde nicht gebunden.[135] 94

Gegenüber dem Empfänger einer rechtswirksamen Zusage besteht auch die Amtspflicht, für die Einhaltung der Zusage noch notwendige Genehmigungen der Rechtsaufsichtsbehörde einzuholen.[136] 95

h) Amtspflicht zu konsequentem Verhalten

Die Amtspflicht zu konsequentem Verhalten hat ihre Grundlage im Grundsatz von Treu und Glauben in seiner Ausprägung als Verbot des widersprüchlichen Verhaltens. Eine Behörde darf keine Maßnahmen treffen, die im Widerspruch zu ihrem früheren Verhalten in derselben Angelegenheit stehen. Das gilt insbesondere dann, wenn die Verwaltung durch frühere Maßnahmen einen Vertrauenstatbestand geschaffen und der Bürger im schutzwürdigen Vertrauen hierauf Vermögensdispositionen getroffen hat.[137] Beispielsweise darf eine Gemeinde einen bereits in Aussicht gestellten Erschließungsvertrag nicht daran scheitern lassen, dass sie nachträglich überzogene Forderungen stellt.[138] Auch schließt die Erteilung einer behördlichen Genehmigung für eine Anlage oder gewerbliche Tätigkeit es aus, den bestimmungsgemäßen Betrieb des Unternehmens innerhalb der von der Genehmigung festgesetzten Grenzen als rechtswidrige Störung zu werten und mit Mitteln des Polizei- und Ordnungsrechts zu bekämpfen.[139] 96

---

[131] BGH VersR 1985, 1186.
[132] Brandenburgisches OLG, Urt. v. 18.5.2010, Az. 2 U 18/09.
[133] BGH DVBl. 1992, 560, 562; BGH NVwZ-RR 1996, 66.
[134] BGH NVwZ 1994, 91.
[135] *Kopp/Ramsauer*, § 38 VwVfG, Rn. 28.
[136] BGH NVwZ 2001, 709, 710.
[137] BGH WM 2001, 147; BGH VersR 1985, 37; BGH NVwZ-RR 1989, 600.
[138] BGHZ 76, 343.
[139] BGH NVwZ 2000, 1206, 1207.

i) Amtspflicht zur Rückgängigmachung von als unzulässig erkannten Maßnahmen

97 Die Behörde ist schließlich verpflichtet, erkannte Fehler zu korrigieren und die Folgen ihres Fehlverhaltens rückgängig zu machen, soweit dies zumutbar und möglich ist.[140] Dementsprechend kann die Aufrechterhaltung einer rechtswidrigen, durch Zeitablauf beendeten[141] oder nicht mehr erforderlichen Verwaltungsmaßnahme[142] Amtshaftungsansprüche zur Folge haben.

2. Drittbezogenheit der verletzten Amtspflicht

98 Es reicht zur Begründung des Amtshaftungsanspruchs nicht aus, wenn jemand durch die Amtspflichtverletzung nachteilig betroffen worden ist. Der Geschädigte muss darüber hinaus geltend machen können, dass die verletzte Amtspflicht gerade auch zu seinem Schutz diente, er also vom Schutzbereich der Amtspflicht erfasst war. Den Gegensatz zu solchen Amtspflichten mit Drittbezogenheit bilden Amtspflichten, die allein die Aufrechterhaltung der öffentlichen Sicherheit und Ordnung bezwecken oder die dem Interesse des Staates an der ordnungsgemäßen Amtsführung der Beamten dienen.[143]

99 Die Tatbestandsvoraussetzung der Drittbezogenheit ist ein wichtiges haftungsbegrenzendes Merkmal, an dem zahlreiche Amtshaftungsklagen scheitern. Nicht zu Unrecht bezeichnen *Ossenbühl/Cornils* die Drittbezogenheit als eine „crux des Amtshaftungsanspruchs".[144] Im Einzelfall ist häufig nur schwer zu bestimmen, ob Drittbezogenheit vorliegt. Auch wenn der konkrete Sachverhalt einer der höchstrichterlich gebildeten Fallgruppen zuzuordnen ist, besteht eine erhebliche Rechtsunsicherheit, die die Beurteilung der Erfolgsaussichten einer Amtshaftungsklage wesentlich erschwert. Da die Ausfüllung dieses Tatbestandsmerkmals ganz den Gerichten überlassen ist, stellt die Drittbezogenheit der Amtspflicht die „entwicklungsoffene Flanke" des Amtshaftungsanspruchs dar.[145]

100 Diese Unwägbarkeiten verstärken sich noch dadurch, dass der Drittbezug für einen bestimmten Schadensfall nicht generell festgestellt werden kann, sondern – je nach Schutzzweck der Amtspflicht – nach Personen und Rechtsgütern jeweils im Einzelfall gesondert ermittelt werden muss.[146] Grundsätzlich stellen sich damit drei Fragen:[147]
(1) Entfaltet die verletzte Amtspflicht überhaupt drittschützende Wirkung?
(2) Zählt der Geschädigte zu dem geschützten Personenkreis?
(3) Wird das verletzte Recht oder Rechtsgut von der drittschützenden Wirkung erfasst?

101 Sofern bei der Erfüllung hoheitlicher Aufgaben mehrere Behörden zusammenwirken, ist die Drittgerichtetheit der jeweils verletzten Amtspflicht eigenständig hinsichtlich jeder einzelnen Behörde zu prüfen.[148]

---

[140] Vgl. BGHZ 43, 34, 38.
[141] Vgl. BGH NJW 1995, 2918.
[142] Vgl. BGHZ 117, 240, 247.
[143] Vgl. Palandt/*Sprau*, § 839 BGB, Rn. 44.
[144] *Ossenbühl/Cornils* (Staatshaftungsrecht), S. 60.
[145] *Ossenbühl/Cornils* (Staatshaftungsrecht), S. 60.
[146] *Ossenbühl/Cornils* (Staatshaftungsrecht), S. 60.
[147] *Ossenbühl/Cornils* (Staatshaftungsrecht), S. 60; siehe auch *Schoch*, Jura 1988, 585, 590.
[148] BGH NVwZ 2001, 1074, 1075; *Rinne/Schlick*, NVwZ 2002/II, S. 13; *Detterbeck*, JuS 2002, 127 ff.

a) Allgemeine Anforderungen an die Drittbezogenheit

Die allgemeinen Anforderungen an die Drittbezogenheit einer Amtspflicht werden 102
vom BGH in ständiger Rechtsprechung im Wesentlichen wie folgt umrissen:[149]
„Ob der durch die Amtspflichtverletzung Geschädigte „Dritter" i. S. d. § 839 BGB ist, bestimmt sich danach, ob die Amtspflicht – wenn auch nicht notwendig allein, so doch auch – den Zweck hat, gerade sein Interesse wahrzunehmen. Nur wenn sich aus den die Amtspflicht begründenden und sie umreißenden Bestimmungen sowie aus der besonderen Natur des Amtsgeschäfts ergibt, dass der Geschädigte zu dem Personenkreis zählt, dessen Belange nach dem Zweck und der rechtlichen Bestimmung des Amtsgeschäfts geschützt und gefördert werden sollen, besteht ihm gegenüber bei schuldhafter Pflichtverletzung eine Schadensersatzpflicht.

Hingegen ist anderen Personen gegenüber, selbst wenn die Amtspflichtverletzung sich für sie mehr oder weniger nachteilig ausgewirkt hat, eine Ersatzpflicht nicht begründet. Es muss mithin eine besondere Beziehung zwischen der verletzten Amtspflicht und dem geschädigten ‚Dritten' bestehen.

Dabei muss eine Person, der gegenüber die Amtspflicht zu erfüllen ist, nicht in allen ihren Belangen als Dritter anzusehen sein. Vielmehr ist jeweils zu prüfen, ob gerade das im Einzelfall berührte Interesse nach dem Zweck und der rechtlichen Bestimmung des Amtsgeschäfts geschützt werden soll. Es kommt danach auf den Schutzzweck der Amtspflicht an."

Die Rechtsprechung hat eine umfangreiche Kasuistik geschaffen, die sich kaum sys- 103
tematisieren lässt, zumal die Gerichte erfahrungsgemäß dazu neigen, unerwünschte Ergebnisse mit Hilfe dieser Tatbestandsvoraussetzung und mit der Begrenzung des Schutzzwecks der verletzten Norm zu korrigieren oder zu umschiffen.[150]

Lässt sich der konkrete Fall nicht in eine der bestehenden Fallgruppen einordnen, so 104
muss bei der Begründung der Amtshaftungsklage ein besonderes Augenmerk auf die Begründung der Drittbezogenheit der Amtspflicht gerichtet werden. Im Schrifttum werden einige, allerdings wenig griffige Kriterien genannt, die für die Feststellung der Drittbezogenheit der Amtspflicht maßgeblich sein können.[151] Hierzu gehören u. a.
- die Natur des Amtsgeschäfts,
- der Zweck und die rechtliche Bestimmung des Amtsgeschäfts,
- die Möglichkeiten des Betroffenen zur Einlegung von Rechtsbehelfen gegen das behördliche Vorgehen,
- das Ausgeliefertsein des Betroffenen gegenüber dem Verwaltungshandeln.

Besteht die Amtspflichtverletzung im Erlass eines rechtswidrigen belastenden 105
Verwaltungsakts oder in der rechtswidrigen Ablehnung oder Unterlassung eines begünstigenden Verwaltungsakts,[152] so gilt nach der Rechtsprechung die „allgemeine Regel", dass die Drittgerichtetheit der Amtspflicht mit der Klagebefugnis nach § 42 Abs. 2 VwGO zusammenfällt.[153]

b) „Dritter"

„Dritter" ist jeder, dessen Interessen die Amtspflicht schützen soll und in dessen 106
Rechtskreis durch die Amtspflichtverletzung eingegriffen wird, auch wenn er nur mittelbar oder unbeabsichtigt betroffen ist. Es kann in diesem Zusammenhang auch hinreichend sein, dass er selbst zum Eingriff in seine Rechtsstellung veranlasst worden ist.[154]

---

[149] BGH NVwZ 1997, 714, 716 m. w. N.; in diesem Urteil wird die ständige Rechtsprechung des BGH sehr prägnant und überzeugend zusammengefasst; ebenso BGH NJW 2005, 742. Kritisch *Kellner*, DVBl. 2010, 799.
[150] Überblick über die Rechtsprechung bei *Rohlfing*, MDR 2002, 254.
[151] *Ossenbühl/Cornils* (Staatshaftungsrecht), S. 62 m. w. N.
[152] Zum Unterlassen eines belastenden Verwaltungsakts OLG Karlsruhe VersR 2011, 351.
[153] BGH NJW 1994, 1647, 1647; Staudinger/*Wurm*, § 839 BGB, Rn. 173.
[154] BGH NJW 1966, 157; BGH VersR 1988, 963; Palandt/*Sprau*, § 839 BGB, Rn. 45 m. w. N.

106a   Bei einer Auskunft ist Dritter jeder, in dessen Interesse oder auf dessen Antrag hin die Auskunft erteilt wird.[155]

107   Dritter kann grundsätzlich auch sein, wer selbst im öffentlichen Dienst tätig ist, also beispielsweise ein Beamter.[156]

108   Auch eine juristische Person des öffentlichen Rechts kann ausnahmsweise „Dritter" im Sinne des Amtshaftungsrechts sein.[157] Art. 34 GG ist – anders als die Grundrechte – prinzipiell auch zugunsten von Hoheitsträgern anwendbar.[158] Voraussetzung ist jedoch, dass die betroffene juristische Person der handelnden Behörde in einer Weise gegenübersteht, wie sie für das Verhältnis zwischen Hoheitsträger und Staatsbürger charakteristisch ist.[159] Die beiden Hoheitsträger müssen in Wahrnehmung widerstreitender Interessen aufeinandertreffen.[160] In Betracht kommen damit Amtshaftungsansprüche von Selbstverwaltungskörperschaften, insbesondere von Gemeinden,[161] Rundfunkanstalten oder Universitäten, soweit durch amtspflichtwidriges Handeln anderer Verwaltungsträger in deren eigenen Wirkungskreis eingegriffen wird.[162]

109   Bei einem Verwaltungsverfahren ist Dritter grundsätzlich jeder, der formell Beteiligter ist;[163] ein materiell Beteiligter ist dagegen nur ganz ausnahmsweise Dritter im Sinne von § 839 Abs. 1 BGB.[164]

c) Reichweite der Schutzwirkung einer drittbezogenen Amtspflicht

110   Durch die Feststellung, dass die Amtspflicht drittschützend ist, wird nur der geschützte Personenkreis, nicht jedoch die konkrete Reichweite der Schutzwirkung der Amtspflicht festgestellt. Der Dritte ist nicht in jeder Hinsicht geschützt, sondern nur soweit die Schutzwirkung der verletzten Amtspflicht reicht.[165] Es ist daher stets zu prüfen, ob das konkret betroffene Interesse des Dritten auch von der Schutzwirkung der Amtspflicht erfasst wird.[166] Die Problematik lässt sich am besten anhand der folgenden **Beispiele** verdeutlichen:

111   **BGH NJW 1994, 2415:**[167] Ein Amtsarzt, der die körperliche und geistige Eignung eines Bewerbers für die Erteilung oder Verlängerung einer Erlaubnis zur Fahrgastbeförderung nach §§ 15e, 15f StVZO a. F. überprüft, hat die Amtspflicht, die Untersuchung sorgfältig durchzuführen. Diese Amtspflicht verletzt er, wenn der Arzt aufgrund einer unsorgfältigen Untersuchung tatsächlich nicht bestehende physische Eignungsmängel feststellt und der Bewerber deshalb das benötigte Gesundheitszeugnis nicht erhält. Die Amtspflicht schützt nämlich das berufliche Inte-

---

[155] OLG Hamm MDR 2010, 991.
[156] BGHZ 34, 378; BGH VersR 1983, 1031; Palandt/*Sprau*, § 839 BGB, Rn. 47.
[157] BGH VersR 2008, 252; BGHZ 116, 315; Hk-BGB/*Staudinger*, § 839 BGB, Rn. 15.
[158] MünchKommBGB/*Papier*, § 839 BGB, Rn. 272; Staudinger/*Wurm*, § 839 BGB, Rn. 187 ff. m. w. N.; a. A. *Stelkens*, DVBl. 2003, 22 ff.
[159] Vgl. BGH NJW 1973, 1461; BGH NJW 2001, 2799, 2801; *Ossenbühl/Cornils* (Staatshaftungsrecht), S. 72 m. w. N.
[160] Vgl. BGH DVBl. 1983, 1064; BGH NJW 2001, 2799, 2801. Beachtlich aber die Einschränkung von BGH NJW 2003, 1318 f. Zur (verneinten) Haftung einer Landesversicherungsanstalt gegenüber einer Krankenkasse vgl. BGH NJW 1992, 972, mit Anmerkung *v. Einem*, BayVBl. 1994, 486 und BayVBl. 1997, 554; *Geldhauser*, BayVBl. 1995, 714.
[161] BGH NJW 2003, 1318; OLG Brandenburg NJ 2002, 432; *Komorowski*, VerwArch 93 (2002), 62, 86 ff.
[162] *Ossenbühl/Cornils* (Staatshaftungsrecht), S. 72.
[163] BGH NJW 2005, 1865.
[164] BGH NVwZ-RR 2008, 670.
[165] BGH NJW-RR 2002, 307 m. w. N.; *Ossenbühl/Cornils* (Staatshaftungsrecht), S. 71.
[166] BGH NJW 1994, 2415, 2416; BGH NJW 1992, 1230; BGH NJW 1990, 1042.
[167] Ähnlich BGH NVwZ 2002, 1276, zur Untersuchungspflicht des Pflanzenschutzamtes gegenüber einer Gärtnerei.

resse des Bewerbers und ist insoweit drittbezogen. Erhält der Bewerber aufgrund der unzureichenden Untersuchung die Erlaubnis zur Fahrgastbeförderung nicht, kann er unter diesem Gesichtspunkt einen Amtshaftungsanspruch geltend machen.

Die Pflicht des Amtsarztes zur sorgfältigen Untersuchung bezweckt jedoch nicht den Schutz allgemeiner gesundheitlicher Interessen des Bewerbers. Erkennt der Amtsarzt aufgrund einer unsorgfältigen medizinischen Untersuchung eine bestehende Krankheit nicht und unterbleibt deshalb eine erforderliche medizinische Behandlung, die zu einer Heilung hätte führen können, so kann kein Amtshaftungsanspruch geltend gemacht werden. Insoweit ist die Amtspflicht nicht drittbezogen. 112

BGHZ 39, 358: Die Amtspflicht, statische Berechnungen für ein Bauvorhaben ordnungsgemäß zu prüfen, dient dem Zweck, den Bauherrn (und eventuell dessen Nachbarn) vor Schäden an den Rechtsgütern Leben, Gesundheit und Eigentum zu schützen. Zweck der Amtspflicht ist es demgegenüber nicht, den Bauherrn vor nutzlosen finanziellen Aufwendungen für den statisch instabilen Bau zu bewahren. Ein solcher Schaden ist daher nicht zu ersetzen. 113

OLG Koblenz NJW 2003, 297: Die Amtspflicht des anerkannten Kraftfahrzeugprüfers (des TÜV) zur sachgemäßen Durchführung einer HU besteht gegenüber jedem potentiellen Opfer des Straßenverkehrs, das aufgrund eines nicht erkannten Mangels des Kfz bei einem Unfall geschädigt wird. Der Prüfer handelt pflichtwidrig, wenn er einen die Verkehrssicherheit aufhebenden Mangel übersieht, den Weiterbetrieb des Fahrzeugs deshalb nicht unterbindet und es daher aufgrund des Mangels zu einem Verkehrsunfall kommt. Die Amtspflicht besteht aber nicht gegenüber dem zukünftigen Erwerber hinsichtlich der Vermeidung reiner Vermögensschäden.[168]

d) Schutzwürdiges Vertrauen als haftungsbegrenzendes Kriterium

In der neueren Rechtsprechung des BGH gewinnt als weiteres haftungsbegrenzendes Tatbestandsmerkmal zunehmend der sog. „Vertrauenstatbestand" an Bedeutung.[169] Hierbei wird im Rahmen des Schutzbereichs der Amtspflicht geprüft, ob der Geschädigte Vermögensdispositionen in schutzwürdigem Vertrauen auf eine von einem Hoheitsträger geschaffene „Verlässlichkeitsgrundlage" getätigt hat.[170] Als „Verlässlichkeitsgrundlage" kommen grundsätzlich alle begünstigenden Verwaltungsakte[171] – etwa Baugenehmigungen[172] oder Teilbaugenehmigungen[173] – und behördliche Auskünfte[174] in Betracht. Auch die Festsetzungen eines Bebauungsplans können eine Verlässlichkeitsgrundlage schaffen.[175] 114

Der BGH hat wiederholt klargestellt, dass die Frage, ob ein schutzwürdiges Vertrauen des Betroffenen hinsichtlich der von dem Hoheitsträger geschaffenen Verlässlichkeitsgrundlage vorliegt, bereits im Rahmen des Amtshaftungstatbestands und nicht erst beim Mitverschulden zu prüfen ist.[176] 115

Zwar darf der Bürger grundsätzlich von der Rechtmäßigkeit des Verwaltungshandelns ausgehen und demgemäß darauf vertrauen, dass die Behörden das ihnen Obliegende richtig und sachgemäß ausführen. Solches Vertrauen ist jedoch in dem Maße nicht schutzwürdig, in dem der Bürger selbst erkennt oder es sich ihm auf- 116

---

[168] BGH NJW 2004, 3484.
[169] Siehe hierzu insbesondere BGH NVwZ 1997, 714, 718 ff. (Atomrechtliche Teilgenehmigung – Mülheim-Kärlich). Vgl. zum „Vertrauenstatbestand" als Kriterium der Drittbezogenheit grundlegend *Krohn*, in: Festschrift für *Boujong*, S. 573 und *de Witt/Burmeister*, NVwZ 1992, 1039.
[170] BGH NJW 1991, 3027; BGH DVBl. 2002, 1114.
[171] BGH NVwZ 1997, 714, 718; BGH NVwZ-RR 2008, 671.
[172] BGH NJW 1993, 2615, 2616 f.; BGH NJW 1994, 2087.
[173] BGH NVwZ 1997, 714, 718 ff.
[174] BGH NJW 1993, 933, 934 f.; BGH NJW-RR 2001, 441.
[175] BGH a.a.O.
[176] BGH NJW 1992, 1953; BGH NVwZ 1997, 714, 722; BGH NJW 2002, 432, 433; BGH UPR 2002, 311 f.; kritisch zur Prüfung des Vertrauensschutzes im Amtshaftungstatbestand *Ossenbühl/Cornils* (Staatshaftungsrecht), S. 54 ff.

drängen muss, dass durch das Verwaltungshandeln geltendes Recht verletzt wird. Dies kommt insbesondere in den in § 48 Abs. 2 Satz 3 VwVfG angesprochen Fällen in Betracht, also z. B. bei arglistiger Täuschung der Behörde durch den Begünstigten oder bei Kollusion zwischen Behörde und dem Begünstigten. Im Übrigen kann ausreichen, dass der Begünstigte die Rechtswidrigkeit des Verwaltungsaktes kannte oder ohne Mühe hätte erkennen können.[177] Gleiches gilt, wenn die Behörde auf die fehlende Rechtsverbindlichkeit hinweist.[178]

117 Für die Frage, ob und inwieweit derjenige, der eine für ihn positive Erklärung zum Anlass für Vermögensdispositionen nimmt, durch die allgemeine Amtspflicht zur Erteilung richtiger Auskünfte und zum Erlass rechtmäßiger Bescheide geschützt ist, kommt es allein auf objektive Kriterien an: Unzutreffende subjektive Vorstellungen des Adressaten über den bezweckten Vertrauensschutz erweitern den Schutzbereich der Amtspflicht nicht und begründen keinen Vertrauensschutz. Schutzwürdiges Vertrauen liegt auch dann nicht vor, wenn der Empfänger selbst erkennt oder es sich ihm aufdrängen muss, dass der betreffende behördliche Akt rechtswidrig oder aus anderen Gründen nicht geeignet ist, die mit darauf aufbauenden Dispositionen verbundenen Risiken wesentlich zu begrenzen.[179] Andererseits trifft den Bescheidsadressaten aber keine Pflicht, ein amtspflichtwidriges Verhalten der Behörde bei seinen Vermögensdispositionen zu unterstellen und in etwaige Vertragsgestaltungen mit Dritten mögliche Amtspflichtverletzungen einzukalkulieren.[180]

118 Das durch eine „Verlässlichkeitsgrundlage" begründete schutzwürdige Vertrauen entfällt nicht ohne Weiteres dadurch, dass ein Dritter die als Verlässlichkeitsgrundlage dienende Genehmigung anficht. Im Schrifttum wird jedoch teilweise die Eignung einer Baugenehmigung als Verlässlichkeitsgrundlage von dem Zeitpunkt an verneint, in dem die Genehmigung von dritter Seite in nicht offensichtlich unzulässiger Weise angefochten ist.[181] Demgegenüber entfällt nach Auffassung des BGH der Vertrauensschutz in den Bestand des Verwaltungsaktes nicht ohne Weiteres, wenn und soweit der Verwaltungsakt sofort vollziehbar ist.[182]

119 Allerdings ist bei Vorliegen einer Drittanfechtung grundsätzlich eine größere Eigenverantwortung des Betroffenen unter dem Gesichtspunkt des § 254 BGB anzunehmen. Ist zulässigerweise Widerspruch eingelegt oder Klage erhoben und ist mit dem Rechtsbehelf der Antrag auf Wiederherstellung der aufschiebenden Wirkung verbunden, so hat der Betroffene die Möglichkeit der Rechtswidrigkeit einer ihm erteilten Genehmigung jedenfalls dann ernsthaft in Betracht zu ziehen, wenn Anfechtungsgründe vorgebracht werden, die nicht ohne Weiteres von der Hand zu weisen sind. Setzt der Betroffene in dieser Situation sein Vorhaben entsprechend der Genehmigung fort, ohne die Entscheidung des Gerichts über die Wiederherstellung der aufschiebenden Wirkung abzuwarten, so nimmt er das in der Drittanfechtung liegende Risiko bewusst auf sich. Lehnt das Gericht die Wiederherstellung der aufschiebenden Wirkung ab, so können sich aus der Begründung der gerichtlichen Entscheidung Anhaltspunkte für die Klärung der Frage ergeben, ob der Betroffene noch davon ausgehen durfte, sein Vorhaben ohne übermäßiges Risiko weiter ausführen zu können.[183]

---

[177] BGH NVwZ 1997, 714, 718; BGH NJW 2002, 432.
[178] BGH NJW 2003, 3049.
[179] BGH NVwZ 1997, 714, 722.
[180] BGH, Urt. v. 25.10.2007, BeckRS 2007, 18753.
[181] *Krohn*, in: Festschrift für *Boujong*, S. 573, 587 f.; *de Witt/Burmeister*, NVwZ 1992, 1039, 1041.
[182] BGH NVwZ 1997, 714, 719.
[183] BGH NVwZ 1997, 714, 727.

e) Einzelfragen zur Drittbezogenheit
aa) Amtspflichten im Rahmen von Sonderverbindungen

Eine Drittbezogenheit wird im Regelfall für Amtspflichten angenommen, die aus einer Sonderverbindung zwischen Staat und Bürger resultieren. Sonderverbindungen in diesem Sinne entstehen, wenn der Bürger mit der Verwaltung in engeren Kontakt tritt. Sie können sich aus der Begründung von verwaltungsrechtlichen Schuldverhältnissen oder aus Sonderrechtsverhältnissen (z.B. Schul- oder Strafgefangenenverhältnis) ergeben.[184]   120

Sonderverbindungen erzeugen regelmäßig Leistungs-, Sorgfalts-, Fürsorge- und Schutzpflichten. In den Schutzbereich einer Sonderverbindung fällt nicht nur der jeweilige „Partner" des Hoheitsträgers, sondern auch derjenige, der mit diesem in einer „Schutzgemeinschaft" steht. Die Grundsätze, die beim Vertrag mit Schutzwirkung für Dritte gelten, finden hier entsprechende Anwendung.[185]   121

bb) Allgemeine Amtspflichten

Die Drittbezogenheit wird außerhalb von „Sonderverbindungen" insbesondere für die folgenden allgemeinen Amtspflichten bejaht:[186]   122

– Die Amtspflicht, im Rahmen der Amtsausübung keine unerlaubten Handlungen i.S.d. § 823 Abs. 1 BGB zu begehen, besteht gegenüber jedem, der durch das Handeln des Amtsträgers in einem der in § 823 Abs. 1 BGB genannten Rechte und Rechtsgüter betroffen werden kann.[187] Es handelt sich um eine sog. „absolute", also eine gegenüber jedermann bestehende Amtspflicht.   123

– Die Amtspflicht zur raschen Sachentscheidung und zur Behebung von Organisationsmängeln.[188]   124

– Die Amtspflicht, sich des Amtsmissbrauchs zu enthalten, besteht gegenüber jedem, der durch den Missbrauch geschädigt werden kann.[189]   125

– Die Amtspflicht, Auskünfte vollständig, richtig und unmissverständlich zu erteilen, besteht gegenüber jedem, auf dessen Antrag hin oder in dessen Interesse die Auskunft erteilt wird.[190]   126

– Die allgemeine Verkehrssicherungspflicht im Rahmen der Ausübung eines öffentlichen Amtes besteht gegenüber allen, die durch die Verletzung dieser Pflicht Schaden an Leib, Leben, Gesundheit oder sonstigen absoluten Rechtsgütern nehmen können.[191]   127

cc) Dienst- und Rechtsaufsicht

Die Dienstaufsicht bezieht sich auf die innere Ordnung, die allgemeine Geschäftsführung und die Personalangelegenheiten der Behörde.[192] Die Amtspflichten der Dienstaufsichtsbehörde bestehen daher grundsätzlich nur im allgemeinen staatlichen Interesse.   128

Anders verhält es sich allerdings, wenn sich ein Bürger im Wege der Dienstaufsichtsbeschwerde an die Dienstaufsichtsbehörde gewandt hat. Die Dienstaufsicht   129

---

[184] Vgl. *Ossenbühl/Cornils* (Staatshaftungsrecht), S. 62 f.
[185] BGH NJW 1974, 1816.
[186] RGRK/*Kreft*, § 839 BGB, Rn. 247 ff. m.w.N.
[187] BGH MDR 2003, 1113; *Ossenbühl/Cornils* (Staatshaftungsrecht), S. 64.
[188] BGH NJW 2007, 260.
[189] BGH VersR 1966, 473, 475; OLG Hamm VersR 2010, 535.
[190] BGHZ 14, 319, 321.
[191] BGH NJW 1973, 463, 464.
[192] *Maurer*, § 22, Rn. 32.

dient nämlich nach der Rechtsprechung nicht ausschließlich behördeninternen Interessen. Vielmehr steht sie auch dem Bürger zur Verfügung, um im Einzelfall eine gerechte Entscheidung der Behörde herbeizuführen. Die vorgesetzte Behörde muss auf den Hinweis des Bürgers die Angelegenheit an sich ziehen und gegebenenfalls in der Sache selbst entscheiden:

130 „Dem Recht des Bürgers, die vorgesetzte Behörde auf ein Fehlverhalten der nachgeordneten Stellen hinzuweisen, entspricht die ihm gegenüber bestehende Amtspflicht der Dienstaufsichtsbehörde, seine im Beschwerdeweg an sie herangetragene Beanstandung auf ihre Berechtigung zu prüfen und sie sachgerecht zu bescheiden (…). Diese Pflicht wird verletzt, wenn die Dienstaufsichtsbehörde die Einleitung geeigneter Schritte unterlässt, obwohl die bei Ausübung der Dienstaufsicht oder sonstwie zutage getretenen Umstände Anlass zum Eingreifen hätten geben müssen."[193] Damit kann die Staatsaufsicht unter besonderen Umständen ausnahmsweise auch dem einzelnen Bürger gegenüber eine drittbezogene Amtspflicht begründen.[194]

131 Auch die kommunale Rechtsaufsicht vermag eine Amtspflicht der Aufsichtsbehörde zugunsten der der Aufsicht unterworfenen Körperschaft zu begründen.[195] Das gilt nicht nur bei belastenden Maßnahmen, sondern auch bei begünstigenden Maßnahmen, etwa der (rechtswidrigen) Erteilung einer von der aufsichtsunterworfenen Körperschaft beantragten Genehmigung für einen privatrechtlichen Vertrag;[196] Voraussetzung ist aber, dass der genehmigte Rechtsakt auch objektiv genehmigungspflichtig war.[197]

dd) Betriebs- und Anlagenaufsicht

132 Die staatliche Betriebs- und Anlagenaufsicht (z. B. nach dem BImSchG) dient sowohl dem öffentlichen Interesse als auch dem Schutz des einzelnen vor Gefahren für Leib, Leben und Eigentum durch unsachgemäßen Betrieb. Insoweit sind die Überwachungspflichten auch drittbezogen.[198] Sie dienen aber nicht dazu, den Anlageninhaber vor Vermögensrisiken zu schützen.[199]

ee) Wirtschaftsaufsicht

133 Die Amtspflichten im Rahmen der Bankenaufsicht werden nach § 6 Abs. 4 KWG a. F.[200] ausschließlich im öffentlichen Interesse wahrgenommen. Hier hat der Gesetzgeber wegen der bestehenden Haftungsrisiken die Drittbezogenheit der Amtspflicht ausdrücklich ausgeschlossen. Er reagierte damit auf die frühere Rechtsprechung des BGH, wonach die allgemeine Bankenaufsicht die Funktionsfähigkeit des Kreditapparates bewahren und zugleich die Einlagegläubiger der beaufsichtigten Kreditinstitute schützen soll.[201] Entsprechende Regelungen hat der Gesetzgeber hinsichtlich der Versicherungsaufsicht (§ 81 Abs. 1 Satz 3 VAG), der Börsenaufsicht

---

[193] BGH NJW 1971, 1699, 1700 mit Verweis auf BGH NJW 1961, 1347; BGH NJW 1956, 1028.
[194] Vgl. auch OLG Schleswig, Urt. v. 25.1.1996, 11 U 66/94; weitere Beispiele bei RGRK/*Kreft*, § 839 BGB, Rn. 225.
[195] Vgl. BGHZ 125, 258; BGHZ 142, 259, 273; *Brinktrine*, Verw 43, 273.
[196] BGH NJW 2003, 1318 f.; sehr kritisch hierzu *von Mutius/Groth*, NJW 2003, 1278 ff.; OLG Brandenburg; BeckRS 2008, 18003; OLG Jena OLGR 2008, 857 f.; vgl. auch *Meyer*, NVwZ 2003, 818 ff.
[197] BGHZ 170, 356.
[198] Vgl. MünchKommBGB/*Papier*, § 839 BGB, Rn. 242.
[199] Vgl. BGHZ 39, 358 (Baustatik).
[200] Inzwischen weggefallen und durch § 4 Abs. 4 FinDAG gleichlautend ersetzt.
[201] Vgl. BGHZ 74, 144, 147 f.; BGHZ 75, 120, 122 ff.

(§ 3 Abs. 3 BörsG) und nunmehr der Finanzdienstleistungsaufsicht (§ 4 Abs. 4 FinDAG) getroffen.

Gegen die Verfassungsmäßigkeit von § 4 Abs. 4 FinDAG bestehen allerdings erhebliche Bedenken, weil nach Art. 34 Satz 1 GG die Amtshaftung für staatliches Handeln nicht völlig ausgeschlossen werden darf.[202] Zudem ist § 4 Abs. 4 FinDAG unter dem Gesichtspunkt der Normenklarheit sehr problematisch, weil unter dem Deckmantel der Zweckbestimmung von Amtspflichten der Sache nach ein totaler Haftungsausschluss verfügt wird. Der BGH hat den Ausschluss des Drittschutzes aber auch unter europarechtlichen Gesichtspunkten – einem Urteil des EuGH folgend[203] – akzeptiert.[204]

133a

ff) Legislatives und normatives Unrecht

Grundsätzlich werden auch verfassungswidrige Gesetze oder sonstige rechtswidrige Rechtsnormen vom Tatbestand der Amtshaftung erfasst. Die Drittbezogenheit der durch den normsetzenden Hoheitsträger zu beachtenden Amtspflichten ist jedoch außerordentlich beschränkt. Insoweit ist zu unterscheiden, ob der Gesetzgeber eine rechtswidrige Norm erlässt oder ob er es amtspflichtwidrig versäumt, eine Norm zu erlassen. Weiter ist danach zu differenzieren, um welche Art von Rechtsnorm es sich handelt. Keinen Unterschied macht es dagegen, ob das Gesetz durch das Parlament bzw. eine Satzung durch den Gemeinderat beschlossen wurde oder ob das Gesetz im Wege der Volksgesetzgebung zustande gekommen ist; denn auch in letzterem Fall liegt staatliches Handeln vor, das Amtshaftungsansprüche begründen kann.[205]

134

(1) Erlass einer rechtswidrigen Rechtsnorm

Beim Erlass eines formellen Gesetzes hat der Gesetzgeber die Amtspflicht, rechtmäßig zu handeln und insbesondere die Grundrechte als höherrangiges Recht zu beachten. Die Parlamentsabgeordneten üben im Rahmen der Gesetzgebung ein öffentliches Amt aus und sind daher Beamte im haftungsrechtlichen Sinne (vgl. Art. 48 Abs. 2 Satz 1 GG: „das Amt des Abgeordneten").[206] Die Legislativtätigkeit beim Erlass formeller Gesetze dient jedoch nach ständiger Rechtsprechung des BGH ausschließlich dem Allgemeininteresse und beinhaltet deshalb grundsätzlich keine drittgerichtete Amtspflicht des Staates dem Einzelnen gegenüber.[207] Aus diesem Grund entfällt in aller Regel ein Amtshaftungsanspruch, wenn ein Bürger unmittelbar – also ohne weitere Vollzugsakte einer Verwaltungsbehörde – durch ein verfassungswidriges Gesetz Schaden erleidet (sog. legislatives Unrecht).[208]

135

Auch ein Grundrechtsverstoß durch ein formelles Gesetz führt nach der Rechtsprechung nicht zur Verletzung einer drittbezogenen Amtspflicht.[209] Diese Auffas-

136

---

[202] Vgl. hierzu *Schenke/Ruthig* NJW 1994, 2324, die von einer teilweisen Unanwendbarkeit des § 6 Abs. 3 KWG a. F. auch unter unionsrechtlichen Gesichtspunkten ausgehen; MünchKommBGB/ *Papier*, § 839 BGB, Rn. 252 ff.; *Ossenbühl* (Staatshaftungsrecht), S. 63 f.; nach *Ossenbühl/Cornils* (Staatshaftungsrecht), S. 66 ist dieser Streitpunkt „für die Praxis erledigt".
[203] EuGH NJW 2004, 3479.
[204] BGH NJW 2005, 742.
[205] *Hartmann*, VerwArch 2007, 500.
[206] Vgl. OLG Hamburg, DÖV 1971, 238; *Detterbeck/Windthorst/Sproll*, § 9, Rn. 12; *Häde*, BayVBl. 1992, 449 m. w. N.; offengelassen in BGHZ 56, 40, 44.
[207] Vgl. BGH NJW 1997, 123, 124 – *Brasserie du Pêcheur*; BayObLG NJW 1997, 1514; BGHZ 56, 40, 44; RGRK/*Kreft*, § 839 BGB, Rn. 219 ff. m. w. N.; kritisch zu dieser Rspr. *Schenke/Guttenberg*, DÖV 1991, 945; *Maurer*, § 26, Rn. 51; MünchKommBGB/*Papier*, § 839 BGB, Rn. 260 ff. m. w. N.
[208] Vgl. hierzu *Vonnahme*, S. 78 ff.; *Pfab*, S. 79 ff.
[209] BayObLG NJW 1997, 1514, 1515 m. w. N.; a. A.: *Maurer*, § 26, Rn. 51; *Bröhmer*, JuS 1997, 117, 123; *Schenke/Guttenberg*, DÖV 1991, 945, 949 f.

sung ist allerdings nach einer im Schrifttum vertretenen Meinung bereits im Ansatz verfehlt: Der Normgeber ist an die Grundrechte, die zweifellos individualschützenden Charakter haben, gebunden, sodass die Drittbezogenheit bei der Verletzung von Grundrechten durchaus gegeben sein könne.[210]

137 Anders kann die Frage der Drittbezogenheit dagegen beim Erlass von verfassungswidrigen Maßnahme- oder Einzelfallgesetzen zu beurteilen sein.[211] Da solche Normen regelmäßig einen abgrenzbaren Personenkreis und damit unmittelbar die Belange Einzelner betreffen, können insoweit drittbezogene Amtspflichten bestehen.[212] Außerdem können Einzelpersonengesetze einen Amtshaftungsanspruch begründen, wenn geschützte Belange der von diesem Gesetz Betroffenen verfassungswidrig beeinträchtigt werden.[213]

138 Bei Einzelprojekt-Gesetzen nach dem Verkehrswegebeschleunigungsgesetz, die einen Planfeststellungsbeschluss i. S. d. § 75 VwVfG (also einen Verwaltungsakt) ersetzen, ist die Amtshaftung im gleichen Umfang zu bejahen, in dem sie die Planfeststellungsbehörde beim Erlass eines Verwaltungsakts getroffen hätte.

139 Auch beim Erlass einer untergesetzlichen Rechtsnorm, also einer Rechtsverordnung oder einer Satzung, hat der Normgeber zwar die Amtspflicht, höherrangiges Recht zu beachten.

140 Wegen des Erlasses von Rechtsverordnungen sind Amtshaftungsansprüche nach der Rechtsprechung mangels Drittgerichtetheit aber grundsätzlich ausgeschlossen, weil der Verordnungsgeber in der Regel ausschließlich Aufgaben gegenüber der Allgemeinheit, nicht aber gegenüber bestimmten Personen oder Personengruppen wahrnimmt.[214] Gleichwohl kommt bei rechtswidrigen Rechtsverordnungen eine Amtshaftung eher in Betracht als bei Parlamentsgesetzen, da Rechtsverordnungen häufig auf individualisierbare Personengruppen zielen. Daraus kann sich im Einzelfall die Drittgerichtetheit einer Amtspflicht des Verordnungsgebers gegenüber dem Betroffenen ergeben.[215]

141 Satzungen sind ebenso wie Rechtsverordnungen generell-abstrakte Rechtsnormen, allerdings meist mit einem deutlich eingrenzbaren räumlichen Bezug (z. B. Bebauungsplan) und mit individualisierbaren Adressaten (z. B. Gebühren- oder Beitragssatzungen). Daraus ergibt sich, dass dem Satzungsgeber grundsätzlich (drittbezogene) Amtspflichten gegenüber den einzelnen von der Satzung Betroffenen obliegen können.[216] Der BGH hat beispielsweise im Hinblick auf Bebauungspläne entschieden, dass dem Abwägungsgebot des § 1 Abs. 7 BauGB insoweit drittschützende Wirkung zukommt, als auch private Interessen in die Abwägung einzubeziehen sind.[217]

(2) Legislatives Unterlassen

142 Nach der Rechtsprechung des BGH hat der Gesetzgeber regelmäßig keine drittgerichtete Amtspflicht, ein nach den Umständen möglicherweise erforderliches Gesetz zu erlassen (sog. „legislatives Unterlassen").

---

[210] *Maurer*, § 26, Rn. 51.
[211] Zu den Begriffen im Einzelnen vgl. BayObLG NJW 1997, 1514, 1515; vgl. hierzu auch MünchKommBGB/*Papier*, § 839 BGB, Rn. 264.
[212] St. Rspr., vgl. BGH NJW 1997, 123, 124; BayObLG NJW 1997, 1514, 1515; BGH NJW 1989, 101; BGHZ 102, 350, 367 f.
[213] Vgl. BGH NJW 1983, 215, 216.
[214] BGHZ 102, 350, 367 f.; vgl. auch BayObLG NJW 1997, 1514.
[215] Vgl. hierzu *Vonnahme*, S. 145 ff.
[216] Vgl. hierzu *Vonnahme*, S. 157 ff.; Bamberger/Roth/*Reinert*, § 839 BGB, Rn. 60.
[217] Vgl. BGHZ 106, 323, 332.

Nach Auffassung des BGH trifft den Gesetzgeber die Pflicht zum Erlass eines Ge- 143
setzes nur dann, wenn sich diese aus der Verfassung ergibt. Aber auch dann besteht
diese Pflicht in aller Regel nur gegenüber der Allgemeinheit, nicht jedoch gegenüber
bestimmten Personen oder Personengruppen.[218] Zwar kann aus dem objektivrecht-
lichen Gehalt der Grundrechte die Pflicht des Gesetzgebers folgen, sich schützend
und fördernd vor die grundrechtlich geschützten Rechtsgüter zu stellen. Jedoch
werden an die Annahme einer solchen Handlungspflicht strenge Anforderungen gestellt, da dem Gesetzgeber ein weiter Gestaltungsspielraum eingeräumt ist.[219] Die
Verletzung einer drittgerichteten Amtspflicht liegt nach der Rechtsprechung allenfalls dann vor, wenn dem Gesetzgeber eine evidente Verletzung der in den Grundrechten verkörperten Grundentscheidungen zur Last gelegt werden kann.[220] Im
Hinblick auf eine unzureichende gesetzliche Regelung zur Verhinderung von Wald-
schäden beispielsweise hat der BGH eine solche evidente Schutzpflichtverletzung
verneint.[221]

III. Verschulden

Die Amtshaftung ist Verschuldenshaftung. Nach § 839 Abs. 1 Satz 1 BGB ist er- 144
forderlich, dass der Amtswalter die Amtspflicht vorsätzlich oder fahrlässig verletzt
hat. Dieses Verschulden muss sich aber nur auf die Amtspflichtverletzung beziehen.
Vorsatz oder Fahrlässigkeit hinsichtlich des Schadens ist nicht erforderlich.[222] Ist
von mehreren die Entscheidung selbständig tragenden Begründungen auch nur eine
unverschuldet fehlerhaft, schließt dies allerdings das Verschulden insgesamt aus.[223]

In der Praxis hat das Verschuldenserfordernis eine vergleichsweise geringe Rele- 145
vanz für die Erfolgsaussichten einer Amtshaftungsklage. Nach einer 1976 veröffentlichten rechtstatsächlichen Erhebung sind bei den ausgewerteten Staatshaftungsklagen lediglich ca. 10,4 Prozent aufgrund fehlenden Verschuldens erfolglos geblieben.[224] Gleiches belegt eine vom Bundesministerium der Justiz in Auftrag
gegebene Studie zu den rechtstatsächlichen Grundlagen einer Reform des Staatshaftungsrechts.[225] Mehrheitlich scheitern Amtshaftungsklagen an den objektiven Anspruchsvoraussetzungen.

1. Relevanz der Schuldform

Die Feststellung der konkret vorliegenden Schuldform ist im Amtshaftungspro- 146
zess aus zwei Gründen relevant: Sofern Fahrlässigkeit vorliegt, greift das Verweisungsprivileg gem. § 839 Abs. 1 Satz 2 BGB ein. Wenn der Verletzte demgemäß anderweitig Ersatz zu erlangen vermag, ist ein Amtshaftungsanspruch ausgeschlossen.
Und bei Vorsatz ist das Richterspruchprivileg gem. § 839 Abs. 2 Satz 1 BGB nicht
anwendbar.

---

[218] BGH NJW 1997, 123, 124; BGHZ 102, 350, 367 f.
[219] BGHZ 102, 350, 365 f.
[220] BGHZ 102, 350, 366.
[221] BGHZ 102, 350, 366 ff.
[222] Vgl. BGH NJW 1965, 962, 963; BGH NJW 2003, 1308, 1312.
[223] BGH NJW 2005, 748.
[224] Reform des Staatshaftungsrechts, S. 34, 305; hierzu MünchKommBGB/*Papier*, § 839 BGB, Rn. 104 ff.
[225] *Infratest Burke Rechtsforschung*, Zur Reform des Staatshaftungsrechts – Band 2 Tabellen B 4.1, K 4, L 4.1.

a) Vorsatz

147 Ein Amtsträger begeht eine vorsätzliche Amtspflichtverletzung, wenn er die Amtshandlung willentlich und in Kenntnis der Tatsachen, die eine Amtspflichtwidrigkeit objektiv begründen, ausführt oder unterlässt. Der Vorsatz setzt das Bewusstsein der Rechts- oder Pflichtwidrigkeit des Verhaltens voraus. Ausreichend ist allerdings bereits bedingter Vorsatz. Dieser liegt vor, wenn der Amtsträger mit der Möglichkeit eines Pflichtverstoßes rechnet und diesen billigend in Kauf nimmt.[226]

148 In Hinblick auf die Amtspflicht, keine unerlaubte Handlung i.S.v. §§ 823 ff. BGB zu begehen, sowie auf die Amtspflicht zur Wahrung der Rechte unbeteiligter Dritter muss sich der Vorsatz auch auf die Schädigung beziehen. Die Amtspflicht wird daher nur dann vorsätzlich verletzt, wenn der Amtsträger die von seiner Amtstätigkeit ausgehende schädigende Wirkung für den Dritten für möglich hält und billigend in Kauf nimmt.[227]

149 Allein aus der objektiven Pflichtverletzung – z.B. einem Verstoß gegen baurechtliche Bestimmungen – lässt sich damit kein Rückschluss auf den Vorsatz ziehen.[228]

b) Fahrlässigkeit

150 Eine Amtspflichtverletzung ist fahrlässig, wenn der Amtsträger die im amtlichen Verkehr erforderliche Sorgfalt außer Acht gelassen hat.[229] Bei der Beurteilung der Fahrlässigkeit ist nach der Rechtsprechung des BGH ein objektiv-abstrakter Sorgfaltsmaßstab anzulegen: Es kommt auf die Kenntnisse und Einsichten an, die für die Führung des übernommenen Amtes im Durchschnitt erforderlich sind, nicht aber auf die Fähigkeiten, über die der Beamte tatsächlich verfügt. Jeder Beamte muss die zur Führung seines Amtes notwendigen Rechts- und Verwaltungskenntnisse besitzen oder sich diese verschaffen.[230] Ein Examensprüfer muss beispielsweise die zur sachgerechten Ausübung seiner Tätigkeit erforderlichen Essentialia des Prüfungswesens, mithin die Grundzüge dessen, wie Noten zustande kommen und zu begründen sind, beherrschen.[231]

151 Für die Mitglieder kommunaler Gebietskörperschaften (z.B. Gemeinderat, Kreistag) gelten nach der Rechtsprechung dieselben Sorgfaltsmaßstäbe wie für alle übrigen Amtswalter, da sonst das Schadensrisiko in unzumutbarer Weise auf den Bürger verlagert würde.[232] Verfügen beispielsweise die Mitglieder eines Gemeinderats nicht über ausreichende Sachkunde, so müssen sie sich vor der Beschlussfassung bei ihrer Verwaltung, bei anderen Fachbehörden oder notfalls bei unabhängigen Sachverständigen kundig machen.[233] Gemeinderatsmitglieder können sich deshalb nicht auf einen „laienhaften Sachverstand" berufen. Auch ein Landrat muss die Befugnisse und Grenzen des von ihm übernommenen Amtes kennen, selbst wenn er vor seiner Berufung in dieses Amt über keinerlei Verwaltungspraxis verfügt hat.[234]

152 Ein besonders strenger Sorgfaltsmaßstab gilt schließlich für Behörden, die – wie etwa die Finanzämter – durch den Erlass von bestimmten Bescheiden selbst vollstreckbare Titel schaffen.

---

[226] BGH VersR 2001, 1524; BGH NVwZ 1992, 911, 912; BGH NJW 1988, 129, 130.
[227] Vgl. BGH VersR 1973, 417, 419.
[228] BGH NVwZ 1992, 911.
[229] Bamberger/Roth/*Reinert*, § 839 BGB, Rn. 79.
[230] St. Rspr., vgl. BGH NJW 1989, 976, 978; BGH NJW 1986, 2829, 2831.
[231] OLG München BayVBl. 2007, 669, 671.
[232] Vgl. BGH NJW 1989, 976, 978; BGH NVwZ 1986, 504, 505.
[233] BGH NJW 1989, 976, 978; BGH NVwZ 2006, 117.
[234] BGH NJW 2001, 709, 711.

2. „Objektivierung" des Verschuldens

Die Rechtsprechung tendiert ferner dazu, das Verschulden von der Person des konkret für den Schaden verantwortlichen Amtsträgers abzukoppeln und es stattdessen anhand objektiver Maßstäbe zu beurteilen.[235] Das Verschulden wird damit weitgehend „anonymisiert" und „entindividualisiert".[236] Dies erfolgt in erster Linie durch die Konstruktion des „Organisationsverschuldens". 153

Für die Darlegungslast des Klägers im Amtshaftungsprozess bedeutet dies, dass er im Regelfall den Amtsträger, der die schuldhafte Pflichtverletzung begangen hat, nicht namentlich bezeichnen muss.[237] Dies gilt jedenfalls dann, wenn es dem außerhalb der Verwaltungsorganisation stehenden Bürger nicht möglich oder unzumutbar ist, die verantwortliche Einzelperson namhaft zu machen.[238] Für den Amtshaftungsanspruch reicht es demnach aus, dass Amtsträger der in Anspruch genommenen Körperschaft Dritten gegenüber obliegende Amtspflichten verletzt haben. Es kommt also letztlich darauf an, dass das Gesamtverhalten der Verwaltung in einer den amtsverkehrsnotwendigen Sorgfaltsanforderungen widersprechenden Weise amtspflichtwidrig war.[239] Gleiches gilt für das Handeln von Kollegialorganen.[240] 154

a) Unzureichende Behördenausstattung

Sofern ein Amtsträger seine Amtspflichten nicht erfüllen kann, weil seine Behörde in sachlicher und personeller Hinsicht nicht ausreichend ausgestattet ist, ist ein persönlicher Schuldvorwurf ihm gegenüber wegen erheblicher Arbeitsüberlastung ausgeschlossen. In diesem Fall haftet aber der Träger der Behörde wegen eines Organisationsverschuldens des Behördenleiters, der verpflichtet ist, für eine entsprechende Ausstattung Sorge zu tragen.[241] Krankheit, Überlastung oder Urlaub der konkret handelnden Person schließt damit ein Verschulden nicht aus. 155

b) Fehlerhafte Rechtsanwendung

Eine objektiv unrichtige Gesetzesauslegung oder Rechtsanwendung durch den Amtswalter ist schuldhaft, wenn sie gegen den klaren und eindeutigen Wortlaut der Norm verstößt oder wenn aufgetretene Zweifelsfragen durch die höchstrichterliche Rechtsprechung geklärt sind, sei es auch nur in einer einzigen Entscheidung.[242] 156

Sofern andererseits die nach sorgfältiger rechtlicher und tatsächlicher Prüfung gewonnene Rechtsansicht des Amtsträgers rechtlich vertretbar ist, kann aus der später erfolgenden rechtlichen Missbilligung dieser Rechtsauffassung durch ein Gericht ein Schuldvorwurf nicht hergeleitet werden.[243] 157

Auch wenn sich die Behörde einem in erster Instanz gegen sie ergangenen Urteil nicht beugt, ihren abweichenden Standpunkt im Rechtsmittelwege verfolgt und auch in den weiteren Instanzen unterliegt, handelt sie nicht ohne Weiteres fahrlässig. Ob die Rechtslage durch das erstinstanzliche Urteil so eindeutig geklärt worden 158

---

[235] MünchKommBGB/*Papier*, § 839 BGB, Rn. 283 m.w.N.
[236] MünchKommBGB/*Papier*, § 839 BGB, Rn. 293; *Ossenbühl*, NJW 2000, 2945, 2949.
[237] MünchKommBGB/*Papier*, § 839 BGB, Rn. 292; *Maurer*, § 26, Rn. 24.
[238] Vgl. BGH WM 1960, 1304 f.
[239] MünchKommBGB/*Papier*, § 839 BGB, Rn. 128.
[240] MünchKommBGB/*Papier*, § 839 BGB, Rn. 128.
[241] BGH NJW 2007, 830; BGH NJW 1994, 2802; BGH NJW 1964, 41, 44.
[242] BGH NJW-RR 1992, 919; BGH NJW 1985, 1692, 1693, OLG Koblenz NVwZ-RR 2003, 168 und LG München I NVwZ-RR 2003, 169 zur fehlerhaften Anwendung steuerrechtlicher Normen.
[243] BGH NJW 1995, 2918, 2920; BGH NVwZ 2000, 1206, 1208.

ist, dass das Festhalten der Behörde an ihrer ursprünglichen Auffassung nicht mehr vertretbar erscheint, muss stets im Einzelfall beurteilt werden.[244]

159 Ein Verschulden bei der Rechtsanwendung wird grundsätzlich verneint, wenn ein mit mehreren Berufsrichtern besetztes Kollegialgericht die Amtshandlung für rechtmäßig erklärt hat.[245] Dies wird damit begründet, dass von einem Beamten keine besseren Rechtskenntnisse verlangt werden könnten als von einem Gericht.[246] Dieser Grundsatz stellt jedoch lediglich eine Richtlinie dar und wird von zahlreichen Ausnahmen durchbrochen.[247] Er findet nach der Rechtsprechung keine Anwendung, wenn

160 – es sich um die Entscheidung einer zentralen Behörde (z.B. eines Ministeriums oder einer obersten Landesbehörde) handelt, der die gleichen Erkenntnismöglichkeiten wie einem Gericht zur Verfügung stehen;[248] bei Verfahren auf „höchster Ebene" wird – anders als bei „Alltagsgeschäften" sonstiger staatlicher Behörden – eine besonders gründliche Prüfung verlangt;[249]

161 – wenn das Kollegialgericht lediglich eine summarische Prüfung im Eilverfahren nach § 123 VwGO vorgenommen hat[250] bzw. das Kollegialgericht nur einen reduzierten Prüfungsmaßstab anwendet;[251]

162 – wenn das Kollegialgericht seiner Entscheidung einen falschen oder unzureichend ermittelten Sachverhalt zugrunde gelegt oder den festgestellten Sachverhalt nicht sorgfältig und erschöpfend gewürdigt oder eine eindeutige gesetzliche Bestimmung übersehen oder „handgreiflich falsch" ausgelegt hat;[252]

163 – wenn das Kollegialgericht die für die Beurteilung des Falles maßgebliche höchstrichterliche Rechtsprechung zwar angeführt hat, ihr aber, ohne sich damit auseinanderzusetzen, gleichwohl nicht gefolgt ist;[253]

164 – wenn das Kollegialgericht das Vorgehen des Beamten aus Rechtsgründen billigt, die der Beamte selbst nicht erwogen hat;[254]

165 – wenn sich das Kollegialgericht nicht mit dem konkreten haftungsbegründenden Verhalten des Amtsträgers auseinandergesetzt hat und es mithin auch nicht gebilligt hat.[255]

166 Die zahlreichen Ausnahmen machen deutlich, dass der beschriebene Grundsatz in seiner inneren Rechtfertigung äußerst fragwürdig ist. Das Verschulden des Amtswalters entfällt nicht dadurch, dass ein Instanzgericht schuldhaft denselben Fehler begeht. Der Rechtsprechung liegt offenbar der Gedanke zugrunde, dass einem Instanzgericht nur dann derselbe Fehler wie dem Amtswalter unterläuft, wenn die Rechtslage äußerst komplex ist. Je verworrener also die Rechtslage ist, desto größer ist das Risiko des Bürgers, einen nicht ausgleichspflichtigen Schaden zu erleiden.

---

[244] BGH NJW 1994, 3158, 3159; OLG München OLGR 2002, 435; MünchKommBGB/*Papier*, § 839 BGB, Rn. 289.
[245] BGH NVwZ-RR 2003, 166; BVerwG BayVBl. 2004, 153.
[246] Vgl. BGHZ 73, 161, 164f.; BVerwG NJW 2001, 1878, 1881; vgl. auch *Schmidt, B.*, NJW 1993, 1630.
[247] *Ossenbühl*, NJW 2000, 2945, 2949 m.w.N.; *Rinne/Schlick*, NVwZ 2002/II, S. 18; Bamberger/Roth/*Reinert*, § 839 BGB, Rn. 80.
[248] Vgl. BGH NJW 1984, 168.
[249] BGH NVwZ 1997, 714, 716; BVerwG NVwZ 2006, 212, 213.
[250] Vgl. BGH NJW 1986, 2954; BGH NVwZ 2000, 1206, 1209.
[251] BGH NJW 1998, 751, 752; BGH NJW 2000, 2672, 2674.
[252] Vgl. BGHZ 27, 338, 343; BGH DVBl. 1992, 1089; BGH NJW 1994, 2802; BGH NVwZ-RR 2000, 746, 748; BGH NVwZ-RR 2005, 152, 153; BVerwG NVwZ 2006, 212, 213.
[253] BGH NVwZ 2002, 124, 125; *Rinne/Schlick*, NVwZ 2002/II, S. 18.
[254] BGH BauR 1981, 566, 568.
[255] BGH NVwZ-RR 2003, 166.

Eine solche Risikoverteilung zwischen Staat und Bürger ist aber offensichtlich nicht sachgerecht.

IV. Zurechnung des Schadens

1. Kausalität

Der Amtshaftungsanspruch setzt voraus, dass die Amtspflichtverletzung für den Schaden kausal war. Anders als beim Anspruch nach § 823 Abs. 1 BGB wird beim Amtshaftungsanspruch nicht die auf eine Verletzung bestimmter Rechtsgüter oder Rechte bezogene haftungsbegründende, sondern nur die haftungsausfüllende Kausalität zwischen Amtspflichtverletzung und Schaden geprüft.[256]

Zur Beantwortung der Frage, ob die Amtspflichtverletzung für den behaupteten Schaden ursächlich war, ist zu prüfen, welchen Verlauf die Dinge bei pflichtgemäßem Verhalten des Amtsträgers genommen hätten und wie sich in diesem Falle die Vermögenslage des Verletzten darstellen würde.[257] Die Kausalität wird – wie im übrigen Schadensrecht – nach der Theorie des adäquaten Kausalzusammenhangs (Adäquanztheorie) beurteilt.[258]

Ein adäquater Zusammenhang ist zu bejahen, wenn die Amtspflichtverletzung im Allgemeinen und nicht nur unter besonders eigenartigen, ganz unwahrscheinlichen und nach dem regelmäßigen Verlauf der Dinge außer Betracht zu lassenden Umständen geeignet ist, das eingetretene schädigende Ereignis herbeizuführen.[259]

Liegt ein Ermessensfehler vor, so ist bei der Kausalitätsprüfung darauf abzustellen, wie die Behörde tatsächlich entschieden hätte, wenn ihr der Ermessensfehler nicht unterlaufen wäre. Nur wenn feststeht, dass bei pflichtgemäßer Ermessensausübung die Entscheidung anders ausgefallen wäre, kann die Kausalität bejaht werden.[260]

Liegt die Verletzung der Amtspflicht in einem Unterlassen, so besteht ein Kausalzusammenhang zwischen Pflichtverletzung und Schaden nur dann, wenn das gebotene amtspflichtgemäße Handeln den Schadenseintritt mit an Sicherheit grenzender Wahrscheinlichkeit verhindert hätte; eine bloße Möglichkeit oder Wahrscheinlichkeit genügt nicht.[261]

Liegt die Amtspflichtverletzung im Erlass eines rechtswidrig begünstigenden Verwaltungsaktes (z.B. einer Baugenehmigung) und macht der Betroffene geltend, im Vertrauen hierauf fehlgeschlagene Aufwendungen getätigt zu haben, so reicht es für die Darlegung des Ursachenzusammenhangs grundsätzlich aus, dass der Betroffene ohne die in Rede stehende Vertrauensgrundlage die konkret geltend gemachten Investitionen so nicht getätigt hätte, der dadurch – wegen Nutzlosigkeit – entstandene Schaden also entfiele.[262]

2. Einwand des rechtmäßigen Alternativverhaltens

Nach der Rechtsprechung des BGH wird bei Amtshaftungsansprüchen wegen verfahrensfehlerhaft zustande gekommener behördlicher Entscheidungen der Ein-

---

[256] Vgl. *Ossenbühl/Cornils* (Staatshaftungsrecht), S. 73.
[257] BGH NVwZ 1997, 714, 724.
[258] Vgl. BGH NVwZ 1994, 825, 826 f.; BGH NJW 1986, 576.
[259] BGH NVwZ 1994, 825, 827.
[260] OLG München, Beschl. v. 18.7.2011, Az. 1 W 904/11; vgl. auch BGH NVwZ 1985, 682.
[261] Vgl. BGH NVwZ 1994, 823, 825.
[262] BGH NVwZ 1997, 714, 724.

wand des Beklagten zugelassen, bei ordnungsgemäßem Verfahren hätte eine gleichlautende behördliche Entscheidung ergehen müssen.[263] Bei diesem Einwand des „rechtmäßigen Alternativverhaltens" geht es um die der Bejahung des Kausalzusammenhangs nachfolgende Frage, inwieweit einem Schadensverursacher die Folgen seines pflichtwidrigen Verhaltens bei wertender Betrachtung billigerweise zugerechnet werden können.[264]

3. Schutzzweck der Norm

174   Die auf eine Wahrscheinlichkeitsprognose ausgerichtete Adäquanztheorie reicht allein nicht aus, um die zurechenbaren Schadensfolgen sachgerecht zu begrenzen. Sie wird deshalb durch eine wertende Beurteilung ergänzt. Diese Beurteilung wird unter dem Kriterium des Schutzzwecks der verletzten Norm vorgenommen.[265] Ein Schaden ist nur dann ersatzfähig, wenn er in den Schutzbereich der verletzten Amtspflicht fällt, die Amtspflicht also gerade den Zweck hat, den Bürger vor einem entsprechenden Nachteil zu schützen. Das Kriterium des Schutzzwecks wird im Regelfall allerdings bereits bei der Frage der Drittbezogenheit der Amtspflicht geprüft. Eine eigenständige Bedeutung entfaltet die Frage des Schutzzwecks der Norm im Rahmen der Schadenszurechnung daher bei sog. Folgeschäden, also solchen Schäden, die sich erst als Folge eines ersten (vom Schutzzweck der drittgerichteten Amtspflicht erfassten) Schadens zeigen, und bei sog. selbstschädigendem Verhalten[266].

V. Haftungsausschluss und Haftungsbeschränkungen

175   § 839 BGB sieht drei Haftungsbeschränkungen vor: die Subsidiaritätsklausel des § 839 Abs. 1 Satz 2 BGB, das Richterspruchprivileg gem. § 839 Abs. 2 BGB und den Haftungsausschluss wegen schuldhafter Versäumung eines Rechtsmittels nach § 839 Abs. 3 BGB. In seltenen Fällen können ferner spezialgesetzliche Haftungsausschlusstatbestände eingreifen.[267]

1. Anderweitige Ersatzmöglichkeit, § 839 Abs. 1 Satz 2 BGB

a) Allgemeines

176   Bei Fahrlässigkeit des Amtsträgers kommt nach § 839 Abs. 1 Satz 2 BGB ein Amtshaftungsanspruch nur in Betracht, wenn der Verletzte nicht auf andere Weise Ersatz zu erlangen vermag. Der Geschädigte muss sich also auf Ersatzansprüche gegen einen Dritten, der neben dem Amtsträger Mitschädiger ist, verweisen lassen. Als Dritter ist aber nicht anzusehen, wer als „verlängerter Arm" des Amtsträgers handelt; in diesem Fall greift § 839 Abs. 1 Satz 2 BGB nicht ein.[268] Ein Amtshaftungsanspruch nach § 839 BGB i.V.m. Art. 34 GG ist ausgeschlossen, soweit die Ersatzpflicht des Mitschädigers geht.

---

[263] BGH NVwZ 2008, 815.
[264] BGH NJW 1995, 2778, 2780; BGH NJW 1996, 576; zu den Grenzen des Einwandes des rechtmäßigen Alternativverhaltens BGH NVwZ 2000, 1206.
[265] Hierzu Palandt/*Grüneberg* Vorbem. § 249 BGB, Rn. 62 ff.
[266] Dazu MünchKommBGB/*Papier*, § 839 BGB, Rn. 281.
[267] Darüber hinaus ist die Amtshaftung, jedenfalls nach dem Verständnis des deutschen Amtshaftungsrechts bis zum Ende des Zweiten Weltkriegs, für militärische Handlungen des Deutschen Reiches im Ausland ausgeschlossen, BGH DVBl. 2004, 37.
[268] OLG Koblenz DVBl. 2011, 60.

Diese einseitige Haftungsprivilegierung des Staates wird allgemein als unbillig kri- 177
tisiert.²⁶⁹ Der Gesetzgeber hatte das Haftungsprivileg ursprünglich geschaffen, um
das Haftungsrisiko der Beamten zu vermindern, die vor der Einführung der Haftungsüberleitung auf den Staat durch Art. 34 GG eine Eigenhaftung traf.

Der BGH sah deshalb in seiner älteren Rechtsprechung als Normzweck des § 839 178
Abs. 1 Satz 2 BGB die Entlastung der öffentlichen Hand an,²⁷⁰ erkannte jedoch
durchaus an, dass es sich um eine „antiquierte" Vorschrift handelt.²⁷¹ Aus diesem
Grunde wird der Anwendungsbereich des Haftungsprivilegs durch eine restriktive
Auslegung zunehmend eingeschränkt. Der BGH stellt nunmehr im Wege einer teleologischen Reduktion darauf ab, welche Zweckbestimmung die anderen Ersatzansprüche haben und ob ihnen die Aufgabe zukommt, endgültig Schäden aufzufangen,
die ihren Grund in der unerlaubten Handlung eines Dritten haben; nur dann kann
auf sie verwiesen werden.²⁷²

In der Praxis spielt die Subsidiaritätsklausel nur eine untergeordnete Rolle.²⁷³ 179
Nach der im Jahre 1976 vom Bundesjustizministerium vorgelegten Untersuchung
scheiterten nur ca. 5,6 Prozent der Klagen wegen anderweitiger Ersatzmöglichkeiten.²⁷⁴

b) Die anderweitige Ersatzmöglichkeit als „negatives Tatbestandsmerkmal"

Bei der anderweitigen Ersatzmöglichkeit handelt es sich um ein „negatives Tatbe- 180
standsmerkmal". Die Unmöglichkeit, anderweitig Ersatz zu erlangen, bildet einen
Teil des Tatbestands, aus dem sich der Amtshaftungsanspruch herleitet. Dementsprechend hat der Verletzte das Vorliegen dieser zur Klagebegründung gehörenden
negativen Voraussetzung des Amtshaftungsanspruchs darzulegen und im Bestreitensfall zu beweisen.²⁷⁵

Besteht eine anderweitige Ersatzmöglichkeit, die den Schaden vollständig ab- 181
deckt, so ist die Amtshaftungsklage unbegründet.²⁷⁶ Verbleibende Unklarheiten darüber gehen zu Lasten des Klägers und haben zur Folge, dass die Klage als „zur Zeit
unbegründet" abzuweisen ist.²⁷⁷

Vermag die andere Ersatzmöglichkeit den Schaden nicht vollständig auszuglei- 182
chen, kann hinsichtlich des „überschießenden Teils" eine Amtshaftungsklage erhoben werden.

c) Bestehen einer anderweitigen Ersatzmöglichkeit

§ 839 Abs. 1 Satz 2 BGB setzt zunächst voraus, dass die rechtliche Möglichkeit 183
besteht, den Schaden von einem Dritten ersetzt zu bekommen. Unmaßgeblich ist
dabei, ob sich der Ersatzanspruch gegen den Drittschädiger selbst oder gegen eine
weitere Person richtet, die für den Drittschädiger haftet, z. B. dessen Haftpflichtver-

---

269 *Ossenbühl/Cornils* (Staatshaftungsrecht), S. 80 f. m. w. N.
270 BGHZ 13, 88, 104.
271 BGHZ 42, 176, 181.
272 BGHZ 91, 48, 54; Bamberger/Roth/*Reinert,* § 839 BGB, Rn. 81.
273 Gleichwohl werden auch immer wieder Klagen abgewiesen, etwa OLG Koblenz, Urt. v. 28.9.2011, Az. 1 U 1399/10 zum Verhältnis medizinischer Dienst der Krankenkassen zu behandelnden Ärzten oder OLG Rostock MDR 2011, 160 zum Verhältnis Feuerwehr zu Brandstifter/Grundstückseigentümer.
274 Bundesministerium der Justiz (Hrsg.), Zur Reform des Staatshaftungsrechts, S. 32, 200.
275 BGH NJW 2002, 1266; BGH NJW 1993, 1647; BGH NJW 1991, 1171; BGHZ 37, 375, 378 st. Rspr.; *Ossenbühl/Cornils* (Staatshaftungsrecht), S. 81.
276 BGH VersR 1978, 252; OLG Karlsruhe VersR 2003, 1406.
277 BGH NJW 1995, 2713, 2715 m. w. N.; OLG Hamm NVwZ 1995, 309.

sicherung. Auch die Art der rechtlichen Grundlage der Ersatzmöglichkeit ist irrelevant.[278]

184   Die Möglichkeit anderweitigen Ersatzes erfordert das Vorhandensein von realisierbaren Ersatz- oder Ausgleichsansprüchen. Die Rechtsgrundlage der anderweitigen Ersatzmöglichkeit kann sich aus Vertrag oder Gesetz ergeben; sie muss ihre Grundlage aber in demselben Tatsachenkreis haben, der für das Entstehen des Amtshaftungsanspruchs maßgebend ist.[279] Die Ansprüche gegen den anderen Schädiger müssen ihrem Inhalt nach gerade dazu bestimmt sein, den Ausgleich des entstandenen Schadens zu gewährleisten.[280] Das ist etwa dann der Fall, wenn es der Rechtsanwalt des Geschädigten schuldhaft versäumt, Rechtsmittel gegen den rechtswidrig belastenden Verwaltungsakt einzulegen; der Schadensersatzanspruch gegen den Rechtsanwalt wegen Verletzung des Anwaltsvertrages deckt gerade den Schaden, der aus dem rechtswidrigen Verwaltungsakt entsteht, ab.[281]

185   Die Subsidiaritätsklausel findet nur Anwendung, wenn der Geschädigte den anderweitigen Ersatzanspruch tatsächlich durchsetzen kann. Die bloße rechtliche Möglichkeit, auch Ansprüche gegen einen Drittschädiger geltend zu machen, reicht nicht aus.

186   Da sich der Anspruch aus § 839 BGB i.V.m. Art. 34 GG auf alsbaldigen Schadensersatz richtet,[282] muss die Inanspruchnahme anderweitigen Ersatzes für den Geschädigten zumutbar sein.[283] Weitläufige, unsichere oder im Ergebnis zweifelhafte Wege des Vorgehens braucht der Geschädigte nicht einzuschlagen.[284] Eine Inanspruchnahme anderweitigen Ersatzes ist nach der Rechtsprechung beispielsweise unzumutbar,
   – wenn es sich um Ersatzansprüche handelt, die der Geschädigte nicht in absehbarer Zeit und nur mit zweifelhaftem Ergebnis durchsetzen kann;[285]
   – wenn die Sach- und Rechtslage unklar ist;[286]
   – wenn besonders geringe Chancen für eine alsbaldige Befriedigung bestehen, weil gerichtliche Geltendmachung und Vollstreckung im Ausland erfolgen müssen;[287]
   – wenn der Geschädigte gegen einen Dritten einen Zahlungstitel erlangt, diesen aber wegen Vermögensverfalls des Dritten nicht vollstrecken kann.[288]

187   Der Geschädigte ist also jedenfalls nicht dazu verpflichtet, gegen den Dritten einen aussichtslosen Rechtsstreit bis in die letzte Instanz durchzufechten.[289]

188   Besteht eine anderweitige Ersatzmöglichkeit, so ist stets darauf zu achten, wie weit der Ersatzanspruch rechtlich reicht, wenn der Amtshaftungsanspruch über den anderweitigen Ersatzanspruch hinausgeht. Zwar sind durch das Zweite Gesetz zur Änderung schadensersatzrechtlicher Vorschriften vom 19.7.2002[290] vertragliche Schadensersatzansprüche solchen deliktischer Natur im Hinblick auf die Ersatzfähigkeit

---

[278] OLG Frankfurt a. M. NJW-RR 2006, 416.
[279] BGH WM 1993, 1193.
[280] BGH VersR 1976, 1066, 1068; vgl. auch RGRK/*Kreft*, § 839 BGB, Rn. 491, 497.
[281] BGH DVBl. 2003, 460 ff.
[282] BGH NJW 1993, 1647; BGH NJW 1981, 675, 676.
[283] BGH NJW 1993, 1647.
[284] BGH NJW 1993, 1647, 1648; BGH BeckRS 2007, 11940.
[285] BGH BB 1995, 1871; Palandt/*Sprau*, § 839 BGB, Rn. 59.
[286] BGH NJW 1971, 2220, 2222.
[287] BGH NJW 1976, 2074.
[288] BGH NJW 1993, 1647, 1648.
[289] BGH NJW-RR 2005, 284.
[290] BGBl. I Nr. 50, S. 2674; das neue Recht ist anzuwenden, wenn das schädigende Ereignis nach dem 31.7.2002 eingetreten ist, Art. 229 § 8 Abs. 1 EGBGB.

immaterieller Schäden gleichgestellt worden (vgl. § 253 Abs. 2 BGB). Gleiches gilt aufgrund ausdrücklicher Regelungen für die meisten Schadensersatzansprüche aus Gefährdungshaftung (vgl. z. B. § 11 S. 2 StVG). Im Fall der Gefährdungshaftungstatbestände des WHG hat es der Gesetzgeber jedoch in §§ 96 ff. WHG unterlassen, eine solche ausdrückliche Regelung aufzunehmen. Zur Geltendmachung des „überschießenden" Schmerzensgeldanspruches bedarf es hier des Amtshaftungsanspruches gem. § 839 BGB i. V. m. Art. 34 GG. Vergleichbares gilt, wenn der Anspruch gegen den Drittschädiger durch gesetzliche Haftungshöchstbeträge (z. B. § 12 StVG) der Höhe nach begrenzt ist. Geht der Schaden über den von dem Dritten danach zu erlangenden Höchstbetrag hinaus, so kann der Geschädigte auch in diesem Fall den „überschießenden" Schaden im Wege der Amtshaftung durchsetzen.

Maßgeblicher Zeitpunkt für das Bestehen einer anderweitigen Ersatzmöglichkeit i. S. v. § 839 Abs. 1 Satz 2 BGB ist grundsätzlich der Zeitpunkt der Erhebung der Amtshaftungsklage.[291] Der Beklagte kann sich im Amtshaftungsprozess nicht mehr darauf berufen, dass sich für den Geschädigten nach Erhebung der Amtshaftungsklage eine anderweitige Ersatzmöglichkeit ergeben habe.[292] 189

d) Schuldhafter Verlust einer anderweitigen Ersatzmöglichkeit

Hat es der Betroffene schuldhaft unterlassen, eine andere Ersatzmöglichkeit wahrzunehmen oder hat er – z. B. im Vergleichswege – auf Ansprüche verzichtet[293] oder diese verjähren lassen,[294] ist er grundsätzlich[295] so zu behandeln, als ob er die Ansprüche realisiert hätte. Dies gilt auch, wenn Ansprüche wegen nicht rechtzeitiger Anfechtung nach §§ 119, 121 BGB „verlorengegangen" sind. Haften mehrere zum Ersatz verpflichtete Dritte gesamtschuldnerisch, so ist bei Zweifeln hinsichtlich der Zahlungsfähigkeit ratsam, jeden der Gesamtschuldner zu verklagen. Bleibt nämlich das Vorgehen gegen nur einen Gesamtschuldner erfolglos, während die rechtzeitige Inanspruchnahme eines anderen zum Erfolg geführt hätte, gilt dies als rechtserhebliches Versäumnis.[296] 190

e) Unanwendbarkeit der Subsidiaritätsklausel: Fallgruppen

Die Rechtsprechung wendet § 839 Abs. 1 Satz 2 BGB zunehmend restriktiv an, um eine unbillige Haftungsprivilegierung des Staates zu vermeiden. Die praktisch wichtigsten Fallgestaltungen sind hierbei: 191

aa) Ansprüche gegen einen anderen Hoheitsträger

Keine „anderweitige" Ersatzmöglichkeit liegt vor, wenn der Geschädigte einen Ersatzanspruch gegen eine weitere juristische Person des öffentlichen Rechts hat und sich dieser Anspruch demselben Tatsachenkreis zuordnen lässt wie der Amtshaftungsanspruch. Die öffentliche Hand ist insoweit als wirtschaftliche Einheit zu betrachten.[297] Der andere Verwaltungsträger könnte sonst den Geschädigten seinerseits auf § 839 Abs. 1 Satz 2 BGB verweisen, sodass dieser durch die wechselseitige Verweisungsmöglichkeit rechtlos gestellt würde.[298] 192

---

[291] BGH NJW 1993, 1647, 1649; OLG Frankfurt a. M. NJW-RR 2006, 416.
[292] BGH NJW 1993, 1647, 1648; RGRK/*Kreft*, § 839 BGB, Rn. 507.
[293] BGH NJW 1995, 2713, 2714.
[294] BGH BB 1992, 950.
[295] Vgl. BGH NJW 1995, 2713, 2714 f. m. w. N.
[296] *Haug*, Rn. 208 m. w. N.
[297] BGH NJW 2003, 348, 350; Brandenburgisches OLG, Urt. v. 10.11.2009, Az. 2 U 42/08.
[298] Vgl. *Ossenbühl/Cornils* (Staatshaftungsrecht), S. 86; zur Haftung für Zivildienstleistende vgl. BGH NJW 2003, 348.

193 § 839 Abs. 1 Satz 2 BGB findet ferner keine Anwendung auf das Verhältnis der konkurrierenden Staats- und Notarhaftung.[299]

bb) Teilnahme am allgemeinen Straßenverkehr

194 Verursacht der Amtsträger bei einer hoheitlichen Dienstfahrt schuldhaft einen Verkehrsunfall, so findet nach der neueren Rechtsprechung des BGH die Subsidiaritätsklausel des § 839 Abs. 1 Satz 2 BGB keine Anwendung. Als Begründung wird angeführt, dass sich im Bereich des Straßenverkehrs ein eigenständiges Haftungssystem entwickelt habe, in dem der Grundsatz der haftungsrechtlichen Gleichbehandlung aller Verkehrsteilnehmer gelte. Dieser Grundsatz schließe die Privilegierung des Staates nach § 839 Abs. 1 Satz 2 BGB aus.[300]

195 Keine Anwendung findet der Grundsatz der haftungsrechtlichen Gleichbehandlung aber, wenn der Amtsträger bei einer Dienstfahrt zur Erfüllung seiner Aufgabe Sonderrechte nach § 35 StVO in Anspruch genommen hat.[301]

cc) Versicherungsansprüche des Geschädigten

196 § 839 Abs. 1 Satz 2 BGB ist auch unanwendbar, wenn der Geschädigte wegen des Schadensereignisses Leistungsansprüche gegen eine öffentlich-rechtliche oder private Versicherung geltend machen kann, sofern es sich um vom Geschädigten verdiente oder mit eigenen Mitteln erkaufte Leistungen handelt und diese nicht mit dem Ziel gewährt werden, endgültig solche Schäden aufzufangen, die von einem außerhalb des Leistungsverhältnisses stehenden Dritten durch deliktische Handlung verursacht worden sind.[302]

197 Diese Ausnahme wird damit begründet, dass sich auch im Bereich des Versicherungsrechts ein eigenständiges Haftungssystem herausgebildet hat, mit dem § 839 Abs. 1 Satz 2 BGB nicht zu vereinbaren ist. Aus den Bestimmungen über den gesetzlichen Forderungsübergang auf den Versicherer ergibt sich, dass es nicht Aufgabe der Versicherungen ist, die Folgen eines deliktischen Verhaltens von Amtsträgern aufzufangen. Dies gilt für die private und die gesetzliche Krankenversicherung[303] ebenso wie für die gesetzliche Unfall- und Rentenversicherung.[304]

198 Demgegenüber findet § 839 Abs. 1 Satz 2 BGB Anwendung, wenn die Versicherung das Haftungsrisiko des privaten Drittschädigers absichern soll, wie z.B. die Haftpflichtversicherung des Drittschädigers.[305]

dd) Entgeltfortzahlungsansprüche

199 Der Entgeltfortzahlungsanspruch des geschädigten Arbeitnehmers gegen seinen Arbeitgeber gem. §§ 1 ff. Entgeltfortzahlungsgesetz (EFZG) stellt keine anderweitige Ersatzmöglichkeit i. S. d. § 839 Abs. 1 Satz 2 BGB dar.[306] Die Entgeltfortzahlung ist nicht Ausgleich für einen Schadensfall, sondern Ausdruck der arbeitsrechtlichen Fürsorgepflicht. Amtshaftungsansprüche eines Arbeitnehmers gehen gem. § 6 EFZG auf den Arbeitgeber über.

---

[299] BGH NJW 1993, 3061, 3063; BGH NJW 2002, 373, 374.
[300] BGH NJW 1993, 2612, 2613; BGH NJW 1979, 1602; BGH NJW 1977, 1238; KG Berlin zfs 2007, 260.
[301] BGH NJW 1991, 1171; Palandt/*Sprau*, § 839 BGB, Rn. 57.
[302] BGHZ 91, 48, 54.
[303] BGHZ 79, 35.
[304] BGH NJW 1983, 2191, 2192.
[305] BGHZ 91, 48, 51.
[306] BGHZ 62, 380.

2. Richterspruchprivileg, § 839 Abs. 2 Satz 1 BGB

Nach § 839 Abs. 2 Satz 1 BGB haftet ein Beamter, der bei einem Urteil in einer 200
Rechtssache seine Amtspflicht verletzt, nur dann, wenn die Pflichtverletzung in einer
Straftat besteht. Sinn und Zweck des sog. „Richterspruchprivilegs" ist nicht der
Schutz der richterlichen Unabhängigkeit, sondern die Gewährleistung des Rechtsfriedens auf der Grundlage der Rechtskraft richterlicher Entscheidungen[307] (deshalb
„Richterspruchprivileg" und nicht „Spruchrichterprivileg").[308] Würde § 839 Abs. 2
Satz 1 BGB die Haftungsschwelle für Richtersprüche niedriger ansetzen, so müsste
im Amtshaftungsprozess der in einem anderen gerichtlichen Verfahren rechtskräftig
entschiedene Sachverhalt unter dem Gesichtspunkt der Amtspflichtverletzung des
Richters nochmals überprüft werden.

Kommt das Richterspruchprivileg zum Tragen, so stehen dem Geschädigten auch 201
keine sonstigen Entschädigungsansprüche (z. B. aus Aufopferung oder enteignungsgleichem Eingriff) zu.[309]

Zu beachten ist jedoch, dass amtspflichtwidriges Verhalten bei richterlichen Ent- 202
scheidungen außerhalb des Richterspruchprivilegs im Amtshaftungsprozess geltend
gemacht werden kann. In diesen Fällen ist aber der Verfassungsgrundsatz der richterlichen Unabhängigkeit zu berücksichtigen, so dass nur besonders grobe Verstöße
vorwerfbar sind.[310]

a) Spruchrichter

„Beamter" i. S. d. § 839 Abs. 2 Satz 1 BGB ist der „Spruchrichter", d. h. der Rich- 203
ter i. S. v. Art. 97 GG. Zu den Spruchrichtern zählen auch Beisitzer, Schöffen und
andere ehrenamtliche Richter. Keine Spruchrichter sind Schiedsrichter, Schiedsgutachter oder vom Gericht bestellte Sachverständige.[311]

b) Urteil in einer Rechtssache

Da § 839 Abs. 2 Satz 1 BGB vornehmlich den Schutz der Rechtskraft der Entschei- 204
dung bezweckt, fallen unter den Begriff des „Urteils" alle gerichtlichen Entscheidungen, denen verfahrensbeendende Wirkung zukommt, die unter den für ein Urteil
notwendigen Bedingungen zustande kommen und die mit Rechtskraftwirkung ausgestattet sind.[312] Dabei ist unerheblich, ob diese Entscheidungen formal als Urteil, als
Beschluss oder in Form einer Verfügung ergehen. Urteile in diesem Sinne sind:
- Gerichtliche Endurteile; auch Versäumnisurteile;[313]
- Einstweilige Anordnungen nach § 123 VwGO;[314]
- Arrest und einstweilige Verfügung;[315]
- Beschlüsse nach § 91a ZPO;[316]
- Berichtigungsbeschlüsse nach § 319 ZPO;[317]

---

[307] *Ossenbühl/Cornils* (Staatshaftungsrecht), S. 103; MünchKommBGB/*Papier*, § 839 BGB,
Rn. 323 m. w. N.
[308] Hk-BGB/*Staudinger*, § 839 BGB, Rn. 36.
[309] BGH JuS 1968, 433.
[310] BGH NJW 2003, 3052, 3053; BGH NJW-RR 1992, 919; OLG Frankfurt NJW 2001, 3270,
3271; Staudinger/*Wurm*, § 839 BGB, Rn. 313.
[311] Palandt/*Sprau*, § 839 BGB, Rn. 64 m. w. N.
[312] BGH NJW 2005, 436; danach genügt selbst eine „interimistische Befriedungsfunktion".
[313] BGH NJW 2005, 436.
[314] BGH NJW 2005, 436 unter Aufgabe von BGHZ 10, 55, 60.
[315] BGH NJW 2005, 436 unter Aufgabe von BGHZ 10, 55, 60.
[316] BGHZ 13, 142.
[317] Palandt/*Sprau*, § 839 BGB, Rn. 65.

– Beschlüsse nach § 383 Abs. 1 StPO, in denen die Eröffnung eines Privatklageverfahrens abgelehnt wird;[318]
– Einstellungsbeschlüsse gem. § 153 Abs. 2 StPO;[319]
– nach wohl zutreffender Auffassung die Anordnung einer Betreuung.[320]

205 Da es nach dem Wortlaut des § 839 Abs. 2 Satz 1 BGB auf die Amtspflichtverletzung nicht „durch" Urteil, sondern „bei" einem Urteil ankommt, gilt das Richterspruchprivileg auch für Maßnahmen, die darauf gerichtet sind, die Grundlagen für die richterliche Sachentscheidung zu gewinnen. Hierzu zählen z. B. Entscheidungen über die Einholung von Sachverständigengutachten sowie über die Auswahl und Beauftragung von Sachverständigen.[321] In diesen Fällen greift das Richterspruchprivileg auch dann ein, wenn das Verfahren ohne ein Urteil endet (aber jedenfalls mit einem Urteil enden könnte).[322]

206 Richterliche Entscheidungen, welche die genannten Kriterien eines Urteils i. S. v. § 839 Abs. 2 BGB nicht erfüllen, fallen nicht unter das Richterspruchprivileg. Eine Anwendbarkeit des Privilegs wurde z. B. verneint für:
– Entscheidungen im Prozesskostenhilfeverfahren,[323] insoweit auch die Kostenentscheidung;[324]
– Entscheidungen im Insolvenzverfahren;[325]
– Entscheidungen in der Zwangsvollstreckung;[326]
– Genehmigungen von Rechtsgeschäften durch das Vormundschaftsgericht gem. §§ 1915, 1821 Abs. 1 Nr. 1 BGB;[327]
– Beschlüsse über die vorläufige Entziehung der Fahrerlaubnis nach § 111a StPO;[328]
– Beschlüsse über vorläufige Unterbringungsmaßnahmen.[329]

c) Straftat

207 Die Ersatzpflicht tritt aber ein, wenn die Amtspflichtverletzung zugleich einen Straftatbestand verwirklicht hat. In Betracht kommen hierbei insbesondere die Tatbestände der Bestechlichkeit (§ 332 StGB) und der Rechtsbeugung (§ 339 StGB).[330] Dabei ist zu beachten, dass „Richter" i. S. d. StGB auch die Laienrichter sind (vgl. § 11 Abs. 1 Nr. 3 StGB).

d) Ausnahme nach § 839 Abs. 2 Satz 2 BGB

208 Keine Anwendung findet das Richterspruchprivileg gem. § 839 Abs. 2 Satz 2 BGB bei pflichtwidriger Verweigerung oder Verzögerung der Amtsausübung, da die Verweigerung oder Verzögerung eines Richterspruchs nicht Gegenstand eines Urteils sein kann, sodass der Amtshaftungsanspruch bei unvertretbarer Verfahrensverzöge-

---

[318] Vgl. BGHZ 51, 326, 329.
[319] Vgl. BGHZ 64, 347.
[320] *Coeppicus*, NJW 1996, 1947.
[321] BGHZ 50, 14, 16 f.; BGH VersR 1984, 77.
[322] OLG Bremen NJW-RR 2001, 1036.
[323] BGH VersR 1984, 77; a. A. *Tombrink*, NJW 2002, 1324, 1325; *ders.*, DRiZ 2002, 296, 298 f.
[324] OLG München, Beschl. v. 12.3.2012, Az. 1 W 410/12.
[325] BGH WM 1986, 331 noch zur Konkursordnung.
[326] BGH NJW 2000, 3358, 3360.
[327] BGH WM 1986, 1151.
[328] BGH NJW 1964, 2402.
[329] BGH NJW 2003, 3052; Staudinger/*Wurm*, § 839 BGB, Rn. 327.
[330] Bamberger/Roth/*Reinert*, § 839 BGB, Rn. 88.

rung regelmäßig gegeben sein wird.³³¹ Dies gilt auch bei einer Prozessverzögerung durch eine überflüssige Beweiserhebung, da das Privileg nach § 839 Abs. 2 Satz 1 BGB nur die Rechtskraft von richterlichen Entscheidungen schützen soll, nicht aber rein verfahrensrechtliche Amtspflichtverletzungen eines Richters entschädigungslos stellen soll; Voraussetzung ist aber, dass die Verfahrenshandlung offensichtlich für das Urteil keine Bedeutung hatte.³³²

3. Schuldhafter Nichtgebrauch eines Rechtsmittels, § 839 Abs. 3 BGB

Gem. § 839 Abs. 3 BGB tritt die Ersatzpflicht nicht ein, wenn es der Verletzte schuldhaft unterlassen hat, den Schaden durch den Gebrauch eines Rechtsmittels abzuwenden. 209

Hierbei handelt es sich um eine besondere Ausprägung des Mitverschuldens i. S. v. § 254 BGB. Anders als § 254 BGB, der eine Berücksichtigung der Umstände des Einzelfalls gestattet und die Möglichkeit einer Anspruchsminderung vorsieht, geht § 839 Abs. 3 BGB aber vom Prinzip des „alles oder nichts" aus. Bei verschuldeter Nichteinlegung eines Rechtsmittels ist der Amtshaftungsanspruch im Regelfall vollständig ausgeschlossen. Für eine Anwendung des § 254 BGB bleibt kein Raum. 210

Sinn und Zweck des § 839 Abs. 3 BGB war ursprünglich, das Haftungsrisiko für den nach § 839 BGB persönlich haftenden Beamten zu vermindern. Mit der Haftungsüberleitung durch Art. 34 GG ist diese Rechtfertigung allerdings entfallen. Der BGH betrachtet § 839 Abs. 3 BGB deshalb als Sanktion für ein „Verschulden gegen sich selbst".³³³ Teilweise wird § 839 Abs. 3 BGB auch als schadensersatzrechtliche Sanktion zur Durchsetzung des Vorrangs des Primärrechtsschutzes gesehen.³³⁴ 211

Liegt die Amtspflichtverletzung im Erlass eines rechtswidrigen begünstigenden Verwaltungsakts, etwa eines rechtswidrigen Bauvorbescheids, ist für die Anwendung von § 839 Abs. 3 BGB grundsätzlich kein Raum, da der Geschädigte durch einen begünstigenden Bescheid zunächst nie in einer die verwaltungsgerichtliche Klagebefugnis begründenden Weise beschwert wird.³³⁵ Etwas anderes gilt nur dann, wenn die Klage etwa des Nachbarn erstinstanzlich erfolgreich war und deshalb der Geschädigte erwägen muss, gegen dieses Urteil Rechtsmittel einzulegen. 212

a) Rechtsmittel

„Rechtsmittel" i. S. v. § 839 Abs. 3 BGB sind alle Rechtsbehelfe im weitesten Sinn, die der Betroffene gegen das schädigende Verhalten des Amtsträgers ergreifen konnte.³³⁶ Sie müssen aber darauf abzielen und geeignet sein, das schädigende Verhalten des Amtsträgers zu beseitigen oder zu berichtigen und dadurch die Entstehung eines Schadens zu verhindern bzw. abzumindern.³³⁷ Der Begriff des Rechtsmittels beschränkt sich deshalb nicht auf die förmlichen Rechtsmittel, sondern umfasst auch die formlosen und die förmlichen sonstigen Rechtsbehelfe.³³⁸ 213

---

³³¹ LG München I DRiZ 2006, 49; zu den Auswirkungen auf die Beschwerde nach Art. 6 Abs. 1 EMRK siehe *Gundel*, DVBl. 2004, 17.
³³² *Brüning*, NJW 2007, 1094, 1098; *Blomeyer*, NJW 1977, 557; MünchKommBGB/*Papier*, § 839 BGB, Rn. 327; a. A. Palandt/*Sprau*, § 839 BGB, Rn. 67.
³³³ BGHZ 56, 57, 63.
³³⁴ Vgl. *Maurer*, § 26, Rn. 32.
³³⁵ BGH NJW 1993, 2303, 2305; Staudinger/*Wurm*, § 839 BGB, Rn. 382.
³³⁶ BGH VersR 1982, 954; Palandt/*Sprau*, § 839 BGB, Rn. 69.
³³⁷ BGH NJW-RR 2004, 706.
³³⁸ Bamberger/Roth/*Reinert*, § 839 BGB, Rn. 92.

214 Als Rechtsmittel kommen in erster Linie der Widerspruch nach §§ 68 ff. VwGO und die Klagen zu den Verwaltungsgerichten (Anfechtungsklage,[339] Verpflichtungsklage,[340] allgemeine Leistungsklage und Untätigkeitsklage[341]) sowie die Rechtsbehelfe des einstweiligen Rechtsschutzes (z. B. Anträge nach § 123 VwGO[342] und § 80 Abs. 5 VwGO[343] oder Abänderungsanträge nach § 80 Abs. 7 VwGO) in Betracht. Feststellungsklagen sind dagegen nur in besonderen Situationen Rechtsmittel im Sinne des § 839 Abs. 3 BGB.[344]

215 Weitere Rechtsmittel sind die Erinnerung nach § 766 ZPO,[345] die Drittwiderspruchsklage[346], der Antrag auf Aussetzung der Vollziehung eines Steuerbescheids[347] und ein Antrag nach dem StVollzG.[348]

216 Nach der Rechtsprechung zählen auch die Dienstaufsichtsbeschwerde, die Gegenvorstellung und die sonstigen formlosen Rechtsbehelfe zu den „Rechtsmitteln" i. S. d. § 839 Abs. 3 BGB.[349] Bei Verfahrensfehlern in Prüfungsverfahren muss der Teilnehmer Abhilfe verlangen.[350] Auch die einfache Nachfrage bei der zuständigen Behörde oder – bei Unterlassungen – ein Antrag auf Tätigwerden der Behörde soll ein „Rechtsmittel" im Sinne von § 839 Abs. 3 BGB sein.[351] Verlangt wird sogar, dass der Geschädigte gegebenenfalls auf einem förmlichen Bescheid bestehen muss und dann von den Rechtsmittelmöglichkeiten Gebrauch macht.[352] Im Schrifttum wird diese „uferlose Ausdehnung" des Rechtsmittelbegriffs zu Recht kritisiert. Sie ist schon deshalb nicht gerechtfertigt, weil formlose Rechtsbehelfe praktisch aussichtslos sind.[353]

217 Nicht zu den Rechtsmitteln zählen die Petition an einen Landtag,[354] die Verfassungsbeschwerde,[355] der Antrag auf einstweilige Einstellung des Zwangsversteigerungsverfahrens nach § 30a ZVG,[356] der Antrag auf Erlass eines Verfügungsverbots bei erteilter Grundstücksverkehrsgenehmigung[357] und eine Bauvoranfrage[358].

218 Die Frage, ob ein Normenkontrollantrag nach § 47 VwGO zu den Rechtsmitteln gehört, kann nicht allgemeingültig beantwortet werden. Ein Normenkontrollantrag ist dem Betroffenen wohl nur dann zuzumuten, wenn er greifbare Anhaltspunkte für die Nichtigkeit des Bebauungsplans oder der Satzung hat.[359]

---

[339] BGHZ 113, 17, 23 f.
[340] BGHZ 15, 305, 312 f.; BGH NVwZ 2003, 502 f. für die Klage eines Beamten auf Beförderung.
[341] BGH MDR 2008, 801; BGH WM 1963, 841.
[342] BGH NJW 1995, 2918, 2920; BGH NVwZ 2001, 352, 354.
[343] BGH NJW 2004, 1241; OLG München NJW-RR 2009, 1293, 1294; OLG München NVwZ-RR 2006, 228.
[344] BGH Report 2006, 774.
[345] Palandt/*Sprau*, § 839 BGB, Rn. 69.
[346] OLG Düsseldorf NJW-RR 1992, 1245.
[347] BGH WM 1984, 1276.
[348] OLG Naumburg NJW 2005, 514.
[349] BGH WM 1985, 336, 338; BGH VersR 1985, 358, 359; BGH NJW 1986, 1924.
[350] OLG Düsseldorf VersR 1993, 99.
[351] OLG Düsseldorf NJW-RR 1995, 13.
[352] OLG München, Beschl. v. 12.2.2012, Az. 1 W 2126/11.
[353] Vgl. *Ossenbühl/Cornils* (Staatshaftungsrecht), S. 96; ebenso *Maurer*, § 26, Rn. 32; *Sachs*, Art. 34 GG, Rn. 97
[354] OLG München, Beschl. v. 7.5.2012, Az. 1 U 4371/11.
[355] BGH NJW 1959, 1219.
[356] BGH NVwZ 1994, 409.
[357] BGH NJW-RR 2007, 449.
[358] BGH BauR 2008, 494.
[359] *Boujong*, WiVerw 1991, 59, 72.

In jedem Fall muss die Rechtsbehelfseinlegung „ernsthaft", d. h. auf einen sachli- 219
chen Erfolg ausgerichtet sein und sich unmittelbar gegen den Amtspflichtverstoß richten, da sonst kein „Gebrauch" eines Rechtsmittels i. S. v. § 839 Abs. 3 BGB gegeben
ist. An einer ernsthaften Rechtsbehelfseinlegung kann es z. B. fehlen, wenn der
Rechtsbehelf nicht begründet worden ist; eine unrichtige oder unvollständige Begründung schadet aber nicht.[360] Bei mehreren möglichen Rechtsbehelfen muss der
Geschädigte grundsätzlich den Effektiveren wählen.[361]

b) Schuldhafte Nichteinlegung

Die Nichteinlegung des Rechtsmittels muss verschuldet sein. Da es sich hier um 220
ein Verschulden des Geschädigten „gegen sich selbst" handelt, ist darauf abzustellen, welches Maß an Kenntnissen und Sorgfalt von dem Verkehrskreis erwartet
werden kann, dem der Geschädigte angehört.[362]

Fahrlässigkeit liegt in der Regel vor, wenn der Geschädigte ein Rechtsmittel nicht 221
ergreift, obwohl es aufgrund gefestigter Rechtsprechung erfolgversprechend erscheint.[363] Bei fehlenden Rechtskenntnissen liegt regelmäßig ein Verschulden vor,
wenn der Geschädigte Rechtsrat einholen konnte.[364] Allerdings darf der Bürger im
Allgemeinen auf die Richtigkeit einer amtlichen Belehrung oder Beratung vertrauen,
soweit keine gewichtigen Gründe gegen deren Richtigkeit sprechen.[365]

Der Minderjährige hat für das Verschulden seines gesetzlichen Vertreters,[366] die 222
Partei für das Verschulden ihres Rechtsanwaltes[367] einzustehen, wie sich aus § 278
BGB ergibt.[368]

Die Nichteinlegung eines weiteren Rechtsmittels ist in der Regel nicht verschul- 223
det, wenn sich die Partei auf die Richtigkeit einer erstinstanzlichen gerichtlichen
Entscheidung verlässt, es sei denn, besondere Umstände lassen ein Rechtsmittel als
aussichtsreich erscheinen.[369] Die Nichteinlegung des Rechtsmittels ist auch nicht
schuldhaft, solange der Betroffene die Wahl zwischen der alsbaldigen Einlegung des
Rechtsmittels und einer aussichtsreichen Verhandlung mit der Behörde hat.[370]

c) Kausalität

Zwischen der Nichteinlegung des Rechtsmittels und dem Schadenseintritt muss 224
ein Kausalzusammenhang bestehen. Dabei ist zu vergleichen, wie sich die Situation
des Geschädigten ohne Einlegung des Rechtsmittels darstellt und wie sie sich bei
Einlegung entwickelt hätte.

Kommt es für die Ursächlichkeit der Nichteinlegung eines förmlichen Rechtsbe- 225
helfs (Widerspruch, Klage) auf die Entscheidung einer Behörde oder eines Gerichts
über diesen Rechtsbehelf an, so ist darauf abzustellen, wie das Gericht oder die Behörde nach Auffassung des Gerichts des Amtshaftungsprozesses richtigerweise hätte
entscheiden müssen.[371] Im Regelfall ist die Kausalität zwischen der Nichteinlegung

---

[360] BGHZ 56, 57, 59.
[361] LG Potsdam VersR 2003, 373.
[362] BGH NVwZ 1991, 915; *Hoppe*, JA 2011, 167, 170.
[363] OLG Karlsruhe VersR 2006, 121.
[364] Bamberger/Roth/*Reinert*, § 839 BGB, Rn. 95; Palandt/*Sprau*, § 839 BGB, Rn. 71.
[365] BGHZ 108, 224, 230.
[366] Paland/*Sprau*, § 839 BGB, Rn. 71.
[367] OLG Düsseldorf NJW-RR 1992, 1245.
[368] Hk-BGB/*Staudinger*, § 839 BGB, Rn. 43.
[369] BGH MDR 1985, 1000.
[370] BGH VersR 1989, 959.
[371] Palandt/*Sprau*, § 839 BGB, Rn. 73.

des Rechtsbehelfs und dem Schadenseintritt zu bejahen, wenn über den Rechtsbehelf richtigerweise zugunsten des Geschädigten hätte entschieden werden müssen.[372] Ausnahmsweise kann aber auf die tatsächlich zu erwartende – von der richtigen abweichende – Entscheidung eines Gerichts oder Behörde (etwa bei Dienstaufsichtsbeschwerden) abgestellt werden, wenn ersichtlich eine einigermaßen zuverlässige Beurteilung, wie richtigerweise zu entscheiden gewesen wäre, nicht ohne Weiteres möglich ist.[373]

226 Sofern es auf die Entscheidung über einen formlosen Rechtsbehelf (z. B. Dienstaufsichtsbeschwerde) ankommt, ist maßgeblich, ob der Rechtsbehelf tatsächlich Erfolg gehabt hätte.[374]

227 Problematisch ist die Fallgestaltung, in der ein Rechtsmittel nicht zur vollen Schadensabwendung, sondern nur zu einer teilweisen Schadensminderung geführt hätte. Wendet man hier § 839 Abs. 3 BGB wortgetreu an, so entfiele der Schadensersatzanspruch in vollem Umfang. Dieses unbillige Ergebnis vermeidet die Rechtsprechung, indem sie dem Gesetzeswortlaut des § 839 Abs. 3 BGB ein ungeschriebenes „soweit" hinzufügt. Die Ersatzpflicht entfällt danach nur, soweit die schuldhafte Nichteinlegung eines Rechtsbehelfs für den Schaden ursächlich geworden ist.[375] Hinsichtlich des unabwendbaren Schadensanteils bleibt der Amtshaftungsanspruch hingegen bestehen.

4. Gesetzlicher Ausschluss der Haftungsüberleitung

228 Art. 34 Satz 1 GG sieht eine „grundsätzliche Verantwortlichkeit" des Staates oder einer anderen öffentlich-rechtlichen Körperschaft für Amtspflichtverletzungen durch einen Amtsträger vor. Daraus wird gefolgert, dass in Ausnahmefällen ein sondergesetzlicher Ausschluss der Haftungsüberleitung nach Art. 34 GG auf den Staat zulässig ist.[376] In diesem Fall tritt eine Eigenhaftung des Beamten nach Maßgabe des § 839 BGB ein. Für den Amtshaftungsprozess bedeutet dies, dass die Klage bei Ausschluss der Haftungsüberleitung gegen den Staat unbegründet ist. In solchen Fällen muss der Geschädigte nach § 839 BGB gegen den Amtswalter selbst klagen.

229 Durch die in Art. 34 Satz 1 GG gewährte institutionelle Garantie der Staatshaftung sind dem Ausschluss der staatlichen Haftung jedoch enge Grenzen gesetzt.[377] So darf ein Ausschluss der Haftungsüberleitung nur durch Gesetz oder aufgrund einer gesetzlichen Ermächtigung erfolgen. Bei einer kommunalen Satzung zu einem Anschluss- und Benutzungszwang bedarf es insofern einer besonderen gesetzlichen Ermächtigung, neben der Anordnung des Anschluss- und Benutzungszwangs in der Satzung auch eine Haftungsbeschränkung festzulegen.[378] In sachlicher Hinsicht ist ein Ausschluss nur bei gewichtigen Gründen des Allgemeinwohls zulässig.

230 In den folgenden Fällen ist eine Haftungsüberleitung auf den Staat ausgeschlossen:

a) Notarhaftung

231 Nach § 19 BNotO ist eine Amtshaftung des Staates für Notare (auch Anwaltsnotare) ausgeschlossen. Notare haften damit für von ihnen verursachte Schäden per-

---

[372] BGH NJW 1993, 3061, 3064.
[373] BGH NJW 2003, 1308, 1313; kritisch *Wißmann*, NJW 2003, 3455.
[374] BGH NJW 1986, 1924, 1925.
[375] BGH NJW 1986, 1924 f.
[376] Vgl. BGHZ 9, 289, 290; Palandt/*Sprau*, § 839 BGB, Rn. 74.
[377] BGHZ 25, 231; BGHZ 62, 372; BayVGH, Urt. v. 6.4.2009, Az. 19 B 09.90.
[378] BGH DVBl. 2007, 1238.

sönlich. Eine Schadensersatzklage ist damit nicht gegen den Staat, sondern gegen den Notar zu richten.

b) Gebührenbeamte

Nach § 5 Nr. 1 Reichsbeamtenhaftungsgesetz (RBHaftG) haften die sog. Gebührenbeamten persönlich. Zu den Gebührenbeamten zählen Bezirksschornsteinfegermeister, die bei der Bauabnahme und der Feuerstättenschau Gebühren erheben.[379] Das RBHaftG galt allerdings nach seinem Wortlaut (vgl. § 1 Abs. 1 RBHaftG) und seiner systematischen Stellung – die Länder hatten eigene Regelungen erlassen – nur für *Reichs*beamte, nicht für Beamte der deutschen Länder.[380] Die Körperschaft, die den Bezirksschornsteinfegermeister mit seiner öffentlichen Aufgabe betraut, muss daher die Bundesrepublik Deutschland als Rechtsnachfolger des Deutschen Reichs sein, nicht aber ein Land.[381]   232

Keine Gebührenbeamten sind Gerichtsvollzieher,[382] Schiedsleute[383] oder die Mitglieder hessischer Ortsgerichte.[384]   233

Auch das Preußische Staatshaftungsgesetz vom 1.8.1909 sieht einen Haftungsausschluss für Gebührenbeamte vor. Dementsprechend hat das OLG Dresden für den Bereich des Freistaats Sachsen einen Ausschluss der Staatshaftung für Amtspflichtverletzungen eines öffentlich bestellten Vermessungsingenieurs angenommen.[385] Im Freistaat Bayern findet dagegen das Preußische Staatshaftungsgesetz keine Anwendung.[386]

c) Auswärtiger Dienst

Nach § 5 Nr. 2 RBHaftG bestehen Haftungsausschlüsse für Angehörige des auswärtigen Dienstes.[387] Es haftet also weder der Staat noch der einzelne Beamte.   234

d) Haftung gegenüber Ausländern

Nach der früheren Fassung von § 7 RBHaftG stand Angehörigen eines ausländischen Staates ein Amtshaftungsanspruch nur zu, wenn nach einer Bekanntmachung des Bundesjustizministeriums im Bundesgesetzblatt die Gegenseitigkeit der Amtshaftung mit dem anderen Staat verbürgt war.[388]   235

Auf Bundesebene wurde § 7 RBHaftG durch Gesetz vom 28.7.1993 (BGBl. I S. 1394) neu gefasst. Nach § 7 Abs. 1 RBHaftG n. F. kann die Bundesregierung durch Rechtsverordnung bestimmen, dass einem ausländischen Staat und dessen Staatsangehörigen ohne Wohnsitz oder ständigen Aufenthalt in der Bundesrepublik Deutschland im Inland keine Amtshaftungsansprüche zustehen, wenn der Bundesrepublik Deutschland oder deutschen Staatsangehörigen nach dem Recht dieses Staates bei vergleichbaren Schädigungen kein gleichwertiger Schadensausgleich geleistet wird. Dies gilt nach § 7 Abs. 2 RBHaftG nicht für die Mitgliedstaaten der   236

---

[379] BGHZ 62, 372, 378.
[380] OLG Karlsruhe VersR 2007, 108.
[381] OLG Karlsruhe VersR 2007, 108; OLG München OLGR 2004, 227.
[382] BGH NJW 2001, 434, 435; Palandt/*Sprau*, § 839 BGB, Rn. 120.
[383] BGHZ 36, 193, 195.
[384] BGHZ 113, 71.
[385] OLG Dresden, Urt. v. 9.8.2006, Az. 6 U 407/06.
[386] BayVGH, Urt. v. 6.4.2009, Az. 19 B 09.90.
[387] Weiterführend hierzu MünchKommBGB/*Papier*, § 839 BGB, Rn. 342 f.
[388] Vgl. zur Haftung gegenüber Ausländern allgemein *Kaiser*, NVwZ 1997, 667; *Geißler*, DGVZ 1994, 97.

Europäischen Union und deren Staatsangehörige sowie in sonstigen Fällen, in denen eine Gleichbehandlung mit Deutschen europarechtlich vorgeschrieben ist. Bislang hat die Bundesregierung von der Ermächtigung zum Erlass einer entsprechenden Rechtsverordnung keinen Gebrauch gemacht, sodass auf der Bundesebene derzeit keine Haftungsbeschränkungen für Ausländer bestehen.[389]

237 Die früheren, gem. Art. 77 EGBGB erlassenen landesrechtlichen Regelungen über Haftungsbeschränkungen gegenüber Ausländern sind mittlerweile weitgehend aufgehoben oder durch eine § 7 RBHaftG entsprechende Regelung ersetzt worden.[390]

e) Dienst- und Arbeitsunfälle

238 §§ 636 und 637 RVO a.F., jetzt §§ 104 ff. SGB VII, sowie § 91a SVG schließen Amtshaftungsansprüche aus, wenn der Anspruchsteller bei einem Arbeits-[391] oder Dienstunfall verletzt worden ist. Ausnahmen gelten, wenn der Unfall vorsätzlich verursacht worden ist oder sich bei der Teilnahme am allgemeinen Straßenverkehr ereignet hat.[392]

VI. Verjährung

239 Durch das am 1.1.2002 in Kraft getretene Schuldrechtsmodernisierungsgesetz hat der Gesetzgeber das Verjährungsrecht im gesamten Zivilrecht grundlegend reformiert. Wegen der Anlehnung der neuen Verjährungsregelungen an § 852 BGB a.F. sind die Auswirkungen der Reform auf die Verjährung des Amtshaftungsanspruches jedoch relativ gering.

240 Gem. § 195 BGB verjährt der Schadensersatzanspruch aus § 839 Abs. 1 BGB nach drei Jahren. Die (Regel-)Verjährungsfrist beginnt mit dem Schluss des Jahres, in dem der Anspruch entstanden ist und der Betroffene Kenntnis von den den Anspruch begründenden Tatsachen erlangt oder ohne grobe Fahrlässigkeit erlangen musste (§ 199 Abs. 1 BGB). Unabhängig von der Kenntnis oder grob fahrlässigen Unkenntnis verjähren die Schadensersatzansprüche in zehn Jahren von ihrer Entstehung an (§ 199 Abs. 3 Satz 1 Nr. 1 BGB) sowie ohne Rücksicht auf ihre Entstehung und die Kenntnis oder grob fahrlässige Unkenntnis in 30 Jahren von der Begehung der Handlung, der Pflichtverletzung oder dem sonstigen, den Schaden auslösenden Ereignis an (§ 199 Abs. 3 Satz 1 Nr. 2 BGB).[393] Maßgeblich ist gem. § 199 Abs. 3 Satz 2 BGB die früher endende Frist. Eine Sonderstellung nehmen nach dem neuen Recht nur Schadensersatzansprüche ein, die auf der Verletzung des Lebens, des Körpers, der Gesundheit oder der Freiheit beruhen: Diese verjähren gem. § 199 Abs. 2 BGB ohne Rücksicht auf ihre Entstehung und die Kenntnis oder grob fahrlässige Unkenntnis in 30 Jahren von der Begehung der Handlung, der Pflichtverletzung oder dem sonstigen, den Schaden auslösenden Ereignis an.

1. Beginn der Verjährung

241 Gem. § 199 Abs. 1 Nr. 1 BGB setzt der Beginn der Regelverjährung voraus, dass der Anspruch entstanden ist. Der Anspruch entsteht, wenn alle Tatbestandsmerkma-

---

[389] Vgl. *Maurer*, § 26, Rn. 36; Palandt/*Sprau*, § 839 BGB, Rn. 74.
[390] Weiterführend hierzu MünchKommBGB/*Papier*, § 839 BGB, Rn. 345 ff.
[391] zum Kindergartenbesuch als Arbeitsunfall BGH, Urt. v. 4.6.2009, Az. III ZR 229/07.
[392] Siehe hierzu MünchKommBGB/*Papier*, § 839 BGB, Rn. 352 ff.; zu den Änderungen im Schadensrecht durch das SGB VII vgl. *Waltermann*, NJW 1997, 3401, 3402.
[393] LG Bonn, Urt. v. 13.4.2011, Az. 1 O 211/10.

le erfüllt sind. Erforderlich ist ferner, dass der Anspruch fällig ist, da ohne Durchsetzbarkeit des Anspruchs keine Verjährung möglich ist.[394] Als zusätzliches, subjektives Kriterium muss schließlich der Gläubiger Kenntnis von den anspruchsbegründenden Umständen erlangt haben oder seine Unkenntnis mindestens auf grober Fahrlässigkeit beruhen, § 199 Abs. 1 Nr. 2 BGB.

Eine hinreichende Kenntnis liegt vor, wenn der Geschädigte die tatsächlichen Umstände kennt, die eine schuldhafte Amtspflichtverletzung als naheliegend, mithin eine Amtshaftungsklage als so aussichtsreich erscheinen lassen, dass dem Verletzten die Erhebung der Klage zugemutet werden kann.[395] Grob fahrlässige Unkenntnis des Gläubigers ist gegeben, wenn seine Unkenntnis auf einer besonders schweren Vernachlässigung der im Verkehr erforderlichen Sorgfalt beruht. Unverzichtbar ist ein subjektiv schwerer Verstoß des Gläubigers.[396] 242

Bezugspunkt der Kenntnis sind die anspruchsbegründenden Tatsachen. Zu diesen zählt das pflichtwidrige und schuldhafte Verhalten des Amtsträgers. In Fällen fahrlässiger Pflichtverletzung gehört auch das „negative Tatbestandsmerkmal" des Fehlens einer anderweitigen Ersatzmöglichkeit (§ 839 Abs. 1 Satz 2 BGB) dazu. Da das Fehlen einer anderweitigen Ersatzmöglichkeit zu den vom Kläger darzulegenden und zu beweisenden Anspruchsvoraussetzungen gehört, beginnt der Lauf der Verjährung entweder mit der Kenntnis oder grob fahrlässigen Unkenntnis des Klägers davon, dass er auf andere Weise keinen Ersatz erlangen kann, oder in dem Zeitpunkt, in dem der Kläger sich im Prozesswege oder auf andere Weise hinreichende Klarheit darüber verschaffen kann, ob und in welcher Höhe ihm ein anderweitiger Ersatzanspruch zusteht.[397] Der Geschädigte kann also nicht durch Untätigkeit oder Nichtausschöpfen anderweitiger Ersatzmöglichkeiten den Beginn der Verjährung beliebig hinausschieben.[398] 243

Die Verjährungsfrist beginnt schließlich erst mit dem Schluss desjenigen Jahres, in dem die oben genannten Voraussetzungen eingetreten sind. 244

2. Hemmung der Verjährung durch Rechtsverfolgung

Durch das Schuldrechtsmodernisierungsgesetz sind alle für die Amtshaftungsansprüche relevanten Unterbrechungstatbestände in Hemmungstatbestände umgewandelt worden. Die im Rahmen der Amtshaftung für die Unterbrechungstatbestände entwickelte Rechtspraxis besitzt jedoch – aufgrund vergleichbarer Problemlagen – auch für die neuen Hemmungstatbestände Geltung.[399] 245

Gem. § 204 Abs. 1 Nr. 1 BGB wird die Verjährung durch die Erhebung der Amtshaftungsklage gehemmt. Die Hemmung endet sechs Monate nach der rechtskräftigen Entscheidung oder anderweitigen Beendigung des eingeleiteten Verfahren, § 204 Abs. 2 Satz 1 BGB. Unschädlich ist, wenn die Klage beim örtlich unzuständigen Gericht eingereicht wird.[400] 246

---

[394] *Mansel*, NJW 2002, 89, 91 m.w.N.; *Jauernig*, § 199 BGB, Rn. 2; der Grundsatz der Schadenseinheit findet auch im neuen Verjährungsrecht Anwendung, Palandt/*Ellenberger*, § 199 BGB, Rn. 3; BGH NVwZ 2007, 362.
[395] BGHZ 138, 247, 252; OLG Hamm, Urt. v. 19.11.2010, Az. 11 U 156/10; OLG München, Beschl. v. 16.3.2009, Az. 1 U 1639/09; Palandt/*Ellenberger,* § 199 BGB, Rn. 35.
[396] Palandt/*Ellenberger*, § 199 BGB, Rn. 36.
[397] BGH NJW 1993, 933, 934.
[398] So schon vor Änderung des Verjährungsrechts BGH NJW 1993, 933, 935; vgl. auch *Schlick/ Rinne*, NVwZ 1997, 1171, 1178.
[399] So auch für § 204 Abs. 1 Nr. 1 BGB n.F. Staudinger/*Wurm*, § 839 BGB, Rn. 381.
[400] BGH NJW 1994, 3162, 3164f.

247 Entsprechend der Rechtsprechung des BGH zu § 209 Abs. 1 BGB a. F. tritt bei belastenden Verwaltungsmaßnahmen eine Hemmung der Verjährung in analoger Anwendung des § 204 Abs. 1 Nr. 1 BGB auch durch die Erhebung von Widerspruch oder verwaltungsgerichtlicher Klage ein.[401] Dies folgt daraus, dass der Betroffene wegen des Vorrangs des verwaltungsgerichtlichen Primärrechtsschutzes zur Einlegung von Rechtsbehelfen verpflichtet ist und ihm hieraus kein Nachteil hinsichtlich der Verjährung des Amtshaftungsanspruchs entstehen darf. Dies gilt auch dann, wenn die Amtshaftungsklage gegen eine andere Körperschaft gerichtet wird, diese aber im Primärrechtsschutzverfahren beigeladen war.[402]

247a Die Klage des Schädigers – gegen die Erteilung einer von ihm abgelehnten Genehmigung durch die Widerspruchsbehörde – hemmt die Verjährung aber nicht.[403] In derartigen Fällen ist es dem Geschädigten jedoch regelmäßig nicht zumutbar, parallel eine Amtshaftungsklage (wegen der verspäteten Erteilung der Genehmigung) zu erheben.[404]

248 Die auf Aufhebung eines Bescheides gerichtete Klage ist jedoch dann nicht geeignet, die Verjährung zu hemmen, wenn sie wegen Versäumung der Anfechtungsfrist unzulässig ist. Dies gilt allerdings nicht, wenn der Kläger mit seinem Hilfsantrag, die Nichtigkeit des angefochtenen Verwaltungsaktes festzustellen, durchgedrungen ist.[405] Ebenso ist die Klage ungeeignet zur Verjährungshemmung, wenn sich der Rechtsbehelf nicht gegen das pflichtwidrige Verhalten selbst richtet, etwa eine unrichtige Auskunft, sondern gegen einen späteren Rechtsakt, etwa einen Gebührenbescheid, der im Widerspruch zur früheren Auskunft steht und deshalb für rechtswidrig gehalten wird.[406] Bis zur rechtskräftigen Entscheidung über diese Klage kann es jedoch dem Kläger an der für den Verjährungsbeginn notwendigen Kenntnis von der Amtspflichtverletzung durch die unrichtige Auskunft fehlen.[407]

249 Die Geltendmachung des sozialrechtlichen Herstellungsanspruchs durch Klage vor den Sozialgerichten hemmt die Verjährung des Amtshaftungsanspruchs, der auf dasselbe Fehlverhalten des Sozialversicherungsträgers gestützt wird.[408]

250 Die Geltendmachung eines Anspruchs aus § 1 StHG-DDR im behördlichen Vorverfahren gem. § 5 StHG-DDR hemmt dagegen nur die Verjährung des Anspruchs gem. § 1 StHG-DDR, nicht jedoch eines konkurrierenden Anspruchs gem. § 839 BGB i. V. m. Art. 34 GG, da es sich um unterschiedliche Streitgegenstände handelt.[409]

251 Erhebt der Betroffene zunächst Klage gegen einen ersatzpflichtigen Dritten (z. B. bei Überbauung eines altlastenverseuchten Grundstücks zunächst gegen den Verkäufer statt gegen die Gemeinde, deren amtliche Auskunft zur Altlastenfreiheit ausschlaggebend für den Erwerb war), so wird durch die Erhebung dieser Klage die Verjährung des gegen die öffentlich-rechtliche Körperschaft gerichteten Amtshaftungsanspruchs nicht gehemmt.[410] Vielmehr muss der Geschädigte in diesem Fall

---

[401] BGH NJW 1993, 2303, 2305; BGH NJW 2011, 2586, 2590 (zum sozialgerichtlichen Verfahren). Ein Vertragsverletzungsverfahren nach Art. 226 EG genügt jedoch nicht, BGH NVwZ 2007, 362, 366. Zum Ganzen *Braun/Spannbrucker*, DVBl. 2009, 884.

[402] BGH NVwZ 2006, 177 (wohl Rechtsprechungsänderung zu BGH DVBl. 2003, 816); sogar unter Verzicht auf die Beiladung OLG Brandenburg, NVwZ-RR 2001, 704.

[403] OLG München, Urt. v. 5.11.2009, Az. 1 U 5235/08.

[404] OLG München, Urt. v. 5.11.2009, Az. 1 U 5235/08.

[405] BGH NJW 1995, 2778, 2779 zu § 209 Abs. 1 BGB a. F.

[406] BGHZ 122, 317, 324; BGH NVwZ 2001, 468 f.

[407] BGH NVwZ 2001, 468 f. zu § 852 BGB a. F.

[408] BGHZ 103, 242, 247 f. zu § 209 Abs. 1 BGB a. F.; vgl. auch *v. Einem*, BayVBl. 1991, 164.

[409] BGH, NJ 2003, 539, 540 mit Verweis auf BGH NJW 2000, 2678, 2679.

[410] BGH NJW 1990, 178, 179 zu § 209 Abs. 1 BGB a. F.

der öffentlich-rechtlichen Körperschaft den Streit verkünden. Nach § 204 Abs. 1 Nr. 6 BGB wird durch die Streitverkündung in dem Prozess, von dessen Ausgang der (Amtshaftungs-)Anspruch abhängt, die Verjährung des Anspruchs gehemmt. Ist allerdings die Klage gegen den möglicherweise ersatzpflichtigen Dritten mit erheblichen Zweifeln verbunden (und deshalb die Klage nicht geboten), kann die Verjährungshemmung trotz Streitverkündung ausgeschlossen sein;[411] hier ist größte Vorsicht geboten.

3. Hemmung der Verjährung bei Verhandlungen

Die Verjährung wird gem. § 203 BGB gehemmt, solange zwischen dem Ersatzpflichtigen und dem Geschädigten noch Verhandlungen schweben und keine der Parteien die Fortsetzung der Verhandlungen verweigert. Der Begriff der „Verhandlungen" ist weit auszulegen.[412] Es genügt jeder Meinungsaustausch über den Schadensfall, der den Geschädigten zu der Annahme berechtigt, der Verpflichtete lasse sich auf Erörterungen über die Berechtigung von Schadensersatzansprüchen ein. Die Hemmung endet erst, wenn die Fortsetzung der Verhandlungen verweigert wird. Dies muss grundsätzlich durch klares und eindeutiges Verhalten einer der Parteien zum Ausdruck kommen. Verlaufen die Verhandlungen im Sande, so gelten sie als zu dem Zeitpunkt beendet, zu dem der nächste Schritt der anderen Seite nach Treu und Glauben zu erwarten gewesen wäre.[413]

252

Keine Hemmung der Verjährung tritt dagegen ein, wenn der Betroffene nicht mit der ersatzpflichtigen Körperschaft, sondern mit einem anderen (z. B. dem Drittschädiger) verhandelt.[414]

253

4. Übergangsregelungen

Nach Art. 229 § 6 EGBGB findet das neue Verjährungsrecht grundsätzlich auf alle Ansprüche Anwendung, die am 1.1.2002 bestehen und noch nicht verjährt sind, Art. 229 § 6 Abs. 1 Satz 1 EGBGB.

254

Sofern ein Anspruch vor dem 1.1.2002 entstanden ist und an diesem Tag noch nicht verjährt ist, gelten jedoch einige Besonderheiten. Nach Art. 229 § 6 Abs. 1 Satz 2 EGBGB bestimmen sich der Beginn, die Hemmung, die Ablaufhemmung und der Neubeginn der Verjährung für den Zeitraum vor dem 1.1.2002 nach altem Recht. Bei der Verjährungsfrist wird hingegen differenziert: Erweist sich die Verjährungsfrist nach neuem Recht länger als die nach altem Recht, so ist die Verjährung mit Ablauf der nach altem Recht geltenden Frist vollendet (Art. 229 § 6 Abs. 3 EGBGB). Ist die Verjährungsfrist hingegen nach neuem Recht kürzer, so gilt diese Frist; berechnet wird sie von dem 1.1.2002 an. Führt das aber dazu, dass die nach altem Recht geltende Frist noch vor der nach neuem Recht ab 1.1.2002 eintretenden Verjährung abläuft, weil die Frist nach neuem Recht erst ab dem 1.1.2002 an zu laufen beginnt und deshalb im Ergebnis länger dauern kann als die an sich längere Frist nach altem Recht, so bleibt es bei Vollendung der Verjährung nach altem Recht (Art. 229 § 6 Abs. 4 EGBGB).

255

---

[411] BGH NJW 2007, 834.
[412] BGH NJW 2001, 1723 m. w. N.; Palandt/*Ellenberger*, § 203 BGB, Rn. 2.
[413] BGH NJW 1986, 1337, 1338.
[414] *Rotermund/Krafft* (4. Aufl.), Rn. 100.

C. Rechtsfolgen

I. Geldersatz

256 Für den Amtshaftungsanspruch gelten grundsätzlich die allgemeinen schadensrechtlichen Vorschriften der §§ 249 ff. und §§ 843 bis 846 BGB,[415] jedoch mit der Besonderheit, dass der Anspruch nur auf Geldersatz gerichtet ist.[416] Zu ersetzen ist das negative Interesse. Maßgeblich ist damit, wie sich die Vermögenslage des Betroffenen bei pflichtgemäßem Handeln des Amtsträgers entwickelt hätte.[417] Erstattungsfähig ist grundsätzlich jeder durch die Amtspflichtverletzung adäquat verursachte Vermögensschaden.[418]

257 Zum ersatzfähigen Schaden zählen auch alle nicht von einem Dritten zu erstattenden Kosten, die der Geschädigte zur zweckentsprechenden Rechtsverfolgung aufwenden musste.[419] Dazu gehören auch die Kosten des Vorprozesses gegen einen Dritten, der wegen der Ersatzhaftung gem. § 839 Abs. 1 Satz 2 BGB geführt werden musste,[420] sowie die Kosten eines wegen der Amtspflichtverletzung erforderlich gewordenen Prozesses.[421] Waren die eingeleiteten Verfahren allerdings von vornherein erkennbar aussichtslos, können die aufgewendeten Kosten nicht geltend gemacht werden.[422]

258 Die Naturalrestitution ist, sofern sie ein hoheitliches Handeln (z.B. die Rückgängigmachung oder den Erlass eines VA) erfordern würde, wegen der Besonderheiten des Amtshaftungsrechts ausgeschlossen.[423] Der Grund hierfür besteht zum einen darin, dass der Anspruch aus § 839 BGB – für sich genommen – nur gegen den Beamten gerichtet ist. Dieser kann aber als Privatperson keine hoheitlichen Akte vornehmen, sondern nur Schadensersatz in Geld leisten. Gem. Art. 34 GG wird die so umrissene Haftung des Beamten lediglich auf den Staat übergeleitet, aber nicht erweitert. Vom Staat kann deshalb über § 839 BGB i.V.m. Art. 34 GG nicht mehr verlangt werden als vom Beamten nach § 839 BGB.[424] Zum anderen soll verhindert werden, dass die ordentlichen Gerichte durch die Verurteilung zur Vornahme einer hoheitlichen Tätigkeit in den Zuständigkeitsbereich der Verwaltungsgerichte eingreifen.[425] Eine Naturalrestitution kann der Geschädigte also nicht im Wege der Amtshaftungsklage erreichen. Vielmehr muss er vor dem Verwaltungsgericht einen öffentlich-rechtlichen Folgenbeseitigungsanspruch geltend machen.

---

[415] Palandt/*Sprau*, § 839 BGB, Rn. 79; *Schlick/Rinne*, NVwZ 1997, 1065, 1077.
[416] BGHZ 34, 99, 104; BGHZ 137, 11, 26; BGH NVwZ 2003, 1285; anders womöglich im Einzelfall bei Ansprüchen auf Unterlassung oder Widerruf ehrkränkender Äußerungen, weil diese eine unvertretbare persönliche Handlung des Beamten darstellen, vgl. Staudinger/*Wurm*, § 839 BGB, Rn. 240; Palandt/*Sprau*, § 839 BGB, Rn. 78.
[417] BGH NJW 2003, 3047; BGH NVwZ 1997, 714, 724.
[418] Staudinger/*Wurm*, § 839 BGB, Rn. 238.
[419] BGH NJW 2007, 224, 226; BGHZ 21, 359, 361; BGHZ 30, 154; OLG München, Urt. v. 10.3.2005, Az. 1 U 4947/04 (zu einer Honorarvereinbarung).
[420] BGH VersR 2006, 800; BGH ZIP 2002, 1144, 1148; BGH NJW 1956, 57.
[421] BGH NJW 1990, 176, 178.
[422] BGH NJW 2007, 224.
[423] OLG Frankfurt, Beschl. v. 30.11.2011, Az. 1 W 54/11 (Löschung von Unterlagen aus Ermittlungsakten).
[424] *Ossenbühl/Cornils* (Staatshaftungsrecht), S. 111 m.w.N.
[425] Palandt/*Sprau*, § 839 BGB, Rn. 78.

II. Grundsatz der Vorteilsausgleichung

Der im allgemeinen Schadensrecht geltende Grundsatz der Vorteilsausgleichung gilt auch für den Amtshaftungsanspruch.[426] Hat das schädigende Ereignis dem Betroffenen neben Nachteilen auch Vorteile gebracht, so können diese auf den Schadensersatzanspruch angerechnet werden. Voraussetzung für eine Anrechnung ist, dass zwischen dem schädigenden Ereignis und dem Vorteil ein adäquater Kausalzusammenhang besteht[427] und dass die Anrechnung aus der Sicht des Geschädigten nicht unzumutbar ist.[428] Die Anrechnung ist regelmäßig dann zumutbar, wenn sie dem Zweck des Schadensersatzes entspricht und den Schädiger nicht unbillig entlastet.[429] Damit scheidet insbesondere die Anrechnung freiwilliger Leistungen Dritter aus, soweit sie nicht den Schädiger entlasten, sondern dem Geschädigten zugute kommen sollen.[430]

259

III. Maßgeblicher Zeitpunkt für die Feststellung des Schadens

Maßgeblicher Zeitpunkt für die Feststellung des Schadens ist grundsätzlich die letzte mündliche Tatsachenverhandlung im Amtshaftungsprozess.[431] So ist etwa die Heilung eines durch den Hoheitsträger begangenen Fehlers bis zu diesem Zeitpunkt bei der Schadensentwicklung zu berücksichtigen.

260

Vorsicht ist für den Kläger insbesondere geboten, wenn die Amtspflichtverletzung im Erlass eines auf einer unwirksamen Satzung beruhenden Gebührenbescheids liegt. Erlässt die beklagte Körperschaft während des Prozessverlaufes eine wirksame Satzung mit Rückwirkungsanordnung, so wird für den Bescheid in rechtlich zulässiger Weise nachträglich eine Rechtsgrundlage geschaffen. Dies kann zu einem Entfallen des ersatzfähigen Schadens führen.[432] Der Beklagte kann in diesem Fall dem Schadensersatzbegehren des Klägers jedenfalls den Einwand der unzulässigen Rechtsausübung entgegenhalten.[433]

261

Führt ein rechtswidriger Bebauungsplan zur Schädigung eines Grundeigentümers, da im Plan ein durch gesundheitsgefährdende Altlasten kontaminiertes Gelände als Wohngebiet ausgewiesen wurde, so ist die nachträgliche Beseitigung des schädigenden Zustands durch eine Sanierung des Geländes bei der Beurteilung des Amtshaftungsanspruchs anspruchsmindernd zu berücksichtigen.[434]

262

IV. Schmerzensgeld und Entschädigung

Führt die Amtspflichtverletzung zu einer Körper- oder Gesundheitsverletzung, zu einer Freiheitsentziehung, zur Verletzung der sexuellen Selbstbestimmung oder –

263

---

[426] BGH, Urt. v. 17.10.2003, Az. V ZR 84/02; OLG Jena NVwZ-RR 1999, 712, 713; Palandt/*Sprau*, § 839 BGB, Rn. 79.
[427] BGHZ 81, 274, 275; OLG München, Urt. v. 10.6.2010; Az. 1 U 3680/08; OLG Jena NVwZ-RR 1999, 712, 713.
[428] BGHZ 10, 107, 108; OLG Jena NVwZ-RR 1999, 712, 713.
[429] BGHZ 91, 206, 210.
[430] BGHZ 21, 113, 117.
[431] BGH NJW 1990, 1038; Palandt/*Sprau*, § 839 BGB, Rn. 80.
[432] BGH NJW 1995, 394.
[433] BGH NJW 1995, 394, 395.
[434] BGH NJW 1990, 1038.

extra legem – zu einer Verletzung des Allgemeinen Persönlichkeitsrechts, so kann der Verletzte ergänzend zum materiellen Schadensersatzanspruch Schmerzensgeld gem. § 253 Abs. 2 BGB verlangen.[435]

Beispiel: Macht die Staatsanwaltschaft der Presse eine Mitteilung über ein Ermittlungsverfahren gegen einen Rechtsanwalt und Notar unter Nennung seines Namens und Berufs oder bestätigt sie der Presse die Einleitung eines solchen Ermittlungsverfahrens, so kann hierin eine Amtspflichtverletzung liegen. Führt die hierauf beruhende öffentliche Berichterstattung zu einer schwerwiegenden Beeinträchtigung des Persönlichkeitsrechts des Betroffenen, so kommt die Gewährung von Schmerzensgeld in Betracht.[436]

264   Bei einer Verletzung der Menschenwürde nach Art. 1 Abs. 1 GG und des Allgemeinen Persönlichkeitsrechts kommt darüber hinaus die Zahlung einer Geldentschädigung in Betracht.[437] Allerdings können eine hinreichende Genugtuung und ein Ausgleich bereits in der „bloßen" gerichtlichen Feststellung der Rechtswidrigkeit der Maßnahme und des Verstoßes der Maßnahme gegen Art. 1 Abs. 1 GG liegen, sodass eine Geldzahlung unterbleibt.[438]

V. Mitverschulden

265   § 254 BGB findet auf Schadensersatzansprüche aus Amtshaftung Anwendung, soweit nicht die Sondervorschrift des § 839 Abs. 3 BGB einschlägig ist.[439] Gem. § 254 BGB führt die schuldhafte Mitverursachung des Schadens zu einer Anspruchsminderung.

266   Für das Mitverschulden gilt als Maßstab, dass jeder diejenige Sorgfalt walten lassen muss, die ein ordentlicher und verständiger Mensch zur Abwendung eigener Schäden anzuwenden pflegt.[440] Der Betroffene darf im Allgemeinen aber auf die Rechtmäßigkeit des Verwaltungshandelns vertrauen. Er handelt deshalb nur dann vorwerfbar i. S. d. § 254 BGB, wenn er das ihm zumutbare Maß an Aufmerksamkeit und Sorgfalt bei der Besorgung seiner eigenen Angelegenheiten nicht aufwendet.[441]

267   Beginnt beispielsweise ein Bauherr mit den Baumaßnahmen, obwohl sich ihm Zweifel an der Rechtmäßigkeit der erteilten Baugenehmigung aufdrängen mussten und obwohl der Nachbar dem Vorhaben bereits widersprochen hat, so stellt dies eine bewusste Risikoübernahme dar. Dies kann dazu führen, dass der Bauherr we-

---

[435] Vgl. BGHZ 78, 274, 279. Zum Anspruch auf Schmerzensgeld wegen einer rechtswidrigen Blutentnahme Brandenburgisches OLG, Urt. v. 16.12.2010, Az. 2 U 24/09. Zum Anspruch auf Schmerzensgeld bei rechtswidriger Freiheitsentziehung und erkennungsdienstlicher Behandlung durch Polizeibeamte anlässlich einer Razzia vgl. LG Göttingen NJW 1991, 236. Zur Frage von Schmerzensgeldansprüchen wegen vorläufiger Einweisung in eine psychiatrische Anstalt vgl. BGH VersR 1991, 308; Palandt/*Grüneberg*, § 253 BGB, Rn. 5. Zu Schmerzensgeldansprüchen bei Körperverletzungen durch Polizeibeamte OLG Karlsruhe VersR 2011, 122 und OLG Hamm, Urt. v. 27.5.2009, Az. 11 U 175/07.
[436] BGH NJW 1994, 1950.
[437] BVerfG NJW 2010, 820; OLG Frankfurt, Urt. v. 10.10.2012, Az. 1 U 210/11; LG Frankfurt JR 2012, 36 ff.; zur Geldentschädigung wegen unzumutbarer Haftbedingungen OLG München, Beschl. v. 7.2.2012, Az. 1 W 102/12 und *Eichinger*, JR 2012, 57 ff. Zur Geldentschädigung wegen Persönlichkeitsrechtsverletzung OLG München, Beschl. v. 26.7.2010, Az. 1 U 2201/10, und LG Berlin NVwZ 2010, 851 (Beschattung eines Journalisten durch den BND).
[438] BVerfG NJW 2010, 433; BVerfG NJW 2006, 1580; BGH NJW 2005, 58; OLG Hamburg FamRZ 2011, 1671.
[439] BGH NJW 2007, 1063; BGH VersR 1985, 368.
[440] BGH NJW 1987, 2264, 2267.
[441] BGH VersR 1959, 233.

gen eines erheblichen Mitverschuldens nach § 254 BGB den ihm durch den voreiligen Baubeginn erwachsenen Schaden selbst zu tragen hat.⁴⁴²

Zu berücksichtigen ist auch, dass § 254 BGB innerhalb eines öffentlich-rechtlichen Rechtsverhältnisses angewendet wird und einen Ausgleich zwischen den Schadensersatzinteressen des Bürgers als Grundrechtsträger und den fiskalischen Interessen des Hoheitsträgers schafft. Werden dem Bürger innerhalb des Staatshaftungsverhältnisses Obliegenheiten zur Schadensminderung gem. § 254 BGB auferlegt, so sind die Grundrechte unmittelbar und ohne Einschränkung anzuwenden. Ein am Grundsatz der Verhältnismäßigkeit zu messender Eingriff in Art. 12 Abs. 1 GG liegt demnach vor, wenn dem Bürger die Obliegenheit aufgebürdet wird, entgegen seiner ursprünglichen Absicht einen anderen Arbeitsplatz zu suchen oder einen bestimmten Arbeitsplatz anzutreten.⁴⁴³ Insofern ist also bei der Bejahung von Schadensminderungsobliegenheiten Vorsicht geboten. 268

VI. Drittschadensliquidation

Die Grundsätze der Drittschadensliquidation sind im Amtshaftungsrecht grundsätzlich nicht anwendbar.⁴⁴⁴ In aller Regel ergibt die Bestimmung des Kreises der geschützten Dritten ein taugliches Instrument für einen interessengerechten Schadensausgleich.⁴⁴⁵ Deshalb kann einem Geschädigten, der nicht zum Kreis der geschützten Dritten zählt, nicht über den Umweg der Drittschadensliquidation ein Ersatzanspruch zugebilligt werden.⁴⁴⁶ 269

Beispiel (vgl. BGH NJW 1991, 2696): Der Eigentümer eines Grundstücks beauftragt einen Architekten mit dem Bau eines Hauses. Der Architekt richtet in eigenem Namen eine Bauvoranfrage an die Bauaufsichtsbehörde. Die Behörde verschleppt zunächst das Verfahren und erlässt schließlich einen (rechtswidrigen) ablehnenden Bescheid. Durch die Verzögerung und rechtswidrige Ablehnung erleidet der Eigentümer eine erhebliche Vermögenseinbuße. Er hat jedoch keinen Anspruch aus § 839 BGB i. V. m. Art. 34 GG, da er die Bauvoranfrage nicht selbst gestellt hat und damit nicht Verfahrensbeteiligter ist. Bei Ablehnung einer Bauanfrage bestehen drittbezogene Amtspflichten der Behörde grundsätzlich nur gegenüber dem Antragsteller und nicht auch gegenüber dem Grundstückseigentümer, sofern dieser lediglich ein allgemeines wirtschaftliches Interesse an der Bebaubarkeit des Grundstücks, nicht aber ein konkretes Interesse an der Durchführung eines bestimmten Bauvorhabens hat. 270

Auch eine Amtshaftungsklage des Architekten hat keine Aussicht auf Erfolg, da dieser keinen Schaden erlitten hat. Er kann auch nicht den Vermögensschaden des Eigentümers über die Grundsätze der Drittschadensliquidation geltend machen, da sonst das die Amtshaftung einschränkende Tatbestandsmerkmal der Drittbezogenheit der verletzten Amtspflicht umgangen würde. 271

D. Konkurrenzen

Der Amtshaftungsanspruch ist selbständig und kann neben zahlreichen anderen Anspruchsgrundlagen geltend gemacht werden. Dies gilt insbesondere für die Ge- 271a

---

⁴⁴² BGH NJW 1985, 1682; BGH NJW 1997, 714, 727; BGH NJW 2001, 3054, 3056.
⁴⁴³ BVerfG NJW 2003, 125 ff.
⁴⁴⁴ Zu Ausnahmekonstellationen s. BVerwG DVBl. 2004, 1369; OVG Koblenz NVwZ-RR 2005, 477; OLG Hamm NJW 1970, 1793.
⁴⁴⁵ BGH NJW-RR 1996, 724; vgl. auch OLG Hamm NJW 1970, 1793; Palandt/*Sprau* § 839 BGB, Rn. 82; Staudinger/*Wurm*, § 839 BGB, Rn. 237.
⁴⁴⁶ BGH BayVBl. 2008, 735; BGH NJW 1991, 2696, 2697.

fährdungshaftung,[447] die Entschädigung aus enteignungsgleichem Eingriff,[448] die nach dem Planfeststellungsrecht vorgesehenen Rechtsschutz- und Entschädigungsmöglichkeiten gemäß §§ 74, 75 VwVfG,[449] die Haftung nach dem StHG-DDR[450] und die Staatshaftung bei überlangen Gerichtsverfahren gemäß § 198 GVG.[451]

---

[447] BGHZ 121, 161, 168; *Ossenbühl/Cornils* (Staatshaftungsrecht), S. 117.
[448] *Ossenbühl/Cornils* (Staatshaftungsrecht), S. 118.
[449] OLG Frankfurt BauR 2012, 683; missverständlich insofern OLG Hamm VersR 2011, 673.
[450] BGHZ 153, 198, 201; *Ossenbühl/Cornils* (Staatshaftungsrecht), S. 119.
[451] *Ossenbühl/Cornils* (Staatshaftungsrecht), S. 119.

4. Kapitel. Weitere Anspruchsgrundlagen bei rechtswidrigem Verwaltungshandeln

A. Überblick

Die Amtshaftung ist nicht die einzige Folge hoheitlichen Unrechts. Dem Geschädigten stehen regelmäßige weitere, in Voraussetzungen und Rechtsfolgen allerdings sehr unterschiedliche Anspruchsgrundlagen zur Verfügung, durch die verbleibende Haftungslücken jedenfalls teilweise geschlossen werden können. Die effektive Rechtsverfolgung wird allerdings dadurch erheblich erschwert, dass die Ansprüche teilweise in unterschiedlichen Rechtswegen verfolgt werden müssen.

Von den gesetzlich normierten, auf Schadensersatz gerichteten Anspruchsgrundlagen sind vor allem die Bestimmungen über die Gefährdungshaftung (z.B. im StVG, im Haftpflichtgesetz oder im WHG) zu nennen. In einem Teil der neuen Bundesländer gilt in modifizierter Form das StHG-DDR als jeweiliges Landesrecht fort und sieht dort einen im Vergleich zur Amtshaftung erheblich erweiterten Haftungsrahmen vor. Richterrechtlich begründete Haftungsinstitute für rechtswidrige Eingriffe in grundrechtlich geschützte Rechtsgüter sind der Anspruch aus enteignungsgleichem Eingriff und der Anspruch aus aufopferungsgleichem Eingriff, die jeweils auf Entschädigung gerichtet sind. Bei schuldhafter Verletzung von Pflichten aus einem „verwaltungsrechtlichen Schuldverhältnis" (ebenfalls eine Zweckschöpfung der Rechtsprechung) kann der Geschädigte Schadensersatz geltend machen.

Die Wiederherstellung des vor dem rechtswidrigen staatlichen Eingriff bestehenden Zustands ermöglichen der öffentlich-rechtliche Folgenbeseitigungsanspruch und der sozialrechtliche Herstellungsanspruch. Noch umstritten ist, ob es in Fortsetzung des Folgenbeseitigungsanspruchs einen sog. Folgenentschädigungsanspruch gibt. Die Rückerstattung rechtsgrundlos erbrachter Leistungen kann auf der Grundlage des öffentlich-rechtlichen Erstattungsanspruchs verlangt werden.

272

273

274

B. Allgemeines Deliktsrecht und verschuldensabhängige Haftung nach dem StVG

Die Haftung des Staates für das deliktische Verhalten eines Amtsträgers bei Erfüllung öffentlich-rechtlicher Aufgaben ist in § 839 BGB abschließend geregelt. Die allgemeinen Deliktstatbestände der §§ 823,[452] 826[453] BGB sowie der §§ 831 und 832 BGB[454] sind neben § 839 BGB i.V.m. Art. 34 GG nicht anwendbar.

Ebenso wird § 18 StVG von § 839 BGB verdrängt.[455]

275

276

C. Gefährdungshaftung

Gefährdungshaftung und Amtshaftung können nebeneinander geltend gemacht werden.[456] Da bei der Gefährdungshaftung teilweise gesetzliche Höchstbeträge für

277

---

[452] BGH NJW 1996, 3208, 3209: ausnahmsweise ist § 823 BGB jedoch anwendbar, wenn das betreffende Verhalten des Beamten sich zugleich als unerlaubte Handlung innerhalb des bürgerlich-rechtlichen Geschäftskreises des öffentlichen Dienstherrn darstellt.
[453] BGHZ 3, 94, 101.
[454] BGHZ 3, 301; BGHZ 13, 25.
[455] BGH NJW 1992, 2882, 2884; BGH NJW 1993, 1258, 1259.

die Ersatzpflicht vorgesehen sind (z. B. § 12 StVG, §§ 9, 10 HaftpflG) und z. B. nach §§ 96 ff. WHG kein Schmerzensgeld vorgesehen ist, reicht der Amtshaftungsanspruch in manchen Fällen weiter.

278 Die Gefährdungshaftung ist eine verschuldensunabhängige Haftung für Schädigungen, die aus typischen Gefahrensituationen resultieren. Im Öffentlichen Recht greift eine Gefährdungshaftung nur dann ein, wenn ein gesetzlicher Haftungstatbestand erfüllt ist. Eine allgemeine Öffentlich-rechtliche Gefährdungshaftung gibt es nicht. Die spezialgesetzlich geregelte Gefährdungshaftung trifft jeden Inhaber gefährlicher Sachen bzw. jeden Betreiber gefährlicher Anlagen, also auch den Staat. Die Haftung besteht im Übrigen unabhängig davon, ob die Unterhaltung der Sache oder der Betrieb der Anlage öffentlich-rechtlich oder privatrechtlich erfolgt.

279 Die wichtigsten Haftungstatbestände sind:[457]
– § 7 StVG (Haftung des Kraftfahrzeughalters);[458]
– §§ 1, 2 HaftpflG (Haftung des Bahnbetriebsunternehmers; Haftung des Inhabers einer Energieanlage; Haftung des Inhabers von Rohrleitungen[459]);
– § 89 WHG (Haftung für die Einleitung von schädlichen Stoffen in Gewässer);
– § 1 UmweltHG (Haftung für Umwelteinwirkungen von Anlagen);
– §§ 114 ff. BBergG (Haftung für Bergschäden);[460]
– §§ 25 ff. AtomG (Haftung für Kernanlagen);
– § 33 LuftVG (Haftung des Flugzeughalters);
– § 833 BGB (Tierhalterhaftung);
– § 1 ProdHaftG (Haftung für Produktfehler).

280 Einen besonderen Fall der Gefährdungshaftung regelt Art. 5 der Europäischen Menschenrechtskonvention.[461] Danach hat jede Person, die unter Verletzung des Art. 5 EMRK von Festnahme oder Freiheitsentziehung betroffen ist, Anspruch auf Schadensersatz. Die EMRK gilt innerstaatlich mit Gesetzeskraft und gewährt in ihrem Art. 5 Abs. 5 dem Betroffenen einen unmittelbaren Schadensersatzanspruch, wenn seine Freiheit dem Art. 5 EMRK zuwider beschränkt wurde.[462] Der Anspruch setzt kein Verschulden voraus, sondern ist bereits bei einem objektiven Verstoß gegen die von der Konvention und vom innerstaatlichen Recht aufgestellten Voraussetzungen für eine Festnahme oder Freiheitsentziehung gegeben.[463]

281 Die Haftung des Staates für ihm zurechenbare Zufallsschäden wegen des Einsatzes von risikoreicher Technik – teilweise in besonders gefahrgeneigter Art und Weise – ist bislang auf die gesetzlich enumerativ festgelegten Fälle beschränkt. Eine angemessene Risikoverteilung wird damit aber zwischen Staat und Bürger nicht erreicht. Erforderlich ist daher eine Fortentwicklung des Systems der Gefährdungshaftung; erste Ansätze sind dazu bereits in der Rechtsprechung des BGH erkennbar.[464]

---

[456] *Maurer*, § 29, Rn. 16.
[457] Das am 14.11.2007 in Kraft getretene Umweltschadengesetz (USchadG) lässt sich zwar auch als Gefährdungshaftungstatbestand begreifen, sieht aber keinen Schadensersatzanspruch vor, sondern statuiert allein eine Schadensbegrenzungs- und Sanierungspflicht.
[458] BGHZ 121, 161, 168; BGHZ 50, 271, 273; OLG Sachsen-Anhalt NJW 2012, 1232, 1233.
[459] BGH BayVBl. 2009, 283 zur Abwasserkanalisation; BGH BayVBl. 2002, 283 bzgl. der gemeindlichen Kanalisation.
[460] Dazu *Müggenborg*, NuR 2011, 689 ff.
[461] BGH NVwZ 2006, 960; NJW 1966, 726.
[462] BGH NVwZ 2006, 960; BGHZ 122, 268, 269.
[463] BGHZ 122, 268; BGH NVwZ 2006, 960; LG Karlsruhe StraFo 2012, 246.
[464] Vgl. zum Ganzen *Haack*, VerwA 2005, 70 ff.

D. Unmittelbare Staatshaftung in den neuen Bundesländern

I. Allgemeines

Im Jahre 1969 wurde in der DDR mit dem Staatshaftungsgesetz eine unmittelbare und verschuldensunabhängige Staatshaftung für schädigende Folgen rechtswidrigen hoheitlichen Handelns eingeführt. Mit der Wiedervereinigung wurde das Staatshaftungsgesetz der DDR (StHG-DDR) nicht Rechtsgeschichte. Es gilt nach Art. 9 Abs. 1 Satz 1 des Einigungsvertrags seit dem 3.10.1990 in modifizierter Form als Landesrecht in den neuen Bundesländern fort.[465] Allerdings haben Brandenburg und Thüringen – die einzigen beiden Bundesländer, in denen das StHG-DDR noch gilt – mittlerweile ein wesentliches Element des StHG-DDR, das spezielle Vorverfahren nach § 6 StHG-DDR, aufgehoben. Sachsen-Anhalt hat das StHG zunächst mit Gesetz vom 24.8.1992 grundlegend geändert und in der Folge durch das Gesetz zur Regelung von Entschädigungsansprüchen im Land Sachsen-Anhalt[466] vollständig ersetzt. Das Land Berlin hat das zunächst im Ostteil der Stadt geltende StHG-DDR mittlerweile durch Gesetz ganz aufgehoben. Auch in Sachsen gilt das StHG seit dem 1.5.1998 nicht mehr. Schließlich hat auch Mecklenburg-Vorpommern das StHG durch Gesetz vom 12.3.2009 aufgehoben.[467] Damit liegen mehrere, mittlerweile inhaltlich voneinander abweichende Landesgesetze vor. Nachfolgend wird – ausgehend von der Grundkonzeption – aber noch der Begriff des StHG-DDR verwendet.

282

Das StHG-DDR beinhaltet wegen des Verzichts auf ein Verschulden des Amtswalters eine gegenüber den herkömmlichen Haftungsinstituten (insbesondere gegenüber der Amtshaftung und dem enteignungsgleichen Eingriff) erhebliche Erweiterung des Haftungsrahmens. Das Gesetz bildet einen Fremdkörper im System des Staatshaftungsrechts, da es auf der Rechtsordnung und Rechtsdogmatik der ehemaligen DDR beruht. Trotz des erheblichen Haftungspotentials sind bislang nur verhältnismäßig wenige Entscheidungen zu dieser Anspruchsgrundlage bekannt geworden.[468] Einige der bislang entschiedenen Fälle[469] betreffen zudem Sachverhalte aus der Zeit vor der Wiedervereinigung.[470]

283

II. Haftungsvoraussetzungen

Der Grundhaftungstatbestand des § 1 StHG-DDR in der Fassung des Einigungsvertrages lautet:

284

„Für Schäden, die einer natürlichen oder juristischen Person hinsichtlich ihres Vermögens oder ihrer Rechte durch Mitarbeiter oder Beauftragte staatlicher oder kommunaler Organe in Ausübung staatlicher Tätigkeit rechtswidrig zugefügt werden, haftet das jeweilige staatliche oder kommunale Organ".

---

[465] Vgl. hierzu *Büchner/Uhder*, NJ 1991, 153; *Lühmann*, NJW 1998, 3001; *Herbst/Lühmann*, S. 91 ff.; vgl. grundsätzlich zum StHG DDR *Krohn*, VersR 1991, 1085, 1091 ff.; *Ossenbühl*, NJW 1991, 1201; *Pfab*, S. 29 ff.; Soergel/*Klein/Krekel*, Anh zu § 839 BGB, Rn. 236 ff.
[466] Zuletzt in der Fassung der Bekanntmachung vom 1. Januar 1997.
[467] GVOBl. M-V 2009, 281.
[468] Vgl. die Nachweise bei *Maurer*, § 29 Rn. 47; zur Statistik vgl. *Herbst/Lühmann*, S. 160 ff.
[469] Vgl. etwa BGHZ 127, 57 (Rechtswidriger Ausschluss eines Rechtsanwalts aus einem Rechtsanwaltskollegium der ehemaligen DDR im Jahre 1982); LG Rostock DtZ 1995, 377 (Anspruch auf Schadensersatz wegen eines gescheiterten Fluchtversuchs).
[470] Vgl. hierzu die Nachweise bei *Maurer*, § 29, Rn. 47; vgl. zu den sog. Altfällen auch *Rädler*, DtZ 1993, 296; *Lühmann*, NJW 1998, 3001, 3004; siehe aus dem Schrifttum der ehemaligen DDR zum StHG DDR etwa *Duckwitz*, NJW 1989, 145.

1. Eingriff in ein Rechtsgut

285 Die Haftung nach § 1 StHG-DDR greift sowohl bei Verletzung nichtvermögensrechtlicher Rechtsgüter, insbesondere bei Schäden an Körper und Gesundheit[471] als auch bei Eingriffen in das Eigentum, in Forderungen und in Rechte sonstiger Art sowie bei reinen Vermögensschäden ein.[472] Aufgrund des umfassenden Vermögensschutzes wird also nicht nur ein Eigentumsschutz, sondern auch ein „Erwerbsschutz" gewährt.[473]

286 Der schädigende Eingriff kann in einem positiven Tun in Gestalt eines Rechtsakts oder eines Realakts oder in einem Unterlassen bestehen, letzteres aber nur, sofern eine Rechtspflicht zum Handeln bestanden hat.

287 Beim Erlass von Rechtsnormen ist zu unterscheiden: § 1 StHG-DDR umfasst nach überwiegender Meinung die Haftung für Rechtsetzungsakte der Exekutive, z. B. die Haftung für den Erlass rechtswidriger Verordnungen.[474] Eine Haftung für die Tätigkeit des Parlamentsgesetzgebers ist dagegen ausgeschlossen, da § 1 StHG-DDR nicht auf Kollektiventscheidungen anwendbar sein soll.[475]

288 Eine Haftung für Schäden aufgrund einer rechtswidrigen gerichtlichen Entscheidung ist nach § 1 Abs. 4 StHG-DDR ausgeschlossen.

289 Auf die Verletzung einer drittbezogenen, gerade den Schutz des Betroffenen bezweckenden Pflicht kommt es nicht an.[476] Allerdings gilt der Schutzbereich der jeweils verletzten Norm als haftungsbegrenzendes Kriterium auch im Rahmen des § 1 StHG-DDR.[477]

2. Schadenszufügung durch Mitarbeiter oder Beauftragte staatlicher oder kommunaler Organe in Ausübung staatlicher Tätigkeit

290 Gem. § 1 StHG-DDR bezieht sich die Haftung auf das pflichtwidrige Verhalten von „Mitarbeitern oder Beauftragten staatlicher oder kommunaler Organe". „Mitarbeiter" sind alle Personen, die in einem Arbeitsrechtsverhältnis zu der staatlichen Einrichtung stehen; auf die Dienststellung kommt es nicht an.[478] Mit der Einführung des Berufsbeamtentums in den neuen Bundesländern sind auch die Beamten trotz Fehlens eines Arbeitsrechtsverhältnisses in den Mitarbeiterbegriff einzubeziehen.[479] „Beauftragter" ist jeder Bürger, dem die Befugnis zur Ausübung staatlicher Tätigkeit von einer mit hoheitlicher Gewalt ausgestatteten Stelle übertragen worden ist, ohne dass er zu dem Staatsorgan oder der staatlichen Einrichtung in einem Ar-

---

[471] *Ossenbühl/Cornils* (Staatshaftungsrecht), S. 575.
[472] *Ossenbühl/Cornils* (Staatshaftungsrecht), S. 574 f.; *Krohn*, Rn. 67.
[473] So *Ossenbühl/Cornils* (Staatshaftungsrecht), S. 575; gegen einen Erwerbsschutz LG Potsdam LKV 2001, 182, 183; *Krohn*, Rn. 72; *Bergmann/Schumacher*, Rn. 1596; *Herbst/Lühmann*, S. 207.
[474] MünchKommBGB/*Papier*, § 839 BGB, Rn. 92; *Ossenbühl/Cornils* (Staatshaftungsrecht), S. 584; *Krohn*, Rn. 60.
[475] *Ossenbühl/Cornils* (Staatshaftungsrecht), S. 583 f.; *Krohn*, Rn. 61; ob Kollektiventscheidungen unter den Tatbestand des § 1 StHG fallen, hat der BGH bisher offengelassen, vgl. BGHZ 127, 57, 66; BGHZ 142, 259, 272.
[476] OLG Jena OLG-NL 1999, 7, 8; *Ossenbühl/Cornils* (Staatshaftungsrecht), S. 579; Staudinger/*Wurm*, § 839 BGB, Rn. 16; a. A. OLG Brandenburg LKV 1999, 242 f.; *Krohn*, Rn. 64; *Maurer*, § 29, Rn. 44.
[477] BGHZ 127, 57, 73; BGHZ 142, 259, 271 f.; BGHZ 166, 22; Staudinger/*Wurm*, § 839 BGB, Rn. 18.
[478] *Ossenbühl/Cornils* (Staatshaftungsrecht), S. 581.
[479] Soergel/*Klein/Krekel*, Anh. zu § 839 BGB, Rn. 260.

beitsverhältnis steht.⁴⁸⁰ Zu den „Beauftragten" zählen vor allem ehrenamtliche Helfer, die mit den aus dem Amtshaftungsrecht bekannten „Beliehenen" und „Verwaltungshelfern" vergleichbar sind.⁴⁸¹

Ob auch die selbständigen Werk- und Dienstleistungsunternehmer, die der Staat zur Wahrnehmung hoheitlicher Aufgaben aufgrund privatrechtlicher Verträge zu bestimmten Leistungen heranzieht, als „Beauftragte" anzusehen sind, ist umstritten.⁴⁸² 291

Insgesamt entspricht aber der Personenkreis der „Mitarbeiter und Beauftragten" im Wesentlichen dem der „Amtsträger" i. S. d. Amtshaftungsrechts.⁴⁸³ Allerdings bezieht sich § 1 StHG-DDR mit der Formulierung „Mitarbeiter und Beauftragte" nur auf Einzelpersonen als Schadensverursacher. Von der Rechtsprechung ungeklärt ist bislang die Frage, ob auch Kollektiventscheidungen wie Rats- oder Gemeinderatsbeschlüsse Ansprüche nach § 1 StHG-DDR auslösen können.⁴⁸⁴ 292

„Staatliche" Tätigkeit bedeutet hoheitliche Tätigkeit im Gegensatz zur Tätigkeit in den Formen des Privatrechts. Bei Kommunen umfasst der Begriff der „staatlichen" Tätigkeit nicht nur die Erfüllung übertragener staatlicher Aufgaben, sondern auch die Tätigkeit in Erfüllung eigener Aufgaben im Bereich der kommunalen Selbstverwaltung.⁴⁸⁵ 293

3. Rechtswidrigkeit

Entscheidend ist nicht die Rechtswidrigkeit des hoheitlichen Handelns, sondern die Rechtswidrigkeit des eingetretenen Erfolgs.⁴⁸⁶ Das Gesetz folgt dem Modell des Erfolgsunrechts: Die Rechtswidrigkeit ergibt sich regelmäßig aus der Verletzung des geschützten Rechtsguts, wenn nicht ausnahmsweise Rechtfertigungsgründe bestehen.⁴⁸⁷ Im Übrigen ist die Rechtswidrigkeit jedenfalls dann zu bejahen, wenn die schadensauslösende Maßnahme rechtswidrig ist, d.h. wenn sie gegen eine Rechtsvorschrift gleich welchen Inhalts und gleich welcher Ranghöhe verstößt;⁴⁸⁸ relevant ist insofern allein das Ergebnis, also etwa der Erlass eines objektiv als rechtswidrig zu beurteilenden Verwaltungsakts.⁴⁸⁹ 294

Legt der Geschädigte im Prozess die Verletzung subjektiver Rechte dar und stellt er diese unter Beweis, so ist die Rechtswidrigkeit des behördlichen Verhaltens indiziert. Um die Rechtswidrigkeit zu widerlegen, muss der Hoheitsträger Rechtfertigungsgründe darlegen und beweisen.⁴⁹⁰ 295

Ein Anspruch nach § 1 StHG-DDR ist im Übrigen auch dann gegeben, wenn sich der Schaden als unbeabsichtigte Nebenfolge rechtmäßigen hoheitlichen Handelns darstellt.⁴⁹¹ 296

---

⁴⁸⁰ *Krohn*, Rn. 62.
⁴⁸¹ *Ossenbühl/Cornils* (Staatshaftungsrecht), S. 581; *Herbst/Lühmann*, S. 175 f.
⁴⁸² *Krohn*, Rn. 62.
⁴⁸³ MünchKommBGB/*Papier*, § 839 BGB, Rn. 93; *Krohn*, Rn. 62.
⁴⁸⁴ Ausdrücklich offengelassen in BGHZ 127, 57, 66; BGHZ 142, 259, 272. Bejahend *Ossenbühl/Cornils* (Staatshaftungsrecht), S. 582; *Herbst/Lühmann*, S. 177 f.; vgl. hierzu auch MünchKommBGB/*Papier*, § 839 BGB, Rn. 93.
⁴⁸⁵ *Ossenbühl/Cornils* (Staatshaftungsrecht), S. 580.
⁴⁸⁶ BGHZ 166, 22.
⁴⁸⁷ *Ossenbühl/Cornils* (Staatshaftungsrecht), S. 578 f.; *Krohn*, Rn. 64, Soergel/*Klein/Krekel*, Anh. zu § 839 BGB, Rn. 266, allerdings umstritten.
⁴⁸⁸ *Ossenbühl/Cornils* (Staatshaftungsrecht), S. 578; *Herbst/Lühmann*, S. 198.
⁴⁸⁹ BGH UPR 2006, 188, 189.
⁴⁹⁰ BGH UPR 2006, 188, 189.
⁴⁹¹ *Ossenbühl* (Staatshaftungsrecht), S. 478; wohl auch *Ossenbühl/Cornils* (Staatshaftungsrecht), S. 580.

4. Haftungsbeschränkungen und Haftungsausschluss

297 Gem. § 2 StHG-DDR hat der Betroffene alle ihm möglichen und zumutbaren Maßnahmen zu ergreifen, um einen Schaden zu verhindern oder gering zu halten. Verletzt er diese Pflicht schuldhaft, so wird die Haftung eingeschränkt oder ausgeschlossen. Zu den in Betracht kommenden „Maßnahmen" zählen insbesondere Rechtsmittel und Rechtsbehelfe.[492]

298 Gem. § 3 Abs. 3 StHG-DDR ist ein Schadensersatzanspruch ausgeschlossen, soweit ein Ersatz des Schadens auf andere Weise erlangt werden kann. Auf diese Weise soll ein mehrfacher Ersatz des Schadens vermieden werden. Anders als beim Amtshaftungsanspruch ist die Subsidiarität hier nicht vom Grad des Verschuldens abhängig.[493] Zur Auslegung der Subsidiaritätsklausel ist die Rechtsprechung des BGH zu § 839 Abs. 1 Satz 2 BGB heranzuziehen.[494] Danach darf der Geschädigte grundsätzlich nicht auf Ersatzmöglichkeiten verwiesen werden, die er unter Aufwendung eigener Mittel erlangt hat. Aus diesem Grund kommt insbesondere eine Verweisung des Betroffenen auf private Versicherungsleistungen nicht in Betracht.[495]

5. Art und Umfang des Schadensersatzes

299 Der Anspruch des Geschädigten richtet sich auf Schadensersatz, nicht auf Entschädigung. Nach § 3 Abs. 1 Satz 1 StHG-DDR ist der Schadensersatz grundsätzlich in Geld zu leisten.

300 Nach § 3 Abs. 1 Satz 2 StHG-DDR ist der Schadensersatzpflichtige befugt, sich nach seinem Ermessen für Naturalrestitution zu entscheiden. Der Geschädigte kann hingegen grundsätzlich nur Zahlung, nicht aber Naturalrestitution verlangen. Aus diesem „Wahlrecht" des Schädigers dürfen dem Kläger im Schadensersatzprozess jedoch keine Nachteile erwachsen. Es muss daher ausreichen, wenn der Betroffene auf Schadensersatz in Geld klagt, da er nicht vorhersehen kann, welche Art der Kompensation der Beklagte wählen wird. Diesem obliegt es, im Prozess zu erklären, ob und auf welche Weise er im Falle seines Unterliegens Naturalrestitution gewähren will. Nur so wird gewährleistet, dass ein der Klage stattgebendes Urteil entsprechend tenoriert werden kann.

301 Der Schadensersatzanspruch richtet sich gem. § 3 Abs. 2 StHG-DDR nach den „zivilrechtlichen Vorschriften", also nach den §§ 249 ff. BGB. Ersatzfähig sind demnach auch Rechtsanwaltskosten aus einem vorangegangenen Verwaltungsverfahren.[496] Bei immateriellen Schäden findet § 253 Abs. 2 BGB Anwendung.

6. Verjährung

302 Der Schadensersatzanspruch verjährt gem. § 4 StHG-DDR innerhalb eines Jahres. Die Verjährungsfrist beginnt mit dem Tag, an dem der Geschädigte von dem Schaden und von dem Umstand Kenntnis erlangt, dass der Schaden von einem Mitarbeiter oder Beauftragten einer Behörde verursacht worden ist. Die Verjährungsfrist ist damit wesentlich kürzer als die dreijährige Regelverjährungsfrist bei der Amtshaftung.

303 Die Verjährung wird durch einen Antrag auf Schadensersatz nach § 4 Abs. 3 StHG-DDR unterbrochen.[497] Eine Hemmung der Verjährung tritt hingegen in ent-

---

[492] LG Potsdam LKV 2001, 182, 184.
[493] MünchKommBGB/*Papier*, § 839 BGB, Rn. 95.
[494] Vgl. *Krohn*, Rn. 73.
[495] *Ossenbühl/Cornils* (Staatshaftungsrecht), S. 583; *Herbst/Lühmann*, S. 333 f.
[496] BGHZ 166, 22.
[497] BGH NJW-RR 2011, 305. Dabei gilt jedoch zu beachten, dass der Antrag nicht die Verjährung eines parallelen Amtshaftungsanspruches gem. § 839 BGB i. V. m. Art. 34 GG unterbricht bzw. hemmt, vgl. BGH NJ 2003, 539, 540.

sprechender Anwendung von § 204 Abs. 1 Nr. 1 BGB dann ein, wenn der Verletzte gegen ihn belastende Akte der öffentlichen Gewalt Primärrechtsschutz im Verwaltungsrechtsweg (durch Einleitung eines Widerspruchsverfahrens oder Erhebung einer Anfechtungs- oder Verpflichtungsklage) sucht.[498]

7. Anspruchsgegner

Anspruchsgegner ist gem. § 1 Abs. 1 StHG-DDR das „jeweilige staatliche oder kommunale Organ". Staatliche oder kommunale Organe sind allerdings nicht rechtsfähig, sondern können allenfalls Beteiligtenfähigkeit i. S. d. § 61 Nr. 3 VwGO besitzen. Anspruchsgegner ist deshalb die juristische Person, die das zuständige Organ vertritt. Im Übrigen ist derjenige (rechtsfähige) Träger der Verwaltung Anspruchsgegner, dessen Bediensteter den Schaden verursacht hat bzw. der dem Schadensverursacher die Ausübung der staatlichen Tätigkeit anvertraut hatte.[499] 304

Die Haftung nach dem StHG-DDR erstreckt sich aber nicht auf die Haftung des Bundes für Bundesbehörden, da das StHG-DDR nur als Landesrecht übernommen worden ist.[500] 305

III. Verhältnis zur Amtshaftung, Konkurrenzen

Der Schadensersatzanspruch aus § 1 StHG-DDR wird durch den Amtshaftungsanspruch nicht verdrängt,[501] weil beide Anspruchsgrundlagen hinsichtlich des ihnen zugrundeliegenden Haftungsgedankens, ihrer Struktur und ihrer Haftungsvoraussetzungen grundlegende Unterschiede aufweisen.[502] 306

Als spezialgesetzliche Konkretisierung geht das StHG-DDR aber den allgemeinen, auf Richterrecht beruhenden Grundsätzen über den enteignungsgleichen Eingriff vor.[503] Dabei ist unschädlich, dass die Haftung nach dem StHG-DDR im Hinblick auf die Verjährung (§ 4 StHG-DDR) Nachteile für den Geschädigten birgt.[504] Entsprechend wird auch der Anspruch wegen aufopferungsgleichen Eingriffs durch das StHG-DDR verdrängt.[505] Unberührt bleiben demgegenüber Ansprüche aus Aufopferung[506] und aus enteignendem Eingriff, weil sie rechtmäßige Eingriffe betreffen und deshalb keine Haftung für Staatsunrecht begründen. 307

IV. Verfahrensrechtliche Fragen

Der Ersatzanspruch nach § 1 StHG-DDR kann nicht unmittelbar vor Gericht geltend gemacht werden. Vielmehr ist zunächst ein zweistufiges Verwaltungsverfahren durchzuführen: Gem. § 5 StHG-DDR ist der Schadensersatzanspruch im Antragsverfahren bei dem ersatzpflichtigen Hoheitsträger geltend zu machen. Gegen die 308

---

[498] *Ossenbühl/Cornils* (Staatshaftungsrecht), S. 587 (wo allerdings von einer Unterbrechung und nicht einer Hemmung gesprochen wird); *Krohn*, Rn. 76.
[499] MünchKommBGB/*Papier*, § 839 BGB, Rn. 95; *Krohn*, Rn. 78.
[500] *Christoph*, NVwZ 1991, 536, 538; *Bergmann/Schumacher*, Rn. 1753; *Herbst/Lühmann*, S. 173 f.; Staudinger/*Wurm*, § 839 BGB, Rn. 17.
[501] Vgl. BGH LKV 1997, 143, 144.
[502] *Ossenbühl/Cornils* (Staatshaftungsrecht), S. 588; *Krohn*, Rn. 55; a. A. *Maurer*, § 29, Rn. 46.
[503] BGH NVwZ-RR 1997, 204, 205; OLG Dresden LKV 2001, 286, 288.
[504] BGH NVwZ-RR 1997, 204, 205.
[505] *Ossenbühl/Cornils* (Staatshaftungsrecht), S. 588; *Maurer*, § 29, Rn. 46.
[506] *Ossenbühl/Cornils* (Staatshaftungsrecht), S. 589.

(ablehnende) Entscheidung[507] in diesem Verfahren ist innerhalb eines Monats nach ihrer Zustellung oder Bekanntgabe die Beschwerde zulässig (Beschwerdeverfahren, § 6 StHG-DDR).[508] Die Beschwerde ist bei der Stelle einzulegen, die die ablehnende Entscheidung getroffen hat. Hilft die Stelle der Beschwerde nicht ab, so hat sie diese der übergeordneten Behörde vorzulegen. Deren Entscheidung ist im ordentlichen Rechtsweg nachprüfbar.

309   Gem. § 6a Abs. 2 StHG-DDR entscheidet über Grund und Höhe des Schadensersatzanspruchs unabhängig vom Streitwert das Kreisgericht, in dessen Bezirk das Organ seinen Sitz hat, gegen das der Anspruch geltend gemacht wird. Nach § 16 RechtspflegeanpassungsG ist damit das Landgericht sachlich zuständig.

310   Verletzungen von Vorschriften des StHG-DDR sind nach § 545 Abs. 1 ZPO revisibel, sodass in letzter Instanz der BGH entscheidet.[509] Nach § 545 Abs. 1 ZPO eröffnet zwar eine Verletzung von Landesrecht nur dann die Revision, wenn der Geltungsbereich der verletzten Vorschrift sich über den Bezirk eines Oberlandesgerichts hinaus erstreckt. Diese Voraussetzung ist beim StHG-DDR erfüllt.[510]

E. Entschädigungsanspruch aus enteignungsgleichem Eingriff

311   Rechtliche Grundlage des Haftungsinstituts des enteignungsgleichen Eingriffs ist der gewohnheitsrechtlich anerkannte allgemeine Aufopferungsgrundsatz der §§ 74, 75 Einl. ALR in seiner richterrechtlichen Ausprägung.[511]

I. Anspruchsvoraussetzungen

1. Eigentum i. S. d. Art. 14 Abs. 1 GG als Schutzgut

312   Ein Anspruch aus enteignungsgleichem Eingriff setzt voraus, dass eine konkrete, in den Schutzbereich des Art. 14 Abs. 1 GG fallende Rechtsposition beeinträchtigt wird; ein Eingriff in das bloße Vermögen reicht nicht aus.[512] Ebenso wenig genügt ein Eingriff in den durch Art. 12 GG gegebenenfalls gewährleisteten Erwerbsschutz.[513]

313   Maßgeblich ist hier der verfassungsrechtliche Eigentumsbegriff des Art. 14 GG.[514] Schutzfähiges Eigentum i. S. d. Art. 14 GG sind alle eigentumsfähigen Positionen in ihrem konkreten Bestand, wobei Innehabung, Nutzung und Verfügung geschützt werden. Eigentumsfähig ist grundsätzlich jedes vom Gesetzgeber anerkannte vermögenswerte Recht, unabhängig davon, ob die Rechtsposition aus Normen des Privatrechts oder des Öffentlichen Rechts hergeleitet ist.

---

[507] Entscheidet die Behörde nicht, so kann der Kläger unmittelbar beim Zivilgericht Klage erheben, BGH NJW 2001, 3054, 3055 m. w. N.
[508] In Brandenburg (GVBl. I 1993, 199) und Thüringen (GVBl. 1997, 167) wurde das Beschwerdeverfahren beseitigt; zur Problematik des Beschwerdeverfahrens bei Angelegenheiten der kommunalen Selbstverwaltung *Rotermund/Krafft* (4. Aufl.), Rn. 261; *Bergmann/Schumacher*, Rn. 1785.
[509] So zu § 549 Abs. 1 ZPO a. F. BGHZ 127, 58, 61 f.
[510] BGHZ 127, 58, 62 zu § 549 Abs. 1 ZPO a. F. Für Berlin (Ostteil) soll dies nicht gelten, vgl. *Ossenbühl*, NJW 1991, 1201, 1208; allerdings dürfte die Frage wegen der dort 1995 erfolgten Aufhebung des StHG-DDR wohl keine praktische Rolle mehr spielen.
[511] Vgl. zu den dogmatischen Grundlagen des enteignungsgleichen Eingriffs *Maurer*, § 27, Rn. 20 ff.; *Ossenbühl/Cornils* (Staatshaftungsrecht), S. 59 ff., jeweils m. w. N.
[512] OLG Karlsruhe, Urt. v. 6.4.2010, Az. 12 U 11/10.
[513] BGH, Beschl. v. 22.9.2011, Az. III ZR 217/10; BGHZ 131, 181.
[514] Zum Eigentumsbegriff und den geschützten Rechtspositionen weiterführend *Maurer*, § 27, Rn. 42 ff.; *Ossenbühl/Cornils* (Staatshaftungsrecht), S. 153 ff.; *Staudinger/Wurm*, § 839 BGB, Rn. 437 ff., jeweils m. w. N. aus der Rechtsprechung.

4. Kapitel. Weitere Anspruchsgrundlagen bei rechtswidrigem Verwaltungshandeln

Art. 14 GG schützt damit zunächst alle Rechtspositionen, die das bürgerliche Recht einem privaten Rechtsträger als Eigentum zuordnet.[515] Geschützt werden alle dinglichen Rechte sowie alle Forderungen und Ansprüche. Schutzfähig sind danach das Sacheigentum, Anwartschaftsrechte, Nießbrauchs- und Erbbaurechte, vermögenswerte Mitgliedschafts- und Gesellschaftsrechte, privatrechtliche Forderungsrechte (z. B. des Käufers, des Mieters oder des Pächters), das Urheberrecht, die eingetragene Marke und das Erfinderrecht. 314

Zum Eigentum i. S. d. Art 14 Abs. 1 GG zählt auch der eingerichtete und ausgeübte Gewerbebetrieb.[516] Gewährleistet wird die vorhandene „Rechts- und Sachgesamtheit" des Betriebs in ihrer „Substanz", d. h. das ungestörte Funktionieren des Betriebsorganismus, dessen Beeinträchtigung den Verfügungsberechtigten daran hindert, von der in dem Unternehmen verkörperten Organisation sachlicher und persönlicher Mittel bestimmungsgemäßen Gebrauch zu machen. Geschützt ist alles, was in der Gesamtheit den wirtschaftlichen Wert des Gewerbebetriebs ausmacht. Hierzu gehören insbesondere Betriebsgrundstücke und Gebäude, Geräte, Warenvorräte, der Kundenstamm, die geschäftlichen Verbindungen und Forderungen. Geschützt ist auch der sog. „Kontakt nach außen" (das Anliegerrecht) des Gewerbebetriebs.[517] Das Anliegerrecht gewährt jedoch nur einen Anspruch auf Zugang zum öffentlichen Verkehrsraum, es besteht kein Anspruch auf den Erhalt einer vorteilhaften Lage. Geschützt ist der Gewerbebetrieb nur in seinem konkreten Bestand. Hieraus folgt, dass Erwerbschancen, Gewinnmöglichkeiten und bloße Erwartungen vom Schutzbereich des Art. 14 GG nicht erfasst werden. 315

Ein subjektiv-öffentliches Recht genießt Eigentumsschutz, wenn es dem Berechtigten eine Rechtsstellung verschafft, die der eines Sacheigentümers gleicht und die so verfestigt ist, dass eine ersatzlose Entziehung durch den Staat dem rechtsstaatlichen Gehalt des Grundgesetzes zuwiderliefe.[518] Eine dem Sacheigentümer vergleichbare Stellung liegt vor, wenn das subjektiv-öffentliche Recht nicht ausschließlich auf staatlicher Gewährung beruht, sondern auch Äquivalent eigener Leistung (Arbeit, Kapitaleinsatz) des Privaten ist. Sozialversicherungsrechtliche Leistungsansprüche (Versichertenrenten) werden z. B. von der Eigentumsgarantie umfasst, wenn sie dem Versicherten ausschließlich und privatnützig zugeordnet sind, auf nicht unerheblichen Eigenleistungen des Versicherten beruhen und der Sicherung seiner Existenz dienen.[519] Beamtenrechtliche Ansprüche genießen hingegen keinen Schutz durch Art. 14 GG; hier gilt aber die Sonderregelung des Art. 33 Abs. 5 GG.[520] 316

Nicht geschützt sind das Vermögen als solches sowie Vorteile, die sich aus dem Fortbestand einer günstigen Gesetzeslage ergeben. Art. 14 GG schützt eine eigentumsfähige Rechtsposition nur in ihrem konkreten Bestand. Dessen Umfang wird danach bestimmt, welche Befugnisse dem Eigentümer zum Zeitpunkt des Grundrechtseingriffs nach den zu diesem Zeitpunkt geltenden, die Eigentümerstellung regelnden Gesetzen zukamen. Es werden also nur bestehende, nicht aber künftige Rechtspositionen geschützt. 317

---

[515] Vgl. hierzu *Maurer*, § 27, Rn. 43.
[516] Vgl. hierzu *Ossenbühl/Cornils* (Staatshaftungsrecht), S. 175 ff.; Staudinger/*Wurm*, § 839 BGB, Rn. 440 ff.
[517] Vgl. hierzu ausführlich *Ossenbühl/Cornils* (Staatshaftungsrecht), S. 180 ff.
[518] Vgl. BVerfGE 40, 65, 83; hierzu *Ossenbühl/Cornils* (Staatshaftungsrecht), S. 168 ff.; *Maurer*, § 27, Rn. 44.
[519] BVerfGE 69, 272, 300 ff.
[520] BVerfGE 52, 303, 344 f.

2. Rechtswidriger hoheitlicher Eingriff

318 Die den Eingriff begründende hoheitliche Maßnahme kann ein Rechtsakt oder auch ein Realakt sein. Ein gezieltes Handeln des Hoheitsträgers ist nicht erforderlich.

a) Eingriff durch Rechtsakt

319 Ist der Eingriff durch einen Rechtsakt erfolgt, so ist zu differenzieren: Beruht die Rechtswidrigkeit der konkreten Maßnahme bereits auf der Verfassungswidrigkeit eines Gesetzes (= legislatives Unrecht), so scheidet nach h. M. ein Entschädigungsanspruch aus enteignungsgleichem Eingriff aus.[521] Handelt es sich bei der Maßnahme dagegen um den rechtswidrigen Vollzug eines verfassungsmäßigen Gesetzes, also z. B. den Erlass einer rechtswidrigen (= nichtigen) Rechtsverordnung oder Satzung (= normatives Unrecht)[522] oder um den Erlass eines rechtswidrigen Verwaltungsaktes[523], so kommt ein Entschädigungsanspruch aus enteignungsgleichem Eingriff in Betracht.[524]

b) Eingriff durch Realakt

320 Die sog. „faktischen Eigentumseingriffe" durch Realakt stellen den Hauptanwendungsbereich für die Entschädigung aus enteignungsgleichem Eingriff dar. Die bislang hierzu entschiedenen Fälle sind vielgestaltig und lassen sich kaum typisieren. Beispiele sind etwa die Vernichtung von Holz durch Artillerieübungen,[525] die Beschädigung eines Hauses durch Ausschachtungsarbeiten für eine öffentliche Straße[526] oder die von einer schlichthoheitlich betriebenen Kläranlage einer Gemeinde auf benachbarte Wohngrundstücke ausgehenden Geruchsemissionen.[527]

321 Demgegenüber stellen Veränderungen im Straßensystem i. d. R. keinen Eingriff in das Anliegerrecht beim eingerichteten und ausgeübten Gewerbebetrieb dar. Auch vorübergehende verkehrsregelnde Maßnahmen (z. B. Umleitungen) oder Straßenbauarbeiten begründen lediglich eine im Rahmen der Sozialbindung des Eigentums hinzunehmende Kontaktstörung und keinen Eigentumseingriff, sofern sie nach Art und Dauer nicht erheblich über das hinaus gehen, was bei ordnungsgemäßer Planung und Durchführung der Arbeiten notwendig ist.[528]

c) Eingriff durch „qualifiziertes Unterlassen"

322 Auch ein sog. „qualifiziertes Unterlassen" kann zur Bejahung eines Eingriffs genügen. Dieses liegt vor, wenn sich die Untätigkeit der Behörde ausnahmsweise als ein in den Rechtskreis des Betroffenen eingreifendes Handeln qualifizieren lässt und offen zutage liegt, zu welchem Verhalten die öffentliche Hand verpflichtet ist.[529] Die

---

[521] BGHZ 100, 136, 145 ff.; BGHZ 134, 30, 32 f.; *Maurer*, § 27, Rn. 91; VG Oldenburg, Beschl. v. 28.3.2008, Az. 12 B 438/08 (zum Nichtraucherschutzgesetz); zweifelnd *Ossenbühl/Cornils* (Staatshaftungsrecht), S. 281 f.
[522] BGHZ 78, 41, 43; BGHZ 92, 34, 36; BGHZ 111, 349, 353.
[523] BGHZ 32, 208, 210 f.; BGHZ 23, 157.
[524] *Maurer*, § 27, Rn. 91; *Ossenbühl/Cornils* (Staatshaftungsrecht), S. 277 f.; Staudinger/*Wurm*, § 839 BGB, Rn. 450 ff. m. w. N.
[525] BGHZ 37, 44, 47.
[526] BGHZ 72, 289.
[527] BGHZ 91, 20.
[528] BGH BayVBl. 1998, 378; OLG Nürnberg, Urt. v. 21.12.2009, Az. 4 U 1436/09.
[529] Staudinger/*Wurm*, § 839 BGB, Rn. 461.

Fälle des qualifizierten Unterlassens betreffen vor allem die rechtswidrige Verweigerung einer Genehmigung. Auch im Fall der verzögerten Bearbeitung von Anträgen durch das Grundbuchamt liegt ein „qualifiziertes Unterlassen" vor, da die Übertragung von Immobiliareigentum eine Eintragung im Grundbuch erfordert und durch das Unterlassen der Antragsbearbeitung somit die Verfügung über das Eigentum vorübergehend gravierend eingeschränkt wird.[530]

Die vom BGH vorgenommene Differenzierung zwischen einem qualifizierten und einem bloß schlichten Unterlassen ist in der Literatur auf Kritik gestoßen, da sich beide Begriffe nicht eindeutig voneinander abgrenzen lassen. Teilweise wird vertreten, ein rechtserheblicher Eingriff durch Unterlassen liege bereits dann vor, wenn für den Hoheitsträger eine Rechtspflicht zum Handeln bestand.[531] 323

d) Rechtswidrigkeit der hoheitlichen Maßnahme

Die Rechtswidrigkeit der hoheitlichen Maßnahme ist Tatbestandsmerkmal des enteignungsgleichen Eingriffs und bildet den eigentlichen Grund für die staatliche Entschädigungsverpflichtung. Das Tatbestandsmerkmal eines „Sonderopfers" des Betroffenen ist zwar von der h. M. noch nicht aufgegeben worden,[532] das Sonderopfer wird aber jedenfalls durch die Rechtswidrigkeit der Maßnahme indiziert.[533] Zu beachten ist, dass unter „Rechtswidrigkeit" im Sinne des hier erörterten Tatbestandsmerkmals nur die materielle Rechtswidrigkeit zu verstehen ist. Ist ein Eingriff nur deshalb rechtswidrig, weil er an einem formellen Fehler leidet, so begründet er keinen Entschädigungsanspruch aus enteignungsgleichem Eingriff.[534] 324

e) Allgemeinwohlbezogenheit des Eingriffs

Von der Rechtsprechung wird verlangt, dass der Eingriff durch das Allgemeinwohl motiviert ist.[535] Ob dieses aus Art. 14 Abs. 3 GG abgeleitete Merkmal auch nach der Entkoppelung des enteignungsgleichen Eingriffs von Art. 14 Abs. 3 GG Anspruchsvoraussetzung sein kann, wird jedoch mit guten Gründen bezweifelt.[536] 325

Die rechtswidrige Zwangsvollstreckung zugunsten eines Privaten oder die rechtswidrige Insolvenzeröffnung begründen deshalb nach der Rechtsprechung des BGH keinen Anspruch aus enteignungsgleichem Eingriff, da diese hoheitlichen Maßnahmen nicht durch das Allgemeinwohl motiviert sind, sondern lediglich privaten Interessen Einzelner dienen.[537] 326

3. Unmittelbare Beeinträchtigung

Das Merkmal der „Unmittelbarkeit" der Beeinträchtigung wird von der Rechtsprechung zur Haftungsbegrenzung herangezogen, mit dem eine zu weitgehende 327

---

[530] BGH NJW 2007, 830, 833 f.
[531] *Ossenbühl/Cornils* (Staatshaftungsrecht), S. 310.
[532] Vgl. zur Entbehrlichkeit des Sonderopfer-Kriteriums *Schmitt-Kammler*, NJW 1990, 2515, 2519; *Schoch*, Jura 1990, 140, 147.
[533] Vgl. BGHZ 32, 208 ff.; *Maurer*, § 27, Rn. 94.
[534] BGHZ 58, 124, 127 f.; vgl. hierzu auch *Ossenbühl/Cornils* (Staatshaftungsrecht), S. 314; *Nüßgens/Boujong*, Rn. 415.
[535] Vgl. BGHZ 76, 387; ebenso Staudinger/*Wurm*, § 839 BGB, Rn. 477 m. w. N.
[536] Gegen die Beibehaltung dieses Merkmales vor allem *Schmitt-Kammler*, NJW 1990, 2515, 2519; *Schoch*, Jura 1990, 140, 146 f.; *Ossenbühl/Cornils* (Staatshaftungsrecht), S. 315.
[537] Vgl. BGHZ 30, 123, 125; BGH NVwZ 1998, 878, 879 (Einzelzwangsvollstreckung); BGH NJW 1959, 1085 (Insolvenzeröffnung); kritisch hierzu *Ossenbühl* (Staatshaftungsrecht), S. 259 f. und *Ossenbühl/Cornils* (Staatshaftungsrecht), S. 315.

Haftung des Staates verhindert werden soll. Es werden nicht nur Kausalitätsfragen, sondern auch (diesem Begriff dogmatisch eigentlich nicht zuzuordnende) Fragen der wertenden Zurechnung von Schadensfolgen und die Abgrenzung zwischen den Risikobereichen von Betroffenem und Staat behandelt.[538]

328 Voraussetzung ist zunächst ein adäquater Kausalzusammenhang zwischen der hoheitlichen Maßnahme und der Beeinträchtigung der Rechtsposition; hier gelten die gleichen Maßstäbe wie bei der Amtshaftung.[539] Für die Bejahung der Unmittelbarkeit reicht die Kausalität allein allerdings nicht aus. Es genügt auch nicht, wenn der Hoheitsträger eine Gefahrenlage geschaffen hat, die erst durch das Hinzutreten weiterer Umstände zu einer Eigentumsbeeinträchtigung geführt hat. Vielmehr gilt als „unmittelbar" kausal nur dasjenige hoheitliche Handeln, das ohne Hinzutreten einer weiteren Ursache den Schaden herbeigeführt hat.[540]

329 Zusätzlich stellt der BGH bei der Beurteilung der Unmittelbarkeit wertend darauf ab, ob die Eigentumsbeeinträchtigung ein Nachteil ist, der aus der Eigenart der hoheitlichen Maßnahme folgt, nämlich aus der von ihr geschaffenen Gefahrenlage,[541] und mit dieser in einem inneren Zusammenhang steht. Es muss sich eine besondere, typische Gefahr verwirklicht haben, die bereits in der hoheitlichen Maßnahme selbst angelegt war.[542]

330 Dagegen muss der Eingriff nicht zielgerichtet sein. Das Merkmal der Finalität wurde von der Rechtsprechung für den Tatbestand des enteignungsgleichen Eingriffs aufgegeben.[543] Damit können auch unbeabsichtigte Auswirkungen hoheitlicher Maßnahmen einen enteignungsgleichen Eingriff begründen.

4. Verschulden

331 Ein Verschulden des rechtswidrig handelnden Hoheitsträgers ist kein Tatbestandsmerkmal des enteignungsgleichen Eingriffs. Ein rechtswidriger unverschuldeter Eigentumseingriff ist also ausreichend. Sollte der Eingriff auch schuldhaft erfolgt sein, so schließt dies eine Haftung aus enteignungsgleichem Eingriff allerdings nicht aus.[544]

5. Vorrang des Primärrechtsschutzes

332 Der Entschädigungsanspruch ist ausgeschlossen, wenn es der Betroffene schuldhaft unterlassen hat, den Schadenseintritt in zumutbarer Weise durch die Einlegung von Rechtsmitteln zu verhindern.[545] Die Einlegung von Rechtsmitteln gegen die belastende Maßnahme (Primärrechtsschutz) geht der Geltendmachung von Entschädigungsansprüchen (sekundärer Rechtsschutz) grundsätzlich vor. Dieser Vorrang des Primärrechtsschutzes folgt aus dem Rechtsgedanken des § 254 BGB.[546]

333 Der Betroffene ist verpflichtet, alles ihm Mögliche und Zumutbare zu unternehmen, um den Schadenseintritt durch Einlegung eines Rechtsmittels abzuwehren.

---

[538] BGHZ 125, 19, 21; vgl. zur Ausdehnung des Merkmales der Unmittelbarkeit durch die Rechtsprechung *Ossenbühl/Cornils* (Staatshaftungsrecht), S. 300 ff.
[539] BGH NVwZ 2005, 358.
[540] Vgl. BGH NJW 1971, 607, 608; BGH NJW 1971, 32, 33.
[541] Vgl. etwa BGH NJW 1980, 770 f.
[542] Vgl. BGHZ 100, 335, 338 f.
[543] Vgl. BGH NJW 1962, 1439 (Schießübungen); BGH NJW 1964, 104 (Schützenpanzer).
[544] BGHZ 7, 296; BGHZ 13, 88, 92, seitdem st. Rspr.
[545] BGHZ 90, 17, 31; BVerfG NJW 2000, 1402.
[546] BGHZ 90, 17, 31 ff.; 140, 285, 297; vgl. auch *Maurer*, § 27, Rn. 99; *Ossenbühl/Cornils* (Staatshaftungsrecht), S. 315 ff.

Entscheidend ist also, ob dem Betroffenen ein geeignetes Rechtsmittel zur Abwehr des Eingriffs zur Verfügung stand, ob ihm die Einlegung des Rechtsmittels objektiv zumutbar war und ob ihm im Fall der Nichteinlegung des Rechtsmittels dies subjektiv im Sinne eines Verschuldens gegen sich selbst vorgeworfen werden kann.[547]

Dabei ist zu klären, ob der Betroffene die Maßnahme in ausreichender Weise auf ihre (formelle und materielle) Rechtmäßigkeit hin überprüft hat und ob er die Rechtswidrigkeit kannte oder hätte erkennen müssen. Dabei dürfen aber nicht zu hohe Anforderungen gestellt werden. Insbesondere ist der Betroffene nicht verpflichtet, auf bloßen Verdacht hin Rechtsmittel einzulegen, um dem Vorwurf zu begegnen, er habe ein Rechtsmittel versäumt. Die Anforderungen an die Prüfungsobliegenheiten des Betroffenen sind je nach Rechtsnatur der Eingriffsmaßnahme unterschiedlich hoch: Vom Adressaten eines mit einer Rechtsbehelfsbelehrung versehenen Verwaltungsakts ist grundsätzlich eine genauere Überprüfung – notfalls durch Einholung von Rechtsrat – zu verlangen.[548] Besteht der rechtswidrige Eingriff dagegen im Erlass einer Rechtsverordnung oder Satzung oder in einem dem Betroffenen nicht mitgeteilten förmlichen Akt, so sind die Anforderungen an die Prüfungsobliegenheit geringer anzusetzen.[549] Als allgemeine Faustformel kann gelten, dass die Verpflichtung zur Einlegung eines Rechtsmittels dann besteht, wenn die Überprüfung deutliche Anhaltspunkte für die Rechtswidrigkeit ergibt. 334

Bei Verwaltungsentscheidungen mit „Konzentrationswirkung", die darauf angelegt sind, alle mit einem bestimmten Vorhaben verbundenen Konflikte abschließend zu regeln, was insbesondere bei Planfeststellungsbeschlüsse gem. §§ 74, 75 VwVfG der Fall ist, ist die Einlegung von Rechtsmitteln unverzichtbar.[550] Nach der Rechtsprechung des BGH kann nämlich über Ausgleichsansprüche des Betroffenen nur im Planfeststellungsverfahren selbst entschieden werden, so dass eine Ersatzentscheidungszuständigkeit der Zivilgerichte im Rahmen der Prüfung eines enteignungsgleichen Eingriffs nicht mehr besteht.[551] 335

Macht der Betroffene schuldhaft von zumutbaren Anfechtungsmöglichkeiten keinen Gebrauch, so entfällt sein Entschädigungsanspruch regelmäßig zur Gänze. Dieses Ergebnis wird mit der besonderen Bedeutung des verwaltungsgerichtlichen Primärrechtsschutzes für den Bestandsschutz im Rahmen des Art. 14 GG begründet.[552] Dem Betroffenen verbleibt allenfalls ein Entschädigungsanspruch hinsichtlich derjenigen Nachteile, die er durch die Inanspruchnahme von Rechtsmitteln nicht hätte abwenden können. Diesbezüglich fehlt es an der Kausalität zwischen der unterlassenen Anfechtung und dem Schaden, weil der Schaden auch bei Einlegung des Rechtsmittels eingetreten wäre.[553] 336

Der Gebrauch von Rechtsmitteln ist also dann nicht erforderlich, wenn dadurch der Schadenseintritt nicht hätte vermieden werden können. Dies gilt zum einen für hoheitliche Realakte, die plötzlich eintretende Schädigungen verursachen, und zum anderen für unvermeidbare Verzögerungsschäden bei rechtswidriger Vorenthaltung einer Bau- oder Gewerbeerlaubnis.[554] 337

---

[547] *Maurer*, § 27, Rn. 99.
[548] *Nüßgens/Boujong*, Rn. 440.
[549] Vgl. a.a.O.
[550] Vgl. hierzu ausführlich *Krohn*, S. 67 ff.
[551] BGHZ 95, 28.
[552] Vgl. BGHZ 90, 17, 32.
[553] *Nüßgens/Boujong*, Rn. 437.
[554] Vgl. *Nüßgens/Boujong*, Rn. 433; *Ossenbühl/Cornils* (Staatshaftungsrecht), S. 317; *Schoch*, Jura 1989, 529, 535 f.

6. Verjährung

338   Der Entschädigungsanspruch aus enteignungsgleichem Eingriff verjährt regelmäßig in drei Jahren (§ 195 BGB),[555] sofern nicht durch gesetzliche Bestimmung (etwa durch spezielle Vorschriften im Polizei- und Sicherheitsrecht der Länder) etwas anderes geregelt ist.[556] Da nach alter Rechtslage die Verjährungsfrist 30 Jahre betrug, ist bei den Altfällen die Verjährung anhand der Überleitungsvorschrift des Art. 229 § 6 EGBGB besonders sorgfältig zu prüfen.

339   Die regelmäßige Verjährungsfrist beginnt gem. § 199 Abs. 1 BGB mit dem Schluss des Jahres, in dem der Anspruch entstanden ist und der Gläubiger von den den Anspruch begründenden Umständen und der Person des Schuldners Kenntnis erlangt hat oder ohne grobe Fahrlässigkeit erlangen musste. Aufgrund der inneren Verwandtschaft von Entschädigungs- und Schadensersatzanspruch ist die Vorschrift zur Regelung der Höchstfristen gem. § 199 Abs. 3 BGB entsprechend auf den Entschädigungsanspruch anzuwenden.[557] Hingegen umfasst § 199 Abs. 2 BGB nicht das Rechtsgut Eigentum, sodass eine entsprechende Anwendung dieser Regelung nicht in Betracht kommt. Praktisch relevant ist aufgrund der verkürzten Verjährung nun, dass die Inanspruchnahme von Primärrechtsschutz entsprechend § 204 Abs. 1 Nr. 1 BGB die Verjährung hemmt. Insofern sind die zum Amtshaftungsrecht entwickelten Grundsätze auf die Verjährung des enteignungsgleichen Eingriffs zu übertragen.[558]

340   Die Anwendung der zivilrechtlichen Verjährungsregelung ist allerdings nicht völlig unumstritten. Das beruht zum einen darauf, dass der Gesetzgeber bei der Neukonzeption des Verjährungsrechts bewusst öffentlich-rechtliche Ansprüche außen vor gelassen hat.[559] Zum anderen werden Wertungswidersprüche innerhalb der Verjährungsregelungen ausgemacht, die eine entsprechende Anwendung auf öffentlich-rechtliche Ansprüche ausschließen müsse.[560] Nach einer allerdings vereinzelt gebliebenen Ansicht in der Literatur soll deshalb § 54 BGSG[561] analog angewendet werden, wonach eine Verjährung innerhalb einer Frist von drei Jahren erst ab positiver Kenntnis eintritt, in allen anderen Fällen aber erst nach 30 Jahren.[562]

7. Erlöschen des Anspruchs

341   In Bayern ist Art. 71 Abs. 1 BayAGBGB zu beachten, wonach Entschädigungsansprüche aus Enteignung, enteignungsgleichem Eingriff und Aufopferung unter bestimmten Voraussetzungen nach drei Jahren erlöschen. Anders als bei der Verjährung wird der Anspruch dadurch beseitigt. Deshalb muss Art. 71 BayAGBGB im Prozess von Amts wegen beachtet werden, auch wenn der Schuldner keine Einrede erhebt. Fraglich ist diesbezüglich, ob der Landesgesetzgeber die Kompetenz zur Regelung dieser an sich dem Bundesrecht zuzuordnenden Frage hat. Die Rechtsprechung bejaht allerdings eine Anwendbarkeit der Vorschrift auf den Anspruch aus enteignungsgleichem Eingriff.[563]

---

[555] BGH NJW 2007, 830, 834; Palandt/*Ellenberger*, § 195 BGB, Rn. 20; Staudinger/*Wurm*, § 839 BGB, Rn. 484; *Jauernig*, § 195 BGB, Rn. 3; a. A. *Mansel*, NJW 2002, 89, 90 f.
[556] Vgl. dazu BGHZ 72, 273; *Krohn*, Rn. 26.
[557] Staudinger/*Wurm*, § 839 BGB, Rn. 484.
[558] Staudinger/*Wurm*, § 839 BGB, Rn. 491.
[559] *Heselhaus*, DVBl. 2004, 411.
[560] *Heselhaus*, DVBl. 2004, 411, 414 ff.
[561] Nunmehr § 54 BPolG.
[562] *Heselhaus*, DVBl. 2004, 411, 417.
[563] BGH NJW 1979, 2303, 2304; BGHZ 118, 253, 263; vgl. auch *Sprau*, Art. 71 AGBGB, Rn. 18, m. w. N.

II. Entschädigung

Der Anspruch aus enteignungsgleichem Eingriff zielt – anders als der Amtshaftungsanspruch – nicht auf Schadensersatz, sondern auf Entschädigung.[564]

342

Der Schadensersatz soll die Vermögenslage wiederherstellen, die bestehen würde, wenn das schädigende Ereignis nicht eingetreten wäre. Er erfasst damit auch Vermögenseinbußen, die bei einer hypothetischen Betrachtung eingetreten wären. Die Entschädigung ist demgegenüber nicht darauf gerichtet, den Eingriff ungeschehen zu machen; sie ist daher an dem Verkehrswert der entzogenen Substanz und nicht an der hypothetischen Vermögensentwicklung auszurichten.[565] Damit ist die Entschädigung nach Umfang und Höhe durch den Wert des betroffenen Objekts vorgegeben.[566] Der entgangene Gewinn ist grundsätzlich nicht erstattungsfähig.[567] In der Praxis hat sich der Unterschied zwischen Schadensersatz und Entschädigung jedoch weitgehend eingeebnet.[568]

343

Die Entschädigung aus enteignungsgleichem Eingriff dient in erster Linie dem Ausgleich des „Substanzverlusts" durch Erstattung des eingebüßten Substanzwerts. Bei Eingriffen in das Grundeigentum, die zu einer Substanzverletzung (z. B. Beeinträchtigung der Standfestigkeit eines Gebäudes) führen, kann der merkantile Minderwert entsprechend den im Schadensersatzrecht entwickelten Grundsätzen in Ansatz gebracht werden.[569] Führt der Eingriff in das Grundeigentum zu einem Nutzungsausfall, etwa durch eine rechtswidrige Verzögerung der Eintragung von Auflassungsvormerkungen im Grundbuch, so wird die Entschädigung als sog. „Bodenrente" gewährt.[570]

344

Bei Eingriffen in den Gewerbebetrieb wird die Ertragsfähigkeit des Unternehmens als Substanzelement gedeutet.[571] Ertragsverluste aufgrund eines Eingriffs wurden deshalb von der Rechtsprechung als entschädigungsfähige Substanzminderung anerkannt.[572] Unverkennbar ist hier die Tendenz, statt Entschädigung Schadensersatz zu gewähren, weil der entgangene Ertrag typischerweise Bestandteil des Schadensersatzanspruchs ist.

345

Da auf die Entschädigung aus enteignungsgleichem Eingriff die Grundsätze über die Enteignungsentschädigung anzuwenden sind,[573] ist dem Betroffenen neben der Entschädigung für den Substanzverlust auch ein Ausgleich für weitere Vermögensnachteile zu gewähren, die er durch den Eingriff unmittelbar erlitten hat. Dies gilt allerdings nur, wenn und soweit solche Nachteile nicht bereits bei der Bemessung der Entschädigung für den Substanzverlust berücksichtigt worden sind. Ersatzfähige unmittelbare Folgeschäden[574] sind beispielsweise notwendige Kosten für Rechtsberatung sowie für Privatgutachten, Umzugskosten oder Kosten für eine Betriebsverlegung. Nicht ersatzfähig sind demgegenüber sog. „mittelbare Folgeschäden" wie

346

---

[564] Bamberger/Roth/*Reinert*, § 839 BGB, Rn. 124; Palandt/*Bassenge*, vor § 903 BGB, Rn. 13.
[565] BGH NJW 1975, 1966, 1967.
[566] Vgl. *Ossenbühl/Cornils* (Staatshaftungsrecht), S. 320.
[567] BGH NJW 1997, 3432, 3434.
[568] *Ossenbühl/Cornils* (Staatshaftungsrecht), S. 320.
[569] BGH NJW 1981, 1663.
[570] BGHZ 30, 338, 351; BGH NJW 1980, 1567, 1571; BGHZ 136, 182, 186; BGH NVwZ 2002, 124, 125; BGH NJW 2007, 830; BGH NJW 2010, 681.
[571] *Ossenbühl/Cornils* (Staatshaftungsrecht), S. 320.
[572] BGH NJW 1972, 1574, 1575; BGH NJW 1977, 1817.
[573] *Maurer*, § 27, Rn. 100; Staudinger/*Wurm*, § 839 BGB, Rn. 478.
[574] Vgl. hierzu Palandt/*Bassenge*, Überbl. v. § 903 BGB, Rn. 24 m. w. N.

die Kosten für die Beschaffung eines Ersatzobjekts und hierfür anfallende Makler-, Notar- und Neubaukosten.[575]

347 Bei der Bemessung der Entschädigung finden im Übrigen die Grundsätze über die Vorteilsausgleichung Anwendung.[576]

III. Anspruchsgegner

348 Der Anspruch ist nach der Rechtsprechung grundsätzlich nicht gegen den eingreifenden, sondern gegen den unmittelbar durch den Eingriff begünstigten Verwaltungsträger zu richten.[577] Lässt sich eine Begünstigung nicht feststellen, so ist diejenige Körperschaft in Anspruch zu nehmen, deren Aufgabenbereich der Eingriff zuzurechnen ist.[578] Bei Verkehrsimmissionen ist dies etwa der Träger der Straßenbaulast.[579] Ist der Eingriff kausal auf das Verhalten mehrerer Hoheitsträger zurückzuführen, so haften die Behörden gesamtschuldnerisch.[580]

IV. Verhältnis zur Amtshaftung, Konkurrenzen

349 Die meisten Polizei- und Ordnungsgesetze der Bundesländer enthalten Bestimmungen über die Entschädigung Betroffener bei rechtswidrigen Maßnahmen. Diese polizei- und ordnungsrechtliche Rechtswidrigkeitshaftung ist eine spezialgesetzliche Ausprägung des allgemeinen Anspruchs auf Entschädigung aus enteignungsgleichem Eingriff und verdrängt diesen als lex specialis.[581]

350 Der Anspruch aus enteignungsgleichem Eingriff wird ferner durch das StHG-DDR verdrängt.[582]

351 Nach der Rechtsprechung gehören dagegen der Amtshaftungsanspruch und der Anspruch aus enteignungsgleichem Eingriff zu verschieden gelagerten Rechtskreisen und stehen deshalb weder im Verhältnis der Spezialität noch der Subsidiarität zueinander; beide Ansprüche können deshalb selbständig nebeneinander geltend gemacht werden.[583]

352 Im Amtshaftungsprozess muss das Gericht von Amts wegen prüfen, ob ein Entschädigungsanspruch aus enteignungsgleichem Eingriff gegeben ist, auch wenn der Kläger seinen Anspruch nur auf § 839 BGB i. V. m. Art. 34 GG gestützt hat.[584]

353 Ein Anspruch aus enteignungsgleichem Eingriff kann im Einzelfall erheblich einfacher durchzusetzen sein als ein Amtshaftungsanspruch:

354 – Da der Anspruch aus enteignungsgleichem Eingriff kein Verschulden voraussetzt, muss der Geschädigte keinen Verschuldensbeweis führen.

355 – Bestimmte Haftungsbeschränkungen, etwa die Subsidiaritätsklausel des § 839 Abs. 1 Satz 2 BGB, gelten beim enteignungsgleichen Eingriff nicht.

---

[575] Palandt/*Bassenge* a. a. O.
[576] BGHZ 54, 10, 14; vgl. zur Vorteilsausgleichung bei Entschädigung auch Palandt/*Bassenge*, Überbl. v. § 903 BGB, Rn. 27.
[577] BGHZ 76, 387, 396.
[578] BGHZ 76, 387, 397; BGHZ 134, 316, 321; kritisch zu dieser Rechtsprechung *Ossenbühl/Cornils* (Staatshaftungsrecht), S. 318 und *Maurer*, § 27, Rn. 101: Systemgerecht wäre es, nur den eingreifenden Verwaltungsträger in Anspruch zu nehmen.
[579] BGH NJW 1980, 582.
[580] Staudinger/*Wurm*, § 839 BGB, Rn. 481.
[581] *Maurer*, § 27, Rn. 103; *Ossenbühl/Cornils* (Staatshaftungsrecht), S. 322.
[582] Vgl. *Krohn*, S. 92.
[583] BGHZ 13, 88, 94 ff.; BGH NJW 2007, 830, 833.
[584] BGH NVwZ 1992, 1119, 1121; BGHZ 136, 182, 184; BGH NJW 2007, 830.

Andererseits gewährt der Amtshaftungsanspruch vollen Schadensersatz, während 356
der Anspruch aus enteignungsgleichem Eingriff nur auf Entschädigung geht.

F. Entschädigungsanspruch aus aufopferungsgleichem Eingriff

Der den §§ 74, 75 Einl. ALR zu entnehmende Grundsatz, dass dem Einzelnen bei 357
Sonderopfern im Allgemeininteresse ein Ausgleichsanspruch zusteht, beschränkt
sich nicht nur auf Eingriffe in das Eigentum i. S. d. Art. 14 GG, sondern gilt auch für
Eingriffe in höchstpersönliche Rechtsgüter, die in den Schutzbereich des Art. 2
Abs. 2 GG fallen. Soweit Eingriffsobjekt ein höchstpersönliches Rechtsgut ist, findet
der Anspruch aus aufopferungsgleichem Eingriff Anwendung.

Dabei wird (wie beim enteignungsgleichen Eingriff und beim enteignenden Ein- 358
griff) in der Terminologie danach unterschieden, ob die hoheitliche Maßnahme
rechtswidrig oder rechtmäßig war. Die Unterscheidung zwischen aufopferungsgleichem und aufopferndem Eingriff[585] hat sich mittlerweile durchgesetzt.[586]

I. Anspruchsvoraussetzungen

1. Rechtsgut des Art. 2 GG

In den Schutzbereich des Art. 2 GG fallen die Rechtsgüter Leben, Gesundheit, 359
körperliche Unversehrtheit und Freiheit (im Sinne der körperlichen Bewegungsfrei-
heit). Diese nichtvermögenswerten Rechte werden vom allgemeinen Aufopferungsanspruch erfasst.[587] Umstritten ist, ob auch das Allgemeine Persönlichkeitsrecht
geschützt ist.[588] Soweit ersichtlich, hat die Rechtsprechung den Anspruch aus aufo-
ferungsgleichem Eingriff bislang nicht auf Verletzungen des Allgemeinen Persönlichkeitsrechts ausgedehnt.[589]

2. Hoheitlicher Eingriff und Sonderopfer

Erfasst werden grundsätzlich nur solche hoheitliche Maßnahmen, die aktiv in die 360
geschützten Rechtspositionen eingreifen. Ein bloßes rechtswidriges Unterlassen des
Hoheitsträgers reicht nicht aus.[590] Die Rechtsfigur des „qualifizierten Unterlassens"
findet aber entsprechende Anwendung.

Des Weiteren setzt der Tatbestand voraus, dass die Maßnahme dem Allgemein- 361
wohl zu dienen bestimmt war. Ob dieses Ziel tatsächlich erreicht wurde, ist unmaßgeblich.[591]

Nicht erforderlich ist, dass die Maßnahme zielgerichtet war.[592] 362

Weitere Anspruchsvoraussetzung ist ein Sonderopfer des Betroffenen. Ein Son- 363
deropfer liegt vor, wenn der Betroffene im Vergleich zu anderen ungleich stärker be-

---

[585] So z. B. Bamberger/Roth/*Reinert*, § 839 BGB, Rn. 123.
[586] MünchKommBGB/*Papier*, § 839 BGB, Rn. 56; der BGH spricht aber von einem Anspruch aus Aufopferung.
[587] BGHZ 65, 196, 206; nicht zum Anwendungsbereich des allgemeinen Aufopferungsanspruchs gehört im übrigen die Berufsfreiheit, BGH NJW 1994, 2229, 2230; BVerfG NVwZ 1998, 271, 272.
[588] Bejahend *Ossenbühl/Cornils* (Staatshaftungsrecht), S. 138 und *Maurer*, § 28, Rn. 3; a. A. MünchKommBGB/*Papier*, § 839 BGB, Rn. 58.
[589] Vgl. dazu *Maurer*, § 28, Rn. 3.
[590] MünchKommBGB/*Papier*, § 839 BGB, Rn. 58.
[591] BGH NJW 1970, 1230.
[592] *Maurer*, § 28, Rn. 9.

lastet wird, wenn er also eine den anderen nicht zugemutete, die allgemeine Opfergrenze überschreitende Belastung hinnehmen muss.[593] Beim aufopferungsgleichen Eingriff resultiert das Sonderopfer aber bereits aus der Rechtswidrigkeit.[594]

3. Unmittelbare Beeinträchtigung

364 Die hoheitliche Maßnahme muss zu einer unmittelbaren Beeinträchtigung des geschützten Rechtsguts geführt haben, ohne dass sich eine als wesentlich anzusehende Zwischenursache ausgewirkt hat. Es reicht jedoch aus, wenn durch die hoheitliche Maßnahme eine besondere Gefahrenlage entstanden ist und diese zu einer Schädigung geführt hat. Schädigt sich der spätere Anspruchsteller selbst, so kommt es darauf an, ob er unter behördlichem Zwang oder aufgrund freiwilligen Entschlusses gehandelt hat.[595] Wenn etwa die Behörde eine Empfehlung ausgesprochen hat, deren Befolgung zu einer Schädigung führt, soll aufgrund eines aus der Empfehlung resultierenden „psychologischen Abforderns" die Unmittelbarkeit des Eingriffs gegeben sein.[596]

4. Verschulden

365 Der Aufopferungsanspruch setzt kein Verschulden voraus. Sollte der Eingriff auch schuldhaft erfolgt sein, so schließt das den Aufopferungsanspruch aber nicht aus.

5. Vorrang des Primärrechtsschutzes

366 Ist der Eingriff rechtswidrig, so ist die Subsidiarität des auf Entschädigung gerichteten Sekundäranspruchs gegenüber dem Primärrechtsschutz zu beachten. Werden keine Rechtsmittel eingelegt, so sind nur solche Schäden ersatzfähig, die auch bei rechtzeitiger Inanspruchnahme zumutbarer Rechtsschutzmöglichkeiten nicht zu vermeiden gewesen wären.

6. Verjährung

367 Der Anspruch verjährt gemäß § 195 BGB in drei Jahren.[597] Die regelmäßige Verjährungsfrist beginnt gem. § 199 Abs. 1 BGB mit dem Schluss des Jahres, in dem der Anspruch entstanden ist und der Gläubiger von den den Anspruch begründenden Umständen und der Person des Schuldners Kenntnis erlangt hat oder ohne grobe Fahrlässigkeit erlangen musste. § 199 Abs. 2 BGB, der die Höchstfrist von zehn Jahren regelt, ist aufgrund der Ähnlichkeit von Entschädigungs- und Schadensersatzansprüchen entsprechend auf den allgemeinen Aufopferungsanspruch anwendbar.

7. Erlöschen des Anspruchs

368 In Bayern ist Art. 71 Abs. 1 BayAGBGB zu beachten, nach dem Entschädigungsansprüche wegen Aufopferung unter bestimmten Voraussetzungen nach drei Jahren erlöschen (d.h. nicht verjähren).[598]

---

[593] Zum Sonderopfer ausführlich *Ossenbühl/Cornils* (Staatshaftungsrecht), S. 141 ff.; Staudinger/*Wurm*, § 839 BGB, Rn. 503 ff.
[594] *Ossenbühl/Cornils* (Staatshaftungsrecht), S. 142.
[595] Vgl. *Maurer*, § 28, Rn. 10 f.
[596] Vgl. *Ossenbühl/Cornils* (Staatshaftungsrecht), S. 140; Staudinger/*Wurm*, § 839 BGB, Rn. 503.
[597] Palandt/*Ellenberger*, § 195 BGB, Rn. 20; Staudinger/*Wurm*, § 839 BGB, Rn. 512; *Jauernig*, § 195 BGB, Rn. 3; a. A. *Mansel*, NJW 2002, 89, 90 f.
[598] *Sprau*, Art. 71 AGBGB, Rn. 18

II. Entschädigung

Beim Anspruch aus aufopferungsgleichem Eingriff handelt es sich, wie beim Anspruch aus enteignungsgleichem Eingriff, um einen Entschädigungs- und nicht um einen Schadensersatzanspruch. Damit sind die §§ 249 ff. BGB allenfalls mit großer Zurückhaltung analog anzuwenden. Die Höhe der Entschädigung kann deshalb hinter dem vollen Schadensersatz zurückbleiben. Für die Bemessung der Entschädigungshöhe ist lediglich der aufgrund des Eingriffs eingetretene Vermögensschaden relevant.[599] Ein Mitverschulden ist zu berücksichtigen.[600] Schmerzensgeld kann nicht gewährt werden.[601] 369

III. Anspruchsgegner

Der Anspruch ist gegenüber dem Hoheitsträger geltend zu machen, dem die aus dem Eingriff resultierenden Vorteile zukommen oder dessen Aufgaben wahrgenommen wurden.[602] 370

IV. Verhältnis zur Amtshaftung, Konkurrenzen

Aufgrund der zahlreichen vorrangigen spezialgesetzlichen Anspruchsgrundlagen hat der Anspruch aus aufopferungsgleichem Eingriff vergleichsweise geringe Bedeutung. So gehen etwa die §§ 56 ff. IfSG dem allgemeinen Aufopferungsanspruch vor. Die hiervon erfassten Impfschadensfälle bildeten vor der gesetzlichen Normierung von Entschädigungsansprüchen einen der wichtigsten Fälle des Anspruchs aus aufopferungsgleichem Eingriff. 371

Daneben sind die Vorschriften über die Entschädigung bei polizei- bzw. sicherheitsrechtlichem Notstand[603] als abschließende Sonderregelungen zu beachten. Bei zu Unrecht erlittener Strafhaft finden die §§ 1 ff. StrEG Anwendung.[604] 372

Der Anspruch aus aufopferungsgleichem Eingriff kann selbständig neben dem Amtshaftungsanspruch geltend gemacht werden.[605] Das Verhältnis zur Amtshaftung entspricht dem Verhältnis des Anspruchs aus enteignungsgleichem Eingriff zu § 839 BGB i. V. m. Art. 34 GG.[606] 373

G. Schadensersatzansprüche aus verwaltungsrechtlichen Schuldverhältnissen

I. Allgemeines

1. Begriff

Bei schuldhafter Verletzung von Pflichten aus einem verwaltungsrechtlichen Schuldverhältnis steht dem Geschädigten ein Schadensersatzanspruch zu. 374

---

[599] *Maurer*, § 28, Rn. 15 f.
[600] BGHZ 45, 290, 294 ff.; vgl. auch *Ossenbühl/Cornils* (Staatshaftungsrecht), S. 149.
[601] BGHZ 45, 58, 77; dies gilt auch nach Einführung des § 253 Abs. 2 BGB n. F. durch das Zweite Gesetz zur Änderung schadensersatzrechtlicher Vorschriften vom 19.7.2002, weil es sich nicht um einen Schadensersatzanspruch handelt, vgl. Staudinger/*Wurm*, § 839 BGB, Rn. 512.
[602] *Ossenbühl/Cornils* (Staatshaftungsrecht), S. 146.
[603] Vgl. § 39 Abs. 1 lit. a OBG NRW, § 67 PolG NRW, Art. 70 BayPAG; vgl. exemplarisch zu §§ 39 bis 43 OBG NRW Staudinger/*Wurm*, § 839 BGB, Rn. 648 ff.
[604] Näher hierzu Staudinger/*Wurm*, § 839 BGB, Rn. 508.
[605] *Maurer*, § 28, Rn. 7.
[606] A. a. O.

375 Diese Haftung auf der Grundlage eines verwaltungsrechtlichen Schuldverhältnisses wurde von der Rechtsprechung aus dem praktischen Bedürfnis heraus entwickelt, dass für besondere und enge Rechtsbeziehungen zwischen Bürger und Verwaltung auch eine gesteigerte Haftung des Staates gelten muss. Letztlich wurde durch Richterrecht eine zusätzliche Haftungsgrundlage geschaffen, die die allgemeine Amtshaftung ergänzt und einige verbleibende Haftungslücken schließt.

376 Unter verwaltungsrechtlichen Schuldverhältnissen werden öffentlich-rechtliche Rechtsbeziehungen zwischen der Verwaltung und dem Bürger verstanden, die nach Struktur und Gegenstand den bürgerlich-rechtlichen Schuldverhältnissen vergleichbar sind.[607] Zu den verwaltungsrechtlichen Schuldverhältnissen zählen der verwaltungsrechtliche Vertrag (§§ 54 ff. VwVfG), die öffentlich-rechtliche Verwahrung, die öffentlich-rechtliche Geschäftsführung ohne Auftrag, Anstalts- und Benutzungsverhältnisse im Bereich der Daseinsvorsorge und das Subventionsverhältnis.[608] Zweifelhaft ist, ob personenbezogene Rechtsverhältnisse, wie insbesondere das Beamten-, Schul- oder Strafgefangenenverhältnis den verwaltungsrechtlichen Schuldverhältnissen zuzurechnen sind.[609]

2. Entsprechende Anwendbarkeit bürgerlich-rechtlicher Vorschriften und Grundsätze

377 Auf das verwaltungsrechtliche Schuldverhältnis, insbesondere auf öffentlich-rechtliche Verträge, finden die Regelungen des Schuldrechts über die Haftung bei Leistungsstörungen entsprechende Anwendung. Seit Inkrafttreten des Schuldrechtsmodernisierungsgesetzes[610] ist § 280 BGB die zentrale Norm des neuen Leistungsstörungsrechts.[611] Im Fall anfänglicher Unmöglichkeit kommt daneben § 311a Abs. 2 BGB zum Zuge.

378 Grundsätzlich sind auch die Verzugsvorschriften des bürgerlichen Rechts anwendbar.[612] Jedoch ist § 286 BGB nur mit Vorsicht anzuwenden, da diese Vorschrift auf öffentlich-rechtliche Leistungs- und Fürsorgepflichten nicht immer passt.[613] Nach der Rechtsprechung findet § 288 BGB (Verzugszinsen) nur auf öffentlich-rechtliche Verträge i. S. d. §§ 54 ff. VwVfG, nicht aber auf die sonstigen verwaltungsrechtlichen Schuldverhältnisse Anwendung.[614] Demgegenüber ist ein Anspruch auf Prozesszinsen anerkannt.[615]

379 Die Grundsätze der culpa in contrahendo gem. § 311 Abs. 2 i. V. m. § 241 Abs. 2 i. V. m. § 280 Abs. 1 BGB sind nach der Rechtsprechung auf alle Verhandlungen anwendbar, die zum Abschluss einer öffentlich-rechtlichen Vereinbarung führen können.[616] Klassische Anwendungsfälle der c.i.c. bei verwaltungsrechtlichen Schuldverhältnissen sind enttäuschtes Vertrauen bei grundlosem Abbruch von Vertragsverhandlungen durch den Hoheitsträger, Verletzung von Informations-, Aufklä-

---
[607] *Maurer*, § 29, Rn. 2; BGH NJW 2006, 1121; BGH NVwZ 2006, 963.
[608] Vgl. OVG Lüneburg NJW 1977, 773; *Maurer*, § 29, Rn. 2 f.; *Wolff/Bachof/Stober*, § 55, Rn. 9.
[609] Vgl. *Maurer*, § 29, Rn. 3.
[610] Dazu mit Bezug auf das Öffentliche Recht *Geis*, NVwZ 2002, 385 ff.
[611] Vgl. Palandt/*Heinrichs*, § 280 BGB, Rn. 10 f.
[612] *Ossenbühl/Cornils* (Staatshaftungsrecht), S. 436 f.
[613] Vgl. Palandt/*Grüneberg*, § 286 BGB, Rn. 8 f.
[614] Vgl. BVerwG DÖV 1989, 640; BVerwGE 48, 133, 136 f.
[615] BVerwG NVwZ 1986, 554; vgl. zum Zinsanspruch auch *Wolff/Bachof/Stober*, § 55, Rn. 149 f. m. w. N.
[616] BVerwG DÖV 1974, 133, 134; BGHZ 71, 386, 392; BGHZ 76, 343, 348; BGH NVwZ-RR 2004, 804; Palandt/*Grüneberg*, § 311 BGB, Rn. 12.

rungs- und Sorgfaltspflichten im Hinblick auf Umstände, die für den Vertragspartner erkennbar von Bedeutung sind, sowie das Nichtzustandekommen eines wirksamen Vertrages durch Mängel in der Vertretung auf Seiten des Hoheitsträgers.[617] Ein Planungsträger kann aber auf Grund seines Planungsermessens grundsätzlich (auch ohne Vorliegen eines triftigen Grundes) eine Planungskonzeption ändern und ein eingeleitetes (vorhabenbezogenes) Planaufstellungsverfahren nicht mehr weiter verfolgen; nur unter ganz engen Voraussetzungen hat dann ein Investor Anspruch auf Ersatz seiner im Vertrauen auf das Zustandekommen der Planung gemachten (vergeblichen) Aufwendungen.[618]

Aufgrund der Anfügung des § 253 Abs. 2 BGB durch das Zweite Gesetz zur Änderung schadensersatzrechtlicher Vorschriften kann nunmehr auch Schmerzensgeld im Rahmen eines verwaltungsrechtlichen Schuldverhältnisses verlangt werden.[619]

3. Verschulden und Haftungsbeschränkungen

Der Hoheitsträger hat im Rahmen des verwaltungsrechtlichen Schuldverhältnisses Vorsatz und Fahrlässigkeit seiner Organe zu vertreten.[620] In entsprechender Anwendung von § 278 BGB muss er darüber hinaus auch für das Verschulden seiner Erfüllungsgehilfen einstehen. Hierzu gehören auch private Unternehmer, die der Staat zur Erfüllung seiner Pflichten heranzieht.[621]

Bei verwaltungsrechtlichen Schuldverhältnissen sind Haftungsbeschränkungen grundsätzlich zulässig. Bei Schuldverhältnissen, die auf vertraglicher Vereinbarung beruhen (also insbesondere beim öffentlich-rechtlichen Vertrag), kann die Haftung entsprechend § 276 Abs. 3 BGB individualvertraglich auf Vorsatz beschränkt werden.[622] Bei verwaltungsrechtlichen Schuldverhältnissen, die nicht auf Vertrag beruhen, sondern durch Verwaltungsakt oder durch bloße Benutzung zustande kommen (wie etwa Benutzungsverhältnisse bei Einrichtungen der Daseinsvorsorge) stellt sich die Frage, ob und inwieweit eine Haftungsbeschränkung durch Satzung zulässig ist. Nach der Rechtsprechung des BGH ist eine satzungsrechtliche Haftungsbeschränkung für leichte Fahrlässigkeit nur zulässig, wenn sie sachlich gerechtfertigt ist und den Grundsätzen der Erforderlichkeit und der Verhältnismäßigkeit entspricht;[623] solche Ausnahmevorschriften sind aber eng auszulegen.[624] Als Orientierungshilfe für die Zulässigkeit einzelner Klauseln werden von der Literatur die Vorschriften zur Gestaltung rechtsgeschäftlicher Schuldverhältnisse durch Allgemeine Geschäftsbedingungen gem. §§ 305 ff. BGB (insbesondere § 309 Nr. 7b BGB) herangezogen.[625]

Hierbei ist im Übrigen zu beachten, dass Haftungsausschlüsse ausschließlich die schuldrechtliche, nicht aber die auf anderen Vorschriften beruhende Haftung erfassen. Dies gilt insbesondere für den Amtshaftungsanspruch: Nach der Rechtsprechung des BGH kann die Amtshaftung nach § 839 BGB i.V.m. Art. 34 GG durch Satzung nicht wirksam ausgeschlossen werden. Haftungsausschlüsse sind insoweit nur durch Gesetz oder aufgrund einer speziellen gesetzlichen Ermächtigung des Sat-

---

[617] *Ossenbühl/Cornils* (Staatshaftungsrecht), S. 438 m.w.N.
[618] BGH NVwZ 2006, 1207.
[619] Vgl. auch *Dötsch*, NVwZ 2003, 185.
[620] *Ossenbühl/Cornils* (Staatshaftungsrecht), S. 440.
[621] BGHZ 61, 7; BGH NJW 2007, 1061.
[622] Vgl. *Maurer*, § 29, Rn. 7.
[623] BGHZ 61, 7, 12 f.
[624] BGH DVBl. 2007, 1238.
[625] *Ossenbühl/Cornils* (Staatshaftungsrecht), S. 442; *Maurer*, § 29, Rn. 7.

zungsgebers möglich. Eine unbestimmte allgemeine Satzungsermächtigung in der Gemeindeordnung reicht nicht aus.[626]

4. Verhältnis zum Amtshaftungsanspruch

384 Schadensersatzansprüche aus einem verwaltungsrechtlichen Schuldverhältnis können neben dem Amtshaftungsanspruch geltend gemacht werden.[627] Die Schadensersatzansprüche wegen Verletzung von Pflichten aus einem öffentlich-rechtlichen Vertrag konkurrieren mit dem Amtshaftungsanspruch aus § 839 BGB i. V. m. Art. 34 GG; sie stellen keine anderweitige Ersatzmöglichkeit i. S. v. § 839 Abs. 1 Satz 2 BGB dar, da sie dem deliktischen Anspruch aus § 839 BGB nicht gleichartig sind.[628]

385 Gegenüber dem Amtshaftungsanspruch weist die „quasivertragliche Haftung" des Staates insbesondere die folgenden Unterschiede auf:

386 – Beweisführung: Ein Verschuldensnachweis muss nicht erbracht werden, vgl. §§ 280 Abs. 1 Satz 2, 283 Satz 2 i. V. m. 280 Abs. 1 Satz 2, 286 Abs. 4, 311a Abs. 2 Satz 2 BGB;

387 – Zurechnung: Wegen § 278 BGB findet eine umfassende Zurechnung statt, eine Begrenzung wie im Amtshaftungsrecht besteht nicht;

388 – Mitverschulden: Statt der schärferen Regelung des § 839 Abs. 3 BGB richtet sich das Mitverschulden des Geschädigten nach § 254 BGB; allerdings haftet der Geschädigte anders als beim Amtshaftungsanspruch auch für das Mitverschulden von gesetzlichen Vertretern und Erfüllungsgehilfen;[629]

389 – Haftungseinschränkung und Haftungsausschluss: Keine Verweisung des Geschädigten auf eine anderweitige Ersatzmöglichkeit, die Subsidiaritätsklausel des § 839 Abs. 1 Satz 2 BGB ist nicht anwendbar. Anderseits kann jedoch die Haftung für leichte Fahrlässigkeit – anders als bei Amtshaftung – durch Satzung beschränkt werden.

390 – Art des Schadensersatzes: Anders als bei § 839 BGB ist der Schadensersatz nicht auf Geld beschränkt, sondern kann auch in natura geleistet werden (§ 249 BGB).

II. Einzelne verwaltungsrechtliche Schuldverhältnisse

1. Öffentlich-rechtlicher Vertrag

391 Bei der Verletzung von Pflichten aus einem öffentlich-rechtlichen Vertrag (vgl. §§ 54 ff. VwVfG) ist die entsprechende Anwendung der bürgerlich-rechtlichen Vorschriften über die Leistungsstörungen, insbesondere der §§ 275, 276, 280 bis 288, 311a, 323 bis 326 BGB sowie von § 311 Abs. 2, 3 BGB (Grundsätze der culpa in contrahendo) ausdrücklich gesetzlich vorgeschrieben (§ 62 Satz 2 VwVfG).[630] Bei gegenseitigen Verträgen (insbesondere bei subordinationsrechtlichen Austauschverträgen i. S. d. § 56 VwVfG) kann der von der Leistungsstörung betroffene Vertragspartner vom Vertrag zurücktreten und kumulativ Schadensersatz verlangen (§ 325 BGB).

---

[626] BGHZ 61, 7, 14; BGH NJW 1984, 615, 617; BGH DVBl. 2007, 1238; anders allerdings BayVGH BayVBl. 1985, 408.
[627] BGH DVBl. 2007, 1238; *Maurer*, § 29, Rn. 8; *Wolff/Bachof/Stober*, § 55, Rn. 151.
[628] Vgl. BGH NJW 1974, 1816; BGH NJW 1975, 207, 209 ff.
[629] Palandt/*Grüneberg*, § 280 BGB, Rn. 10.
[630] Zur Anwendung der einzelnen Vorschriften nach der Schuldrechtsreform *Geis*, NVwZ 2002, 385, 387 ff.

2. Öffentlich-rechtliche Verwahrung

Die öffentlich-rechtliche Verwahrung ist als Rechtsinstitut durch § 40 Abs. 2 Satz 1 VwGO positivrechtlich anerkannt, aber nur in wenigen Fällen gesetzlich ausgestaltet.[631] Ein öffentlich-rechtliches Verwahrungsverhältnis besteht, wenn eine Behörde bewegliche Sachen zur Aufbewahrung für eine Privatperson kraft öffentlichen Rechts in Besitz hat.[632] Dieses kann durch Vertrag, durch Hoheitsakt oder durch tatsächliche Inbesitznahme (Realakt) begründet werden. Erforderlich ist dazu, dass die Behörde mit Besitzbegründungswillen handelt und den Zweck verfolgt, den bisherigen Besitzer aus dessen Obhutsstellung zu verdrängen; im Ergebnis muss der bisherige Besitzer von der Sorge für die Sache ausgeschlossen werden.[633]

392

Beispiele für die öffentlich-rechtliche Verwahrung sind die Verwahrung von Beweisgegenständen nach ihrer Beschlagnahme gem. §§ 94 ff. StPO durch Polizei oder Staatsanwaltschaft, die Verwahrung von Gegenständen aufgrund polizeirechtlicher Sicherstellung oder die vorläufige Sicherstellung im Rahmen eines Gewerbeuntersagungs- bzw. Ordnungswidrigkeitenverfahrens.[634]

393

Teilweise sehen gesetzliche Vorschriften ausdrücklich Pflichten der verwahrenden Stelle vor (wie z. B. Art. 26 Abs. 3 Satz 1 BayPAG, der die Polizei verpflichtet, einer Wertminderung sichergestellter Gegenstände vorzubeugen). Wenn solche Regelungen fehlen, ergeben sich die Pflichten der verwahrenden Stelle aus der entsprechenden Anwendung der §§ 688 ff. BGB. Der verwahrende Hoheitsträger ist verpflichtet, die in Obhut genommenen Sachen vor Zerstörung, Beschädigung und Verlust zu bewahren.[635] Allerdings müssen hierbei stets Sinn und Zweck der Verwahrungsmaßnahme berücksichtigt werden. So ist etwa das Haftungsprivileg des § 690 BGB bei unentgeltlicher Verwahrung grundsätzlich unanwendbar. Das gilt insbesondere, wenn ein Hoheitsträger die Sache im öffentlichen Interesse oder im Interesse des Eigentümers in Verwahrung genommen hat.[636] Bei Beschlagnahme des Gegenstandes scheidet naturgemäß ein jederzeitiges Rückforderungsrecht des Bürgers nach § 695 BGB aus.

394

3. Öffentlich-rechtliche Geschäftsführung ohne Auftrag

Eine öffentlich-rechtliche GoA liegt vor, wenn eine öffentlich-rechtliche Rechtsbeziehung die Merkmale einer bürgerlich-rechtlichen GoA (Geschäftsführung für einen anderen ohne Auftrag oder sonstige Berechtigung) aufweist.[637] Auf die öffentlich-rechtliche GoA werden die §§ 677 ff. BGB entsprechend angewandt.[638] Anwendungsbereich und Zulässigkeit der öffentlich-rechtlichen GoA sind allerdings nicht abschließend geklärt und im Einzelnen umstritten.[639]

395

---

[631] Vgl. etwa Art. 26 BayPAG.
[632] BGH NJW 2005, 988; BGHZ 34, 349, 354.
[633] OLG Frankfurt, Urt. v. 7.7.2011, Az. 1 U 260/10.
[634] Brandenburgisches OLG, Urt. v. 25.5.2010, Az. 2 U 3/09.
[635] Thüringer OLG, Urt. v. 31.5.2011, Az. 4 U 1012/11.
[636] Vgl. BGHZ 4, 192; vgl. aber auch BayVGH NVwZ 1998, 421, 422.
[637] Vgl. *Maurer*, § 29, Rn. 11.
[638] BGH NVwZ 2004, 764; BGH NJW 2004, 513; *Ossenbühl/Cornils* (Staatshaftungsrecht), S. 409.
[639] *Schoch*, Jura 1994, 241; *Kischel*, VerwArch. 90 (1999), 391 ff.; weiterführend *Maurer*, § 29, Rn. 10 ff.; *Ossenbühl/Cornils* (Staatshaftungsrecht), S. 409 ff.; *Wolff/Bachof/Stober*, § 55, Rn. 14 ff.

396 Handelt es sich um eine Geschäftsbesorgung des Hoheitsträgers, so haftet dieser für Verletzungen der sich aus der GoA ergebenden Hauptpflicht zur ordnungsgemäßen Geschäftsführung. Die Pflichten des Geschäftsführers bestimmen sich entsprechend § 677 BGB nach dem Interesse des Geschäftsherrn, wobei dessen wirklicher oder mutmaßlicher Wille zu berücksichtigen ist. Deshalb besteht regelmäßig die Pflicht, im Rahmen der Geschäftsbesorgung Rechtsgüter des Geschäftsherrn nicht zu schädigen. Ein schuldhafter Verstoß gegen die Pflicht zur ordnungsgemäßen Ausführung führt zu einem Schadensersatzanspruch wegen Pflichtverletzung (gem. § 280 BGB) der öffentlich-rechtlichen GoA.[640]

4. Öffentlich-rechtliche Benutzungs- und Leistungsverhältnisse

397 Öffentlich-rechtliche Benutzungs- und Leistungsverhältnisse im Bereich der Daseinsvorsorge sind nach Struktur und Gegenstand bürgerlich-rechtlichen Schuldverhältnissen besonders ähnlich. Ein Schadensersatzanspruch setzt zum einen voraus, dass es sich um ein öffentlich-rechtliches Benutzungsverhältnis handelt, und zum anderen, dass die verletzte Pflicht eine sich aus dem Benutzungsverhältnis ergebende Hauptpflicht zur Leistung oder Fürsorge ist.

398 Die Benutzung von Einrichtungen der Daseinsvorsorge kann öffentlich-rechtlich oder privatrechtlich ausgestaltet werden. Der Leistungsverwaltung ist insoweit grundsätzlich eine Wahlfreiheit eingeräumt. Maßgeblich für die rechtliche Zuordnung ist der Wille des zuständigen Verwaltungsträgers. Dieser ist aus den jeweilgen Umständen zu ermitteln. Ein wichtiges Indiz ist die rechtliche Ausgestaltung des Benutzungsverhältnisses: Wird die Benutzung durch Satzung geregelt, so spricht dies für ein öffentlich-rechtliches Benutzungsverhältnis. Die Regelung durch Allgemeine Geschäftsbedingungen spricht dagegen für ein privatrechtliches Rechtsverhältnis. Weitere Indizien sind die konkreten Handlungsformen innerhalb des Rechtsverhältnisses: Eine Festsetzung des Leistungsentgelts durch Verwaltungsakt (mit Rechtsbehelfsbelehrung) oder die Bezeichnung des Entgelts als „Gebühr" sprechen für eine öffentlich-rechtliche Ausgestaltung. Erfolgt eine Zahlungsaufforderung dagegen durch „Rechnung", so spricht dies für ein privatrechtliches Rechtsverhältnis. Regelt etwa eine Gemeinde die Nutzung ihres Schwimmbades durch eine „Badeordnung", erhebt Verwaltungsgebühren von den Benutzern und sieht Zwangsmaßnahmen bei Verstößen gegen die Badeordnung vor, so liegt ein öffentlich-rechtliches Benutzungsverhältnis vor.[641] Ein öffentlich-rechtliches Benutzungsverhältnis liegt im Übrigen stets vor, wenn der Bürger kraft gemeindlicher Satzung einem Anschluss- und Benutzungszwang unterliegt, etwa an die kommunale Wasserversorgung, die Kanalisation, Müllabfuhr oder Straßenreinigung.

399 Bei der verletzten Pflicht muss es sich um eine dem Benutzungs- oder Leistungsverhältnis immanente Hauptpflicht zur Fürsorge oder zur Leistung handeln. Bei der Lieferung von Leitungswasser durch die Gemeinde an einen Lebensmittel erzeugenden Gewerbebetrieb besteht beispielsweise die Hauptleistungspflicht zur Lieferung einwandfreien Trinkwassers.[642] Beim Anschluss eines Haushalts an die Kanalisation ergibt sich für die Gemeinde die Hauptleistungspflicht zur ordentlichen Verlegung der Anschlussleitung, sodass Überschwemmungsschäden durch einen Rückstau verhindert werden.[643]

---

[640] Vgl. Palandt/*Sprau*, § 677 BGB, Rn. 15.
[641] OLG Koblenz NJW-RR 2001, 318.
[642] Vgl. BGHZ 59, 303.
[643] Vgl. BGHZ 54, 299.

5. Beamtenverhältnis

Das Beamtenverhältnis[644] ist nach nicht unbestrittener Auffassung ein verwaltungsrechtliches Schuldverhältnis.[645] Es ist anerkannt, dass Verletzungen der beamtenrechtlichen Fürsorgepflicht (vgl. § 45 BeamtStG) durch den Dienstherrn zu Schadensersatzansprüchen des Beamten führen können[646], und zwar sowohl unter dem Gesichtspunkt der Fürsorgepflichtverletzung als auch der Amtshaftung.[647] Die Konsequenz ist freilich, dass insofern auch zwei verschiedene Rechtswege zur Verfügung stehen, nämlich für den Schadensersatzanspruch wegen der Fürsorgepflichtverletzung der Verwaltungsrechtsweg und für den Amtshaftungsanspruch der ordentliche Rechtsweg.[648] Beispiele für die Verletzung der Fürsorgepflicht sind die rechtswidrige Nichtverbeamtung von Probebeamten,[649] die rechtswidrige Entlassung, falsche oder unterlassene Beratung[650] oder unterlassene Sicherheitsvorkehrungen gegen Körper- oder Sachschäden. 400

Während die Rechtsprechung einen Schadensersatzanspruch früher stets von der Verletzung der Fürsorgepflicht abhängig gemacht hat, greift sie heute nicht mehr in allen Fällen auf diese Konstruktion zurück. Nach der neueren Rechtsprechung des BVerwG kann sich ein Schadensersatzanspruch auch aus einer schuldhaften Verletzung von Pflichten ergeben, die unmittelbar im Beamtenverhältnis wurzeln.[651] Das gilt insbesondere für einen Schadensersatzanspruch wegen Verletzung des Bewerbungsverfahrensanspruchs.[652] 401

Danach kann ein Beamter von seinem Dienstherrn Ersatz des ihm durch die Nichtbeförderung[653] entstandenen Schadens verlangen, wenn der Dienstherr bei der Vergabe eines Beförderungsamtes den aus Art. 33 Abs. 2 GG folgenden Bewerbungsverfahrensanspruch des Beamten auf leistungsgerechte Einbeziehung in die Bewerberauswahl schuldhaft verletzt hat, wenn diese Rechtsverletzung für die Nichtbeförderung des Beamten kausal war und wenn der Beamte es nicht schuldhaft unterlassen hat, den Schaden durch Gebrauch eines Rechtsmittels abzuwenden.[654] 401a

Vom Verschuldensmaßstab her gilt der allgemeine, objektiv-abstrakte Verschuldensmaßstab des bürgerlichen Rechts. Das bedeutet, dass von den für die Auswahlentscheidung verantwortlichen Beamten verlangt werden muss, dass sie die Sach- und Rechtslage unter Heranziehung aller ihnen zu Gebote stehenden Hilfsmittel gewissenhaft prüfen und sich auf Grund vernünftiger Überlegungen eine Rechtsauffassung bilden.[655] Dazu gehören auch die Auswertung der höchstrichterlichen Rechtsprechung und die ernsthafte Auseinandersetzung mit der Frage, ob ggf. aus 401b

---

[644] Zum Soldatenverhältnis s. BVerwG, Beschl. v. 22.12.2011, Az. 2 B 71/10.
[645] Vgl. *Ossenbühl/Cornils* (Staatshaftungsrecht), S. 424 ff.; *Maurer*, § 29, Rn. 3, m.w.N., MünchKommBGB/*Papier*, § 839 BGB, Rn. 76; a.A. *Wolff/Bachof/Stober*, § 55 Rn. 6.
[646] BVerwGE 13, 17.
[647] BayObLG NVwZ-RR 2000, 527.
[648] *Ossenbühl/Cornils* (Staatshaftungsrecht), S. 425.
[649] VG Gelsenkirchen, Urt. v. 27.6.2012, Az. 1 K 4637/11.
[650] BGH NVwZ 1985, 936; BVerwG DVBl. 1997, 1004; *Ossenbühl/Cornils* (Staatshaftungsrecht), S. 426.
[651] Vgl. BVerwGE 80, 123.
[652] BVerwG NVwZ 2011, 1528; BVerfG BayVBl. 2010, 303.
[653] Sog. Beförderungsbewerber. Für Einstellungsbewerber (Bewerber, der noch außerhalb des beamteten öffentlichen Dienstes steht und sich um ein Eingangsamt bemüht) gilt Entsprechendes, s. BVerwG, Urt. v. 25.2.2010, Az. 2 C 22.09.
[654] BVerwG, Urt. v. 26.1.2012, Az. 2 A 7.09.
[655] BVerwG, Urt. v. 26.1.2012, Az. 2 A 7.09.

politischen Gründen gewünschte Personalentscheidungen auch am Maßstab der relevanten Rechtsnormen Bestand haben.[656]

401c Ein Schadensersatzanspruch wegen rechtswidrig unterlassener Beförderung setzt ferner im Hinblick auf die notwendige adäquate Kausalität voraus, dass dem Beamten ohne den Rechtsverstoß das angestrebte Amt voraussichtlich übertragen worden wäre.[657] Erforderlich ist also ein adäquat kausaler Zusammenhang zwischen der Rechtsverletzung und dem Schaden, d.h. der Nichtbeförderung. Dazu muss der hypothetische Kausalverlauf ermittelt werden, den das Auswahlverfahren ohne den Verstoß gegen Art. 33 Abs. 2 GG voraussichtlich genommen hätte. Trägt der Dienstherr zur Aufklärung des hypothetischen Kausalverlaufs nichts bei, unterlässt er also etwa eine umfassende Aktenvorlage, können Beweiserleichterungen bis hin zur Beweislastumkehr zu Gunsten des Klägers eingreifen oder der Situation zumindest bei der Prognose eines möglichen Erfolgs des Klägers bei rechtmäßigem Verhalten des Dienstherrn Rechnung getragen werden.[658]

401d Nach dem Rechtsgedanken des § 839 Abs. 3 BGB kann schließlich ein zu Unrecht nicht beförderter Beamter Schadensersatz für diese Verletzung seines aus Art. 33 Abs. 2 GG folgenden Bewerbungsverfahrensanspruchs nur verlangen, wenn er versucht hat, den eingetretenen Schaden dadurch abzuwenden, dass er um gerichtlichen Rechtsschutz gegen die bevorstehende Personalentscheidung nachgesucht hat.[659] Voraussetzung hierfür ist allerdings, dass unterlegen Kandidaten die Auswahlentscheidung rechtzeitig, d.h. zwei Wochen vor dem vorgesehenen Zeitpunkt der Stellenbesetzung mitgeteilt wird und dass auch während eines laufenden Rechtsschutzverfahrens nach Abschluss einer Instanz jeweils genug Zeit bleibt, die Überprüfung einer nachteiligen Entscheidung, ggf. durch das Bundesverfassungsgericht, einzuleiten. Wird diese Möglichkeit durch den Dienstherrn vereitelt, kann dem Bewerber nicht vorgeworfen werden, er habe es versäumt, den Schaden durch Gebrauch eines Rechtsmittels abzuwenden.[660] Eine Rechtsschutzvereitelung liegt im Übrigen auch dann vor, wenn der Dienstherr die Ernennung ohne vorherige Mitteilung an die unterlegenen Bewerber vornimmt. Das BVerwG stellt also maßgeblich darauf ab, ob es dem unterlegenen Bewerber möglich war, gegen die *bevorstehende* Personalentscheidung gerichtlichen Rechtsschutz in Anspruch zu nehmen. War ihm das nicht möglich, hat er es auch nicht schuldhaft unterlassen, den Schaden durch Gebrauch eines Rechtsmittels abzuwenden. Freilich steht dies im Widerspruch zum Urteil des BVerwG vom 4.11.2010.[661] Danach kann eine Ernennung (des zunächst erfolgreichen Konkurrenten) aufgehoben werden, wenn der unterlegene Bewerber daran gehindert worden ist, die Rechtsschutzmöglichkeiten zur Durchsetzung seines Bewerbungsverfahrensanspruchs *vor der Ernennung* auszuschöpfen.[662] Der unterlegene Bewerber kann also auch *nach vollzogener Ernennung* noch gerichtlichen Rechtsschutz in Anspruch nehmen und die bereits vollzogene Ernennung zu Fall bringen. Im praktischen Ergebnis bedeutet das, dass der unterlegene Bewerber für den Fall, dass der Dienstherr den Konkurrenten ohne ausreichende Ermöglichung der gerichtlichen Kontrolle durch den unterlegenen Bewerber bereits ernannt hat, ein Wahlrecht hat, ob er – dem Urteil des BVerwG vom 4.11.2010 folgend – gegen

---

[656] BVerwG, Urt. v. 26.1.2012, Az. 2 A 7.09.
[657] BVerwG, Urt. v. 26.1.2012, Az. 2 A 7.09.
[658] BVerwG, Urt. v. 26.1.2012, Az. 2 A 7.09.
[659] BVerwG, Urt. v. 26.1.2012, Az. 2 A 7.09.
[660] BVerwG, Urt. v. 26.1.2012, Az. 2 A 7.09.
[661] BVerwG, Urt. v. 4.11.2010, Az. 2 C 16/09.
[662] BVerwG, Urt. v. 4.11.2010, Az. 2 C 16/09.

diese Ernennung vorgeht oder ob er – dem Urteil des BVerwG vom 26.1.2012 folgend – Schadensersatz verlangt. Der Beamte ist also aufgrund des Urteils des BVerwG vom 26.1.2012 nicht gezwungen, gegen eine bereits vollzogene Ernennung gerichtlichen Rechtsschutz in Anspruch zu nehmen; er kann sich vielmehr darauf beschränken, Schadensersatz zu verlangen.

H. Öffentlich-rechtlicher Folgenbeseitigungsanspruch

I. Allgemeines

Schadensersatz- und Entschädigungsansprüche gewähren dem Geschädigten grundsätzlich nur Kompensation in Geld. Häufig wird es dem Betroffenen aber nicht nur um Geldersatz, sondern auch um die Wiederherstellung des vor dem staatlichen Eingriff bestehenden Zustands gehen. Hierauf zielt der öffentlich-rechtliche Folgenbeseitigungsanspruch ab.[663] Er ist darauf gerichtet, die rechtswidrigen Folgen hoheitlichen Handelns rückgängig zu machen. Der Folgenbeseitigungsanspruch ist ein Wiederherstellungsanspruch und kein allgemeiner Wiedergutmachungsanspruch. Er gibt deshalb keinen Anspruch auf volle Naturalrestitution i. S. d. § 249 Abs. 1 BGB. Der Anspruch richtet sich nicht auf die Herstellung des hypothetischen Zustands, wie er ohne den Eingriff bestehen würde, sondern nur auf die Wiederherstellung des Zustands, der vor dem Eingriff bestanden hat.[664] Der Folgenbeseitigungsanspruch ist deshalb ein gegenüber § 249 Abs. 1 BGB „verkürzter Anspruch auf Naturalrestitution".[665]   402

Die rechtliche Grundlage des Folgenbeseitigungsanspruchs wird in dem durch den Eingriff beeinträchtigten Grundrecht gesehen, das in seiner Funktion als Abwehrrecht nicht nur einen Anspruch auf Unterlassung rechtswidrigen hoheitlichen Verhaltens, sondern auch auf Beseitigung des durch den Grundrechtseingriff bewirkten rechtswidrigen Zustands gibt.[666] Teilweise wird auch das Rechtsstaatsprinzip als Grundlage des Anspruchs herangezogen.[667]   403

Der Tatbestand des Folgenbeseitigungsanspruchs setzt eine rechtswidrige Beeinträchtigung absoluter Rechte durch hoheitliches Handeln voraus. Ein Verschulden ist nicht erforderlich. Als hoheitliches Handeln kommt der Vollzug eines rechtswidrigen Verwaltungsakts in Betracht. In diesem Fall kann dem Betroffenen ein sog. „Vollzugsfolgenbeseitigungsanspruch" zustehen, dessen prozessuale Geltendmachung durch § 113 Abs. 1 Satz 2 VwGO erleichtert wird. In der Praxis wichtiger ist jedoch der allgemeine Folgenbeseitigungsanspruch im Hinblick auf die rechtswidrigen Folgen hoheitlicher Realakte (z. B. Immissionen von hoher Hand; rechtswidrige Aufbewahrung von personenbezogenen Unterlagen; rechtswidrige Folgen der Errichtung öffentlicher Straßen). Der Vollzugsfolgenbeseitigungsanspruch und der Anspruch auf Beseitigung der rechtswidrigen Folgen von Realakten gehen in einem einheitlichen öffentlich-rechtlichen Folgenbeseitigungsanspruch auf und werden deshalb nachfolgend gemeinsam behandelt.   404

---

[663] Der Folgenbeseitigungsanspruch dient nicht der Geltendmachung eines Schadensersatzes in Geld, vgl. BVerwG NJW 2001, 1878, 1882.
[664] BVerwGE 69, 366, 371.
[665] *Ossenbühl/Cornils* (Staatshaftungsrecht), S. 368.
[666] Vgl. BVerwGE 82, 76, 95; *Ossenbühl/Cornils* (Staatshaftungsrecht), S. 360 ff.; *Maurer*, § 30, Rn. 5.
[667] BVerwGE 69, 366, 370.

II. Anspruchsvoraussetzungen

405 Der Folgenbeseitigungsanspruch setzt einen hoheitlichen Eingriff in ein absolutes Recht voraus, durch den ein fortdauernder rechtswidriger Zustand entstanden ist. Außerdem muss die Folgenbeseitigung tatsächlich und rechtlich möglich sowie für den Anspruchsgegner zumutbar sein.

1. Hoheitlicher Eingriff in ein absolutes Recht

406 Bei dem hoheitlichen Eingriff kann es sich um einen Rechtsakt, insbesondere um einen Verwaltungsakt, einen Realakt oder eine rein faktische Beeinträchtigung handeln.

407 „Hoheitlich" ist der Eingriff nur dann, wenn er nach seiner Rechtsqualität dem öffentlichen Recht und nicht dem Privatrecht zuzuordnen ist. Die Abgrenzung ist primär nach der Rechtsform des behördlichen Handelns vorzunehmen. Erfolgt der Eingriff durch Verwaltungsakt, so ist die Maßnahme unproblematisch dem Öffentlichen Recht zuzuordnen, da es sich um eine typisch hoheitliche Handlungsform auf der Grundlage öffentlich-rechtlicher Vorschriften handelt. Bei Realakten und faktischen Beeinträchtigungen dagegen gibt es keine nach außen erkennbare Rechtsform. Wenn die Beeinträchtigung in unmittelbarem Zusammenhang mit der Erfüllung öffentlich-rechtlicher Aufgaben steht, ist sie regelmäßig dem öffentlich-rechtlichen Bereich zuzuordnen. Bei Immissionen ist nach der Rechtsprechung darauf abzustellen, ob die emittierende Einrichtung in einem „öffentlich-rechtlichen Planungs- und Funktionszusammenhang" steht.[668] Ein solcher Planungs- und Funktionszusammenhang besteht, wenn die Einrichtung der Öffentlichkeit gewidmet ist und öffentlichen Zwecken dient.

408 Ist die Beeinträchtigung dem Privatrecht zuzuordnen, so scheidet ein öffentlich-rechtlicher Folgenbeseitigungsanspruch aus. Dem Betroffenen kann aber ein zivilrechtlicher Folgenbeseitigungsanspruch nach Maßgabe der §§ 12, 862, 1004 BGB zustehen, der bei den ordentlichen Gerichten einzuklagen ist.

409 Die Beeinträchtigung muss nach der wohl überwiegenden Meinung im Schrifttum durch ein positives Tun des Hoheitsträgers ausgelöst worden sein. Ein bloßes Unterlassen reicht nicht aus.[669] Dies wird damit begründet, dass es sich beim Folgenbeseitigungsanspruch um einen Wiederherstellungsanspruch handelt, der an die Verletzung von Unterlassungspflichten, nicht von Leistungspflichten des Staates anknüpft.[670] Außerdem gäbe es bei einem Unterlassen keinen ursprünglichen Zustand, der mittels eines Folgenbeseitigungsanspruchs wiederherzustellen wäre, da der ursprüngliche Zustand aufgrund des Unterlassens unverändert bliebe.[671]

410 Im Gegensatz zur h. L. scheint das BVerwG dagegen davon auszugehen, dass ein Folgenbeseitigungsanspruch auch an ein Unterlassen anknüpfen kann. Welche Formen des Unterlassens erheblich sein sollen, hat das Gericht aber nicht weiter ausgeführt.[672]

411 Als geschützte Rechtsposition kommen insbesondere die grundrechtlich geschützten Rechtsgüter Gesundheit, Ehre, Intimsphäre, Eigentum und die Berufsfreiheit in

---

[668] BayVGH NVwZ 1989, 269, 270.
[669] Vgl. *Maurer*, § 30, Rn. 9; *Ossenbühl/Cornils* (Staatshaftungsrecht), S. 377 ff.
[670] *Ossenbühl/Cornils* (Staatshaftungsrecht), S. 378.
[671] Vgl. *Maurer*, § 30, Rn. 9; ähnlich MünchKommBGB/*Papier*, § 839 BGB, Rn. 81.
[672] BVerwGE 69, 366, 367, 371.

Betracht.[673] Nach überwiegender Ansicht können aber auch Verletzungen von subjektiven Rechtspositionen, die sich aus einfachem Recht ableiten, einen Folgenbeseitigungsanspruch begründen.[674] Auch diese Rechtspositionen haben häufig als Konkretisierungen von Grundrechten verfassungsrechtlichen Bezug.[675]

2. Rechtswidrigkeit der Beeinträchtigung

Die hoheitliche Beeinträchtigung ist rechtswidrig, wenn der Betroffene keine rechtliche Pflicht zur Duldung hat. Je nach Rechtsnatur und Art der Beeinträchtigung können sich Duldungspflichten aus Gesetz oder Verwaltungsakt, aus dem Rechtsgedanken des § 906 BGB oder aus einer erteilten Einwilligung ergeben: 412

a) Beeinträchtigung durch rechtswidrigen VA

Ein nicht nichtiger, sondern nur rechtswidriger Verwaltungsakt entfaltet, solange er nicht mit aufschiebender Wirkung angefochten[676] oder aufgehoben wird, die gleichen Wirkungen wie ein rechtmäßiger Verwaltungsakt: Er stellt einen hinreichenden Rechtsgrund für den hoheitlichen Eingriff dar und begründet eine Duldungspflicht für den Adressaten.[677] 413

Ein Vollzugsfolgenbeseitigungsanspruch setzt deshalb voraus, dass der Betroffene die Aufhebung des rechtswidrigen Verwaltungsakts (im Widerspruchsverfahren oder durch Anfechtungsklage) erreicht. Wird der Verwaltungsakt wegen Versäumung von Rechtsmittelfristen bestandskräftig, so muss der Betroffene den eingetretenen nachteiligen Zustand auf Dauer dulden, es sei denn, die Behörde hebt den Verwaltungsakt (nach Maßgabe des § 48 VwVfG) von sich aus auf. 414

b) Beeinträchtigung durch Immissionen

Bei Immissionen von hoher Hand handelt es sich um faktische Eingriffe. Wird in ein absolutes Recht, insbesondere in das Eigentum, eingegriffen, so ist der Eingriff nur rechtmäßig, wenn aufgrund gesetzlicher Vorschriften eine Duldungspflicht besteht. 415

Sofern – wie im Regelfall – keine gesetzlich geregelten Duldungspflichten bestehen, wendet die Rechtsprechung § 906 BGB analog an. Danach hat der Betroffene Immissionen von hoher Hand zu dulden, soweit diese sein Grundstück nicht oder nur unwesentlich beeinträchtigen. Eine wesentliche Beeinträchtigung ist entsprechend § 906 Abs. 2 BGB zu dulden, wenn sie ortsüblich ist und durch zumutbare Maßnahmen nicht verhindert werden kann. Die Ortsüblichkeit ist nach dem Gebietscharakter zu bestimmen. So sind in einem Mischgebiet höhere Immissionen hinzunehmen als in einem reinen Wohngebiet. Die Lärmgrenzwerte ermittelt die Rechtsprechung für jeden Einzelfall gesondert, wobei sie auf sachverständige Quellen wie die TA Lärm zurückgreift.[678] 416

Über diese Duldungspflichten hinaus kann eine allgemeine ungeschriebene Duldungspflicht gegenüber öffentlichen Einrichtungen bestehen, die dem öffentlichen 417

---

[673] *Ossenbühl/Cornils* (Staatshaftungsrecht), S. 374.
[674] *Detterbeck/Windthorst/Sproll*, § 12, Rn. 32 ff.; enger wohl *Ossenbühl/Cornils* (Staatshaftungsrecht), S. 375; MünchKommBGB/*Papier*, § 839 BGB, Rn. 84; Maunz/Dürig/*Papier*, Art. 34, Rn. 66.
[675] *Ossenbühl/Cornils* (Staatshaftungsrecht), S. 374.
[676] Die nach § 80 Abs. 1 VwGO grundsätzlich eintretende aufschiebende Wirkung von Widerspruch und Anfechtungsklage hemmt jedenfalls die Vollziehbarkeit eines Verwaltungsakts, vgl. *Redeker/v. Oertzen*, § 80 VwGO, Rn. 4.
[677] Vgl. BVerwGE 28, 155, 163.
[678] Vgl. BVerwGE 79, 254 ff.

Interesse dienen und eine dem Gemeinwohl dienende Funktion erfüllen.[679] Dabei handelt es sich insbesondere um Einrichtungen der Daseinsvorsorge wie etwa Kläranlagen oder Mülldeponien. Diese Rechtsprechung ist in der Literatur auf Ablehnung gestoßen. Nach der wohl h. L. sind Rechtsbeeinträchtigungen durch Immissionen hoheitlicher Betriebe rechtswidrig und nicht zu dulden, sofern keine gesetzliche Rechtsgrundlage besteht.[680]

418 Hat der Betroffene die Immissionen zu dulden, so ist ein Folgenbeseitigungsanspruch ausgeschlossen. Jedoch kommen bei einer unzumutbaren Beeinträchtigung i. S. d. § 906 Abs. 2 Satz 2 BGB Ansprüche auf Geldausgleich nach den Grundsätzen des enteignenden Eingriffs, bei Verkehrslärm außerdem Ansprüche aus § 42 BImSchG oder § 74 Abs. 2 Satz 3 VwVfG, evtl. sogar aus Aufopferung, in Betracht.

c) Rechtsverletzende Äußerungen von Hoheitsträgern

419 Bei rechtsverletzenden Äußerungen von Hoheitsträgern kommt ein Folgenbeseitigungsanspruch in Gestalt eines Widerrufsanspruchs in Betracht, sofern es sich um eine Tatsachenbehauptung und nicht um ein Werturteil handelt.[681] Ein Widerrufsanspruch des Betroffenen besteht nicht, wenn dem Hoheitsträger ein entsprechendes Äußerungsrecht zusteht. Bei Äußerungen von Ministern oder Ministerialbeamten kann sich das Äußerungsrecht aus der ungeschriebenen „funktionsbedingten Befugnis der Regierung zur Öffentlichkeitsarbeit" ergeben.[682] Bei Äußerungen aller anderen Bediensteten ist zu prüfen, ob diese in „Wahrnehmung berechtigter Interessen" (Rechtsgedanke des § 193 StGB) gehandelt haben. Eine Wahrnehmung berechtigter Interessen liegt vor, wenn die Äußerung in den Zuständigkeitsbereich des Bediensteten fiel und nach Inhalt und Form zur ordnungsgemäßen Erfüllung der gestellten Aufgabe notwendig war.[683]

3. Fortdauer der Beeinträchtigung

420 Die rechtswidrige Beeinträchtigung muss fortdauern, d. h. sie muss ständig neu entstehen oder selbständig fortwirken. Wird der rechtswidrige Zustand im Nachhinein „legalisiert", so entfällt der Folgenbeseitigungsanspruch.[684]

4. Kein Ausschluss des Folgenbeseitigungsanspruchs

421 Der Folgenbeseitigungsanspruch ist ausgeschlossen, wenn die Wiederherstellung eines rechtmäßigen Zustands rechtlich oder tatsächlich unmöglich oder der öffentlichen Hand unzumutbar ist. Umstritten ist, ob ein Mitverschulden des Betroffenen zum Anspruchsausschluss führen kann.

422 Die Folgenbeseitigung ist rechtlich unmöglich, wenn sie (insbesondere nach den Vorschriften des Öffentlichen Rechts) unzulässig wäre. Bei rechtswidrigen Verwaltungsakten mit Drittwirkung ist problematisch, ob der Folgenbeseitigungsanspruch auch die Inanspruchnahme Dritter rechtfertigen kann.[685]

---

[679] Palandt/*Bassenge*, § 906 BGB, Rn. 38 f. m. w. N.
[680] *Ossenbühl/Cornils* (Staatshaftungsrecht), S. 380.
[681] BVerwG NJW 1984, 2591; für einen Folgenbeseitigungsanspruch auch nach ehrverletzenden Meinungsäußerungen *Faber*, NVwZ 2003, 159 ff.
[682] Vgl. BVerwG NJW 1989, 2272, 2273.
[683] *Ossenbühl/Cornils* (Staatshaftungsrecht), S. 382 f.
[684] BGH NJW 2005, 988; *Maurer*, § 30, Rn. 15; *Detterbeck/Windthorst/Sproll*, § 12, Rn. 42.
[685] Siehe zu den sog. „Drittbeteiligungsfällen" weiterführend *Ossenbühl/Cornils* (Staatshaftungsrecht), S. 391 f.

Der Folgenbeseitigungsanspruch entfällt außerdem, wenn die Wiederherstellung 423
des ursprünglichen Zustands für die Behörde unzumutbar ist. Eine solche Unzumutbarkeit liegt regelmäßig vor, wenn die Wiederherstellung unverhältnismäßig hohe Aufwendungen erfordern würde.[686]

Nach der Rechtsprechung ist § 254 BGB als Ausdruck eines allgemeinen Rechtsgedankens auch auf den Folgenbeseitigungsanspruch anwendbar.[687] Nach der älteren Rechtsprechung entfiel der Folgenbeseitigungsanspruch bei einem überwiegenden Mitverschulden des Betroffenen zur Gänze.[688] 424

III. Inhalt und Umfang des Folgenbeseitigungsanspruchs

Der Folgenbeseitigungsanspruch ist ein Wiederherstellungsanspruch und kein allgemeiner Wiedergutmachungsanspruch. Er gibt keinen Anspruch auf volle Naturalrestitution i. S. d. § 249 Abs. 1 BGB. Der Anspruch richtet sich nicht auf die Herstellung des hypothetischen Zustands, der ohne den Eingriff bestehen würde, sondern nur auf die Wiederherstellung des Zustands, der vor dem Eingriff bestanden hat.[689] 425

Der Folgenbeseitigungsanspruch zielt nur auf Beseitigung der unmittelbar durch 426
die rechtswidrige Beeinträchtigung bewirkten Folgen. Damit zusammenhängende weitere Folgeschäden des Betroffenen sind grundsätzlich nicht ausgleichsfähig.[690] Wie auch bei anderen Haftungsinstituten (etwa beim enteignungsgleichen Eingriff) dient das Merkmal der Unmittelbarkeit zur Haftungsbegrenzung. Griffige Kriterien, anhand derer sich der „Verlegenheitsbegriff"[691] der Unmittelbarkeit präzisieren ließe, gibt es nicht. Die Rechtsprechung hat es insoweit bei der Bildung von Fallgruppen belassen.[692]

Sowohl bei rechtlicher und tatsächlicher Unmöglichkeit als auch bei Unzumutbarkeit kann jedoch ein Geldausgleichsanspruch nach dem Rechtsgedanken des § 251 Abs. 1 BGB in Betracht kommen.[693] Nach der Rechtsprechung des BVerwG findet bei unteilbaren Leistungen § 251 Abs. 1 BGB entsprechende Anwendung, was etwa auch dann der Fall ist, wenn aufgrund eines Mitverschuldens keine vollständige Wiederherstellung des status quo ante geschuldet ist, die Folgenbeseitigung aber unteilbar ist; dann wird Geldausgleich geschuldet.[694] Dem Betroffenen wird auf diese Weise ein auf Geldersatz gerichteter Ausgleichsanspruch als Teil des Folgenbeseitigungsanspruchs gewährt. Maßgeblicher Grund für die analoge Anwendung des § 251 Abs. 1 BGB ist nach Auffassung des BVerwG, dass die tatsächliche Unmöglichkeit der Leistungserbringung dem Verpflichteten grundsätzlich nicht zum Vorteil gereichen soll. 427

Mit dieser Gewährung eines finanziellen Ausgleichsanspruchs entsprechend § 251 **427a**
Abs. 1 BGB rückt die Rechtsprechung allerdings von dem bisher aufrechterhaltenen Grundsatz ab, dass der Folgenbeseitigungsanspruch auf eine Beseitigung „in natura" begrenzt ist. Diese Rechtsprechung des BVerwG hat in der Literatur scharfe Kritik erfahren: Durch die Zuerkennung eines finanziellen Ausgleichsanspruchs wür-

---

[686] Vgl. BVerwG NJW 1972, 269.
[687] BVerwG DÖV 1971, 857 ff.
[688] BVerwG DÖV 1971, 857, 859.
[689] BVerwGE 69, 366, 371; *Maurer*, § 30 Rn. 11.
[690] BayVGH, Beschl. v. 16.8.2011, Az. 3 ZB 10.2957.
[691] *Ossenbühl/Cornils* (Staatshaftungsrecht), S. 368.
[692] *Ossenbühl/Cornils* (Staatshaftungsrecht), S. 368 ff. m. w. N.
[693] Vgl. BVerwGE 82, 24, 28; *Ossenbühl/Cornils* (Staatshaftungsrecht), S. 388.
[694] BVerwG NJW 1989, 2484.

den die Grenzen zwischen Folgenbeseitigung und Entschädigung bzw. Schadensersatz verwischt. Es werde dadurch letztlich ein „Sprengkörper" für das herkömmliche System der öffentlich-rechtlichen Ersatzleistungen geschaffen.[695] Entscheidend bleibt letztlich, ob sich der Folgenentschädigungsanspruch in den Anwendungsbereich des enteignungsgleichen Eingriffs „hineinentwickeln" und diesen partiell verdrängen wird.[696]

IV. Verjährung

428 Auch auf den Folgenbeseitigungsanspruch sind die Verjährungsregeln des BGB entsprechend anzuwenden.[697] Die regelmäßige Verjährungsfrist beträgt demnach drei Jahre (§ 195 BGB).

429 Sie beginnt gem. § 199 Abs. 1 BGB mit dem Schluss des Jahres, in dem der Anspruch entstanden ist und der Gläubiger von den den Anspruch begründenden Umständen und der Person des Schuldners Kenntnis erlangt hat oder ohne grobe Fahrlässigkeit erlangen musste. Sofern keine der in § 199 Abs. 2 BGB genannten Rechtsgüter betroffen sind, findet als Regelung der Höchstfrist § 199 Abs. 3 BGB entsprechende Anwendung. Die Inanspruchnahme von Primärrechtsschutz hemmt entsprechend § 204 Abs. 1 Nr. 1 BGB die Verjährung.

V. Verhältnis zur Amtshaftung, Konkurrenzen

430 Der Amtshaftungsanspruch und der Folgenbeseitigungsanspruch stehen nebeneinander.[698]

431 Der Folgenbeseitigungsanspruch ist kein „Rechtsmittel" im Sinne von § 839 Abs. 3 BGB. Diese Vorschrift bezieht sich nur auf solche Rechtsschutzmöglichkeiten, die eine unmittelbare Abwehr der schädigenden Amtshandlung ermöglichen. Der Folgenbeseitigungsanspruch ist jedoch auf Wiederherstellung gerichtet und setzt deshalb die bereits erfolgte Amtshandlung gerade voraus.[699]

VI. Prozessuale Durchsetzung

432 Der öffentlich-rechtliche Folgenbeseitigungsanspruch ist gem. § 40 Abs. 1 VwGO im Verwaltungsrechtsweg geltend zu machen.[700]

433 Bezüglich der Klageart ist danach zu unterscheiden, ob der Betroffene den Erlass eines Verwaltungsakts oder die Vornahme einer tatsächlichen Handlung (Realakt) begehrt. Sofern Klageziel der Erlass eines Verwaltungsakts ist, kommt als statthafte Klageart die Verpflichtungsklage in Betracht (§ 42 Abs. 1 2. Alt. VwGO).

434 Die Vornahme einer tatsächlichen Handlung ist im Wege der allgemeinen Leistungsklage geltend zu machen.

435 Zielt der Betroffene mit seinem Folgenbeseitigungsanspruch auf die Beseitigung der Vollzugsfolgen eines rechtswidrigen Verwaltungsakts, so erleichtert ihm § 113

---

[695] So insbesondere *Schenke*, JuS 1990, 370, 371 ff. Sehr kritisch auch *Haack*, DVBl. 2010, 1475, 1482 f.
[696] *Ossenbühl/Cornils* (Staatshaftungsrecht), S. 398.
[697] Palandt/*Ellenberger* § 195 BGB, Rn. 20; *Franz*, BayVBl. 2002, 485, 489 f.; *Jauernig*, § 195 BGB, Rn. 3; a. A. *Mansel*, NJW 2002, 89, 90 f.
[698] *Ossenbühl/Cornils* (Staatshaftungsrecht), S. 397.
[699] *Ossenbühl/Cornils* (Staatshaftungsrecht), S. 397.
[700] MünchKommBGB/*Papier*, § 839 BGB, Rn. 87.

Abs. 1 Satz 2 VwGO die gerichtliche Durchsetzung. Der Kläger muss nicht zuvor mit der Anfechtungsklage die Aufhebung des rechtswidrigen Verwaltungsakts verlangen, um anschließend in einem weiteren Verfahren Leistungsklage auf Rückgängigmachung der Vollzugsfolgen erheben zu können. Vielmehr kann er den Leistungsantrag (Folgenbeseitigungsantrag) mit dem Anfechtungsantrag verbinden. Gibt das Gericht dem Aufhebungsantrag statt, so entscheidet es in demselben Verfahren über die Beseitigung der Vollzugsfolgen.

K. Sozialrechtlicher Herstellungsanspruch

I. Allgemeines

Parallel zum öffentlich-rechtlichen Folgenbeseitigungsanspruch wurde von den Sozialgerichten der „sozialrechtliche Herstellungsanspruch" entwickelt. Hierbei handelt es sich um ein eigenständiges, vom öffentlich-rechtlichen Folgenbeseitigungsanspruch zu unterscheidendes Haftungsinstitut für den Bereich des Sozialrechts (insbesondere des Rentenversicherungsrechts und der Kranken- und Arbeitslosenversicherung).[701]

436

Der sozialrechtliche Herstellungsanspruch dient dem Ausgleich von Schäden, die aus der Verletzung behördlicher Auskunfts-, Beratungs- und Betreuungspflichten im Sozialrechtsverhältnis resultieren. Durch ihn sollen die Schäden ausgeglichen werden, die aufgrund der Kompliziertheit und Undurchschaubarkeit dieses Teils der Rechtsordnung entstehen.[702] Im Unterschied zum Amtshaftungsanspruch ist der sozialrechtliche Herstellungsanspruch nicht auf die Zahlung einer Geldentschädigung gerichtet, sondern auf die Herstellung des Rechtszustands, der bei ordnungsgemäßem Handeln der Verwaltung bestehen würde.[703]

437

Die rechtliche Grundlage des sozialrechtlichen Herstellungsanspruchs ist umstritten. Teilweise wird der Anspruch auf die Verletzung einer Nebenpflicht aus der zwischen dem Versicherten und dem Versicherungsträger bestehenden öffentlich-rechtlichen Sonderverbindung, teilweise auf den Grundsatz von Treu und Glauben gestützt.[704]

438

II. Anspruchsvoraussetzungen

1. Sozialrechtliche Sonderbeziehung

Die Sonderbeziehung ergibt sich regelmäßig aus dem sozialrechtlichen Versicherungsverhältnis.[705] Der Anwendungsbereich des sozialrechtlichen Herstellungsanspruchs beschränkt sich auf das Sozialrecht; eine Anwendung auf den Bereich des gesamten öffentlichen Rechts lehnt die Rechtsprechung ab.[706] Selbst für das dem Sozialrecht zugehörige Sozialhilferecht und das Wohngeldrecht haben die Verwaltungsgerichte die Anwendung des sozialrechtlichen Herstellungsanspruchs abgelehnt.[707]

439

---

[701] Vgl. hierzu weiterführend *Maurer*, § 30, Rn. 20 ff.; *Ossenbühl/Cornils* (Staatshaftungsrecht), S. 392 ff.; MünchKommBGB/*Papier*, § 839 BGB, Rn. 88 ff.
[702] *Ossenbühl/Cornils* (Staatshaftungsrecht), S. 393.
[703] BGHZ 103, 242, 247.
[704] Vgl. BSGE 34, 124, 127.
[705] Vgl. *Ossenbühl/Cornils* (Staatshaftungsrecht), S. 393.
[706] Vgl. BVerwGE 79, 192, 194; BayVGH BayVBl. 1995, 118; OVG Koblenz NVwZ 1985, 509, 510.
[707] BVerwG NJW 1997, 2966; OVG Koblenz NVwZ 1985, 509, 510; *Ossenbühl/Cornils* (Staatshaftungsrecht), S. 393; *Maurer*, § 30 Rn. 25.

2. Pflichtwidriges Verwaltungshandeln

440 Die Pflichtverletzung der Behörde liegt regelmäßig in der Erteilung unrichtiger Auskünfte oder im Unterlassen einer notwendigen Aufklärung.[708] Nach der Rechtsprechung ist ein Verschulden auf Seiten des Hoheitsträgers keine Anspruchsvoraussetzung.[709] Andererseits führt aber ein grobes Mitverschulden des Bürgers zum Anspruchsausschluss.[710]

3. Nachteilige Dispositionen des Betroffenen

441 Die fehlerhafte Betreuung durch die Behörde muss zu einer Disposition des Bürgers führen, durch die dieser einen Nachteil erleidet. Die Disposition des Bürgers kann z. B. darin liegen, dass er notwendige Anträge nicht stellt, wichtige Fristen nicht einhält oder Wahlrechte nicht ausübt. Die Pflichtverletzung muss für diese Dispositionen und den daraus entstehenden Schaden kausal sein. Der Nachteil, den der Bürger aufgrund solcher Dispositionen erleidet, kann im Verlust von Ansprüchen oder in der Heranziehung zu höheren Beitragszahlungen liegen.

III. Inhalt und Umfang des sozialrechtlichen Herstellungsanspruchs

442 Der Geschädigte ist grundsätzlich so zu stellen, wie er stünde, wenn die Behörde pflichtgemäß gehandelt hätte. Der Anspruch ist auf Vornahme einer Rechtshandlung zur Herstellung desjenigen Zustandes gerichtet, der bestehen würde, wenn der Sozialleistungsträger die ihm aus dem Sozialleistungsverhältnis erwachsenen Pflichten ordnungsgemäß erfüllt hätte.[711] Dagegen ermöglicht der Herstellungsanspruch keine „verkappte Verurteilung zu Schadensersatz in Geld".[712] Der Herstellungsanspruch setzt daher voraus, dass der Sozialleistungsträger zur Gewährung der Naturalrestitution durch eine zulässige Amtshandlung rechtlich in der Lage ist.[713]

IV. Verhältnis zur Amtshaftung

443 Amtshaftungsanspruch und sozialrechtlicher Herstellungsanspruch können nebeneinander bestehen. Dies ergibt sich schon aus der Rechtsnatur der beiden Ansprüche: Während der sozialrechtliche Herstellungsanspruch in seiner Zielsetzung dem Primärrechtsschutz eng verwandt ist,[714] handelt es sich bei der Amtshaftung um eine Sekundärhaftung. Beide Ansprüche sind auf unterschiedliche Rechtsfolgen gerichtet: Während der sozialrechtliche Herstellungsanspruch auf Herstellung eines Zustands gerichtet ist, der bei ordnungsgemäßem Verwaltungshandeln bestehen würde, richtet sich der Amtshaftungsanspruch auf Zahlung von Schadensersatz in Geld. Deswegen werden sozialrechtlicher Herstellungsanspruch und Amtshaftungsanspruch in aller Regel auch nicht parallel geltend gemacht werden.

444 Ob der sozialrechtliche Herstellungsanspruch einen vorrangigen Rechtsbehelf im Sinne des § 839 Abs. 3 darstellt, ist – soweit ersichtlich – ungeklärt. Man wird dies

---

[708] BSGE 87, 280, 285 f.
[709] BSGE 49, 76, 77 f.; BVerwG NJW 1997, 2966, 2967.
[710] BSGE 34, 124, 128 ff.
[711] BSGE 65, 21, 26.
[712] BSGE 55, 261, 263.
[713] BVerwG NJW 1997, 2966, 2967.
[714] BGHZ 103, 242, 247.

jedoch mit der gleichen Erwägung wie beim allgemeinen Folgenbeseitigungsanspruch ablehnen müssen.

Nach der Rechtsprechung des BGH schließt die rechtskräftige Ablehnung eines 445 sozialrechtlichen Herstellungsanspruchs die spätere Geltendmachung eines Amtshaftungsanspruchs nicht aus.[715]

L. Öffentlich-rechtlicher Erstattungsanspruch

I. Allgemeines

Der öffentlich-rechtliche Erstattungsanspruch richtet sich auf die Rückerstattung 446 rechtsgrundlos erbrachter Leistungen. Er setzt keinen hoheitlichen Eingriff oder eine Schädigung von hoher Hand voraus. Sein Zweck ist nicht die Kompensation eingetretener Vermögensschäden, sondern die Rückgängigmachung einer ohne Rechtsgrund erfolgten Vermögensverschiebung.[716] Er bildet damit die öffentlich-rechtliche Parallele zum zivilrechtlichen Bereicherungsanspruch gem. §§ 812 ff. BGB.[717]

Der allgemeine öffentlich-rechtliche Erstattungsanspruch ist ein eigenständiges, 447 gewohnheitsrechtlich anerkanntes öffentlich-rechtliches Rechtsinstitut, das seine rechtliche Grundlage im Grundsatz der Gesetzmäßigkeit der Verwaltung hat.[718] Der öffentlich-rechtliche Erstattungsanspruch ist nicht nur im Verhältnis Bürger – Staat, sondern auch im Verhältnis Staat – Bürger möglich.[719]

Auf den allgemeinen Erstattungsanspruch kann nur zurückgegriffen werden, 448 wenn kein spezialgesetzlicher Erstattungsanspruch Platz greift. Als sondergesetzliche Erstattungsregelungen kommen insbesondere in Betracht:
– Allgemeines Verwaltungsverfahrensrecht: § 49a VwVfG sowie die entsprechenden landesrechtlichen Vorschriften;
– Sozialrecht: § 50 SGB X; § 20 BAföG;
– Steuerrecht: § 37 Abs. 2 AO.

II. Anspruchsvoraussetzungen

Der Vermögensverschiebung muss eine öffentlich-rechtliche Rechtsbeziehung zwi- 449 schen Anspruchsteller und Anspruchsgegner zugrunde liegen. Eine öffentlich-rechtliche Rechtsbeziehung besteht insbesondere dann, wenn die Vermögensverschiebung aufgrund eines Verwaltungsakts erfolgt. Sofern das der Vermögensverschiebung zugrundeliegende Rechtsverhältnis nicht dem Öffentlichen Recht, sondern dem Zivilrecht zuzuordnen ist, richtet sich der Ausgleich nach den Vorschriften der §§ 812 ff. BGB.

Der Verwaltungsträger muss einen Vermögensvorteil erlangt haben. Unerheblich 450 ist dabei, ob die Vermögensverschiebung durch Leistung (Fall der Leistungskondiktion) oder in sonstiger Weise (dies sind insbesondere die Fallgestaltungen der Eingriffskondiktion und Verwendungskondiktion) erfolgt ist.[720]

---

[715] BGHZ 103, 242, 245.
[716] *Maurer*, § 29, Rn. 20.
[717] Vgl. BVerwGE 25, 72, 81.
[718] BVerwG NJW 1999, 1201 f.; *Maurer*, § 29, Rn. 21; *Detterbeck/Windthorst/Sproll*, § 23, Rn. 3.
[719] *Maurer*, § 29, Rn. 20.
[720] Vgl. *Ossenbühl/Cornils* (Staatshaftungsrecht), S. 540 ff.

451 Maßgebliches Merkmal des Erstattungsanspruchs ist, dass die Vermögensverschiebung ohne Rechtsgrund erfolgt oder der Rechtsgrund später weggefallen ist.
452 Der öffentlich-rechtliche Erstattungsanspruch verjährt, soweit keine sondergesetzlichen Vorschriften (z.B. § 50 Abs. 4 SGB X) eingreifen, in drei Jahren, § 195 BGB.[721]

III. Inhalt und Umfang des Erstattungsanspruchs

453 Der Erstattungsanspruch richtet sich auf die Herausgabe des tatsächlich Erlangten. Zu dem erlangten Vermögensvorteil können auch ersparte Aufwendungen zählen.[722] In entsprechender Anwendung von § 818 Abs. 1 BGB erstreckt sich der Anspruch auch auf die gezogenen Nutzungen sowie auf Surrogate, die der Bereicherte aufgrund der Zerstörung, Beschädigung oder Entziehung des erlangten Gegenstands erworben hat. Eine Verzinsung erfolgt nur, sofern der Bereicherte aus dem ihm zugewendeten Vermögensvorteil auch tatsächlich Zinsen gezogen hat.[723] Ist die Herausgabe des Erlangten unmöglich, muss Wertersatz geleistet werden.[724] Schadensersatzansprüche kommen nur im Rahmen der verschärften Haftung insbesondere bei Kenntnis vom Fehlen des Rechtsgrundes gemäß §§ 819 Abs. 1, 818 Abs. 4, 291 BGB in Betracht.[725]
454 Der erstattungspflichtige Hoheitsträger kann sich gegenüber dem Bürger nicht auf den Wegfall der Bereicherung berufen. Dies ergibt sich aus dem Grundsatz der Gesetzmäßigkeit der Verwaltung. Außerdem wird schon deshalb ein Wegfall der Bereicherung schwerlich eintreten können, weil der Staat wegen seiner Bindung an geltende Haushaltsgrundsätze erlangte Vermögensvorteile weder durch übermäßige Ausgaben im Sinne von Luxusaufwendungen noch durch die schenkweise Weggabe von Sachen schmälern darf.[726]

---

[721] BVerwG NJW 2006, 3225, 3226.
[722] Vgl. BVerwGE 80, 170, 177.
[723] BVerwGE 71, 48, 53.
[724] BVerwG DVBl. 1980, 686, 689; *Ossenbühl/Cornils* (Staatshaftungsrecht), S. 548.
[725] Vgl. BVerwGE 71, 48, 55; *Ossenbühl/Cornils* (Staatshaftungsrecht), S. 548.
[726] *Ossenbühl/Cornils* (Staatshaftungsrecht), S. 550 m.w.N.

3. Teil. Die prozessuale Durchsetzung des Amtshaftungsanspruchs

5. Kapitel. Einführung und Überblick

Die tatbestandlichen Besonderheiten des Amtshaftungsanspruchs und die Komplexität des materiellen Staatshaftungsrechts stellen dem Geschädigten erhebliche Hürden für eine erfolgreiche Rechtsdurchsetzung in den Weg. Nach einer vom Bundesministerium der Justiz im Jahre 1976 vorgelegten Erhebung zur Reform des Staatshaftungsrechts scheiterten rund 70 Prozent aller aus hoheitlichem Unrecht resultierenden Staatshaftungsklagen vollständig, etwa 20 Prozent der Klagen wurden zum Teil abgewiesen.[1] Auch in der Zwischenzeit haben sich keine fundamentalen Veränderungen ergeben:[2] Eine vom Bundesministerium der Justiz in Auftrag gegebene rechtstatsächliche Untersuchung zeigt, dass von 271 auf kommunaler Ebene geltend gemachten Fällen in 219 Fällen ein Schadensersatzanspruch wegen fehlender Amtspflichtverletzung oder fehlendem Verschulden abgelehnt wurde.[3] Es trifft daher nach wie vor zu, dass der Geschädigte im Regelfall die geringeren Aussichten im Amtshaftungsprozess hat.

455

Zu den wichtigsten Fallstricken für den Kläger zählen:
– Bereits im Vorfeld der Amtshaftungsklage ist der Betroffene wegen der Subsidiaritätsklausel des § 839 Abs. 3 BGB gehalten, hoheitliches Unrecht im Wege des Primärrechtsschutzes durch Klage zum Verwaltungsgericht, aber auch durch andere außergerichtliche Rechtsmittel im weitesten Sinn abzuwehren. Aufgrund der Verweisungsklausel des § 839 Abs. 1 Satz 2 BGB kann er außerdem gezwungen sein, vor Erhebung der Amtshaftungsklage gegenüber einem als Haftungsschuldner in Betracht kommenden Dritten „anderweitigen Ersatz" geltend zu machen. Der Betroffene muss deshalb unter Umständen mehrere Prozesse nach- oder nebeneinander führen.

456

– Wenn nicht gesichert ist, dass alle Voraussetzungen eines Amtshaftungsanspruchs vorliegen und bewiesen werden können, muss der Geschädigte weitere Anspruchsgrundlagen in Betracht ziehen. Diese sind gegebenenfalls in einem anderen Rechtsweg geltend zu machen. Die Probleme der Rechtswegspaltung können mit Hilfe von § 17 Abs. 2 Satz 1 GVG nur teilweise überwunden werden.

457

– In der Praxis wird bei Amtshaftungsklagen mit niedrigem Streitwert häufig die Vorschrift des § 71 Abs. 2 Nr. 2 GVG übersehen. Nach dieser Vorschrift ist für die Geltendmachung von Amtshaftungsansprüchen in erster Instanz ausschließlich das Landgericht sachlich zuständig, und zwar unabhängig von der Höhe des Streitwerts. Die Erhebung einer Amtshaftungsklage zum Amtsgericht ist unzulässig.

458

– Die Auslegung einzelner Tatbestandsmerkmale durch die Rechtsprechung ist mit erheblicher Unsicherheit behaftet. Dies gilt insbesondere für das Erfordernis der Verletzung einer drittbezogenen Amtspflicht, das vom BGH als maßgebliches

459

---

[1] Reform des Staatshaftungsrechts, S. 25 – Erhebungszeitraum war das Jahr 1972.
[2] Allerdings ist aufgrund der Privatisierung der Deutschen Bundespost ein wichtiger Bereich von der Amtshaftung zur rein privatrechtlichen Haftung verlagert worden.
[3] *Infratest Burke Rechtsforschung*, Zur Reform des Staatshaftungsrechts – Band 2 Tabelle K 4.

Haftungskorrektiv herangezogen und im Schrifttum nicht zu Unrecht als „crux des Amtshaftungsanspruchs" bezeichnet wird.[4] Wirklich verlässliche Kriterien für die Drittbezogenheit der Amtspflicht gibt es nicht. Dies wirkt sich um so fataler aus, als die Bestimmung von Art und Umfang der verletzten Amtspflicht regelmäßig prozessentscheidend ist.[5]

460 — Häufig wird vom Kläger übersehen, dass er für das Fehlen einer anderweitigen Ersatzmöglichkeit gem. § 839 Abs. 1 Satz 2 BGB darlegungs- und beweispflichtig ist. Amtshaftungsklagen sind häufig bereits deshalb unschlüssig, weil der Kläger nicht zu diesem „negativen Tatbestandsmerkmal" vorträgt.

---

[4] *Ossenbühl/Cornils* (Staatshaftungsrecht), S. 60.
[5] *Ossenbühl/Cornils* (Staatshaftungsrecht), S. 60.

6. Kapitel. Die Vorbereitung des Amtshaftungsprozesses

Die effektive Durchsetzung eines Amtshaftungsanspruchs beginnt nicht erst mit der Erhebung der Amtshaftungsklage. Die Weichen hierfür werden vielmehr regelmäßig bereits im Vorfeld des Amtshaftungsprozesses auf der Ebene des Primärrechtsschutzes vor den Verwaltungsgerichten gestellt. 461

Im Hinblick auf die Bindung des Zivilgerichts an die Entscheidungen des Verwaltungsgerichts ist ohnehin – soweit möglich – die Erhebung einer Klage zum Verwaltungsgericht zu empfehlen. 462

Außerdem müssen noch vor Erhebung der Amtshaftungsklage mögliche Ansprüche gegen Drittschädiger geprüft werden. 463

Zur sachgerechten Vorbereitung des Amtshaftungsprozesses gehört schließlich auch, die Kostenfrage zu klären und die Beweissituation zu sichern oder zu verbessern. 464

A. Durchführung bestimmter Vorverfahren

I. Inanspruchnahme von Primärrechtsschutz

Bei hoheitlichem Unrecht ist es regelmäßig erstes Ziel des Betroffenen, den Eingriff in seine Rechte durch die Inanspruchnahme von Primärrechtsschutz abzuwehren. Soweit es durch Ausschöpfung der entsprechenden Rechtsmittel nicht gelingt, eine Schädigung zu verhindern, kommt ein auf Zahlung von Schadensersatz gerichteter Amtshaftungsanspruch als Sekundäranspruch in Betracht. Der Betroffene ist dabei aus mehren Gründen gut beraten, nach Möglichkeit unverzüglich alle Rechtsmittel i. S. v. § 839 Abs. 3 BGB gegen das rechtswidrige hoheitliche Verhalten geltend zu machen: 465

1. Anspruchsausschluss nach § 839 Abs. 3 BGB

Sofern ein Rechtsmittel schuldhaft versäumt wird, ist der Anspruch gem. § 839 Abs. 3 BGB ausgeschlossen, soweit der Schaden durch die Einlegung des Rechtsmittels hätte verhindert werden können. 466

Die schuldhafte Versäumung eines Rechtsmittels führt gleichzeitig zum Ausschluss eines Anspruchs aus enteignungsgleichem Eingriff, weil auch hier der Grundsatz des Vorrangs des Primärrechtsschutzes gilt. 467

2. Hemmung der Verjährung

Durch unverzügliche Inanspruchnahme bestimmter Rechtsmittel kann der Geschädigte bereits vor Erhebung der Amtshaftungsklage die Hemmung der Verjährung des Amtshaftungsanspruchs bewirken: 468

Nach der Rechtsprechung des BGH tritt eine Hemmung der Verjährung in entsprechender Anwendung des § 204 Abs. 1 Nr. 1 BGB durch Einlegung eines Widerspruchs nach §§ 68 ff. VwGO oder durch die Erhebung einer verwaltungsgerichtlichen Klage ein.[6] Dies folgt daraus, dass der Betroffene wegen des Vorrangs des verwaltungsge- 469

---

[6] BGHZ 95, 238, 242 noch zu § 209 Abs. 1 BGB a. F.; OLG München, Beschl. v. 7.5.2012, Az. 1 U 4371/11 zu § 204 Abs. 1 Satz 1 Nr. 1 BGB; vgl. auch Staudinger/*Wurm*, § 839 BGB, Rn. 381 f.

richtlichen Primärrechtsschutzes zur Einlegung von Rechtsbehelfen verpflichtet ist und ihm hieraus kein Nachteil hinsichtlich der Verjährung des Amtshaftungsanspruchs entstehen darf. Voraussetzung ist allerdings, dass sich die verwaltungsgerichtliche Klage gegen dieselbe Körperschaft richtet, gegen die später der Amtshaftungsanspruch geltend gemacht werden soll; bei unterschiedlichen Körperschaften tritt mithin keine Hemmung der Verjährung ein. In einem solchen Fall genügt auch nicht die Beiladung;[7] vielmehr muss eine eigene Leistungs- oder zumindest Feststellungsklage gegen diejenige Körperschaft, gegen die sich der Amtshaftungsanspruch richtet, erhoben werden und dann zweckmäßiger Weise die Aussetzung des Verfahrens bis zur Entscheidung des Verwaltungsgerichts beantragt werden.

Die Petition an einen Landtag führt dagegen nach Auffassung des OLG München nicht zu einer Hemmung der Verjährung, weil eine Petition kein Rechtsmittel im Sinne des § 839 Abs. 3 BGB ist.[8]

470 Die Geltendmachung des sozialrechtlichen Herstellungsanspruchs durch Klage zum Sozialgericht hemmt die Verjährung des Amtshaftungsanspruchs, der auf dasselbe Fehlverhalten des Sozialversicherungsträgers gestützt wird.[9]

3. Bindende Entscheidung über Vorfragen des Amtshaftungsprozesses insbesondere durch eine Fortsetzungsfeststellungsklage

a) Überblick

471 Der Betroffene ist nicht nur wegen § 839 BGB gehalten, Primärrechtsschutz zu suchen, sondern er kann sich andererseits auch durch die Erhebung einer Klage zum Verwaltungsgericht die spätere Durchsetzung von Amtshaftungsansprüchen vor dem Zivilgericht wesentlich erleichtern. Die Zivilgerichte sind nämlich an die Entscheidung des Verwaltungsgerichts über die Rechtswidrigkeit einer behördlichen Entscheidung gebunden. Hebt also etwa das Verwaltungsgericht einen Verwaltungsakt wegen Rechtswidrigkeit auf oder stellt es die Rechtswidrigkeit bzw. Nichtigkeit fest, so muss der Geschädigte im Amtshaftungsprozess die Rechtswidrigkeit und damit die Amtspflichtswidrigkeit des behördlichen Verhaltens aufgrund der Bindungswirkung der verwaltungsgerichtlichen Entscheidung nicht erneut beweisen.

472 Der wesentliche Vorteil einer den Amtshaftungsprozess vorbereitenden Klage vor dem Verwaltungsgericht liegt dabei neben der Entscheidung durch den sachnäheren Richter darin, dass im Gegensatz zum Zivilprozess, wo der Kläger die Darlegungs- und Beweislast für die Rechtswidrigkeit der behördlichen Maßnahme trägt, im verwaltungsgerichtlichen Verfahren dem Kläger alle Vorteile des Untersuchungsgrundsatzes (§ 86 Abs. 1 VwGO) zugute kommen, mithin die Beweissituation wesentlich besser ist.

473 Zu beachten ist allerdings, dass in einer verwaltungsgerichtlichen Klage nicht über sämtliche Voraussetzungen des Amtshaftungsanspruchs entschieden werden kann. Insbesondere muss der Kläger im Zivilprozess immer noch den Verschuldensbeweis führen, da es im Verwaltungsprozess regelmäßig nur auf die Rechtswidrigkeit der Verwaltungsmaßnahme, nicht aber auf ein Verschulden der handelnden Amtsträger ankommt.

474 Als zulässige Klagen kommen insbesondere die Anfechtungs-, Verpflichtungs-, Fortsetzungsfeststellungs- und Feststellungsklage in Betracht. Eine Feststellungskla-

---

[7] BGH BayVBl. 2004, 92.
[8] OLG München, Beschl. v. 7.5.2012, Az. 1 U 4371/11.
[9] BGHZ 103, 242, 247 f. zu § 209 BGB a. F.; vgl. auch *v. Einem*, BayVBl. 1991, 164.

ge ist allerdings unzulässig, soweit das notwendige Feststellungsinteresse allein mit der Absicht zur Erhebung einer Amtshaftungsklage begründet wird;[10] der Kläger muss also bei einer Feststellungsklage zusätzliche Gründe für die Erhebung der Klage, etwa eine fortwährende Beeinträchtigung durch die angegriffene Maßnahme, vortragen.

Hat der Betroffene einen ihn belastenden rechtswidrigen Verwaltungsakt mit der Anfechtungsklage angegriffen, erledigt sich die Hauptsache nach Klageerhebung aber deshalb,[11] weil die Aufhebung des Verwaltungsaktes sachlich nicht mehr möglich ist, kann der Kläger seine Anfechtungsklage auf eine Fortsetzungsfeststellungsklage umstellen und auf Antrag durch Urteil feststellen lassen, dass der Verwaltungsakt rechtswidrig war. Eine solche Klageumstellung ist dem Kläger dringend zu empfehlen, da er hierdurch eine das Zivilgericht bindende Entscheidung zur Rechtswidrigkeit des Verwaltungsgerichts herbeiführen kann; verpflichtet hierzu ist er freilich nicht, da die Fortsetzungsfeststellungsklage kein Rechtsmittel im Sinne des § 839 Abs. 3 BGB ist. 475

b) Feststellungsinteresse bei der Fortsetzungsfeststellungsklage

Das für eine Fortsetzungsfeststellungsklage[12] gem. § 113 Abs. 1 Satz 4 VwGO erforderliche Feststellungsinteresse ist nach der Rechtsprechung dann gegeben, wenn die Feststellung für die Geltendmachung von Ansprüchen aus Amtshaftung erheblich ist, ein solcher Prozess mit hinreichender Sicherheit zu erwarten ist und nicht offensichtlich aussichtslos erscheint.[13] Der Kläger muss dabei zu allen anspruchsbegründenden Tatsachen vortragen und insbesondere auch zumindest die Wahrscheinlichkeit eines auf die Verletzungshandlung zurückzuführenden Schadens substantiiert darlegen.[14] 476

Ein Amtshaftungsprozess ist offensichtlich aussichtslos, wenn ohne ins Einzelne gehende Prüfung erkennbar ist, dass der behauptete Schadensersatzanspruch unter keinem rechtlichen Gesichtspunkt bestehen kann.[15] Das Kriterium der offensichtlichen Aussichtslosigkeit des Schadensersatz- bzw. Entschädigungsprozesses ist nicht unproblematisch, da die Prüfung der Erfolgsaussichten eines Amtshaftungsanspruchs oder eines Anspruchs aus enteignungsgleichem Eingriff als Hauptfrage in die ausschließliche Rechtswegkompetenz der Zivilgerichte fällt.[16] Das Verwaltungsgericht ist deshalb nicht befugt, auf dem Umweg über die Prüfung des rechtlichen Interesses die Tatbestandsmerkmale des Amtshaftungsanspruchs im Einzelnen zu untersuchen.[17] § 113 Abs. 1 Satz 4 VwGO rechtfertigt insbesondere keine Schlüssigkeitsprüfung des beabsichtigten Anspruchs im Hinblick auf alle anspruchsbegründenden Tatbestandsmerkmale.[18] An den Begriff der „offensichtlichen Aussichtslosigkeit" sind dementsprechend strenge Anforderungen zu stellen.[19] Der Misserfolg muss sich geradezu aufdrängen, die bloße Wahrscheinlichkeit der Erfolglosigkeit genügt nicht.[20] 477

---

[10] BVerwGE 81, 226, 227 f.
[11] Zur Erledigung der Hauptsache im Verwaltungsprozess *Feser/Kirchmaier*, BayVBl. 1995, 641.
[12] Siehe zur Fortsetzungsfeststellungsklage vertiefend *Rozek*, JuS 1995, 414, 598, 697; *Göpfert*, NVwZ 1997, 143.
[13] HessVGH, Urt. v. 4.7.2012, Az. 6 C 825/11.T; BayVGH Urt. v. 9.2.2012, Az. 11 B 10.2791; vgl. *Kopp/Schenke*, § 113 VwGO, Rn. 136 m. w. N.
[14] BGH NJW 2007, 224.
[15] BVerwG NVwZ 1992, 1092; BVerwG NJW 1988, 926, 927.
[16] *Rozek*, JuS 1995, 598, 601.
[17] *Rozek*, JuS 1995, 598, 601; vgl. auch BVerwG NVwZ 1992, 1092.
[18] BVerwG NJW 1988, 926, 927.
[19] BVerwG NJW 1988, 926, 927.
[20] *Rozek*, JuS 1995, 598, 601.

478 Ein Amtshaftungs- und Entschädigungsprozess kann offensichtlich aussichtslos sein, wenn
– den Amtswalter kein Verschulden trifft (was insbesondere dann der Fall ist, wenn ein Kollegialgericht in seinem Urteil den streitgegenständlichen Verwaltungsakt als rechtmäßig angesehen hat[21]);
– der behauptete Schaden eindeutig durch mit dem Schadensereignis in adäquat ursächlichem Zusammenhang stehende Vorteile ausgeglichen wurde (Vorteilsausgleichung);[22]
– wenn der Schaden von vorneherein nicht in den Schutzbereich der verletzten Amtspflicht fällt;[23]
– der geltend gemachte Rechtsverstoß für den eingetretenen Schaden nicht kausal gewesen sein kann;[24]
– der Amtshaftungsanspruch bereits verjährt ist und sich der Beklagte auf Verjährung beruft.[25]

479 Wird ein Kläger bei Verfolgung eines Verpflichtungsbegehrens von einer für ihn nachteiligen Rechtsänderung betroffen, so kann im Einzelfall gleichwohl ein berechtigtes Interesse i. S. v. § 113 Abs. 1 Satz 4 VwGO für eine Fortsetzungsfeststellungsklage fehlen, wenn die sachliche Entscheidung hierüber schwierige und zeit- und kostenaufwendige Aufklärungsmaßnahmen (Sachverständigengutachten) gegebenenfalls in Verbindung mit rechtsgrundsätzlichen Festlegungen in einem naturwissenschaftlich ungesicherten Bereich voraussetzen würde.[26]

480 Auch die verwaltungsgerichtliche Feststellung, dass die Behörde an einem bestimmten Tag verpflichtet war, eine behördliche Erlaubnis zu erteilen, kann nicht mit der Fortsetzungsfeststellungsklage begehrt werden.[27] Denn ein Fortsetzungsfeststellungsbegehren darf seinem Gegenstand nach nicht über das hinausgehen, was ohne den Eintritt der Erledigung mit der ursprünglichen Verpflichtungsklage hätte begehrt werden können. Andernfalls wäre es nicht mehr nur die aus Gründen der Prozessökonomie zugelassene Fortsetzung eines früheren Begehrens, sondern dessen Ersetzung durch ein anderes neues Begehren. Der Kläger könnte sonst eine Feststellung darüber erreichen, ab wann die Verpflichtung bereits bestand, während ein auf eine Verpflichtungsklage hin ergangenes stattgebendes Urteil lediglich die Verpflichtung des Beklagten ausspricht, die beantragte Erlaubnis (überhaupt) zu erteilen.[28]

481 Ist schließlich der Behörde ein Ermessensspielraum oder eine Beurteilungsermächtigung eingeräumt, kann im Rahmen einer Fortsetzungsfeststellungsklage nicht die gerichtliche Entscheidung herbeigeführt werden, dass die Behörde zu der begehrten Amtshandlung verpflichtet gewesen wäre, außer es bestand eine Ermessensreduzierung auf Null.[29]

482 Hat sich die Hauptsache bereits vor Klageerhebung erledigt, ist eine Fortsetzungsfeststellungsklage mangels Feststellungsinteresse unzulässig, weil hier aus Gründen der Prozessökonomie das für die Schadensersatzklage zuständige Zivilgericht über alle entscheidungserheblichen Fragen in eigener Zuständigkeit entschei-

---

[21] BVerwG NJW 1985, 876 m. w. N.; BVerwG Bschl. v. 3.5.2004, Az. 6 B 17/04.
[22] BVerwG NJW 1988, 926, 927.
[23] BVerwG NVwZ 1982, 560, 561 f.
[24] BVerwG NVwZ 1989, 1156.
[25] BVerwG BayVBl. 1983, 121.
[26] VGH *Mannheim* NVwZ 1994, 709.
[27] OVG Münster NVwZ 1987, 335 (Gaststättenerlaubnis).
[28] OVG Münster NVwZ 1987, 335, 336.
[29] BVerwG NVwZ 1987, 229.

den kann.³⁰ Eine bereits vor der Erledigung des Verwaltungsakts eingetretene Bestandskraft entfällt nicht durch die Erledigung; sie steht der Erhebung einer Fortsetzungsfeststellungsklage entgegen.³¹

II. Durchsetzung einer anderweitigen Ersatzmöglichkeit

Bei Fahrlässigkeit des Amtsträgers setzt ein Amtshaftungsanspruch gem. § 839 Abs. 1 Satz 2 BGB voraus, dass der Verletzte nicht auf andere Weise Ersatz zu erlangen vermag. Im Amtshaftungsprozess obliegt es dem Kläger, das Fehlen einer anderweitigen Ersatzmöglichkeit („negatives Tatbestandsmerkmal") darzulegen und zu beweisen. Der Nachweis muss sich auch darauf erstrecken, dass eine früher vorhanden gewesene Ersatzmöglichkeit nicht schuldhaft versäumt worden ist. Versäumt es der Kläger zu behaupten, es bestehe keine anderweitige Ersatzmöglichkeit, so ist die Klage unschlüssig.

483

Der Verletzte ist allerdings nicht in jedem Fall gezwungen, einen Dritten vor Erhebung der Amtshaftungsklage zu verklagen. Er muss gegen den Dritten gerichtlich nur dann vorgehen, wenn ihm dies zumutbar ist. Die Zumutbarkeit rechtlicher Schritte ist für jeden Einzelfall gesondert zu prüfen. Eine Inanspruchnahme anderweitigen Ersatzes ist nach der Rechtsprechung insbesondere dann unzumutbar,
– wenn es sich um Ersatzansprüche handelt, die der Geschädigte nicht in absehbarer Zeit und nur mit zweifelhaftem Ergebnis durchsetzen kann;³²
– wenn die Sach- und Rechtslage unklar ist;³³
– wenn besonders geringe Chancen für eine alsbaldige Befriedigung bestehen, weil gerichtliche Geltendmachung und Vollstreckung im Ausland erfolgen müssen;³⁴
– oder wenn der Geschädigte zwar gegen einen Dritten einen Zahlungstitel erlangen könnte, diesen aber wegen Vermögensverfalls des Dritten nicht vollstrecken kann.³⁵

484

Der Verletzte muss also kein aussichtsloses Verfahren bis in die letzte Instanz führen, um im Amtshaftungsprozess anhand einer rechtskräftigen klageabweisenden Entscheidung nachzuweisen, dass eine anderweitige Ersatzmöglichkeit nicht gegeben ist.³⁶ Der Geschädigte ist grundsätzlich nicht verpflichtet, „bis zum bitteren Ende" alle Ersatzmöglichkeiten gegenüber einer Vielzahl von Dritten auszunutzen.³⁷

485

Ein besonderer Prozess gegen den Erstverpflichteten ist auch dann nicht notwendig, wenn im Verhältnis des Erstverpflichteten zum Geschädigten § 254 BGB anzuwenden ist.³⁸

486

Besteht eine anderweitige Ersatzmöglichkeit, die den Schaden vollständig abdeckt, so ist die Amtshaftungsklage unbegründet.³⁹ Kann der Kläger im Amtshaftungsprozess den Nachweis nicht führen, dass eine andere Ersatzmöglichkeit ausscheidet, so ist die Amtshaftungsklage als „zur Zeit unbegründet" abzuweisen.⁴⁰ Das Urteil hat damit nur eingeschränkte Rechtskraft: Stellt sich erst im Nachhinein

487

---
30 BVerwG NJW 1989, 2486.
31 BayVGH NVwZ-RR 1992, 218.
32 Vgl. BGH BB 1995, 1871, Palandt/*Sprau*, § 839 BGB, Rn. 59.
33 Vgl. BGH NJW 1971, 2220, 2222.
34 Vgl. BGH NJW 1976, 2074.
35 Vgl. BGH DVBl. 1993, 602.
36 Vgl. *Ossenbühl/Cornils* (Staatshaftungsrecht), S. 87.
37 BGH NJW 1993, 1647, 1648.
38 RGRK/*Kreft*, § 839 BGB, Rn. 510 m. w. N.
39 BGH VersR 1978, 252.
40 BGH NJW 1995, 2713, 2715 m. w. N.; OLG Hamm NVwZ 1995, 309.

heraus, dass eine andere Ersatzmöglichkeit nicht gegeben war, so steht die Rechtskraft des klageabweisenden Urteils der Erhebung einer erneuten Amtshaftungsklage nicht entgegen.[41] Der Kläger kann also bei späterem Wegfall der anderweitigen Ersatzmöglichkeit erneut Amtshaftungsklage erheben, ohne daran durch die Rechtskraft des ersten Amtshaftungsurteils gehindert zu sein.[42]

488 Erhebt der Geschädigte vor der Amtshaftungsklage zunächst Klage gegen einen ersatzpflichtigen Dritten i. S. v. § 839 Abs. 1 Satz 2 BGB, so wird durch die Erhebung der Klage gegen den Dritten die Verjährung des gegen die öffentlich-rechtliche Körperschaft gerichteten Amtshaftungsanspruchs nicht gehemmt.[43] Um die Verjährung des Amtshaftungsanspruchs zu hemmen, muss der Geschädigte der öffentlich-rechtlichen Körperschaft den Streit verkünden. Nach § 204 Abs. 1 Nr. 6 BGB wird durch die Streitverkündung in dem Prozess, von dessen Ausgang der (Amtshaftungs-)Anspruch abhängt, die Verjährung des Anspruchs gehemmt. Ob ein Amtshaftungsanspruch besteht, kann nach § 839 Abs. 1 Satz 2 BGB davon abhängen, ob der Geschädigte von einem anderen Ersatz verlangen kann. Die Hemmungswirkung der Streitverkündung entfällt jedoch gemäß § 204 Abs. 2 BGB, wenn der Geschädigte nicht binnen sechs Monaten nach Beendigung des Prozesses gegen den Drittschädiger Amtshaftungsklage erhebt.[44]

489 Wird eine Amtshaftungsklage wegen desselben Schadens mit der Klage gegen einen Drittschädiger verbunden und ist die Frage, ob diesen eine Ersatzpflicht trifft, noch nicht entscheidungsreif, so darf die Amtshaftungsklage nicht mit dem Hinweis auf die noch nicht geklärte Ersatzpflicht des Drittschädigers durch Teilurteil abgewiesen werden, weil die Entscheidung hierüber für den durch Teilurteil entschiedenen Amtshaftungsanspruch präjudiziell ist.[45]

III. Verwaltungsbehördliches Vorverfahren

490 Art. 34 Satz 3 GG steht landesrechtlichen Bestimmungen, die vor Erhebung der Amtshaftungsklage die Durchführung eines verwaltungsrechtlichen Abhilfeverfahrens vorsehen, nicht entgegen, da hierdurch der Rechtsweg zu den ordentlichen Gerichten nicht ausgeschlossen wird.[46]

491 Dementsprechend musste früher bei Ansprüchen gegen den Freistaat Bayern vor Klageerhebung erst das sog. Abhilfeverfahren gem. Art. 22 AGGVG i. V. m. §§ 16, 17 VertretungsVO durchgeführt werden. Die Durchführung dieses Verfahrens war Zulässigkeitsvoraussetzung für die Amtshaftungsklage. Die Vorschrift wurde jedoch mit Wirkung zum 1.8.1995 abgeschafft.[47]

492 Soweit noch in einem Teil der neuen Bundesländer der Staatshaftungsanspruch nach § 1 StHG-DDR gegeben ist, kann er neben dem Amtshaftungsanspruch aus § 839 BGB i. V. m. Art. 34 GG geltend gemacht werden.[48] Gem. §§ 5 und 6 StHG-DDR ist jedoch vor Klageerhebung ein zweistufiges Vorverfahren zu durchlaufen, zunächst das Antragsverfahren und daran anschließend das Beschwerdeverfahren:[49]

---

[41] RGRK/*Kreft*, § 839 BGB, Rn. 511.
[42] BGHZ 37, 375, 377.
[43] Vgl. BGH NJW 1990, 176, 178 f. zu § 209 BGB a. F.; dazu *Rotermund/Krafft* (4. Aufl.), Rn. 100.
[44] Vgl. *Rotermund/Krafft* (4. Aufl.), Rn. 100.
[45] BGH NJW 1993, 784, 785.
[46] RGRK/*Kreft*, § 839 BGB, Rn. 574.
[47] Vgl. Gesetz zur Änderung des Gesetzes zur Ausführung des Gerichtsverfassungsgesetzes und von Verfahrensgesetzen des Bundes vom 26. Juli 1995, BayGVBl. 17/1995, 392.
[48] *Ossenbühl/Cornils* (Staatshaftungsrecht), S. 588; *Krohn*, VersR 1991, 1085, 1091; *Boujong* in: Festschrift für *Gelzer*, S. 273, 276 f.; kritisch hierzu *Maurer*, § 29, Rn. 46.
[49] *Ossenbühl/Cornils* (Staatshaftungsrecht), S. 589.

Gem. § 5 Abs. 1 StHG-DDR ist der Ersatz des Schadens zunächst in einem An- 493
tragsverfahren bei dem staatlichen Organ oder der staatlichen Einrichtung zu beantragen, durch deren Mitarbeiter oder Beauftragte der Schaden verursacht wurde. Wird der Antrag bei einer unzuständigen Stelle eingebracht, ist er gem. § 5 Abs. 2 StHG-DDR unverzüglich an die zuständige Stelle weiterzuleiten. Der Antragsteller ist hiervon zu unterrichten. Nach § 5 Abs. 3 StHG-DDR trifft der „Leiter des nach Abs. 1 zuständigen Organs" die Entscheidung über Grund und Höhe des Schadensersatzanspruchs. Welcher Amtsträger des zuständigen Hoheitsträgers diese Entscheidung trifft, ist nunmehr Gegenstand des jeweiligen Organisationsrechts.[50] Die Entscheidung über den Antrag soll innerhalb eines Monats getroffen und muss gem. § 5 Abs. 4 StHG-DDR begründet werden. Sie ist mit einer Rechtsmittelbelehrung zu versehen und dem Antragsteller zuzustellen.

Auf einer zweiten Stufe des Vorverfahrens ist gegen die ablehnende Entscheidung 494
im vorangehenden Antragsverfahren innerhalb eines Monats nach Zustellung oder Bekanntgabe des Bescheids gem. § 6 StHG-DDR die Beschwerde zulässig. Gem. § 6 Abs. 2 StHG-DDR ist die Beschwerde bei der Stelle einzulegen, deren Entscheidung angefochten wird. Falls diese der Beschwerde nicht abhilft, muss sie diese der übergeordneten Behörde innerhalb einer Woche zuleiten. Bei Zurückweisung der Beschwerde durch die übergeordnete Behörde kann Klage zum ordentlichen Gericht (Landgericht) erhoben werden.

IV. Schlichtungsverfahren

Nach § 15a EGZPO ist in bestimmten Fällen vor Durchführung eines Klagever- 495
fahrens ein Schlichtungsverfahren durchzuführen. Es handelt sich dabei um vermögensrechtliche Streitigkeiten vor dem Amtsgericht über Ansprüche, deren Gegenstand an Geld oder Geldeswert die Summe von 750 € nicht übersteigt, Streitigkeiten über Ansprüche aus dem Nachbarrecht, Streitigkeiten über Ansprüche wegen Verletzung der persönlichen Ehre, die nicht in Presse oder Rundfunk begangen worden sind, sowie um Streitigkeiten über Ansprüche nach Abschnitt 3 des Allgemeinen Gleichbehandlungsgesetzes.

Ausgehend von diesem Katalog ist die Durchführung eines Schlichtungsverfah- 496
rens bei Amtshaftungsprozessen nicht erforderlich. Amtshaftungsansprüche sind stets vor dem Landgericht geltend zu machen, sodass § 15a Abs. 1 Nr. 1 EGZPO nicht eingreift.[51] Nachbarrechtliche Streitigkeiten im Sinne von § 15a Abs. 1 Nr. 2 EGZPO liegen ersichtlich nicht vor. Streitigkeiten über Ansprüche nach Abschnitt 3 des Allgemeinen Gleichbehandlungsgesetzes betreffen zivilrechtliche Vertragsverhältnisse und stehen damit nicht in Konkurrenz zu Amtshaftungsansprüchen bei hoheitlicher Betätigung. Allenfalls Streitigkeiten wegen Ehrverletzungen durch einen Beamten im Rahmen einer hoheitlichen Tätigkeit könnten ein Schlichtungsverfahren notwendig machen. Auch hier besteht aber keine Konkurrenz zu Amtshaftungsansprüchen, da letztere nur gegen die Körperschaft bestehen, für die der Beamte tätig geworden ist, während § 15a Abs. 1 Nr. 3 EGZPO persönliche Klagen gegen den Beamten selbst betrifft.

---

[50] *Ossenbühl*, NJW 1991, 1201, 1208.
[51] Zöller/*Gummer/Heßler*, § 15a EGZPO, Rn. 4.

B. Begrenzung des Kostenrisikos

497 Angesichts der nur schwer einzuschätzenden Erfolgsaussichten eines Amtshaftungsprozesses muss ferner geprüft werden, ob und welche Möglichkeiten zur Begrenzung des Kostenrisikos bestehen.

I. Rechtsschutzversicherung

498 Rechtsschutzversicherungen bieten die umfassendste Möglichkeit zur Verlagerung des Kostenrisikos auf einen Dritten. Teilweise schließen die Versicherungsunternehmen die Gewährung der Kostenübernahme für Amtshaftungsklagen aber aus und bieten dann keine Möglichkeit zur Begrenzung des Kostenrisikos. Im Übrigen darf keinesfalls übersehen werden, dass eine Deckungszusage vor Prozessbeginn einzuholen ist, da andernfalls die Versicherung ganz oder teilweise von ihrer Leistungspflicht befreit sein kann, vgl. § 17 ARB 2012.

II. Beantragung von Prozesskostenhilfe

499 Durch die Gewährung von Prozesskostenhilfe stellt der Staat sicher, dass auch finanziell schlecht gestellte Personen effektiven Zugang zum staatlichen Gerichtssystem haben.[52] Prozesskostenhilfe muss schon dann gewährt werden, wenn die Klage hinreichende Aussicht auf Erfolg bietet und nicht mutwillig erscheint, § 114 ZPO. Schwierige, bislang ungeklärte Rechts- und Tatfragen dürfen dabei nicht im Prozesskostenverfahren entschieden werden, sondern müssen dem Hauptsacheverfahren überlassen bleiben; auch eine Beweisantizipation ist nur in eng begrenzten Ausnahmefällen zulässig.[53]

500 Die Gewährung von Prozesskostenhilfe führt allerdings nur ganz ausnahmsweise zu einer echten Verlagerung des Prozesskostenrisikos auf die öffentliche Hand. Im Regelfall setzt das Gericht nämlich eine Ratenzahlung fest, durch die die Prozesskosten letztlich abzuzahlen sind; lediglich bei einem monatlichen einzusetzenden Einkommen von unter 15 € entfällt die Ratenzahlungspflicht. Im Übrigen sind im Fall des Unterliegens die Anwaltskosten des Gegners in jedem Fall in vollem Umfang zu bezahlen, § 123 ZPO. Auch die Kosten des PKH-Verfahrens müssen selbst getragen werden.

III. Vereinbarung eines Erfolgshonorars

501 Seit 1.7.2008 ist die Vereinbarung eines Erfolgshonorars mit dem eigenen Rechtsanwalt gemäß § 49b Abs. 2 Satz 1 BRAO i. V. m. § 4a RVG im Einzelfall zulässig. Würde der Auftraggeber aufgrund seiner wirtschaftlichen Verhältnisse bei verständiger Betrachtung ohne die Vereinbarung eines Erfolgshonorars von der gerichtlichen Rechtsverfolgung abgehalten, darf für den Fall des Misserfolgs vereinbart werden, dass keine oder eine geringere als die gesetzliche Vergütung zu zahlen ist. Zugleich muss aber für den Erfolgsfall ein angemessener Zuschlag auf die gesetzliche Vergütung vereinbart werden. Die Vereinbarung bedarf der Textform und muss

---

[52] Zöller/*Philippi*, Vor § 114 ZPO, Rn. 2.
[53] BVerfG NJW-RR 2011, 1043 ff.; NJW 2007, 1060.

umfangreiche Angaben gemäß §§ 4, 4a RVG enthalten. Entspricht die Vereinbarung nicht diesen Anforderungen, ist nur die gesetzliche Vergütung geschuldet.

Das Erfolgshonorar vermag allerdings nur zu einer partiellen Kostenverlagerung hinsichtlich der Kosten des eigenen Rechtsanwalts zu führen. Eine Vereinbarung, durch die sich der Rechtsanwalt über das Erfolgshonorar hinaus verpflichtet, im Fall des Unterliegens Gerichtskosten, Verwaltungskosten oder Kosten anderer Beteiligter, insbesondere des gegnerischen Anwalts, zu tragen, ist nämlich in jedem Fall unzulässig. 502

IV. Beteiligung eines Prozessfinanzierers

Die größten Chancen zur Verlagerung des gesamten Prozesskostenrisikos bietet die Beteiligung eines Prozessfinanzierers; einige Unternehmen benennen die Finanzierung von Amtshaftungsklagen explizit als möglichen Prozessgegenstand. 503

Bei der Prozessfinanzierung übernimmt der Prozessfinanzierer sämtliche notwendigen Kosten der außergerichtlichen oder gerichtlichen Anspruchsverfolgung, d.h. die Gerichtskosten, die Kosten des eigenen und des gegnerischen Anwalts sowie sämtliche Zeugen- und Sachverständigenkosten, falls die Klage erfolglos bleibt. 504

Voraussetzung ist im Regelfall ein Mindeststreitwert (mindestens 10.000 €, bei großen Prozessfinanzierern teilweise bis zu 100.000 €); neuere Unternehmen am Markt verzichten mitunter aber auch auf einen solchen Mindeststreitwert. Voraussetzung ist ferner, dass der Anspruch auf eine Geldleistung gerichtet ist, was bei Amtshaftungsansprüchen aber der Fall ist. 505

Als Gegenleistung erhält der Prozessfinanzierer im Erfolgsfall einen Teil des zuerkannten Betrags entsprechend der vereinbarten Beteiligungsquote. Deren Höhe richtet sich regelmäßig nach dem Streitwert und dem Umfang des übernommenen Risikos; typischerweise ist von mindestens 10% auszugehen. 506

Verfahrensmäßig ist zunächst beim Prozessfinanzierer ein Antrag auf Prozesskostenfinanzierung zu stellen. Dabei müssen alle zur Anspruchsprüfung notwendigen Angaben gemacht und alle im Zusammenhang mit dem Verfahren stehenden Unterlagen vorgelegt werden. Die Vertretung durch einen Rechtsanwalt ist nicht erforderlich, allerdings zweckmäßig, da eine strukturierte, sämtliche Anspruchsvoraussetzungen erfassende Darstellung einschließlich Darstellung der Beweissituation regelmäßig nur durch einen prozesserfahrenen Anwalt geleistet werden kann. Nach § 4 Abs. 1 RVG kann dabei als Honorar für den Anwalt eine niedrigere als die gesetzliche Vergütung vereinbart werden; sie muss aber in einem angemessenen Verhältnis zu Leistung, Verantwortung und Haftungsrisiko stehen. 507

Wenn aus Sicht des Prozessfinanzierers hinreichende Erfolgsaussichten bestehen, wird die Kostenübernahme zugesagt und ein Prozesskostenfinanzierungsvertrag abgeschlossen. Die Zusage erstreckt sich allerdings regelmäßig nur auf eine Instanz. 508

Wurde mit dem eigenen Anwalt eine Vergütungsvereinbarung auf Stundenhonorarbasis getroffen, die über die gesetzlichen Gebühren hinausgeht, muss eine entsprechende Kostenübernahme ausdrücklich im Prozesskostenfinanzierungsvertrag vereinbart werden. Die Vereinbarung eines Erfolgshonorars sollte nach einer Finanzierungszusage gekündigt werden, da für diese kein rechtfertigender Grund mehr besteht. 509

V. Erhebung einer Teilklage

Schließlich vermag auch die Erhebung einer Teilklage zu einer Begrenzung des Kostenrisikos zu führen, da sich die Gerichtskosten allein nach dem Wert des Streit- 510 gegenstandes richten. Die Teilklage birgt aber das Risiko, dass hinsichtlich des nicht geltend gemachten Betrags Verjährung eintritt oder im Fall einer Klageabweisung das Urteil hinsichtlich des gesamten Betrags – also auch hinsichtlich des gerade nicht geltend gemachten Teils – in Rechtskraft erwächst. Die Erhebung einer Teilklage ist deshalb mit erheblichen Risiken behaftet, zumal ein stattgebendes Teilurteil auch keine Bindungswirkung hinsichtlich des nicht geltend gemachten Restbetrages entfaltet.

C. Sicherung oder Verbesserung der Beweissituation

511   Bei der Vorbereitung des Amtshaftungsprozesses ist ferner eine kritische Überprüfung der Beweissituation erforderlich. Zeigt sich, dass im Laufe des Verfahrens Beweismittel wegfallen könnten oder die vorhandenen Beweismittel ungenügend sind, ist an die Durchführung eines selbständigen Beweisverfahrens oder an die Möglichkeiten zur Erlangung von Zeugen zu denken.

I. Durchführung eines selbständigen Beweisverfahrens

512   Besteht die Gefahr eines Beweisverlustes, bis es zur Beweisaufnahme im Rahmen der mündlichen Verhandlung des Amtshaftungsprozesses kommt, ist die Durchführung eines selbständigen Beweisverfahrens nach §§ 485 ff. ZPO in Betracht zu ziehen. Auch wenn ein Rechtsstreit noch nicht anhängig ist, kann eine Partei die schriftliche Begutachtung durch einen Sachverständigen beantragen, wenn sie ein rechtliches Interesse daran hat, dass der Zustand einer Person oder der Zustand oder Wert einer Sache, die Ursache eines Personenschadens, Sachschadens oder Sachmangels oder der Aufwand für die Beseitigung eines Personenschadens, Sachschadens oder Sachmangels festgestellt wird. Ein rechtliches Interesse ist dabei schon dann anzunehmen, wenn die Feststellung der Vermeidung eines Rechtsstreits dienen kann.

513   Ein selbständiges Beweisverfahren ist also insbesondere dann durchzuführen, wenn Fragen des Schadens oder der Kausalität streitig sind und ein weiteres Zuwarten bei der Erstellung eines Sachverständigengutachtens die Feststellung der notwendigen Tatsachen erschweren oder sogar unmöglich machen würde. Insbesondere bei Verkehrssicherungspflichtverletzungen ist deshalb die Durchführung eines selbständigen Beweisverfahrens zweckmäßig.

II. Zeugenschaffung

514   Ist damit zu rechnen, dass die anspruchsbegründenden Tatsachen mit den aktuell zur Verfügung stehenden Beweismitteln im Bestreitensfall nicht hinreichend nachgewiesen werden können, sind die grundsätzlich legitim Möglichkeiten der „Zeugenschaffung" wahrzunehmen. In Betracht kommen vor allem die Forderungsabtretung und die Auswechselung des vertretungsberechtigten Organs einer Gesellschaft, da dadurch die nur eingeschränkt zulässige Parteivernehmung in eine Zeugenvernehmung „umgewandelt" werden kann.[54] Geht es also im Amtshaftungsprozess etwa um eine fehlerhafte Auskunft, die nur gegenüber dem potentiellen Kläger auf mündlichem Weg erteilt wurde, ist eine Anspruchsabtretung zur Erlangung eines Zeugen nahezu unverzichtbar.

---

[54] Vgl. im Einzelnen *Prechtel*, S. 55 ff.

D. Musterprozesse

Anders als bei Klagen wegen unzutreffender öffentlicher Kapitalmarktinformationen nach dem KapMuG besteht bei Amtshaftungsklagen keine gesetzlich geregelte Möglichkeit zur Durchführung eines Musterverfahrens.[55] Auch wenn also von einer Amtspflichtverletzung zahlreiche Personen betroffen sind, wie etwa bei der fehlerhaften Umsetzung einer EU-Richtlinie,[56] muss jeder Einzelne Klage erheben. 515

Die Wirkungen eines Musterprozesses könnten im Übrigen nur über eine spezielle Vereinbarung zwischen den Beteiligten erzielt werden.[57] Dazu ist die Öffentliche Hand aber regelmäßig nicht bereit. Bei Amtshaftungsklagen besteht daher bislang keine Möglichkeit zur Durchführung eines Musterprozesses. 516

E. Beschleunigte Verfahren

Statt der Durchführung eines herkömmlichen Klageverfahrens kann in bestimmten Konstellationen die Durchführung eines beschleunigten Verfahrens in Erwägung zu ziehen sein. In Betracht kommen hierfür das Mahnverfahren und der Urkundenprozess. 517

I. Mahnverfahren

Das Mahnverfahren bietet eine schnelle und kostengünstige Möglichkeit zur Titulierung eines Zahlungsanspruchs. Es dürfte jedoch praktisch ausgeschlossen sein, dass die Öffentliche Hand auf einen Widerspruch verzichtet und klaglos den im Mahnbescheid ausgewiesenen, allein auf dem Antrag des Geschädigten beruhenden Betrag ausbezahlt. Im Fall eines Widerspruchs kann aber auch kein Vollstreckungsbescheid erlassen werden. Ein vollstreckbarer Titel lässt sich daher in aller Regel im Mahnverfahren nicht erwirken. 518

Das Mahnverfahren ist aber gleichwohl in Amtshaftungssachen sinnvoll, wenn die Verjährung der Ansprüche droht und eine schlüssige Klage in der zur Verfügung stehenden Zeit nicht mehr erstellt werden kann. Dann sollte ein Mahnbescheid beantragt werden, weil mit Zustellung des Mahnbescheids die Verjährung des Anspruchs gehemmt wird, § 204 Abs. 1 Nr. 3 BGB. 519

II. Urkundenprozess

Auch der Urkundenprozess dient zur schnellen Titulierung eines Anspruchs. Kennzeichen des Urkundenprozesses ist es, dass als Beweismittel nur Urkunden und Parteivernehmungen zugelassen sind, §§ 592, 595 Abs. 2 ZPO. Urkundenprozess spielen deshalb in Amtshaftungssachen nur eine verhältnismäßig geringe Rolle, da die Beschränkung der Beweismittel gerade den Beweis des Verschuldens und des Schadens sehr schwierig macht. Gleichwohl ist ihre Durchführung insbesondere dann in Betracht zu ziehen, wenn aufgrund eines vorangegangenen verwaltungsgerichtlichen Urteils (ausnahmsweise) alle anspruchsbegründenden Tatsachen im Wege des Urkundenbeweises nachgewiesen werden können. 520

---

[55] Zöller/*Vollkommer*, Anh § 77 ZPO, Rn. 1.
[56] Beispielsweise wurden in Folge der Insolvenz des Reiseveranstalters *MP Travel Line* bis Ende 1998 über 9.000 Schadensersatzforderungen gegenüber der Bundesrepublik Deutschland gelten gemacht.
[57] Vgl. Zöller/*Gummert*, § 325 ZPO, Rn. 43b.

7. Kapitel. Die Zulässigkeit der Amtshaftungsklage

521 Im Hinblick auf die Zulässigkeit der Amtshaftungsklage stellt sich zunächst die Frage des zulässigen Rechtswegs. Je nach Anspruchsgrundlage und Anspruchsziel kann es mitunter allerdings zu einer Spaltung des Rechtswegs kommen. Diese für den Kläger außerordentlich ungünstige Situation wird aber dadurch abgemildert, dass den Gerichten nach § 17 Abs. 2 GVG teilweise eine rechtswegüberschreitende Entscheidungskompetenz zukommt.

522 Hinsichtlich der sachlichen Zuständigkeit ist § 71 Abs. 2 Nr. 2 und Abs. 3 GVG, hinsichtlich der örtlichen Zuständigkeit § 32 ZPO zu beachten.

A. Zulässigkeit des Rechtswegs

I. Ordentlicher Rechtsweg, Art. 34 Satz 3 GG

523 Gem. Art. 34 Satz 3 GG ist für Amtshaftungsansprüche gegen den Staat oder eine sonstige öffentlich-rechtliche Körperschaft der ordentliche Rechtsweg gegeben. Die Zivilgerichte entscheiden auch über Ansprüche auf Auskunftserteilung und Abgabe einer eidesstattlichen Versicherung, die lediglich als Hilfs- und Vorbereitungsansprüche eines auf Geldersatz gerichteten Amtshaftungsanspruchs geltend gemacht werden.[58]

524 Für die Eröffnung des ordentlichen Rechtswegs genügt es allerdings nicht, dass der Kläger seinen Anspruch „im äußeren Gewande eines Schadensersatzanspruchs aus Amtspflichtverletzung" geltend macht, indem er den Sachverhalt unter § 839 BGB i. V. m. Art. 34 GG stellt und sich zur Klagebegründung auf diese Bestimmungen stützt.[59] Erforderlich ist vielmehr, dass die vom Kläger zur Begründung seiner Klage aufgestellten und als richtig unterstellten tatsächlichen Behauptungen objektiv und ohne Rücksicht auf die von ihm vertretene Rechtsauffassung geeignet sind, die Annahme einer von einem Beamten begangenen schuldhaften Amtspflichtverletzung zu rechtfertigen, und so wenigstens die Möglichkeit einer Haftung des Beamten oder der an seiner Stelle haftenden Körperschaft hinreichend deutlich erkennen lassen.[60]

525 Der Rechtsweg zu den Zivilgerichten ist also nicht eröffnet, wenn eine formal auf § 839 BGB i.V.m. Art. 34 GG gestützte Amtshaftungsklage nur dem Zweck dienen soll, im Verwaltungsrechtsweg nicht verfolgbare Ansprüche durchzusetzen oder die gerichtliche Nachprüfung der Rechtmäßigkeit von öffentlich-rechtlichen Anordnungen der Verwaltungsbehörde herbeizuführen,[61] wenn also mit der Klage etwa die Aufhebung von Verwaltungsakten oder die Vornahme oder Unterlassung von Amtshandlungen verlangt wird.[62]

---

[58] BGH NJW 1981, 675; Staudinger/*Wurm*, § 839 BGB, Rn. 407.
[59] Staudinger/*Wurm*, § 839 BGB, Rn. 410; RGRK/*Kreft*, § 839 BGB, Rn. 575.
[60] BGH NJW 1976, 2303, 2305.
[61] BGH NJW 1957, 1235.
[62] BGH NJW 1963, 1203, 1204; ausgenommen sind Amtshandlungen, die alleine dazu dienen, die Durchsetzung von Amtshaftungsansprüchen zu ermöglichen, insbesondere die Erteilung einer Auskunft, BGH NJW 1981, 675; Staudinger/*Wurm*, § 839 BGB, Rn. 410.

II. Aufspaltung des Rechtswegs

Bei einer Amtspflichtverletzung kann es trotz der Einheitlichkeit des zugrundeliegenden Lebenssachverhaltes aufgrund der Anwendbarkeit verschiedener Anspruchsgrundlagen zu einer Aufspaltung des Rechtswegs kommen. Nicht alle in Betracht kommenden Ansprüche fallen nämlich in die Zuständigkeit der ordentlichen Gerichte. Vielmehr können für bestimmte Anspruchsgrundlagen ausschließlich die Verwaltungs-, Sozial- oder Finanzgerichte zuständig sein. 526

1. Amtshaftungsanspruch, § 839 BGB i.V.m. Art. 34 GG

Der Amtshaftungsanspruch ist gem. Art. 34 Satz 3 GG, § 40 Abs. 2 VwGO vor den ordentlichen Gerichten geltend zu machen. 527

2. Schadensersatzanspruch aus § 1 StHG DDR

Nach Durchführung des Verwaltungsvorverfahrens gem. §§ 5 und 6 StHG-DDR steht gegen die Entscheidung über Grund und Höhe des Schadensersatzanspruchs ebenfalls der ordentliche Rechtsweg offen.[63] 528

3. Öffentlich-rechtliche Gefährdungshaftung

Auch Ansprüche aus Gefährdungshaftung sind gem. § 40 Abs. 2 Satz 1 VwGO vor den ordentlichen Gerichten geltend zu machen.[64] Nach der Rechtsprechung des BVerwG gilt dies auch für Schadensersatzansprüche gem. § 30 Abs. 3 WHG a.F. / § 41 Abs. 4 WHG.[65] 529

4. Entschädigungsanspruch aus enteignungsgleichem Eingriff

Über Entschädigungsansprüche aus enteignungsgleichem Eingriff entscheiden gem. § 40 Abs. 2 Satz 1 VwGO („vermögensrechtliche Ansprüche aus Aufopferung für das gemeine Wohl") die ordentlichen Gerichte.[66] 530

5. Aufopferungsanspruch

Aufgrund der Sonderzuweisung in § 40 Abs. 2 Satz 1 VwGO ist ebenfalls der Anspruch vor den ordentlichen Gerichten geltend zu machen. 531

6. Rechtsweg für Schadensersatzansprüche aus verwaltungsrechtlichen Schuldverhältnissen

Im Hinblick auf Schadensersatzansprüche aus verwaltungsrechtlichen Schuldverhältnissen ist wie folgt zu differenzieren: 532

a) Gesetzlich eindeutig geregelte Fälle

Für Schadensersatzansprüche aus Verletzung öffentlich-rechtlicher Pflichten, die auf einem öffentlich-rechtlichen Vertrag beruhen, ist gem. § 40 Abs. 2 Satz 1, 2. Halbsatz VwGO der Verwaltungsrechtsweg gegeben. 533

---

[63] *Ossenbühl/Cornils* (Staatshaftungsrecht), S. 590.
[64] Vgl. BGHZ 55, 180, 182.
[65] BVerwG NJW 1987, 2758; a.A. *Schoch/Schmidt-Aßmann/Pietzner*, § 40 VwGO, Rn. 551.
[66] *Ossenbühl/Cornils* (Staatshaftungsrecht), S. 324. Auch nach der Novellierung des § 40 Abs. 2 Satz 1 VwGO durch Gesetz vom 21.12.2001 ist für Entschädigungsansprüche aus enteignungsgleichem Eingriff der ordentliche Rechtsweg gegeben, vgl. *Kopp/Schenke*, § 40 VwGO, Rn. 61.

534 Über vermögensrechtliche Ansprüche aus öffentlich-rechtlicher Verwahrung entscheiden gem. § 40 Abs. 2 Satz 1, 2. Alt. VwGO die ordentlichen Gerichte.

535 Bei Schadensersatzansprüchen wegen Verletzung der beamtenrechtlichen Fürsorgepflicht ist gem. § 54 BeamtStG der Verwaltungsrechtsweg gegeben.

b) Sonstige Fälle

536 Die nicht eindeutige Formulierung des § 40 Abs. 2 Satz 1 VwGO („Schadensersatz aus der Verletzung öffentlich-rechtlicher Pflichten") lässt im Unklaren, welcher Rechtsweg für Schadensersatzansprüche aus verwaltungsrechtlichen Schuldverhältnissen gegeben ist, die nicht auf einem öffentlich-rechtlichem Vertrag beruhen. Als solche öffentlich-rechtliche Sonderverbindungen nichtvertraglicher Art sind insbesondere die öffentlich-rechtliche GoA, Ansprüche in entsprechender Anwendung der § 311 Abs. 2 i.V.m. § 280 Abs. 1 i.V.m. § 241 Abs. 2 BGB (culpa in contrahendo) und öffentlich-rechtliche Leistungs- und Benutzungsverhältnisse anzusehen.[67]

537 Für einen Schadensersatzanspruch[68] wegen der Verletzung von öffentlich-rechtlichen Pflichten, die nicht auf einem öffentlich-rechtlichen Vertrag beruhen, ist nach Auffassung der Rechtsprechung der ordentliche Rechtsweg gegeben.[69] Nach einer in der Literatur und einem Teil der Rechtsprechung vertretenen Gegenauffassung soll hingegen in entsprechender Anwendung des § 40 Abs. 2 Satz 1 VwGO der Verwaltungsrechtsweg eröffnet sein.[70]

538 Bei Ansprüchen aus culpa in contrahendo ist nach der obergerichtlichen Rechtsprechung jedoch wie folgt zu differenzieren: Schadensersatzansprüche aus c.i.c., die in einem engen Zusammenhang mit Amtshaftungsansprüchen stehen, sind im ordentlichen Rechtsweg geltend zu machen. Dies erfordert die sachliche Nähe der beiden Ansprüche. Hingegen ist der Verwaltungsrechtsweg eröffnet, wenn die Schadensersatzansprüche aus c.i.c. im „Sachzusammenhang" mit dem Anspruch auf Erfüllung des angebahnten Vertrages stehen.[71]

7. Öffentlich-rechtlicher Folgenbeseitigungsanspruch

539 Der öffentlich-rechtliche Folgenbeseitigungsanspruch ist gem. § 40 Abs. 1 VwGO im Verwaltungsrechtsweg geltend zu machen.

8. Sozialrechtlicher Herstellungsanspruch

540 Für sozialrechtliche Herstellungsansprüche sind gemäß § 51 SGG die Sozialgerichte zuständig.

9. Öffentlich-rechtlicher Erstattungsanspruch

541 Erstattungsansprüche sind im Wege der allgemeinen Leistungsklage vor dem jeweils zuständigen Fachgericht (Verwaltungsgericht, Sozialgericht, Finanzgericht), mithin im allgemeinen oder besonderen Verwaltungsrechtsweg geltend zu machen.[72]

---

[67] *Ossenbühl/Cornils* (Staatshaftungsrecht), S. 444 f.; *Schoch/Schmidt-Aßmann/Pietzner*, § 40 VwGO, Rn. 543.
[68] Für einen Aufwendungsersatzanspruch aus GoA ist aber unstreitig der Verwaltungsrechtsweg gegeben, VG Würzburg, Urt. v. 30.6.2009, Az. W 4 K 08.1713.
[69] BVerwG NVwZ 2003, 1383.
[70] *Eyermann/Rennert*, § 40 VwGO, Rn. 121; *Murach*, BayVBl. 2001, 682, 685 f.; vgl. auch VGH Mannheim NJW 2003, 1066.
[71] BGH NJW 1986, 1109 f.; BVerwGE 37, 231, 236, 238; BVerwG NJW 2002, 2894, 2895; OVG Koblenz NJW 2002, 3724; OVG Magdeburg NJW 2002, 386.
[72] *Ossenbühl/Cornils* (Staatshaftungsrecht), S. 551.

III. Rechtswegspaltung und rechtswegübergreifende Entscheidungskompetenz nach § 17 Abs. 2 GVG

Die Rechtswegspaltung wird durch § 17 Abs. 2 Satz 1 GVG allerdings zumindest teilweise überwunden, indem dem Gericht des zulässig eröffneten Rechtswegs grundsätzlich eine rechtswegüberschreitende Entscheidungskompetenz eingeräumt wird.

542

1. Grundsatz der rechtswegüberschreitenden Entscheidungskompetenz

§ 17 Abs. 2 Satz 1 GVG räumt dem Gericht des zulässig beschrittenen Rechtswegs eine umfassende, rechtswegüberschreitende Entscheidungskompetenz ein. Auch wenn der beschrittene Rechtsweg nur aus einem Teil der geltend gemachten Klagegründe zulässig ist, entscheidet das Gericht den Rechtsstreit unter allen in Betracht kommenden Gesichtspunkten.[73] Eine Teilverweisung ist grundsätzlich nicht möglich; sie kommt nur bei Klagenhäufung oder Widerklage in Betracht und setzt eine vorherige Verfahrenstrennung gemäß § 145 ZPO voraus.[74] Voraussetzung für diese umfassende Prüfungskompetenz ist aber, dass mindestens einer der Klagegründe den Rechtsweg eröffnet. Hierbei ist unerheblich, in welcher Reihenfolge der Kläger seine Klage begründet hat.[75] Offensichtlich nicht gegebene Anspruchsgrundlagen bleiben aber außer Betracht.[76]

543

Ist die Entscheidungskompetenz des angerufenen Gerichts auch nur aus einem einzigen Klagegrund gegeben, so bezieht es alle Rechts- und Tatsachenfragen, sämtliche geltend gemachten oder in Betracht kommenden Anspruchsgrundlagen und auch alle sog. Vorfragen[77] mit ein, und zwar ohne Rücksicht darauf, welchem Rechtsgebiet sie angehören und ob das Gericht derjenigen Gerichtsbarkeit angehört, zu der an sich der Rechtsweg eröffnet wäre.[78] Das im Rahmen einer Amtshaftungsklage angerufene Zivilgericht hat deshalb auch über konkurrierende, an sich im Verwaltungsrechtsweg geltend zu machende Schadensersatzansprüche etwa wegen der Verletzung eines öffentlich-rechtlichen Vertrages zu entscheiden.[79]

544

Die umfassende Entscheidungsbefugnis des Gerichts bezieht sich nach dem Wortlaut von § 17 Abs. 2 Satz 1 GVG auf „den Rechtsstreit". Darunter ist der jeweilige prozessuale Anspruch (also der Streitgegenstand) zu verstehen.[80] Eine umfassende Sachkompetenz ist damit nur gegeben, wenn ein prozessualer Anspruch auf mehrere materiell-rechtliche Gründe gestützt wird.[81] Dagegen begründet § 17 Abs. 2 Satz 1 GVG keine Entscheidungsbefugnis für mehrere prozessuale Ansprüche, die im Wege der objektiven Klagehäufung (§ 260 ZPO) eingeklagt werden.[82] Hier ist die Zuläs-

545

---

[73] BGHZ 114, 1, 2; Staudinger/*Wurm*, § 839 BGB, Rn. 409.
[74] Zöller/*Gummer*, § 17 GVG, Rn. 5 f.; § 17a GVG, Rn. 11.
[75] Zöller/*Gummer*, § 17 GVG, Rn. 6.
[76] BGH NVwZ 1990, 1103, 1104; BVerwG NVwZ 1993, 358.
[77] Weiterführend zur Vorfragenkompetenz Schoch/Schmidt-Aßmann/Pietzner, § 41 VwGO/§ 17 GVG, Rn. 32.
[78] Thomas/Putzo, § 17 GVG, Rn. 6.
[79] OVG NRW, Beschl. v. 10. 10.2012, Az. 16 E 1324/12; Staudinger/*Wurm*, § 839 BGB, Rn. 409.
[80] Vgl. BGHZ 114, 1, 2; Schoch/Schmidt-Aßmann/Pietzner, § 41 VwGO/§ 17 GVG, Rn. 24; Zöller/*Gummer*, § 17 GVG, Rn. 6; Thomas/Putzo, § 17 GVG, Rn. 7.
[81] Zöller/*Gummer*, § 17 GVG, Rn. 6; Schoch/Schmidt-Aßmann/Pietzner, § 41 VwGO/§ 17 GVG, Rn. 24.
[82] BGHZ 114, 1, 2.

sigkeit des Rechtswegs für jeden prozessualen Anspruch gesondert zu prüfen. Gegebenenfalls muss eine Prozesstrennung gem. § 145 ZPO erfolgen.[83] Eine Rechtswegmanipulation durch beliebige Klagehäufung ist damit ausgeschlossen.[84]

546   Die Entscheidungsbefugnis nach § 17 Abs. 2 Satz 1 GVG erstreckt sich außerdem weder auf die Widerklage (§ 33 ZPO)[85] noch auf die Streitgenossenschaft[86] und nach wohl überwiegender Auffassung auch nicht auf die Aufrechnung.[87] Nach der Auffassung des Bundesverwaltungsgerichts muss das erkennende Verwaltungsgericht regelmäßig das Verfahren nach § 94 VwGO aussetzen, bis vor den Zivilgerichten über den aufzurechnenden Anspruch rechtskräftig entschieden worden ist.[88]

547   Außerdem ist nach einer in der Literatur vertretenen Auffassung § 17 Abs. 2 Satz 1 GVG auch bei Stufenklagen (§ 254 ZPO) nicht anwendbar.[89] Es wäre demgemäß unzulässig, Hilfsansprüche, die der Durchsetzung eines rechtswegfremden Hauptanspruchs dienen, in demselben Rechtsweg zu verfolgen und damit etwa vor dem ordentlichen Gericht Klage auf Auskunft und auf Schadensersatz wegen Amtspflichtverletzung zu erheben.[90] Demgegenüber bejaht die Rechtsprechung bei der Geltendmachung von Haupt- und Hilfsansprüchen eine Prüfungskompetenz kraft Sachzusammenhangs.[91]

2. Vorrang des ordentlichen Rechtswegs bei Amtshaftungsansprüchen

548   Der Grundsatz der umfassenden Prüfungskompetenz nach Art. 17 Abs. 2 Satz 1 GVG erfährt durch § 17 Abs. 2 Satz 2 GVG jedoch eine wichtige Einschränkung. Danach bleibt Art. 34 Satz 3 GG unberührt. Folglich dürfen über Amtshaftungsansprüche nur die ordentlichen Gerichte entscheiden. Klagt der Geschädigte beim Verwaltungsgericht Ansprüche ein, für die der Verwaltungsrechtsweg gegeben ist, so darf das Verwaltungsgericht über Amtshaftungsansprüche nicht entscheiden.[92] Dies gilt auch dann, wenn das Verwaltungsgericht gem. § 17a Abs. 2 Satz 3 GVG bindend für zuständig erklärt wurde.[93] Da eine Weiterverweisung ausscheidet, hat das Verwaltungsgericht die Klage als unbegründet abzuweisen, wenn der Zahlungsanspruch nicht aus anderen Gründen zugesprochen werden kann.[94] Die Klage zum ordentlichen Gericht bleibt aber möglich und ist insbesondere nicht wegen einer entgegenstehenden Rechtskraft des verwaltungsgerichtlichen Urteils unzulässig.

549   Verweist das ordentliche Gericht einen Streit über Schadensersatz wegen Amtspflichtverletzung irrtümlich an das Gericht eines anderen Rechtswegs, so ist diese Verweisung entgegen § 17a Abs. 2 Satz 3 GVG nicht bindend, da Art. 34 GG eine

---

[83] Staudinger/*Wurm*, § 839 BGB, Rn. 409; Zöller/*Gummer*, § 17 GVG, Rn. 6.
[84] BGHZ 114, 1, 2.
[85] *Thomas/Putzo*, § 17 GVG, Rn. 8; *Schoch/Schmidt-Aßmann/Pietzner*, § 41 VwGO/§ 17 GVG, Rn. 25.
[86] OLG Frankfurt a. M. NJW-RR 1995, 319 (für einfache Streitgenossenschaft); *Thomas/Putzo*, § 17 GVG, Rn. 8; einschränkend *Schoch/Schmidt-Aßmann/Pietzner*, § 41 VwGO/§ 17 GVG, Rn. 25: Prüfungskompetenz gegeben bei notwendiger Streitgenossenschaft.
[87] Sehr str., vgl. hierzu Zöller/*Gummer*, § 17 GVG, Rn. 10; *Thomas/Putzo*, § 17 GVG, Rn. 9; *Schoch/Schmidt-Aßmann/Pietzner*, § 41 VwGO/§ 17 GVG, Rn. 28 ff., jeweils m. w. N.
[88] BVerwG NJW 1999, 160, 161.
[89] *Schoch/Schmidt-Aßmann/Pietzner*, § 41 VwGO/§ 17 GVG, Rn. 27.
[90] So *Schoch/Schmidt-Aßmann/Pietzner*, § 41 VwGO/§ 17 GVG, Rn. 27.
[91] BGH NJW 1991, 675.
[92] OVG NRW, Beschl. v. 10.10.2012, Az. 16 E 1324/12.
[93] *Thomas/Putzo*, § 17 GVG, Rn. 11; a. A. LSG Nordrhein-Westfalen, Urt. v. 12.3.2009, Az. L 7 AS 75/08 zum sozialgerichtlichen Verfahren.
[94] *Thomas/Putzo*, § 17 GVG, Rn. 11; vgl. aber *Schoch/Schmidt-Aßmann/Pietzner*, § 41 VwGO/§ 17 GVG, Rn. 39: Teilverweisung möglich.

ausschließliche Gerichtszuständigkeit begründet und das einfache Gesetzesrecht Verfassungsrecht nicht überwinden kann.⁹⁵

§ 17a GVG ist schließlich auch auf Verweisungen innerhalb eines Rechtsweges anwendbar, etwa wenn – innerhalb des ordentlichen Rechtsweges – Klage zur Strafvollstreckungskammer erhoben wird; in diesem Fall ist eine Verweisung an die Zivilkammer erforderlich.⁹⁶   549a

B. Sachliche Zuständigkeit

Nach § 71 Abs. 2 Nr. 2 GVG sind in erster Instanz „für Ansprüche gegen Richter und Beamte wegen Überschreitung ihrer amtlichen Befugnisse oder wegen pflichtwidriger Unterlassung von Amtshandlungen" ausschließlich die Landgerichte ohne Rücksicht auf den Wert des Streitgegenstands zuständig. Diese Bestimmung gilt über ihren eng gefassten Wortlaut hinaus für alle Ansprüche aus Amtspflichtverletzung, und zwar auch dann, wenn anstelle des Beamten der Staat oder eine sonstige öffentlich-rechtliche Körperschaft als Dienstherr in Anspruch genommen wird.⁹⁷ Damit müssen auch Klagen mit einem niedrigeren Streitwert als 5.000,01 € zum Landgericht erhoben werden; § 23 Nr. 1 GVG findet keine Anwendung.⁹⁸   550

Für die Einordnung des Anspruchs als Amtshaftungsanspruch kommt es nur auf den Antrag des Klägers und seine tatsächlichen Behauptungen an, nicht auf die von ihm vertretene Rechtsauffassung.⁹⁹   551

Gem. § 71 Abs. 3 GVG sind die Landgerichte in erster Instanz ferner dann ohne Rücksicht auf den Wert des Streitgegenstands ausschließlich zuständig, wenn der Landesgesetzgeber für Ansprüche gegen den Staat oder eine Körperschaft des öffentlichen Rechts wegen „Verfügungen der Verwaltungsbehörden" eine entsprechende Regelung getroffen hat. Voraussetzung ist allerdings, dass diesbezüglich gem. § 13 GVG der Zivilrechtsweg eröffnet ist.   552

Nach Art. 9 Nr. 1 BayAGGVG ist daher in Bayern das Landgericht für Ansprüche aus enteignungsgleichem Eingriff oder Aufopferung ausschließlich zuständig.¹⁰⁰   553

C. Örtliche Zuständigkeit

Örtlich zuständig ist das Landgericht des allgemeinen Gerichtsstands, der bei der öffentlichen Hand durch den Sitz der Behörde bestimmt wird, die die Körperschaft in dem Rechtsstreit zu vertreten hat (vgl. § 18 ZPO).¹⁰¹ Daneben gilt wahlweise auch der besondere Gerichtsstand der unerlaubten Handlung:¹⁰² Nach § 32 ZPO ist für Klagen aus unerlaubter Handlung und damit für Klagen aus Amtspflichtverletzung das Gericht zuständig, in dessen Bezirk die Amtspflichtverletzung begangen   554

---

⁹⁵ FG Baden-Württemberg, EFG 2009, 1582 (zu einer Verweisung vom Amtsgericht an das Finanzgericht) mit zust. Anm. *Pfützenreuter*, EFG 2009, 1583 f.; *Schoch/Schmidt-Aßmann/Pietzner*, § 41 VwGO/§ 17 GVG, Rn. 40.
⁹⁶ OLG München, Beschl. v. 25.11.2009, Az. 4 Ws 130/09.
⁹⁷ Staudinger/*Wurm*, § 839 BGB, Rn. 406; RGRK/*Kreft*, § 839 BGB, Rn. 587; Zöller/*Gummerr*, § 71 GVG, Rn. 5; *Baumbach/Lauterbach*, § 71 GVG, Rn. 8.
⁹⁸ Gem. § 348 Abs. 1 Satz 2 Nr. 2 k) ZPO i. V. m. § 71 Abs. 2 Nr. 2 GVG entscheidet die Zivilkammer, sofern nicht ein Fall des obligatorischen Einzelrichters gem. § 348c ZPO gegeben ist.
⁹⁹ Vgl. BGHZ 16, 275.
¹⁰⁰ *Sprau*, Art. 9 AGGVG, Rn. 4.
¹⁰¹ Staudinger/*Wurm*, § 839 BGB, Rn. 406.
¹⁰² OLG Celle MDR 2010, 1485.

wurde[103] oder wo in das geschützte Rechtsgut (Vermögen) des Klägers eingegriffen wird – mithin am Wohnsitz des Klägers.[104] Auch auf die prozessuale Durchsetzung von Ansprüchen aus Aufopferung, also insbesondere von Ansprüchen aus enteignungsgleichem Eingriff, soll § 32 ZPO Anwendung finden.[105]

---

[103] RGRK/*Kreft*, § 839 BGB, Rn. 588; Zöller/*Vollkommer*, § 32 ZPO, Rn. 5.
[104] OLG Celle MDR 2010, 1485.
[105] Zöller/*Vollkommer*, § 32 ZPO, Rn. 5; offen gelassen von OLGR Karlsruhe 2004, 311, 312.

8. Kapitel. Die Begründetheit der Amtshaftungsklage

Im Rahmen der Begründetheitsprüfung ist zunächst die Frage des richtigen Beklagten zu klären (Passivlegitimation). Weiter ist zu prüfen, ob und inwieweit das Gericht an Entscheidungen der Behörden, insbesondere an bestandskräftig gewordene Verwaltungsakte und an Entscheidungen der Verwaltungsgerichte gebunden ist. Treten während des Amtshaftungsprozesses Umstände tatsächlicher und rechtlicher Art hinzu, so hängen die Erfolgsaussichten der Klage auch davon ab, ob und inwieweit diese neuen Umstände im Amtshaftungsprozess zu berücksichtigen sind. Steht zum Zeitpunkt der letzten mündlichen Verhandlung im Amtshaftungsprozess nicht fest, ob der Kläger eine anderweitige Ersatzmöglichkeit i. S. v. § 839 Abs. 1 Satz 2 BGB hat, so ist dies bei der Tenorierung des Urteils zu berücksichtigen. 555

A. Richtiger Beklagter (Passivlegitimation)

Gem. Art. 34 Satz 1 GG trifft die Verantwortlichkeit für den durch eine Amtspflichtverletzung entstandenen Schaden grundsätzlich den Staat oder die Körperschaft, in deren Dienst der Amtsträger steht. Eine Ausnahme gilt nur für den sehr seltenen Fall eines Ausschlusses der Staatshaftung, der dazu führen kann, dass der Beamte selbst haftet. Die Haftung trifft außerdem nicht den Staat schlechthin, sondern eine bestimmte Körperschaft innerhalb des Staatsganzen. Gegen diese ist die Amtshaftungsklage zu richten. 556

„Körperschaft" im Sinne des Art. 34 GG können nur öffentlich-rechtliche Körperschaften (z. B. Gemeinden, Landkreise, Bundesländer oder die Bundesrepublik), nicht aber juristische Personen des Privatrechts[106] (etwa der TÜV oder ein Verein bürgerlichen Rechts[107]) sein. 557

Welche Körperschaft im Einzelfall haftet, richtet sich entsprechend dem Wortlaut von Art. 34 Satz 1 GG danach, „in wessen Dienst" der Amtsträger steht. Zur Bestimmung der haftenden Körperschaft haben sich mehrere Theorien entwickelt, von denen sich die sog. „Anvertrauenstheorie" des BGH durchgesetzt hat: 558

Nach der „Funktionstheorie" ist ausschlaggebendes Kriterium, wessen Aufgaben der handelnde Beamte wahrgenommen hat. Nach der „Anstellungstheorie" haftet diejenige Körperschaft, die den handelnden Beamten angestellt hat. Die Anvertrauenstheorie des BGH kombiniert beide Ansätze. Entscheidend ist danach, „wer dem Amtsträger das Amt, bei dessen Ausübung dieser fehlsam gehandelt hat, mit anderen Worten, wer dem Amtsträger die Aufgaben, bei deren Wahrnehmung die Amtspflichtverletzung vorgekommen ist, übertragen hat".[108] 559

Im Regelfall haftet damit diejenige öffentlich-rechtliche Körperschaft, die den Amtsträger angestellt hat und ihn besoldet, nicht jedoch die Körperschaft, deren Aufgaben der Amtsträger im Einzelfall wahrnimmt. Dies ergibt sich schon aus der Formulierung des Art. 34 Satz 1 GG („in deren Dienst er steht"). Außerdem geben meist nur der Anstellungsakt und die Anstellungskörperschaft dem Geschädigten eindeutige Anhaltspunkte. 560

---

[106] BGHZ 49, 108, 115 f.
[107] BGH NVwZ 1994, 823.
[108] BGHZ 53, 217, 219; BGH VersR 2006, 698.

561   Jedoch kann nicht immer an die „Anstellung" als maßgebliches Kriterium angeknüpft werden, da das wahrzunehmende Amt dem Amtsträger nicht stets von der jeweiligen Anstellungskörperschaft anvertraut und übertragen wird. In diesen Ausnahmefällen ist darauf abzustellen, welche Körperschaft dem Amtsträger das konkrete Amt übertragen hat. Im Einzelnen handelt es sich dabei um folgende Fallgruppen:

562   – Für den Amtsträger gibt es keine öffentlich-rechtliche Anstellungskörperschaft. Dies trifft insbesondere auf die Beliehenen und die Verwaltungshelfer zu. Für diese Amtsträger haftet die Körperschaft, die ihnen die zu erfüllende hoheitliche Aufgabe anvertraut hat.[109]

563   **Beispiele:** Für Pflichtverletzungen eines TÜV-Sachverständigen bei der Überprüfung einer überwachungsbedürftigen Anlage haftet das Land, das ihm die amtliche Anerkennung als Sachverständiger erteilt hat.[110]
Für Pflichtverletzungen eines Zivildienstleistenden haftet nicht die anerkannte Zivildienststelle, sondern die Bundesrepublik Deutschland, weil diese die Beschäftigungsstelle gem. § 4 ZDG anerkannt und ihr damit hoheitliche Befugnisse gegenüber dem Zivildienstleistenden verliehen hat.[111]
Die Kassenärztliche Vereinigung haftet für Mitglieder des Zulassungs- und Berufungsausschusses.[112]
Die AOK als Trägerin der gesetzlichen Krankenversicherung haftet für ihre Bediensteten.[113]
Das Land haftet für die Gutachterausschüsse gem. § 192 BauGB.[114]

564   – Der Amtsträger hat gleichzeitig mehrere Dienstherren, die als Anstellungskörperschaft in Betracht kommen. Hierzu zählen die Beamten mit institutioneller Doppelstellung. Eine institutionelle Doppelstellung hat (nach bayerischem Recht) der Landrat inne. Er ist Beamter des Landkreises (vgl. Art. 31 BayLKrO) und zugleich Leiter des Landratsamts als untere Staatsbehörde (vgl. Art. 37 BayLKrO). Hier haftet jeweils die Körperschaft, deren Aufgabe der Landrat im haftungsbegründenden Fall wahrgenommen hat.[115]

565   Weitere Beamte mit Doppelstellung sind im Verhältnis zwischen Bund und Ländern die Oberfinanzpräsidenten und die Leiter der Oberfinanzkassen. Beide sind zugleich Bundes- und Landesbeamte (§§ 5, 9a, 10a des Gesetzes über die Finanzverwaltung), sofern nicht § 22 FVG anzuwenden ist.

566   Verletzt der Beamte gleichzeitig die Pflichten beider Ämter, so haften beide Dienstherren.[116]

567   – Handelt der Amtsträger aufgrund der Weisung einer übergeordneten Behörde, so trifft die Haftung den Träger der Behörde, welche die rechtswidrige Weisung vorgenommen hat, da diese mit der Weisung die Verantwortlichkeit für die Rechtmäßigkeit des angeordneten Handelns übernimmt.[117]

568   – Auf die Übertragung des konkreten Amts kommt es ferner in den Fällen an, in denen der Amtsträger zu einem anderen Dienstherrn abgeordnet wurde. Soweit

---
[109] BGHZ 87, 202.
[110] BGH NJW 1993, 1784.
[111] BGH NJW 1992, 2882; BGH NVwZ 2001, 835.
[112] BGH NJW-RR 1991, 475.
[113] OLG Saarbrücken NJW-RR 2001, 813.
[114] BGH NVwZ 2001, 1074 f.
[115] BayVerfGH WM 1959, 1099; s.a. BGH VersR 2007, 497 zur Möglichkeit abweichender landrechtlicher Regelungen.
[116] BGH VersR 1966, 1049.
[117] BGH NJW 1977, 713; Staudinger/*Wurm*, § 839 BGB, Rn. 66.

die Körperschaft, zu der der Amtsträger abgeordnet worden ist, uneingeschränkt über dessen Dienste verfügen kann, haftet diese.[118]

Richtet der Kläger seine Amtshaftungsklage gegen eine Körperschaft, die nicht nach Art. 34 Satz 1 GG verantwortlich ist, so ist die Klage als unbegründet abzuweisen. Der Kläger kann jedoch eine Klageabweisung verhindern, indem er einen Beklagtenwechsel vornimmt.[119] Hierzu muss er zunächst erklären, dass er die Klage gegen den neuen Beklagten richte. Der Zustimmung des bisherigen Beklagten hierzu bedarf es in der ersten Instanz nur, wenn der Kläger den Beklagtenwechsel nach Beginn der mündlichen Verhandlung zur Hauptsache vornimmt (§ 269 Abs. 1 ZPO analog). Der Zustimmung des neuen Beklagten bedarf es für die Wirksamkeit des Parteiwechsels im ersten Rechtszug nicht. Verweigert der neue Beklagte allerdings seine Zustimmung, so wird er zwar Partei, die bisherigen Prozessergebnisse entfalten aber keine Wirkung für und gegen ihn. Die Kosten des ausscheidenden Beklagten hat entsprechend § 269 ZPO der Kläger zu tragen. 569

Im zweiten Rechtszug bedarf es wegen § 269 Abs. 1 ZPO der Zustimmung des bisherigen Beklagten; außerdem muss der neue Beklagte zustimmen, da ihm eine Tatsacheninstanz genommen wird. Die Zustimmung darf nur dann nicht verweigert werden, wenn ihre Versagung einen Rechtsmissbrauch darstellen würde. 570

Ist der Beklagtenwechsel zulässig, so wird – nur – zwischen den neuen Parteien durch Endurteil entschieden, dem ein Zwischenurteil nach § 280 Abs. 2 ZPO über die Wirksamkeit des Beklagtenwechsels vorausgehen kann. 571

Bei unzulässigem Beklagtenwechsel ergeht ein Endurteil zwischen den alten Parteien. Diesem kann ebenfalls ein Zwischenurteil über die Unwirksamkeit des Beklagtenwechsels vorangehen. Ist der wirksame Partei- oder Beklagtenwechsel allein an der erforderlichen Zustimmung der neuen Partei gescheitert, so ergeht ein Endurteil nur im Verhältnis des Klägers zur neuen Partei; hier wird die Klage als unzulässig abgewiesen. Im Verhältnis zur alten Partei ergeht Beschluss gem. § 269 ZPO.[120] 572

B. Klageanträge und Tenorierung

Grundsätzlich hat der Kläger einen bezifferten Leistungsantrag zu stellen.[121] Ein Feststellungsantrag ist nur dann zulässig – aber auch geboten –, wenn sich der Schaden noch nicht exakt beziffern lässt, etwa weil er sich erst in der Zukunft realisieren wird. Gleiches gilt für den Fall, dass sich der Schaden bei Klageerhebung noch in der Entwicklung befindet. 573

Besonderheiten gelten für die Klageanträge und die Tenorierung in dem Fall, dass mehrere Nebentäter, ohne eine Haftungseinheit zu bilden, durch verschiedene selbstständige Handlungen einen Schaden herbeigeführt haben und der Geschädigte sie gemeinsam verklagt. Die Haftungsquoten bemessen sich dann nach den von der Rechtsprechung entwickelten Grundsätzen zur kombinierten Einzelabwägung und Gesamtschau.[122] Zu einem solchen Fall der Nebentäterschaft ohne Haftungseinheit kann es nur kommen, wenn sich unterschiedliche, voneinander unabhängige Ursachenbeiträge des Amtswalters und des Dritten realisiert haben.[123] Eine haftungsaus- 574

---
[118] BGHZ 34, 20; Palandt/*Sprau*, § 839 BGB, Rn. 26.
[119] Dazu im Einzelnen *Thomas/Putzo*, Vorbem. § 50 ZPO, Rn. 22 ff.
[120] *Thomas/Putzo*, Vorbem. § 50 ZPO, Rn. 29.
[121] Muster bei Eiding/Hofmann-Hoeppel/*Luber*, Fb VerwR, § 17.
[122] Geigel/Schlegelmilch/*Knerr*, Kap. 2, Rn. 25 ff.
[123] Beispiel bei OLG Hamm NJW 2008, 3795, 3796.

schließende Anwendung des § 839 Abs. 1 Satz 2 BGB kommt daher nur in Höhe der Haftungsquote des Dritten in Betracht. Entsprechend muss dann aber auch der Klageantrag gegen die haftende Körperschaft reduziert werden.

574a Steht im Amtshaftungsprozess noch nicht fest, ob eine anderweitige Ersatzmöglichkeit realisiert werden kann und dementsprechend die Subsidiaritätsklausel nach § 839 Abs. 1 Satz 2 eingreift, weil den Amtswaltern nur Fahrlässigkeit zur Last fällt, ist die Klage lediglich als „zur Zeit unbegründet" abzuweisen, um dem Kläger nicht die Möglichkeit abzuschneiden, einen Amtshaftungsanspruch erneut geltend zu machen.[124]

C. Bindungswirkung von Behörden- und Gerichtsentscheidungen

575 Von der Frage der Zulässigkeit des Rechtswegs scharf zu trennen ist die sachlich-rechtliche Frage,[125] in welchem Umfang das mit der Amtshaftungsklage befasste Zivilgericht Maßnahmen der Verwaltungsbehörden auf ihre Rechtswirksamkeit und Rechtmäßigkeit überprüfen kann.[126] Hierbei ist danach zu unterscheiden, ob die einen Amtshaftungsanspruch auslösende Behördenentscheidung bereits Gegenstand eines verwaltungsgerichtlichen Verfahrens war oder nicht.[127]

I. Nachprüfbarkeit von Verwaltungsakten und anderen Rechtshandlungen

576 Im Rahmen der Amtshaftungsklage hat das Zivilgericht jeden Verwaltungsakt in vollem Umfang auf seine Rechtmäßigkeit zu überprüfen.[128] Diese Prüfungspflicht besteht auch dann, wenn es der Geschädigte unterlassen hat, den Verwaltungsakt mit den dafür vorgesehenen Rechtsbehelfen anzufechten.[129] Nach Auffassung des BGH und der h. L. wird der Amtshaftungsanspruch nicht durch den Eintritt der Bestandskraft ausgeschlossen, da andernfalls § 839 Abs. 3 BGB gegenstandslos wäre;[130] regelmäßig wird die Klage dann aber wegen § 839 Abs. 3 BGB erfolglos bleiben, wenn und weil es der Geschädigte in vorwerfbarer Weise versäumt hat, einen ihn belastenden Verwaltungsakt mit den zur Verfügung stehenden Rechtsmitteln anzugreifen. Das ändert aber nichts an der vorgelagerten Frage der Amtspflichtverletzung wegen Erlasses eines rechtswidrigen Verwaltungsakts.

577 Allerdings sind Fallgestaltungen denkbar, in denen auch im Amtshaftungsprozess die Nachprüfung eines bestandskräftig gewordenen Verwaltungsakts mit Rücksicht auf seine verfahrensmäßige Ausgestaltung und umfassende rechtsgestaltende Wirkung über den Anwendungsbereich des § 839 Abs. 3 BGB hinaus ausgeschlossen oder eingeschränkt ist.[131] Der BGH hat dies im Hinblick auf einen Flurbereinigungsplan und damit zusammenhängende belastende Maßnahmen erwogen.[132]

---

[124] OLG Frankfurt BauR 2012, 683, Urt. v. 24.11.2011, Az. 1 U 160/10.
[125] Staudinger/*Wurm*, § 839 BGB, Rn. 417; RGRK/*Kreft*, § 839 BGB, Rn. 577.
[126] Zur Bindung an unanfechtbare Entscheidungen der Unfallversicherungsträger und der Sozialgerichte gemäß § 108 SGB VII bzgl. des Ausschlusses des Amtshaftungsanspruchs nach §§ 104 ff. SGB VII s. BGH, Urt. v. 4.6.2009, Az. III ZR 229/07.
[127] Vgl. *Ossenbühl/Cornils* (Staatshaftungsrecht), S. 122 f.
[128] MünchKommBGB/*Papier*, § 839 BGB, Rn. 382; RGRK/*Kreft*, § 839 BGB, Rn. 579.
[129] *Ossenbühl/Cornils* (Staatshaftungsrecht), S. 122 f.
[130] BGH NJW 1991, 1168; bestätigt in BGH NJW 1995, 394, ständige Rechtsprechung; zustimmend *Rinne*, in: Festschrift für *Boujong*, S. 633; *Maurer*, § 25, Rn. 47a; *Ossenbühl/Cornils* (Staatshaftungsrecht), S. 123; *Steinweg*, NJW 2003, 3037, 3039; ablehnend *Jeromin*, NVwZ 1991, 543, 545; *Stuttmann*, NJW 2003, 1432, 1434.
[131] BGH NJW 1991, 1168, 1170; Staudinger/*Wurm*, § 839 BGB, Rn. 417.
[132] BGH NJW 1987, 491, 492.

Das Zivilgericht ist grundsätzlich auch zur Inzidentkontrolle von Satzungen befugt. Wird der Amtshaftungsanspruch auf die Nichtigkeit eines Bebauungsplans gestützt, haben die Zivilgerichte – sofern eine verwaltungsgerichtliche Entscheidung gemäß § 47 VwGO hierzu nicht ergangen ist – die Rechtmäßigkeit der Satzung unter Beachtung der §§ 214, 215 BauGB nachzuprüfen.[133] Die Zivilgerichte können aber nicht die Nichtigkeit der Satzung mit Wirkung inter omnes feststellen. Dazu sind nur die Oberverwaltungsgerichte gem. § 47 VwGO berufen.

II. Bindungswirkung von Entscheidungen anderer Gerichte

Die Prüfungspflicht und die Prüfungsbefugnis der Zivilgerichte finden ihre Grenze an der Rechtskraftwirkung verwaltungsgerichtlicher Urteile.[134]

An verwaltungsgerichtliche Entscheidungen, die die Rechtswirksamkeit und Rechtmäßigkeit einer einen Amtshaftungsanspruch auslösenden Verwaltungsentscheidung rechtskräftig festgestellt haben, ist das Zivilgericht gebunden.[135] Das folgt aus der materiellen Rechtskraft eines solchen Urteils. Der Sinn der materiellen Rechtskraft liegt darin, über den Streitgegenstand endgültig, gegebenenfalls auch mit Wirkung für andere Rechtsstreitigkeiten der am Ausgangsprozess Beteiligten gerichtlich zu entscheiden.[136]

Umgekehrt bindet auch eine klageabweisende verwaltungsgerichtliche Entscheidung das Zivilgericht.[137]

Verwaltungsgerichtliche Eilentscheidungen, die im Aussetzungsverfahren nach § 80 Abs. 5 VwGO getroffen werden, entfalten hingegen keine Bindungswirkung, weil sie selbst vom Verwaltungsgericht gemäß § 80 Abs. 7 VwGO jederzeit geändert oder aufgehoben werden können und nicht in Rechtskraft erwachsen.[138]

Wenn eine Satzung im Normenkontrollverfahren für nichtig erklärt worden ist, sind die Zivilgerichte an diese Entscheidung gebunden. Wurde im Normenkontrollverfahren die Rechtmäßigkeit des Bebauungsplans bestätigt, so bindet auch diese Entscheidung die Zivilgerichte im Rahmen ihrer Rechtskraftwirkung.[139]

Die Bindungswirkung des verwaltungsgerichtlichen Urteils erstreckt sich grundsätzlich nur auf die Entscheidung als solche, nicht aber auf die Gründe dieser Entscheidung.[140] Nach der Rechtsprechung des BGH enthält jedoch das Urteil, das die Rechtswidrigkeit einer bestimmten hoheitlichen Maßnahme ausspricht, zwangsläufig auch die Feststellung, dass diese Maßnahme tatsächlich vorgenommen worden ist. Das Urteil erwächst auch insoweit in materielle Rechtskraft. Der Grundsatz, dass tatsächliche Feststellungen eines Urteils nicht an der Rechtskraft teilnehmen, kann keine Geltung beanspruchen, wenn die Frage der Rechtmäßigkeit oder Rechtswidrigkeit einer bestimmten hoheitlichen Maßnahme Streitgegenstand war und eben diese Maßnahme als Bezugspunkt der richterlichen Beurteilung unverzichtbare Grundlage des Tenors ist. In einem solchen Fall ist die Feststellung der

---

[133] *Boujong*, WiVerw 1991, 59, 62.
[134] *Schlick*, DVBl. 2010, 1484; Staudinger/*Wurm*, § 839 BGB, Rn. 419; RGRK/*Kreft*, § 839 BGB, Rn. 579.
[135] BGH WM 2008, 660; BGHZ 15, 17, 19; BGH NJW 1994, 1950; BGH NJW 1985, 3025, st. Rspr.; RGRK/*Kreft*, § 839 BGB, Rn. 581; Staudinger/*Wurm*, § 839 BGB, Rn. 423.
[136] BGH NJW 1994, 1950.
[137] BGHZ 113, 17, 20.
[138] BGH NVwZ 2001, 452; Staudinger/*Wurm*, § 839 BGB, Rn. 419.
[139] *Boujong*, WiVerw 1991, 59, 62.
[140] BGHZ 20, 379, 382; OLG München NJW 2007, 1005; *Ossenbühl/Cornils* (Staatshaftungsrecht), S. 123.

Rechtmäßigkeit oder Rechtswidrigkeit nur im Zusammenhang mit dem in der Urteilsformel in Bezug genommenen Akt sinnvoll, verständlich und wirksam.[141]

585 Hat das Verwaltungsgericht einen mit Anfechtungsklage angegriffen Verwaltungsakt durch rechtskräftiges Urteil aufgehoben, so ist damit zugleich in für das Zivilgericht bindender Weise die Rechtswidrigkeit des Verwaltungsakts festgestellt.[142] Die verwaltungsgerichtliche Entscheidung über die Aufhebung beinhaltet die Feststellung der Rechtswidrigkeit bzw. Nichtigkeit. Deshalb muss auch insoweit die Begründung an der Rechtskraft des Urteils teilhaben.[143]

586 Die gleiche materielle Rechtskraft und damit Bindungswirkung wie einem verwaltungsgerichtlichen Urteil kann einem im Beschlussverfahren ergangenen Feststellungsausspruch eines Gerichts im Verfahren nach §§ 23 ff. EGGVG im Hinblick auf rechtswidrige Maßnahmen der Justizbehörden zukommen.[144]

587 Auch die rechtskräftige Entscheidung einer Strafvollstreckungskammer im Verfahren nach § 109 StVollzG, die die Rechtswidrigkeit der Unterbringung festgestellt hat, bindet das Zivilgericht.[145]

587a Die Entscheidungen des EGMR binden die Zivilgerichte dagegen grundsätzlich nicht.[146]

588 Bei gleichzeitiger Anhängigkeit eines verwaltungsgerichtlichen Verfahrens und der zivilgerichtlichen Amtshaftungsklage kann das Zivilgericht das bei ihm rechtshängige Verfahren gem. § 148 ZPO aussetzen, da die Frage der Rechtmäßigkeit oder Rechtswidrigkeit des Verwaltungshandelns vorgreiflich für den Amtshaftungsprozess ist.[147]

D. Maßgeblicher Zeitpunkt für die Beurteilung der Sach- und Rechtslage

589 Nach der Rechtsprechung des BGH sind Umstände, die mit dem schädigenden Ereignis in einem qualifizierten Zusammenhang stehen, zu berücksichtigen, soweit ihre Anrechnung dem Sinn und Zweck des Schadensersatzes entspricht und weder der Geschädigte unzumutbar belastet, noch der Schädiger unbillig entlastet wird. Dabei kommt es auf den Zeitpunkt der letzten mündlichen Tatsachenverhandlung an.[148]

590 Grundsätzlich sind deshalb während des Amtshaftungsprozesses neu hinzutretende Umstände tatsächlicher und rechtlicher Art zu berücksichtigen.

591 Beruht die Schädigung des Betroffen beispielsweise auf einem rechtswidrigen Bebauungsplan, in dem ein durch gesundheitsgefährdende Altlasten kontaminiertes Gelände als Wohngebiet ausgewiesen worden ist, so muss die nachträgliche Beseitigung des schädigenden Zustands durch eine Sanierung des Geländes bei der Beurteilung des Amtshaftungsanspruchs anspruchsmindernd berücksichtigt werden.[149]

592 Beruht der Schaden auf einem rechtswidrigen Beitragsbescheid, der auf der Grundlage einer fehlerhaften Satzung erlassen worden ist, erlässt die beklagte Ge-

---

[141] BGH NJW 1994, 1950, 1951.
[142] BGHZ 9, 332; BGHZ 20, 281.
[143] RGRK/*Kreft*, § 839 BGB, Rn. 580.
[144] BGH NJW 1994, 1950, 1951 (Rechtswidrige Pressemitteilung der Staatsanwaltschaft).
[145] BGH NJW 2006, 3572; BGH NJW 2005, 58; ThüringerOLG, Beschl. v. 31.1.2012, Az. 4 W 5/12.
[146] OLG Frankfurt, Urt. v. 10.10.2012, Az. 1 U 210/11 auch zu Ausnahmen.
[147] *Ossenbühl/Cornils* (Staatshaftungsrecht) S. 123.
[148] BGH NJW 1995, 394, 395; BGH NJW 1990, 1038, 1041.
[149] Vgl. BGH NJW 1990, 1038.

meinde während des Prozesses aber zulässigerweise eine wirksame Satzung mit Rückwirkungsanordnung, so wird für den Bescheid in rechtlich zulässiger Weise nachträglich eine Rechtsgrundlage geschaffen, die zu seiner „Heilung" führt. Dies kann zu einem Entfallen des ersatzfähigen Schadens führen.[150] Die Beklagte kann in diesem Fall dem Schadensersatzbegehren des Klägers jedenfalls den (erst nachträglich entstandenen) Einwand der unzulässigen Rechtsausübung entgegenhalten.[151]

Ebenso kann die Verwaltungsbehörde – nicht anders als im Verwaltungsrechtsstreit – zur Begründung eines Verwaltungsakts Rechtsgründe und Tatsachen, die bereits bei Erlass des Verwaltungsakts vorlagen, „nachschieben", sofern hierdurch nicht der Wesensgehalt des Verwaltungsakts verändert wird.[152]

593

E. Maßgeblicher Zeitpunkt für das Fehlen einer anderweitigen Ersatzmöglichkeit i. S. v. § 839 Abs. 1 Satz 2 BGB

Für die Frage, ob eine Ersatzmöglichkeit i. S. v. § 839 Abs. 1 Satz 2 BGB überhaupt besteht, ist grundsätzlich der Zeitpunkt der Erhebung der Amtshaftungsklage maßgeblich.[153] Der Beklagte kann sich im Amtshaftungsprozess deshalb nicht darauf berufen, dass sich für den Geschädigten nach Erhebung der Amtshaftungsklage eine anderweitige Ersatzmöglichkeit ergeben hat.[154] Sofern die maßgeblichen tatsächlichen Umstände, die für die Haftung eines Dritten sprechen, erst im Laufe des Amtshaftungsprozesses hervortreten, ist der Geschädigte unter dem Gesichtspunkt des § 839 Abs. 1 Satz 2 BGB grundsätzlich nicht gehalten, gegen den Dritten gerichtlich vorzugehen.

594

---

[150] Vgl. BGH NJW 1995, 394.
[151] Vgl. BGH NJW 1995, 394, 395.
[152] Staudinger/*Wurm,* § 839 BGB, Rn. 418.
[153] BGH NJW 1993, 1647, 1649; OLG Frankfurt a. M. NJW-RR 2006, 416; Staudinger/*Wurm,* § 839 BGB, Rn. 300; RGRK/*Kreft,* § 839 BGB, Rn. 507 m. w. N.
[154] BGH NJW 1993, 1647, 1648; Staudinger/*Wurm,* § 839 BGB, Rn. 300; RGRK/*Kreft,* § 839 BGB, Rn. 507.

9. Kapitel. Verteilung der Darlegungs- und Beweislast sowie Beweisführung

A. Beweisführung und Beweisermittlung durch den Geschädigten

I. Beibringungsgrundsatz im Amtshaftungsprozess

595 Anders als auf der Ebene des primären Rechtsschutzes vor den Verwaltungsgerichten findet beim Amtshaftungsprozess der Amtsermittlungsgrundsatz keine Anwendung. Vielmehr gilt – wie in allen anderen kontradiktorischen Verfahren der ZPO – die Verhandlungsmaxime. Daraus folgt zugleich der Beibringungsgrundsatz, nach dem es allein Sache der Parteien ist, den Tatsachenstoff beizubringen, der die Entscheidungsgrundlage für das Gericht bilden soll. Das Gericht darf bei seiner Entscheidung keine Tatsachen berücksichtigen, die nicht von einer Partei vorgetragen wurden und zur Stoffsammlung gehören. Dieser Grundsatz gilt allerdings nicht, soweit es sich um Tatsachen bei der Anwendung von Erfahrungssätzen handelt,[155] sowie bei der Rechtsanwendung, der Beweiswürdigung, der rechtlichen Würdigung des Parteivorbringens und den Schlussfolgerungen, die das Gericht daraus zieht.[156]

596 Im Schrifttum wird ferner eine Ausnahme für den Fall angenommen, dass das Gericht über an sich rechtswegfremde Ansprüche gemäß § 17 GVG entscheidet; dann können einzelne Vorschriften anderer Verfahrensordnungen ausnahmsweise zur Anwendung kommen, wenn es die Art des Anspruchs erfordert, beispielsweise der Amtsermittlungsgrundsatz anstelle des Verhandlungsgrundsatzes.[157]

II. Beweisermittlung durch den Geschädigten

1. Beweisermittlung im laufenden Amthaftungsprozess

597 Die beklagte Partei ist im Amtshaftungsprozess nach zivilprozessualen Grundsätzen grundsätzlich nicht verpflichtet, dem Kläger Akten oder Informationen zur Verfügung zu stellen, die dieser zum Beweis seines Klagevortrags benötigt. Auch sog. Ausforschungsbeweisanträge sind dementsprechend unzulässig. Eine Vorlegungspflicht kann sich im Hinblick auf Urkunden nur aus § 142 ZPO und §§ 422 ff. ZPO ergeben.

598 Eine Stufenklage auf Auskunft, ggf. eidesstattliche Versicherung und schließlich Leistung gemäß § 254 ZPO[158] ist nur in den seltensten Fällen erfolgreich. Wenn nach dem Wesen eines Rechtsverhältnisses der Berechtigte in entschuldbarer Weise über das Bestehen oder den Umfang seines Rechts im Ungewissen ist, der Verpflichtete die Auskunft aber unschwer erteilen könnte, kann zwar ein Auskunftsanspruch gegen die Behörde auch zur Vorbereitung eines Amtshaftungsprozesses bestehen;[159] solche Fälle werden freilich weniger über eine Auskunftsklage als vielmehr im Rahmen der Beweiswürdigung unter dem Gesichtspunkt der Beweisvereitelung gelöst.

---

[155] BGH MDR 1978, 567.
[156] *Thomas/Putzo*, Einl. I, Rn. 4.
[157] *Thomas/Putzo*, § 17 GVG, Rn. 6, jedoch ohne Angabe der in Betracht kommenden Fallgestaltungen.
[158] Vgl. BGHZ 78, 274.
[159] BGHZ 81, 24; BGH NJW 1981, 1675; Staudinger/*Wurm*, § 839 BGB, Rn. 149.

2. Beweisermittlung im vorgelagerten Verwaltungsgerichtsprozess

Sofern der Geschädigte auf der Stufe des Primärrechtsschutzes Klage zum Verwaltungsgericht erhoben hat, kann er sich im Zuge des Verwaltungsprozesses wertvolle Informationen beschaffen; in diesen Verfahren hat nämlich der Kläger gem. § 100 VwGO das Recht auf Einsicht in alle Akten.

a) Aktenvorlage und Akteneinsicht

Häufig sind für die Amtspflichtverletzung erhebliche Tatsachen, z. B. Kenntnis der Behörde von bestimmten Umständen oder zeitliche Abläufe von Bearbeitungs- und Entscheidungsvorgängen, in den Behördenakten dokumentiert und mit ihrer Hilfe nachweisbar.

Nach § 99 Abs. 1 VwGO sind die Behörden gegenüber dem Gericht zur Vorlage von Urkunden oder Akten und zu Auskünften verpflichtet. Dem Zweck der Regelung entsprechend besteht die Vorlage- und Auskunftspflicht auch für „beliehene Unternehmer".[160]

Nach § 100 Abs. 1 und Abs. 2 VwGO kann der Betroffene als Beteiligter des verwaltungsgerichtlichen Verfahrens die Gerichtsakten und die dem Gericht von den Behörden vorgelegten Akten einsehen und sich Ausfertigungen, Abzüge und Abschriften erteilen lassen. Die Akteneinsicht und das Recht auf Erteilung von Ausfertigungen erstreckt sich auf die gesamten dem Gericht vorgelegten oder vom Gericht selbst geführten Akten, einschließlich aller beigezogenen Unterlagen, Beiakten, Urkunden, Zustellungsnachweise, Tonbänder, Filme, Augenscheinsobjekte, etc.[161]

Nach § 99 Abs. 1 Satz 2 VwGO dürfen die Behörden die Vorlage entsprechender Akten oder die Erteilung von Auskünften an das Gericht nur verweigern, wenn das Bekanntwerden des Inhalts dem Wohle des Bundes oder eines Bundeslandes Nachteile bereiten würde oder die Vorgänge nach dem Gesetz oder ihrem Wesen nach geheim gehalten werden müssen. Die drohende Prozessniederlage ist niemals ein solcher Nachteil.[162] Fiskalische Nachteile reichen grundsätzlich nur dann aus, wenn dadurch die Funktionsfähigkeit des Staatsapparates oder wichtiger Leistungen des Staates in Frage gestellt werden.[163] Eine beabsichtigte Geltendmachung von Amtshaftungsansprüchen durch den Betroffenen gibt dem Hoheitsträger folglich regelmäßig kein Weigerungsrecht.

Die Entscheidung über die Verweigerung der Weitergabe von Informationen an das Gericht trifft die zuständige oberste Aufsichtsbehörde. Wird die Vorlage verweigert, so hat das Oberverwaltungsgericht oder das Bundesverwaltungsgericht gem. § 99 Abs. 2 VwGO auf Antrag eines Beteiligten durch Beschluss darüber zu entscheiden, ob die Verweigerung rechtmäßig ist.[164] Erzwingen kann das Gericht die Erfüllung der Verpflichtungen aus § 99 VwGO aber nicht. Die unberechtigte Weigerung der Behörde ist jedoch als schuldhafte Sachaufklärungs- und Beweisvereitelung analog § 444 ZPO bei der Beweiswürdigung zum Nachteil des Hoheitsträgers zu berücksichtigen.[165]

---

[160] *Kopp/Schenke*, § 99 VwGO, Rn. 4.
[161] *Kopp/Schenke*, § 100 VwGO, Rn. 3.
[162] *Redeker/v. Oertzen*, § 99 VwGO, Rn. 11.
[163] *Kopp/Schenke*, § 99 VwGO, Rn. 10.
[164] Vgl. zur Verweigerung der Aktenvorlage BVerwG NVwZ-RR 1997, 133; VGH Kassel NVwZ-RR 1997, 135.
[165] *Kopp/Schenke*, § 99 VwGO, Rn. 7, § 108 VwGO, Rn. 17.

b) Amtsermittlungsgrundsatz

605 Dem Kläger kommt im Verwaltungsprozess darüber hinaus zugute, dass das Gericht gem. § 86 VwGO verpflichtet ist, den Sachverhalt von Amts wegen zu untersuchen.[166] Es kann dabei sämtliche in der VwGO vorgesehenen Mittel für die Sachaufklärung einsetzen, mithin u.a. die Erörterung mit den Beteiligten gem. §§ 86 Abs. 3, 87, 87b, 104 VwGO, die Anordnung des persönlichen Erscheinens eines Beteiligten gem. § 95 VwGO sowie die Beiziehung und Vorlage von Akten und Urkunden und die Einholung von Auskünften gem. §§ 87, 87b und 99 VwGO.

3. Beweisermittlung durch Auskunftsansprüche nach den Informationsgesetzen des Bundes und der Länder

606 Mit dem Inkrafttreten des Umweltinformationsgesetzes (UIG) zum 14.2.2005, des Informationsfreiheitsgesetzes (IFG) des Bundes zum 1.1.2006 und des Verbraucherinformationsgesetzes (VIG) zum 1.5.2008 sowie entsprechenden Landesgesetzen hat sich der Zugang des Bürgers zu behördlichen Informationen ganz erheblich erweitert. Diesen Informationszugang kann der Kläger in mannigfaltiger Weise zur Vorbereitung eines Amtshaftungsprozesses nutzen. Insbesondere ist die Geltendmachung von Auskunftsansprüchen dann in Betracht zu ziehen, wenn zuvor kein Verwaltungsgerichtsprozess durchgeführt wurde oder wenn Informationen begehrt werden, die nicht in den beim Verwaltungsgericht vorliegenden Verfahrensakten vorhanden sind, etwa Prüfungsfeststellungen der Aufsichtsbehörden der amtspflichtwidrig handelnden Behörde oder Feststellungen der kommunalen Prüfungsverbände.

607 Zwar sehen einige Gesetze, etwa § 3 Nr. 1 lit. g IFG und § 8 Abs. 1 Satz 1 Nr. 3 UIG, vor, dass ein Anspruch auf Informationszugang nicht besteht, wenn das Bekanntwerden der Information nachteilige Auswirkungen auf die Durchführung eines laufenden Gerichtsverfahrens haben kann. Ist aber die Amtshaftungsklage noch nicht erhoben, können diese Ausschlusstatbestände mangels „laufendem Gerichtsverfahren" gerade nicht eingreifen.[167]

608 Die Anwendung der Informationsgesetze ist auch nicht durch §§ 421ff. ZPO gesperrt. Deren Zweck ist es allein, die Rechte und Pflichten der Prozessparteien im Verhältnis zueinander und zum Gericht im rechtshängigen Zivilprozess zu regeln. Demgegenüber verfolgen sie nicht das Ziel, noch vor der Anhängigkeit eines Zivilprozesses zwischen den Prozessparteien auch in deren sonstige Rechtsbeziehungen gestaltend einzugreifen.[168]

Weigert sich die Behörde, die begehrten Informationen zu übermitteln, kann Klage vor dem Verwaltungsgericht erhoben werden.[169]

III. Erleichterungen bei der Beweisführung

609 Der Beweispflichtige muss grundsätzlich mit den in der ZPO vorgesehenen Beweismitteln (Augenscheinseinnahme, §§ 371–372a ZPO, Zeugenbeweis, §§ 373–401

---

[166] Weiterführend zu Umfang und Inhalt der Ermittlungspflicht *Kopp/Schenke*, § 86 VwGO, Rn. 4ff.
[167] *Berger/Roth/Scheel*, § 3 IFG, Rn. 73 und 75; vgl. auch die Anwendungshinweise zum Informationsfreiheitsgesetz durch den Bundesbeauftragten für den Datenschutz und die Informationsfreiheit.
[168] Vgl. OVG NW, Beschl. v. 19.6.2002, Az. 21 B 589/02.
[169] S. dazu *Weber*, NVwZ 2008, 1284ff.

ZPO, Sachverständigenbeweis, §§ 402–411 ZPO, Urkundsbeweis, §§ 415–444 ZPO, und Parteivernehmung, §§ 445–455 ZPO) den kompletten (Streng-)Beweis zur vollen Überzeugung des Gerichts führen, § 286 ZPO. Gemildert werden diese hohen Anforderungen allerdings durch bestimmte Beweiserleichterungen zugunsten des Beweisbelasteten. Dazu gehören gesetzliche und tatsächliche Vermutungen, die richterrechtliche Beweislastumkehr, der Beweis des ersten Anscheins, der Grundsatz der Beweisvereitelung, das Erfordernis des substantiierten Bestreitens und die Regelungen in § 287 ZPO zum Beweismaß. Der Gesetzgeber hat darüber hinaus bei den Regelungen zu den Beweismitteln in letzter Zeit gewisse Verbesserungen vorgenommen. Zum einen ist ein Freibeweis (der Beweis kann mit jeder möglichen Erkenntnisquelle geführt werden, eine Beschränkung auf die in der ZPO vorgesehenen Beweismittel besteht nicht) immer dann möglich, wenn beide Parteien mit der Anwendung des Freibeweises einverstanden sind, § 284 S. 2–4 ZPO. Und zum anderen kann gemäß § 411a ZPO die schriftliche Begutachtung eines Sachverständigen durch die Verwertung eines gerichtlich oder staatsanwaltschaftlich eingeholten Sachverständigengutachtens aus einem anderen Verfahren ersetzt werden.

B. Darlegungs- und Beweislast des Geschädigten

Im Amtshaftungsprozess muss der geschädigte Kläger nach den allgemeinen Beweislastgrundsätzen die Amtspflichtverletzung, das Verschulden des Amtsträgers sowie den Eintritt und die Höhe des durch die Amtspflichtverletzung entstandenen Schadens beweisen. Außerdem trifft ihn bei Fahrlässigkeit des Amtswalters die Darlegungs- und Beweislast dafür, dass zum Zeitpunkt der Erhebung der Amtshaftungsklage keine anderweitige Ersatzmöglichkeit i. S. d. § 839 Abs. 1 Satz 2 BGB bestand. 610

I. Verletzung einer drittbezogenen Amtspflicht

Der Geschädigte muss die Tatsachen darlegen und beweisen, aus denen sich das Vorliegen einer Amtspflichtverletzung des Beklagten ergibt.[170] 611

Da dieser Beweis Tatsachen betrifft, die den Haftungsgrund konstituieren, findet § 286 ZPO Anwendung.[171] 612

1. Hoheitliche Tätigkeit

Der Geschädigte muss darlegen und beweisen, dass der Amtsträger hoheitlich und nicht nur im fiskalischen Bereich gehandelt hat.[172] Stützt der Geschädigte den Amtshaftungsanspruch auf ein tatsächliches Verhalten des Amtsträgers (Realakt), bei dem es im Gegensatz zum Rechtshandeln kein nach außen erkennbares Kriterium der Rechtsform gibt, so muss er beweisen, dass die mit dem Realakt verbundene Zielsetzung dem hoheitlichen Aufgabenbereich zuzuordnen ist und dass zwischen dieser Zielsetzung und dem Realakt ein enger innerer und äußerer Zusammenhang besteht. Allerdings wird in den besonderen Fällen einer Dienstfahrt mit bestimmten Fahrzeugen (Militär-, Feuerwehr-, Polizei-Kfz) ein Zusammenhang mit einer hoheitlichen Aufgabe im Wege einer tatsächlichen Vermutung angenommen.[173] 613

---

[170] OLG Hamm, Beschl. v. 31.3.2010, Az. 11 U 338/09; *Baumgärtel*, § 839 BGB, Rn. 1 m. w. N.
[171] BGH VersR 1975, 540, 541.
[172] Palandt/*Sprau*, § 839 BGB, Rn. 84.
[173] BGH NJW 1966, 1263, 1264.

614 In Zweifelsfällen besteht eine widerlegbare Vermutung für ein öffentlich-rechtliches Handeln.[174] Das Verhalten des Amtswalters ist solange nach öffentlichem Recht zu beurteilen, wie der entgegenstehende Wille, nach Maßgabe des Privatrechts zu handeln, nicht eindeutig in Erscheinung tritt.[175] Demnach ist es ausreichend, wenn der Kläger darlegt und beweist, dass der Hoheitsträger eine Aufgabe erfüllt, die üblicherweise dem Öffentlichen Recht zuzuordnen ist. Es ist dann Sache der beklagten Körperschaft, die damit verbundene Vermutung hoheitlicher Tätigkeit substantiiert zu widerlegen.

2. Verletzung der Amtspflicht

615 Darüber hinaus trägt der Geschädigte die Darlegungs- und Beweislast dafür, dass die sich aus der hoheitlichen Tätigkeit ergebende Amtspflicht gerade ihm gegenüber bestanden hat und somit drittbezogen ist.[176]

616 Für den Nachweis der Pflichtverletzung gilt zunächst der Grundsatz, dass jede Partei die Voraussetzungen derjenigen Norm darzulegen und zu beweisen hat, deren Rechtswirkung ihr zugute kommt.[177]

617 Hoheitliche Maßnahmen von Amtsträgern haben die Vermutung ihrer Rechtmäßigkeit für sich.[178] Aus diesem Grund trägt der Geschädigte die Darlegungs- und Beweislast dafür, dass die streitgegenständliche Amtshandlung unrechtmäßig war,[179] etwa dass die Amtspflicht zur fehlerfreien Ermessensausübung wegen eines Ermessensfehl- oder Ermessensnichtgebrauchs verletzt wurde.[180]

618 Eine Erleichterung der Darlegungslast für den Geschädigten kann aber dann eingreifen, wenn das Verhalten der Behörde durch eine zunächst gegebene Begründung nicht zu rechtfertigen ist. Schiebt die Behörde später eine andere Begründung nach, hat sie die Umstände darzulegen und zu beweisen, aus denen sich die Richtigkeit ihrer nachträglich abgegebenen Begründung ergibt.[181]

II. Verschulden

1. Grundsatz

619 Der Geschädigte hat des Weiteren das Verschulden des Amtsträgers in vollem Umfang darzulegen und zu beweisen.[182] Da das Verschulden ebenfalls ein den Haftungsgrund konstituierendes Merkmal darstellt, gilt § 286 ZPO.[183]

620 Bei der Verschuldensprüfung stellt die Rechtsprechung allerdings nicht auf das Verhalten des konkret handelnden Beamten im Sinne einer individuellen Vorwerfbarkeit ab, sondern tendiert dahin, das Verschuldensmerkmal zu objektivieren. Durch die Objektivierung des Fahrlässigkeitsbegriffs im Sinne einer normativen Verschuldenstheorie sind die Sorgfaltsanforderungen an den einzelnen Amtsträger zunehmend höher geworden. Aufgrund der Anerkennung des Organisationsverschuldens

---

[174] Johlen/Oerder/*Jeromin*, § 18 Rn. 113.
[175] MünchKommBGB/*Papier*, § 839 BGB, Rn. 148; *Kopp/Schenke*, § 40 VwGO, Rn. 13 ff.
[176] Johlen/Oerder/*Jeromin*, § 18 Rn. 113; *Baumgärtel*, § 839 BGB, Rn. 2.
[177] BGH NJW 1985, 2028, 2029; BGHZ 37, 336, 342.
[178] Staudinger/*Wurm*, § 839 BGB, Rn. 402; RGRK/*Kreft*, § 839 BGB, Rn. 547.
[179] BGH VersR 1960, 248, 249.
[180] OLG Hamm Urt. v. 8.2.2012, Az. 11 U 150/10.
[181] RGRK/*Kreft*, § 839 BGB, Rn. 547 m. w. N.
[182] BGH VersR 1974, 782.
[183] Geigel/Schlegelmilch/*Kapsa*, Kap. 20, Rn. 251; Johlen/Oerder/*Jeromin*, § 18 Rn. 113.

ist zudem die Benennung des individuell verantwortlichen Amtsträgers, der die schuldhafte Pflichtverletzung begangen hat, in aller Regel nicht erforderlich.[184]

Im Schrifttum wird in diesem Zusammenhang darauf hingewiesen, dass die weitgehende Ablösung des Verschuldensmerkmals vom individuellen Handeln des einzelnen Beamten dazu führe, dass von der Amtspflichtverletzung unmittelbar auf das Vorliegen eines Verschuldens geschlossen werde und somit praktisch eine Schuldvermutung zu Lasten des Hoheitsträgers vorliege.[185] Eine solche Schuldvermutung mit der Folge einer Beweislastumkehr oder einer Fiktion des Verschuldens[186] zu Lasten des Beklagten wurde von der Rechtsprechung bislang allerdings nicht anerkannt, sodass es im Amtshaftungsprozess nach wie vor beim Kläger liegt, das Verschulden des Beklagten darzulegen und zu beweisen. 621

Gleichwohl schließt die Rechtsprechung jedoch in Einzelfällen von der Tatsache der Amtspflichtverletzung auf das Vorliegen eines Verschuldens.[187] Trotz der ihm obliegenden Beweislast kommt der Kläger insofern in den Genuss von Beweiserleichterungen: Soweit er einen Sachverhalt darlegt und beweist, der eine objektive und rechtswidrige Amtspflichtverletzung begründet und nach dem regelmäßigen Verlauf der Dinge die Folgerung rechtfertigt, dass der Amtsträger diese Amtspflicht schuldhaft verletzt hat, reicht in der Regel der Nachweis der Verletzung einer drittbezogenen Amtspflicht für den Verschuldensbeweis aus.[188] 622

Der auch im Amtshaftungsprozess anwendbare Anscheinsbeweis[189] kann beim Nachweis des Verschuldens im Einzelfall zum Tragen kommen, wenn als Folge des Handelns oder Unterlassens des Amtsträgers ein ordnungswidriger Zustand festgestellt wird, der erfahrungsgemäß nur auf einer Vernachlässigung der erforderlichen Sorgfalt bei der Erfüllung seiner Amtspflicht beruhen kann.[190] Hat der Amtsträger einer Fachbehörde auf dem betreffenden Fachgebiet eine objektiv unrichtige Maßnahme getroffen, so spricht eine tatsächliche Vermutung dafür, dass er diese unter Außerachtlassung der erforderlichen Sorgfalt vorgenommen hat.[191] 623

2. Beweislastumkehr gem. § 280 Abs. 1 Satz 2, § 286 Abs. 4 BGB

§ 280 Abs. 1 Satz 2, § 286 Abs. 4 BGB finden auf den Verschuldensnachweis im Rahmen des deliktischen Amtshaftungsanspruchs gem. § 839 Abs. 1 Satz 1 BGB grundsätzlich keine Anwendung, da die Unterschiede zwischen Vertragshaftung und deliktischer Amtshaftung nach Anspruchsgrundlage und Art der (Amts-)Pflicht eine analoge Anwendung auf den Amtshaftungsanspruch nicht erlauben.[192] 624

Ausnahmen von diesem Grundsatz[193] gelten nur in den Fällen öffenlich-rechtlicher Verwahrungsverhältnisse,[194] bei Lieferungsbeziehungen[195] und Treuhandver- 625

---

[184] MünchKommBGB/*Papier*, § 839 BGB, Rn. 292 f.; *Maurer*, § 26, Rn. 24.
[185] Vgl. *Ossenbühl/Cornils* (Staatshaftungsrecht), S. 78 m. w. N.; ähnlich MünchKommBGB/*Papier*, § 839 BGB, Rn. 283.
[186] So BK/*Dagtoglou*, Art. 34 GG, Rn. 191 a. E.
[187] RGZ 125, 85; *Ossenbühl/Cornils* (Staatshaftungsrecht), S. 79; MünchKommBGB/*Papier*, § 839 BGB, Rn. 283.
[188] BGH VersR 2002, 622; Staudinger/*Wurm*, § 839 BGB, Rn. 400; *Baumgärtel*, § 839 BGB, Rn. 5, jeweils m. w. N.; a. A. OLG Düsseldorf NJW 1969, 1350, 1352.
[189] BGH VersR 1963, 857.
[190] BGH NJW 1970, 1879; BGH VersR 1976, 762.
[191] BGH VersR 1969, 541; OLG Düsseldorf VersR 1976, 1180.
[192] Vgl. BGH VersR 1986, 765, 766; OLG Köln MDR 1993, 630.
[193] Vgl. dazu BGHZ 51, 91, 106.
[194] BGHZ 3, 162, 174; BGHZ 4, 192, 195; BGH NJW 1990, 1230.
[195] BGHZ 59, 303, 309.

hältnissen[196] sowie bei Kassenfehlbeständen von Amtsträgern.[197] In diesen Fällen trägt der Amtsträger oder die hinter ihm stehende beklagte öffentlich-rechtliche Körperschaft entsprechend §§ 280 Abs. 1 Satz 2, 286 Abs. 4 BGB die Darlegungs- und Beweislast dafür, wie es zum Verlust oder zur Beschädigung der in Obhut genommenen Sache gekommen ist und weshalb dies auch bei Anwendung der gebotenen Sorgfalt nicht hätte vermieden werden können.[198] Der Geschädigte muss in diesen Fallgestaltungen lediglich darlegen und beweisen, dass sich die Sachen, wegen deren Verlust oder Beschädigung er Schadensersatz verlangt, aufgrund einer solchen Rechtsbeziehung im Besitz des Amtsträgers oder der öffentlich-rechtlichen Körperschaft befunden haben.[199]

626 Nimmt der Geschädigte einen Gerichtsvollzieher wegen des Abhandenkommens von Pfandsachen in Anspruch, die dieser im Gewahrsam des Schuldners belassen hat, findet §§ 280 Abs. 1 Satz 2, 286 Abs. 4 BGB keine analoge Anwendung. Vielmehr obliegt es dem Geschädigten, das Verschulden des Gerichtsvollziehers nachzuweisen.[200] Diese Beweislastverteilung nach allgemeinen Grundsätzen trägt dem Umstand Rechnung, dass der Gerichtsvollzieher die Sachen nicht selbst in Obhut genommen hat, sodass es sich bei dem Abhandenkommen nicht um einen Umstand handelt, der in die Beweissphäre des Gerichtsvollziehers fällt.[201]

627 Schließlich kommt im Fall einer Verletzung der Fürsorgepflicht des Dienstherrn eine Umkehrung der Darlegungs- und Beweislast in Betracht, wenn durch die Verletzung der Fürsorgepflicht die Beweissituation des Klägers besonders erscher worden ist.[202]

3. Beweislastumkehr durch gesetzliche Schuldvermutungen

628 Dem Kläger kommen ferner bestimmte gesetzliche Schuldvermutungen mit der Folge einer Beweislastumkehr zu Lasten des Beklagten zugute.[203] Erfüllt die behauptete Amtspflichtverletzung zugleich den Tatbestand einer gesetzlichen Schuldvermutung (z. B. §§ 18 StVG, §§ 831, 832, 833 Satz 2, 836 Abs. 1 BGB), so obliegt es dem Beklagten, die Verschuldensvermutung substantiiert zu widerlegen.[204]

> **Beispiel:**[205] Hat ein Polizeihund infolge mangelnder Beaufsichtigung durch den Hundeführer den Kläger gebissen, wird die Tierhalterhaftung gem. § 833 Satz 1 BGB zwar wegen des hoheitlichen Einsatzes des Hundes von § 839 BGB i.V.m. Art. 34 GG verdrängt. Aber die Beweislastverteilung des § 833 Satz 2 BGB, wonach der Halter des Tieres das vermutete Verschulden vollumfänglich mit einem Entlastungsbeweis zu widerlegen hat, findet im Rahmen des § 839 BGB Anwendung.[206]

---

[196] BGH NJW 1952, 659.
[197] BGH NJW 1986, 54.
[198] BGHZ 3, 162, 174; BGHZ 4, 192, 193; BGH NJW 1990, 1230, 1231, alle zu § 282 BGB a. F.; Palandt/*Grüneberg*, § 280 BGB, Rn. 10 u. 45.
[199] BGH NJW 1990, 1230, 1231.
[200] RGZ 137, 153, 155.
[201] Vgl. RGRK/*Kreft,* § 839 BGB, Rn. 548.
[202] BGH NJW 1983, 2240, 2241; Staudinger/*Wurm*, § 839 BGB, Rn. 401.
[203] Vgl. Staudinger/*Wurm*, § 839 BGB, Rn. 401; *Baumgärtel*, § 839 BGB, Rn. 7; Geigel/Schlegelmilch/*Kapsa*, Kap. 20, Rn. 177 jeweils m. w. N.
[204] Z. B. für § 18 StVG: BGH VersR 1966, 732; OLG Köln NJW-RR 1991, 33; für § 832 BGB: BGH NJW 2013, 1233; OLG Köln MDR 1999, 997, 998; a. A. OLG Dresden NJW-RR 1997, 857; OLG Hamburg OLGR Hamburg, 1999, 190; für § 833 S. 2 BGB: BGH VersR 1972, 1047, 1048; OLG Frankfurt VersR 1975, 646, OLG Hamm NVwZ-RR 1997, 460; *Förster*, NJW 2013, 1201; für § 836 Abs. 1 BGB: BGHR BGB § 836 Abs. 1 – Amtshaftung 1 (Urt. v. 5.4.1990 – III ZR 4/89).
[205] OLG Düsseldorf NJW-RR 1995, 661.
[206] Vgl. auch OLG Hamm NVwZ-RR 1997, 460.

Dasselbe gilt, wenn sich ein Amtsträger zur Erfüllung seiner dienstlichen Tätigkeit 629
einer Privatperson als Verrichtungsgehilfen bedient und diese Privatperson in Ausführung der Verrichtung dem Geschädigten Schaden zugefügt hat. In diesem Fall greift im Rahmen der Amtshaftung aus § 839 Abs. 1 Satz 2 BGB die für § 831 BGB geltende Beweislastverteilung ein, wonach der Beklagte den Entlastungsbeweis durch Widerlegung der Verschuldensvermutung gem. § 831 Abs. 1 Satz 2 Halbs. 1 BGB zu führen hat.[207]

4. Unrichtige Gesetzesauslegung oder Rechtsanwendung

Eine objektiv unrichtige Gesetzesauslegung oder Rechtsanwendung ist schuldhaft, 630
wenn sie gegen den klaren und eindeutigen Wortlaut der Norm verstößt oder wenn aufgetretene Zweifelsfragen durch die höchstrichterliche Rechtsprechung geklärt sind, wobei schon eine einzige Entscheidung Klärung herbeiführen kann.[208] Der Kläger muss deshalb rechtliche Ausführungen zur Unvertretbarkeit der Behördenentscheidung machen oder entgegenstehende höchstrichterliche Rechtsprechung aufzeigen.

Ein Verschulden bei der Rechtsanwendung wird allerdings grundsätzlich verneint, 631
wenn ein mit mehreren Berufsrichtern besetztes Kollegialgericht die Amtshandlung für rechtmäßig befunden hat. Dies wird damit begründet, dass von einem Beamten keine besseren Rechtskenntnisse verlangt werden könnten als von einem Gericht.[209]

Dieser Grundsatz, der ohnehin durch zahlreiche Ausnahmen durchbrochen 632
wird,[210] ist jedoch angesichts der Vielzahl von Fehlurteilen der Instanzgerichte abzulehnen. Rechtsirrige Entscheidungen des Amtswalters bleiben auch dann rechtsirrig, wenn sie von einem Instanzgericht bestätigt wurden. Und das Verschulden des Amtswalters entfällt nicht deshalb, weil auch das Instanzgericht schuldhaft denselben Fehler macht. Diese Privilegierung des Amtswalters bei der Verschuldensprüfung ist völlig unverständlich, zumal die Anwendung der gleichen Maßstäbe bei der Frage der Schuldhaftigkeit der Nichteinlegung eines Rechtsmittels und bei der Frage des Mitverschuldens verweigert wird; hier müsste man dann erst recht sagen, dass der Bürger nicht mehr wissen muss als ein Kollegialgericht.

Nach der ständigen Rechtsprechung ist aber das Verschulden des Amtswalters bei 633
der Bestätigung seiner Rechtsauffassung durch ein Kollegialgericht ausgeschlossen, sodass ein Gegenbeweis nicht geführt werden kann.

III. Schaden

Der Geschädigte muss den Eintritt eines Schadens sowie dessen Höhe darlegen 634
und beweisen.[211] Im Rahmen der Beweisführung greifen allerdings zu seinen Gunsten die Beweiserleichterungen der §§ 287 ZPO[212] und 252 Satz 2 BGB[213] ein. Da § 287 ZPO die Beweislastverteilung unberührt lässt,[214] gehen verbleibende Zweifel an Eintritt und Höhe des geltend gemachten Schadens zu Lasten des Geschädigten.[215]

---

[207] Johlen/Oerder/*Jeromin*, § 18 Rn. 114; RGRK/*Kreft*, § 839 BGB, Rn. 552.
[208] Vgl. BGH NJW 1985, 1692, 1693.
[209] Vgl. BGHZ 73, 161, 164 f.
[210] Siehe hierzu oben 1. Teil, 3. Kapitel B. III.2.b.
[211] BGHZ 37, 336, 337; BGH VersR 1974, 782; BGH VersR 1978, 282; Johlen/Oerder/*Jeromin*, § 18 Rn. 113.
[212] BGH DVBl. 1983, 586, 587; Johlen/Oerder/*Jeromin*, § 18 Rn. 113.
[213] BGH VersR 1978, 281, 282.
[214] BGH NJW 1970, 1970, 1971.
[215] Vgl. BGH JZ 1971, 228; BGH VersR 1960, 369.

1. Reduziertes Beweismaß gem. § 287 ZPO

635 Gem. § 287 ZPO tritt an die Stelle des Vollbeweises der Schadenshöhe eine auf richterlicher Schätzung beruhende Ermessensentscheidung des Gerichts.[216] Zudem sind die Anforderungen an die Substantiierung des Schadens gemindert, sodass die Darlegungs- und Beweislast des Geschädigten hinsichtlich der einzelnen Schadensposten erleichtert ist.[217] Es reicht zur Beweisführung aus, wenn der Kläger schlüssig und substantiiert greifbare Anhaltspunkte und Anknüpfungstatsachen für den geltend gemachten Schaden darlegt, die eine gesicherte Grundlage und einen bestimmten Sachverhalt für die Bildung der richterlichen Überzeugung liefern.[218]

636 Darüber hinaus ist das für die richterliche Überzeugungsbildung erforderliche Beweismaß im Rahmen des § 287 ZPO reduziert.[219] Im Gegensatz zum Beweismaß im Rahmen des § 286 ZPO[220] genügt hinsichtlich des Eintritts und der Höhe des Schadens eine deutlich überwiegende Wahrscheinlichkeit, soweit dieses Wahrscheinlichkeitsurteil auf gesicherten Grundlagen beruht.[221]

2. Beweisaufnahme

637 Die Anwendbarkeit des § 287 ZPO begründet zugleich verfahrensrechtliche Besonderheiten, weil diese Vorschrift neben der Reduzierung des Beweismaßes auch eine freiere Gestaltung der Beweisaufnahme durch den Richter gestattet.

638 Gem. § 287 Abs. 1 Satz 2 ZPO steht es im Ermessen des Gerichts, ob und in welchem Umfang es Beweis über den Schaden erheben will. An Beweisanträge ist das Gericht dabei nicht gebunden.[222] Dennoch sind dem richterlichen Ermessen aufgrund des Willkürverbots Grenzen gezogen, sodass das Gericht die vom Geschädigten angebotenen Beweise nicht willkürlich zurückweisen darf.[223] So wäre die Zurückweisung eines Beweisangebots willkürlich, wenn dieses geeignet ist, die tatsächlichen Grundlagen für die anderenfalls „in der Luft hängende"[224] richterliche Schätzung zu liefern. Dasselbe gilt für eine Zurückweisung allein aus Gründen der Prozessökonomie[225] oder weil sich das Gericht für eine abstrakte Schadensberechnung entschließt, obwohl der Geschädigte Beweis für eine konkrete Berechnung angeboten hat.[226] Demgegenüber kann die Einholung eines (weiteren) Gutachtens im Einzelfall unterbleiben, auch wenn dies nach allgemeinen Regeln von Amts wegen geboten wäre;[227] das Gericht darf allerdings nicht unter Anmaßung einer nicht vorhandenen Sachkunde auf fundierte Feststellungen zu einer zentralen Frage des Rechtsstreits verzichten.[228]

---

[216] BGHZ 78, 346, 349; BGH NJW 1992, 3237, 3241 m.w.N.; Zöller/*Greger*, § 287 ZPO, Rn. 1.
[217] BGH NJW 1994, 663; BGH NJW-RR 1992, 792; BGHZ 74, 221, 226; BGHZ 142, 259, 269.
[218] BGH NJW 1988, 3016, 3017; BGH NJW 1970, 1411; Staudinger/*Wurm*, § 839 BGB, Rn. 400.
[219] BGH NJW 1970, 1970, 1971.
[220] BGHZ 53, 245, 256.
[221] BGH NJW-RR 1996, 781 m.w.N.; BGH JZ 1991, 262; für „hinreichende Wahrscheinlichkeit": BGH NJW 1970, 1970, 1971; für „sehr hohe Wahrscheinlichkeit": BGH VersR 1961, 353, 355.
[222] Vgl. BGHZ 3, 162; BGH MDR 1991, 423, 424.
[223] BGH VersR 1976, 389.
[224] BGH NJW 1964, 589.
[225] BVerfG JZ 1979, 23.
[226] BVerfG JZ 1979, 23.
[227] Zöller/*Greger*, § 287 ZPO, Rn. 6.
[228] BGH, Urt. v. 6.10.2005, Az. I ZR 267/02.

Über Ausgangs- und Anknüpfungstatsachen muss das Gericht hingegen Beweis 639
erheben, wenn diese von der beklagten Partei bestritten werden. Dies gilt auch im
Falle der Einholung eines Sachverständigengutachtens zur Schadensschätzung für
Tatsachen, die eine Grundlage des Gutachtens bilden. Denn die beklagte Partei hat
einen Anspruch darauf, dass alle für die Schadensberechnung relevanten Angaben,
die der Geschädigte einem Sachverständigen zur Erstellung des Gutachtens gemacht
oder durch Einblick in Geschäftsunterlagen vermittelt hat, auch ihr zur Kenntnis
gebracht werden. Die bloße Verwendung von Tatsachen aus dem Gutachten eines
Sachverständigen reicht nicht aus.[229]

Bei der Beweisaufnahme gem. § 287 Abs. 1 Satz 2 ZPO ist das Gericht an die 640
Beweismittel der ZPO gebunden. Der Freibeweis ist daher unzulässig.[230] Allerdings
darf das Gericht in Abweichung zu § 448 ZPO auch den beweisbelasteten Geschädigten als Partei vernehmen, weil § 287 Abs. 1 Satz 3 ZPO als lex specialis zu § 448
ZPO die Subsidiarität der Parteivernehmung gegenüber anderen Beweismitteln sowie das Erfordernis einer „gewissen Wahrscheinlichkeit" des Schadenseintritts
überwindet.

Die Ablehnung angebotener Beweise muss das Gericht in seiner Entscheidung be- 641
gründen. Darüber hinaus muss es die tatsächlichen Grundlagen für die Schadensschätzung und ihre Auswertung in objektiv nachprüfbarer Weise mitteilen.[231] Die
Ermessensentscheidung soll in der Berufungsinstanz voll überprüfbar sein; dies begegnet jedoch angesichts der Reform des Berufungsrechts insoweit bedenken, als der
Berufungsinstanz grundsätzlich nur noch eine Rechtsfehlerkontrolle obliegt und
überdies an Tatsachenfeststellungen der ersten Instanz grundsätzlich gebunden ist.
In der Revisionsinstanz ist die Entscheidung aber in jedem Fall nur daraufhin überprüfbar, ob die Schadensermittlung des Gerichts auf grundsätzlich falschen oder offenbar unsachlichen Erwägungen beruht, ein wesentlicher Tatsachenvortrag außer
Acht gelassen wurde[232] oder ob sie gegen Denkgesetze verstößt.[233] Ist dem Urteil
eine Auseinandersetzung mit den für die Bemessung wesentlichen Umständen nicht
zu entnehmen, so ist es in der Rechtsmittelinstanz aufzuheben.[234]

3. Beweiserleichterung bei entgangenem Gewinn

Macht der Geschädigte im Amtshaftungsprozess entgangenen Gewinn geltend, 642
findet § 252 Satz 2 BGB Anwendung.[235] § 252 Satz 2 BGB stellt nach h. M. eine
Beweiserleichterung für den Geschädigten dar, wonach für den Nachweis entgangenen Gewinns nicht der volle, sondern ein erleichterter Beweis genügt.[236] Ein wesentlicher Unterschied dieser Norm zu § 287 ZPO besteht nicht, da die „freie Überzeugung" in § 287 Abs. 1 Satz 1 ZPO praktisch zu keinem anderen Ergebnis führt, als
das in § 252 Satz 2 BGB geforderte „Wahrscheinlichkeitsurteil".[237]

Der Geschädigte hat demnach Tatsachen darzulegen und zu beweisen, aus denen 643
sich im Zeitpunkt der Verhandlung als wahrscheinlich feststellen lässt, dass der Ge-

---

[229] BGH NJW 1988, 3016, 3017.
[230] Zöller/*Greger*, § 287 ZPO, Rn. 6.
[231] BGH NJW 1991, 2340, 2342; BGH NJW 1989, 773.
[232] BGHZ 3, 162, 175 f.; BGH NJW-RR 1993, 795, 796; BGH NJW-RR 1992, 1050 m. w. N.
[233] BGH NJW 1991, 1894.
[234] BGH VersR 1992, 1410.
[235] BGH VersR 1978, 281, 282.
[236] Vgl. BGHZ 100, 36, 49 f. m. w. N.; Staudinger/*Schiemann*, § 252 BGB, Rn. 3 ff. m. w. N.; a. A.
Soergel/*Reimer/Schmidt*, §§ 249–253 BGB, Rn. 44: § 252 S. 2 stellt eine materiell-rechtliche Beschränkung des Schadensersatzes dar.
[237] BGH NJW 1959, 1079.

winn erzielt worden wäre.²³⁸ Grundlage für das Wahrscheinlichkeitsurteil sind der gewöhnliche Verlauf der Dinge oder die besonderen Umstände, insbesondere die getroffenen Anstalten und Vorkehrungen des Geschädigten.²³⁹ Umstände, die zum gewöhnlichen Verlauf der Dinge zählen, brauchen als gerichtsbekannte Tatsachen vom Geschädigten nicht bewiesen zu werden.²⁴⁰ Demgegenüber muss er „besondere Umstände" für seinen entgangenen Gewinn voll beweisen.²⁴¹ Ist dann ersichtlich, dass der Gewinn nach dem gewöhnlichen Verlauf der Dinge oder den besonderen Umständen mit Wahrscheinlichkeit erwartet werden konnte, wird gem. § 252 Satz 2 BGB widerleglich vermutet, dass der Gewinn realisiert worden wäre. Volle Gewissheit, dass der Gewinn erzielt worden wäre, ist nicht erforderlich. Die Beweiserleichterung des § 252 Satz 2 BGB geht über die eines Anscheinsbeweises hinaus, weil es zur Widerlegung der Vermutung in § 252 Satz 2 BGB nicht ausreicht, wenn der Schädiger die ernsthafte Möglichkeit nachweist, der Gewinn könne nicht entstanden sein, was zur Widerlegung des Anscheinsbeweis genügen würde, sondern er muss beweisen, dass der Gewinn nicht eingetreten wäre.²⁴²

644 Die Beweiserleichterung in § 252 Satz 2 BGB mindert zugleich die Darlegungslast des Geschädigten, weil die Darlegungs- und Beweislast einander entsprechen.²⁴³ Es genügt deshalb, wenn der Geschädigte Ausgangs- und Anknüpfungstatsachen für eine Schadensschätzung vorträgt.²⁴⁴

645 Für die richterliche Beweiswürdigung ist der Standpunkt eines nachträglichen objektiven Beurteilers maßgebend,²⁴⁵ und zwar im Zeitpunkt der letzten mündlichen Verhandlung in der Tatsacheninstanz.²⁴⁶ Demzufolge ist auch ein Gewinn zu ersetzen, dessen Realisierungsmöglichkeit sich erst nach der Verletzung ergeben hat. Umgekehrt kann kein Ersatz gefordert werden, wenn sich später herausstellt, dass sich ein zunächst als sicher erscheinender Gewinn nicht realisiert hat.

4. Beweissicherungspflichten des Amtsträgers

646 Verletzt ein Amtsträger eine Obliegenheit zur Befund- und Beweissicherung und kann der Geschädigte den vollen Beweis über die Höhe des geltend gemachten Schadens deshalb nicht führen, so leiten sich aus der Verletzung dieser Befundsicherungspflicht Beweiserleichterungen für den Kläger ab.²⁴⁷

647 Eine Befundsicherungspflicht für einen Hoheitsträger kann entstehen, wenn dieser durch hoheitlichen Zugriff auf Vermögenswerte des Klägers die Verfügungsbefugnis über diese erlangt und dadurch eine öffentlich-rechtliche Sonderbeziehung mit einer besonderen Obhutspflicht begründet wird. Die dem Hoheitsträger obliegende Obhutspflicht gebietet eine zumutbare Kontrolle des ordnungsgemäßen Zustands der Sache. Eine zumutbare Maßnahme in diesem Sinne ist das Festhalten des Zustands dieser Vermögenswerte durch Dokumentation im Zeitpunkt der Erlangung der Verfügungsbefugnis, damit Befunde und Beweise zur Feststellung eventuell

---

²³⁸ BGH NJW 1970, 1411; BGH NJW 1988, 3016, 3017.
²³⁹ Staudinger/*Schiemann*, § 252 BGB, Rn. 20.
²⁴⁰ BGH NJW 1964, 661, 663.
²⁴¹ BGH NJW 1951, 918; für die Abgrenzung zwischen beiden Arten von Tatsachen ist der Tatrichter zuständig, vgl. BGH NJW 1964, 661, 663.
²⁴² Staudinger/*Schiemann*, § 252 BGB, Rn. 18; Bamberger/Roth/*Schubert*, § 252 BGB, Rn. 33.
²⁴³ BGHZ 100, 36, 50
²⁴⁴ BGH NJW 1993, 2673; BGH NJW 1991, 3278; BGH NJW 1988, 3016, 3017.
²⁴⁵ BGH NJW 1959, 1079; Staudinger/*Schiemann*, § 252 BGB, Rn. 19 m. w. N.
²⁴⁶ Staudinger/*Wurm*, § 839 BGB, Rn. 245.
²⁴⁷ BGH DVBl. 1996, 561, 563.

auftretender Schädigungen während der Zeit der hoheitlichen Verfügungsbefugnis gesichert werden.

Beispiel:[248] Bei der Einweisung von Obdachlosen in die Wohnung des Klägers versäumt es die Einweisungsbehörde, den Zustand der Wohnung im Zeitpunkt der Einweisung festzuhalten. Ohne diese Bestandsaufnahme über den Wohnungszustand ist es dem Kläger im Amtshaftungsprozess nicht möglich, den vollen Beweis über die einzelnen Schadensposten zu führen. Da die durch die öffentlich-rechtliche Sonderbeziehung zwischen der Einweisungsbehörde und dem klagenden Eigentümer begründete Obhutspflicht es der Behörde gebietet, den Zustand der Wohnung in einem Wohnungszustandsprotokoll festzuhalten, kommen dem Kläger bei Verstoß gegen diese Pflicht Beweiserleichterungen für den Nachweis seines Schadens zugute.

IV. Ursächlichkeit der Amtspflichtverletzung für den Schaden

Nach der ständigen Rechtsprechung des BGH ist hinsichtlich der Ursächlichkeit der Amtspflichtverletzung für den geltend gemachten Schaden zu prüfen, welchen Verlauf das Geschehen bei rechtmäßigem Verhalten des Amtsträgers genommen hätte und wie sich in diesem Falle die Vermögenslage des Geschädigten darstellen würde. Die Darlegungs- und Beweislast für den kausalen Zusammenhang zwischen der Amtspflichtverletzung und dem Schaden (haftungsausfüllende Kausalität) trägt grundsätzlich der Kläger.[249] Eine Beweislastumkehr hat die Rechtsprechung bislang abgelehnt.[250] 648

1. Beweiserleichterungen nach § 287 ZPO

Die Rechtsprechung wendet § 287 ZPO auch für die Frage des ursächlichen Zusammenhangs zwischen Haftungsgrund und Schadenseintritt an.[251] Damit werden die Anforderungen an die Darlegungslast des Geschädigten verringert.[252] Das Gericht kann die haftungsausfüllende Kausalität als erwiesen erachten, wenn die ermittelten Tatsachen nach seiner freien Überzeugung mit deutlich überwiegender Wahrscheinlichkeit für das Vorliegen der Kausalität sprechen.[253] Der Geschädigte braucht deshalb außer dem Pflichtverstoß nur zu beweisen, in seinen Interessen betroffen worden zu sein. Soweit es um den ursächlichen Zusammenhang mit dem Schaden geht, kann und muss sich der Tatrichter mit einer deutlich überwiegenden Wahrscheinlichkeit begnügen.[254] 649

Da nach der Rechtsprechung § 287 ZPO dazu bestimmt ist, Unbilligkeiten zu mildern, die sich aus der Beweislast des Geschädigten ergeben, kann die Beweiserleichterung für den Geschädigten, wenn seine Beweislage durch eine Fürsorgepflichtverletzung seines Dienstherrn entscheidend verschlechtert wurde, bis zur Umkehr der Beweislast gehen.[255] Bei der rechtswidrigen Besetzung eines Dienstpostens mit einem Konkurrenten entzieht es sich mit Rücksicht auf den weiten Ermessens- und Beurteilungsspielraum des Dienstherrn regelmäßig der Kenntnis des erfolglosen Bewerbers, nach welchen Kriterien die konkrete Auswahlentscheidung getroffen 650

---

[248] BGH DVBl. 1996, 561, 563.
[249] BGH NJW 1983, 2241, 2242; BGH NJW 1995, 2344, 2345 m.w.N. der Rspr.; *Baumgärtel*, § 839 BGB, Rn. 11; Staudinger/*Wurm*, § 839 BGB, Rn. 228.
[250] Für eine Beweislastumkehr bei einem Verstoß gegen Art. 41 EMRK hinsichtlich der Kausalität der Konventionsverletzung *Roth*, NVwZ 2006, 753.
[251] BGH NJW 1992, 3237, 3241 m.w.N.; Staudinger/*Wurm*, § 839 BGB, Rn. 229; Geigel/Schlegelmilch/*Kapsa*, Kap. 20, Rn. 251; Zöller/*Greger*: § 287 ZPO, Rn. 3 m.w.N.
[252] BGH NJW 1995, 2344, 2345 m.w.N; allg. *Lepa*, NVwZ 1992, 129.
[253] BGH NJW-RR 1995, 248; Staudinger/*Wurm*, § 839 BGB, Rn. 230.
[254] BGH NJW-RR 1996, 781 m.w.N.; *Baumgärtel*, § 839 BGB, Rn. 13.
[255] BVerwG NVwZ 2006, 212, 214; BGH NJW 1995, 2344, 2445; BGH NJW 1983, 2241, 2242.

wurde. Dies gilt im besonderen Maße für „außenstehende" Bewerber, denen die Interna des Bewerberfelds und die Verwaltungspraxis der Einstellungsbehörde nicht zugänglich sind. Im Amtshaftungsprozess führt dies zu einer Modifizierung und Einschränkung der Darlegungs- und Beweislast für den unterlegenen Bewerber.[256] Es reicht grundsätzlich aus, wenn der Kläger unter Bezugnahme auf seine Bewerbungsunterlagen und die darin enthaltenen Eignungs-, Befähigungs- und Leistungsnachweise vorträgt, dass er im Vergleich zu dem tatsächlich ernannten Mitbewerber, aber auch im Vergleich zu allen anderen Mitbewerbern für die Besetzung der ausgeschriebenen Stelle am besten geeignet gewesen wäre und dass bei sachgerechtem Vorgehen des Beklagten die Auswahl auf ihn hätte fallen müssen. Eine weitere Substantiierung seines Vortrags kann nicht verlangt werden.

651 Vielmehr hat dann der Dienstherr insbesondere darzulegen, welche konkreten Eignungsbeurteilungen und Auswahlerwägungen seiner Entscheidung zugrunde lagen.[257] Bei Beförderungsentscheidungen haftet der Dienstherr jedenfalls denjenigen Bewerbern auf Schadensersatz, deren Beförderung ohne den schuldhaften Verstoß gegen Art. 33 GG nach Lage der Dinge ernsthaft möglich gewesen wäre, wenn die Feststellung des hypothetischen Kausalverlaufs aufgrund Verschuldens des Dienstherrn nicht mehr möglich ist.[258]

652 Vergleichbare Beweiserleichterungen können sich im Hinblick auf den hypothetischen Ausgang eines Prüfungsverfahrens ergeben. Grundsätzlich muss zwar im Fall von fehlerhaften Prüfungsentscheidungen auch nachgewiesen werden, dass ohne die fehlerhafte Entscheidung das Examen bestanden worden wäre. Ist aber etwa die Prüfungsentscheidung wegen Voreingenommenheit eines Mitglieds des Prüfungsausschusses oder wegen einer rechtswidrigen Bewertung vom Verwaltungsgericht aufgehoben worden, kann das Zivilgericht im nachfolgenden Amtshaftungsprozess hypothetische Feststellungen über das Ergebnis der rechtmäßig durchgeführten Prüfung treffen.[259] Dem Geschädigten kommt dabei die Beweiserleichterung des § 287 ZPO zugute.[260] Letzte, bei hypothetisch zu ermittelnden Prüfungsergebnissen nicht immer gänzlich ausschließbare Ungewissheiten gehen zu Lasten des Beklagten.[261] Wird eine Prüfungsentscheidung vom Verwaltungsgericht allerdings aufgehoben, weil die vorgeschriebene Prüfungsdauer überschritten wurde, so trägt der Kläger, der die Prüfung nicht bestanden hat, die Beweislast dafür, dass er bei vorgeschriebener Prüfungsdauer bestanden hätte.[262]

2. Tatsächliche Vermutung

653 Hat der Geschädigte die Amtspflichtverletzung und den zeitlich nachfolgenden Schaden bewiesen oder sind diese Tatbestandsmerkmale unstreitig, kann der Beweis für die haftungsausfüllende Kausalität als geführt angesehen werden, wenn nach der Lebenserfahrung eine tatsächliche Vermutung oder eine tatsächliche Wahrscheinlichkeit für den Ursachenzusammenhang spricht.[263]

---

[256] BGH NJW 1995, 2344, 2345 f.
[257] BGH NJW 1995, 2344, 2345 f.
[258] BVerwG NVwZ 2006, 212, 213.
[259] BVerwG NVwZ 2006, 212, 213
[260] BGH NJW 1983, 2241, 2242.
[261] BGH NJW 1983, 2241, 2242; OLG München, BayVBl. 2007, 669, 671.
[262] BGH VersR 1994, 599; vgl. zur Frage des Verdienstausfallschadens bei pflichtwidriger Durchführung von Vor- und Zwischenprüfungen BGHZ 139, 200, 209 f.
[263] BGH NJW 2004, 1381; BGH NJW 1995, 2344, 2345; *Schwager/Krohn*, DVBl. 1990, 1077, 1089, jeweils m. w. N.; Staudinger/*Wurm*, § 839 BGB, Rn. 400; Geigel/*Kunschert*, Rn. 20/179.

Es handelt sich hierbei um eine Umkehrung der Beweisführungslast,[264] wonach 654
dem Beklagten der Antritt des Gegenbeweises obliegt. Dazu hat er Tatsachen vorzutragen und zu beweisen, aus denen sich die ernsthafte Möglichkeit ergibt, dass der Schaden nicht auf die Amtspflichtverletzung zurückzuführen ist.[265]

Wird ein Rat geschuldet, so spricht der Anschein dafür, dass sich der Bürger bera- 655
tungsgemäß verhalten hätte.[266]

Eine nach der Lebenserfahrung tatsächliche Wahrscheinlichkeit für den Ursa- 656
chenzusammenhang liegt ferner in den Fällen der Aufsichtspflichtverletzung eines Vormundschaftsrichters gegenüber Vormund und Beistand, eines Nachlassrichters gegenüber dem Nachlasspfleger oder eines Insolvenzrichters gegenüber dem Insolvenzverwalter vor. War die – unterlassene – Aufsicht an sich geeignet, den eingetretenen Schaden zu verhindern, ist davon auszugehen, dass der Schaden tatsächlich auf der Aufsichtspflichtverletzung beruht. Der Beklagte kann diese tatsächliche Vermutung nur ausräumen, wenn er den Gegenbeweis erbringt.

Eine tatsächliche Vermutung bzw. eine tatsächliche Wahrscheinlichkeit für einen 657
ursächlichen Zusammenhang wurde hingegen in den folgenden Fällen verneint:
– bei der Auswirkung einer Amtspflichtverletzung auf den hypothetischen Verlauf eines Besetzungsverfahrens;[267]
– bei unzureichender Sachaufklärung durch den Vormundschaftsrichter;[268]
– bei einem Organisationsmangel in einem Krankenhaus, der einen Patienten an der rechtzeitigen Errichtung eines wirksamen Testaments hindert, hinsichtlich dieser Testamentserrichtung.[269]

3. Amtspflichtverletzung durch Unterlassen

Besteht die Amtspflichtverletzung in einem Unterlassen, muss der Geschädigte 658
beweisen, dass das gebotene pflichtgemäße Handeln des Amtsträgers mit an Sicherheit grenzender Wahrscheinlichkeit den Eintritt des Schadens verhindert hätte.[270] Der Nachweis der bloßen Möglichkeit oder Wahrscheinlichkeit der Schadensverhinderung reicht nicht aus.[271] Der Geschädigte muss substantiiert darlegen und beweisen, in welcher für ihn günstigen Weise das Geschehen bei Vornahme der gebotenen Amtshandlung verlaufen wäre.[272] Besteht allerdings nach allgemeiner Lebenserfahrung eine tatsächliche Wahrscheinlichkeit dafür, dass der Schaden bei Vornahme der gebotenen Amtshandlung nicht eingetreten wäre, kommt dem Geschädigten im Falle der Amtspflichtverletzung durch Unterlassen die Beweiserleichterung einer tatsächlichen Vermutung zugute.[273]

---

[264] Vgl. *Baumgärtel*, § 839 BGB, Rn. 14, Fn. 55.
[265] BGH NJW 1983, 2241, 2242; BGH NJW 1974, 453, 454 f.
[266] BGH NJW 1996, 3009.
[267] BGH VersR 1978, 281, 282.
[268] BGH NJW 1986, 2829, 2831 f.
[269] BGH NJW 1989, 2945, 2946.
[270] Staudinger/*Wurm*, § 839 BGB, Rn. 400.
[271] Vgl. BGH NVwZ 1994, 823, 825.
[272] BGH NVwZ 1994, 823, 825; BGH NJW 1986, 2829.
[273] BGH NJW 2005, 68, 71; BGH VersR 1984, 333, 335.

V. Fehlen einer anderweitigen Ersatzmöglichkeit bei fahrlässiger Amtspflichtverletzung

659 Nach allgemeiner Auffassung handelt es sich bei der Anspruchsvoraussetzung des Fehlens einer anderweitigen Ersatzmöglichkeit (§ 839 Abs. 1 Satz 2 BGB) um ein „negatives Tatbestandsmerkmal" des Amtshaftungsanspruchs.[274]

660 Die Unmöglichkeit anderweitigen Ersatzes hat damit der geschädigte Kläger zu behaupten und im Bestreitensfall zu beweisen.[275] Diese Verteilung der Darlegungs- und Beweislast wird häufig verkannt. Viele Amtshaftungsklagen sind deshalb bereits unschlüssig, weil der Kläger nichts zum Fehlen einer anderweitigen Ersatzmöglichkeit vorträgt; auf die Erhebung eines Einwandes durch den Beklagten kommt es nicht an.[276]

661 Der Kläger muss also darlegen und beweisen, dass zum Zeitpunkt der Klageerhebung keine anderweitige Ersatzmöglichkeit bestand.[277] Maßgeblicher Zeitpunkt für die Versäumung einer Ersatzmöglichkeit ist die Kenntnis des Geschädigten von der Entstehung eines Schadens.[278] Diese positive Kenntnis hat der Beklagte zu beweisen. Der Nachweis fahrlässiger Unkenntnis reicht insoweit nicht aus.[279]

662 Da es sich bei der anderweitigen Ersatzmöglichkeit um einen Negativbeweis handelt, dürfen die Anforderungen an die Beweisführung für das Fehlen einer anderweitigen Ersatzmöglichkeit nicht überspannt werden.[280] Der Kläger kann sich deshalb zunächst darauf beschränken, das Bestehen von Ersatzmöglichkeiten zu verneinen oder zu widerlegen, dass sich aus dem vorgetragenen Sachverhalt gegebenenfalls ergebende Ersatzmöglichkeiten die begründete Aussicht auf baldige Verwirklichung geboten hätten.[281]

1. Bestehender Ersatzanspruch gegen Drittschädiger

663 Es genügt, wenn der Kläger darlegt, dass und aus welchem Grunde die Inanspruchnahme eines in Betracht kommenden Dritten keine Aussicht auf Erfolg verspricht; der Beweis, dass gegen den Dritten nicht alle Anspruchsvoraussetzungen vorliegen, kann nicht verlangt werden.[282]

664 Verlangt der Kläger Schadensersatz vom Staat und wendet der Beklagte ein, ein Dritter habe den Schaden schuldhaft mitverursacht, so braucht der Kläger nicht zu beweisen, dass den Dritten kein Verschulden trifft. Es reicht der Beweis, dass sich ein Verschulden des Dritten nicht *nachweisen* lässt und deshalb seine Inanspruchnahme keine Aussicht auf Erfolg verspricht.[283] Entsprechendes gilt, wenn dem Kläger wegen der schwierig zu beurteilenden Schuldfrage eine Inanspruchnahme des Dritten nicht zumutbar ist.[284]

---

[274] Vgl. *Ossenbühl/Cornils* (Staatshaftungsrecht) S. 81 m. w. N.
[275] BGH, Beschl. v. 26.11.2009, Az. III ZR 316/08; BGH NJW 2002, 1266; BGH NJW 1993, 1647; BGH NVwZ 1992, 911, 912; BGH NJW 1991, 1171; Staudinger/*Wurm*, § 839 BGB, Rn. 404; RGRK/*Kreft*, § 839 BGB, Rn. 506.
[276] Staudinger-*Wurm*, § 839 BGB, Rn. 299.
[277] BGH NVwZ 1992, 911, 913; *Schlick/Rinne*, NJW 1997, 1171, 1175; Staudinger/*Wurm*, § 839 BGB, Rn. 404 m. w. N.; Übersicht mit Fallgruppen bei *Rohlfing*, MDR 2010, 237.
[278] RGRK/*Kreft*, § 839 BGB, Rn. 509; Staudinger/*Wurm*, § 839 BGB, Rn. 298.
[279] RGRK/*Kreft*, § 839 BGB, Rn. 509.
[280] *Baumgärtel*, § 839 BGB, Rn. 18; Staudinger/*Wurm*, § 839 BGB, Rn. 304.
[281] Palandt/*Sprau*, § 839 BGB, Rn. 62.
[282] Vgl. BGH VersR 1978, 252; Palandt/*Sprau*, § 839 BGB, Rn. 62.
[283] Staudinger/*Wurm*, § 839 BGB, Rn. 303 m. w. N.
[284] BGH NJW 1979, 34, 35; Staudinger/*Wurm*, § 839 BGB, Rn. 303 m. w. N.

Der Kläger ist im Übrigen nicht verpflichtet, vor Erhebung der Amtshaftungskla- 665
ge gegen den Drittschädiger zu klagen; es genügt, wenn er im Amtshaftungsprozess
nachweist, dass die Voraussetzungen der Dritthaftung nicht gegeben sind.[285]

Im Übrigen steht es dem Beklagten frei, etwaige Ersatzmöglichkeiten aufzuzei- 666
gen.[286] Er kann dies allerdings nicht „ins Blaue hinein" tun, sondern muss substantiiert Tatsachen vortragen, aus denen der Schluss gezogen werden kann, dass eine Ersatzmöglichkeit besteht oder bestanden hat und vom Geschädigten schuldhaft nicht
in Anspruch genommen wurde.[287] Dann obliegt es wieder dem Kläger, diese Einwände zu entkräften.

2. Durchsetzbarkeit des Ersatzanspruchs gegenüber dem Drittschädiger

Ist ein ersatzpflichtiger Dritter vorhanden und behauptet der Kläger, der Scha- 667
densersatzanspruch gegen den Dritten sei nicht durchsetzbar, trägt er die Beweislast
dafür, dass der Dritte vermögenslos ist. Zur Beweisführung ist dabei nicht erforderlich, dass er eine Vollstreckung versucht hat.[288] Gelingt ihm dieser Beweis oder ist
dieser Umstand unstreitig, ist es Sache des Beklagten, substantiiert dazulegen, dass
gleichwohl Vollstreckungsmöglichkeiten bestehen.[289] Die unsubstantiierte Behauptung des Beklagten, der Dritte besitze Vermögenswerte, reicht insoweit nicht aus. Er
muss vielmehr konkrete Vollstreckungsmöglichkeiten vortragen.[290]

VI. Richterspruchprivileg, § 839 Abs. 2 BGB

Im Falle der Amtspflichtverletzung durch die Straftat eines Spruchrichters hat der 668
Kläger die strafbare Tat bei dem Urteil in einer Rechtssache in vollem Umfang, d. h.
in objektiver und in subjektiver Hinsicht, darzulegen und zu beweisen.[291] Da es für
die Geltendmachung von Amtshaftungsansprüchen genügt, dass der Tatbestand einer Straftat nach den objektiven und subjektiven Merkmalen erfüllt ist und ein
diesbezügliches Strafverfahren nicht eingeleitet zu sein braucht, gilt dies entsprechend für die Darlegungs- und Beweislast des Klägers. Damit genügt der Beweis der
Erfüllung der erforderlichen Straftatbestandsmerkmale, der Beweis eines (eingeleiteten) Strafverfahrens ist nicht erforderlich.

C. Darlegungs- und Beweislast des Beklagten

I. Einwendungstatbestände

Nach den allgemeinen Grundsätzen der Beweislastverteilung gilt, dass derjenige, 669
der Ansprüche geltend macht, die anspruchsbegründenden Tatsachen darzulegen und
zu beweisen hat. Folglich muss derjenige, der sich verteidigen will, die anspruchshindernden, -vernichtenden oder -hemmenden Umstände darlegen und beweisen.

---

[285] BGH VersR 1960, 663; Palandt/*Sprau*, § 839 BGB, Rn. 62; Staudinger/*Wurm*, § 839 BGB, Rn. 302.
[286] Palandt/*Sprau*, § 839 BGB, Rn. 62.
[287] BGH MDR 1967, 753.
[288] Staudinger/*Wurm*, § 839 BGB, Rn. 302.
[289] BGH VersR 1962, 952, 954; RGRK/*Kreft*, § 839 BGB, Rn. 506.
[290] BGH VersR 1966, 493, 495.
[291] RGZ 164, 15, 20; Staudinger/*Wurm*, § 839 BGB, Rn. 404.

670   Dementsprechend ist der Beklagte für den Ablauf der Verjährungsfrist und für die für den Verjährungsbeginn erforderliche Kenntnis des Geschädigten darlegungs- und beweispflichtig.[292] Ebenso ist der Einwand, dass der Schaden durch Vorteilsausgleichung kompensiert sei, grundsätzlich vom Schädiger zu beweisen, sofern sich diese nicht ausschließlich in der Sphäre des Geschädigten abgespielt hat.[293]

1. Ausschluss der Widerrechtlichkeit

671   Macht der beklagte Hoheitsträger geltend, die Rechtswidrigkeit entfalle wegen eines Rechtfertigungsgrundes, so hat er darzulegen und zu beweisen, dass die an sich gegebene Widerrechtlichkeit aus besonderen Gründen ausgeschlossen ist.[294] Da Rechtfertigungsgründe für eine tatbestandsmäßige und rechtswidrige unerlaubte Handlung als Einwendungstatbestand geltend zu machen sind,[295] trägt der Beklagte nach allgemeinen Grundsätzen die Darlegungs- und Beweislast für das Vorliegen der Voraussetzungen eines Rechtfertigungsgrundes.[296] Im Einzelfall kann dieser Beweis auch mit Hilfe des Anscheinsbeweises geführt werden.[297]

2. Höhere Gewalt im Straßenverkehr

672   Der Haftungsausschluss des § 7 Abs. 2 StVG schließt die Halterhaftung einer beklagten öffentlich-rechtlichen Körperschaft für bei dem Kfz-Betrieb entstandenen Schaden aus, wenn der Unfall durch höhere Gewalt herbeigeführt wurde. Dies gilt auch für die Fälle, in denen ein Fahrer aufgrund der Inanspruchnahme von Sonderrechten gem. § 35 Abs. 1 StVO von der Einhaltung der Vorschriften der StVO befreit ist.[298] Zur Entlastung nach § 7 Abs. 2 StVG trägt die beklagte Körperschaft die objektive Beweislast für solche Umstände, aus denen sich die höhere Gewalt ergibt.[299] Dazu muss dargelegt und bewiesen werden, dass der Unfall auf einem betriebsfremden, von außen durch elementare Naturkräfte oder durch Handlungen dritter Personen herbeigeführten Ereignis beruht, das nach menschlicher Einsicht unvorhersehbar war, mit wirtschaftlich erträglichen Mitteln auch durch äußerste Sorgfalt nicht verhütet oder unschädlich gemacht werden konnte und auch nicht wegen seiner Häufigkeit in Kauf zu nehmen ist.[300] Dabei geht die Unaufklärbarkeit tatsächlicher Umstände zu Lasten der gem. § 7 Abs. 2 StVG mit der Führung des Entlastungsbeweises belasteten Körperschaft.[301]

3. Rechtsirrtum

673   Außerdem obliegt dem Beklagten im Amtshaftungsprozess die Darlegungs- und Beweislast für einen das Verschulden (freilich nur sehr selten) ausschließenden Rechtsirrtum.[302]

---

[292] *Rinsche*, Rn. II 321.
[293] BGH NJW 1985, 1539; OLG Jena NVwZ-RR 1999, 712, 713.
[294] OLG Celle NJW-RR 2001, 1033.
[295] *Baumgärtel*, § 823 BGB, Rn. 18 m. w. N.
[296] BGH NJW 1985, 2028, 2029 (Notarhaftung); BGHZ 37, 336, 341; Staudinger/*Wurm*, § 839 BGB, Rn. 405; Johlen/Oerder/*Jeromin*, § 18 Rn. 114.
[297] OLG Düsseldorf MDR 1957, 358; Staudinger/*Wurm*, § 839 BGB, Rn. 402.
[298] OLG Hamm NJW-RR 1996, 599, 600 – Notarztfahrt.
[299] Johlen/Oerder/*Jeromin*, § 18 Rdn.114.
[300] BGHZ 7, 338, 339; BGHZ 62, 351, 354; BGH NJW 1990, 1167, 1168 (alle Urteile zu §§ 1 Abs. 2, 2 Abs. 3 Nr. 3 HPflG); *Wagner*, NJW 2002, 2049, 2061.
[301] OLG Hamm NJW-RR 1996, 599, 600.
[302] BGHZ 69, 128, 143; Staudinger/*Wurm*, § 839 BGB, Rn. 405.

4. Richtigkeit und Vollständigkeit einer Auskunft

Grundsätzlich muss der Empfänger einer Auskunft darlegen und beweisen, dass die Auskunft unrichtig, unvollständig oder missverständlich war. Sprechen allerdings hierfür bereits die äußeren Umstände und handelt es sich um Vorgänge im Bereich der Behörde, hat diese darzulegen, inwiefern die Auskunft trotzdem richtig und vollständig war.[303] 674

II. Schuldhafte Versäumung eines Rechtsmittels

Der Beklagte hat weiterhin darzulegen und zu beweisen, dass der Geschädigte die Rechtsmitteleinlegung schuldhaft versäumt hat.[304] Dem Beklagten obliegt außerdem die Darlegungs- und Beweislast dafür, dass die Einlegung des Rechtsmittels den Schaden verhindert oder begrenzt hätte.[305] Lässt sich nicht feststellen, ob die Behördenentscheidung aufgrund des Rechtsmittels aufgehoben worden wäre, geht dies zu Lasten der beklagten Körperschaft.[306] 675

III. Mitverschulden des Geschädigten

Das Mitverschulden gem. § 254 BGB stellt eine Einwendung dar, die das Gericht ohne einredeweise Geltendmachung durch den Beklagten von Amts wegen zu berücksichtigen hat. Der Beklagte muss deshalb nur die Tatsachen darlegen und beweisen, aus denen sich ein Mitverschulden des Klägers ergibt.[307] Er muss beweisen, dass der Kläger in Erfüllung der Tatbestandsmerkmale des § 254 Abs. 1 oder Abs. 2 BGB vorwerfbar gehandelt oder eine gebotene Handlung unterlassen hat. Das Beweismaß bestimmt sich nach § 286 ZPO.[308] Beim Nachweis der Ursächlichkeit dieser Tatsachen für den Schadenseintritt sowie bei der Beurteilung des Grads der Mitverursachung greift dann aber die Beweiserleichterung des § 287 ZPO ein.[309] 676

IV. Ausschluss der Haftungsüberleitung

Macht die beklagte Körperschaft den gesetzlichen Ausschluss der Haftungsüberleitung gem. § 839 BGB i. V. m. Art. 34 GG mit der Behauptung geltend, der Kläger sei Ausländer, so trifft sie die Darlegungs- und Beweislast für die Ausländereigenschaft des Klägers.[310] 677

Hat die beklagte Körperschaft diesen Beweis erbracht, muss der Kläger die Verbürgung der Gegenseitigkeit durch die Gesetzgebung des ausländischen Staates oder durch Staatsvertrag beweisen, damit der Amtshaftungsanspruch nicht nach § 7 RBHG ausgeschlossen ist.[311] 678

Entsprechendes gilt für die anderen Fälle des RBHG. 679

---

[303] BGH NJW 1978, 371; BGHZ 137, 11; BGH VersR 2005, 1584.
[304] OLG Karlsruhe VersR 2005, 364; Johlen/Oerder/*Jeromin*, § 18 Rn. 114; Staudinger/*Wurm*, § 839 BGB, Rn. 405;vgl. Palandt/*Sprau*, § 839 BGB, Rn. 85.
[305] Johlen/Oerder/*Jeromin*, § 18 Rn. 114; Palandt/*Sprau*, § 839 BGB, Rn. 73.
[306] BGH NJW 2004, 1241, 1242.
[307] Staudinger/*Wurm*, § 839 BGB, Rn. 405; Johlen/Oerder/*Jeromin*, § 18 Rn. 114.
[308] Staudinger/*Schiemann*, § 254 BGB, Rn. 124.
[309] Staudinger/*Schiemann*, § 254 BGB, Rn. 124; Geigel/Schlegelmilch/*Knerr*, Kap. 37, Rn. 59.
[310] Johlen/Oerder/*Jeromin*, § 18 Rn. 114; Soergel/*Vinke*, § 839 BGB, Rn. 272.
[311] Dies gilt nach neuer Rechtslage allerdings nur, soweit das Gegenseitigkeitserfordernis durch entsprechende Rechtsverordnung vorgeschrieben ist.

V. Beweisvereitelung

680 Eine Umkehr der objektiven Beweislast zu Lasten des Beklagten aufgrund seines beweisvereitelnden Verhaltens im Amtshaftungsprozess kommt nur in besonderen Ausnahmefällen in Betracht.

681 Kann z. B. die vom Kläger behauptete Gefährlichkeit einer Unfallstelle auf einem von dem Hoheitsträger zu sichernden Verkehrsweg im Amtshaftungsprozess nicht mehr festgestellt werden, weil der beklagte Verkehrssicherungspflichtige den Zustand verändert hat, ohne die zuvor im Rahmen eines Beweissicherungsverfahrens angeordnete Begutachtung zu ermöglichen, so geht diese Unaufklärbarkeit vollumfänglich zu Lasten des Beklagten, wenn dem an sich beweispflichtigen Kläger eine auch nur teilweise Beweisführungslast billigerweise nicht mehr zugemutet werden kann.[312] Die durch beweisvereitelnde Maßnahmen hervorgerufene Beweisnot und das besonders hohe Maß an Vorwerfbarkeit des beweisvereitelnden Verhaltens gebieten deshalb, dem Beklagten die objektive Beweislast aufzuerlegen.

682 Die Grundsätze der Beweisvereitelung greifen hingegen nicht ein, wenn ein Amtsträger, der die Amtspflichtverletzung begangen haben soll, die Zeugenaussage verweigert. Die Zeugnisverweigerung zwingt als solche nicht zu der Schlussfolgerung, der Zeuge habe vorsätzlich gegen seine Amtspflichten verstoßen. Dem Kläger kommt insoweit keine Beweiserleichterung nach den Regeln des Anscheinsbeweises zugute.[313]

683 Kann der Geschädigte einen Amtsträger nicht namentlich benennen, um ihn als Zeugen für die begangene Amtspflichtverletzung vernehmen zu lassen, so ist der Amtsträger zur Benennung verpflichtet.[314] Verweigert der Dienstherr schuldhaft die Benennung, so kann das Gericht die in das Wissen des Zeugen gestellte Tatsache nach den Grundsätzen über die Beweisvereitelung analog §§ 427, 444 ZPO als bewiesen ansehen.[315]

---

[312] OLG Köln VersR 1992, 355, 356; *Bergmann/Schumacher,* Rn. 744.
[313] BGH, Beschl. v. 12.7.1990 – III ZR 241/89; vgl. *Krohn/Schwager,* DVBl. 1992, 321, 335.
[314] *Sandkühler,* JA 2001, 149, 152.
[315] *Sandkühler,* JA 2001, 149, 152.

4. Teil. Praxisrelevante Fallgruppen des Amtshaftungsprozesses

Auch wenn das deutsche Recht anders als der angloamerikanische Rechtskreis sog. Präzedenzfälle grundsätzlich nicht anerkennt und eine Bindung der Gerichte an höchstrichterliche Urteile mit Ausnahme derjenigen des Bundesverfassungsgerichts verneint, hat die bisher ergangene Rechtsprechung dennoch in praktischer Hinsicht eine fundamentale Bedeutung für die Einschätzung der Erfolgsaussichten einer Klage. Im Amtshaftungsrecht gilt dies umso mehr, als es sich hier um ein stark richterrechtlich geprägtes Rechtsgebiet handelt, das mit der Anwendung allein von § 839 BGB bei Weitem nicht erschöpfend erfasst wird. 684

Die Bildung von Themenbereichen und Fallgruppen ist für eine einfache Handhabung des kaum noch zu überblickenden Fallmaterials unerlässlich. Derartige Fallgruppen zeigen Besonderheiten nicht nur in materiell-rechtlicher Hinsicht, etwa bei der Formulierung besonderer Amtspflichten oder bei der Bestimmung der Reichweite ihres Schutzzwecks, sondern auch in prozessualer Hinsicht, etwa bei der Ermittlung der Passivlegitimation oder bei der Zuordnung der Darlegungs- und Beweislast, auf. Zugleich bieten sie praktische Handlungsempfehlungen bei gleichgelagerten Fällen, etwa welche Primärrechtsschutzmöglichkeiten zu ergreifen sind oder welche anderweitigen Ersatzmöglichkeiten typischerweise bestehen. Die nachfolgende Darstellung der praxisrelevanten Fallgruppen des Amtshaftungsprozesses beschränkt sich daher nicht nur auf materiell-rechtliche Fragen, sondern bezieht auch die notwendigen prozessualen Besonderheiten in die Darstellung der Fallgruppe mit ein. Erst im Prozess bewahrheitet sich nämlich der materiell-rechtliche Anspruch, und ohne Prozess werden nur in den seltensten Fällen Amtshaftungsansprüche erfüllt. Die Spannweite reicht dabei vom Öffentlichen Baurecht über das Öffentliche Informationsrecht und Wirtschaftsaufsichtsrecht bis hin zum Steuerrecht und zur Haftung für Truppenschäden. 685

10. Kapitel. Amtshaftung im Bereich des Öffentlichen Baurechts

A. Typische Schadenskonstellationen

686 Die öffentliche Hand trägt im Bereich des Baurechts ein erhebliches Haftungsrisiko. Die Materie ist fehlerträchtig, der gegebenenfalls entstehende finanzielle Schaden zumeist vergleichsweise hoch.

687 Eine Haftung der Gemeinden kommt in erster Linie bei der Aufstellung von Bebauungsplänen in Betracht.[1] Die Gemeinde haftet für schuldhafte Fehler bei der Planaufstellung, wenn der Betroffene im Vertrauen auf die Gültigkeit des Bebauungsplans Vermögensdispositionen getroffen hat, der Plan sich aber im Nachhinein als unwirksam erweist.

688 Der Träger der Baugenehmigungsbehörde haftet dagegen, wenn er den Antrag auf Erteilung einer Baugenehmigung oder eines Bauvorbescheids pflichtwidrig abgelehnt oder nicht innerhalb eines angemessenen Zeitraums bearbeitet und verbeschieden hat. Umgekehrt kann die Erteilung der beantragten Genehmigung eine Amtspflichtverletzung darstellen, wenn die Baugenehmigung rechtswidrig ist.

689 Amtshaftungsansprüche können sich schließlich auch aus unrichtigen Auskünften oder unterlassenen Belehrungen ergeben.

B. Amtshaftung bei der Aufstellung eines Bebauungsplans

I. Amtshaftung wegen eines unwirksamen Bebauungsplans

690 In bestimmten Fällen kann bereits der Erlass eines unwirksamen Bebauungsplans[2] Amtshaftungsansprüche auslösen.[3]

1. Gemeinderatsmitglieder als Amtsträger

691 Mitglieder eines Gemeinderats werden bei der Beschlussfassung über einen Bebauungsplan als Beamte im haftungsrechtlichen Sinne tätig, da sie eine hoheitliche Aufgabe wahrnehmen.[4] Deshalb haftet eine Gemeinde für Amtspflichtverletzungen durch den Gemeinderat.

2. Verletzung einer drittgerichteten Amtspflicht

692 Der Gemeinde obliegt die allgemeine Amtspflicht, beim Planaufstellungsverfahren die bestehenden gesetzlichen Vorschriften zu beachten. Ein Verstoß insbesondere gegen § 1 BauGB begründet daher eine Amtspflichtverletzung.

---

[1] Das Planungsschadensrecht nach § 39 ff. BauGB betrifft die Änderung, Ergänzung oder Aufhebung von rechtmäßigen Bebauungsplänen und gehört daher nicht zur Unrechtshaftung des Staates.

[2] Dagegen bestehen bei Flächennutzungsplänen als vorbereitenden Bebauungsplänen mangels Außenwirkung von vornherein keine drittschützenden Amtspflichten.

[3] Daneben kommen auch Ansprüche aus enteignungsgleichem Eingriff wegen einer sog. „faktischen Bausperre" in Betracht; dazu *Hager/Kirchberg*, NVwZ 2002, 538, 540; BGH NVwZ 2007, 485, 486; OVG NRW Urt. v. 19.9.2005, Az. 10 D 36/03.NE; vgl. hierzu auch *Schumacher*, BADK-Information 3/2007, 115, 118, 123.

[4] BGHZ 106, 323, 330; *Hoppe/Bönker/Grotefels*, § 19, Rn. 4; *Brüning*, Rn. 51.

Ein Amtshaftungsanspruch setzt ferner die Verletzung einer dem geschädigten 693
Dritten gegenüber bestehenden Amtspflicht voraus. Grundsätzlich nimmt die Gemeinde ihre Planungsaufgaben nur im Interesse der Allgemeinheit wahr.[5] Deshalb muss in jedem Einzelfall geprüft werden, ob die konkrete Norm, deren Verletzung zur Rechtswidrigkeit des Bebauungsplans führt, drittschützende Wirkung entfaltet.[6] Entscheidend ist, ob die verletzte Norm nicht nur den Schutz der Allgemeinheit bezweckt, sondern (zumindest auch) den Zweck hat, die Interessen des Geschädigten zu schützen.

a) Vorschriften zur Sicherstellung eines geordneten Verfahrens

Verfahrensvorschriften, deren Zweck es ist, ein geordnetes Verfahren sicherzustel- 694
len, sind regelmäßig nicht dazu bestimmt, die Interessen des Einzelnen zu schützen.[7] Demgemäß hat die Rechtsprechung für das in § 8 Abs. 2 BauGB enthaltene Gebot, den Bebauungsplan aus dem Flächennutzungsplan zu entwickeln („Entwicklungsgebot"), eine drittschützende Funktion verneint, weil es nur eine geordnete städtebauliche Entwicklung, nicht aber den Schutz des planbetroffenen Bürgers bezweckt.[8] Auch die Pflicht der Gemeinde, den beschlossenen Bebauungsplan gem. § 10 Abs. 3 BauGB ortsüblich bekanntzumachen, besteht lediglich gegenüber der Allgemeinheit, nicht aber gegenüber bestimmten „Dritten".[9] Keinen Drittbezug weisen auch die Verpflichtung der Gemeinde zur Bekanntmachung der Planentwürfe gem. § 3 BauGB[10] und die Kennzeichnungspflicht gem. § 9 Abs. 5 BauGB[11] auf.

b) Abwägungsgebot, § 1 Abs. 7 BauGB

Das Abwägungsgebot nach § 1 Abs. 7 BauGB entfaltet insoweit partiell dritt- 695
schützende Wirkung, als die Gemeinde verpflichtet ist, private Belange einzelner Planbetroffener in die Planabwägung einzustellen.

Abwägungserhebliche Privatbelange sind insbesondere das Eigentum im Planbe- 696
reich[12] sowie die gesunden und sicheren Wohn- und Arbeitsverhältnisse.[13]

Ein Verstoß gegen das Abwägungsgebot liegt vor, wenn abwägungserhebliche pri- 697
vate Belange nicht ausreichend ermittelt, zusammengestellt und in den Abwägungsvorgang eingebracht worden sind oder wenn die Abwägung selbst im Hinblick auf den Abwägungsvorgang bzw. das Abwägungsergebnis mit Fehlern behaftet ist, die zur Unwirksamkeit[14] des Bebauungsplans führen.[15]

---

[5] *Hoppe/Bönker/Grotefels*, § 19, Rn. 5; *Rotermund/Krafft*, Rn. 794.
[6] Vgl. allgemein zum Drittbezug bauplanungsrechtlicher Amtspflichten *Jochum*, S. 33 ff.; MünchKommBGB/*Papier*, § 839 BGB, Rn. 262 ff.; *Hebeler*, VerwArch 2007, 136 ff.
[7] *Hoppe/Bönker/Grotefels*, § 19, Rn. 5.
[8] BGHZ 84, 292; Hoppenberg/de Witt/*de Witt/Krohn*, M, Rn. 309.
[9] BGH NJW 1990, 245, 246 (Pflicht zur Kennzeichnung kontaminierter Flächen); a. A. MünchKommBGB/*Papier*, § 839 BGB, Rn. 263.
[10] BGH, Urt. v. 27.9.1990 – III ZR 67/89 = BGHR BGB 839 I 1 Dritter 32.
[11] Vgl. BGH NJW 1991, 2701, 2702; *Hebeler*, VerwArch 2007, 136, 140 f.; a. A. *Beyer*, NWVBl 2004, 48, 53.
[12] Vgl. *Schlichter/Stich/Driehaus/Paetow*, § 1 BauGB, Rn. 58; *Battis/Krautzberger/Löhr*, § 1 BauGB, Rn. 101, 123 ff.; Hoppenberg/de Witt/*de Witt/Krohn*, M, Rn. 311.
[13] BGHZ 106, 323; BGHZ 109, 380; vgl. auch LG Dortmund NVwZ 1987, 835.
[14] Durch das EAG Bau wurde die Unterscheidung zwischen Nichtigkeit und Unwirksamkeit des Bebauungsplans aufgegeben, vgl. *Stüer*, Der Bebauungsplan, Rn. 544; dies zeigt sich auch im ebenfalls durch das EAG Bau novellierten § 47 Abs. 5 Satz 2 VwGO, wonach eine ungültige Norm im Rahmen eines Normenkontrollverfahrens nunmehr nicht mehr für nichtig, sondern für unwirksam erklärt wird. Die in der Literatur verwendete Terminologie ist uneinheitlich. Im Folgenden wird der Begriff der Unwirksamkeit gebraucht, der die dauerhafte Unwirksamkeit (Nichtigkeit), die Unwirksamkeit bis zur Behebung eines Mangels (durch § 214 Abs. 4 BauGB) sowie die vorübergehende

3. Verschulden

698   Für die Entscheidungen des Gemeinderats gilt ein objektivierter Sorgfaltsmaßstab. Es kommt nicht auf die individuellen Kenntnisse des einzelnen Gemeinderatsmitglieds an, sondern darauf, welche Kenntnisse und Fähigkeiten das Amt und die damit verbundenen Aufgaben voraussetzen.[16] Die Mitglieder von Ratsgremien müssen sich auf ihre Entschließungen sorgfältig vorbereiten und bei Fehlen eigener Sachkunde sachverständigen Rat einholen. Sofern die eigene Verwaltung nicht über die erforderlichen Kenntnisse verfügt, ist notfalls ein außerhalb der Verwaltung stehender Sachverständiger beizuziehen.[17] Dies kann insbesondere dann erforderlich sein, wenn der Gemeinderat beabsichtigt, von den Empfehlungen mehrerer Fachbehörden abzuweichen.[18]

4. Vorrang des Primärrechtsschutzes

699   Ein Amtshaftungsanspruch entfällt grundsätzlich gem. § 839 Abs. 3 BGB, wenn es der Betroffene schuldhaft unterlässt, den Schaden durch den Gebrauch eines Rechtsmittels abzuwenden. Ob der Bauwerber deshalb gehalten ist, den Bebauungsplan im Wege der Normenkontrolle gemäß § 47 VwGO anzugreifen, lässt sich nicht generell beantworten. Richtigerweise dürfte dies nur dann zumutbar sein, wenn greifbare Anhaltspunkte für die Unwirksamkeit des Plans bestehen.[19]

5. Anderweitige Ersatzmöglichkeit

700   Veräußert ein Eigentümer sein Grundstück, das im Bebauungsplan als Grünfläche festgesetzt ist, zu einem entsprechend niedrigen Preis und stellt sich später heraus, dass der Bebauungsplan unwirksam und das Grundstück nach § 34 BauGB bebaubar war, so sind Amtshaftungsansprüche des Verkäufers gegen die Gemeinde denkbar. Allerdings muss der geschädigte Verkäufer wegen § 839 Abs. 1 Satz 2 BGB zunächst versuchen, seine zivilrechtlichen Ansprüche gegen den Käufer auf Ausgleichszahlungen oder auf Rückgängigmachung des Geschäfts unter dem Gesichtspunkt des Wegfalls der Geschäftsgrundlage, § 313 BGB, durchzusetzen.[20]

701   Erwirbt der Käufer ein Grundstück im Vertrauen auf die Gültigkeit des Bebauungsplans zum Baulandpreis und stellt sich später heraus, dass der Bebauungsplan unwirksam und das Grundstück gem. §§ 34, 35 BauGB nicht bebaubar ist, so kommen auch hier bei Verletzung einer drittgerichteten Amtspflicht Amtshaftungsansprüche in Betracht. Allerdings muss der Käufer wegen § 839 Abs. 1 Satz 2 BGB zunächst gegen den Verkäufer Gewährleistungsansprüche oder Ansprüche wegen Wegfalls der Geschäftsgrundlage geltend machen.[21] Solche Ansprüche bestehen allerdings regelmäßig nicht, da in der Praxis die Gewähr für die Bebaubarkeit zumeist ausgeschlossen wird.

Unwirksamkeit einer Norm aufgrund eines Mangels, der jedoch bei unterlassener Geltendmachung durch Zeitablauf unbeachtlich werden kann (§ 215 BauGB), umfasst.

[15] Vgl. BGHZ 92, 34; zu den Anforderungen des Abwägungsgebotes allgemein *Schlichter/Stich/Driehaus/Paetow*, § 1 BauGB, Rn. 78 ff.; *Battis/Krautzberger/Löhr*, § 1 BauGB, Rn. 96 ff.; zur Drittbezogenheit des Abwägungsgebotes *Hoppe/Bönker/Grotefels*, § 19, Rn. 23 ff.

[16] Vgl. dazu *Rohlfing*, NdsVBl. 2008, 57, 58.

[17] *Brüning*, Rn. 84.

[18] *Boujong*, WiVerw 1991, 59, 69.

[19] *Boujong*, WiVerw 1991, 59, 72.

[20] *Boujong*, WiVerw 1991, 59, 76 f.

[21] *Boujong*, WiVerw 1991, 59, 77.

6. Schaden

Trifft ein Betroffener im schutzwürdigen Vertrauen auf die Wirksamkeit des (un- 702
erkannt unwirksamen) Bebauungsplans Vermögensdispositionen, so können diese in
bestimmten Konstellationen einen ersatzfähigen Schaden darstellen.[22]

a) Fehlgeschlagene Aufwendungen

Der Bauwerber wird häufig den Ersatz fehlgeschlagener Aufwendungen (z. B. Ar- 703
chitektenhonorar, Baugrunduntersuchung) verlangen. Eine allgemeine Amtspflicht,
den Bürger vor wertlosen Aufwendungen im Hinblick auf einen unwirksamen Bebauungsplan zu bewahren, gibt es jedoch nicht.[23] Eine drittbezogene Amtspflicht
wird von der Rechtsprechung vielmehr allenfalls in den Fällen angenommen, in denen die Behörde von vornherein zur Berücksichtigung konkreter Sonderinteressen
verpflichtet war.[24]

b) Grundsatz der Planerhaltung

Der Gesetzgeber hat dem Grundsatz der Planerhaltung durch mehrere Änderun- 704
gen der Unbeachtlichkeitsklauseln der §§ 214, 215 BauGB sehr große Bedeutung
verschafft.[25] Nach § 214 Abs. 4 BauGB können Flächennutzungsplan und Bebauungsplan durch ein ergänzendes Verfahren[26] zur Behebung insbesondere von Form-
und Verfahrensfehlern auch rückwirkend in Kraft gesetzt werden. Im Ergebnis
kommt damit eine Unwirksamkeit von Bebauungsplänen außer bei „Altfällen" im
Wesentlichen nur bei Fallgestaltungen in Betracht, in denen es die Gemeinde versäumt, von ihren Heilungsmöglichkeiten Gebrauch zu machen, oder wenn es sich um
Fehler handelt, die auch im ergänzenden Verfahren nicht behoben werden können.

Ein derartiger unbehebbarer Mangel liegt vor, wenn dem Vorhaben Belange entge- 705
genstehen, die im Wege der Abwägung nicht überwunden werden können. Ebenso
scheidet ein ergänzendes Verfahren aus, wenn durch den Fehler die Gesamtkonzeption der Planung betroffen ist.[27]

Trotz dieser Möglichkeit zur rückwirkenden Heilung von Bauleitplänen entfallen 706
aber weder die Amtspflichtwidrigkeit noch die sich daraus ergebenden Amtshaftungsansprüche.[28] Denn die Rückwirkung vermag einmal getätigte Vermögensdispositionen nicht ungeschehen zu machen. Der Grundsatz der Planerhaltung hat daher auf Amtshaftungsansprüche regelmäßig keine Auswirkungen.[29]

7. Zusammentreffen des rechtswidrigen Bebauungsplans mit einer rechtswidrigen Baugenehmigung

Ist auf der Grundlage eines rechtswidrigen Bebauungsplans eine – ebenfalls 707
rechtswidrige – Baugenehmigung erlassen worden, beseitigt dies nicht die Kausalität

---

22 *Boujong*, WiVerw 1991, 59, 62.
23 Vgl. *Boujong*, WiVerw 1991, 59, 67; Staudinger/*Wurm*, § 839 BGB, Rn. 550.
24 BGHZ 84, 292.
25 Weiterführend hierzu *Hoppe/Henke*, DVBl. 1997, 1407.
26 Vgl. hierzu *Battis/Krautzberger/Löhr*, § 214, Rn. 23 ff.
27 *Ernst/Zinkahn/Bielenberg/Krautzberger*, § 214, Rn. 219.
28 *Krohn/de Witt*, NVwZ 2005, 1387, 1388; a. A. LG Oldenburg, NVwZ 2005, 1457, 1458 f. (wegen Fehlens einer Vertrauensgrundlage).
29 Vgl. aber BVerwG NVwZ 2008, 815 zum Einwand des rechtmäßigen Alternativverhaltens mit Anm v. *Haaß*, NJW-Spezial 2008, 396.

zwischen fehlgeschlagener Bauinvestition und rechtswidrigem Bebauungsplan im Sinne einer überholenden Kausalität. Vielmehr bestehen die Amtshaftungsansprüche wegen des rechtswidrigen Bebauungsplans und wegen der rechtswidrigen Baugenehmigung selbständig nebeneinander.[30]

8. Inzidentprüfung der Rechtmäßigkeit des Bebauungsplans durch die Zivilgerichte

708   Das Zivilgericht kann die Rechtmäßigkeit der Satzung grundsätzlich in vollem Umfang nachprüfen; lediglich die Feststellung der Unwirksamkeit der Satzung mit Wirkung inter omnes ist ihm verwehrt.[31] Wurde der Bebauungsplan bereits in einem vorangegangenen Normenkontrollverfahren für unwirksam erklärt, so ist das Zivilgericht an diese Entscheidung gebunden.[32] Ist umgekehrt ein Normenkontrollantrag bereits rechtskräftig als unbegründet abgewiesen worden, so bindet auch diese Entscheidung das Zivilgericht.[33]

II. Amtshaftung wegen Nichterlass eines Bebauungsplans

709   Eine Gemeinde trifft grundsätzlich keine Pflicht, einen bestimmten Bebauungsplan zu erlassen. Auch einen vorhabenbezogenen Bebauungsplan muss die Gemeinde selbst bei weit fortgeschrittener Projektentwicklung nicht erlassen, solange sie sich bei der Entscheidung gegen den Erlass des Bebauungsplans im Rahmen ihres gesetzlich zustehenden Planungsermessens bewegt; dabei ist auch die auf einer Änderung der politischen Verhältnisse im Gemeinderat beruhende Neubewertung der Auswirkungen eines Vorhabens rechtmäßiger Bestandteil des Planungsermessens.[34] Aufwendungen, die ein Projektentwickler im Vertrauen auf den – letztlich unterbliebenen – Erlass eines Vorhaben- und Erschließungsplans tätigt, sind daher regelmäßig nicht ersatzfähig.

710   Dies gilt nur dann nicht, wenn zwischen Gemeinde und Vorhabensträger ein Durchführungsvertrag gemäß § 12 Abs. 1 Satz 1 BauGB geschlossen wurde. Dann kann die Gemeinde wegen der Verletzung von Pflichten aus diesem öffentlich-rechtlichen Vertrag haften.[35]

III. Amtshaftung wegen verzögerten Erlasses eines Bebauungsplans

710a   Da Gemeinden keine Amtspflicht zum Erlass eines Bebauungsplans haben, haften sie auch nicht für den verzögerten Erlass eines Bebauungsplans. Aus dem gleichen Grund haften sie auch nicht für Verzögerungen aufgrund des bei der Bauleitplanung umzusetzenden Verfahrens sowie der Entschließungen der öffentlichen Planungsträger unter dem Gesichtspunkt des Verschuldens bei Vertragsverhandlungen.[36]

---

[30] Staudinger/*Wurm*, § 839 BGB, Rn. 552; *Boujong*, WiVerw 1991, 59, 94.
[31] *Boujong*, WiVerw 1991, 59, 62; *Schlichter/Stich/Driehaus/Paetow*, § 10 BauGB, Rn. 64.
[32] Vgl. RGRK/*Kreft*, § 839 BGB, Rn. 579; BGH NJW 1994, 1950.
[33] *Boujong*, WiVerw 1991, 59, 62.
[34] BGH NVwZ 2006, 1207, 1208; LG Wuppertal, Urt. v. 5.5.2006, Az. 16 O 185/05; vgl. hierzu auch Staudinger/*Wurm*, § 839 BGB, Rn. 138 f.
[35] *Schlick*, DVBl. 2007, 457, 459.
[36] Brandenburgisches OLG, Urt. v. 10.2.2010, Az. 1 U 36/08.

IV. Besondere Fallgruppen: Amtshaftung bei Überplanung von Flächen mit Altlasten, Bergschäden und Überschwemmungsgefahren

1. Allgemeines

Besondere Probleme ergeben sich, wenn die im Bebauungsplan ausgewiesenen Flächen unerkannt vorbelastet sind, etwa durch Altlasten, Bergschäden oder Überschwemmungsgefahren, und diese Vorbelastung die im Bebauungsplan vorgesehene Nutzung unmöglich macht;[37] ist dagegen das Grundstück trotz der Gefahren (im konkreten Fall ansteigendes Grund- oder Qualmwasser) – wenn auch mit vom Bauherrn zu tragenden Mehraufwendungen – ohne Gesundheitsgefahren für die Nutzer bebau- und nutzbar, ist die planerische Ausweisung als solche nicht rechts- und damit auch nicht amtspflichtwidrig.[38] 711

Die sog. Altlastenfälle betreffen dabei die Amtshaftung von Gemeinden, die in einem Bebauungsplan ein mit gesundheitsschädlichen Altlasten kontaminiertes Gelände als Bauland ausgewiesen haben.[39] 712

Der BGH hat in einer Reihe von Entscheidungen[40] die Amtspflichten der Gemeinden bei der Bauleitplanung hinsichtlich der Berücksichtigung von Altlasten präzisiert. Er bejaht eine Haftung der Gemeinde im Grundsatz, wenn diese bei der Planaufstellung die an gesunde Wohn- und Arbeitsverhältnisse zu stellenden Anforderungen gem. § 1 Abs. 6 Nr. 1 BauGB nicht mit der gebotenen Sorgfalt ermittelt und nicht mit dem ihnen zukommenden Gewicht bei der Aufstellung des Bebauungsplans berücksichtigt hat.[41] Diese Rechtsprechung ist im Schrifttum überwiegend auf Zustimmung gestoßen.[42] 713

In mehreren Entscheidungen zeichnet sich allerdings die Tendenz ab, die Sorgfaltsanforderungen an die Gemeinden nicht allzu hoch anzusetzen. Der BGH betont, dass die Gemeinden keiner Gefährdungshaftung unterliegen und „keine uferlose Überprüfung des zu bebauenden Areals gleichsam ins Blaue hinein" schulden.[43] 714

Weiterführende Informationen zu den konkreten Anforderungen an die Ermittlungspflicht der Gemeinde enthält der „Mustererlass zur Berücksichtigung von Flä- 715

---

[37] Überblick zur Entwicklung des Altlasten- und Bodenschutzrechts bei *Kügel*, NJW 2004, 1570 ff.
[38] OLG Schleswig, Urt. v. 30.3.2010, Az. 11 U 155/08.
[39] Zur Amtshaftung wegen einer rechtswidrigen immissionsschutz- oder abfallrechtlichen Genehmigung BGH ZUR 2010, 257.
[40] BGH NJW 1989, 976 (Bielefeld 1) = BGHZ 106, 323; BGH NJW 1990, 381 (Osnabrück) = BGHZ 108, 224; BGH NJW 1990, 1038 (Dortmund-Dorstfeld) = BGHZ 109, 380; BGH NJW 1990, 1042 = BGHZ 110, 1; BGH NJW 1991, 2701 (Dinslaken) = BGHZ 113, 367; BGH NJW 1992, 431 = BGHZ 116, 215; BGH NJW 1992, 1953 (Bielefeld 2) = BGHZ 117, 363; BGH NJW 1993, 384 (Siegburg – Bestätigung von OLG Köln, NJW 1991, 2710); BGH NJW 1993, 933 (Rosengarten) = BGHZ 121, 65; BGH DVBl. 1993, 1091; BGH NJW 1994, 253 (Mühlheim/Main) = BGHZ 123, 363; BGH NVwZ 1994, 91; BGH NVwZ 1998, 318 (Osnabrück); BGH NVwZ 2003, 1285 (Bad Nauheim).
[41] BGH NJW 1989, 976, 977.
[42] Vgl. zur Altlastenrechtsprechung des BGH: *Boujong*, WiVerw 1991, 59; *Gaentzsch*, NVwZ 1990, 505; *Giesberts*, DB 1996, 361; *Krohn*, in: Festschrift für *Gelzer*, S. 281; *Leinemann*, NVwZ 1992, 146; *Mader*, BayVBl. 1999, 168, 172 f.; *Ossenbühl*, DÖV 1992, 761; *Pape*, NJW 1994, 409; *Papier*, DVBl. 1989, 504, 508; *Rehbinder*, JuS 1989, 885; *Raeschke-Kessler*, DVBl. 1992, 683; *Raeschke-Kessler*, NJW 1993, 2275; *Schink*, NJW 1990, 351; *Stich*, DVBl. 2001, 409; *Wurm*, UPR 1990, 201; kritisch *Hebeler*, VerwArch 2007, 136, 154.
[43] BGH NJW 1991, 2701, 2702; BGH NJW 1994, 253, 255; Staudinger/*Wurm*, § 839 BGB, Rn. 558; *Rotermund/Krafft*, Rn. 809.

chen mit Bodenbelastungen, insbesondere Altlasten, bei der Bauleitplanung und im Baugenehmigungsverfahren" der Fachkommission „Städtebau" der ARGEBAU.[44]

2. Amtspflichten

716　Die Amtsträger der Gemeinde haben die Pflicht, bei der Aufstellung eines Bebauungsplans Gesundheitsgefahren zu verhindern, die den künftigen Bewohnern des Plangebietes aus dessen Bodenbeschaffenheit drohen und die vom Bauherrn nicht vorhersehbar und beherrschbar sind.[45] Die Gemeinde ist verpflichtet, mögliche Gefährdungen bereits im Stadium der Planung und nicht erst bei der Prüfung der bauordnungsrechtlichen Zulässigkeit der einzelnen Vorhaben zu ermitteln.[46]

a) Kenntnis oder Kennenmüssen des Gefahrenpotentials

717　Eine Verletzung der Amtspflicht, hinreichende Ermittlungen anzustellen, setzt voraus, dass der Gemeinde im Zeitpunkt der Beschlussfassung die Gefahrenpotentiale bekannt waren oder bekannt gewesen sein mussten.[47] Ergibt sich der Verdacht einer Kontaminierung mit Altlasten hingegen erst nach Inkrafttreten des Bebauungsplans, ist die Gemeinde nach der Rechtsprechung zu einer nachträglichen Kennzeichnung des Bebauungsplans nicht mehr verpflichtet; diese Rechtsprechung ist allerdings wegen der Amtspflicht zur Rückgängigmachung rechtswidriger Maßnahmen sehr zweifelhaft.[48]

718　Welche Umstände der Gemeinde bei der Beschlussfassung über den Bebauungsplan bekannt waren, ist Beweisfrage.[49] Von einer positiven Kenntnis der Gemeinde ist jedenfalls dann auszugehen, wenn ihr bekannt war, dass sich auf dem überplanten Gelände eine Deponie befunden hatte, die sie selbst zur Ablagerung von Industrieabfällen benutzt hatte und die von einem weiteren privaten Betreiber noch während des Planungsverfahrens benutzt worden war.[50] Kenntnis ist auch dann anzunehmen, wenn gegen die Gemeinde wegen der durch Müllablagerungen verursachten Grundwasserverunreinigung bereits ein Prozess geführt worden war[51] oder wenn sich aus ihren Akten und den Wahrnehmungen ihrer Bediensteten Hinweise auf Bodenverunreinigungen ergeben.[52] Die Gemeinde haftet auch, wenn die Bodenverunreinigung behördlicherseits zwar aktenkundig war, die an der Planung beteiligten Amtsträger aber in Unkenntnis dieser Umstände subjektiv nach bestem Wissen gehandelt haben. Die Gemeinde trifft insoweit ein Organisationsverschulden, weil das „Aktenwissen" den Entscheidungsträgern nicht bekannt war.[53]

719　Nicht eindeutig geklärt ist, wann von einem „Kennenmüssen" des Gefahrenpotentials auszugehen ist. Der BGH hat den hier einzuhaltenden Sorgfaltsmaßstab wie folgt definiert:[54] Die Gemeinde unterliegt keiner Gefährdungshaftung für unerkennbare Schadstoffbelastungen. Sie schuldet auch keine uferlose Überprüfung des zu

---

[44] Ernst/Zinkahn/Bielenberg/Krautzberger/*Krautzberger*, § 1a BauGB, Rn. 58.
[45] Vgl. BGH NJW 1989, 976; BGH NJW 1990, 381; BGH NJW 1990, 1042; Maunz/Dürig/ *Papier*, Art. 34 GG, Rn. 205.
[46] *Boujong*, WiVerw 1991, 59, 82; Hoppe/Bönker/Grotefels, § 19, Rn. 7, *Stüer*, Bau- und Fachplanungsrecht, Rn. 1353.
[47] BGH NJW 1989, 976, 977.
[48] OLG Oldenburg NJW 2004, 1395 f.
[49] *Giesberts*, DB 1996, 361, 362.
[50] BGH NJW 1989, 976, 977.
[51] BGH NJW 1989, 976, 977.
[52] BGH NJW 1990, 1038, 1039.
[53] BGH NJW 1991, 2701, 2702.
[54] BGH NJW 1994, 253, 254; BGH NJW 1991, 2701, 2702.

überplanenden Areals gleichsam „ins Blaue hinein". Was die planende Stelle nicht „sieht" und was sie nach den ihr zur Verfügung stehenden Erkenntnisquellen auch nicht zu „sehen" braucht, kann und muss von ihr nicht berücksichtigt werden. Sie hat aber die Pflicht zur ordnungsgemäßen Zusammenstellung des Abwägungsmaterials, sodass sie Erkundigungen über die frühere Nutzung des Grundstücks einholen muss.[55]

Erst wenn tatsächliche Anhaltspunkte oder Erkenntnisse für einen Altlastenverdacht bestehen, setzt die Nachforschungspflicht ein.[56] Damit trifft die Gemeinde keine „Pflicht zur systematischen Erkundung".[57] 720

Die frühere Nutzung des Geländes begründet nicht automatisch einen Gefahrenverdacht. Es ist danach zu unterscheiden, ob die Fläche vormals als Altdeponie oder als Industriestandort genutzt worden ist.[58] Nur bei einer Altdeponie besteht von vornherein ein Gefahrenverdacht.[59] Demgegenüber rechtfertigt eine frühere industrielle Nutzung nicht den Rückschluss auf das potentielle Vorliegen einer Bodenkontamination.[60] Bestehen bezüglich eines früheren Industriegeländes nur vage Vermutungen, beispielsweise weil hier unter Umständen mit nicht näher bekannten umweltgefährdenden Stoffen umgegangen worden ist, so lässt sich daraus noch keine Nachforschungspflicht der Gemeinde ableiten.[61] Der BGH hat in diesem Zusammenhang bekräftigt, dass nicht jedes Industriegelände, dessen Nutzung schon Jahrzehnte zurückliegt, von vornherein als altlastenverdächtig einzustufen ist.[62] 721

Tatsächliche Anhaltspunkte für einen Altlastenverdacht liegen etwa dann vor, wenn die Fläche in ein Altlastenkataster aufgenommen worden ist oder wenn von Trägern öffentlicher Belange oder von Bürgen im Rahmen des Planaufstellungsverfahrens Tatsachen für einen Altlastenverdacht vorgetragen worden sind.[63] 722

b) Art und Umfang der Prüfungspflicht

Sofern konkrete Anhaltspunkte für einen Altlastenverdacht vorliegen, ist die Gemeinde verpflichtet, Art und Ausmaß der Gefahr nachzugehen und diese zu bewerten.[64] Sie hat zu prüfen, ob im konkreten Fall Kontaminierungen durch gesundheitsgefährdende Stoffe vorliegen. Hierzu sind Erkundigungen über bereits erstellte Boden- und Grundwasseruntersuchungen einzuholen und diese zu überprüfen.[65] Diese Prüfungspflicht geht um so weiter, je mehr die Vorbenutzung die Möglichkeit einer gefährlichen Bodenverunreinigung nahelegt.[66] Erforderlichenfalls muss die Gemeinde Fachbehörden oder Sachverständige beiziehen, um das Gefahrenpotential aufzuklären.[67] Das der für den Bodenschutz zuständigen Behörde gem. § 9 Abs. 1 Satz 1 BBodSchG eingeräumte Ermessen, ob und welche Maßnahmen zur Aufklä- 723

---

[55] Hoppe/Bönker/Grotefels, § 19, Rn. 8.
[56] Boujong, WiVerw 1991, 59, 83; Schink, NJW 1990, 351, 353.
[57] Schink, NJW 1990, 351, 353; a.A. Giesberts, DB 1996, 361, 362, der davon ausgeht, dass die planende Behörde zur intensiven und vollständigen Aufklärung der Gefahr- und Risikopotentiale verpflichtet ist und deshalb „jeder Spur" nachgehen muss.
[58] Ossenbühl, DÖV 1992, 761, 764; Bergmann/Schumacher, Rn. 1190.
[59] Ossenbühl, DÖV 1992, 761, 764.
[60] Vgl. OVG Münster NuR 1988, 93.
[61] Schink, NJW 1990, 351, 353.
[62] BGH NJW 1994, 253, 254; BGH NJW 1993, 2615, 2616.
[63] Schink, NJW 1990, 351, 353.
[64] Schink, NJW 1990, 351, 353; Stein/Itzel/Schwall, Rn. 571.
[65] Giesberts, DB 1996, 361, 364.
[66] BGH NJW 1989, 976, 977.
[67] Boujong, WiVerw 1991, 59, 83.

rung eines Altlastenverdachts eingeleitet werden, steht der bauleitplanenden Gemeinde nicht zu Gebote.[68]

3. Drittbezogenheit der Amtspflicht

724 Der BGH leitet den Drittbezug der Amtspflicht in Altlastenfällen unmittelbar aus den Planungsleitlinien des § 1 Abs. 6 Nr. 1 BauGB ab.[69] Das Gebot, die „allgemeinen Anforderungen an gesunde Wohn- und Arbeitsverhältnisse" zu berücksichtigen, dient auch den Individualinteressen der Betroffenen.[70] Die Ausnahme von dem Grundsatz, dass die Planung nur der Allgemeinheit zu dienen bestimmt ist, rechtfertigt sich durch die überragende Bedeutung der Rechtsgüter von Leben und Gesundheit.[71]

725 Damit ergibt sich zugleich die Eingrenzung des Kreises der geschützten Dritten: Personen, bei denen eine Gefährdung für Leben und Gesundheit nicht besteht und die auch nicht die Verantwortung dafür tragen, dass die von ihnen errichteten Gebäude frei von Gesundheitsgefahren sind, fallen nicht in den Schutzbereich der Amtspflicht.

a) Geschützte Dritte

726 Geschütze Dritte sind objektbezogen alle Eigentümer und dinglich Nutzungsberechtigten an den im Plangebiet liegenden Grundstücken, soweit sie die Absicht haben, diese zu bebauen.[72] Geschützt sind auch Bauträger, die ein Grundstück im Bereich des Bebauungsplans erwerben, um es zu bebauen und weiter zu veräußern, da sie den späteren Käufern gegenüber haftbar werden können.[73]

727 Zu dem geschützten Personenkreis zählen auch zukünftige Ersterwerber, die das Grundstück erst nach der Aufstellung des Bebauungsplans kaufen.[74] Offengelassen hat der BGH die Frage, ob auch weitere Nacherwerber als geschützte Dritte zu beurteilen sind. Dies wird man bejahen können, da ein Bebauungsplan in erster Linie grundstücksbezogene Wirkungen entfaltet, unabhängig davon, wer im Zeitpunkt eines schädigenden Ereignisses gerade Eigentümer ist.[75]

728 Höchstrichterlich ebenfalls noch nicht entschieden ist die Frage, ob lediglich obligatorisch Berechtigte geschützte Dritte sein können. Dafür spricht, dass § 1 Abs. 6 Nr. 1 BauGB auf die Sicherheit und Gesundheit der Wohnbevölkerung (und damit nicht nur auf dinglich Berechtigte) abstellt.[76] Wenn folglich der Mieter eines Anwesens durch Altlasten in seiner Gesundheit geschädigt wird, ist der ihm entstandene Schaden grundsätzlich ersatzfähig; ausgenommen sind aber weitergehende Vermögensschäden, wie z. B. Aufwendungen für einen Umzug oder die höhere Miete für eine vergleichbare Ersatzwohnung.[77] Eine Amtshaftungsklage des Mieters wird jedoch in den meisten Fällen daran scheitern, dass er nach § 536a Abs. 1 BGB Scha-

---

[68] *Bihler/Koch/Mücke/Weindl*, Rn. 1211.
[69] Kritisch hierzu *Hebeler*, VerwArch 2007, 136, 152 ff.; *Fischer*, ZfIR 2002, 268, 270 ff.
[70] BGH NJW 1989, 976, 978.
[71] BGH NJW 1990, 1038, 1040.
[72] BGH NJW 1990, 381, 383.
[73] BGH NJW 1990, 381, 383; BGH NVwZ 1998, 318, 319.
[74] BGH NJW 1989, 976, 978.
[75] Vgl. OLG Hamm NVwZ 1988, 762, 764; *Hoppe/Bönker/Grotefels*, § 19, Rn. 13; *Raeschke-Kessler*, NJW 1993, 2275, 2277; *Boujong*, WiVerw 1991, 59, 88; *Wurm*, UPR 1990, 201; Staudinger/*Wurm*, § 839 BGB, Rn. 557; *Hebeler*, VerwArch 2007, 136, 155 f.
[76] *Hoppe/Bönker/Grotefels*, § 19, Rn. 15; *Giesberts*, DB 1996, 361, 364; *Hebeler*, VerwArch 2007, 136, 155.
[77] Vgl. hierzu *Leinemann*, NVwZ 1992, 146.

densersatz von seinem Vermieter fordern kann und damit eine anderweitige Ersatzmöglichkeit nach § 839 Abs. 1 Satz 2 BGB besteht.[78] Möglicherweise kann jedoch der Vermieter den ihm hierdurch entstehenden Schaden im Wege der Amtshaftungsklage geltend machen.[79]

Unter Umständen können auch rein faktische Nutzer, also beispielsweise Arbeitnehmer, Krankenhauspatienten oder Schulbesucher zu dem Kreis der geschützten Personen zählen, wenn und soweit sie aufgrund ihres regelmäßigen Aufenthalts Gesundheitsgefahren ausgesetzt werden.[80] Regelmäßig wird aber auch hier ein anderweitiger Ersatzanspruch i.S.v. § 839 Abs. 1 Satz 2 BGB gegen den Eigentümer oder Besitzer des Grundstücks bestehen. 729

Geschützte Dritte sind auch Gewerbetreibende, die auf dem kontaminierten Gelände gewerbliche Bauten errichtet haben oder errichten wollen. Die Amtspflicht zur Gewährleistung gesunder Arbeitsverhältnisse und der Sicherheit der Arbeitsbevölkerung nach § 1 Abs. 6 Nr. 1 BauGB besteht nicht nur gegenüber den Arbeitnehmern, die mögliche Gesundheitsgefahren unmittelbar ausgesetzt wären, sondern auch gegenüber dem Arbeitgeber, der nach § 618 BGB verpflichtet ist, die Arbeitsräume von Gesundheitsgefahren freizuhalten.[81] 730

b) Nicht geschützter Personenkreis

Nicht zum Kreis der geschützten „Dritten" zählen diejenigen Grundstückseigentümer, die bei Erlass des Bebauungsplans ihr Grundstück bereits bebaut hatten und eine weitere Bebauung nicht beabsichtigen. Für sie kann ein fehlerhafter Bebauungsplan nicht zur Schadensursache werden, da sie keine Dispositionen im Vertrauen auf die Rechtmäßigkeit des Bebauungsplans getroffen haben.[82] 731

Ein Bauträger, der positive Kenntnis von der Belastung des Grundstücks erlangt, dieses aber trotzdem kauft und Wohngebäude errichtet, sowie Grundstücksgeschäfte mit Ersterwerbern abschließt, hat kein schutzwürdiges Vertrauen in die Rechtmäßigkeit des Bebauungsplans; er kann daher nicht als Dritter i.S.v. § 839 Abs. 1 Satz 1 BGB angesehen werden. Die Amtspflicht der Gemeinde, bei der Aufstellung von Bebauungsplänen Gesundheitsgefahren zu verhindern, hat nicht den Schutzzweck, Bauträger vor den wirtschaftlich nachteiligen Folgen von Grundstücksgeschäften zu bewahren.[83] Ein Bauträger muss sich vielmehr zivilrechtlich gegenüber dem Verkäufer des kontaminierten Grundstücks absichern. Unterlässt er dies, so hat er die wirtschaftlichen Konsequenzen der Kontaminierung des Grundstücks selbst zu tragen. 732

Nicht geschützt ist, wer als Kreditgeber wirtschaftliche Interessen an der Werterhaltung des Grundstücks hat. Hierzu gehören beispielsweise Banken als Inhaber von Grundschulden, die deshalb nicht mehr werthaltig sind, weil der Verkehrswert des Grundstücks aufgrund der erkannten Kontaminierung gesunken ist.[84] 733

Nachbarn von kontaminierten Grundstücken, deren eigenes Anwesen altlastenfrei ist, sind keine geschützten Dritten.[85] Der Eigentümer eines altlastenfreien Grundstücks, der einen Schaden dadurch erleidet, dass sein Grundstück aufgrund der 734

---

[78] Leinemann, NVwZ 1992, 146, 148.
[79] Leinemann, NVwZ 1992, 146, 148.
[80] Vgl. Hoppe/Bönker/Grotefels, § 19, Rn. 14; Staudinger/Wurm, § 839 BGB, Rn. 557.
[81] BGH NJW 1993, 384, 385; Hoppenberg/de Witt/de Witt/Krohn, M, Rn. 350.
[82] BGH NJW 1993, 384.
[83] BGH NJW 1992, 1953, 1955.
[84] BGH NJW 1990, 381, 383.
[85] Vgl. BGH NJW 1990, 1042, 1044; BGHZ 108, 224, 229.

Kontaminierung eines Nachbargrundstücks geringere Wohnqualität hat und deshalb an Wert verliert, zählt nicht zum geschützten Personenkreis. Der so entstehende Wertverlust als reiner Vermögensschaden ist nicht vom Schutzbereich der Amtspflicht umfasst.[86]

c) Sachlicher Schutzbereich und ersatzfähige Schäden

735 Der Betroffene ist nicht absolut, d.h. in jeder Hinsicht geschützt, sondern nur so weit der sachliche Schutzbereich der verletzten Amtspflicht reicht.[87]

aa) Unmittelbare Beziehung des Schadens zu einer Gesundheitsgefährdung

736 Vom Schutzzweck der Amtspflicht umfasst sind nach der Rechtsprechung nur solche Schäden, die eine unmittelbare Beziehung zu der Gesundheitsgefährdung aufweisen. Das ist der Fall, wenn der Schaden dadurch verursacht worden ist, dass die vom Boden ausgehenden Gefahren zum völligen Ausschluss der Nutzungsmöglichkeit der errichteten oder noch zu errichtenden Wohngebäude führen.[88]

737 Die unmittelbar durch die Kontaminierung entstandenen Gesundheitsschäden der Wohn- und Arbeitsbevölkerung fallen ohne Weiteres in den Schutzbereich der Amtspflicht; Vermögensschäden, die als Folge von Gesundheitsschäden entstehen, sind ebenfalls ersatzfähig. Hierzu zählen Heilungskosten, Erwerbsausfallschäden und Rechtsverfolgungskosten.[89]

bb) Verlässlichkeitsgrundlage und schutzwürdiges Vertrauen

738 Nach der Rechtsprechung des BGH schützt die hier erörterte Amtspflicht auch gegen Vermögensverluste, die Grundstückseigentümer, Erwerber und Bauherren dadurch erleiden, dass sie im Vertrauen auf eine ordnungsgemäße gemeindliche Planungsentscheidung Wohnungen errichten oder kaufen, die nicht bewohnbar sind. Denn im Hinblick auf Gefahren, die vom Bauherrn nicht vorhersehbar und beherrschbar sind, bietet ihm der Bebauungsplan grundsätzlich eine „Verlässlichkeitsgrundlage" für seine finanziellen Dispositionen.[90]

739 Ein entsprechender Schadensersatzanspruch setzt allerdings voraus, dass der Geschädigte seine Vermögensdispositionen in schutzwürdigem Vertrauen auf diese Verlässlichkeitsgrundlage getätigt hat.[91] Einen Amtshaftungsanspruch begründet nicht bereits das pflichtwidrige Verhalten der Behörde als solches, sondern erst das durch dieses veranlasste eigene Verhalten des Betroffenen.[92] Schutzwürdiges Vertrauen genießt jedoch nicht mehr ein Bauträger, der positive Kenntnis von der Belastung des Geländes erlangt hat, sich über die bestehenden Bedenken gegen die Bebaubarkeit hinwegsetzt und Grundstücksgeschäfte mit Erwerbern tätigt.

740 Auch wenn der Betroffene die Belastung kennen musste, ist ein schutzwürdiges Vertrauen zu verneinen. Ein „Kennenmüssen" auf Seiten des Käufers ist jedenfalls dann gegeben, wenn er konkrete Anhaltspunkte für einen Altlastenverdacht hatte.

---

[86] BGH NJW 1990, 1038; *Rotermund/Krafft*, Rn. 812.
[87] Vgl. RGRK/*Kreft*, § 839 BGB, Rn. 246.
[88] BGH NJW 1990, 1038; BGH NJW 1993, 933; vgl. dazu auch *Rotermund/Krafft*, Rn. 814.
[89] Vgl. BGH NJW 1992, 1230; *Giesberts*, DB 1996, 361, 364; zum Ersatz von Rechtsanwaltskosten im Verwaltungsverfahren vgl. BGH UPR 2006, 188 ff.
[90] BGH NJW 1989, 976, 979; BGH NJW 1992, 1953, 1955; BGH NJW 1993, 933. Vgl. zum „Vertrauenstatbestand" als Kriterium der Drittbezogenheit grundlegend *de Witt/Burmeister*, NVwZ 1992, 1039; *Krohn*, in: Festschrift für *Boujong*, S. 573; vgl. auch *Bömer*, NVwZ 1996, 749; Staudinger/*Wurm*, § 839 BGB, Rn. 559 ff.
[91] BGH NJW 1992, 1953, 1955.
[92] Vgl. *de Witt/Burmeister*, NVwZ 1992, 1039.

Konkrete Anhaltspunkte bestehen immer, wenn die Gemeinde das Gebiet vorsorglich im Bebauungsplan gem. § 9 Abs. 5 Nr. 3 BauGB als altlastenverdächtig gekennzeichnet hat. Die Kennzeichnung kontaminierter Flächen gem. § 9 Abs. 5 Nr. 3 BauGB ist ein wesentliches Steuerungsinstrument für die mögliche Nutzung des kontaminierten Grundstücks.[93] Entsprechende Anhaltspunkte können sich auch daraus ergeben, dass der Voreigentümer in einem Grundstückskaufvertrag einen ausdrücklichen Gewährleistungsausschluss für Altlasten aufgenommen hat.[94]

cc) Einzelfragen

Ist ein Gebäude wegen altlastenbedingter Gesundheitsgefahren nicht bewohnbar, so sind grundsätzlich die Kosten für den Grundstückserwerb und den Bau des Hauses, abzüglich eines etwa auf dem Grundstücksmarkt noch erzielbaren Preises, zu ersetzen. Zu ersetzen ist ferner der Nutzungsausfall, den der Betroffene zwischen Räumung des Hauses und dessen Veräußerung erleidet; dieser Schaden bemisst sich nach den fiktiven Mieteinnahmen.[95] Der Amtshaftungsanspruch erfasst ebenso den Zinsschaden, den der Verletzte dadurch erleidet, dass er das für Wohnbebauung erworbene Grundstück aufgrund der Bodenkontamination nicht mehr bestimmungsgemäß verwerten kann.[96] Auch Mehraufwendungen, die der Geschädigte aufbringt, um mit Hilfe von Sanierungsmaßnahmen Gesundheitsgefahren zu beseitigen, sind erstattungsfähig.[97] 741

Nicht ersatzfähig sind hingegen die Kosten für eine Bodensanierung durch Gründungs- und Bodenaustauschmaßnahmen, die nur deshalb erforderlich sind, weil sich der Untergrund mit Altlastenablagerungen als nicht ausreichend tragfähig erweist.[98] Kosten, die sowohl für die Herstellung der Standfestigkeit als auch für die Beseitigung von Gesundheitsgefahren anfallen, sind ebenfalls nicht ersatzfähig.[99] Die Ausweisung als Wohngebiet führt nicht zu einer Schadensersatzpflicht der Gemeinde, wenn dieses nicht für jede gärtnerische Nutzung geeignet ist.[100] 742

Vom Schutzzweck werden reine Vermögensschäden nicht erfasst, wie z. B., Mehraufwendungen des Käufers für Aushub und Abtransport von Deponiegut, das keine Gesundheitsgefahren in sich birgt.[101] Diese Kosten sind mit Aufwendungen vergleichbar, die bei fehlender Tragfähigkeit des Baugrunds vom Eigentümer zu übernehmen sind. 743

Der Geschädigte kann nicht verlangen, so gestellt zu werden, als wenn das Gelände nicht mit Schadstoffen belastet wäre. Er kann deshalb insbesondere nicht die Differenz zwischen dem vor dem Bekanntwerden der Belastung geschätzten Wert und dem verbleibenden Restwert verlangen. Zu ersetzen ist ihm nur das negative Interesse, d.h. seine fehlgeschlagenen Aufwendungen für den Grundstückserwerb, wenn das Anwesen wegen der gesundheitlichen Gefahren unbewohnbar ist.[102] Dies bedeutet, dass die Zahlung eines überhöhten Kaufpreises für ein sanierungsfähiges Grundstück nicht als Schaden geltend gemacht werden kann.[103] Nachdem der 744

---

[93] *Koch/Schütte*, DVBl. 1997, 1415, 1418.
[94] *Ossenbühl*, DÖV 1992, 761, 769.
[95] BGH NJW 1989, 976, 979.
[96] BGH NVwZ 1998, 318, 319; Hoppenberg/*de Witt*/*de Witt*/*Krohn*, M, Rn. 359.
[97] BGH NJW 1995, 253, 255 f.; Staudinger/*Wurm*, § 839 BGB, Rn. 560.
[98] BGH NJW 1993, 384, 385; BGH NJW 1994, 253, 256.
[99] BGH NJW 1993, 384, 385.
[100] BGH NJW 1994, 253.
[101] BGHZ 113, 367, 373 f.
[102] BGH NJW 1990, 381, 384; BGH NJW 1993, 933, 934; BGH NVwZ 1998, 318, 319.
[103] MünchKommBGB/*Papier*, § 839 BGB, Rn. 268.

Schutzzweck der Amtspflicht nur darauf gerichtet ist, Gesundheitsschäden zu vermeiden, entsteht grundsätzlich keine Haftung der Gemeinde, wenn ein Grundstück bebaubar bzw. bewohnbar ist.[104]

d) Maßgeblicher Zeitpunkt für die Schadensberechnung

745   Werden während des laufenden Amtshaftungsprozesses im Plangebiet erfolgreich und dauerhaft gesunde Wohnverhältnisse durch eine Sanierung wiederhergestellt, so sind diese Umstände bei der Schadensberechnung zugunsten der Gemeinde zu berücksichtigen; maßgeblicher Zeitpunkt für die Berechnung des Schadens ist die letzte mündliche Verhandlung.[105]

4. Verschulden der Gemeinderatsmitglieder

746   Der BGH kam im ersten Altlastenurteil[106] zu dem Ergebnis, dass der Stadtrat, dem die frühere Nutzung des Grundstücks als Deponie bekannt war, seine Amtspflichten fahrlässig verletzt hat. Dies hat erhebliche Beunruhigung bei den Gemeinden ausgelöst. In diesem Fall war das Verschulden des Stadtrats jedoch erheblich. Die Stadtratsmitglieder hatten den Bebauungsplan in grob fahrlässiger Weise – trotz Kenntnis der Kontaminierung – in Kraft gesetzt, ohne weitere Bodenuntersuchungen zu veranlassen. Auf ein fehlendes Problembewusstsein zum Zeitpunkt der Beschlussfassung kommt es nicht an.[107]

747   Später hat der BGH klargestellt, dass keine überzogenen Anforderungen an die Prüfungspflichten der Gemeinden gestellt werden dürfen. Die Planungsträger müssen zunächst lediglich Nachforschungen über die Vornutzung anstellen und nach den anerkannten Regeln von Wissenschaft und Technik prognostizieren, ob das überplante Grundstück bewohnbar ist oder nicht.

> **BGHZ 113, 367, 371:** „Es trifft zwar zu, dass der Planungsfehler bereits auf der Tatbestandsebene der Amtspflichtverletzung und nicht erst beim Verschulden gewisse subjektive Elemente der Vorwerfbarkeit enthält. Die Gemeinde muss es versäumt haben, die durch Altlasten verursachte Gefahrensituation aufzuklären und diejenigen Gefahrenpotentiale zu berücksichtigen, die ihr im Zeitpunkt der Beschlussfassung über den Bebauungsplan bekannt waren oder hätten bekannt sein müssen. Was die planende Stelle nicht „sieht", und was sie nach den gegebenen Umständen auch nicht zu „sehen" braucht, kann von ihr nicht berücksichtigt werden und braucht von ihr auch nicht berücksichtigt zu werden."

748   Der BGH hat diese Rechtsprechung in weiteren, zum Teil nicht veröffentlichten Entscheidungen bestätigt.[108]

749   Für die Beurteilung, ob Gemeinderatsmitglieder beim Erlass eines Bebauungsplans schuldhaft Amtspflichten verletzt haben, ist auf den Zeitpunkt der Beschlussfassung abzustellen.

750   Hat eine Gemeinde einen Bebauungsplan erlassen, nachdem eine von privaten Sachverständigen oder staatlichen Fachbehörden überwachte Sanierung des kontaminierten Geländes durchgeführt wurde, liegt keine Amtspflichtverletzung vor. Jedenfalls haben aber die Gemeinderatsmitglieder nicht schuldhaft gehandelt, wenn sie auf die Feststellungen des Sachverständigen vertrauen durften, durch die eine nach dem Stand der Technik durchgeführte und erfolgreiche Sanierung bestätigt wird.

---

[104] MünchKommBGB/*Papier*, § 839 BGB, Rn. 268.
[105] BGH NJW 1990, 1038, 1041.
[106] BGHZ 106, 323.
[107] *Schink*, NJW 1990, 351, 354.
[108] Nichtannahmebeschlüsse vom 9.7.1992, Az. III ZR 78/91; 87/91 und 105/91 = UPR 92, 438.

5. Mitverschulden des Geschädigten

War die Kontaminierung des Grundstücks dem Käufer zum Zeitpunkt des Erwerbs positiv bekannt, so ist der Amtshaftungsanspruch wegen eines erheblichen Mitverschuldens ausgeschlossen.[109]

Wenn der Käufer eines kontaminierten Grundstücks zum Zeitpunkt des Erwerbs die Eigenschaft des Plangebiets als früheres Deponiegelände oder altlastenverdächtiges Fabrikgelände kannte oder bei verkehrserforderlicher Sorgfalt kennen musste, liegt ein Mitverschulden vor, das zu einer Kürzung des Anspruchs führt.[110] Der Käufer muss bei Kenntnis das Gefahrenpotential selbst aufklären und darf in diesem Fall nicht „blindlings" auf den Bebauungsplan vertrauen.[111] Ein „Kennenmüssen" auf Seiten des Käufers ist jedenfalls dann gegeben, wenn er konkrete Anhaltspunkte für einen Altlastenverdacht hatte.

751

752

6. Anderweitige Ersatzmöglichkeit

Ein Amtshaftungsanspruch gegen die Gemeinde wegen eines fehlerhaften Bebauungsplans entfällt gem. § 839 Abs. 1 Satz 2 BGB, wenn der Geschädigte auf andere Weise Ersatz erlangen kann. Als anderweitige Ersatzmöglichkeit im Sinne dieser Vorschrift kommt grundsätzlich auch die Geltendmachung eines Ersatzanspruchs im Wege der sog. Drittschadensliquidation in Betracht.[112]

753

a) Ansprüche gegen den Veräußerer des Grundstücks

Bei den Altlastenfällen kommen zunächst Gewährleistungsansprüche des Erwerbers gegen den Verkäufer in Betracht. Diese können entfallen, wenn die Sachmängelhaftung vertraglich wirksam ausgeschlossen wurde oder entsprechende Ansprüche verjährt sind.

754

Allerdings kann sich der Verletzte auf das Fehlen einer anderweitigen Ersatzmöglichkeit nur dann berufen, wenn ihn selbst an dem Wegfall der Ersatzpflicht keine Schuld trifft.[113] Er genügt deshalb seiner Beweispflicht hinsichtlich des Nichtvorliegens einer anderweitigen Ersatzmöglichkeit nicht schon dadurch, dass er die Unmöglichkeit anderweitigen Ersatzes zum Zeitpunkt der Klageerhebung dartut; er muss auch nachweisen, dass er eine früher vorhandene Ersatzmöglichkeit nicht schuldhaft versäumt hat.[114] Die Versäumung einer Ersatzmöglichkeit ist dann schuldhaft, wenn der Geschädigte von einer ihm nach den Umständen des Einzelfalls zumutbaren Möglichkeit, seinen Schaden an anderer Stelle zu decken, keinen Gebrauch gemacht hat.[115]

755

Lässt der Geschädigte Ansprüche gegen einen Dritten verjähren, so kann er sich nicht mehr auf das Fehlen einer anderweitigen Ersatzmöglichkeit berufen, da er den Wegfall der Ersatzmöglichkeit verschuldet hat.[116]

756

---

[109] *Giesberts*, DB 1996, 361, 367; *Raeschke-Kessler*, NJW 1993, 2275, 2277 f.; *Ossenbühl*, DÖV 1992, 761, 769.
[110] BGH NJW 1990, 381, 384; vgl. auch BGH NJW 1992, 1953, 1954; Staudinger/*Wurm*, § 839 BGB, Rn. 563; *Bergmann/Schumacher*, Rn. 1221.
[111] BGH NJW 1990, 381, 384.
[112] OLG Zweibrücken, Urt. v. 4.5.2006, Az.: 6 U 2/05, BeckRS 2008, 13483.
[113] BGH NJW 2002, 1266; Palandt/*Sprau*, § 839 BGB, Rn. 54; RGRK/*Kreft*, § 839 BGB, Rn. 508.
[114] BGH VersR 1960, 663, 664.
[115] BGH NJW 1979, 34, 35; *Schlick/Rinne*, NVwZ 1997, 1171, 1175.
[116] BGH BB 1992, 950; RGRK/*Kreft*, § 839 BGB, Rn. 508.

757 Sofern der Geschädigte beim Erwerb des altlastenverseuchten Grundstücks vom Voreigentümer einen umfassenden Gewährleistungsausschluss akzeptiert hat, ist zu differenzieren: Auf eine anderweitige Ersatzmöglichkeit kann sich die Behörde nicht berufen, wenn der Geschädigte nachweisen kann, dass sowohl Käufer als auch Verkäufer beim Abschluss des Vertrages nichts davon wussten, dass das Grundstück kontaminiert war. Anders liegt es jedoch, wenn der Geschädigte vor Abschluss des Vertrags konkrete Anhaltspunkte für einen Gefahrenverdacht oder sogar positive Kenntnis von der Altlastensituation hatte.

758 Sofern der Verkäufer bei Abschluss des Kaufvertrages von der Eigenschaft des Grundstücks als ehemaligem Deponiegelände weiß, muss er dies dem Käufer offenbaren.[117] Andernfalls kann eine arglistige Täuschung zu Lasten des Erwerbers vorliegen, die eine Schadensersatzpflicht nach § 437 Nr. 3 BGB i.V.m. §§ 440, 280 f. BGB begründet.[118] Da in diesem Fall ein Gewährleistungsausschluss gem. § 444 BGB nicht durchgreift, hat der Geschädigte mit dem Regressanspruch gegen den Veräußerer in diesen Fällen regelmäßig eine anderweitige Ersatzmöglichkeit.

b) Ansprüche gegen sonstige Dritte

759 Eine anderweitige Ersatzmöglichkeit gegen Dritte kann bestehen, wenn ein vom Käufer beauftragter Architekt[119] oder Sachverständiger Hinweise auf eine mögliche Kontaminierung nicht berücksichtigt. Wegen der Verletzung vertraglicher Sorgfalts- und Überprüfungspflichten können sich hier Schadensersatzansprüche ergeben. Ferner ist eine vorrangige Haftung von beratenden Rechtsanwälten denkbar, die bei der Gestaltung des Kaufvertrags bei Altlastenverdacht die Gewährleistungsansprüche des von ihnen vertretenen Käufers nicht hinreichend abgesichert haben. Auch der Ausgleichsanspruch gegen einen zur Sanierung Mitverpflichteten gem. § 24 Abs. 2 BBodSchG kann eine anderweitige Ersatzmöglichkeit gem. § 839 Abs. 1 Satz 2 BGB darstellen.[120]

7. Amtshaftung bei Überplanung von Flächen mit Bergschäden und mit Hochwassergefahren

760 Bei der Überplanung von Flächen mit Bergschäden gelten die gleichen Grundsätze wie in den Altlastenfällen, seit der BGH in einer grundlegenden Entscheidung seine Altlastenrechtsprechung auf Bergschadensfälle übertragen hat.[121] Von Bergschäden spricht man, wenn sich aufgrund verborgener Hohlräume, die ihre Ursache im früher betriebenen oder noch andauernden Bergbau haben, Trichter größeren Ausmaßes bilden und dadurch Personen oder Fahrzeuge abrutschen oder Gebäude einstürzen.[122] Vom Ergebnis her ähneln diese Fälle den Altlastenfällen, weil auch hier der Betroffene aufgrund eines gravierenden Mangels des Baugrunds, und zwar nicht aufgrund von Altlasten, sondern aufgrund von Hohlräumen, einen Schaden erleidet.

761 Anknüpfungspunkt für die Amtspflichtverletzung ist demnach auch hier das bei der Planaufstellung zu beachtende Gebot aus § 1 Abs. 6 Nr. 1 BauGB, gesunde und sichere Wohn- und Arbeitsverhältnisse zu verwirklichen.[123] Anders als bei den Alt-

---

[117] Vgl. *Raeschke-Kessler*, NJW 1993, 2275, 2280.
[118] Vgl. hierzu BGH NJW 1993, 384, 385; BGH NJW 1992, 1953, 1954 f.
[119] Vgl. BGH NVwZ 1992, 911.
[120] *Bihler/Koch/Mücke/Weindl*, Rn. 1225.
[121] BGHZ 142, 259, 263 ff.
[122] BGHZ 142, 259, 264.
[123] Staudinger/*Wurm*, § 839 BGB, Rn. 565.

lastenfällen liegt der Schwerpunkt bei den Bergschadensfällen aber auf dem Kriterium der *sicheren* Wohn- und Arbeitsverhältnisse.[124] Wenn nicht auszuschließen ist, dass sich aus dem bergbaulich ausgebeuteten Untergrund im Falle einer Bebauung ernsthafte Gefährdungen für die in den geplanten Gebäuden wohnenden und arbeitenden Menschen für ihre Gesundheit und Sicherheit ergeben können, ist die Überplanung dieser Flächen mit dem Bauplanungsrecht unvereinbar.[125] Die Drittbezogenheit resultiert wie bei den Altlastenfällen aus der überragenden Bedeutung der Rechtsgüter von Leben und Gesundheit.[126]

Bezüglich des Schadensumfangs sind – hier allerdings in deutlichem Unterschied zur Rechtsprechung zu den Altlastenfällen – auch solche Mehraufwendungen vom Schutzbereich der Amtspflicht erfasst, die wegen der mangelnden Standfestigkeit getätigt werden mussten.[127] Das rechtfertigt sich daraus, dass die Amtspflicht, sichere Wohn- und Arbeitsverhältnisse zu verwirklichen, gerade dazu dienen soll, dass keine Gebäude errichtet werden, die schon während der Bauzeit oder jedenfalls später von Einsturz bedroht sind. Folglich müssen auch solche Schäden ersatzfähig sein, die auf der mangelnden Standfestigkeit, mithin auf der gerade zu vermeidenden Gefährlichkeit des Gebäudes beruhen.

Bei der Ausweisung von überschwemmungsgefährdeten Flächen hat es der BGH hingegen abgelehnt, die gleichen Grundsätze wie in den Altlastenfällen anzuwenden.[128] Nach der zutreffenden Ansicht in der Literatur besteht jedoch auch hier eine drittschützende Amtspflicht, bei der Aufstellung von Bauleitplänen gesunde und sichere Wohn- und Arbeitsverhältnisse zu berücksichtigen.[129] Eine Amtspflichtverletzung liegt deshalb vor, wenn im Bebauungsplan Flächen, bei denen eine Überschwemmungsgefahr besteht, als Bauland ausgewiesen werden, oder wenn Flächen, bei denen besondere bauliche Vorkehrungen oder Sicherungsmaßnahmen gegen Naturgewalten erforderlich sind, nicht gekennzeichnet sind. Diese Amtspflicht ist drittschützend, weil gerade der Betroffene im Baugebiet vor Gesundheitsgefahren geschützt werden soll. Freilich entschärft sich die Haftungsproblematik dadurch erheblich, dass angesichts der nur abstrakten Gesundheitsgefahren die Nutzung des Grundstücks nicht generell ausgeschlossen ist – wie in den Altlastenfällen – und daher Beeinträchtigungen der Grundstücksnutzung oder -verwertung keinen ersatzfähigen Schaden darstellen.

C. Amtshaftung für fehlerhafte Bauverwaltungsakte

I. Fehlerhafte Erteilung einer Baugenehmigung

Anders als die Bauleitplanung ist das Baugenehmigungsverfahren auf das individuelle Bauvorhaben des Bauwerbers konkretisiert. Bestehen keine Versagungsgründe, so hat der Antragsteller einen Rechtsanspruch auf Erteilung der Baugenehmigung. Der Genehmigungsvorbehalt dient dem Zweck, die Einhaltung der

---

[124] BGHZ 142, 259, 264; *Hoppe/Bönker/Grotefels,* § 19, Rn. 6.
[125] *Stich,* DVBl. 2001, 409, 413; zur Amtshaftung der Bundesländer als Träger der Bergbehörden vgl. *Terwiesche,* NVwZ 2007, 284, 285 ff.
[126] BGHZ 142, 259, 264.
[127] BGHZ 142, 259, 265 ff.
[128] BGH VersR 1999, 1412 ff. Unabhängig hiervon können aber den Wasserbehörden Amtspflichten zur Abwehr von Hochwassergefahren obliegen, BGH UPR 2008, 441.
[129] Zum Ganzen *Beyer,* NWVBl. 2004, 48 ff.

baurechtlichen Vorschriften zu gewährleisten und die öffentlich-rechtlich geschützten Interessen der Nachbarn zu wahren.[130] Andererseits beinhaltet die Baugenehmigung die Aussage gegenüber dem Antragsteller, dass dem Bauvorhaben rechtliche, die generelle Zulässigkeit betreffende Hindernisse nicht entgegenstehen; sie stellt damit grundsätzlich eine Vertrauensgrundlage hinsichtlich des rechtlichen Bestands des Vorhabens dar.[131]

765 Der Schutzbereich der bei Erteilung der Baugenehmigung zu beachtenden Amtspflichten erfasst damit generell Belange, welche die Erfüllung des Anspruchs auf Genehmigung betreffen und solche, die an den inhaltlichen Gehalt einer erteilten Genehmigung als Vertrauensgrundlage für die Realisierung des Bauvorhabens anknüpfen.[132]

766 Da die Behörde wegen des Grundsatzes der Baufreiheit den Individualinteressen des Antragstellers Rechnung zu tragen hat, ist beim Baugenehmigungsverfahren der Anteil drittschützender Amtspflichten und damit der potentielle Haftungsumfang vergleichsweise groß.[133] Allerdings sehen mittlerweile zahlreiche Landesbauordnungen vereinfachte Genehmigungsverfahren und Genehmigungsfreistellungsverfahren vor, durch die die Prüfungspflichten der Behörden wesentlich reduziert werden oder ganz entfallen. Die Verantwortung für die baurechtskonforme Ausführung dieser Vorhaben wird weitgehend auf die Entwurfsverfasser verlagert. Das Haftungsrisiko für Verstöße gegen baurechtliche Vorschriften verschiebt sich damit zunehmend zu Lasten des Bauherrn bzw. Bauvorlageberechtigten.[134]

1. Rechtswidriger Vorbescheid und rechtswidrige Genehmigung

767 Die Behörde hat die Amtspflicht, keinen rechtswidrigen Bauvorbescheid[135] und keine rechtswidrige Baugenehmigung zu erteilen.[136] Die Rechtswidrigkeit kann sich sowohl aus einem Verstoß gegen Normen des Bauplanungsrechts[137] als auch des Bauordnungsrechts ergeben.

768 Die Erteilung der Baugenehmigung begründet für den Bauherrn grundsätzlich einen Vertrauenstatbestand dafür, dass er sein Bauvorhaben nunmehr verwirklichen kann, ohne mit öffentlich-rechtlichen Hindernissen rechnen zu müssen. Gibt die Behörde dem Antrag zu Unrecht statt, bringt sie den Bauherrn in die Gefahr, dass der vorschriftswidrig errichtete Bau unter Umständen wieder beseitigt werden muss.[138]

a) Drittbezogenheit der Amtspflicht

aa) Geschützter Personenkreis

769 Die erteilte Baugenehmigung oder der entsprechende Bauvorbescheid ist nicht an die Person des Antragstellers gebunden, sondern auf das Grundstück und das Bauvorhaben bezogen.[139] Aufgrund dieser „Objektbezogenheit" hat die Genehmi-

---

[130] *Hoppe/Bönker/Grotefels*, § 15, Rn. 12; BGH NJW 1993, 2615, 2516.
[131] Vgl. BGHZ 60, 116 f.; BGH NJW 1994, 2087, 2088.
[132] *Hoppe/Bönker/Grotefels*, § 19, Rn. 35.
[133] BGH DVBl. 2004, 263.
[134] *Rotermund/Krafft*, Rn. 847; *Numberger*, BayVBl. 2008, 741.
[135] *Hoppe/Bönker/Grotefels*, § 19, Rn. 50.
[136] BGH NVwZ 2011, 251 (zu einer Baugenehmigung für eine Windkraftanlage); OLG Brandenburg, Urt. v. 14.10.2008, BeckRS 2008, 22021; Simon/Busse/*Dirnberger*, Art. 54 BayBO, Rn. 264.
[137] Vgl. beispielsweise BGH NJW 2001, 3054 für einen Verstoß gegen § 15 BauNVO, indem eine an einen bestandsgeschützten Rindermastbetrieb heranrückende Wohnbebauung genehmigt wurde.
[138] BGH NVwZ 1997, 714, 716; BGHZ 144, 394.
[139] Staudinger/*Wurm*, § 839 BGB, Rn. 579.

gungsbehörde bei der Erteilung eines positiven Bescheids nicht nur auf die Interessen des Antragstellers selbst, sondern auch auf andere Personen[140] Rücksicht zu nehmen, die im berechtigten schutzwürdigen Vertrauen auf den Bescheid konkrete Aufwendungen für die Planung des Vorhabens tätigen.[141] Geschützt ist auch der künftige Käufer, der das Grundstück vom Bauherrn erwirbt und im Vertrauen auf den Bescheid davon ausgeht, dass das Vorhaben planungsrechtlich zulässig ist.[142] Ein Käufer kann sich allerdings nur dann auf einen Vorbescheid berufen, wenn er das Grundstück zu einem Zeitpunkt erworben hat, in dem der Vorbescheid noch Rechtswirkungen entfaltet, d.h. die Frist für die Geltung des Vorbescheides noch nicht abgelaufen ist.[143]

Die Amtspflicht, keine rechtswidrigen Baugenehmigungen zu erteilen, besteht gegenüber dem Nachbarn nur insoweit, als die Rechtswidrigkeit des Bescheids auf der Verletzung nachbarrechtlicher Vorschriften beruht.[144]

bb) Vertrauenstatbestand

In der Rechtsprechung des BGH hat der sog. „Vertrauenstatbestand" als haftungsbegrenzendes Merkmal erhebliche Bedeutung. Bauvorbescheide[145] und Baugenehmigungen[146] bzw. Teilbaugenehmigungen[147] können grundsätzlich einen Vertrauenstatbestand schaffen. Jede einzelne Schadensposition muss aber daraufhin untersucht werden, ob der rechtswidrig erteilte Bauvorbescheid bzw. die Baugenehmigung insoweit eine hinreichende Vertrauensgrundlage bot, die jeweilige Vermögensdisposition zu treffen.[148]

Der Bürger darf grundsätzlich von der Rechtmäßigkeit des Verwaltungshandelns ausgehen und demgemäß darauf vertrauen, dass die Behörden das ihnen Obliegende richtig und sachgemäß tun. Solches Vertrauen ist jedoch in dem Maß nicht schutzwürdig, in dem der Bürger selbst erkennt oder es sich ihm aufdrängen muss, dass der erteilte Verwaltungsakt geltendes Recht verletzt.[149] Dies kommt zunächst in den in § 48 Abs. 2 Satz 3 VwVfG angesprochenen Fällen in Betracht, insbesondere bei arglistiger Täuschung der Behörde durch den Begünstigten[150] oder bei Kollusion zwischen Behörde und dem Begünstigten, im Übrigen aber auch schon dann, wenn der Begünstigte die Rechtswidrigkeit der Verwaltungsaktes kannte oder ohne Mühe hätte erkennen können.[151] Dementsprechend kann es bei nichtigen Baugenehmigungen in aller Regel kein schutzwürdiges Vertrauen geben.[152] Nicht schutzwürdig ist ferner das Vertrauen des Bauherrn in eine ihm erteilte Baugenehmigung, wenn er in wesentlichen Punkten von der genehmigten Planung abweicht.[153]

---
[140] OLG Jena LKV 2005, 566 ff.
[141] BGH NVwZ 1997, 714, 717; BGH NJW 1993, 2303; Staudinger/*Wurm*, § 839 BGB, Rn. 579; Hoppe/Bönker/Grotefels, § 19, Rn. 33.
[142] BGH NJW 1994, 130.
[143] BayObLG NVwZ 1995, 931.
[144] BGHZ 86, 356; OLG Karlsruhe, NJW-RR 1991, 339; Staudinger/*Wurm*, § 839 BGB, Rn. 585.
[145] BGH NJW 1994, 130.
[146] BGH NJW 1993, 2615, 2616 f.; BGH NJW 1994, 2087.
[147] BGH NVwZ 1997, 714, 718 ff.
[148] BGH, Beschl. v. 28.1.2010, Az. III ZR 177/09.
[149] *Frhr. v. u. z. Frankenstein*, NWVBl. 2000, 85.
[150] BGH DVBl. 2002, 524 ff.
[151] BGH NJW 2002, 432, 433; BGH NVwZ 1997, 714, 718; Hoppe/Bönker/Grotefels, § 19, Rn. 45; *Rinne/Schlick*, NJW 2004, 1918, 1923.
[152] Hoppe/Bönker/Grotefels, § 19, Rn. 46; *Frhr. v. u. z. Frankenstein*, NWVBl. 2000, 85, 86.
[153] BGH NVwZ 1994, 821, 822.

773 Das auf eine Genehmigung als „Verlässlichkeitsgrundlage" begründete schutzwürdige Vertrauen kann unter Umständen mit der Anfechtung der Genehmigung durch einen Dritten entfallen. Grundsätzlich entfällt der Vertrauensschutz zwar nicht, wenn und soweit der Verwaltungsakt sofort vollziehbar ist.[154] Wurde aber zulässigerweise Widerspruch eingelegt oder Klage erhoben und zugleich ein Antrag auf Wiederherstellung der aufschiebenden Wirkung gestellt, so hat der Bauherr die Rechtswidrigkeit einer ihm erteilten Genehmigung jedenfalls dann ernsthaft in Betracht zu ziehen, wenn Anfechtungsgründe vorgebracht werden, deren Richtigkeit nicht ohne Weiteres von der Hand zu weisen ist.[155] Setzt der Bauherr in dieser Situation sein Vorhaben fort, ohne die Entscheidung des Gerichts der Hauptsache über die Wiederherstellung der aufschiebenden Wirkung abzuwarten, so nimmt er das in der Drittanfechtung liegende Risiko bewusst auf sich.[156] Nur wenn die Bauaufsichtsbehörde die vorgebrachten Einwendungen bereits im Baugenehmigungsverfahren geprüft hat, kann der Bauherr sein Vorhaben fortsetzen, weil er nicht klüger zu sein braucht als die mit der Bearbeitung des Genehmigungsantrags befassten sachkundigen Beamten.

cc) Schutzzweck der im Baugenehmigungsverfahren zu beachtenden Amtspflichten

774 Der Schutzzweck der im Baugenehmigungsverfahren zu beachtenden Amtspflichten geht nicht so weit, dass der Bauherr vor allen erdenklichen Nachteilen bewahrt werden muss, die ihm aus der Verwirklichung seines Vorhabens entstehen können.[157] Die Überprüfung der Standsicherheit des Gebäudes beispielsweise erfolgt nur zum Schutz von Leben und Gesundheit, nicht hingegen zum Schutz der Vermögensinteressen des Antragstellers, die den baulichen Sicherheitsaufwand betreffen.[158] Die Amtspflicht, die Baugenehmigung für ein Wohnhaus nur dann zu erteilen, wenn eine ausreichende Trinkwasserversorgung gesichert ist, hat nicht den Schutzzweck, den Bauherrn vor Mehraufwendungen zu bewahren, die durch die spätere Sanierung eines ursprünglich ungeeigneten Trinkwasseranschlusses verursacht werden.[159] Auch das Provisionsinteresse eines Architekten, der im eigenen Namen eine Bauvoranfrage gestellt hat, fällt nicht in den Schutzbereich der zu beachtenden Amtspflichten.[160]

b) Anderweitige Ersatzmöglichkeit

775 Macht der Bauherr einen Amtshaftungsanspruch geltend, weil ihm für ein fehlerhaft geplantes Bauvorhaben eine rechtswidrige Baugenehmigung erteilt worden ist, so muss er dartun, dass er von dem planenden Architekten nicht anderweitig Ersatz verlangen kann.[161] Ein anderweitiger Schadensersatzanspruch gegen den Architekten gem. §§ 634 Nr. 4, 280, 281 BGB kommt insbesondere dann in Betracht, wenn der Architekt von zwingenden und grundlegenden Vorgaben des Bauordnungsrechts, beispielsweise von den Bestimmungen über die Einhaltung von Abstandsflächen, abweicht, obwohl keine entsprechende Befreiung erteilt wurde.[162] Der Ar-

---

[154] BGH NVwZ 1997, 714, 719.
[155] Kritisch *Gallois*, BauR 2002, 884, 885.
[156] BGH NJW 2002, 432, 434; BGH NJW 2008, 2502, 2503 ff.
[157] BGH NJW 1963, 1821; BGH NJW 1990, 1038, 1041; *Hoppe/Bönker/Grotefels*, § 19, Rn. 38.
[158] BGHZ 39, 358, 363 ff.
[159] BGH NVwZ 1995, 620, 621 f., ähnlich BGH NVwZ-RR 1997, 675.
[160] BGH NJW 1994, 1647.
[161] BGH NVwZ 1992, 911; OLG Brandenburg, Urt. v. 8.5.2007, Az. 2 U 15/05.
[162] Staudinger/*Wurm*, § 839 BGB, Rn. 586.

chitekt kann nicht darauf vertrauen, dass ein entsprechender Rechtsfehler durch die rechtswidrig erteilte Baugenehmigung gleichsam „geheilt" wird.[163]

c) Haftungsausschluss gem. § 839 Abs. 3 BGB

Wird die Baugenehmigung antragsgemäß erteilt, steht dem Bauherrn kein verwaltungsprozessualer Rechtsbehelf gegen die Amtshandlung zu, weil er durch die Erteilung des begünstigenden Verwaltungsakts nicht beschwert und folglich auch nicht klagebefugt gem. § 42 Abs. 2 VwGO ist. Allerdings soll nach einer im Schrifttum vertretenen Auffassung als Rechtsmittel auch der nachträgliche Änderungsantrag des Bauherrn in Betracht kommen, wenn er – insbesondere etwa aufgrund eines Nachbarwiderspruchs – Anlass dazu erhält, die Rechtmäßigkeit der Baugenehmigung nochmals zu überprüfen.[164]

776

Der Nachbar hingegen hat umfassende Möglichkeiten des Primärrechtsschutzes zur Verfügung. Selbst wenn ihm die Baugenehmigung nicht bekannt gegeben wurde, erfährt er doch spätestens mit Baubeginn von dem Bauvorhaben und kann und muss jedenfalls dann Primärrechtsschutz suchen. Deshalb wird es nur selten zu Amtshaftungsansprüchen des Nachbarn wegen Erteilung einer fehlerhaften Baugenehmigung kommen.[165]

777

2. Fehlerhafte Baugenehmigung für ein unbeplantes Altlastenareal

Sofern ein altlastenverseuchtes Grundstück nicht in einem Planbereich, sondern im unbeplanten Innenbereich gem. § 34 BauGB oder im Außenbereich gem. § 35 BauGB liegt, kommt als Anknüpfungspunkt für einen Amtshaftungsanspruch die Erteilung einer rechtswidrigen Baugenehmigung in Betracht.

778

Das Genehmigungsverfahren dient dem Zweck, die Einhaltung der baurechtlichen Vorschriften zu gewährleisten und die Allgemeinheit vor Gefahren zu bewahren, die mit der Errichtung von Bauten verbunden sind, welche mit der allgemeinen Ordnung des Bauwesens nicht in Einklang stehen. Eine Baugenehmigung für ein infolge einer Bodenkontamination nicht bebaubares Grundstück verfehlt diesen Zweck, indem sie das Nichtvorliegen öffentlich-rechtlicher Genehmigungshindernisse bestätigt, obwohl diese in Wirklichkeit gegeben sind.[166]

779

Auch hier gilt aber die Einschränkung, dass der Schutzzweck der Haftungsnorm nur diejenigen Schäden umfasst, die aus der Unbewohnbarkeit des betreffenden Grundstücks wegen der altlastenbedingten Gesundheitsgefährdung resultieren.[167] Außerdem muss der Betroffene seine wirtschaftlichen Dispositionen in schutzwürdigem Vertrauen auf den von der Behörde geschaffenen Vertrauenstatbestand getroffen haben.[168]

780

Für die Sorgfaltspflichten der Genehmigungsbehörde gelten die für die Bauleitplanung entwickelten Grundsätze.[169]

781

Bei der Bestimmung des sachlichen Schutzbereichs der Amtspflicht zum Erlass eines rechtmäßigen Genehmigungsbescheids ist nach der Rechtsprechung des BGH

782

---

[163] BGH NVwZ 1993, 602, 603.
[164] *de Witt/Burmeister*, NVwZ 1992, 1039, 1043 f.
[165] *Hoppe/Bönker/Grotefels*, § 19, Rn. 30; *Numberger*, BayVBl. 2008, 741.
[166] BGH NJW 1993, 2615, 2316.
[167] BGH NJW 1990, 1038, 1041; *Boujong*, WiVerw 1991, 59, 93.
[168] Siehe hierzu insbesondere BGH NVwZ 1997, 714, 718 ff (Atomrechtliche Teilgenehmigung – Mülheim-Kärlich). Vgl. zum „Vertrauenstatbestand" als Kriterium der Drittbezogenheit grundlegend *de Witt/Burmeister*, NVwZ 1992, 1039; *Krohn*, in: Festschrift für *Boujong*, S. 573; vgl. auch *Bömer*, NVwZ 1996, 749.
[169] BGH NJW 1993, 2615, 2616; Staudinger/*Wurm*, § 839 BGB, Rn. 583.

auch hier maßgeblich, ob der Bescheid für den Geschädigten eine „Verlässlichkeitsgrundlage" dargestellt hat.[170] Da die Baugenehmigung lediglich eine „Unbedenklichkeitsbescheinigung" darstellt, ist fraglich, ob sie auch eine Verlässlichkeitsgrundlage für das Fehlen von Altlasten sein kann, die zum Zeitpunkt der Erteilung noch nicht erkannt worden sind. Nach der Rechtsprechung besteht eine Verlässlichkeitsgrundlage nur dahingehend, dass bei sorgfältiger und gewissenhafter Prüfung des Bauvorhabens im Hinblick auf mögliche Gefährdungen durch Altlasten keine Hinderungsgründe für die Erteilung der Genehmigung zutage getreten sind.[171] Anderenfalls würde die Baugenehmigung die Bedeutung einer „öffentlich-rechtlichen Garantie" für die unbedenkliche Nutzbarkeit des Baugrundes bekommen. Die Annahme einer solchen Garantie verträgt sich aber nicht mit dem Grundsatz, dass Gefahrenpotentiale, die sich aus dem Eigentum selbst ergeben, also das allgemeine Baugrundrisiko konstituieren, in den Risikobereich des Eigentümers fallen.[172] Ein Überwälzen dieses Risikos auf die öffentliche Hand ist nur gerechtfertigt, wenn diese einen Zurechnungstatbestand geschaffen hat. Ein solcher Zurechnungstatbestand kann sich daraus ergeben, dass die aus der Bodenverseuchung resultierende Gesundheitsgefahr der Bauaufsichtsbehörde im Zeitpunkt der Erteilung der Baugenehmigung objektiv erkennbar war. Andernfalls würde man einen Gefährdungshaftungstatbestand zu Lasten der Bauaufsichtsbehörde konstruieren, der diese zu einer uferlosen Prüfung gleichsam „ins Blaue hinein" zwingen würde.[173]

783   Der sachliche Schutzbereich der Amtspflicht richtet sich danach, ob und inwieweit der Geschädigte seine Dispositionen in schutzwürdigem Vertrauen auf den Genehmigungsbescheid als „Verlässlichkeitsgrundlage" getroffen hat. Ersatzfähig sind nur Schäden, die auf Vermögensdispositionen beruhen, für die der von der Behörde geschaffene Vertrauenstatbestand alleinige Verlässlichkeitsgrundlage war.[174]

3. Nachträgliche Auflagen

783a   Eine Baugenehmigung ist rechtswidrig, wenn das Bauvorhaben gegen Normen des Öffentlichen Rechts verstößt. Ein solcher Verstoß muss aber das Bauvorhaben nicht als solches in Frage stellen, wenn und soweit es durch eine Auflage, also eine Nebenbestimmung zur Baugenehmigung, rechtmäßig „gemacht" werden kann.

783b   Unterlässt die Genehmigungsbehörde die Verfügung einer Auflage, erteilt sie mithin eine rechtswidrige Baugenehmigung, handelt sie amtspflichtwidrig. Verfügt sie dann aber später eine nachträgliche Auflage, ist es gleichwohl nicht vom Schutzzweck der verletzten Amtspflicht umfasst, dass der Eigentümer von Aufwendungen verschont bleibt, die erforderlich werden, um eine nachträgliche bauliche Auflage zu erfüllen.[175]

II. Rechtswidrige Versagung der Baugenehmigung

784   Eine Baugenehmigung ist zu erteilen, wenn dem Vorhaben rechtliche Hindernisse nicht entgegenstehen. Der Antragsteller hat hierauf einen Rechtsanspruch. Es stellt grundsätzlich eine Amtspflichtverletzung dar, wenn die Baugenehmigungsbehörde

---

[170] BGH NJW 1993, 2615, 2617.
[171] BGH NJW 1993, 2615, 2617.
[172] Staudinger/*Wurm*, § 839 BGB, Rn. 582.
[173] Staudinger/*Wurm*, § 839 BGB, Rn. 572.
[174] Vgl. BGH NJW 1992, 1953, 1955.
[175] OLG München, Beschl. v. 29.10.2009, Az. 1 U 3646/09; OLG München, Urt. v. 1.6.2006, Az. 1 U 5467/05.

eine beantragte Baugenehmigung versagt oder an unzulässige Bedingungen knüpft, obwohl keine Gründe dafür vorliegen.[176] Entsprechend gilt dies für die Versagung einer Nutzungsänderungsgenehmigung[177] oder einer Teilungsgenehmigung.[178] Auch die Aufhebung einer bereits erteilten, rechtmäßigen Baugenehmigung ist amtspflichtwidrig.[179]

Dem Antragsteller gegenüber stellt die rechtswidrige Versagung einer Baugenehmigung eine Verletzung einer drittgerichteten Amtspflicht dar.[180] Auf andere Personen erstreckt sich der Schutzbereich der Amtspflicht dagegen nicht ohne Weiteres, auch wenn diese ein wirtschaftliches Interesse an der Erteilung der Baugenehmigung haben.[181] Bei Versagung einer Baugenehmigung ist der Kreis der geschützten „Dritten" anders als bei der rechtswidrigen Erteilung eines Bescheids,[182] weil die Erteilung der Genehmigung objektbezogen, die Versagung der Genehmigung dagegen grundsätzlich nur personenbezogen ist: Die Versagung einer Baugenehmigung oder eines Vorbescheids[183] entfaltet materielle Bestandskraft im Sinne einer Feststellungswirkung alleine gegenüber dem Bauherrn (Antragsteller). Die bestandskräftige Versagung einer Baugenehmigung berechtigt die Behörde nicht, einen neuen Bauantrag eines anderen Antragstellers ohne Sachprüfung abzulehnen. Deswegen hat die Genehmigungsbehörde bei Erlass eines ablehnenden Bescheids nur die Interessen des Bauwerbers, nicht aber auch die Interessen anderer Personen zu berücksichtigen, die keinen Bauantrag gestellt haben. Eine drittbezogene Amtspflicht besteht also in der Regel allein gegenüber dem Antragsteller, nicht aber gegenüber anderen Personen, selbst wenn diese durch einen ablehnenden Bescheid in ihren wirtschaftlichen Interessen nachteilig betroffen werden.[184] Damit fällt auch der Grundstückseigentümer, sofern er nicht Antragsteller ist, in aller Regel nicht in den Schutzbereich der Amtspflicht.[185]

785

Ein erhebliches wirtschaftliches Interesse des Grundstückseigentümers, z.B. um Mietausfälle zu vermeiden oder zu verhindern, dass der Erwerber des Objekts sein vertragliches Rücktrittsrecht ausübt, reicht nicht aus, um ihn als geschützten Dritten in den Schutzbereich der Amtspflichten einzubeziehen.[186]

786

Nach der Rechtsprechung erhält der Eigentümer, der nicht selbst Antragsteller ist, auch nicht im Nachhinein die Stellung eines Dritten, wenn er im Verwaltungsprozess, in dem um die Erteilung der Baugenehmigung auf Klage des Bauwerbers gestritten wird, vom Gericht lediglich beigeladen worden ist.[187] Etwas anderes gilt nur dann, wenn sich der Eigentümer im Verfahrensverlauf ausdrücklich als weiterer Antragsteller an dem Verwaltungsverfahren beteiligt.[188]

787

---

[176] OLG München, Urt. v. 28.5.2009, Az. 1 U 5121/08 (zu einer unwirksamen Veränderungssperre); *Hoppe/Bönker/Grotefels*, § 19, Rn. 48; *Rotermund/Krafft*, Rn. 849.
[177] OLG München, Urt. v. 3. 8.2002, Az. 1 U 1903/00.
[178] BGH NVwZ 1997, 623 ff.
[179] BGH NJW 2009, 1207.
[180] BGH ZIP 2008, 1480; *Boujong*, WiVerw 1991, 59, 100.
[181] BGH, Urt. v. 5.5.2011, Az. III ZR 305/09; BGH ZIP 2008, 1480.
[182] BGH NJW 1993, 2303, BGH NJW 1994, 130; BGH NJW 1994, 130; BGH NJW 1994, 2091, 2982; *Rohlfing*, BauR 2006, 947, 949.
[183] LG Oldenburg NVwZ 2005, 1457 ff. mit krit. Anm. von *Krohn/de Witt*, NVwZ 2005, 1387 ff.
[184] BGH NJW 1994, 130; BGH NJW 1994, 2091, 2092 f.; *Hoppe/Bönker/Grotefels*, § 19, Rn. 49.
[185] BGH NJW 1994, 2091, 2092.
[186] BGH NJW 1994, 2091, 2093.
[187] BGH NJW 1994, 2091, 2093.
[188] BGH NVwZ 2004, 1143, 1144; vgl. zum Ganzen Palandt/*Sprau*, § 839 BGB, Rn. 98; *Schlick*, DVBl. 2007, 457 und BauR 2008, 290.

788 Ein formell am Baugenehmigungsverfahren nicht beteiligter Dritter fällt ausnahmsweise dann in den Schutzbereich der Amtspflicht, wenn er eigentlicher Träger des Interesses an der Verwirklichung des konkreten Bauvorhabens ist und damit eine Rechtsstellung innehat, die ihrem sachlichen Gehalt nach der eines Bauherrn gleichkommt.[189] Hierzu kann etwa ein Rechtsnachfolger des Bauantragstellers zählen.[190]

789 Der Schaden ist nach der Differenzmethode zu berechnen. Es ist ein rechnerischer Vergleich der durch das schädigende Ereignis eintretenden Vermögenslage mit derjenigen, die sich ohne dieses Ereignis ergeben würde, anzustellen.

790 Allerdings ist in diesem Zusammenhang bei Vorliegen formeller Mängel von Amts wegen zu beachten, wie sich die Vermögenslage des Geschädigten bei rechtmäßigem und amtspflichtgemäßem Alternativverhalten der Bauaufsichtsbehörde gestaltet hätte.[191]

791 Ersatzfähige Schadensposten sind sowohl Baukostensteigerungen als auch höhere Finanzierungskosten oder ein Mietzinsausfall.[192] Ersatzfähig ist auch der entgangene Gewinn des Bauträgers, der eine Wohnungseinheit wegen der zunächst versagten Baugenehmigung erst deutlich später zu einem geringeren Preis verkaufen kann.[193]

792 Anders als die rechtswidrige Erteilung kann die rechtswidrige Versagung einer Baugenehmigung für den Eigentümer auch einen enteignungsgleichen Eingriff darstellen, wenn der Eigentümer in der rechtlich zulässigen Ausnutzung seines Eigentums gehindert wird oder für einen Betrieb notwendige Bauten nicht errichtet werden können und somit in den eingerichteten und ausgeübten Gewerbebetrieb eingegriffen wird.[194] Eine Automatik zwischen rechtswidriger Genehmigungsversagung und Haftung aus enteignungsgleichem Eingriff besteht allerdings nicht; es müssen zusätzliche Umstände vorliegen, die die Genehmigungsversagung zu einem enteignungsgleichen Eingriff machen.[195]

III. Rechtswidrige Versagung des gemeindlichen Einvernehmens

1. Amtspflichten

793 Die Gemeinden haben die Amtspflicht, bei Vorliegen der rechtlichen Voraussetzungen nach § 36 BauGB das Einvernehmen zu erteilen.[196] Die rechtswidrige Verweigerung des Einvernehmens stellt deshalb eine Amtspflichtverletzung dar.

793a Der rechtswidrigen Verweigerung steht der rechtswidrige Widerruf eines bereits erteilten oder fingierten Einvernehmens gleich.[197] Bei einer Änderung der Sach- oder Rechtslage ist die Gemeinde jedenfalls während eines laufenden Prozesses verpflichtet, die Rechtmäßigkeit ihrer Einvernehmensverweigerung zu überprüfen und dementsprechend ihr Einvernehmen nachträglich zu erteilen, wenn nach der Änderung der Sach- oder Rechtslage nunmehr das Einvernehmen erteilt werden muss.[198]

793b Ist das Einvernehmen objektiv nicht erforderlich, hat die Bauaufsichtsbehörde die Gemeinde aber dennoch beteiligt, weil sie das Einvernehmen irrigerweise für erfor-

---

[189] BGH NJW 1994, 2092, 2093, abgelehnt für den Fall einer GmbH bei Antragstellung durch den Gesellschaftergeschäftsführer durch BGH UPR 2008, 443.
[190] BGH NJW 1991, 1696 f.
[191] BGH NVwZ 2008, 815, 816 m. Anm. *Rosenkötter*, NZBau 2008, 497 f.
[192] *Hoppe/Bönker/Grotefels*, § 19, Rn. 51; *Boujong*, WiVerw 1991, 59, 100.
[193] BGH, Urt. v. 25.10.2007, BeckRS 2007, 18753.
[194] BGH NJW 1980, 387; BGH NJW 1997, 3432; Staudinger/*Wurm*, § 839 BGB, Rn. 587.
[195] Vgl. Simon/Busse/*Dirnberger*, Art. 654 BayBO, Rn. 3135 ff.
[196] BGH NJW 1985, 2817; Hoppenberg/de Witt/*de Witt/Krohn*, M, Rn. 89; *Stüer*, Rn. 40; OLG Jena GewArch 2009, 86.
[197] BGH NVwZ 2006, 117.
[198] BGH UPR 1992, 105; *Jäde*, Gemeinde und Baugesuch, Rn. 156.

derlich hielt, so hat die Gemeinde die Amtspflicht, die Erteilung der begehrten Baugenehmigung nicht durch ein Verhalten zu verhindern, das die Bauaufsichtsbehörde als Verweigerung des für erforderlich gehaltenen Einvernehmens bewerten muss.[199]

2. Grundsätzlich keine Drittgerichtetheit

Das Einvernehmen ist seiner Rechtsnatur nach ein Verwaltungsinternum. Dies hat zur Konsequenz, dass die von der Gemeinde bei der Einvernehmenserteilung zu beachtenden Amtspflichten grundsätzlich nicht drittschützend sind[200] und eine Haftung der Gemeinde daher nicht Platz greift (Rechtsprechungsänderung des BGH seit 2010).[201] Mit Urteil vom 16.9.2010 hat der BGH entschieden, dass die Bauaufsichtsbehörden verpflichtet sind, ein rechtswidrig versagtes Einvernehmen der Gemeinden zu ersetzen, wenn ihnen die jeweiligen Landesbauordnungen entsprechende Befugnisse einräumen. Seitdem kann sich die Bauaufsichtsbehörde nicht mehr darauf zurückziehen, dass die Gemeinde ihr Einvernehmen verweigert habe und deshalb die Baugenehmigung nicht erteilt werden könne. Sie muss vielmehr das rechtswidrig versagte Einvernehmen ersetzen und die Baugenehmigung erteilen. Das gilt auch für den Fall, dass die Einvernehmensverweigerung auf dem Verstoß des Bauvorhabens gegen die Festsetzungen eines – allerdings unwirksamen – Bebauungsplans beruht.[202] Die Baugenehmigungsbehörde kann zwar das Einvernehmen nicht unmittelbar unter Aufhebung des Bebauungsplans[203] ersetzen; sie kann aber bei der Kommunalaufsichtsbehörde auf die Unwirksamkeit des Bebauungsplans hinweisen und dadurch – nach Durchführung der entsprechenden kommunalaufsichtsrechtlichen Schritte – die Aufhebung des Bebauungsplans erreichen, sodass sie dann in der Folge das verweigerte Einvernehmen ersetzen kann.[204] Damit steht aber allein die Bauaufsichtsbehörde in einer unmittelbaren Beziehung zum Bauwerber, während die Gemeinde lediglich in den behördeninternen Entscheidungsprozess integriert ist.

794

Die Pflicht zur Ersetzung des Einvernehmens gilt sowohl für den Fall der Verweigerung des Einvernehmens als auch für den Fall des Widerrufs des bereits erteilten Einvernehmens.

794a

Der Widerruf eines aufgrund Fristablaufs gemäß § 36 Abs. 2 Satz 2 BauGB fingierten Einvernehmens verletzt keine drittschützenden Amtspflichten, weil der Widerruf rechtlich unmöglich[205] und damit bedeutungslos ist und infolge dessen auch die Bauaufsichtsbehörde nicht zur Durchführung des Ersetzungsverfahrens zwingt.[206]

794b

---

[199] BGH NVwZ-RR 2003, 403, BGH NVwZ 2006, 117f.
[200] Die rechtswidrige Erteilung des Einvernehmens vermag hingegen keinerlei Haftungsansprüche zu begründen. Insoweit lässt sich keine Außenbeziehung zum Bauherrn konstruieren, weil die Baugenehmigungsbehörde die Alleinverantwortung trifft, da sie trotz des erteilten Einvernehmens die Baugenehmigungserteilung versagen kann, vgl. Staudinger/*Wurm*, § 839 BGB, Rn. 593.
[201] BGH NVwZ 2010, 249; OLG München, Urt. v. 22.12.2011, Az. 1 U 758/11. Zuvor Staudinger/*Wurm*, § 839 BGB, Rn. 606; *Rotermund/Krafft*, Rn. 887 ff.; *Rohlfing*, BauR 2006, 947, 948; *Desens*, DÖV 2009, 197, 206. Kritisch *Schröer/Kullick*, NZBau 2012, 31, 32 unter Hinweis auf die nunmehr bestehende haftungsrechtliche Folgenlosigkeit einer Einvernehmensverweigerung durch die Gemeinden, der nun „Tür und Tor" geöffnet sei, und *Dippel*, NVwZ 2011, 769, 776.
[202] BGH, Urt. v. 25.10.2012, Az. III ZR 29/12.
[203] BGH NVwZ 2004, 1143, 1144.
[204] BGH, Urt. v. 25.10.2012, Az. III ZR 29/12.
[205] BVerwG NVwZ 1997, 900. Die Gemeinde hat jedenfalls kein Klagerecht gegen die Baugenehmigung, OVG Lüneburg NVwZ 1999, 1003.
[206] A. A. *Jäde*, UPR 2011, 125, 129: aus Rechtssicherheitsgründen klarstellende Einvernehmensersetzung.

794c Aus den gleichen Gründen kommen bei einer rechtswidrigen Versagung des kommunalen Einvernehmens auch Entschädigungsansprüche aus enteignungsgleichem Eingriff nicht mehr in Betracht (Rechtsprechungsänderung des BGH seit 2010).[207]

3. Ausnahmen – Haftung der Gemeinden

794d Gleichwohl ist dadurch eine Haftung der Gemeinden aber nicht völlig ausgeschlossen. Folgende Haftungskonstellationen kommen in Betracht:

a) Bindungswirkung der Einvernehmensverweigerung

794e Entfaltet die Verweigerung des Einvernehmens Bindungswirkung für die Baugenehmigungsbehörde, entsteht zwischen der am Verfahren beteiligten Gemeinde und dem Bauherrn eine besondere Beziehung, die es rechtfertigt, drittschützende Amtspflichten zwischen der Körperschaft, die das Einvernehmen zu erteilen hat, und dem Dritten anzunehmen.[208] Dies ist in Schleswig-Holstein und in Rheinland-Pfalz der Fall.

794f In Schleswig-Holstein[209] wurde die Ersetzungsbefugnis nicht den Bauaufsichtsbehörden, sondern – deklaratorisch, da dadurch die bisherige Rechtslage nicht geändert wurde – den Kommunalaufsichtsbehörden übertragen. Die Bauaufsichtsbehörden sind deshalb an das rechtswidrig verweigerte Einvernehmen gebunden, weil sie es nicht selbst ersetzen können.[210]

794g In Rheinland-Pfalz besteht die Besonderheit, dass die unteren Bauaufsichtsbehörden gegenüber ihren Verbandsgemeinden gemäß § 71 Abs. 2 Satz 2 i.V.m. § 58 Abs. 2 LBauO Rh.-Pf. keine Ersetzungsbefugnis haben.[211] Erst die Widerspruchsbehörden können ein rechtswidrig versagtes Einvernehmen ersetzen. Damit kann auch in dieser Konstellation eine Haftung der Gemeinde für den bis zur Ersetzung des Einvernehmens durch die Widerspruchsbehörde entstandenen Verzögerungsschaden Platz greifen. Sofern aufgrund einer während der üblichen Verfahrensdauer des Widerspruchsverfahrens und des Teilverfahrens zur Ersetzung des Einvernehmens eintretenden Rechtsänderung das Bauvorhaben endgültig nicht mehr realisierbar ist, haftet die Gemeinde auch für diesen Schaden.

795 Differenziert zu beantworten ist die Frage, ob bei rechtswidriger Ablehnung des Einvernehmens durch die Gemeinde die rechtswidrige Verweigerung der Baugenehmigung haftungsrechtlich der Gemeinde oder dem Träger der Bauaufsichtsbehörde zuzurechnen ist. Es kommt darauf an, wie sich die Entscheidung der Bauaufsichts-

---

[207] BGH NVwZ 2010, 249, Rechtsprechungsänderung zu BGH NVwZ 1997, 623 f., BGH NVwZ-RR 2003, 403 f.; OLG München, Urt. v. 22.12.2011, Az. 1 U 758/11.
[208] BGH NJW 1992, 2691, 2692; BGH NVwZ 2006, 117; *Bergmann/Schumacher*, Rn. 1007.
[209] Vgl. Staudinger/*Wurm*, § 839 BGB, Rn. 601, 604. Nach § 1 Abs. 2 der Landesverordnung zur Übertragung von Zuständigkeiten auf nachgeordnete Behörden des Landes Schleswig-Holstein sind zuständige Behörden nach § 36 Abs. 2 Satz 3 des Baugesetzbuchs die Kommunalaufsichtsbehörden. In NRW sind dagegen die Bauaufsichtsbehörden zuständig, wie sich aus § 2 Nr. 4a des 1. BürokAbbG – in Abweichung von § 80 Abs. 2 BauO NRW – ergibt, dessen Geltungsdauer durch Gesetz vom 16.11.2010 bis 31.12.2012 verlängert wurde; vgl. *Desens*, DÖV 2009, 197, 206.
[210] A. A. wohl *Jäde*, UPR 2011, 125, 129, der davon ausgeht, dass die Bauaufsichtsbehörde die Pflicht habe, die Ersetzung als Genehmigungsvoraussetzung bei der dazu befugten Stelle herbeizuführen. Der BGH hat aber ausdrücklich ausgeführt, dass die Baugenehmigungsbehörde für die Ersetzung zuständig sein muss (siehe den Leitsatz der Entscheidung), weil dann keine Bindungswirkung an die Einvernehmensverweigerung bestehe. Bei einer „lediglich" kommunalaufsichtsrechtlich ersetzbaren Einvernehmensverweigerung besteht aber nach wie vor eine Bindungswirkung der Baugenehmigungsbehörde.
[211] *Jeromin*, BauR 2011, 456, 461.

behörde nach außen darstellt: Wird der Bescheid nur damit begründet, dass die Gemeinde das erforderliche Einvernehmen verweigert hat, so hat grundsätzlich allein die Gemeinde für den dem Antragsteller entstehenden Schaden aufzukommen.[212] Geht hingegen aus dem ablehnenden Bescheid der Bauaufsichtsbehörde hervor, dass sie das Vorhaben auch aufgrund einer eigenen Sachprüfung und Überzeugungsbildung für unzulässig hält, so haften Gemeinde und Träger der Bauaufsichtsbehörde gesamtschuldnerisch.[213] Geht schließlich aus dem Bescheid nur hervor, dass die Bauaufsichtsbehörde die Erteilung der Genehmigung völlig unabhängig von dem verweigerten Einvernehmen versagt hat, so haftet die Bauaufsichtsbehörde allein.[214]

Schließlich sind in diesen Fällen auch Ansprüche aus enteignungsgleichem Eingriff gegeben;[215] insoweit kann die bisherige Rechtsprechung weiter angewendet werden. 795a

b) Amtsmissbrauch

Ferner haftet die Gemeinde, wenn sie vorsätzlich das Einvernehmen verweigert, um das Bauvorhaben zu verzögern oder endgültig zu Fall zu bringen, obwohl ihr klar ist, dass keine Verweigerungsgründe bestehen. In solchen Fällen des Amtsmissbrauchs ist die Schwelle des bloßen Verwaltungsinternums überschritten, weil die Gemeinde bewusst und gezielt Amtsbefugnisse gegen den Bauwerber einsetzt. 795b

c) Identität von Gemeinde und Bauaufsichtsbehörde

Die Gemeinde haftet außerdem, wenn sie zugleich Trägerin der unteren Baugenehmigungsbehörde ist. Denn in diesem Fall darf die Gemeinde die Ablehnung eines Bauantrags nicht mit der Versagung ihres Einvernehmens begründen.[216] Tut sie es dennoch, haftet sie (als Trägerin der unteren Bauaufsichtsbehörde).[217] 796

d) Verweigerung eines objektiv nicht erforderlichen Einvernehmens

Drittschützende Amtspflichten verletzt die Gemeinde auch dann, wenn sie ein objektiv nicht erforderliches Einvernehmen verweigert.[218] Der BGH verneint zwar in den Fällen, in denen ein Einvernehmen nicht erforderlich ist, die Bauaufsichtsbehörde die Gemeinde aber dennoch beteiligt, weil sie das Einvernehmen irrigerweise für erforderlich hält, eine Amtspflicht der Gemeinde aus § 36 Abs. 2 Satz 1 BauGB, sodass auch die Verweigerung des Einvernehmens insofern keine Amtspflichtverletzung darstellt. Anderseits geht er aber davon aus, dass eine davon unabhängige, eigenständige Amtspflicht gegenüber dem Bauwilligen besteht, die Erteilung der begehrten Baugenehmigung nicht durch ein Verhalten zu verhindern, das die Bauaufsichtsbehörde als Verweigerung des für erforderlich gehaltenen Einvernehmens bewerten muss.[219] Letztlich geht es darum, dass die Gemeinde keine Amtsbefugnisse in Anspruch nimmt, die ihr von vornherein nicht zustehen (ultra-vires-Gedanke). Hier- 797

---

[212] *Jäde*, Gemeinde und Baugesuch, Rn. 160.
[213] BGH NJW 1992, 2691; BGH NJW 1993, 3065; BGH NVwZ 1997, 623 ff.
[214] Staudinger/*Wurm*, § 839 BGB, Rn. 597; *Hoppe/Bönker/Grotefels*, § 19, Rn. 59; *Graupeter*, ZfBR 2005, 432, 433; s. a. BVerwG NVwZ 1992, 1092.
[215] BGH NVwZ 1997, 623 f., BGH NVwZ-RR 2003, 403 f.
[216] BVerwG NVwZ 2005, 83 ff. – Aufgabe der bisherigen Rechtsprechung.
[217] *Schlarmann/Krappel*, NVwZ 2011, 215, 218.
[218] Das Verschulden muss hier aber besonders unter dem Gesichtspunkt geprüft werden, ob die Gemeinde vertretbarerweise davon ausgehen konnte, dass das Einvernehmen erforderlich ist.
[219] BGH NVwZ-RR 2003, 403, BGH NVwZ 2006, 117 f.; *Schlarmann/Krappel*, NVwZ 2011, 215, 218.

in liegt auch der Unterschied zur „herkömmlichen" rechtswidrigen Verweigerung eines Einvernehmens, weil dort das Einvernehmen objektiv erforderlich ist, aber von der Gemeinde rechtswidrig nicht erteilt wird. Die Gemeinde darf also nicht den Eindruck erwecken, sie verweigere das Einvernehmen, wenn objektiv das Einvernehmen überhaupt nicht erforderlich ist. Dann muss nämlich die Bauaufsichtsbehörde prüfen, ob sie das Einvernehmen ersetzen kann,[220] und für den dadurch evtl. eintretenden Schaden, entweder aufgrund einer bloßen Verzögerung des Bauvorhabens oder aufgrund einer endgültigen Nichtrealisierbarkeit wegen einer Rechtsänderung, haftet die Gemeinde.

797a Hierin liegt auch kein Widerspruch zur ausgeschlossenen Haftung bei Verweigerung des Einvernehmens. Denn in der vorliegenden Konstellation ist ein Einvernehmen von vornherein nicht erforderlich, sodass die Gemeinde durch die Einvernehmensverweigerung ein Verfahren in Gang setzt, dessen es objektiv nicht bedurft hätte, und damit eine rechtsgrundlose Verzögerung verursacht.

797b Ebenso wenig liegt ein Widerspruch zur ausgeschlossenen Haftung bei Widerruf eines bereits erteilten oder aufgrund Fristablaufs fingierten Einvernehmens vor. Denn auch in jenen Fällen ist das Einvernehmen objektiv erforderlich, und seine – an sich erforderliche – Erteilung wird „nur" rechtswidrig versagt (durch „Rücknahme" des bereits erteilten Einvernehmens).

797c Schließlich sind in diesen Fällen auch Ansprüche aus enteignungsgleichem Eingriff gegeben;[221] insoweit kann die bisherige Rechtsprechung weiter angewendet werden.

e) Einlegung von Rechtsbehelfen gegen die Baugenehmigung

798 Die Einlegung eines Rechtsbehelfs der Gemeinde gegen eine trotz Verweigerung des Einvernehmens erteilte Baugenehmigung oder gegen die Ersetzung des Einvernehmens kann ebenfalls einen Amtshaftungsanspruch auslösen.[222] Voraussetzung dafür ist, dass die Gemeinde erkennt oder bei ausreichender Prüfung erkennen müsste, dass die entsprechende Entscheidung der Aufsichtsbehörde rechtmäßig und die Verweigerung des Einvernehmens rechtswidrig war.[223]

799 Die Gemeinde ist auch während eines laufenden Prozesses verpflichtet, die Rechtmäßigkeit ihrer Einvernehmensverweigerung zu überprüfen und dementsprechend ihr Einvernehmen dann nachträglich zu erteilen, wenn eine Änderung der Sach- oder Rechtslage dazu Veranlassung gibt.[224]

---

[220] ... und zu dem Ergebnis gelangen, dass eine Einvernehmensersetzung nicht erforderlich ist, weil das Einvernehmen objektiv nicht erforderlich ist. A. A. *Jäde*, UPR 2011, 125, 129: klarstellende Einvernehmensersetzung. Amtshaftungsrechtlich ist dieser Streit irrelevant. Erteilt die Baugenehmigungsbehörde die Baugenehmigung, verletzt sie ohnehin keine Amtspflicht, und für den etwaigen Verzögerungsschaden haftet die Gemeinde. Verweigert die Baugenehmigungsbehörde die Erteilung der Baugenehmigung unter Hinweis auf das versagte Einvernehmen, handelt sie allein deshalb amtspflichtwidrig; nach hier vertretener Auffassung haften dann der Träger der Bauaufsichtsbehörde und die Gemeinde nebeneinander. Erteilt schließlich die Baugenehmigungsbehörde die Baugenehmigung, ohne zuvor das Einvernehmen ersetzt zu haben, und geht die Gemeinde hiergegen vor, haftet die Gemeinde allein schon wegen dieses gerichtlichen Angriffs auf die Baugenehmigung, obwohl die Baugenehmigung rechtmäßig ist; die Gemeinde wird ohnehin nicht in ihrem kommunalen Selbstverwaltungsrecht verletzt, wenn die Baugenehmigung ohne Einvernehmensersetzung erteilt wird, das Einvernehmen objektiv aber nicht erforderlich ist.
[221] BGH NVwZ-RR 2003, 403, 404.
[222] BGH NVwZ 2011, 249, 250; OLG München, Beschl. v. 16.9.2011, Az. 1 U 498/11; *Jeromin*, BauR 2011, 456, 461; *Zeiser*, BayVBl. 2010, 613, 617.
[223] Vgl. BGH BayVBl. 1995, 220; BGHZ 110, 253, 256.
[224] BGH UPR 1992, 105; *Jäde*, Gemeinde und Baugesuch, Rn. 156.

4. Verjährung und Schadensersatz

Erhebt der Betroffene wegen der Nichterteilung der Genehmigung Verpflichtungs- oder Untätigkeitsklage und wird die Gemeinde in diesem Prozess beigeladen, so erstreckt sich die verjährungshemmende Wirkung der Klageerhebung analog § 204 Abs. 1 Nr. 1 BGB auch auf den Amtshaftungsanspruch gegen die Gemeinde.[225]   800

Von der Rechtsfolge her ist der Geschädigte so zu stellen, als wäre die Genehmigung fristangemessen und ordnungsgemäß erteilt worden. Darauf, dass es auch bei rechtmäßiger Herstellung des gemeindlichen Einvernehmens zu Verzögerungsschäden gekommen wäre, weil ein Nachbar einen Rechtsbehelf eingelegt hat, kann sich die Gemeinde nicht berufen.[226]   801

IV. Verzögerte Entscheidung über den Bauantrag

1. Rechtswidrige Entscheidungsverzögerung und anschließende Genehmigungserteilung

Den Beamten der Baugenehmigungsbehörde obliegt gegenüber dem Antragsteller[227] die Pflicht, über Bauanträge oder Bauvoranfragen unter Beachtung der einschlägigen Vorschriften nicht nur sachgerecht, sondern auch innerhalb einer angemessenen Frist zu entscheiden.[228]   802

Welche Frist angemessen ist, muss nach den Umständen des Einzelfalls beurteilt werden.[229] Aus der für die Erhebung der Untätigkeitsklage in § 75 VwGO vorgesehenen Dreimonatsfrist kann nicht ohne Weiteres geschlossen werden, dass eine Pflichtverletzung stets erst nach Ablauf von drei Monaten anzunehmen ist.[230] Die Entscheidungsfrist kann z. B. wesentlich kürzer bemessen sein, wenn der Behörde der Sachverhalt schon aufgrund vorangegangener Anträge bekannt war.[231] Maßgebend für die Bestimmung der Frist sind außerdem der Umfang und die Schwierigkeit der Sache sowie der für die Anhörung anderer Behörden erforderliche Zeitaufwand.[232]   803

Die Verzögerung der Einvernehmenserteilung ist allerdings unschädlich, weil § 36 Abs. 2 Satz 2 BauGB die Erteilung nach zwei Monaten fingiert; insofern hat die Gemeinde keine Verzögerungsmöglichkeiten.[233] Auch die Verweigerung der Einvernehmenserteilung begründet keinen Amtshaftungsanspruch, weil die Bauaufsichtsbehörde das verweigerte Einvernehmen ersetzen kann und muss,[234] und die Dauer des Ersetzungsverfahrens noch nicht zu einer haftungsrelevanten Verzögerung führt.[235]   803a

---

[225] Staudinger/*Wurm*, § 839 BGB, Rn. 600; *Graupeter*, ZfBR 2005, 432, 433.
[226] OLG Jena BauR 2008, 721.
[227] Staudinger/*Wurm*, § 839 BGB, Rn. 864; *Hoppe/Bönker/Grotefels*, § 19, Rn. 49.
[228] BGH WM 1994, 430; BayObLG 1995, 95; *Boujong*, WiVerw 1991, 59, 100.
[229] *Rotermund/Krafft*, Rn. 864; die Bescheidung einer Bauvoranfrage zur Errichtung einer Windkraftanlage 16 Monate nach deren Eingang stellt regelmäßig keine angemessene, zügige Bearbeitung der Angelegenheit mehr dar, vgl. OLG Koblenz, NJOZ 2007, 4494, 4495.
[230] Staudinger/*Wurm*, § 839 BGB, Rn. 573; OLG Koblenz, NJOZ 2007, 4494, 4496; *Bergmann/Schumacher*, Rn. 1004.
[231] BGH NVwZ 1993, 299.
[232] *Boujong*, WiVerw 1991, 59, 100 f.
[233] BGH NVwZ 2011, 249, 251.
[234] BGH NVwZ 2011, 249, 250.
[235] *Zeiser*, BayVBl 2010, 613, 617. Zu den Ausnahmen s. o. Rn. 794d ff.

804 Bei einer amtspflichtwidrig verzögert erteilten Baugenehmigung steht dem Betroffenen ein Anspruch auf Ersatz der Schäden zu, die während der Zeit der Verzögerung entstanden sind. Diese beginnt mit dem Zeitpunkt, zu dem nach pflichtgemäßer Entscheidung über das Einvernehmen und weiterer pflichtgemäßer Bearbeitung des Baugesuchs die Baugenehmigung erteilt worden wäre und endet mit dem Zeitpunkt der tatsächlichen Erteilung der Baugenehmigung.[236] Der Geschädigte ist also zu stellen, als wäre sein Gesuch rechtzeitig und ordnungsgemäß beschieden worden.[237]

805 Versäumt es der geschädigte Antragsteller allerdings schuldhaft, eine aller Voraussicht nach erfolgreiche Untätigkeitsklage gemäß § 75 VwGO zu erheben, sind Amtshaftungsansprüche aus verzögerter Bearbeitung wegen § 839 Abs. 3 BGB ausgeschlossen.[238] Dies gilt aber dann nicht, wenn wegen der voraussichtlichen Dauer des Klageverfahrens eine Verzögerung von mindestens gleicher Dauer eingetreten wäre.[239]

806 Erklärt sich der Bauantragsteller bereit, den von einem der Träger öffentlicher Belange erhobenen Einwendungen Rechnung zu tragen, obwohl er diese für unbegründet erachtet, kann er wegen der hierdurch eingetretenen Verzögerung des Genehmigungsverfahrens keine Schadensersatzansprüche geltend machen.[240]

807 Die verzögerte Bearbeitung und Entscheidung eines Baugesuchs kann im Übrigen Entschädigungsansprüche wegen enteignungsgleichen Eingriffs zur Folge haben.[241]

2. Rechtswidrige Entscheidungsverzögerung und anschließende Ablehnung des Bauantrags

808 Grundsätzlich ist es zulässig, dass eine Gemeinde eine Bauvoranfrage oder einen Bauantrag, die nach der geltenden Rechtslage positiv zu verbescheiden wären, zum Anlass nimmt, ändernde Planungsmaßnahmen einzuleiten und diese auch (z.B. gemäß §§ 14, 15 BauGB) zu sichern.[242] Die Gemeinde kann dann den Zeitraum, der für eine ordnungsgemäße Bearbeitung des Baugesuchs ohnehin erforderlich ist, zeitgleich zur Ergreifung entsprechender Maßnahmen nutzen. Liegt dann in dem Zeitpunkt, zu dem die ordnungsgemäße und zügige Bearbeitung des Gesuchs abgeschlossen sein muss, der Aufstellungsbeschluss für eine geänderte Planung gem. § 14 BauGB vor, ist die Gemeinde nicht gehindert, eine Zurückstellung des Vorhabens nach § 15 BauGB zu beantragen.[243] Ein Amtshaftungsanspruch scheidet in diesen Fällen aus.

809 Eine Amtspflichtverletzung liegt demgegenüber vor, wenn der Bauvoranfrage oder dem Bauantrag bei einer Entscheidung innerhalb der angemessenen Bearbeitungszeit bis zur Entscheidungsreife, mithin ohne Verzögerung, noch vor Inkrafttreten der Veränderungssperre hätte stattgegeben werden müssen.[244] Die Rechtsprechung geht dabei bei einem Bau- oder Vorbescheidsantrag von einem Zeitraum von ca. drei Monaten aus.[245] Zögert also die Gemeinde die Verbescheidung eines Baugesuchs

---

[236] OLG Hamm NJW 1996, 855.
[237] Staudinger/*Wurm*, § 839 BGB, Rn. 578; *Hebeler*, VerwArch 2007, 136, 150.
[238] OLG Koblenz NJOZ 2007, 4494, 4496.
[239] BayObLG NVwZ-RR 1992, 534.
[240] BayObLG NVwZ-RR 1992, 534.
[241] BGH NVwZ 1992, 1119, 1121; BGH NVwZ 2002, 124, 125; Hoppenberg/de Witt/*de Witt*/ *Krohn*, M, Rn. 130; a.A. BayObLG NVwZ-RR 1992, 534; s.a. Simon/Busse/*Dirnberger*, Art. 54 BayBO, Rn. 268.
[242] VG Köln, Urt. v. 30.4.2010, Az. 11 K 5149/08.
[243] BGH NVwZ 2002, 124.
[244] BGH NVwZ 1994, 405; BGH NVwZ 2002, 124f.
[245] BayObLG NVwZ 1995, 928; BayVGH BayVBl. 2003, 273ff., OLG München, Beschl. v. 15.5.2006, Az. 1 U 5488/05.

oder Vorbescheids²⁴⁶ trotz Entscheidungsreife solange hinaus, bis die Voraussetzungen für das Inkrafttreten einer Veränderungssperre oder die Rückstellung eines Baugesuchs gegeben sind, so handelt sie amtspflichtwidrig.²⁴⁷ Amtspflichtwidrig ist auch die Einlegung eines (unbegründeten) Rechtsmittels, wenn dadurch ein Zeitgewinn erreicht werden sollte, damit das zur geplanten Ablehnung des Bauantrags geeignete Planungsinstrument zur Verfügung steht.²⁴⁸ Das spätere, auch rückwirkende Entstehen eines Versagungsgrundes beseitigt die Pflichtverletzung nicht.²⁴⁹ Die Verzögerung der Einvernehmenserteilung ist allerdings unschädlich, weil § 36 Abs. 2 Satz 2 BauGB die Erteilung nach zwei Monaten fingiert; insofern hat die Gemeinde keine Verzögerungsmöglichkeiten.²⁵⁰

Ersatzfähig ist in diesen Fällen nicht allein der sog. Verzögerungsschaden (den es nur bei einer schlussendlich erteilten Baugenehmigung geben könnte), sondern der Schaden, der aus der endgültigen Verweigerung der Baugenehmigung entsteht. Dieser kann insbesondere in einer Wertminderung des Grundstücks aufgrund einer nicht mehr möglichen bestimmten Baunutzung liegen.²⁵¹ 810

V. Amtshaftung bei genehmigungsfreien Bauvorhaben

Die meisten Bundesländer haben das Baugenehmigungsverfahren durch eine weitgehende Genehmigungsfreistellung mittlerweile stark vereinfacht. Im Geltungsbereich eines Bebauungsplans bedarf es für bestimmte Vorhaben, sofern sie eine gewisse Größe nicht überschreiten und den Festsetzungen des Bebauungsplans entsprechen, keiner Baugenehmigung mehr; es besteht lediglich eine Anzeigepflicht gegenüber der Gemeinde. Sofern diese bzw. die Bauaufsichtsbehörde nicht innerhalb einer bestimmten Frist Einwendungen erhebt oder die Durchführung eines Genehmigungsverfahrens verlangt, kann mit dem Bau begonnen werden.²⁵² 811

Zweck dieser Änderungen ist es, die Verantwortlichkeit der am Bau beteiligten Privaten (also insbesondere des Bauherrn und der Entwurfsverfasser) zu stärken und zugleich das Haftungsrisiko der öffentlichen Hand für Fehler im Rahmen des Genehmigungsverfahrens zu reduzieren.²⁵³ Damit verschiebt sich das Haftungsrisiko in erster Linie auf die beauftragten Architekten.²⁵⁴ 812

Gleichwohl sind in bestimmten Fällen Amtshaftungsansprüche denkbar. Es handelt sich dabei um Fälle, in denen die Gemeinde bzw. die Bauaufsichtsbehörde die Durchführung eines Genehmigungsverfahrens aus sachwidrigen Gründen verlangt oder bei ihrer tatsächlich durchgeführten Prüfung einen Mangel erkannt hat, gleichwohl aber nichts unternimmt, d.h. nicht die Durchführung eines Genehmigungsverfahrens verlangt. 813

Die Gemeinde kann grundsätzlich die Durchführung eines Genehmigungsverfahrens verlangen, auch wenn dies einen Zeitverlust für den Bauherrn bedingt. Teilweise ist in den Landesbauordnungen sogar ausdrücklich vorgesehen, dass kein Rechtsanspruch darauf besteht, dass die Gemeinde die Durchführung eines Geneh- 814

---

²⁴⁶ OLG München, Beschl. v. 15.5.2006, Az. 1 U 5488/05.
²⁴⁷ *Schlick*, DVBl. 2007, 457, 459.
²⁴⁸ BGH NVwZ 2002, 124.
²⁴⁹ Palandt/*Sprau*, § 839 BGB, Rn. 98; *Krohn/de Witt*, NVwZ 2005, 1387.
²⁵⁰ BGH NVwZ 2011, 249, 251.
²⁵¹ OLG München, Beschl. v. 15.5.2006, Az. 1 U 5488/05
²⁵² Vgl. z.B. Art. 58 Abs. 1 BayBO 2008; dazu *Numberger*, BayVBl. 2008, 741.
²⁵³ *Rotermund/Krafft*, Rn. 847.
²⁵⁴ Allgemein zur Haftung des Architekten s. *Hertwig*, NZBau 2003, 359, 364 ff.

migungsverfahrens nicht verlangt.²⁵⁵ Eine amtspflichtwidrige Verzögerung eines Bauvorhabens liegt deshalb nur vor, wenn die Gemeinde bei einem offensichtlich genehmigungsfähigen Vorhaben aus Willkür ein Genehmigungsverfahren verlangt.²⁵⁶ Dann haftet sie für den dadurch entstehenden Verzögerungsschaden.

815   Ein Amtshaftungsanspruch ist ferner gegeben, wenn die Gemeinde bzw. Bauaufsichtsbehörde nach einer von ihr durchgeführten Prüfung erkannt hat, dass das Vorhaben den baurechtlichen Vorschriften widerspricht, gleichwohl aber nicht reagiert und insbesondere nicht auf der Durchführung eines Genehmigungsverfahrens besteht.²⁵⁷ Damit wird keine Prüfungspflicht contra legem statuiert, sondern nur die haftungsrechtliche Konsequenz aus einer von der Gemeinde bzw. der Bauaufsichtsbehörde tatsächlich bereits durchgeführten Prüfung gezogen; der Amtswalter der Gemeinde bzw. der Bauaufsichtsbehörde verstößt gegen die Amtspflicht zu konsequentem Verhalten, wenn er zwar in einem Aktenvermerk festhält, dass das Vorhaben rechtswidrig ist, daraus aber keinerlei Konsequenzen zieht, sondern sehenden Auges zulässt, wie der Bauherr durch den Baubeginn einen Schaden erleidet.

816   Eine Pflicht zur Prüfung besteht dagegen grundsätzlich nicht. Eine Amtspflichtverletzung wäre nur denkbar, wenn sich die Gemeinde widersprüchlich verhielte, etwa wenn sie sich um eine konkrete Bebauung zur Verwirklichung ihrer Planungsinteressen bemühte, dann aber die eingereichten Baupläne ignoriert und sich nicht weiter mit dem Bauvorhaben befasst.²⁵⁸

817   Das Haftungsrisiko der Gemeinde und der Bauaufsichtsbehörde ist jedoch bei genehmigungsfreien Bauvorhaben insgesamt auch deshalb gering, da der Bauherr gem. § 839 Abs. 1 Satz 2 BGB primär gegen den verantwortlichen Architekten vorgehen muss.

D. Amtshaftung für fehlerhafte Auskünfte und unterlassene Belehrung

I. Fehlerhafte Auskünfte

818   Sofern der Bauwillige bei der Baugenehmigungsbehörde um Auskunft über die bauliche Nutzbarkeit von Grundstücken oder die Zulässigkeit eines konkreten Vorhabens bittet, wird er häufig auf den Weg der Bauvoranfrage verwiesen. Geschieht dies nicht und gibt die Behörde entsprechende Auskünfte, so müssen diese richtig, klar, unmissverständlich und vollständig sein;²⁵⁹ diese Amtspflicht besteht gegenüber jedem, in dessen Interesse oder Auftrag die Auskunft erteilt wird.²⁶⁰ Dies gilt nicht nur für schriftliche, sondern auch für mündliche Auskünfte.²⁶¹ Nimmt ein Beamter zur Vorbereitung einer Auskunft gegenüber einem Dritten einen weiteren Amtsträger aufgrund dessen überlegenen Fachwissens in Anspruch, so gewinnt des-

---

²⁵⁵ Vgl. Art. 58 Abs. 4 Satz 2 BayBO 2008.
²⁵⁶ Vgl. *Rotermund/Krafft*, Rn. 847 a. E.
²⁵⁷ *Rotermund/Krafft*, Rn. 847.
²⁵⁸ Weitergehend *Rotermund/Krafft*, Rn. 847. Aus dem Beschluss des BayVGH vom 13.1.2000, BayVBl. 2000, 311 ff., ergibt sich aber, dass durch eine Genehmigungsfreistellung keine Rechtsposition zugunsten des Bauherrn begründet wird. Gegen Prüfungspflicht, aber für Prüfungsrecht der Gemeinde Simon/*Busse/Taft*, Art. 58 BayBO, Rn. 35 f. (Stand: 87. EL., 2007).
²⁵⁹ Brandenburgisches OLG BauR 2012, 296; OLG Hamm, Urt. v. 5.3.2010, Az. 11 U 115/09; Staudinger/*Wurm*, § 839 BGB, Rn. 608.
²⁶⁰ BGH VersR 1985, 1186.
²⁶¹ BGH NJW 1980, 2573; allgemein zur Amtshaftung wegen behördlicher Falschauskunft vgl. *Rohlfing*, NdsVBl. 2008, 57 ff.

10. Kapitel. Amtshaftung im Bereich des Öffentlichen Baurechts

sen Mitwirkung am Zustandekommen der Auskunft gegenüber dem Adressaten eine eigenständige Qualität, die über die innerbehördliche Beteiligung hinausgeht. Daher obliegt auch dem weiteren Amtsträger die Amtspflicht zur zutreffenden und vollständigen Unterrichtung über die Rechtslage gegenüber dem Erklärungsempfänger.[262]

Behördliche Erklärungen dazu, ob und wie ein Grundstück gegenwärtig baulich nutzbar ist, stellen eine Rechtsauskunft dar. Das Schriftformerfordernis des § 38 VwVfG greift hier nicht ein, da sich eine entsprechende Erklärung auf gegenwärtige und nicht auf zukünftige Umstände bezieht und damit keine Zusicherung darstellt.[263] 819

Erklärungen einer Gemeinde über die künftige bauliche Nutzbarkeit eines Grundstücks begründen in der Regel den Eindruck, es werde ein Bebauungsplan mit den entsprechenden Festsetzungen erlassen. Eine solche Zusage wäre wegen Verstoßes gegen § 2 Abs. 3 BauGB und unzulässiger Verkürzung des Abwägungsgebotes unwirksam.[264] Die Rechtsprechung wertet aber solche Erklärungen als Auskunft über gegenwärtige Tatsachen, die für den weiteren Fortgang der Bauleitplanung von Bedeutung sind.[265] Diese Auskünfte müssen ebenfalls richtig und vollständig erteilt werden.[266] 820

Die Amtspflicht zur Erteilung einer richtigen und vollständigen Auskunft besteht gegenüber dem Empfänger der Auskunft, etwa auch einem Baufinanzierer,[267] sowie gegenüber weiteren Personen, für die die Auskunft erkennbar bestimmt ist. Ist beispielsweise eine Bescheinigung über die Bebaubarkeit eines Grundstücks für den Beamten erkennbar zur Vorlage an einen möglichen Käufer des Grundstücks bestimmt, so besteht die Amtspflicht auch diesem gegenüber.[268] Die im Rahmen eines Baugenehmigungsverfahrens an den Antragsteller gerichtete schriftliche und vom Amtsleiter unterzeichnete Mitteilung der Bauaufsichtsbehörde, dass „gegen das Bauvorhaben keine planungs- und baurechtlichen Bedenken bestehen", kann geeignet sein, ein schutzwürdiges Vertrauen in die Richtigkeit der Auskunft zu begründen.[269] Allerdings hat der BGH wiederholt klargestellt, dass ein Amtshaftungsanspruch ausscheidet, wenn der Betroffene nicht in schutzwürdigem Vertrauen auf die als „Verlässlichkeitsgrundlage" dienende Auskunft gehandelt hat. 821

An einer solchen Verlässlichkeitsgrundlage fehlt es etwa, wenn ein städtisches Schreiben die Formulierung enthält, dass grundsätzlich eine planungsrechtliche Zulässigkeit des Vorhabens gegeben ist. Dies stellt keine abschließende Bestätigung dar, sondern ist lediglich eine Mitteilung über den gegenwärtigen Stand des Genehmigungsverfahrens.[270] Auch die mündliche Auskunft eines Mitarbeiters der Bauaufsichtsbehörde gegenüber einem Architekten, dass in einem bestimmten Gebiet Baurecht in Form eines rechtsverbindlichen Bebauungsplans vorliege, schafft keine hinreichende Vertrauensgrundlage, wenn und weil der Architekt über eigenes fachliches Sonderwissen hinsichtlich der planungsrechtlichen Zulässigkeit des Vorhabens 822

---

[262] BGH NVwZ 2006, 245, 247.
[263] *Boujong*, WiVerw 1991, 59, 111; vgl. zur Abgrenzung zwischen einer Auskunft und einer Zusicherung BGH NJW 1992, 1230, 1231; BGH NVwZ-RR 1996, 66; sowie *Bergmann/Schumacher*, Rn. 1144.
[264] BGHZ 76, 16, 22.
[265] BGHZ 76, 16, 22.
[266] *Boujong*, WiVerw 1991, 59, 112; vgl. auch OLG Brandenburg NVwZ-RR 2001, 704.
[267] Brandenburgisches OLG BauR 2012, 296.
[268] BGH NVwZ 1984, 748 f.
[269] BGH NJW 1994, 2087; Staudinger/*Wurm*, § 839 BGB, Rn. 609 ff.
[270] OLG Hamm, Urt. v. 30.9.2005, BeckRS 2006, 15376.

verfügt.²⁷¹ Der notwendige Vertrauenstatbestand entsteht schließlich auch dann nicht, wenn die Behörde zusammen mit der falschen Auskunft über die Zulässigkeit des Bauvorhabens ausdrücklich auf die Erfordernisse einer Baugenehmigung und einer Beteiligung der Nachbarn hinweist,²⁷² wenn der Empfänger die Unzulänglichkeit der Auskunft kennt oder grob fahrlässig nicht kannte²⁷³ oder wenn es sich um ein ersichtlich unverbindliches Vorgespräch handelt.²⁷⁴ Angesichts dieser Unsicherheiten empfiehlt es sich, insbesondere bei umfangreicheren Bauprojekten auf die „klassische" Bauvoranfrage zurückzugreifen, um seitens der Behörde verbindliche und belastbare Aussagen zu einer baurechtlichen Fragestellung zu erhalten.²⁷⁵

823 Enthält die Auskunft Einschränkungen oder Vorbehalte, so ist sie ebenfalls nicht als Vertrauensgrundlage geeignet. Weist die Behörde etwa darauf hin, dass die Auskunft entsprechend dem „gegenwärtigen Kenntnisstand" gegeben wird, so liegt darin der Vorbehalt, dass sich noch abweichende Erkenntnisse ergeben können. Der Betroffene kann sich deshalb nicht darauf verlassen, dass die Auskunft abschließenden und bindenden Charakter hat. Im Übrigen bezieht sich die Auskunft im Gegensatz zur Zusicherung nur auf gegenwärtige und nicht auch auf zukünftige Umstände. Sie umfasst deshalb keine „Garantie" dafür, dass das Grundstück unbeschadet erst später entdeckter Gefahrenherde für bauliche Zwecke künftig uneingeschränkt nutzbar ist.²⁷⁶ Wird eine unzutreffende Auskunft erkennbar im Rahmen eines noch nicht abgeschlossenen Verwaltungsverfahrens gegeben, so genießt der Antragsteller kein schutzwürdiges Vertrauen in seiner Erwartung, das eingeleitete Verfahren werde zu dem in der Auskunft genannten Ergebnis führen.²⁷⁷

824 Ein Amtshaftungsanspruch des Geschädigten wegen einer falschen Auskunft entfällt andererseits nicht deshalb, weil er es unterlässt, eine Baugenehmigung oder eine Bodenverkehrsgenehmigung zu beantragen, da es sich hierbei nicht um „Rechtsmittel" im Sinne von § 839 Abs. 3 BGB handelt.²⁷⁸ Ein Mitverschulden gem. § 254 BGB kann vorliegen, wenn für den Geschädigten die Annahme einer Falschauskunft dringend naheliegt. Im Regelfall darf der Bürger aber darauf vertrauen, dass amtliche Auskünfte zutreffend sind.²⁷⁹

II. Unterlassene Belehrung

825 Sofern ein Beamter erkennen kann, dass ein Bürger aufgrund behördlichen Verhaltens zu Maßnahmen veranlasst wird, die für ihn nachteilig oder zumindest risikobehaftet sind, besteht eine Pflicht zur Aufklärung.²⁸⁰ Erscheint der Bürger belehrungsbedürftig, so hat ihn der Beamte über die Sach- und Rechtslage aufzuklären.²⁸¹ Allerdings besteht kein allgemeines Gebot, sich ohne konkreten Anlass mit den Angelegenheiten eines Bürgers zu beschäftigen und umfassend zur Abwehr von Schaden beratend tätig zu werden.

---

²⁷¹ OLG Koblenz, Urt. v. 12.12.2007, BeckRS 2008, 05888.
²⁷² BGH NVwZ 2003, 376 ff.
²⁷³ Staudinger/*Wurm*, § 839 BGB, Rn. 613.
²⁷⁴ OLG München BauR 2011, 726.
²⁷⁵ *Dziallas*, NZBau 2008, 375.
²⁷⁶ BGH NJW 1993, 2615, 2617.
²⁷⁷ BGH NJW 1992, 1230, 1231 f.
²⁷⁸ *Boujong*, WiVerw 1991, 59, 113.
²⁷⁹ BGH NJW 1978, 1522.
²⁸⁰ Simon/Busse/*Dirnberger*, Art. 54 BayBO, Rn. 269.
²⁸¹ BGH NJW 1985, 1335.

Die Baugenehmigungsbehörde ist dementsprechend verpflichtet, den Bauwilligen 826
auf bestehende Bedenken gegen die Wirksamkeit eines Bebauungsplans hinzuweisen.[282] Nach Erteilung einer Baugenehmigung hat sie über den Eingang eines Nachbarwiderspruchs oder das Entstehen anderer Hindernisse, etwa einer drohenden Veränderungssperre, unverzüglich zu unterrichten.[283] Eine Gemeinde darf, wenn ihr die durch einen Formfehler verursachte Unwirksamkeit eines Bebauungsplans bekannt geworden ist, diesen Mangel gegenüber einem um Auskunft nachsuchenden Bürger nicht verschweigen.[284] Ebenso ist der Inhaber einer Baugenehmigung für ein in einem potenziellen Plangebiet gelegenes Grundstück auf den drohenden Eintritt einer Veränderungssperre gemäß § 9a Abs. 3 Satz 4 i. V. m. Abs. 1 FStrG hinzuweisen.[285]

E. Prozessuale Fragen

I. Darlegungs- und Beweislast

Die größten Schwierigkeiten bereiten dem Kläger regelmäßig die Darlegung und 827
der Beweis der Kausalität der Amtspflichtverletzung für den eingetretenen Schaden. Ausgangspunkt der Darlegungen muss dabei stets der Schaden sein. Erst wenn dargestellt ist, welchen konkreten Schaden der Kläger geltend machen will, kann analysiert werden, ob ein Kausalzusammenhang zwischen dem Schaden und der Amtspflichtverletzung besteht. Bei der rechtswidrigen Versagung eines Vorbescheids kann dementsprechend nur dann mit Erfolg eine unterbliebene Wertsteigerung des Grundstücks geltend gemacht werden, wenn nachgewiesen wird, dass die pflichtgemäße Erteilung des Vorbescheids im weiteren (fiktiven) Kausalverlauf die Erteilung der Baugenehmigung und damit die als Schaden geltend gemachte unterbliebene Wertsteigerung nach sich gezogen hätte.[286]

Bei der rechtswidrigen Verzögerung der Erteilung einer Baugenehmigung mit der 828
Folge, dass eine Baugenehmigung wegen Erlass einer Veränderungssperre nicht mehr erteilt werden kann, muss nachgewiesen werden, dass die Genehmigung bei pflichtgemäßer Bearbeitung vor Erlass der Veränderungssperre hätte erteilt werden müssen; dabei sind die Anforderungen an die Darlegungslast des Klägers hinsichtlich des Zeitpunkts der Entscheidungsreife umso höher, je komplexer der Bauantrag ist und je umfangreicher die Prüfungspflichten der Genehmigungsbehörde sind.

II. Zulässigkeit einer Drittwiderklage

Bei genehmigungsfreien Bauvorhaben kann der Bauherr bei einer Verletzung von 829
nachbarschützenden Vorschriften mit einer zivilrechtlichen Unterlassungsklage des Nachbarn konfrontiert sein. Stehen dann zugleich Amtshaftungsansprüche gegen die Gemeinde oder den Träger der Bauaufsichtsbehörde im Raum, etwa bei erkannter Rechtswidrigkeit des Bauvorhabens durch die Gemeinde, stellt sich die prozessuale Frage, ob der beklagte Bauherr im Rahmen der gegen ihn gerichteten Unterlassungsklage eine Drittwiderklage etwa gegen die Gemeinde erheben könnte.

---
[282] BGH NVwZ 1987, 168, 169.
[283] BGH NVwZ 2004, 638, 639; BGH VersR 2006, 76.
[284] BGH NVwZ 1987, 168, 169.
[285] BGH UPR 2005, 302 ff.
[286] *Rotermund/Krafft*, Rn. 1427, 1429.

830 Drittwiderklagen gegen einen bisher unbeteiligten Dritten werden von der Rechtsprechung zwar in engen Fällen für zulässig erachtet.[287] In der vorliegenden Konstellation wäre eine Drittwiderklage allerdings nur für den Fall sinnvoll, dass der Unterlassungsklage stattgegeben wird; denn wenn schon die Unterlassungsklage abgewiesen wird, weil das Vorhaben rechtmäßig ist, besteht kein Grund mehr für eine Amtshaftungsklage. Die Drittwiderklage müsste also hilfsweise erhoben werden. Zwar sind auch Hilfswiderklagen, etwa unter der aufschiebenden Bedingung der Klagestattgabe[288], zulässig.[289] Unzulässig ist aber eine bedingte *Klage*erhebung, weil es hier an einem bestehenden Rechtsverhältnis fehlt.[290] Die Drittwiderklage ist der Sache nach eine originäre, partiell privilegierte Klage, da sie ein neues Prozessrechtsverhältnis zu einem Dritten begründet. Eine bedingte Drittwiderklage gegen die Gemeinde ist deshalb unzulässig.

831 Eine unbedingte Drittwiderklage gegen die Gemeinde dürfte dagegen zulässig sein, zumal der Prozessstoff der Unterlassungsklage für die Amtshaftungsklage wesentliche Bedeutung hat. Notwendig ist aber, dass der Drittwiderbeklagte einen Gerichtsstand am Ort der Klage hat. Auf § 33 ZPO kann zur Begründung eines Gerichtsstands nicht zurückgegriffen werden, da die dafür notwendige Konnexität bei einer Drittwiderklage nicht gegeben ist.

832 Falls im Übrigen die Prozessrisiken einer unbedingten Drittwiderklage im Einzelfall als zu hoch einzuschätzen sind, ist eine Streitverkündung an die Gemeinde oder den Träger der Bauaufsichtsbehörde in Betracht zu ziehen, da so zumindest eine Bindungswirkung erreicht werden kann.

---

[287] BGHZ 147, 220; LG Bonn NJW-RR 2002, 1400.
[288] Zöller/*Vollkommer*, § 33 ZPO, Rn. 26.
[289] BGH NJW 1996, 2307.
[290] Zöller/*Vollkommer*, § 253 ZPO, Rn. 1.

11. Kapitel. Amtshaftung bei Verletzung von Verkehrssicherungspflichten

Ein Schwerpunkt der Haftungsrisiken öffentlich-rechtlicher Gebietskörperschaften liegt in der Verletzung von Verkehrssicherungspflichten, sowohl öffentlich-rechtlicher als auch privatrechtlicher Art. Eine Amtshaftung kommt aber nur in Betracht, sofern die Verkehrssicherungspflichten des Hoheitsträgers dem hoheitlichen Aufgabenbereich zugewiesen sind. Bei der Verschuldensfrage spielt das Organisationsverschulden eine besondere Rolle. Zudem wendet die Rechtsprechung bei der Verletzung öffentlich-rechtlicher Verkehrssicherungspflichten wegen des Grundgedankens der haftungsrechtlichen Gleichbehandlung von Privaten und Hoheitsträgern die Subsidiaritätsklausel des § 839 Abs. 1 Satz 2 BGB im Regelfall nicht an. Der Schadensersatzanspruch beschränkt sich auf den Ersatz von Schäden, die aufgrund der Verletzung von Leben, Gesundheit, Eigentum oder sonstiger absoluter Rechte des Geschädigten entstanden sind.[291] Der Ersatz eines Vermögensschadens scheidet nach herrschender Meinung aus.

833

A. Allgemeines

Die Verkehrssicherungspflicht ist die Pflicht, bei Schaffung oder Unterhaltung einer Gefahrenquelle die notwendigen und zumutbaren Vorkehrungen zu treffen, um zu verhindern, dass andere geschädigt werden.[292] Haftungsgrund bei Verletzung einer Verkehrssicherungspflicht ist nicht die Eröffnung der Gefahrenquelle als solche, sondern das vorwerfbare Unterlassen notwendiger Schutzmaßnahmen.[293] Die Verkehrssicherungspflicht resultiert nicht aus dem Eigentum an der Gefahrenquelle, sondern aus der Verkehrseröffnung.

834

Bestehen und Umfang der Verkehrssicherungspflicht stehen unter dem Vorbehalt der Zumutbarkeit geeigneter Sicherungsmaßnahmen für den Sicherungspflichtigen.[294] Es ist zu berücksichtigen, dass eine vollkommene Gefahrlosigkeit bei der Benutzung von Verkehrsflächen mit zumutbaren Mitteln nicht erreicht werden kann.[295] Für alle denkbaren, noch so entfernten Möglichkeiten eines Schadenseintritts braucht die verkehrssicherungspflichtige Körperschaft deshalb keine Vorsorge zu treffen.[296] Vielmehr hat sie nur diejenige Sicherheit herzustellen, die nach Treu und Glauben mit Rücksicht auf die Verkehrssitte erwartet werden darf.[297] Bei den Anforderungen an die Verkehrssicherungspflicht ist deshalb eine angemessene Risikoverteilung zwischen Bürger und Staat vorzunehmen.[298]

835

---

[291] BGH NJW 1973, 463, 464; sehr kritisch MünchKommBGB/*Papier*, § 839 BGB, Rn. 270.
[292] *Bergmann/Schumacher*, Rn. 1; zu den verschiedenen Verkehrssicherungspflichten ausführlich Palandt/*Sprau*, § 823 BGB, Rn. 45 ff.; *Rinne*, NJW 1996, 3303.
[293] *Rotermund/Krafft*, Rn. 570.
[294] Palandt/*Sprau*, § 823 BGB, Rn. 46 m. w. N.; dazu in einzelnen unten III.
[295] BGH VersR 1963, 1045; BGH VersR 1966, 583; Geigel/Schlegelmilch/*Wellner*, Kap. 14, Rn. 37 m. w. N.
[296] LG Krefeld NJW-RR 1990, 668; *Bergmann/Schumacher*, Rn. 41.
[297] BGH VersR 1954, 224.
[298] Vgl. *Rinne*, NJW 1996, 3303, 3304.

B. Verkehrssicherungspflicht als Amtspflicht

836 Verkehrssicherungspflichten sind nach der Rechtsprechung wegen ihrer Bedeutung für die deliktische Haftung grundsätzlich dem Zivilrecht zuzuordnen.[299] Die Verletzung einer zivilrechtlichen Verkehrssicherungspflicht führt zu einer Haftung nach allgemeinem Deliktsrecht gem. §§ 823 ff. BGB.[300] Ein Rückgriff auf § 839 BGB scheidet aus.

837 **Beispiele:** Verletzt sich der Benutzer eines zwischen zwei öffentlichen Straßen verlaufenden Pfades, so haftet die verkehrssicherungspflichtige Körperschaft wegen Verletzung privatrechtlicher Verkehrssicherungspflichten.[301] Entsprechendes kann für den Betrieb eines Pferdemarkts oder die Abhaltung eines Volksfestes,[302] für die Unterhaltung von Friedhöfen,[303] Spielplätzen[304] und Trimmanlagen[305] sowie für den Schutz von Besuchern vor Gefahren beim Zugang zu einem Strandbad gelten,[306] selbst wenn der Betrieb dieser Flächen und Veranstaltungen öffentlich-rechtlich ausgestaltet ist.[307]

Die nicht ausreichende Sicherung von mobilen Fußballtoren, die von der Gemeinde auf einem öffentlichen Bolzplatz bereitgestellt wurden, soll dagegen Amtshaftungsansprüche begründen.[308] Gleiches soll für die Verkehrssicherungspflicht in einem Stadion gelten.[309]

838 Durch eine eindeutige rechtliche Regelung kann die Verkehrssicherungspflicht aber den hoheitlichen Aufgaben der zuständigen Behörde zugewiesen sein.[310] In diesem Fall führt die Verletzung der Verkehrssicherungspflicht zu einem Amtshaftungsanspruch nach § 839 BGB i. V. m. Art. 34 GG.

839 Entsprechende Zuweisungen zum hoheitlichen Bereich finden sich vor allem für die Straßenverkehrssicherungspflicht, also die Pflicht der Straßenbaubehörde, die öffentlichen Verkehrsflächen in einem verkehrssicheren Zustand zu erhalten. Die Bundesländer haben in ihren Straßengesetzen bestimmt, dass die sich aus der Überwachung der Verkehrssicherheit ergebenden Aufgaben von den Bediensteten der damit befassten Körperschaften als Amtspflicht in Ausübung eines öffentlichen Amtes wahrgenommen werden.[311]

840 Art. 72 BayStrWG bestimmt beispielsweise:

„Die aus dem Bau und der Unterhaltung der öffentlichen Straßen einschließlich der Bundesfernstraßen und die aus der Überwachung der Verkehrssicherheit dieser Straßen sich ergebenden Aufgaben werden von den Bediensteten der damit befaßten Körperschaften in Ausübung eines öffentlichen Amtes wahrgenommen."

---

[299] BGHZ 80, 54; OLG Saarbrücken NJW-RR 2006, 1255; OLG Nürnberg VersR 2008, 553.
[300] BGHZ 34, 206, 209 f.; Staudinger/*Hager*, § 823 BGB, Rn. E 84 m. w. N.
[301] OLG Düsseldorf NVwZ 1992, 608.
[302] BGHZ 34, 206.
[303] BGHZ 34, 206, 209 f. m. w. N.; OLG Hamm NVwZ 1982, 333.
[304] BGH NJW 1978, 1626, 1627.
[305] BGH VersR 1978, 762.
[306] BGH VersR 1967, 956.
[307] BGHZ 34, 206, 210 m. w. N.
[308] Schleswig-Holsteinisches OLG, Urt. v. 25.10.2011, Az 11 U 71/10; a. A. ThüringerOLG MDR 2010, 867 (maroder Maschendrahtzaun an einem Bolzplatz).
[309] Brandenburgisches OLG, Urt. v. 14.12.2010, Az. 2 U 25/09.
[310] Vgl. BGHZ 86, 152, 153 m. w. N.; LG Heidelberg, Urt. v. 6.10.2010, Az. 5 O 85/10.
[311] § 9a Abs. 1 StrWG NW; § 10 Abs. 1 NStrG; § 48 Abs. 2 LStrG RPf; § 59 StrGBW; Art. 72 BayStrWG; § 59 LStrG BadWürtt.; § 5 HambWG; § 9 BremStrG; § 9 Abs. 3a Saarl StrG; § 10 Abs. 4 StrWG SH; § 7 Abs. 6 Satz 1 BerlStWG; § 10 Abs. 1 BbgStrG; § 10 Abs. 1 StrG MV; § 10 Abs. 1 StrG SA; § 10 Abs. 1 SächsStrG; § 10 Abs. 1 ThürStrG. Zu den Besonderheiten der Verkehrssicherungspflicht in den neuen Bundesländern *Bergmann/Schumacher*, DtZ 1994, 2; *dies.*, Rn. 43 ff.

Zur allgemeinen Verkehrssicherungspflicht zählt auch die Verpflichtung, Verkehrswege im Winter von Schnee zu räumen und bei Glätte zu streuen. Obwohl die Räum- und Streupflicht bereits aus der Verkehrseröffnung folgt, ist sie den Gemeinden zusätzlich durch die Straßen- und Wegegesetze der Länder für innerörtliche Straßen als polizeiliche Reinigungspflicht auferlegt. Nach den landesrechtlichen Bestimmungen ist die Durchführung der Räum- und Streuarbeiten auf öffentlichen Straßen und Wegen deshalb als Amtspflicht i. S. d. § 839 BGB ausgestaltet.

841

Hinsichtlich anderer öffentlicher Flächen, die nicht den Straßen und Wegen zuzuordnen sind, verbleibt es bei Fehlen einer gesetzlichen Regelung oder eines entsprechenden Organisationsakts des Hoheitsträgers bei dem zivilrechtlichen Charakter der Verkehrssicherungspflicht. Dies kann insbesondere für Spielplätze[312] oder Sportanlagen[313], sogar auch für einen Schulhof, auf dem Fußball gespielt wird,[314] gelten.

842

Von der Verkehrssicherungspflicht ist die Verkehrsregelungspflicht zu unterscheiden. Die Straßenverkehrsbehörden haben die Aufgabe, „für die Sicherheit und Leichtigkeit des Verkehrs zu sorgen und die Einrichtungen für die Regelung des Verkehrs so zu gestalten, dass sie ihrem Zweck gerecht werden, den Verkehr zu erleichtern und Verkehrsgefahren zu verhüten".[315] Die Verkehrsregelungspflicht umfasst die Pflicht, Verkehrseinrichtungen und Verkehrszeichen so anzubringen, dass der Verkehr auf den öffentlichen Straßen, Wegen und Plätzen gefahrlos, sicher und zügig fließt. Die Verkehrsregelungspflicht ist stets eine öffentlich-rechtliche Amtspflicht der Straßenverkehrsbehörden (vgl. §§ 44, 45 StVO).[316]

843

Beispiele: Fehlerhafte Schaltung einer Ampelanlage;[317]
Unsachgemäße Anbringung eines Verkehrsschilds.[318]

Die Einordnung einer Verkehrssicherungspflicht als öffentlich-rechtlich oder privatrechtlich ändert allerdings am Inhalt und Umfang der Verkehrssicherungspflicht nichts. Der hoheitliche Charakter bedeutet nur, dass die Verkehrssicherungspflicht in anderer Form erfüllt wird.[319] Öffentlich-rechtliche und privatrechtliche Verkehrssicherungspflichten sind also inhaltlich deckungsgleich.[320]

844

I. Straßenverkehrssicherungspflicht

Die Straßenverkehrssicherungspflicht, die den Hoheitsträger zur Sicherung der öffentlichen Straßen, Wege und Plätze verpflichtet, stellt einen Unterfall der allgemeinen Verkehrssicherungspflicht dar.[321] Da auch die Straßenverkehrssicherungspflicht nach den oben dargestellten Grundsätzen in der Regel privatrechtlicher Natur ist, kann ihre Verletzung nur aufgrund einer ausdrücklichen Qualifizierung als hoheitliche Aufgabe einen Amtshaftungsanspruch nach § 839 BGB i. V. m. Art. 34 GG be-

845

---

[312] BGH NJW 1988, 2667; OLG Hamm NVwZ 1996, 97.
[313] OLG Celle NJW-RR 1995, 984.
[314] OLG Brandenburg NVwZ 2002, 1145.
[315] BGH VersR 1981, 336, 337; OLG Düsseldorf NJW-RR 1994, 1443.
[316] OLG Düsseldorf NJW-RR 1994, 1443 m. w. N.
[317] BGH NVwZ 1990, 898.
[318] BGH NJW 1966, 1456.
[319] Staudinger/*Wurm*, § 839 BGB, Rn. 702.
[320] BGH NJW 1973, 460; BGH NJW 1979, 2043; BGH NJW 1980, 2194, 2195 und BGH NJW 1993, 2612, 2613 m. w. N. für den Fall der Straßenverkehrssicherungspflicht als „Unterfall der allgemeinen Verkehrssicherungspflicht".
[321] BGH NJW 1993, 2612, 2613.

gründen.[322] Mit Ausnahme von Hessen haben alle Bundesländer[323] die Straßenverkehrssicherungspflicht durch Gesetz als hoheitliche Aufgabe geregelt.[324]

1. Persönlicher Schutzbereich

846   Die Straßenverkehrssicherungspflicht verpflichtet die Behörde, sämtliche Verkehrsteilnehmer vor den von öffentlichen Straßen und Wegen ausgehenden und bei ihrer zweckgerechten Benutzung drohenden Gefahren für die in § 823 Abs. 1 BGB bezeichneten Rechtsgüter zu schützen und dafür Sorge zu tragen, dass sich die Verkehrsfläche in einem dem regelmäßigen Verkehrsbedürfnis entsprechenden Zustand befindet.[325] Verkehrsteilnehmer sind etwa Kraftwagenfahrer, Motorrad- oder Fahrradfahrer, Fußgänger oder auch Inline-Skater.[326] Gegenüber demjenigen, für den erkennbar kein Verkehr eröffnet wurde, bestehen bei einer unbefugten Nutzung aber keine Verkehrssicherungspflichten.[327]

2. Straßen und Wege

847   Die Straßenverkehrssicherungspflicht betrifft öffentliche Straßen und Wege[328] mit Fahrzeug-[329] und Fußgängerverkehr, regelmäßig einschließlich der angrenzenden Grünstreifen bzw. Rasenflächen bei Parkplätzen.[330] Für das Entstehen der Pflicht ist keine formalrechtliche Widmung erforderlich, vielmehr reicht die tatsächliche Öffentlichkeit der Straßen und Wege aus.[331] Die zu sichernde Gefahr für Personen und Sachen muss von der Straße oder dem Weg selbst ausgehen. Über die Frage, ob die vom Geschädigten behauptete Gefahr von der Straße selbst ausgegangen ist, entscheidet die Verkehrsauffassung unter Berücksichtigung der besonderen Umstände des konkreten Schadensfalls.[332]

848   Die Kasuistik ist außerordentlich umfangreich. Praxisrelevant sind vor allem folgende Fallgruppen:[333] bauliche Mängel beim Straßenzustand (Löcher, Erhebungen, Asphaltmängel), temporäre Verunreinigungen, wetterbedingte Belastungen (Schnee, Eis, Platzregen), Pflanzenbewuchs an der Straße, mangelhafte Beleuchtung,[334] stürzende Verkehrszeichen[335] und fehlende Baustellenabsicherung.[336]

---

[322] BGHZ 80, 54; BGHZ 86, 152; *Rebler*, SVR 2007, 129.
[323] Z. B. § 10 Abs. 4 SHStrWG; § 9a Abs. 1 StrWG NRW; § 7 Abs. 6 BerlStrG; § 59 BWStrG; § 10 Abs. 1 BbgStrG; § 10 Abs. 1 StrG LSA; § 10 Abs. 1 SächsStrG.
[324] Übersicht zu den Straßengesetzen der Länder in MünchKommBGB/*Papier*, § 839 BGB, Rn. 182; vgl. hierzu auch Staudinger/*Wurm*, § 839 BGB, Rn. 703.
[325] Vgl. BGH VersR 1967, 281, 1196; OLG Düsseldorf NJW-RR 1988, 1057.
[326] BGHZ 150, 201.
[327] LG Heidelberg, Urt. v. 6.10.2010, Az. 5 O 85/10; a. A. OLG Hamm, Urt. v. 19.3.2009, Az. 6 U 157/08 (nur im Rahmen des Mitverschuldens zu berücksichtigen).
[328] Zu den einzelnen Bestandteilen der Straße siehe *Rotermund/Krafft*, Rn. 587, 590 m. w. N.
[329] Dazu im einzelnen *Rotermund/Krafft*, Rn. 597 ff., z. B. auch gemeindliche Parkhäuser oder Parkplätze, vgl. *Rotermund/Krafft*, Rn. 621.
[330] Dazu im einzelnen *Rotermund/Krafft*, Rn. 621; BGH NVwZ-RR 2003, 166; Staudinger/*Hager*, § 823 BGB, Rn. E 91; *Bergmann/Schumacher*, Rn. 101; OLG Jena NVwZ-RR 2007, 66 (gelockerte Gehwegplatten auf Parkplatz).
[331] BGH VersR 1958, 640; Staudinger/*Wurm*, § 839 BGB, Rn. 701.
[332] BGHZ 34, 206, 208; BGH VersR 1967, 1196; OLG Düsseldorf NJW-RR 1988, 1057.
[333] Vgl. *Rebler*, SVR 2007, 129, 132 ff.
[334] OLG München, Urt. v. 29.7.2010, Az. 1 U 1878/10.
[335] Dazu *Petershagen*, NZV 2011, 528 ff.
[336] Saarländisches OLG NJW-RR 2010, 602.

Beispiele:[337] Gefährliche Höhenunterschiede,[338] Unebenheiten und Bodenwellen[339] oder 849
ähnliche Hindernisse durch Kanaldeckel,[340] Poller,[341] Straßenschienen[342] oder Pflastersteine[343]
auf Straßen, Gehwegen und Fahrradwegen.

Gefahren können auch von verkehrsfremden Anlagen ausgehen, die nicht unmit- 850
telbar in Zusammenhang mit dem Zustand und der Beschaffenheit der Straße und
der eigentlichen Wegefläche stehen.

Beispiele: Bäume am Straßenrand, die umstürzen[344] oder deren Geäst in den Luftraum über 851
dem Straßenkörper hineinragt[345] oder deren Äste abbrechen[346] und Hecken, die Sichtbehinde-
rungen für Verkehrsteilnehmer begründen;[347] auf Naturkräften beruhende Steinschlaggefahr an
Steilhängen, weil hier aufgrund der Straßenführung die Gefahr von der Straße selbst ausgeht.[348]
Eine besondere Gefahr kann von Straßen ausgehen, wenn Kommunen zum Zweck der Verkehrsberuhigung[349] selbst Hindernisse wie Bodenschwellen,[350] Metallkettenabsperrungen,[351] Blumen-
kübel,[352] Pflanzenbeete,[353] Aufpflasterungen[354] oder Verengungen der Straßenführung errichten. Zwar sind Gemeinden als Träger der Straßenbaulast grundsätzlich berechtigt, zur
Verkehrsberuhigung im Straßenraum Hindernisse anzubringen, um der Anordnung von Ge-
schwindigkeitsbegrenzungen Nachdruck zu verleihen.[355] Diese Form der Verkehrsberuhigung

---

[337] Geigel/Schlegelmilch/*Wellner*, Kap. 14, Rn. 145 ff. mit umfangreicher Kasuistik; Palandt/
Sprau, § 823 BGB, Rn. 185 ff.; *Rotermund/Krafft*, Rn. 300 ff.

[338] Zum Höhenunterschied zwischen Fahrbahn und angrenzendem Bankett vgl. OLG Hamm
NVwZ-RR 2004, 808; zu Inhalt und Umfang von Verkehrssicherungs- und Warnpflicht bei unbe-
festigtem Straßenbankett vgl. BGH NVwZ-RR 2005, 362 f.; zur Verkehrssicherungspflicht bei
Banketten und Seitenstreifen vgl. auch *Bergmann/Schumacher*, Rn. 101 ff, *Rotermund/Krafft*,
Rn. 306 ff.; OLG Saarbrücken, Urt. v. 17.7.2007, Az. 4 U 64/07, BeckRS 2007, 15074 (steil abfal-
lende Kante am Rande eines Radwegs).

[339] OLG Hamm NVwZ 1997, 414; OLG Thüringen NZV 2008, 525 f. – keine Verletzung der
Verkehrssicherungspflicht bei Bodenunebenheiten von 2 bis 2,5 cm (Bagatellgrenze); OLG Saarbrücken Urt. v. 2.5.2006, Az. 4 U 360/05, BeckRS 2006, 06216 (3 cm tiefe Vertiefung am Bord-
stein); OLG Hamm NZV 2007, 140 (30 x 30 cm großes Loch im Bürgersteig); OLG Hamm NZV
2008, 405 ff. (ein zu hoher Randstein – 18 cm hoch – in einer Parkbox).

[340] Beachte hierbei auch die verschuldensunabhängige Gefährdungshaftung in Form der Zustands-
haftung unter den Voraussetzungen des § 2 Abs. 1 Satz 1 HaftPflG; im Einzelnen *Rotermund/Krafft*,
Rn. 303 ff.; OLg München, Beschl. v. 26. 7. 2010, Az. 1 U 2653/10 (Kanaldeckel, der 2 cm über den
Straßenbelag hinausragt); OLG Hamm NZV 2006, 35 (Gullydeckel mit parallel zur Fahrtrichtung
ausgerichteten Rippen).

[341] OLG Saarbrücken Urt. v. 23.5.2006, Az.: 4 U 531/05, BeckRS 2006, 07917.

[342] Vgl. z. B. OLG Köln NJW-RR 1994, 350.

[343] BGH NJW 2005, 2454 (Gefahrenstelle als Sturzursache, wenn ein Fußgänger in unmittelbarer
Nähe der Gefahrenstelle stürzt – Grundsätze des Anscheinsbeweises).

[344] BGH NJW 1993, 2612; BGH NJW 1965, 815; OLG Frankfurt, Urt. v. 12.7.2010, Az. 1 U
195/09.

[345] BGH VersR 1968, 72; OLG München, Urt. v. 24.5.2012, Az. 1 U 549/12; OLG München,
Urt. v. 16.9.2010, Az. 1 U 3263/10; OLG Hamm VersR 1979, 1156; OLG Zweibrücken VersR
1995, 111.

[346] Brandenburgisches OLG, Urt. v. 28.6.2011, Az. 2 U 16/10; OLG Karlsruhe VersR 2011, 925;
Saarländisches OLG VersR 2011, 926..

[347] BGH NJW 1980, 2194; OLG München, Beschl. v. 5.11.2010, Az. 1 U 3427/10 (Verdecken eines Verkehrszeichens durch einen großen Baum).

[348] BGH NJW 1985, 1773, 1774 m. w. N.; OLG München, Beschl. v. 26.3.2012, Az. 1 U 5074/11;
OLG Düsseldorf NJW-RR 1988, 1057.

[349] Hierzu vgl. *Bergmann/Schumacher*, Rn. 118 ff, *Rotermund/Krafft*, Rn. 309 ff.

[350] OLG Hamm NJW 1993, 1015; BGH NJW 1991, 2824; OLG Köln NJW 1992, 2237.

[351] OLG Hamm NJW-RR 2010, 33.

[352] OLG Celle DAR 1991, 25; OLG Frankfurt NJW 1992, 318; LG Koblenz DAR 1991, 456;
OLG Düsseldorf NJW 1993, 865.

[353] OLG Hamm NJW 1996, 733.

[354] OLG Köln NJW 1992, 2237.

[355] Str., vgl. OLG Düsseldorf NJW 1996, 731, 732 m. w. N.; zustimmend OLG Hamm NJW
1996, 733.

kann allerdings eine Verletzung der Straßenverkehrssicherungspflicht darstellen, wenn die Hindernisse selbst eine Gefahrenquelle für Verkehrsteilnehmer begründen, obwohl diese sich verkehrsgerecht verhalten.[356] Hindernisse zum Zweck der Verkehrsberuhigung müssen deshalb auch bei erschwerten Sichtverhältnissen durch Warneinrichtungen ohne Weiteres deutlich erkennbar sein[357] und bei verkehrsgerechtem Verhalten ein gefahrloses Ausweichen erlauben.[358] Voraussetzung für das Entstehen der Eintrittspflicht ist in allen Fällen, dass sich die Gefahrenquelle auf öffentlichem Grund befindet.[359]

852 Nicht von der Straße selbst ausgehend ist hingegen der Wildwechsel,[360] weil Wild herrenlos und eine natürliche Erscheinung ist und praktisch an jeder ländlichen Straße, insbesondere im Wald, auftreten kann.[361] Zur ordnungsgemäßen Erfüllung der Straßenverkehrssicherungspflicht reicht das Aufstellen von Gefahrzeichen aus, das Anbringen von Wildschutzzäunen ist nicht erforderlich.[362]

Dem allgemeinen Lebensrisiko zuzurechnen ist es, wenn von einem am Fahrbahnrand stehenden Baum eine Walnuss herab fällt und ein Auto beschädigt.[363]

853 Gefahrenquellen, die von Nachbargrundstücken auf den Straßenkörper gelangen, begründen die Straßenverkehrssicherungspflicht der verantwortlichen Körperschaft ab dem Zeitpunkt, in dem sie sich auf dem Straßenkörper befinden.[364]

3. Inhalt und Umfang

854 Die Straßenverkehrssicherungspflicht umfasst grundsätzlich alle denkbaren Maßnahmen, die zur Vermeidung und Beseitigung von Gefahren erforderlich sind.[365] Dabei kommt es auch auf die Art der Nutzung an, etwa durch die ausdrückliche Empfehlung der Nutzung als Radweg.[366] Die zu treffende Maßnahme steht allerdings regelmäßig unter dem Vorbehalt der Zumutbarkeit für den Verkehrssicherungspflichtigen.

855 Die Straßenverkehrssicherungspflicht umfasst insbesondere die Pflicht zur Reinigung von Straßen und Wegen. Eine Pflicht zur Beleuchtung[367] innerörtlicher Straßen für den Fahrverkehr besteht nur ausnahmsweise aufgrund besonderer gesetzlicher Regelung.[368] Eine Beleuchtungspflicht besteht im Übrigen nur dort, wo besondere Gefahrenquellen geschaffen wurden, die auch bei angepasster Fahrweise für einen aufmerksamen Verkehrsteilnehmer nicht ohne Weiteres erkennbar sind. Außerhalb geschlossener Ortschaften besteht ebenfalls keine Beleuchtungspflicht, soweit nicht vom Zustand oder Verlauf der Straße besondere Gefahren ausgehen.[369] Allerdings liegt eine Verletzung der Verkehrssicherungspflicht der Gemeinde vor, wenn die

---

[356] BGH NJW 1991, 2824.
[357] OLG Hamm NJW 1996, 733.
[358] OLG Hamm NJW 1993, 1015, 1016 aufgrund Zurückverweisung durch BGH NJW 1991, 2824; dies gilt gem. OLG Düsseldorf NJW 1993, 1017 nicht für besonders tiefer gelegte Fahrzeuge. Allgemein hierzu *Stollenwerk*, VersR 1995, 21.
[359] BGH NJW 1980, 2194, 2195; OLG Düsseldorf VersR 1982, 1200.
[360] Staudinger/*Hager*, § 823 BGB, Rn. E 74; zur Wildgefahr BGH NJW 1989, 2808 m. w. N.
[361] BGH NJW 1989, 2808.
[362] BGH NJW 1989, 2808 f. m. w. N.
[363] OLG Stuttgart MDR 2003, 28.
[364] Vgl. OLG Düsseldorf NJW-RR 1988, 1057; *Rotermund/Krafft*, Rn. 591; zu den Grenzen der Verkehrssicherungspflichten bei Mäharbeiten an öffentlichen Straßen vgl. OLG Celle VersR 2007, 1006 f.
[365] Beispielhafte Einzelfälle bei Palandt/*Sprau*, § 823 BGB, Rn. 219 ff., 223.
[366] OLG München, Beschl. v. 7.5.2012, Az. 1 U 4292/11.
[367] Vgl. hierzu *Bergmann/Schumacher*, Rn. 407 ff.; zur Beleuchtung einer Treppe in einem öffentlichen Park vgl. OLG Brandenburg, Urt. v. 15.1.2008, Az. 2 U 1/07, BeckRS 2008, 04883.
[368] Vgl. Art. 51 Abs. 1 BayStrWG, § 41 Abs. 1 BWStrG mit Pflicht der Gemeinden zur Beleuchtung innerörtlicher öffentlicher Straßen.
[369] *Rotermund/Krafft*, Rn. 619.

zeitweilige Abschaltung der Straßenbeleuchtung aus Gründen der Kostenersparnis dazu führt, dass Hindernisse auf dem Gehweg, etwa Pflanzkübel, mit denen verkehrstechnische Aufgaben oder dekorative Zwecke erfüllt werden sollen, für Fußgänger in der Nacht nicht mehr hinreichend erkennbar sind.[370]

Es müssen aber nur diejenigen Gefahren ausgeräumt werden, die für einen sorgfältigen Benutzer nicht oder nicht rechtzeitig erkennbar sind und auf die er sich nicht oder jedenfalls nicht rechtzeitig genug einstellen kann.[371] 855a

Hat der Verkehrssicherungspflichtige geeignete Sicherungsmaßnahmen ergriffen, muss er nicht dafür einstehen, dass Dritte pflichtwidrig Sicherungseinrichtungen im Straßenverkehr umstellen und damit gefährdend in den Straßenverkehr eingreifen.[372] 855b

Überobligatorische bisherige Maßnahmen des Verkehrssicherungspflichtigen, etwa das Abstreuen nicht gefährlicher, unbedeutender Straßen, begründet keine entsprechende Verkehrssicherungspflicht und erweitert also die Haftung auch nicht.[373] 855c

4. Kontroll- und Überwachungsmaßnahmen

Die Straßenverkehrssicherungspflicht verlangt ferner regelmäßige Kontrollen und eine laufende Überwachung zur Feststellung sichtbarer Veränderungen und Mängel.[374] Insbesondere zu den Anforderungen an die „Baumschau" existiert eine umfangreiche Kasuistik.[375] Zur ordnungsgemäßen Erfüllung der Kontroll- und Überwachungspflicht gehört auch deren Organisation. Nur durch die Vorlage von Kontrollberichten können sich die Körperschaften ggf. von einem Organisationsverschulden entlasten.[376] 856

5. Kein Verweisungsprivileg gem. § 839 Abs. 1 Satz 2 BGB

Nach ständiger Rechtsprechung entfällt das Verweisungsprivileg, wenn ein Amtsträger durch Verletzung der ihm als hoheitliche Aufgabe obliegenden Straßenverkehrssicherungspflicht schuldhaft einen Schaden verursacht. Dies wird vor allem mit dem engen Zusammenhang zwischen den Pflichten im allgemeinen Straßenverkehr und der Verkehrssicherungspflicht sowie mit der inhaltlichen Übereinstimmung der öffentlich-rechtlich ausgestalteten Amtspflicht zur Sorge für die Verkehrssicherheit mit der allgemeinen Verkehrssicherungspflicht begründet.[377] 857

---

[370] OLG Hamm NZV 2007, 576 ff.
[371] BGHZ 108, 273, 275; BGH, Urt. v. 5.7.2012, Az. III ZR 240/11.
[372] OLG München, Beschl. v. 14.1.2011, Az. 1 U 4434/10.
[373] OLG München, Beschl. v. 10.5.2011, Az. 1 U 5623/10.
[374] *Bergmann/Schumacher,* Rn. 48; z.B. Gefahren aufgrund kranker Straßenbäume, vgl. OLG Frankfurt VersR 1993, 988.
[375] Hierzu aus jüngerer Zeit BGH NJW 2004, 1381 f.; OLG Köln VersR 2010, 1328 (Sichtkontrollen in jährlichem Abstand ausreichend); OLG München Urt. vom 7.8.2008, Az.: 1 U 5171/07, BeckRS 2008, 17111; OLG Düsseldorf NJW-RR 2007, 970 ff.; OLG Köln NJW-RR 2006, 169; OLG Hamm NZV 2005, 372; vgl. ferner *Burmann,* NZV 2003, 20, 22; *Itzel,* MDR 2007, 689, 691 f. m. w. N.; *Bergmann/Schumacher,* Rn. 434 ff.; s. hierzu auch *Schneider,* VersR 2007, 743, 747 ff., der darauf hinweist, dass sich bzgl. des starren Kontrollerfordernisses (2 Kontrollen im Jahr) möglicherweise in der Rspr. etwas bewegen könnte.
[376] *Rotermund/Krafft,* Rn. 596; Muster für entsprechende Dienstanweisungen finden sich in der 3. Aufl. von *Rotermund* und sind bei der BADK erhältlich.
[377] BGH NJW 1993, 2612, 2613; BGH NJW 1992, 2476; BGH NJW 1979, 2043; OLG München, Beschl. v. 18.7.2011, Az. 1 U 1209/11; kritisch zu dieser Rechtsprechung MünchKommBGB/ *Papier,* § 839 BGB, Rn. 315.

6. Räum- und Streupflicht

858 Die Räum- und Streupflicht[378] ist ein Unterfall der allgemeinen Verkehrssicherungspflicht und ergibt sich aus der Verkehrseröffnung. Obwohl sie deshalb grundsätzlich privatrechtlicher Natur ist, ist sie für innerörtliche öffentliche Straßen durch die landesrechtlichen Straßen- und Wegegesetze zumeist ausdrücklich hoheitlich und damit als Amtspflicht i. S. d. § 839 BGB ausgestaltet.[379] Wird die Räum- und Streupflicht auf einen Dritten übertragen (z. B. Winterdienstpflicht auf Anlieger[380] oder auf ein Unternehmen[381]), so verbleibt beim ursprünglich Sicherungspflichtigen eine Überwachungspflicht.[382]

859 Obwohl in Hessen die Verkehrssicherungspflicht nicht hoheitlich ausgestaltet ist, ist den Gemeinden gem. § 10 Abs. 4 HStrG die Streupflicht als öffentlich-rechtliche Verpflichtung nach den Grundsätzen der Gefahrenabwehr auferlegt.[383]

860 Da die Räum- und Streupflicht eine besondere Ausprägung der Straßenverkehrssicherungspflicht (Pflicht zur Straßen- und Wegereinigung)[384] darstellt, gelten auch hier die zur Straßenverkehrssicherungspflicht dargestellten Grundsätze.[385] Danach ist das Verweisungsprivileg des § 839 Abs. 1 Satz 2 BGB nicht anwendbar.[386]

II. Straßenverkehrsregelungspflicht

861 Von der Straßenverkehrssicherungspflicht ist die Verkehrsregelungspflicht zu unterscheiden. Die Straßenverkehrsbehörden haben die Aufgabe, „für die Sicherheit und Leichtigkeit des Verkehrs zu sorgen und die Einrichtungen für die Regelung des Verkehrs so zu gestalten, dass sie ihrem Zweck gerecht werden, den Verkehr zu erleichtern und Verkehrsgefahren zu verhüten".[387] Diese Pflicht ist stets eine öffentlich-rechtliche Amtspflicht der Straßenverkehrsbehörden (vgl. §§ 44, 45 StVO),[388] die typischerweise durch die Aufstellung von Gebots- und Verbotszeichen (§ 41 StVO) wahrgenommen wird.[389]

862 Im Gegensatz zur Straßenverkehrssicherungspflicht ist das Verweisungsprivileg nach § 839 Abs. 1 Satz 2 BGB bei einer Verletzung der Verkehrsregelungspflicht

---

[378] Dazu instruktiv *Schröder*, SVR 2007, 419 ff.; vgl. auch *Rebler*, SVR 2007, 129, 132 ff; auch hierzu existiert eine umfangreiche Kasuistik, BGH, Beschl. v. 11.8.2009, Az. VI ZR 163/08; OLG München, Urt. v. 22.7.2010, Az. 1 U 1804/10; LG Rottweil, Urt. v. 28.1.2008, Az. 2 O 312/07, BeckRS 2008, 10927; ferner OLG München Beschluss v. 16.10.2007, Az. 1 U 3693/07, OLG München Beschluss v. 25.9.2007, Az. 1 U 3014/07; OLG Hamm NVwZ-RR 2001, 798.
[379] Z. B. Art 51 i. V. m. 72 BayStrWG; § 9, 9a StrWG NRW, §§ 1, 2 StrReinG NW; vgl. im einzelnen Staudinger/*Hager*, § 823 BGB, Rn. E 122 ff.; Staudinger/*Wurm*, § 839 BGB, Rn. 705.
[380] Winterliche Sicherungspflichten für unselbstständige kombinierte Rad- und Gehwege i. S. d. § 41 Abs. 2 Nr. 5 Zeichen 240 StVO können nach Art. 51 Abs. 5 Satz 1 BayStrWG nicht auf den Anlieger abgewälzt werden, vgl. VGH München NVwZ-RR 2008, 62, 66 ff.
[381] Brandenburgisches OLG VersR 2009, 682.
[382] OLG Rostock, Urt. v. 21.5.2010, Az. 5 U 145/09; Brandenburgisches OLG VersR 2009, 682; OLG Celle NVwZ-RR 1997, 81; *Herz*, NJW-Spezial 2008, 361; *Rotermund/Krafft*, Rn. 682.
[383] OLG Frankfurt BADK-Information 1988, 73.
[384] BGHZ 27, 278; BGHZ 32, 352; BGH VersR 1958, 521; BGH VersR 1960, 825; BGH VersR 1966, 582.
[385] OLG Frankfurt, Urt. v. 9.5.2012, Az. 14 U 219,11; vgl. zur Organisationspflicht der Gemeinden OLG Hamm NVwZ-RR 2003, 885, 886.
[386] So BGHZ 118, 368 m. w. N.
[387] BGH VersR 1981, 336, 337; OLG Düsseldorf NJW-RR 1994, 1443; *Bergmann/Schumacher*, Rn. 23 f.
[388] MünchKommBGB/*Papier*, § 839 BGB, Rn. 185; BGH UPR 2000, 452.
[389] *Rebler*, SVR 2007, 129, 131.

anwendbar. Denn die Verkehrsregelungspflicht obliegt ausschließlich Amtsträgern und kennt keine deckungsgleiche privatrechtliche Entsprechung.[390] So stellt etwa der Direktanspruch des Unfallgegners gegen die Kfz-Haftpflichtversicherung eine anderweitige Ersatzmöglichkeit dar, wenn ein Verkehrsunfall auf das Übersehen eines zugewachsenen Stoppschilds zurückzuführen ist.[391]

III. Wasserstraßen, Häfen, Schleusen und Deiche

Die Verkehrssicherungspflicht der zuständigen Körperschaft für Wasserstraßen, Häfen, Schleusen und Deiche ist nach den oben dargestellten Grundsätzen privatrechtlicher Natur, soweit sie nicht durch eindeutige gesetzliche Regelung oder Organisationsakt als hoheitliche Aufgabe ausgestaltet ist. Eine solche Regelung findet sich etwa in § 7 Abs. 1 WaStrG, wonach die Unterhaltung der Bundeswasserstraßen sowie der Betrieb der bundeseigenen Schifffahrtsanlagen Hoheitsaufgaben des Bundes sind. So ist auch der Betrieb des Nordostsee-Kanals aufgrund gesetzlicher Regelung als hoheitliche Aufgabe ausgestaltet.[392] 863

Die Verkehrssicherungspflicht für Wasserstraßen gebietet es etwa, nach der Beseitigung eines Brückenbogens, der der Schifffahrt als Orientierungspunkt diente, verbleibende Hindernisse (hier die Brückenpfeiler) auch optisch zu kennzeichnen.[393] Ferner ist die Sorge dafür, dass der zur Verfügung gestellte Verkehrsweg die für die zugelassene Schifffahrt erforderliche Breite und Tiefe besitzt, von der Verkehrssicherungspflicht für Wasserstraßen umfasst.[394] Schließlich besteht auch die Pflicht, die an Bäche oder Flüsse angrenzenden Grundstücke vor Überflutung zu schützen.[395] 864

C. Zumutbarkeit

Alle Maßnahmen zur Verkehrssicherung stehen unter dem Vorbehalt ihrer Zumutbarkeit für den Verkehrssicherungspflichtigen. Der Vorbehalt der Zumutbarkeit gewährleistet eine angemessene Risikoverteilung[396] zwischen Bürger und Staat nach den Erfordernissen der konkreten Umstände des Einzelfalls. 865

Umfang und Intensität der Verkehrssicherungspflicht sowie die damit verbundenen Kontroll- und Überwachungspflichten finden ihre Grenze an dem, was der straßenverkehrssicherungspflichtigen Körperschaft nach objektiven Maßstäben zumutbar ist. Die notwendigen Aufwendungen und der erstrebte Erfolg müssen in einem angemessenen Verhältnis stehen.[397] 866

Bei der Beantwortung der Frage nach der Zumutbarkeit der Gefahrabwendungsmaßnahmen sind die Art und das Maß der bestehenden Gefahr, die finanzielle und personelle Leistungsfähigkeit der Körperschaft sowie das Vertrauen des Ver- 867

---

[390] OLG Hamm NVwZ-RR 1995, 309, 310.
[391] OLG Koblenz, Urt. v. 24.4.2006, OLGR Koblenz 2006, 758 f.
[392] BGHZ 35, 111.
[393] BGH NVwZ 2005, 1456 f; vgl. Geigel/Schlegelmilch/*Wellner*, 14. Kap. Rn. 54 für weitere Beispiele aus der Rspr.
[394] Vgl. etwa Schifffahrtsobergericht Berlin VersR 2002, 859; zu den Grenzen der Verkehrssicherungspflicht bei der Sperrung eines untergeordneten Schifffahrtskanals wegen Brückenbauarbeiten vgl. Schifffahrtsobergericht Berlin VersR 2005, 1308 ff.
[395] OLG München, Urt. v. 29.3.2012, Az. 1 U 4219/10.
[396] Vgl. *Rinne*, NJW 1996, 3303, 3304; Palandt/*Sprau*, § 823 BGB, Rn. 51.
[397] Staudinger/*Hager*, § 823 BGB, Rn. E 30 f.; OLG Thüringen NZV 2008, 525, 526.

kehrsteilnehmers und sonstiger Betroffener, nicht von einer Gefahrenquelle überrascht zu werden, zu berücksichtigen und gegeneinander abzuwägen.[398]

I. Art und Maß der Gefahr

868 Bei Art und Maß der Gefahr ist zu berücksichtigen, dass eine vollkommene Gefahrlosigkeit der Benutzung von Verkehrsflächen mit zumutbaren Mitteln nicht erreicht werden kann.[399] Die vollkommene Gefahrlosigkeit kann deshalb weder von der verkehrssicherungspflichtigen Körperschaft verlangt noch von den Verkehrsteilnehmern oder sonstigen Betroffenen erwartet werden.[400] Die verkehrssicherungspflichtige Körperschaft muss nicht für alle denkbaren, entfernten Möglichkeiten eines Schadenseintritts Vorsorge treffen,[401] sondern hat nur diejenige Sicherheit herzustellen, die nach Treu und Glauben mit Rücksicht auf die Verkehrssitte erwartet werden darf.[402]

869 Die Verkehrsbedeutung[403] einer Straße aufgrund der Höhe des Verkehrsaufkommens[404] sowie der Art und Häufigkeit ihrer Benutzung sind Faktoren, die bei der von der Straße ausgehenden Gefahr zu berücksichtigen sind.

870 Ereignen sich an einer bestimmten Stelle häufig Unfälle, so ergibt sich daraus die Pflicht der zuständigen Behörde, dieser Stelle besondere Aufmerksamkeit zu schenken.[405] Umgekehrt spricht aber ein Ausbleiben von Unfällen nicht für die Ungefährlichkeit der Straße.[406]

II. Leistungsfähigkeit

871 Bei der Beurteilung der Zumutbarkeit der Verkehrssicherung ist die personelle und wirtschaftliche Leistungsfähigkeit und damit der Rahmen des wirtschaftlich Zumutbaren für die verantwortliche Körperschaft als haftungsbegrenzendes Merkmal zu berücksichtigen.[407] Zwar müssen schutzwürdige Interessen den Vorrang vor Kostenfragen und der Finanzkraft der sicherungspflichtigen Körperschaft haben, doch können die entstehenden Kosten nicht außer Betracht bleiben.[408] Dabei ist zu berücksichtigen, dass die für die Straßenverkehrssicherung verantwortlichen Körperschaften als Teil der öffentlichen Hand ständig vielfältige Aufgaben zu erfüllen haben.[409]

872 Bei der Beurteilung der Leistungsfähigkeit ist nicht maßgebend, ob und ggf. in welchem Umfang die konkrete Körperschaft zur Verkehrssicherung in der Lage ist. Entscheidend ist vielmehr, welche organisatorischen Vorkehrungen und welche Sicherungsmaßnahmen von einer Körperschaft vergleichbarer Struktur bei Abwägung

---

[398] *Bergmann/Schumacher*, Rn. 1; *Rotermund/Krafft*, Rn. 592.
[399] BGH NJW 1980, 392; OLG Hamm NVwZ 1997, 414; OLG Thüringen NZV 2008, 525.
[400] BGH VersR 1963, 1045; BGH VersR 1966, 583; Geigel/Schlegelmilch/*Wellner*, Kap. 14, Rn. 37 m. w. N; OLG Naumburg NJOZ 2007, 1835, 1838.
[401] LG Krefeld NJW-RR 1990, 668.
[402] BGH VersR 1954, 224.
[403] Dazu Staudinger/*Hager*, § 823 BGB, Rn. E 90.
[404] *Rotermund/Krafft*, Rn. 593.
[405] BGH VersR 1966, 583.
[406] BGH VersR 1983, 39.
[407] Vgl. BGH NJW 1966, 1457; BGH NJW 1978, 1629; BGH NJW 1985, 1076; OLG Frankfurt NJW-RR 1987, 864; LG Heidelberg VersR 1992, 357; vgl. für die Streupflicht *Rinne*, NJW 1996, 3303, 3308.
[408] Vgl. *v. Bar*, S. 127 ff. m. w. N.
[409] BGH VersR 1967, 1196.

der Interessen aller potentiell Betroffenen billigerweise und typischerweise erwartet werden können.[410]

Allerdings dürfen bei der Wahl der geeigneten Mittel zur Gefahrenabwehr die tatsächlichen Kosten und die konkrete wirtschaftliche Lage der sicherungspflichtigen Körperschaft Berücksichtigung finden. Anstelle der Beseitigung der Gefahrenquelle kann deshalb im Einzelfall eine deutliche Warnung ausreichen.[411] Eine völlige Untätigkeit der verantwortlichen Körperschaft kann jedoch grundsätzlich nicht mit mangelnder Leistungsfähigkeit gerechtfertigt werden.[412]

873

Zu zumutbaren Maßnahmen im Rahmen der Straßenverkehrssicherungspflicht gehören auch die regelmäßigen Kontrollen und die laufende Überwachung des Straßen- und Wegezustands[413] sowie der verkehrsfremden Anlagen im Verlauf des Straßenkörpers. Solche Kontrollen können im Allgemeinen aus Zeit- und Personalgründen vom Fahrzeug aus[414] und durch bloße Sichtprüfung[415] der verantwortlichen Bediensteten vorgenommen werden. Die Anforderungen an die Verkehrssicherungspflicht dürfen dabei nicht überspannt werden, weil eine Verkehrssicherung, die jeden Unfall ausschließt, nicht erreichbar ist;[416] das bedeutet indes nicht, dass eine Kontrolle *zu Nachtzeiten* von vornherein ausgeschlossen ist.[417] Eingehendere Untersuchungsmaßnahmen, insbesondere durch Fachleute, sind aber vorzunehmen, wenn Umstände vorliegen, die der allgemeinen Erfahrung nach auf eine besondere Gefährdung, z.B. durch einen Straßenbaum mit atypischer Baumform an exponiertem Standort hindeuten.[418]

874

Eine Kommune genügt ihrer Straßenverkehrssicherungs- oder ihrer Räum- und Streupflicht, wenn sie unter zumutbarer Anspannung ihrer finanziellen Leistungsfähigkeit einen Plan verwirklicht, nach dem sie die aufgetretenen Schäden oder Glättestellen der Reihe nach beseitigt oder bestreut, *soweit* sie die Reihenfolge danach bestimmt, wie stark der Verkehr an den betreffenden Schadensstellen ist und welches Ausmaß die Gefahren haben, die den Straßenschäden oder den Glättestellen folgen.[419] Bei der Räum- und Streupflicht ist es auch zumutbar, dass eine Großstadt einen verkehrswichtigen, ampelgesicherten gefährlichen Überweg im Laufe des Tages etwa alle drei Stunden erneut bestreut.[420]

875

Die Anforderungen an die Leistungsfähigkeit sind umso höher, je schwerwiegender die Art und das Maß der Gefahr für den geschützten Personenkreis sind.[421] Im Übrigen kann – auch in Zeiten knapper kommunaler Kassen – dieses Kriterium

876

---

410 *Rinne*, NJW 1996, 3303, 3308.
411 Z.B. bei Wildwechsel das Anbringen von Warnschildern anstelle von Zäunen, BGH NJW 1989, 2808.
412 Vgl. Palandt/*Sprau*, § 823 BGB, Rn. 221; LG Berlin NZV 1992, 411.
413 Zu den erhöhten Kontrollanforderungen bei Netzrissen in der Fahrbahndecke (sog. Elefantenhaut) vgl. OLG Hamm NJW-RR 2005, 254.
414 Vgl. *Rotermund/Krafft*, Rn. 594 für Straßenzustandskontrollen; nicht ausreichend ist jedoch eine Sichtprüfung von hohen Straßenbäumen mit großer Krone nach der VTA-Methode (Visual Tree Assessment), die aus einem mit 20 km/h fahrenden Fahrzeug allein durch den Fahrzeugführer erfolgt, vgl. OLG Hamm NZV 2005, 372 ff.
415 Vgl. OLG Frankfurt VersR 1993, 988; OLG Frankfurt NJW-RR 1987, 864; zur Sichtprüfung bei Straßenbäumen vgl. OLG Hamm NZV 2005, 371; kritisch zum halbjährlichen Kontrollintervall *Bergmann/Schumacher*, Rn. 439. In diesem Zusammenhang ist auch auf die FLL-Baumkontrollrichtlinie aus dem Dezember 2004 hinzuweisen; vgl. hierzu *Braun*, AFZ-Der Wald 2005, 186 ff. Diese entfaltet jedoch keinerlei Bindungswirkung für die Gerichte; vielmehr stellt die FLL-Baumkontrollrichtlinie lediglich eine Orientierungshilfe dar, vgl. *Schneider*, VersR 2007, 743, 744 f.
416 BGH NJW 1980, 392; bedenklich OLG Hamm NVwZ 1997, 414: Bei für Motorradfahrer gefährlichen Bodenwellen wurden entsprechende Fahrversuche in der in Frage kommenden Geschwindigkeit vom Verkehrssicherungspflichtigen verlangt.
417 OLG Brandenburg NZV 2001, 373.
418 OLG Koblenz NVwZ-RR 2002, 782 f.; OLG Frankfurt VersR 1993, 988; LG Krefeld NJW-RR 1990, 668.
419 Siehe Geigel/Schlegelmilch/*Wellner*, Kap. 14, Rn. 15; *Bergmann/Schumacher*, Rn. 316.
420 BGH VersR 1969, 667; *Bergmann/Schumacher*, Rn. 354.
421 Vgl. Geigel/Schlegelmilch/*Wellner*, Kap. 14, Rdn.15.

ohnehin keinen Freibrief für die Gemeinde darstellen.[422] Vielmehr hat sie bei begrenzten Finanzmitteln anhand eines allgemeinen Konzepts hinreichend darzulegen, in welchem Umfang und unter Zugrundelegung welcher Wertungsmaßstäbe sie die Finanzmittel zur Gefahrenabwehr einsetzt.[423]

III. Vertrauen Geschädigter

877   Das Vertrauen der Verkehrsteilnehmer und sonstiger Betroffener, nicht von Gefahren überrascht zu werden, ist ebenfalls im Rahmen der Zumutbarkeit zu berücksichtigen und richtet sich nach den Sicherheitserwartungen, die die Betroffenen vernünftigerweise an den Zustand einer Verkehrseinrichtung unter Berücksichtigung ihres Zwecks stellen dürfen[424]; so sind etwa unter Berücksichtigung von Lage und der geringen Bedeutung eines Wald- und Wiesenwegs in einem Naturpark geringe Anforderungen an die Verkehrssicherungspflicht des Trägers der Wegebaulast zu stellen; auf einem unbefestigten Wirtschaftsweg steht dementsprechend die Eigenverantwortlichkeit der Verkehrsteilnehmer im Vordergrund.[425] Auch wird durch die Tatsache, dass eine Gemeinde in einem Prospekt mit „50 km geräumten Winterwanderwegen" wirbt, aus der Sicht eines verständigen Lesers kein Vertrauenstatbestand dahingehend begründet, dass auf diesen Wegen laufend gestreut wird, um die Bildung von Eisplatten oder glatten Stellen zu vermeiden.[426] Im Übrigen fallen die von winterlichen Wetterverhältnissen ausgehenden Gefahren nicht in den Risikokreis des Verkehrssicherungspflichtigen, sondern in das allgemeine Lebensrisiko des Nutzers; mit zumutbarem Aufwand kann nicht jede (eingeschneite) Glätte beseitigt werden.[427]

878   Diese Sicherheitserwartungen sind ferner bezüglich solcher Gefahren herabgesetzt, die jedem vor Augen stehen und erkennbar sein müssen und vor denen sich die Betroffenen deshalb durch die zu verlangende eigene Vorsicht ohne Weiteres selbst schützen können.[428]

879   Jeder Verkehrsteilnehmer hat sich auf die gegebenen Straßenverhältnisse einzustellen und die Straße so hinzunehmen, wie sie sich ihm erkennbar darbietet, auch wenn an den Verkehrsteilnehmer keine übermäßigen Anforderungen gestellt werden dürfen.[429] Deshalb muss die verkehrssicherungspflichtige Körperschaft die Verkehrsteilnehmer nur vor Gefahren schützen, die ihnen aus dem Zustand der Straße bei zweckgerechter und bestimmungsgemäßer Benutzung,[430] sowie bei nicht ganz fernliegender bestimmungswidriger Benutzung drohen.[431] Die bestimmungsgemäße

---

[422] So auch (für die Streupflicht) *Rebler*, SVR 2007, 129, 132.
[423] Bamberger/Roth/*Spindler*, § 823 BGB, Rn. 322.
[424] Vgl. LG Heidelberg VersR 1992, 357.
[425] OLG Naumburg NJOZ 2007, 1835; zur Haftung bei einem Fahrradunfall auf einem als Wanderweg ausgeschilderten Privatweg auf einem Waldgrundstück vgl. LG Wuppertal Urt. v. 9.9.2008, Az. 16 O 7/07, BeckRS 2008, 19920.
[426] OLG München, Beschl. v. 5.5.2006, Az. 1 U 2345/06.
[427] OLG München, Urt. v. 17.11.2011, Az. 1 U 2631/11; OLG Köln, Urt. v. 13.1.2011, Az. 7 U 132/10.
[428] BGH NJW 1985, 1076 f.: „Gefahr, die vor sich selbst warnt."
[429] Vgl. z. B. BGH NJW 1980, 2194, 2195; BGH NJW 1989, 2808 f.; OLG Bamberg VersR 1970, 845, 846; OLG Thüringen NZV 2008, 525.
[430] LG Bonn, Urt. v. 23.5.2007, Az. 1 O 425/06, BeckRS 2007, 09776 (Überqueren einer Straße trotz Rotlicht).
[431] OLG Düsseldorf VersR 1981, 387. Trotz Verbots der Benutzung wird von der Rspr. aber eine Verkehrssicherungspflicht bejaht, wenn mit der vorschrifts- oder verbotswidrigen Benutzung zu rechnen ist und dem Verkehrssicherungspflichtigen Sicherungsmaßnahmen auch gegenüber den

oder nicht ganz fernliegende bestimmungswidrige Benutzung der Verkehrsfläche ergibt sich aus deren hoheitlicher Widmung, aus wegepolizeilichen Anordnungen und Verboten oder aus der tatsächlichen Beschaffenheit der Straße selbst.[432] Deshalb kann die Widmung der Verkehrsfläche im Zusammenhang mit der Erkennbarkeit bestimmter Gefahren für den Verkehrsteilnehmer ein bestimmender Faktor bei der Beurteilung der Zumutbarkeit von Maßnahmen zur Straßenverkehrssicherung sein.

Bei einem evidenten Verstoß der Verkehrsteilnehmer gegen die Widmung der Verkehrsfläche kann die Straßenverkehrssicherungspflicht der verantwortlichen Körperschaft eingeschränkt oder aufgehoben sein,[433] es sei denn, die Körperschaft hat in der Vergangenheit die Sicherung entgegen dem Widmungszweck übernommen.[434]

IV. Neue Bundesländer

Für eine Übergangszeit nach der Wiedervereinigung schränkte die Rechtsprechung für die neuen Bundesländer das Merkmal der Zumutbarkeit durch restriktivere Auslegung der Sicherheitserwartung der Betroffenen, der Beherrschbarkeit der Gefahrenlage durch den Verkehrsteilnehmer und der Leistungsfähigkeit der verkehrssicherungspflichtigen Körperschaft ein.[435]

Hinsichtlich der Sicherheitserwartung bestanden zunächst Einschränkungen dahingehend, dass „angesichts der jedermann bekannten Straßen- und Fahrbahnverhältnisse im Beitrittsgebiet erst dann eine Verletzung von Verkehrssicherungspflichten anzunehmen ist, wenn völlig unerwartete und atypische Gefahrenquellen auftauchen, mit denen auch ein aufmerksamer Verkehrsteilnehmer nicht rechnen muss".[436] Die Verkehrsteilnehmer hatten daher aufgrund des vielerorts schlechten Straßen- und Wegezustands „auf absehbare Zeit evidente Einschränkungen der Verkehrssicherheit" hinzunehmen.[437] Nach einem Urteil des OLG Jena wirkte dementsprechend die Nichtabwendung einer Gefahr, die von Unebenheiten der Straßenverhältnisse ausgeht, erst dann haftungsbegründend, wenn die Gefahrenlage für Verkehrsteilnehmer trotz gebotener Eigensorgfalt nicht mehr beherrschbar ist.[438]

Nunmehr tendiert die Rechtsprechung der Oberlandesgerichte in den neuen Bundesländern aber dazu, keine unterschiedlichen Maßstäbe mehr bei der Beurteilung der Verkehrssicherungspflicht anzulegen[439]. Vielmehr steht nun das berechtigte Sicherheitsinteresse des Verkehrsteilnehmers im Vordergrund. In diesem Zusammenhang ist der für den jeweiligen Unfallort übliche Zustand der Wege und Straßen maßgeblich.[440] Auch in der Literatur mehren sich die Stimmen, wonach die Situation in den neuen Ländern inzwischen mit der in den alten Bundesländern vergleichbar ist[441] und daher die aufgrund der tatsächlichen Gegebenheiten durch Ein-

---

verbotswidrig handelnden Personen zugemutet werden können. Dies gilt insbesondere gegenüber Kindern, da von ihnen ein situationsgerechtes Handeln nicht ohne Weiteres erwartet werden kann; vgl. *Rotermund/Krafft*, Rn. 573 m. w. N.; zur Einschränkung der Verkehrssicherungspflicht gegenüber Kindern s. *Rotermund/Krafft*, Rn. 576 sowie *Burmann*, NZV 2003, 20, 21.

432 Staudinger/*Hager*, § 823 BGB, Rn. E 76.
433 Vgl. *Rotermund/Krafft*, Rn. 572; so auch in Bezug auf die allgemeine Verkehrssicherungspflicht OLG Saarbrücken, Urt. v. 7.7.2005, BeckRS 2005, 11650.
434 Vgl. LG Kempten VersR 1991, 1375; *Rotermund/Krafft*, Rn. 573.
435 Vgl. auch *Bergmann/Schumacher*, Rn. 43 ff.
436 OLG Naumburg NZV 1995, 231.
437 LG Halle DtZ 1996, 60; a. A. Geigel/Schlegelmilch/*Wellner*, Kap. 14, Rn. 15.
438 OLG Jena NJW 1998, 247.
439 Vgl. *Bergmann/Schumacher*, Rn. 46 m. w. N.
440 *Bergmann/Schumacher*, Rn. 46 m. w. N.
441 *Staab*, VersR 2003, 689, 693; *Bergmann/Schumacher*, Rn. 46.

schränkungen der Sicherheitserwartung der Verkehrsteilnehmer geprägte Übergangszeit wohl beendet ist.[442]

884 Hinsichtlich der Leistungsfähigkeit bestanden zunächst ebenfalls gebietsspezifische Einschränkungen insofern, als wegen des „allgemein schlechten Zustands der Straßen im Gebiet der ehemaligen DDR und der nur begrenzten Mittel der Kommunen für die Instandsetzung der Straßen" eine Haftung des Staates und der Kommunen unter Berücksichtigung der jeweiligen Finanzlage nur sehr restriktiv in Betracht kam.[443] Dies galt auch, wenn die erforderliche Instandsetzung aus Finanzgründen über einen längeren Zeitraum hinweg erfolgte.[444]

885 Nunmehr spielt auch hier das Kriterium der finanziellen Leistungsfähigkeit bei der Frage der Zumutbarkeit von Maßnahmen lediglich im selben Umfang wie in den alten Bundesländern eine Rolle.

D. Verschulden

886 Beim Verschulden gelten grundsätzlich keine Besonderheiten. Ein Organisationsverschulden liegt allerdings schon dann vor, wenn der Straßenverkehrssicherungspflichtige nicht anhand einer entsprechenden Dienstanweisung oder eines Überwachungsplans dokumentieren kann, welche Straßen und Wege in welchen Abständen durch welches Personal kontrolliert werden.

887 Unterschiede gelten ferner bei der Einschaltung von Hilfspersonen. Bedient sich der Amtsträger zur Verrichtung seiner dienstlichen Tätigkeit einer Privatperson als Verrichtungsgehilfen und fügt diese in Ausführung der Verrichtung dem Betroffenen Schaden zu, greift auch im Rahmen der Amtshaftung aufgrund des Gleichlaufs mit der Verletzung privatrechtlicher Verkehrssicherungspflichten die für § 831 BGB geltende Verschuldensvermutung mit der Möglichkeit der Entlastung gem. § 831 Abs. 1 Satz 2 Halbs. 1 BGB ein.[445]

888 **Beispiele:** Wird bei Straßenbauarbeiten ein Privater mit der Wahrnehmung der Verkehrssicherungspflichten „beauftragt", so ist die verkehrssicherungspflichtige Behörde zur Überwachung verpflichtet.[446] Erfüllt eine Gemeinde ihre Pflicht zur verkehrssicheren Gestaltung der Gemeindestraßen unter Heranziehung eines privaten Unternehmers für den Streudienst, so besteht die Pflicht zur ordnungsgemäßen Organisation in der richtigen Auswahl und Überwachung des Unternehmers.[447] Überträgt eine Gemeinde die Räum- und Streupflicht für innerörtliche Gehwege auf die Anlieger, haftet die Gemeinde bei Überwachungsverschulden neben diesen.[448] Dasselbe gilt für die Übertragung der Räum- und Streupflicht auf Privatunternehmen.[449]

E. Schaden

889 Da nach der Rechtsprechung die Zuweisung der Straßenverkehrssicherungspflicht als hoheitliche Aufgabe inhaltlich mit der privatrechtlichen Verkehrssicherungspflicht deckungsgleich ist,[450] beschränkt sich die Ersatzpflicht ebenso wie bei der

---

[442] So Bamberger/Roth/*Spindler*, § 823 BGB, Rn. 319.
[443] LG Dresden NVwZ 1996, 934.
[444] OLG Naumburg NVwZ 1996, 1142.
[445] RGRK/*Kreft*, § 839 BGB, Rn. 552.
[446] BGH NJW 1982, 2187.
[447] OLG Nürnberg NVwZ 1991, 203.
[448] BGH NJW 1992, 2476; *Bergmann/Schumacher*, Rn. 77 ff; *Rotermund/Krafft*, Rn. 682.
[449] Vgl. *Bergmann/Schumacher*, Rn. 76.
[450] Staudinger/*Hager*, § 823 BGB, Rn. E 122.

Verletzung privatrechtlicher Verkehrssicherungspflichten nach § 823 Abs. 1 BGB nur auf den Ersatz von Schäden, die aufgrund der Verletzung von Leben, Gesundheit, Eigentum oder sonstiger absoluter Rechte des Geschädigten entstanden sind.[451] Der Ersatz eines Vermögensschadens ist demnach ausgeschlossen.[452] Schmerzensgeld kann aber gefordert werden.[453]

Demgegenüber ist die Verkehrsregelungspflicht nicht mit der allgemeinen Verkehrssicherungspflicht deckungsgleich, weil sie nicht jedermann, sondern ausschließlich Amtsträgern obliegt.[454] Der Schaden wegen Verletzung dieser Pflicht ist deshalb nicht nach Maßgabe des § 823 Abs. 1 BGB, sondern ohne Einschränkungen nach § 839 BGB zu ersetzen, sodass auch ein primärer Vermögensschaden erfasst ist. 890

F. Verantwortliche Körperschaft: Passivlegitimation

Träger der allgemeinen Verkehrssicherungspflicht ist grundsätzlich derjenige, der rechtlich und tatsächlich in der Lage ist, die zur Abwehr und Behebung von Gefahren notwendigen Maßnahmen zu treffen.[455] Im Rahmen der Straßenverkehrssicherungspflicht kann dieser Grundsatz zu Überschneidungen führen, da der Straßenverkehrssicherungspflichtige zugleich Träger der Straßenbaulast sein kann.[456] 891

Bei Bundesfernstraßen (Autobahnen und Bundesstraßen) fallen Straßenbaulast und Straßenverkehrssicherungspflicht stets auseinander. Während die Baulast für diese Straßen dem Bund obliegt, sind jeweils diejenigen Länder straßenverkehrssicherungspflichtig, in denen die Straße verläuft und denen deshalb gem. Art. 90 Abs. 2 GG, § 20 Abs. 1 FStrG die Verwaltung dieser Straßen als Auftragsangelegenheit übertragen ist, weil nur sie die zur Abwehr und Behebung von Gefahren notwendigen Maßnahmen treffen können.[457] 892

Bei der Verletzung von Verkehrssicherungspflichten im Rahmen der Organleihe kommt es darauf an, wer die tatsächliche Verfügungsmacht über die Gefahrenstelle innehatte und daher imstande war, auf die Gefahren für den Verkehr steuernd einzuwirken. Ist etwa ein Staatsbauamt eines Landes im Wege der Organleihe für die Bundesrepublik tätig geworden, steht demnach das Land in der haftungsrechtlichen Verantwortung;[458] etwaige Regressansprüche bleiben aber davon unberührt. 893

G. Darlegungs- und Beweislast

I. Verschulden

Steht im Amtshaftungsprozess ein objektiver Verstoß gegen eine Verkehrssicherungspflicht – für die der Kläger die volle Darlegungs- und Beweislast trägt[459] – und 894

---

[451] Krit. hierzu MünchKommBGB/*Papier*, § 839 BGB, Rn. 270; *Bergmann/Schumacher*, Rn. 716.
[452] BGH NJW 1973, 463, 464 f.; BGHZ 66, 398, 399 f.; RGRK-*Kreft*, § 839 BGB, Rn. 271; Staudinger/*Wurm*, § 839 BGB, Rn. 704.
[453] OLG Koblenz, Urt. v. 23.6.2010, Az. 1 U 1526/09; Brandenburgisches OLG, Urt. v. 15.6.2010; Az. 2 U 34/08.
[454] Vgl. OLG Hamm NVwZ 1995, 309, 310.
[455] BGH NJW 1968, 443; BGH NVwZ 2006, 1084, 1085. Zur Übertragung auf Dritte *Hilsberg*, MDR 2010, 62.
[456] Staudinger/*Hager*, § 823 BGB, Rn. E 83.
[457] BGHZ 16, 95; OLG München VersR 2002, 454 ff.; vgl. auch Staudinger/*Hager*, § 823 BGB, Rn. E 95.
[458] BGH NVwZ 2006, 1084, 1086; zur Staatshaftung bei gesetzlich übertragenen Aufgaben vgl. auch BGH NVwZ-RR 2006, 28, 31.
[459] OLG München, Beschl. v. 26.3.2012, Az. 1 U 5074/11, Beschl. v. 25.7.2011, Az. 1 U 1151/11.

somit die Verletzung der äußeren Sorgfaltspflicht fest, so können zugunsten des beweisbelasteten Geschädigten Beweiserleichterungen für den Nachweis des Verschuldens eingreifen.[460] Diese bestehen darin, dass entweder der Sorgfaltsverstoß indiziert ist oder ein Anscheinsbeweis hierfür spricht.[461]

895 Um in den Genuss dieser Beweiserleichterungen zu kommen, muss der Kläger Tatsachen darlegen und gegebenenfalls beweisen, aus denen sich ergibt, dass der Beklagte die äußere Sorgfaltspflicht verletzt und damit objektiv einen Pflichtenverstoß begangen hat. Es obliegt dann der beklagten Partei, substantiiert Tatsachen vorzutragen, aus denen hervorgeht, dass sie die innere Sorgfalt beim konkreten Geschehensablauf beachtet und deshalb nicht schuldhaft gehandelt hat.

896 Die Obliegenheit der Gegenpartei, ihr fehlendes Verschulden darzulegen, stellt keine Umkehr der objektiven Beweislast (Beweislastumkehr) dar, auch wenn in einigen Entscheidungen[462] in diesem Zusammenhang auf einen Entlastungsbeweis[463] abgestellt wird. Die Beklagtenpartei muss lediglich die mit Hilfe des Anscheinsbeweises erlangte Überzeugung des Gerichts erschüttern, indem sie konkrete Tatsachen darlegt und nötigenfalls beweist, aus denen sich die ernsthafte Möglichkeit einer Abweichung vom gewöhnlichen Verlauf ergibt und somit die Annahme eines Verschuldens beim streitgegenständlichen Geschehensablauf beseitigt.[464] Hat die Gegenpartei solche Tatsachen bewiesen, bleibt der Kläger vollumfänglich beweispflichtig.[465]

897 Soweit im Zusammenhang mit einer objektiven Verkehrspflichtverletzung beim Verschuldensnachweis von einer Veränderung der Beweislast die Rede ist, handelt es sich deshalb regelmäßig nur um die der Darlegungs- und Substantiierungslast folgende subjektive Beweis(führungs)last und nicht um die objektive Beweislast (Feststellungslast).

II. Kausalität

898 Auch beim Nachweis der haftungsausfüllenden Kausalität kommt dem Kläger der Beweis des ersten Anscheins zugute, wenn sich in dem Schadensfall gerade diejenige Gefahr verwirklicht, der durch die Auferlegung bestimmter Verhaltenspflichten durch die Verkehrssicherungspflicht begegnet werden soll.[466] Verkehrssicherungspflichten beruhen auf einer Erfahrungstypik, die die Feststellung rechtfertigt, dass sich die Gefahr bei pflichtgemäßem Verhalten nicht verwirklicht.[467] So spricht ein Anscheinsbeweis beispielsweise bei einem Fahrzeugschaden durch einen herabfallenden morschen Ast dafür, dass es bei Beachtung der Vorschriften über die Sicherung von Straßenbäumen nicht zu dem Unfall gekommen wäre.[468]

---

[460] Johlen/Oerder/*Jeromin*, § 18 Rn. 113.
[461] BGH VersR 1986, 765, 766; vgl. auch OLG Koblenz VersR 1992, 893; OLG Karlsruhe MDR 1990, 722; Palandt/*Sprau*, § 823 BGB, Rn. 54; *Baumgärtel*, § 276 BGB, Rn. 8; *v. Bar*, JuS 1988, 169, 174; *Deckert*, Jura 1996, 348, 354; *Piepenbrock*, VersR 1989, 122, 125. Für Anscheinsbeweis bei Schutzgesetzverletzung: BGH VersR 1969, 181; BGH VersR 1969, 960; BGH VersR 1970, 553.
[462] Str., für Beweislastumkehr vgl. z. B. RGZ 113, 293, 295; BGH VersR 1961, 231; BGHZ 51, 91; OLG Karlsruhe MDR 1990, 722; BGH NJW 1970, 1877, 1879 m. w. N., wo es im Gegensatz zu BGH VersR 1986, 765, 766 noch dahingestellt bleibt, ob eine Beweislastumkehr oder der Anscheinsbeweis eingreift. Vgl. zum Streitstand im Einzelnen *Baumgärtel*, § 823 II BGB, Rn. 41 ff.
[463] So OLG Karlsruhe MDR 1990, 722; RGZ 113, 293, 295: „Widerlegungsbeweis".
[464] BGHZ 8, 239; BGH NJW 1978, 2032; BGH VersR 1995, 723, 724.
[465] BGHZ 6, 169.
[466] BGH NJW 1994, 945; Bergmann/Schumacher, Rn. 722.
[467] BGH NJW 1994, 945, 946.
[468] OLG Dresden NVwZ-RR 2001, 497.

Die Grundsätze des Anscheinsbeweises haben den weiteren Vorteil, dass dadurch 899
zugleich die Darlegungslast des Klägers verkürzt ist. Er muss deshalb weder vortragen noch beim Bestreiten der Beklagten zur Überzeugung des Gerichts beweisen, wie im Einzelnen es zu dem Unfall gekommen ist. Den für ihn streitenden Beweis des ersten Anscheins für eine Unfallursächlichkeit der Gefahrenstelle zu erschüttern, ist vielmehr Sache des Beklagten. Er muss deshalb zumindest die ernsthafte Möglichkeit eines atypischen Geschehensablaufs, d. h. eines nicht auf die Gefahrenstelle zurückgehenden Unfallhergangs, dartun und gegebenenfalls nachweisen.[469]

Diese vom BGH entwickelte Anwendung des Anscheinsbeweises bei der Kausalitätsfeststellung beruht auf den vergleichbaren Erwägungen zu Schutzgesetzen und Unfallverhütungsvorschriften, bei denen der Anscheinsbeweis im Rahmen der Kausalitätsfeststellung ebenfalls Anwendung findet.[470] Diese Vorschriften sollen ebenso wie Verkehrssicherungspflichten durch genaue Verhaltensanweisungen typischen Gefährdungen entgegenwirken, wenn sich in dem Schadensereignis gerade diejenige Gefahr verwirklicht, der durch die Auferlegung der konkreten Verhaltenspflichten begegnet werden sollte.[471] 900

III. Besonderheiten bei einzelnen Pflichten

1. Verletzung der gemeindlichen Räum- und Streupflicht

Nimmt der Kläger eine Gemeinde wegen Verletzung der Streupflicht auf Schadensersatz in Anspruch, trägt er nach den oben dargestellten Grundsätzen die Darlegungs- und Beweislast für das Bestehen der Streupflicht, für die schuldhafte Verletzung dieser Pflicht sowie für deren Ursächlichkeit für den Schadenseintritt.[472] 901

a) Pflichtverletzung

Zum Beweis der Streupflichtverletzung hat der Kläger zunächst die Umstände 902
nachzuweisen, die das Bestehen der Streupflicht begründen. Damit obliegt ihm die Last nachzuweisen, dass sich an einer verkehrswichtigen und gefährlichen Stelle[473] eine sicherungsbedürftige Gefahrenstelle befand,[474] also eine Straßen- und Wetterlage bestand, bei der Sicherungsmaßnahmen erforderlich und nach der Tageszeit geboten gewesen wären, der Streupflichtige jedoch die gebotenen Sicherungsmaßnahmen nicht durchgeführt hat.[475] Diesen Beweis hat der Kläger – gegebenenfalls gestützt auf Indizien – vollumfänglich zu erbringen.

Ein Beweis des ersten Anscheins für das Vorliegen einer die Streupflicht auslösenden Wetter- und Straßenlage kommt dem Kläger nicht zugute, da es insoweit an typischen Abläufen fehlt, die den Eintritt einer Vereisung oder einer Schneeglätte für eine bestimmte Zeit nach dem Beginn oder dem Ende von Niederschlägen oder auf einem bestimmten räumlichen Gebiet erfahrungsgemäß erwarten lassen.[476] Selbst wenn an einer bestimmten Stelle Verkehrsunfälle gehäuft aufgetreten sind, begründet dies keinen Beweis des ersten Anscheins für das Bestehen einer Streupflicht.[477] Das 903

---

[469] BGH NJW 2005, 2454.
[470] *Bergmann/Schumacher*, Rn. 722 f.
[471] BGH NJW 1994, 945, 946 m. w. N.
[472] *Baumgärtel*, § 839 BGB, Rn. 25 m. w. N.
[473] Vgl. zu diesem Begriff BGH NJW 1991, 33 m. w. N.
[474] OLG München, Beschl. v. 13.4.2012, Az. 1 U 4294/12.
[475] BGH BayVBl. 1995, 542; BGH NJW 1985, 484, 485.
[476] *H. Schmid*, NJW 1988, 3177, 3184; BGH NJW 1985, 484, 485.
[477] BGHR § 839 I 1 – Streupflicht 2.

Unfallereignis an sich erlaubt ebenfalls keinen Schluss auf einen Verstoß gegen die Streupflicht, da sich Unfälle infolge von Winterglätte auch bei gehöriger Erfüllung der Streupflicht nicht ausschließen lassen.[478] Selbst wenn die Unfallstelle erwiesenermaßen nicht gestreut war, lässt sich daraus nicht der Schluss ziehen, dass sich der Streupflichtige pflichtwidrig verhalten hat.[479]

904 Ist eine die Streupflicht auslösende Glätte hingegen unstreitig oder bewiesen, wendet der Streupflichtige aber ein, dass im Verlaufe des Tages so starker Schneefall eingesetzt und bis kurz vor dem Unfall angedauert habe oder das sonstige derart extreme Witterungsverhältnisse, etwa Eisregen oder gefrierender Sprühregen, herrschten, dass ein Streuen zwecklos gewesen wäre, trägt er die Darlegungs- und Beweislast für die Umstände, die seine Streupflicht im konkreten Einzelfall ausschließen.[480] Diese Beweisführungslast gilt auch für die Fälle, in denen die Gemeinde Umstände geltend macht, die das Streuen für sie im Einzelfall unzumutbar gemacht haben,[481] oder in denen die Gemeinde behauptet, die für eine Beseitigung der Glätte erforderliche Zeit sei noch nicht verstrichen gewesen.[482]

b) Verschulden

905 Eine Verletzung der Streupflicht kann auch infolge schlechter Organisation der Räum- und Streumaßnahmen in Betracht kommen. Es gehört zur Organisationspflicht der Gemeinden, den Räum- und Streudienst so zu gestalten, dass die wichtigsten Verkehrswege mit den gefährlichsten Stellen zuerst und unwichtige sowie weniger gefährliche Verkehrswege, sofern für sie überhaupt eine Räum- und Streupflicht besteht,[483] nachrangig geräumt und gestreut werden. Für die sachgerechte Organisation des Räum- und Streudienstes trägt die Gemeinde die volle Darlegungs- und Beweislast.[484] Die Gemeinden können sich allerdings durch die Vorlage von Streuberichten von einem Organisationsverschulden entlasten. Dazu müssen die im Rahmen eines Streuplans durchgeführten Kontrollfahrten oder vorgenommenen Streumaßnahmen vom jeweils zuständigen Bediensteten in Streubüchern oder -berichten dokumentiert und durch Unterschrift bestätigt werden.[485]

906 Bedient sich die Gemeinde zur Verrichtung des Streudienstes eines privaten Dritten, greift im Rahmen der Amtshaftung aus § 839 Abs. 1 Satz 1 BGB die für § 831 BGB geltende Beweislastverteilung mit der Umkehrung der objektiven Beweislast ein, wonach die Gemeinde den vollen Entlastungsbeweis durch Widerlegung der Verschuldensvermutung gem. § 831 Abs. 1 Satz 2 Halbs. 1 BGB zu führen hat.[486]

c) Ursachenzusammenhang

907 Ist eine objektive Verletzung der Streupflicht unstreitig oder bewiesen, kann der Kläger den Beweis des Ursachenzusammenhangs zwischen Streupflichtverletzung und Schadenseintritt mit Hilfe des Anscheinsbeweises führen.[487] Der Kläger muss aller-

---

[478] OLG München VersR 1956, 163; OLG Karlsruhe VersR 1970, 822, 823.
[479] *Rinne*, NJW 1996, 3303, 3307.
[480] BGH NJW 1985, 484, 485; BGH NJW 1966, 202; LG Berlin, Grundeigentum 1998, 861.
[481] BGH NJW 1985, 484, 485.
[482] *Ketterer/Giehl/Leonhardt*, § 24, Rn. 3.
[483] *Rotermund/Krafft*, Rn. 582; BGH BayVBl. 1995, 542: Grundsätzlich keine Streupflicht auf Gehwegen außerhalb geschlossener Ortschaften.
[484] *Bergmann/Schumacher*, Rn. 315.
[485] OLG Karlsruhe BWGZ 1996, 526; vgl. *Rotermund/Krafft*, Rn. 585 ff.
[486] *Johlen/Oerder/Jeromin*, § 18 Rdn.114; RGRK/*Kreft*, § 839 BGB, Rn. 552.
[487] Palandt/*Sprau*, § 823 BGB, Rn. 54; zum Beweis des ersten Anscheins für unfallursächliche Streupflichtverletzung der Gemeinde bei Glatteisunfall auf Zebrastreifen vor einer Schule vgl. OLG Frankfurt NVwZ-RR 2005, 763 f.

dings zunächst darlegen und vollumfänglich beweisen, dass sich der Unfallschaden noch innerhalb der zeitlichen Grenzen der Streupflicht ereignet hat.[488] Dann besteht eine tatsächliche Vermutung dafür, dass der Unfall bei Beachtung der Streupflicht vermieden worden wäre.[489]

Um den Beweis des ersten Anscheins zu erschüttern, muss die streupflichtige Gemeinde konkrete Tatsachen darlegen und beweisen, nach denen auch andere Ursachen als die Glätte oder ein anderer Geschehensablauf ernsthaft für den Unfall in Betracht kommen können.[490] Dazu reicht es nicht aus, wenn sie allgemein auf bloße anderweitige Möglichkeiten verweist, nach denen der Schaden die typische Folge einer anderen Ursache sein kann.[491] 908

Beispiel:[492] Verweist die Gemeinde im Falle eines Sturzes auf einem ungestreuten Gehweg darauf, dass ältere Menschen bei Glatteis generell zum Stürzen neigen, reicht dieser allgemeine Hinweis auf andere Möglichkeiten nicht aus, um den Beweis des ersten Anscheins zu erschüttern. Die Gemeinde muss vielmehr konkret vortragen und beweisen, dass die Person bereits vor dem Unfall auch auf vollkommen ungefährlichen Wegen aus alters- oder krankheitsbedingten Gründen zu Stürzen neigte. Gelingt ihr dieser Beweis, so käme neben der Wahrscheinlichkeit, dass gerade die Glätte unfallsächlich war, die konkrete und ernsthafte Möglichkeit in Betracht, dass die Person auch ohne die Streupflichtverletzung gestürzt wäre. Der Geschädigte müsste dann wieder den Vollbeweis für die Ursächlichkeit der Glätte erbringen (z. B. mit Hilfe von Zeugen, die den Sturz gesehen haben). 909

Hat sich das schädigende Ereignis dagegen erst längere Zeit nach dem Ende der zeitlich befristeten Streuverpflichtung ereignet, finden die Regeln über den Anscheinsbeweis keine Anwendung, da in einem solchen Fall kein typischer Geschehensablauf vorliegt, der nach der Lebenserfahrung auf eine bestimmte Ursache schließen lässt.[493] Einem typischen Geschehensablauf steht die Erfahrung entgegen, dass es nicht selten nach dem Ende der Streuverpflichtung aufgrund weiterer Niederschläge oder infolge einer Änderung der Bodentemperatur zu erneuter Glatteisbildung kommt.[494] In diesem Fall hat der Kläger nach den allgemein geltenden Beweisgrundsätzen den Vollbeweis zu führen, dass ein erneutes Streuen notwendig war und es dazu geführt hätte, dass sich der Unfall nicht oder nicht in der geschehenen Weise ereignet hätte.[495] 910

Trägt der Hoheitsträger Tatsachen vor, aus denen sich ein Mitverschulden des Klägers ergibt, ist er hierfür darlegungs- und beweispflichtig.[496] Dabei kann ihm in den typischen Glatteisfällen die Beweiserleichterung eines Anscheinsbeweises zugute kommen. 911

2. Sicherung des Straßenverkehrs

Dem Kläger obliegt die Darlegungs- und Beweislast für die Verletzung der Pflicht zur Sicherung des Straßenverkehrs durch Bedienstete des Straßenbaulastträgers oder der rechtlich und tatsächlich zur Gefahrenabwehr zuständigen Stelle.[497] Nahelie- 912

---

[488] *Rinne*, NJW 1996, 3303, 3307 m.w.N.; OLG Köln NJW-RR 1996, 655, 656; OLG Köln VersR 1990, 321; *Schmid, H.*, NJW 1988, 3177, 3184; BGH VersR 1984, 40, 41 m.w.N.
[489] BGH NJW 1984, 432, 433; BGH NJW 1966, 202; *Baumgärtel*, § 839 BGB, Rn. 26 m.w.N.
[490] BGH VersR 1995, 723, 724.
[491] Vgl. *Rotermund/Krafft*, Rn. 688 ff.
[492] Vgl. *Rotermund/Krafft*, Rn. 688 ff.
[493] OLG Hamm NVwZ-RR 1993, 340; BGH NJW 1984, 432, 433.
[494] BGH NJW 1984, 432, 433.
[495] Vgl. BGH NJW 1984, 432, 433.
[496] *Johlen/Oerder-Jeromin*, § 18 Rn. 114.
[497] Vgl. zur Zuständigkeit *Geigel/Schlegelmilch/Wellner*, Kap. 14, Rn. 43 ff.; *Rotermund/Krafft*, Rn. 609 ff., jeweils m.w.N.

gendster Ansatzpunkt ist der Nachweis, dass trotz des verkehrswidrigen Zustands der Straße keine ausreichenden Kontrollen des Straßenzustands stattgefunden haben.

913 Für den Nachweis des Verschuldens kommt dem Kläger der Beweis des ersten Anscheins zugute, wenn er beweist, dass der verkehrswidrige Straßenzustand bereits so lange angedauert hat, dass in dieser Zeit Kontrollen üblicherweise hätten stattfinden müssen,[498] weil ein längerfristig andauernder, verkehrswidriger Zustand die Vermutung begründet, dass bei sorgfältigen Routinekontrollen der Gefahrenzustand hätte erkannt werden müssen. Der beklagte Träger der Straßenbaulast kann den Anscheinsbeweis durch Vorlage eines vom zuständigen Bediensteten unterschriebenen Kontrollberichts erschüttern. Andernfalls muss er Umstände darlegen und beweisen, aus denen sich ergibt, dass die Gefahrenstelle auch bei sorgfältigen Überprüfungen nicht hätte erkannt werden können.

---

[498] OLG Bamberg, Urt. v. 26.10.1993, Az. 1 O 520/90.

12. Kapitel. Amtshaftung im Bereich des Öffentlichen Informationsrechts

A. Überblick

Das Informationsrecht ist erst seit wenigen Jahren als eigenständiges Rechtsgebiet greifbar geworden, seine Konturierung erst in Grundzügen gelungen.[499] Ein Öffentliches Informationsrecht als Teilgebiet des Informationsrechts für die Informationstätigkeit und Informationsnutzung des Staates ist dabei trotz seiner enormen Bedeutung noch nicht einmal in Ansätzen ausgebildet. Das vom Bundesverfassungsgericht konturierte Grundrecht auf Gewährleistung der Vertraulichkeit und Integrität informationstechnischer Systeme wird insofern einen wesentlichen Baustein bilden.[500] 914

Unter dem Gesichtspunkt der Eingriffsintensität ergibt sich eine stufenweise Intensivierung der staatlichen Informationsverwendung, die bei der passiven Informationsbereitstellung beginnt, sich in einer aktiven Informationsweitergabe fortsetzt und dann in der Informationsnutzung durch den Staat gipfelt. Diese Tätigkeiten können sich als massiver Eingriff in das Grundrecht auf informationelle Selbstbestimmung[501] darstellen und sind daher aus staatlicher Sicht sehr haftungsträchtig. 915

I. Staatliche Informationstätigkeit

Die staatliche Informationstätigkeit umfasst einerseits die passive Informationsbereitstellung nach den verschiedenen Informationsgesetzen und andererseits die aktive Information der Öffentlichkeit durch allgemeine Erklärungen, Hinweise, Empfehlungen und Warnungen. 916

1. Staatliche Informationsbereitstellung

Die Information der Öffentlichkeit ist ein wichtiges hoheitliches Gestaltungsmittel. Mit dem Inkrafttreten des Umweltinformationsgesetzes (UIG) zum 14.2.2005, des Informationsfreiheitsgesetzes (IFG) zum 1.1.2006, des Informationsweiterverwendungsgesetzes (IWG) zum 19.12.2006 und des Verbraucherinformationsgesetzes (VIG) zum 1.5.2008 hat sich das deutsche Informationsrecht erheblich fortentwickelt. IFG, UIG und VIG sind rechtssystematisch gesehen Regelungen des Rechts der Informationszugangsfreiheit, während das IWG auf bestehenden Informationsmöglichkeiten aufbaut und akzidentielle Folgeregelungen zur kommerziellen Nutzung dieser Informationen trifft.[502] 917

Aus staatlicher Sicht geht es bei dieser Art der Informationsverwendung zunächst nicht um eine aktive, selbstinitiierte Maßnahme des Staates, sondern um ein auf fremde Veranlassung hin erfolgtes bloßes Zurverfügungstellen von Informationen.[503] Dies hat für die Frage der Amtspflichtwidrigkeit erhebliche Bedeutung. 918

---

[499] *Sydow*, NVwZ 2008, 481.
[500] BVerfG NJW 2008, 822.
[501] *Becker/Blackstein*, NJW 2011, 490, 491.
[502] *Sydow*, NVwZ 2008, 481, 482.
[503] Nach § 1 Abs. 1 Satz 1 VIG besteht sogar ein Anspruch auf freien Zugang zu den bei den Behörden vorliegenden Daten.

918a   Unabhängig davon können staatliche Behörden die bei ihnen vorliegenden Informationen auch von sich aus, mithin ohne Antrag eines Dritten, veröffentlichen. Dies sieht etwa § 5 Abs. 1 Satz 2 VIG ausdrücklich vor.[504] Dadurch wird aber der Bereich der bloß passiven Informationsbereitstellung auf Antrag verlassen und in den Bereich der staatlichen Aufklärung durch Hinweise gewechselt.

2. Staatliche Aufklärung

919   Die aktive Form der staatlichen Informationstätigkeit besteht in der hoheitlichen Aufklärung der Öffentlichkeit in Form von Hinweisen, Empfehlungen und Warnungen.

a) Eingriffscharakter und Rechtsgrundlagen

920   Die drei genannten Wahrnehmungsformen aktiver hoheitlicher Informationstätigkeit sind nach ihrer Zwecksetzung nicht auf die Herbeiführung von Rechtsfolgen, sondern auf Verhaltenssteuerung durch faktische Einwirkungen gerichtet und damit dem Bereich des schlicht-hoheitlichen Verwaltungshandelns zuzuordnen.[505] Betrifft diese fremdbezogene Information nicht wirtschaftsexterne Sachverhalte, wie etwa Jugendreligionen oder Sekten, sondern im Bereich des Umwelt-[506] oder Gesundheitsschutzes[507] oder im Bereich des Lebensmittelrechts[508] konkrete Produkte oder Produktgruppen, so kann die Informationstätigkeit zu einem Konflikt mit dem Hersteller oder Vertreiber des Produkts führen, wenn dieser durch die staatliche Äußerung geschädigt wird. Dem Interesse der Öffentlichkeit an umfassender staatlicher Aufklärung über Gefahren steht deshalb meist das Interesse des durch diese Information als „Störer" identifizierten Unternehmens entgegen, nicht durch hoheitliche Äußerungen beeinträchtigt zu werden.[509]

921   Häufig steht die Behörde dabei vor dem Dilemma, ohne ausreichende Tatsachengrundlage unter erheblichem Zeitdruck entscheiden zu müssen: Einerseits stehen Gesundheit und Leben der Bürger auf dem Spiel, andererseits kann eine ungerechtfertigte hoheitliche Warnung den Ruin des betroffenen Unternehmens bedeuten. Eine solche Krisensituation ist fehlerträchtig und kann bei Pflichtverletzungen Amtshaftungsansprüche nach § 839 BGB i.V.m. Art. 34 GG auslösen.[510] Daneben kommen auch Ansprüche des betroffenen Unternehmens aus enteignungsgleichem Eingriff in Betracht.[511]

922   Hoheitliche Produktinformationen, insbesondere Produktwarnungen entwickeln aufgrund ihrer Breitenwirkung in der Öffentlichkeit häufig eine unkontrollierbare Eigendynamik, die durch das Zusammenwirken von staatlicher Autorität, Multipli-

---

[504] Dazu *Becker/Blackstein*, NJW 2011, 490, 491.
[505] Vgl. Staudinger/*Wurm*, § 839 BGB, Rn. 166 f.; *Leidinger*, DÖV 1993, 925, 927 m.w.N.
[506] Vgl. *di Fabio*, JuS 1997, 1; zur Produkthaftung siehe *Kullmann*, NJW 1997, 1746; zum – außer Kraft getretenen – Gerätesicherheitsgesetz siehe *Kollmer*, NJW 1997, 2015.
[507] Vgl. z.B. OLG Stuttgart NJW 1990, 2690 (Birkel); LG Göttingen NVwZ 1992, 89 (Förster-Quellen); BVerwG NJW 1991, 1766 (DEG-Weinliste); OLG Düsseldorf VersR 1994, 96 (Hormonskandal); Bundesgesundheitsblatt 28 Nr. 3 v. März 1985 (Toilettensteine). Ein weiterer Ansatzpunkt staatlicher Informationstätigkeit liegt bei den sog. „neueren Glaubensgemeinschaften", siehe hierzu *Abel*, NJW 1997, 426, 429 f. m.w.N.; *Muckel*, JA 1995, 343 und BVerfG NJW 2002, 2626 (Osho).
[508] *Becker/Blackstein*, NJW 2011, 490 zur sog. „Ekelliste" des Veterinär- und Lebensmittelaufsichtsamts Berlin-Pankow. Siehe hierzu auch *Meyer, A. H.*, Lebensmittelrecht, S. 122 ff.
[509] *Ossenbühl*, in: Jahrbuch des Umwelt- und Technikrechts 1987, S. 27, 30; *Hummel-Liljegren*, ZLR 1991, 126.
[510] *Heckner*, ZLR 1994, 1.
[511] Vgl. LG Stuttgart NJW 1989, 2263 (Birkel); *Ossenbühl*, ZHR 155 (1991), 329, 345 ff.

kation und Verzerrung durch die Medien sowie durch Fehleinschätzungen dieser Information durch den Verbraucher entsteht.⁵¹² Dadurch können sie eine Durchschlagskraft entfalten, die zu empfindlichen wirtschaftlichen Beeinträchtigungen für die betroffenen Unternehmen führt.⁵¹³

Seit dem 1.12.2011 gilt das neue Produktsicherheitsgesetz (Gesetz über die Bereitstellung von Produkten auf dem Markt – ProdSG).⁵¹⁴ Es löst das seit 1.5.2004 geltende Geräte- und Produktsicherheitsgesetz (GPSG)⁵¹⁵ ab, das das bis dahin geltende Gerätesicherheitsgesetz mit dem Produktsicherheitsgesetz vereinigt hatte. Seit dem 7.9.2005 gilt ferner das neue Lebensmittel-, Bedarfsgegenstände- und Futtermittelgesetzbuch (LFGB), das erstmals eine bundesweit einheitliche umfassende Kompetenz der Behörden zur Information der Öffentlichkeit im Anwendungsbereich des LFGB regelt.⁵¹⁶   923

Von erheblicher Bedeutung für die Problematik hoheitlicher Produktinformationen ist ferner der Beschluss des BVerfG vom 26.6.2002. Dort hat das BVerfG die Produktinformation durch die Bundesregierung unter bestimmten Voraussetzungen für rechtmäßig erachtet und damit eine eigenständige, gesetzlich nicht ausdrücklich normierte hoheitliche Kompetenz zur Informationstätigkeit anerkannt.⁵¹⁷   924

b) Eingriffsintensität

Je nach Intensität der beabsichtigten Willensbeeinflussung lassen sich drei Erscheinungsformen der staatlichen Informationstätigkeit unterscheiden: Warnungen, Empfehlungen und Hinweise an die Öffentlichkeit.⁵¹⁸   925

Der Warnung kommt die größte Eingriffsintensität zu. Sie soll den Schutz von Rechtsgütern wie Leben, Gesundheit, Eigentum sowie der Rechtsordnung samt ihrer Institutionen bezwecken.⁵¹⁹ Die Warnung beinhaltet typischerweise die Aufforderung, ein bestimmtes Verhalten zu unterlassen und lässt dem Adressaten faktisch keine vernünftige Handlungsalternative. Handelt der Adressat entgegen der Warnung, setzt er sich – nach Auffassung des Warnenden – unkalkulierbaren Risiken aus. Die Warnung wird vor allem im Bereich des Lebensmittelrechts besonders häufig eingesetzt, da Leben und Gesundheit des Adressaten hier am stärksten beeinträchtigt werden können.   926

Demgegenüber lässt die behördliche Empfehlung zugunsten eines Produkts, eines Unternehmens oder einer Verhaltensweise dem Adressaten mehrere Verhaltensalternativen offen. Die Behörde äußert lediglich, welches Verhalten ihrer Auffassung nach vorzugswürdig ist. Damit steht dem Adressaten im Gegensatz zur Warnung eine realistische und vernünftige Handlungsalternative zur Verfügung.⁵²⁰ Dennoch ist die Abgrenzung einer Empfehlung von einer Warnung im Einzelfall schwierig. Die Empfehlung einer von mehreren Optionen kann auch eine positiv formulierte   927

---

⁵¹² Vgl. *Ossenbühl*, ZHR 155, (1991) 329, 342.
⁵¹³ Z.B. OLG Düsseldorf VersR 1994, 96 (Hormonskandal); OVG Münster, GewArch. 1988, 11 (DEG-Weinliste); LG Stuttgart NJW 1989, 2257 (Birkel).
⁵¹⁴ BGBl I, S. 2178.
⁵¹⁵ BGBl. I 2004, Teil I Nr. 1 S. 2.
⁵¹⁶ G. v. 1.9.2005, BGBl. I, S. 2618.
⁵¹⁷ BVerfG NJW 2002, 2621 (Glykol); Staudinger/*Wurm*, § 839 BGB, Rn. 166.
⁵¹⁸ *Leidinger*, DÖV 1993, 925, 926; *Gröschner*, DVBl. 1990, 619, 621. Vgl. zu den einzelnen Formen staatlicher Informationstätigkeit *Tremml/Nolte*, NJW 1997, 2265; *Klindt*, § 8 GPSG, Rn. 132 ff.; *Di Fabio*, JuS 1997, 1; *Brohm*, DVBl. 1994, 133; *Leidinger*, DÖV 1993, 925; *Robbers*, AfP 1990, 84; *Maurer*, § 15, Rn. 8 ff.
⁵¹⁹ *Ossenbühl*, ZHR 155 (1991), 329, 331; *Dolde*, S. 9; *Philipp*, S. 5; *Gröschner*, DVBl. 1990, 619, 621.
⁵²⁰ *Heintzen*, in: Wandel der Handlungsformen, 167, 175.

Warnung darstellen, wenn alle Verhaltensweisen bis auf eine als gefährlich bezeichnet werden oder die Gefahrenquelle für den Verbraucher konkret individualisierbar wird. Dann fehlt die für die Empfehlung typische, realistische Handlungsalternative für den Adressaten.[521]

928 Der behördliche Hinweis individualisiert keine Produkte, Produktgruppen, Hersteller oder Verhaltensweisen als Gefahrenquelle, sondern gibt lediglich eine bestimmte Information weiter.[522] So schreibt etwa § 10 UIG vor, dass die informationspflichtigen Stellen unabhängig von einem konkreten Auskunftsbegehren die Öffentlichkeit aktiv und systematisch über die Umwelt zu unterrichten und in diesem Rahmen Umweltinformationen zu verbreiten haben.[523] Der Adressat soll nicht auf eine bestimmte Verhaltensweise festgelegt werden. Vielmehr werden ihm durch Aufklärung über Problemzusammenhänge mögliche Verhaltensalternativen aufgezeigt. Er behält seinen Entscheidungsspielraum in vollem Umfang.[524]

929 Abzugrenzen von Hinweis, Empfehlung und Warnung ist die Auskunft.[525] Sie richtet sich an einen bestimmten Adressaten, der sich mit einem bestimmten Informationswunsch im eigenen Interesse an die Behörde gewandt hat, während Hinweis, Empfehlung und Warnung an die Öffentlichkeit gerichtet sind und aus eigenem Antrieb der Behörde erfolgen.

II. Staatliche Informationsverwendung

930 Die öffentliche Hand beschränkt sich in ihrem Handeln aber nicht auf die Informationstätigkeit, sondern sie verwendet Informationen für eigene Zwecke in sehr großem Umfang. Die öffentliche Verwaltung setzt in großem Umfang EDV und IuK-Technologien ein, um personenbezogene Daten zu erheben, zu verarbeiten oder sonst zu nutzen. Die technischen Möglichkeiten, Informationen in nahezu beliebigem Umfang zu speichern, überall verfügbar zu halten und abzurufen sowie insbesondere mit anderen Informationen zu verknüpfen, stellen dabei eine nicht zu unterschätzende Gefährdung des Rechts auf informationelle Selbstbestimmung dar. Die öffentliche Hand unterliegt daher auch bei der Datenverarbeitung zahlreichen Kautelen, deren Verletzung zu Amtshaftungsansprüchen und Schadensersatzansprüchen nach dem Bundesdatenschutzgesetz führen kann.

B. Staatliche Informationsbereitstellung

I. Informationszugang

931 Die Regelungsstrukturen von Umweltinformationsgesetz (UIG)[526], Informationsfreiheitsgesetz (IFG) und Verbraucherinformationsgesetz (VIG) stimmen im Wesentlichen überein. Schwerpunkte aller drei Gesetze sind die Festlegung des Umfangs des freien Zugangs zu Informationen, ein Katalog von Ausschluss- und Beschränkungsgründen und schließlich Regeln zur prozeduralen Ausgestaltung des Informations-

---

[521] *Heintzen,* in: Wandel der Handlungsformen, 167, 175.
[522] Zur Amtshaftung für eine Pressemitteilung zur Tätigkeit des Wirtschaftskontrolldienstes s. OLG Stuttgart NJW-RR 2002, 206; ferner OLG Karlsruhe VersR 2007, 1225.
[523] *Kümper,* ZUR 2012, 395.
[524] *Gramm,* NJW 1989, 2917, 2925.
[525] Vgl. dazu OLG Stuttgart NJW-RR 2002, 1597.
[526] Zu den Umweltinformationsgesetzen der Länder s. *Schomerus/Tolkitt,* NVwZ 2007, 1119 ff.

anspruchs im Hinblick auf Antragstellung, Beteiligung von Dritten und Art und Weise der Informationsgewährung sowie des Rechtsschutzes.

Amtspflichtverletzungen kommen dabei in folgenden Konstellationen vor: 932

(1) gegenüber dem Antragsteller durch Verweigerung der Informationsübermittlung oder durch Übermittlung unrichtiger Informationen; 932a

(2) gegenüber demjenigen, über den Informationen rechtswidrig oder unrichtige Informationen weitergegeben werden; 932b

(3) gegenüber sonstigen Dritten, die ohne eigenen Antrag die Informationen erhalten haben. 932c

II. Drittschützende Amtspflichten

1. Vollständigkeit der Information

Den Behörden obliegt zunächst die Amtspflicht zur Gewährung sämtlicher vorhandenen Informationen, also zur Informationsweitergabe als solcher und zur Vollständigkeit der Informationen.[527] Eine Amtspflichtverletzung liegt deshalb vor, wenn die Informationsweitergabe als solche verweigert wird, wenn bestimmte Akteninformationen „übersehen" und deshalb nicht herausgegeben werden, wenn Dokumente geschwärzt oder vollständig zurückgehalten werden, ohne dass ein gesetzlicher Ausschlussgrund eingreift. Gleiches gilt für den Fall, dass die Informationen deshalb nicht herausgegeben werden, weil der Anwendungsbereich von IFG, VIG oder UIG rechtsirrig zu eng gezogen wird. 933

Gegenüber dem Antragsteller haben diese Amtspflichten auch drittschützende Wirkung.[528] Die dem UIG zugrunde liegende Richtlinie 2003/4/EG etwa will dem Antragsteller als Einzelnem eine individuelle Berechtigung verleihen, und er kann gemäß Art. 6 der Richtlinie und Erwägungsgrund Nr. 19 den Informationsanspruch gerichtlich durchsetzen. Mit diesem subjektiven Recht korrespondiert ein Amtshaftungsanspruch im Fall der Verletzung dieses subjektiven Rechts. 933a

Gegenüber sonstigen Dritten ist dagegen der Drittschutz zu verneinen, weil es an der nötigen Individualisierung fehlt.[529] 933b

Eine Amtspflicht zur Informationsbeschaffung trifft die Behörde dagegen nicht, was etwa ausdrücklich in § 3 Abs. 2 Satz 2 VIG a. F. normiert war.[530] Die Behörde muss nur die bei ihr vorhandenen Informationen herausgeben. Auch § 4 Abs. 3 UIG statuiert keine Informationsbeschaffungspflicht, sondern verpflichtet die Behörde lediglich, den Antrag an die über die begehrten Informationen verfügende Stelle weiterzuleiten, wenn ihr diese bekannt ist. 934

Eine Pflicht zur Informationsbeschaffung kann allenfalls in dem Fall bestehen, dass die Informationen der Behörde bereits vorlagen und dann rechtswidrig vernichtet wurden oder „verloren" gegangen sind. Dann muss sich die Behörde unter dem Gesichtspunkt des Folgenbeseitigungsanspruchs des von der rechtswidrigen Informationsvernichtung Betroffenen im Rahmen ihrer Möglichkeiten um eine Wiederherstellung der Informationen bemühen. 935

---

[527] Vgl. § 6 Abs. 3 UIG „nicht vollständig erfüllt hat".
[528] A. A. *Kümper*, ZUR 2012, 395, 397 zum UIG und *Beyerlein/Borchert*, § 1 VIG, Rn. 26 zum VIG.
[529] I. E. ebenso *Kümper*, ZUR 2012, 395, 398.
[530] *Sellmann/Augsberg*, WM 2006, 2293, 2297; OVG Münster, NWVBl. 2002, 441 (zum IFG NRW).

2. Richtigkeit der gewährten Information

936 Selbstverständlich ist zunächst, dass die Behörde die bei ihr vorhandenen Informationen vor der Weitergabe nicht verfälschen darf.

937 Ein Amtspflicht zur Gewährleistung der Richtigkeit der Information, mithin zur Überprüfung der vorliegenden Informationen auf ihre Richtigkeit, besteht demgegenüber nur teilweise: § 6 Abs. 3 Satz 1 VIG und § 7 Abs. 3 Satz 2 IFG normieren ausdrücklich, dass die Behörde nicht zur Überprüfung der Richtigkeit der Information verpflichtet ist;[531] nur § 7 Abs. 3 UIG legt fest, dass die Informationen auf dem gegenwärtigen Stand und exakt sein sollen, schränkt dies aber zugleich auf die Fälle ein, in denen dies für die Behörde möglich ist. Den Behörden obliegt daher im Anwendungsbereich von VIG und IFG keine Prüfungspflicht und keine Pflicht zu einer Richtigkeitskontrolle, da sie nur die Pflicht zur Herausgabe der vorhandenen Informationen haben.

938 Wo aber die Fehlerhaftigkeit der Information von dem Amtswalter, der auch für die Informationsweitergabe zuständig ist, bereits erkannt wurde, etwa aufgrund eines Fortschritts bei den Ermittlungen, müssen die entsprechend fehlerhaften Informationen besonders gekennzeichnet oder ganz zurückgehalten werden.[532] Nach § 6 Abs. 3 Satz 2 VIG hat die Behörde nämlich die Pflicht, ihr bekannte Hinweise auf Zweifel mitzuteilen.[533] Dann muss sie aber erst recht auf erkannt falsche Informationen hinweisen.

939 Vermitteln die Akten ferner nach dem Empfängerhorizont den Eindruck, dass die Behörde von der Richtigkeit der vorgelegten eigenen Informationen ausgeht, muss sich die Behörde durch einen entsprechenden Hinweis ausdrücklich von diesem Rechtsschein distanzieren. Sie muss also darauf hinweisen, wenn sie Informationen ohne Prüfung auf ihre sachliche Richtigkeit hin herausgibt.[534] Dies rechtfertigt sich daraus, dass behördlichen Informationen, die selbst geschaffen und nicht lediglich von einem Dritten „gesammelt" wurden, ein besonderes Vertrauen im Hinblick auf ihre Richtigkeit entgegen gebracht wird.

940 In diesen Fällen sind Amtshaftungsansprüche nicht durch § 6 Abs. 3 Satz 1 VIG und § 7 Abs. 3 Satz 2 IFG ausgeschlossen, weil es hier gerade nicht um eine Prüfungspflicht geht, sondern nur die Konsequenz aus einer bereits erfolgten Prüfung gezogen wird.[535]

941 Die Amtspflicht besteht dabei nicht nur gegenüber dem Antragsteller,[536] sondern auch gegenüber demjenigen, den die Information betrifft. Übermittelt etwa eine Behörde eine Information über ein privates Unternehmen, die erkanntermaßen unzutreffend ist, kann dieses Unternehmen Amtshaftungsansprüche geltend machen.[537]

3. Verständlichkeit der Information

942 Grundsätzlich trifft die Behörde bei einer Auskunftsgewährung die Amtspflicht, unmissverständlich und klar die Sachlage zu erläutern. Die Informationsgewährung nach dem IFG, UIG und VIG kann allerdings nicht mit einer Auskunftsgewährung

---

[531] Zum VIG s. *Flaig*, ZLR 2010, 179 ff.
[532] Vgl. *Fluck/Theuer*, IFG, UIG, VIG, § 7 Rn. 33; *Britz/Eifert/Groß*, DÖV 2007, 717, 725.
[533] *Kloepfer/von Lewinski*, DVBl. 2005, 1277, 1280.
[534] *Britz/Eifert/Groß*, DÖV 2007, 717, 725 (allerdings einschränkend „sollte").
[535] A. A. wohl *Britz/Eifert/Groß*, DÖV 2007, 717, 725.
[536] Einschränkend *Kümper*, ZUR 2012, 395, 403.
[537] *Kümper*, ZUR 2012, 395, 402.

gleichgesetzt werden, da die Behörde nur Informationen zur Verfügung stellt, ohne sie – wie bei einer Auskunft – in einen zielgerichteten Zusammenhang zu stellen.

Gleichwohl trifft die Behörde die Amtspflicht, besonders umfangreiche und komplexe Informationen entsprechend der Aktenlage geordnet zur Verfügung zu stellen, wenn diese Informationen bereits strukturiert und aufbereitet wurden. § 6 Abs. 1 Satz 4 VIG legt insofern ausdrücklich fest, dass die Information verständlich erfolgen soll. 943

4. Beachtung der Ausschlussgründe

Die informationspflichtigen Behörden haben ferner die Amtspflicht zur Beachtung der jeweils normierten Ausschlussgründe. Werden Informationen gewährt, obwohl ein Ausschlussgrund vorliegt, stellt dies eine Amtspflichtverletzung gegenüber einem von dieser Information nachteilig betroffenen Dritten dar. 944

Die drittschützende Wirkung besteht allerdings nur eingeschränkt. Ausschlussgründe, die den Schutz öffentlicher Belange zum Gegenstand haben, entfalten keine drittschützende Wirkung, sodass die Weitergabe von Informationen über ein bestimmtes Unternehmen unter Missachtung etwa des Ausschlussgrundes der Gefahr für die öffentliche Sicherheit folglich keinen Amtshaftungsanspruch des betroffenen Unternehmen begründet. 945

Der Ausschlussgrund der Betriebs- und Geschäftsgeheimnisse nach § 9 Abs. 1 Satz 1 Nr. 3 UIG,[538] § 6 Satz 2 IFG und § 3 Satz 1 Nr. 2 lit. c VIG[539] entfaltet demgegenüber drittschützende Wirkung.[540] Für private Unternehmen hat dieser Tatbestand herausragende Bedeutung, da nur so verhindert werden kann, dass aus Sicht des Unternehmens schützenswerte Informationen in falsche Hände, d.h. insbesondere in die Hände von Konkurrenten, fallen, die daraus erhebliche Wettbewerbsvorteile ziehen könnten.[541] 946

Betriebs- und Geschäftsgeheimnisse sind alle im Zusammenhang mit einem Geschäftsbetrieb stehenden, nicht offenkundigen, sondern nur einem begrenzten Personenkreis bekannte Tatsachen, an deren Geheimhaltung der Unternehmensinhaber ein berechtigtes Interesse hat und die nach seinem Willen geheim bleiben sollen.[542] 947

Lediglich nachteilige Auswirkungen auf das Unternehmen durch Bekanntwerden der Information genügen dagegen regelmäßig nicht. Die Offenbarung von „schlicht unternehmensgefährdenden" Verwaltungsinformationen ist grundsätzlich zulässig.[543] § 9 Abs. 2 UIG schließt allerdings eine Informationsweitergabe aus, wenn diese zu nachteiligen Auswirkungen auf das Unternehmen führen würde, die Information durch das Unternehmen freiwillig, d.h. ohne gesetzliche Pflicht, zur Verfügung gestellt wurde und das öffentliche Interesse an der Weitergabe nicht überwiegend ist. 948

Soweit eine Abwägung zur Festlegung eines Ausschlusstatbestandes erforderlich ist, etwa nach § 3 Satz 2 VIG, liegt eine Amtspflichtverletzung nur vor, wenn die Abwägungsgrenzen überschritten sind. 949

---

[538] *Kümper*, ZUR 2012, 395, 399.
[539] Unter Erweiterung auf sonstige wettbewerbsrelevante Informationen, die in ihrer Bedeutung für den Betrieb mit einem Betriebs- oder Geschäftsgeheimnis vergleichbar sind.
[540] Vgl. *Rossi*, § 6 IFG, Rn. 91.
[541] *Sellmann/Augsberg*, WM 2006, 2293, 2298.
[542] BGH NJW 1995, 2301.
[543] *Britz/Eifert/Groß*, DÖV 2007, 717, 718; vgl. auch den Fall OVG Rheinland-Pfalz, NVwZ 2007, 351.

5. Beteiligung eines Dritten

950 Die Behörden haben ferner die Amtspflicht zur Beteiligung eines Dritten, wenn dessen Belange durch die Informationsgewährung betroffen sind, § 8 IFG, § 5 Abs. 1 VIG und § 9 Abs. 1 Satz 3 UIG. Eine Amtspflichtverletzung liegt dementsprechend vor, wenn diese Beteiligung unterbleibt. Ist bei der Prüfung des Ausschlussgrundes eine Abwägung erforderlich, führt diese unterlassene Beteiligung regelmäßig zu einem Abwägungsdefizit (Mangel bei der Ermittlung der abzuwägenden Belange), das die Informationsgewährung rechtswidrig macht. Insofern entfaltet die Amtspflicht auch drittschützende Wirkung gegenüber dem Dritten.

6. Frist zur Informationsgewährung

951 Schließlich obliegt den Behörden die Amtspflicht, die Informationen innerhalb einer bestimmten Frist zu gewähren, § 7 Abs. 5 IFG, § 3 Abs. 3 UIG, § 5 Abs. 2 VIG.

III. Weitere Voraussetzungen eines Amtshaftungsanspruchs

1. Vorrang des Primärrechtsschutzes

952 Erhält der Antragsteller nicht die von ihm gewünschten Informationen, ist er wegen § 839 Abs. 3 BGB gezwungen, Widerspruch und Verpflichtungsklage zu erheben, § 5 Abs. 4 VIG, § 9 Abs. 4 IFG, § 6 UIG. § 6 UIG legt deklaratorisch fest, dass der Verwaltungsrechtsweg eröffnet ist.[544]

953 Das in § 6 Abs. 4 UIG vorgesehene fakultative Überprüfungsverfahren ist als Rechtsmittel im Sinne von § 839 Abs. 3 BGB anzusehen, da es darauf zielt, eine etwaige fehlerhafte Behördenentscheidung zu korrigieren. Amtshaftungsrechtlich gesehen besteht also kein Wahlrecht, sondern eine Pflicht zur Durchführung des Überprüfungsverfahrens.

954 Die Rechtsschutzmöglichkeiten des von einer Informationsgewährung betroffenen Dritten sind dagegen gesetzlich nur teilweise geregelt. § 8 Abs. 2 Satz 3 i. V. m. § 9 Abs. 4 IFG legen ausdrücklich fest, dass der Dritte Widerspruch und Anfechtungsklage erheben kann.[545] Die Informationen dürfen dann erst nach Bestandskraft der den Zugang gewährenden Entscheidung oder zwei Wochen nach Bekanntgabe der Anordnung der sofortigen Vollziehbarkeit an den Dritten tatsächlich übermittelt werden.[546]

955 UIG und VIG regeln dagegen die Rechtsschutzmöglichkeiten nicht ausdrücklich. Gleichwohl stehen dem Dritten auch hier wie in jedem anderen tripolaren Verwaltungsrechtsverhältnis Widerspruch und Anfechtungsklage zur Verfügung.

2. Anderweitige Ersatzmöglichkeit

956 Nach § 839 Abs. 1 Satz 2 BGB kann ein Amtshaftungsanspruch nur dann geltend gemacht werden, wenn keine anderweitige Ersatzmöglichkeit besteht. Demnach ist ein Dritter, der von einer rechtswidrigen Informationsweitergabe an den Antragsteller betroffen ist, grundsätzlich gehalten, gegen den Antragsteller vorzugehen. Scha-

---

[544] *Sellmann/Augsberg*, WM 2006, 2293, 2298; OVG Münster NWVBl. 2003, 23 f.
[545] Der Verweis auf § 9 Abs. 4 IFG geht freilich insofern fehl, als dort von einer Verpflichtungsklage gesprochen wird; der Dritte hat vielmehr eine Anfechtungsklage gegen den den Informationszugang zulassenden Bescheid zu erheben.
[546] *Kugelmann*, NJW 2005, 3609, 3613.

densersatzansprüche können sich insbesondere in Wettbewerbsverhältnissen aus der Nutzung der rechtswidrig erhaltenen Information ergeben. Denkbar wäre auch die Anwendung von § 826 BGB unter dem Gesichtspunkt der Ausforschung von Betriebsgeheimnissen.

3. Mitverschulden

Der Antragsteller dürfte schließlich gehalten sein, einen Schaden durch Geltendmachen von Informationsrechten gegenüber weiteren Behörden und von Auskunftsansprüchen gegenüber einem etwaigen primären Informationsträger zu vermeiden oder möglichst gering zu halten. 957

C. Hoheitliche Produktinformation nach § 26 und § 31 des Produktsicherheitsgesetzes

Das zum 1.12.2011 in Kraft getretene ProdSG hat die Informationsbefugnisse der Behörden gegenüber der Öffentlichkeit im Vergleich zum bis dahin geltenden GPSG zwar nicht grundlegend, aber doch im Detail modifiziert.[547] 958

§ 8 Abs. 4 Satz 2 Nr. 8, Satz 3, 4 GPSG lauteten: 959

„Sie ist insbesondere befugt (...)

8. anzuordnen, dass alle, die einer von einem in Verkehr gebrachten Produkt ausgehenden Gefahr ausgesetzt sein können, rechtzeitig in geeigneter Form, insbesondere durch den Hersteller, auf diese Gefahr hingewiesen werden.

Die Behörde selbst kann die Öffentlichkeit warnen, wenn andere ebenso wirksame Maßnahmen, insbesondere Warnungen durch den Hersteller, nicht oder nicht rechtzeitig getroffen werden. Sie sieht von den Maßnahmen nach Satz 2 ab, soweit die Abwehr der von dem Produkt ausgehenden Gefahr durch eigene Maßnahmen der für das Inverkehrbringen verantwortlichen Person sichergestellt ist."

§ 26 Abs. 2 Satz 2 Nr. 9, Abs. 3 ProdSG lauten demgegenüber:

„Sie sind insbesondere befugt, (...)

9. anzuordnen, dass die Öffentlichkeit vor den Risiken gewarnt wird, die mit einem auf dem Markt bereitgestellten Produkt verbunden sind; die Marktüberwachungsbehörde kann selbst die Öffentlichkeit warnen, wenn der Wirtschaftsakteur nicht oder nicht rechtzeitig warnt oder eine andere ebenso wirksame Maßnahme nicht oder nicht rechtzeitig trifft.

(3) Die Marktüberwachungsbehörde widerruft oder ändert eine Maßnahme nach Absatz 2 umgehend, sobald der Wirtschaftsakteur nachweist, dass er wirksame Maßnahmen getroffen hat."

I. Anwendungsbereich

1. Fachgesetzübergreifende Befugnisnorm

§ 26 Abs. 2 Satz 2 Nr. 9 ProdSG bildet die allgemeine Rechtsgrundlage für produktbezogene Warnungen und sonstige behördliche Informationstätigkeit.[548] Die fachgesetzübergreifende Wirkung macht § 26 Abs. 2 Satz 2 Nr. 9 ProdSG zum 960

---

[547] Zur Rechtsentwicklung *Tremml/Nolte*, NJW 1997, 2265; *Tremml/Luber*, NJW 2005, 1745; *Tremml/Luber*, NJW 2013, 262.
[548] Vgl. die Begründung zu § 8 ProdSG a.F., BT-Drs. 13/3130, S. 13.; *Kullmann*, ZRP 1996, 436, 439.

„Allgemeinen Teil"549 bereits bestehender spezieller Produktsicherheitsgesetze, die keine Befugnisnorm für behördliche Warnungen enthalten.550 Damit wird nicht nur eine Lücke zwischen den bestehenden Regelungen geschlossen, sondern auch eine allgemeine Rechtsgrundlage für den Verbraucherschutz geschaffen („Dachfunktion"551).552

2. Unanwendbarkeit des ProdSG

961   Die Anwendbarkeit des ProdSG ist gemäß § 1 Abs. 3 ProdSG in bestimmten Fällen ausdrücklich ausgeschlossen. Es gilt u. a. nicht für Antiquitäten, Produkte mit militärischem Zweck, Lebensmittel,553 Futtermittel, lebende Pflanzen und Tiere, Erzeugnisse menschlichen Ursprungs, Medizinprodukte und Pflanzenschutzmittel. Im Anwendungsbereich des WeinG und des PflanzenschutzG kann also nicht subsidiär auf das ProdSG zurückgegriffen werden.

962   § 26 Abs. 2 Satz 2 Nr. 9 ProdSG gilt auch dann nicht, wenn in anderen Rechtsvorschriften entsprechende oder weitergehende Regelungen enthalten sind, § 1 Abs. 4 Satz 1 ProdSG.554 Dies gilt auch für Landesrecht. Zwar hat der Bund das ProdSG im Rahmen seiner konkurrierenden Gesetzgebungskompetenz erlassen, sodass an sich inhaltsgleiches Landesrecht aufgrund der Sperrwirkung unwirksam wäre. § 1 Abs. 4 Satz 1 ProdSG enthält jedoch keine Beschränkung auf bundesrechtliche Rechtsvorschriften.555 Regeln andere Rechtsvorschriften hingegen nur bestimmte Teilaspekte, ist das ProdSG hinsichtlich der Lücken ergänzend anzuwenden.556

3. Bereitgestelltes Produkt

963   § 26 Abs. 2 Satz 2 Nr. 9 ProdSG setzt voraus, dass ein Risiko besteht, das mit einem auf dem Markt bereitgestellten Produkt verbunden ist. Bereitstellen auf dem Markt ist gemäß § 2 Nr. 4 ProdSG jede entgeltliche oder unentgeltliche Abgabe eines Produkts im Rahmen einer Geschäftstätigkeit. Rein private Weitergaben eines Produkts sind nicht erfasst.557 Anders als nach dem GPSG unterfallen nunmehr aber auch Produkte, die nur für die gewerbsmäßige Weiterverarbeitung bestimmt sind, dem ProdSG.558

4. Generelle und konkrete Empfehlungen

964   § 26 Abs. 2 Satz 2 Nr. 9 ProdSG beinhaltet keine Regelung zu behördlichen Empfehlungen. Hier ist nach dem Grad ihrer Eingriffsintensität zwischen generellen und konkreten Empfehlungen zu unterscheiden.

---

549 *Moelle/Mecklenbrauck*, PHi 2003, 210 zum alten GPSG; vgl. auch *Kullmann*, ZRP 1996, 436, 439 zum alten ProdSG.
550 ChemikalienG, StraßenverkehrsG, WaffenG, SprengstoffG; vgl. auch *Kullmann*, ZRP 1996, 436, 438 zum alten ProdSG.
551 *Schieble*, VuR 2007, 401, 404.
552 *Potinecke*, DB 2004, 55, 56.
553 Die unter der Geltung des GPSG bestehende Unsicherheit, ob Lebensmittel in den Anwendungsbereich des Gesetzes fallen, s. die BR-Drs. 631/03, S. 6, besteht deshalb nicht mehr, so ausdrücklich auch die Gesetzesbegründung: Klarstellung, dass nur non-food Produkte erfasst sind, BR-Drs. 314/11, S. 71.
554 Insbesondere §§ 5 Abs. 1, 25 Abs. 2 Nr. 5, 69 Abs. 4 AMG, § 28 Abs. 4 MedizinprodukteG sowie das Gentechnikgesetz und das Gesetz über Funkanlagen und Telekommunikationseinrichtungen (FTEG).
555 A. A. *Schieble*, VuR 2007, 401, 405 zu § 1 Abs. 3 GPSG.
556 BR-Drs. 314/11, S. 71.
557 Vgl. *Klindt*, NJW 2004, 465, 466 zum GPSG.
558 *Kapoor/Klindt*, NVwZ 2012, 719, 720.

Generelle Empfehlungen dienen der Aufklärung der Verbraucheröffentlichkeit. Sie identifizieren keine individualisierbaren Produkte, Produktgruppen, Hersteller oder Verhaltensweisen und entfalten deshalb keinen imperativen Charakter. 965

Konkrete Empfehlungen zeichnen sich demgegenüber dadurch aus, dass sie bestimmte Produkte, Produktgruppen, Hersteller oder Verhaltensweisen als Gefahrenquelle für die Verbraucheröffentlichkeit individualisierbar machen. Sie entfalten eine der Warnung vergleichbare Eingriffsintensität.[559] 966

Das ProdSG erlaubt allein Warnungen und in bestimmten Fällen die Information der Öffentlichkeit. Im Umkehrschluss daraus folgt, dass konkrete Empfehlungen nicht zulässig sind, weil das ProdSG insofern keine Ermächtigungsgrundlage bereit hält, zumal es in § 31 lediglich gestattet, die Öffentlichkeit über Produktrisiken zu informieren. Eine ausdrückliche gesetzliche Ermächtigung wäre aber erforderlich, da konkrete Empfehlungen in ihrer Wirkung Warnungen gleich kommen. Auch ein erst-recht-Schluss von der Zulässigkeit der Warnung auf die Zulässigkeit der konkreten Empfehlung ist ausgeschlossen, da die Warnung Gefahrenabwehr bezweckt, während es bei der konkreten Empfehlung um eine paternalistische Steuerung des Verbraucherverhaltens geht. 967

Generelle Empfehlungen greifen dagegen nicht in Rechte Dritter ein und bedürfen daher keiner Befugnisnorm. Sie sind deshalb schon dann zulässig, wenn die handelnde Behörde eine entsprechende Aufgabe hat. Aus dem ProdSG folgt eine solche Aufgabe allerdings nur, wenn die Empfehlung im Zusammenhang mit der Sicherheit eines Produktes steht. 968

II. Subsidiarität behördlicher Informationstätigkeit

1. Warnungen

Eine behördliche Warnung der Öffentlichkeit vor einem Produkt ist als ultima-ratio-Maßnahme nur zulässig, wenn andere ebenso wirksame Maßnahmen oder Warnungen durch den Wirtschaftsakteur selbst nicht oder nicht rechtzeitig getroffen werden können, § 26 Abs. 2 Satz 2 Nr. 9 Halbs. 2 ProdSG. 969

Gemäß § 26 Abs. 2 Satz 2 Nr. 9 Halbs. 1 ProdSG haben die Marktüberwachungsbehörden anzuordnen, dass die Öffentlichkeit vor Risiken[560] gewarnt wird. Die Marktüberwachungsbehörde selbst kann die Öffentlichkeit nur dann warnen, wenn der Wirtschaftsakteur nicht oder nicht rechtzeitig warnt oder eine andere ebenso wirksame Maßnahme nicht oder nicht rechtzeitig trifft. Damit ist der Marktüberwachungsbehörde im Grundsatz ein zweistufiges Verfahren vorgegeben: Sie muss zunächst anordnen, dass der Wirtschaftsakteur warnt oder eine andere ebenso wirksame Maßnahme trifft, und erst dann, wenn der Wirtschaftsakteur darauf nicht oder nicht rechtzeitig reagiert, darf sie selbst warnen. Nur wenn von vornherein für die Behörde erkennbar ist, dass durch eine Anordnung und das darauf folgende Handeln des Wirtschaftsakteurs zu viel Zeit verloren geht und also die behördliche Warnung nicht mehr rechtzeitig käme, oder dass die Anordnung sinnlos ist, weil der Wirtschaftsakteur bereits zu erkennen gegeben hat, dass er nicht entsprechend verfahren werde, darf die Behörde unmittelbar selbst warnen. 970

Adressat der Anordnung ist gemäß § 27 Abs. 1 Satz 1 ProdSG der Wirtschaftsakteur oder Aussteller. Wirtschaftsakteur ist gemäß § 2 Nr. 29 ProdSG der Hersteller, Bevollmächtigte, Einführer und Händler. Aussteller ist gemäß § 2 Nr. 3 ProdSG jede 970a

---

[559] Vgl. *Meyer*, Lebensmittelrecht, S. 125.
[560] Das GPSG sprach dagegen noch von „Gefahren"; dazu *Polly/Lach*, BB 2012, 71, 72.

natürliche oder juristische Person, die ein Produkt ausstellt, und Ausstellen gemäß § 2 Nr. 2 ProdSG das Anbieten, Aufstellen oder Vorführen von Produkten zu Zwecken der Werbung oder der Bereitstellung auf dem Markt; erfasst werden soll damit insbesondere der Produktvertrieb über das Internet.[561] Gemäß § 26 Abs. 2 Satz 2 Nr. 9 Halbs. 2 ProdSG hat das Handeln des Wirtschaftsakteurs dabei Vorrang vor dem Handeln der Behörde. Der Aussteller ist dort allerdings nicht genannt, sodass man im Wege eines Umkehrschlusses folgern könnte, dass die Behörde trotz eines Handelns des Ausstellers Warnungen unmittelbar selbst aussprechen kann. Es ist jedoch nicht erkennbar, warum Warnungen oder andere Maßnahmen des Ausstellers nicht ebenso effektiv sein sollten wie solche des Wirtschaftsakteurs; gerade bei einem Produktvertrieb über das Internet ist die Wahrscheinlichkeit sogar höher, dass der Abnehmer eine Warnung auf den – von ihm bereits besuchten – Internet-Seiten des Ausstellers eher zur Kenntnis nehmen wird als eine Warnung des Produktherstellers. Aus Gründen der Verhältnismäßigkeit muss daher die Subsidiarität der behördlichen Warnung auch bei einem Handeln des Ausstellers gelten.

970b Nach § 8 Abs. 5 GPSG war das Auswahlermessen der Behörde ferner dahingehend eingeschränkt, dass sie Maßnahmen nach § 8 Abs. 4 GPSG vorrangig an den Hersteller, seinen Bevollmächtigten oder den Einführer richten sollte; erst sekundär konnte sie sich an den Händler wenden. § 27 ProdSG enthält eine solche Abstufung wegen des pauschalen Verweises auf die Legaldefinition des § 2 Nr. 29 ProdSG nicht mehr.[562] Die Marktüberwachungsbehörde hat daher nunmehr ein nicht mehr gesetzlich vorgeprägtes Auswahlermessen. Freilich ist zunächst und primär der Hersteller für ein risikobehaftetes Produkt verantwortlich, sodass es einer Rechtfertigung bedarf, wenn stattdessen der Händler zur Erteilung einer Warnung oder anderen effektiven Maßnahme herangezogen wird. In Betracht kommt das etwa dann, wenn es sich um einen Alleinvertriebshändler handelt und der Hersteller über keine Geschäftsorganisation in Deutschland verfügt.

970c Soweit ein gegenwärtiges ernstes Risiko[563] nicht anders abgewehrt werden kann, darf die Behörde auch Dritte (als Nichtstörer) heranziehen, § 27 Abs. 1 Satz 2 ProdSG; entsteht dem Dritten dabei ein Schaden, muss die Behörde diesen ersetzen, sofern der Dritte nicht anderweitig Ersatz zu erlangen vermag, § 27 Abs. 1 Satz 3 ProdSG.

971 Wenn der Verpflichtete handelt, darf die Behörde keine eigenen Maßnahmen mehr ergreifen; sie hat insoweit kein Ermessen.[564]

971a Hat zunächst die Behörde gehandelt, ist dann aber der Wirtschaftsakteur tätig geworden und hat nachgewiesen, dass er wirksame Maßnahmen getroffen hat, muss die Behörde gemäß § 26 Abs. 3 ProdSG die getroffene Maßnahme widerrufen oder ändern. Für den Fall der Produktwarnung bedeutet das, dass sie die Warnung nicht weiter aussprechen darf, also etwa einen entsprechenden Text von ihren Internet-Seiten entfernen muss. Andererseits bedeutet der Widerruf nicht, dass sie ihre bereits getroffenen Maßnahmen rückwirkend beseitigen muss; sie darf sie nur nicht weiter verfolgen.

972 Diese Subsidiaritätslösung ist letztlich eine Kodifizierung des Verhältnismäßigkeitsgrundsatzes.[565] Das damit im Regelfall erforderliche Zusammenwirken der Be-

---

[561] BR-Drs. 314/11, S. 72.
[562] *Polly/Lach*, BB 2012, 71, 74. Aus der Gesetzesbegründung ergibt sich, dass die bisherige Regelung im GPSG ausdrücklich nicht übernommen werden sollte, BR-Drs. 314/11, S. 89.
[563] In § 8 Abs. 5 GPSG war noch von einer „erheblichen gegenwärtigen Gefahr" die Rede.
[564] *Potinecke*, DB 2004, 55, 59 zu § 8 GPSG.
[565] Vgl. *Ossenbühl*, ZHR 155 (1991) 329, 340 f.; *Dolde*, Behördliche Warnungen, S. 32.

hörde mit dem betroffenen Wirtschaftsakteur soll eine effiziente Gefahrenabwehr gewährleisten, da insbesondere der Hersteller die besten Kenntnisse über sein Produkt besitzt.[566]

2. Veröffentlichung von Informationen

Nach früherer Rechtslage war die Behörde nicht selbst befugt, die Verbraucheröffentlichkeit auf Gefahren hinzuweisen. Ein behördlicher Hinweis an die Öffentlichkeit kam nur im Wege der Ersatzvornahme in Betracht, wenn der Hersteller oder Händler der Anordnung nicht nachkam. Unter der Geltung des GPSG hatte die Behörde hingegen gemäß § 10 Abs. 2 GPSG ihr vorliegende Informationen über von Verbraucherprodukten ausgehende Gefahren für die Sicherheit und Gesundheit der Verwender der Öffentlichkeit zugänglich zu machen; es bestand eine Informationspflicht.[567] Außerdem musste sie gemäß § 10 Abs. 1 i. V. m. § 8 Abs. 4 Satz 2 Nr. 2, 5 und 6 GPSG Anordnungen zum Verbot des Inverkehrbringens eines Produkts öffentlich bekannt machen.

973

Die Informationsbefugnisse wurden nun durch das ProdSG nochmals erweitert. Nunmehr hat die Bundesanstalt für Arbeitsschutz und Arbeitsmedizin gemäß § 31 Abs. 1 ProdSG Anordnungen, die die Rücknahme oder den Rückruf eines Produktes gebieten oder die eine Warnung der Öffentlichkeit verlangen, öffentlich bekannt zu machen; das erlaubte das GPSG noch nicht. Ferner hat sie sowie die Marktüberwachungsbehörden die Öffentlichkeit über sonstige ihnen zur Verfügung stehende Erkenntnisse über Produktrisiken, vorzugsweise auf elektronischem Weg, zu informieren. Die betreffenden Internet-Seiten sind www.icsms.org und www.baua.de. Das GPSG erlaubte eine solche Information hingegen nur bei Verbraucherprodukten.

973a

Die Informationspflichten sind damit deutlich erweitert worden. Das gilt insbesondere für § 10 Abs. 1 GPSG im Vergleich zum nunmehr geltenden § 31 Abs. 1 ProdSG. § 10 Abs. 1 GPSG normierte zwar auch Informationspflichten, bezog diese aber ausdrücklich nur auf Anordnungen nach § 8 Abs. 4 Satz 2 Nr. 2, 5 und 6 GPSG; die Veröffentlichung von Anordnungen zum Produktrückruf oder zur Produktwarnung waren also nicht erfasst. Demgegenüber kann und muss nunmehr auch darüber informiert werden, dass die Behörde gegenüber einem Wirtschaftsakteur angeordnet hat, dass eine Produktwarnung herauszugeben ist. Die Subsidiarität der behördlichen Warnung ist insofern im Ergebnis abgeschwächt, weil die Behörde zwar nicht selbst warnt, aber ihre Anordnung, vor einem Produktrisiko zu warnen, nun öffentlich bekannt macht. Die entsprechenden Texte auf der Internet-Seite der Bundesanstalt für Arbeitsschutz und Arbeitsmedizin (www.baua.de) weisen zwar stets darauf hin, dass das Unternehmen den Rückruf vornimmt oder eine Warnung ausgesprochen hat, kommen aber gerade im Zusammenhang mit der Erläuterung, warum das Unternehmen diese Maßnahmen ergreift, einer eigenen Warnung nahe. Andererseits ergeben sich daraus wiederum Konsequenzen für die Subsidiarität der Warnung durch die Behörde selbst. Denn die – ohnehin notwendige – Information über die Anordnung einer Warnung ist im Vergleich zur selbst vorgenommenen Warnung das mildere Mittel. Letztlich muss die Marktüberwachungsbehörde also prüfen, ob eine Warnung bzw. andere effektive Maßnahme durch den Wirtschaftsakteur selbst gerade in Verbindung mit der Information über die behördliche Anordnung dieser Maßnahme genügt oder ob es gleichwohl einer eigenen Warnung durch die Behörde bedarf.

974

---

[566] Vgl. die Gesetzesbegründung zu § 8 ProdSG a. F., BT-Drs. 13/3130, S. 13.
[567] *Klindt*, NJW 2004, 465, 471.

III. Amtspflichtverletzungen bei behördlichen Warnungen nach § 26 Abs. 2 Satz 2 Nr. 9 ProdSG

975 Die Regelungen des ProdSG bilden die Grundlage für die Bestimmung des Inhalts der Amtspflichten, die ein Amtswalter für die behördliche Informationstätigkeit zu beachten hat.

1. Amtspflicht zur sachgemäßen Sachverhaltsermittlung: Risikobeurteilung

976 Ausgangspunkt des behördlichen Handelns ist die Feststellung eines mit einem Produkt verbundenen Risikos. Die Risikobeurteilung stellt also die zentrale Aufgabe für den verantwortlichen Amtswalter dar. Er muss untersuchen, ob von dem betreffenden Produkt ein Risiko ausgeht, ob also gemäß § 2 Nr. 23 ProdSG eine Gefahr besteht, die zu einem möglichen Schaden führen kann. Ausgeschlossen ist damit ein behördliches Handeln, wenn von einem Produkt kein Schaden ausgehen kann, wenn also das Erzeugnis nur beeinträchtigende oder ekelerregende Auswirkungen entfaltet.[568] Die geschützten Rechtsgüter sind vor allem die Sicherheit und Gesundheit von Personen, wie sich aus § 2 Nr. 18 ProdSG ergibt.[569] Erfasst sind aber auch andere im öffentlichen Interesse schützenswerte Bereiche sowie die vom ProdSG selbst gestellten Anforderungen.

977 Fehler bei der Risikobeurteilung können eine Verletzung der Amtspflicht zur sachgemäßen Sachverhaltsermittlung darstellen. Diese Amtspflicht ergibt sich aus dem Amtsermittlungsgrundsatz und verpflichtet die Behörde zur vollständigen und sachverständigen Ermittlung der Entscheidungsgrundlagen.[570] Fehlt dem Amtswalter die notwendige Sach- und Fachkenntnis, so trifft ihn die Amtspflicht, sachverständigen Rat einzuholen.[571] Diese Pflicht ist im Bereich des Produktsicherheitsrechts von besonderer Bedeutung, da die Beurteilung des Risikos ohne wissenschaftlichen Sachverstand regelmäßig nicht möglich ist.[572]

978 Bei behördlichen Warnungen vollzieht die Behörde eine Gratwanderung, weil sie den Schaden, der entsteht, wenn sie nichts unternimmt, gegen den Schaden abwägen muss, der eintritt, wenn sie die Warnung ausspricht und sich das Risiko im Nachhinein nicht bestätigt, mithin ein bloßes Scheinrisiko vorlag.[573] Lässt sich letzte Gewissheit nicht gewinnen, geht die Behörde aber pflichtgemäß von einem Risiko aus, so muss sie zumindest auf die Fehlermöglichkeit hinweisen, um sich von einem Verschuldensvorwurf zu befreien.[574]

979 Zur schnellen, effizienten und amtspflichtgemäßen Behebung von Ungewissheiten muss der Amtswalter Kontakt mit dem Hersteller aufnehmen, weil dieser die besten Kenntnisse über seine Produkte besitzt.[575] Darüber hinaus muss die Behörde auf einen sog. Stufenplan zurückgreifen können, den diese für die Erkenntnisgewinnung, Handlungsalternativen und den Entscheidungsweg bei schwierigen Gefahrenprogno-

---

[568] Sehr anschauliche Gefahreinstufung bei *Heckner*, ZLR 1994, 1, 6 ff.
[569] *Polly/Lach*, BB 2012, 71, 73.
[570] Vgl. dazu *Ossenbühl/Cornils* (Staatshaftungsrecht), S. 48.
[571] BGH NVwZ 1988, 283.
[572] Vgl. *Ossenbühl/Cornils* (Staatshaftungsrecht), S. 48.
[573] Vgl. *Ossenbühl*, ZHR 155 (1991) 329, 338.
[574] *Robbers*, AfP 1990, 84, 88; LG Göttingen NVwZ 1992, 98, 99 (Förster-Quellen).
[575] So die Gesetzesbegründung zu § 8 ProdSG a. F., BT-Drs. 13/3130, S. 13; *Schieble*, VuR 2007, 401, 405.

sen eingerichtet haben sollte. Stufenpläne, wie sie im Arznei-[576] und Lebensmittelrecht[577] zur Anwendung kommen, gewährleisten, dass Gefahrenbeseitigungsentscheidungen unter Beteiligung wissenschaftlichen Sachverstands getroffen werden.

2. Amtspflicht zu verhältnismäßigem Handeln

Den Amtswalter trifft ferner die Amtspflicht zu verhältnismäßigem Handeln. Die Warnung muss geeignet sein, dem festgestellten Risiko effektiv begegnen zu können. Zudem muss sie in Form und Inhalt sowie zum gewählten Zeitpunkt erforderlich sein. Schließlich darf die Warnung nicht außer Verhältnis zum erstrebten Sicherheitsgewinn stehen.[578] 980

a) Subsidiarität behördlicher Warnungen

§ 26 Abs. 2 Satz 2 Nr. 9 Halbs. 2 ProdSG normiert den Grundsatz des geringstmöglichen Eingriffs und bestimmt, dass Maßnahmen des betroffenen Wirtschaftsakteurs grundsätzlich vor behördlichen Warnungen Vorrang haben, soweit hierdurch dem Risiko genauso wirksam begegnet werden kann.[579] So ist etwa ein Rückruf durch das betroffene Unternehmen selbst oftmals ebenso wirksam wie eine behördliche Warnung. 981

Ferner muss der Amtsträger zur ordnungsgemäßen Erfüllung seiner Amtspflicht in Erwägung ziehen, dass andere behördliche Maßnahmen im Einzelfall weniger einschneidend sein können als eine Warnung.[580] § 26 Abs. 2 Satz 2 Nr. 9 Halbs. 2 ProdSG lässt zwar ausdrücklich nur die Warnung zu. Ist aber eine mildere Maßnahme gleich geeignet, um dem Risiko zu begegnen, ist aus Verhältnismäßigkeitsgründen diese zu ergreifen. 982

Neben Anordnungen, die Ware zurückzurufen (§ 26 Abs. 2 Satz 2 Nr. 7 ProdSG) oder zurückzuhalten (§ 26 Abs. 2 Satz 2 Nr. 6 ProdSG), können selbst behördliche Sicherstellungen eine geringere Eingriffswirkung haben als Produktwarnungen an die Öffentlichkeit. Denn sie entfalten nicht die den Warnungen eigene unkontrollierbare Breitenwirkung in der Öffentlichkeit. 983

Schließlich muss der Amtsträger auch berücksichtigen, dass nunmehr Anordnungen zur Warnung vor Produktrisiken durch den Wirtschaftsakteur gemäß § 31 Abs. 1 ProdSG öffentlich bekannt zu machen sind und gerade in Kombination mit der Warnung durch den Hersteller selbst das mildere Mittel gegenüber der Warnung durch die Behörde darstellen. 983a

b) Geringstmöglicher Eingriff und Schonung unbeteiligter Dritter

Scheiden Eigenmaßnahmen des Wirtschaftsakteurs oder weniger belastende Maßnahmen der Behörde aus, so erfordert das Gebot des geringstmöglichen Eingriffs, dass der Amtsträger die Warnung angemessen formuliert. Die Formulierung muss gewährleisten, dass sich die Warnung auf das beanstandete Produkt beschränkt. Sie darf keine darüber hinausgehenden nachteiligen Wirkungen für das 984

---

[576] Stufenplan nach § 63 AMG (sog. Nachmarktkontrolle); vgl. *di Fabio*, Risikoentscheidung im Rechtsstaat, S. 403 ff.; *Ossenbühl*, ZHR 155 (1991) 329, 338, Fn. 31 m. w. N.
[577] Vgl. hierzu *Meyer*, Lebensmittelrecht, S. 124; *Ossenbühl*, ZHR 155 (1991) 329, 338.
[578] Vgl. *Ossenbühl*, ZHR 155 (1991) 329, 340.
[579] So bereits *Ossenbühl*, Umweltpflege, S. 71 f.; *ders.*, ZHR 155 (1991) 329, 340 f.; *Dolde*, Behördliche Warnungen, S. 32; *Möllers*, Rechtsgüterschutz, S. 360, mit Hinweis auf die vergleichbare Regelung in § 6 Abs. 1 Satz 3 GSG aF.
[580] *Fuchs* in Lebensmittelrechts-Hdb., III D Rn. 272 zum alten Produktsicherheitsgesetz; *Maurer*, § 15, Rn. 10.

Unternehmen oder für unbeteiligte Dritte auslösen.[581] Entfaltet die Warnung hingegen auch nachteilige Wirkungen für unbeteiligte Konkurrenten, kann dies eine Verletzung der Amtspflicht zur Schonung unbeteiligter Dritter darstellen.[582] Der Amtswalter muss deshalb die Form, den Inhalt sowie die zeitliche und räumliche Wirkung der Warnung beachten.

985 Die Warnung muss so präzise formuliert sein, dass der Verbraucher das Erzeugnis zweifelsfrei identifizieren kann und das Unternehmen sowie andere Marktbeteiligte (Konkurrenten) nicht unnötig geschädigt werden. Ob bei der Warnung der Name des Unternehmens genannt werden darf, hängt von der Identifizierbarkeit des beanstandeten Produkts für den Verbraucher ab und ist nach den Umständen des Einzelfalls zu beurteilen.[583]

986 Darüber hinaus besteht die Amtspflicht zur erklärenden Information. Danach muss der Inhalt der Warnung risikobezogen und risikokonkret formuliert sein.[584]

987 Nach dem Gebot des geringstmöglichen Eingriffs muss der Amtswalter auch die zeitliche und räumliche Wirkung der behördlichen Warnung berücksichtigen. Der Zeitpunkt einer Warnung kann unter bestimmten Umständen die Schwere des Eingriffs bestimmen.[585] So kann z. B. eine Warnung vor Frischlebensmitteln mit kurzen Umschlagfristen bereits kurze Zeit nach Auslieferung des Produkts unzulässig sein, weil die Ware nicht mehr in Verkehr gebracht wird.[586]

c) Verhältnismäßigkeit i. e. S. und Pflicht zur Entwarnung

988 Bei der Prüfung der Verhältnismäßigkeit i. e. S. muss der Amtsträger die Eingriffswirkung der Warnung ins Verhältnis zum angestrebten Sicherheitsgewinn setzen.[587] Führt die Warnung zu einem Nachteil, der zum erstrebten Erfolg außer Verhältnis steht, so ist sie rechtswidrig.

989 Aus dem Verhältnismäßigkeitsgrundsatz ergibt sich ferner die Amtspflicht zur unverzüglichen Entwarnung, sobald sich der Gefahrenverdacht als unbegründet herausstellt.[588] § 31 Abs. 5 ProdSG enthält für Informationsveröffentlichungen eine ausdrückliche Regelung. Erst recht muss die dort normierte Korrekturpflicht für Warnungen gelten. Allerdings sollte das betroffene Unternehmen im Einzelfall abwägen, inwieweit die mit der Entwarnung verbundene neuerliche negative Publizität zu einer weiteren Schädigung führen kann. Deshalb darf die Behörde eine Entwarnung grundsätzlich nur mit Einverständnis des betroffenen Unternehmens aussprechen.[589] § 31 Abs. 5 ProdSG sieht denn auch vor, dass eine Korrektur nur auf Antrag oder wenn dies zur Wahrung erheblicher Belange des Gemeinwohls erforderlich ist, erfolgt. Die Entwarnung muss dann in derselben Form wie die Warnung ausgesprochen werden.

---

[581] *Ossenbühl*, ZHR 155 (1991) 329, 341.
[582] Vgl. *Ossenbühl/Cornils* (Staatshaftungsrecht) S. 49.
[583] In der Entscheidung „Glykol/DEG-Weinliste" rechtfertigte das BVerwG die namentliche Benennung der Weinabfüller damit, dass eine Angabe der amtlichen Prüfnummer der beanstandeten Weine für den Verbraucher schwer identifizierbar und deshalb wertlos sei, während ihm die Abfüllerangabe eine schnellere Orientierung erlaube, vgl. BVerwG NJW 1991, 1766 (DEG-Weinliste).
[584] Vgl. *Möllers*, Rechtsgüterschutz, S. 361, mit Hinweis auf OLG Stuttgart NJW 1990, 2690, 2692 (Birkel), wonach die Behörde „mikrobiell verdorbene" nicht hinreichend von „ekelerregenden" Lebensmitteln abgegrenzt hatte.
[585] *Ossenbühl*, ZHR 155 (1991) 329, 343.
[586] OVG Münster NJW 1986, 2783, 2784 (DEG-Weinliste); *Dolde*, Behördliche Warnungen, S. 36.
[587] *Berg*, ZLR 1990, 565, 570f.; *Hummel-Liljegren*, ZLR 1991, 126, 134.
[588] Daneben kommt als eigenständige Anspruchsgrundlage für die Entwarnung ein Folgenbeseitigungsanspruch in Betracht, vgl. *Schieble*, VuR 2007, 401, 407f.
[589] Vgl. *Dolde*, Behördliche Warnungen, S. 37, zur Wirkung von Entwarnungen.

3. Amtspflicht zur fehlerfreien Ermessensausübung

Ermittelt der verantwortliche Amtswalter nicht alle relevanten Tatsachen oder sind seine Ermittlungen unzureichend, so ist die Ermessensausübung schon aus diesem Grund fehlerhaft. Damit ist ein abgesicherter Kenntnisstand des Amtswalters nicht nur für die korrekte Sachverhaltsermittlung und Risikobeurteilung, sondern auch für die fehlerfreie Ermessensentscheidung von Bedeutung. 990

Der Amtsträger muss ferner, da ihm nicht mehr – wie noch durch das GPSG – eine bestimmte Reihenfolge der Adressaten für behördliche Maßnahmen vorgegeben ist, sein Auswahlermessen hinsichtlich des Adressaten der Maßnahme korrekt ausüben. Dabei muss er beachten, dass für ein Produktrisiko primär der Hersteller des Produkts verantwortlich ist. Soll ein anderer Wirtschaftsakteur herangezogen werden, bedarf dies einer konkreten Begründung, die etwa in der Effektivität der Risikoreduzierung liegen kann. 991

In jedem Fall muss der Amtsträger die Schwere des Risikos und des Verstoßes durch das betroffene Unternehmen qualitativ und quantitativ ermitteln und vor dem Hintergrund der Pflicht der Verwaltung zu Publizität und Transparenz den Informationsanspruch von Öffentlichkeit und Presse in seine Erwägungen einstellen. Dabei muss die Behörde auch die Pflicht zur Informationsveröffentlichung nach § 31 ProdSG berücksichtigen. Dieser Anspruch ist gegen die schutzwürdigen Interessen des betroffenen Unternehmens (Firmenschutz) abzuwägen, die wegen möglicher Absatzrückgänge und Existenzgefahren von großer Bedeutung sind. Weitere Ermessenserwägungen betreffen die Zuverlässigkeit möglicher Analyseergebnisse, die Einhaltung der Produktbeobachtungspflicht durch das betroffene Unternehmen sowie die Feststellung, ob das betroffene Unternehmen erstmals oder zum wiederholten Male durch die Inverkehrgabe nicht verkehrsfähiger Erzeugnisse aufgefallen ist. Schließlich muss der Amtsträger eine Ermessensbindung aus der bisherigen eigenen Verwaltungspraxis oder eine aus der Praxis anderer zuständiger Behörden resultierende Selbstbindung bei der Ermessensausübung beachten.[590] 992

4. Amtspflicht zu zuständigkeits- und verfahrensgemäßem Handeln

a) Zuständigkeit

Zur Vermeidung von Mehrfacheingriffen trifft den Amtswalter die Amtspflicht, die örtliche und sachliche Zuständigkeit seiner Behörde zu beachten.[591] Die Nichtbeachtung begründet eine Amtspflichtverletzung, weil die staatliche Zuständigkeitsordnung auch das Interesse des Betroffenen schützt, in derselben Angelegenheit nachteilige Äußerungen nur einer, und zwar der sachverständigsten staatlichen Stelle hinnehmen zu müssen.[592] Sinn der Zuständigkeitsbestimmungen ist auch die Gewährleistung einer sachlich richtigen Entscheidung, was regelmäßig auch dem Schutz des Betroffenen dient.[593] 993

Die Zuständigkeit für Warnungen nach § 26 Abs. 2 Satz 2 Nr. 9 Halbs. 2 ProdSG richtet sich nach Landesrecht, § 24 Abs. 1 ProdSG. Zum Teil sind damit die Gewerbeaufsichtsämter,[594] zum Teil die Arbeitsschutzbehörden und schließlich teilweise die Bezirksregierungen zuständig.[595] 994

---

[590] Vgl. dazu allgemein *Dolde*, Behördliche Warnungen, S. 47 f.
[591] *Schoch*, NJW 2012, 2844, 2848.
[592] *Heintzen*, NJW 1990, 1448, 1448 f.
[593] Vgl. BGH NJW 1992, 3229, 3230.
[594] *Polly/Lach*, BB 2012, 71, 73.
[595] *Klindt*, NJW 2004, 465, 469; *Potinecke*, DB 2004, 55, 56 zu § 8 GPSG.

b) Anhörung des betroffenen Unternehmens

995 § 28 VwVfG findet bei behördlichen Warnungen an sich keine Anwendung, weil nur ein schlicht-hoheitliches (informelles) Verwaltungshandeln vorliegt.[596] § 27 Abs. 2 Satz 1 ProdSG ordnet allerdings ausdrücklich an, dass der Betroffene vor Erlass der Maßnahme mit einer Mindestfrist von zehn Tagen nach § 28 VwVfG anzuhören ist. Die Regelung ist insofern zwangsläufig, als die in Bezug genommenen Maßnahmen nach § 26 ProdSG Anordnungen der Marktüberwachungsbehörden und damit Verwaltungsakte sind. § 27 Abs. 2 Satz 1 ProdSG spricht andererseits aber generell von einem „Erlass der Maßnahme". Davon ist auch die Warnung durch die Behörde selbst erfasst, weil eine Maßnahme auch ein informelles Verwaltungshandeln sein kann. Auch insofern bedarf es daher einer Anhörung.

995a Ist die Anhörung unterblieben, muss sie so schnell wie möglich nachgeholt werden, § 27 Abs. 2 Satz 2 ProdSG. Freilich ist es damit nicht ins Belieben der Behörde gestellt, ob sie die Anhörung vor Erlass der Maßnahme oder erst danach durchführt. Vielmehr kann sie nur dann auf die Anhörung vor Erlass der Maßnahme verzichten, wenn andernfalls der Erfolg der Anordnung insbesondere wegen Zeitablaufs vereitelt würde.

IV. Weitere Voraussetzungen einer Amtshaftung wegen behördlicher Produktwarnungen

1. Drittschützender Charakter der Amtspflichten

996 Der drittschützende Charakter der genannten Amtspflichten besteht unproblematisch gegenüber dem Produkthersteller sowie den weiteren betroffenen Wirtschaftsakteuren und Ausstellern.[597]

997 In der Rechtsprechung bisher noch nicht geklärt ist hingegen die Frage, ob die Amtspflichten auch gegenüber den Produktnutzern eine drittschützende Wirkung entfalten. Virulent wird das, wenn die Behörde eine Warnung nicht rechtzeitig ausgesprochen oder gänzlich versäumt hat[598] und ein Verbraucher im weiteren Verlauf durch das fehlerhafte Produkt geschädigt wird. Aufgrund der unübersehbaren Vielzahl von potentiell geschädigten Verbrauchern kann es aber nicht bereits genügen, dass die Behörde zur Warnung verpflichtet war, ihr Ermessen also auf Null reduziert war.[599] Hinzu kommen muss vielmehr ein weiteres Individualisierungselement, das etwa in einer konkreten Anfrage eines Verbrauchers bei der zuständigen Behörde liegen kann.

998 Gleiches gilt für Informationsveröffentlichungen nach § 31 ProdSG. Versäumt es die Behörde, der Öffentlichkeit die ihr vorliegenden Informationen zugänglich zu machen, so begründet dies gleichwohl keine Amtshaftungsansprüche geschädigter Dritter. Denn die Pflicht besteht ausschließlich gegenüber der Öffentlichkeit.[600]

999 Im Übrigen sind Amtshaftungsansprüche ohnehin subsidiär gegenüber Produkthaftungsansprüchen gegen den Hersteller.

---

[596] Vgl. *Schoch*, NJW 2012, 2844, 2849; *Brohm*, DVBl. 1994, 133, 136; *Dolde*, S. 48; *Philipp*, Staatliche Verbraucherinformation, S. 227 f.; *Schade*, ZLR 1991, 601, 608; a. A. *Hochhuth*, NVwZ 2003, 30 ff.
[597] Vgl. EuGH, Urt. v. 17.4.2007, Rs. C-470/03 (*Lehtinen*) zu den dem GPSG zugrunde liegenden new-approach-Richtlinien; dazu *Reich* VuR 2007, 410 ff.
[598] Vgl. *Schoch*, NJW 2012, 2844, 2850.
[599] So aber *Schieble*, VuR 2007, 401, 408.
[600] So auch Art. 16 Abs. 1 der Produktsicherheitsrichtlinie.

2. Kausalität

Die durch behördliche Warnungen ausgelöste Breitenwirkung in der Öffentlichkeit kann den Kausalitätsbeweis im Amtshaftungsprozess erschweren oder unmöglich machen.[601] In einem vom OLG Düsseldorf entschiedenen Fall[602] informierte eine Behörde die Öffentlichkeit über den Befund von verbotenen Hormonen bei Schlachtvieh eines bestimmten Unternehmens. Diese Mitteilung erfolgte allerdings zu einer Zeit, in der die Medien bereits über einen nicht auf diesen Fall beschränkten „Hormonskadal" berichteten. Das Gericht wies die Amtshaftungsklage des betroffenen Unternehmens wegen Umsatz- und Gewinneinbußen mangels Kausalität ab. Es sei eine gerichtsbekannte Tatsache, dass Umsatzeinbußen in der Viehzucht generell zu verzeichnen seien, weil sich das allgemeine Konsumverhalten mit Rücksicht auf den Hormonskandal geändert habe. Die ursächliche Wirkung des Hormonskandals könne deshalb nicht von der Wirkung der behördlichen Verlautbarung getrennt werden.[603]   1000

3. Verschulden

Die sorgfältige Risikofeststellung erfordert wissenschaftlichen Sachverstand und einen angemessenen Entscheidungsprozess. Die Behörde sollte deshalb einen für Gefahrenfälle konzipierten Stufenplan erstellen, der gewährleistet, dass in einer Gefahrensituation Entscheidungen ohne Verzug mit dem erforderlichen wissenschaftlichen Sachverstand getroffen werden können. Hat die Behörde solche Vorkehrungen nicht getroffen, so trifft sie ein Organisationsverschulden.[604] Bei Unsicherheiten und Fehlermöglichkeiten im Bereich der Risikodiagnose muss die Behörde zudem hierauf hinweisen, um nicht Sicherheit vorzugeben, wo sie selbst keine Sicherheit hat.   1001

E. Produktinformation durch die Bundesregierung

Die Behörden der Landesverwaltungen sind nicht die einzigen staatlichen Stellen, die Produktinformationen herausgeben. Auch und gerade die Bundesregierung als staatsleitendes Organ nimmt ihre Kompetenz zur Produktinformation wahr. Dass eine solche Kompetenz besteht, wurde mittlerweile von der Rechtsprechung in zwei Grundsatzurteilen bestätigt.[605] Unklar ist jedoch nach wie vor, wie weit diese Kompetenz im Einzelnen reicht.   1002

I. Der rechtliche Rahmen

Staatliche Produktinformationen sind notwendigerweise marktbezogen, da sie das Interesse gerade der Verbraucher und der Anbieter und damit des Marktes als solchem finden sollen. Sie berühren deshalb den Schutzbereich des Art. 12 GG. In verfassungswidriger Weise wird aber solange nicht in Art. 12 GG eingegriffen, wie die Bundesregierung entsprechend ihrer staatlichen Aufgabe unter Einhaltung der   1003

---

[601] *Schoch*, NJW 2012, 2844, 2849 f.
[602] OLG Düsseldorf VersR 1994, 96 – Hormonskandal.
[603] OLG Düsseldorf VersR 1994, 96, 97 – Hormonskandal.
[604] *Ossenbühl*, ZHR 155 (1991), 329, 344.
[605] BVerwGE 87, 37 (Glykol); BVerfG NJW 2002, 2621 (Glykol); ergänzend BVerfG NJW 2002, 2626 (Osho); sehr kritisch zu der dogmatischen Konstruktion *Murswiek*, NVwZ 2003, 1 ff.; *Ohler*, ZLR 2002, 631; *P. M. Huber*, JZ 2003, 290; *Schoch*, DVBl. 1991, 67, 671 (zu BVerwGE 87, 37): „rechtsdogmatisches Chaos".

Zuständigkeitsordnung richtig und sachlich im erforderlichen Umfang und mit angemessener Zurückhaltung informiert.[606]

1004 Der Schutzbereich von Art. 14 GG wird demgegenüber regelmäßig nicht eröffnet sein. Denn weder bloße Absatzmöglichkeiten noch Umsatz- und Gewinnchancen sind unter dem Gesichtspunkt des Schutzes des eingerichteten und ausgeübten Gewerbebetriebes gem. Art. 14 GG geschützt.[607]

1. Aufgabeneröffnung

1005 Der Bundesregierung muss zunächst eine in der Verfassung begründete Aufgabe zur Informationsveröffentlichung zustehen. Zwar beschreibt das Grundgesetz die Aufgabenbereiche der Bundesregierung nicht ausdrücklich. Nach Auffassung des Bundesverfassungsgerichts[608] geht die Verfassung aber etwa in den Art. 62 ff. GG stillschweigend von der Aufgabe der Bundesregierung zur Staatsleitung aus. Dazu gehört nicht nur die Mitwirkung bei der Gesetzgebung und die richtungsweisende Einwirkung auf den Gesetzesvollzug, sondern auch die rein tatsächliche Konflikt-, Krisen- und Problembewältigung, u. a. mit dem Mittel der Information.[609] Die Bundesregierung hat damit die Aufgabe, Krisen, die beispielsweise durch gesundheitsgefährdende Lebensmittel entstehen, zu bekämpfen.

1006 Dass die Bundesregierung dabei auch informierend tätig werden kann, ergibt sich schon aus ihrer Aufgabe.[610] Denn wenn eine Aufgabe mittels öffentlicher Information wahrgenommen werden kann, liegt in der Aufgabenzuweisung grundsätzlich auch eine Ermächtigung zum Informationshandeln.[611] Die Befugnis zur konkreten Maßnahme „Information" ergibt sich also aus der Aufgabenzuweisung.[612] Einer speziellen gesetzlichen Ermächtigung bedarf es insoweit nicht.[613] Denn die einfachgesetzliche Ermächtigung müsste, um der Vielgestaltigkeit staatlichen Informationshandelns gerecht zu werden, derart weit gefasst und unbestimmt sein, dass ein Gewinn an Vorhersehbarkeit und Berechenbarkeit staatlichen Informationshandelns mit ihr nicht verbunden wäre;[614] dann kann aber weder aus dem rechtsstaatlichen, die Grundrechte schützenden und den Rechtsschutz gewährleistenden Prinzip des Gesetzesvorbehalts noch aus der die demokratische Legitimation staatlichen Handelns wahrenden sog. Wesentlichkeitstheorie die Notwendigkeit eines Parlamentsgesetzes abgeleitet werden.[615]

2. Zuständigkeit

1007 Die Informationstätigkeit ist zum Zweiten nur dann rechtmäßig, wenn das handelnde Organ zuständig ist. Zuständig ist es, wenn sowohl Verbandskompetenz als auch Organkompetenz vorliegen.

---

[606] BVerfG NJW 2002, 2621; vgl. auch BVerfG NJW 2002, 2626.
[607] BVerfG NJW 2002, 2621, 2625.
[608] BVerfG NJW 2002, 2621, 2623.
[609] BVerfG NJW 2002, 2621, 2623; BVerfG NJW 2002, 2626, 2629; BVerwGE 87, 37, 47.
[610] BVerfG NJW 2002, 2626, 2629.
[611] BVerfG NJW 2002, 2621, 2623.
[612] Diesen Schluss von der Aufgabe auf die Befugnis bezeichnet *P. M. Huber*, JZ 2003, 290, 295 als juristische Todsünde; ablehnend auch *Ohler*, ZLR 2002, 631, 635; *Lege*, DVBl. 1999, 569, 574 und *Schoch*, DVBl. 1991, 667, 672 (zu BVerwGE 87, 37).
[613] BVerfG NJW 2002, 2626, 2629 f.
[614] BVerfG NJW 1989, 3269, 3270; ablehnend *Ohler*, ZLR 2002, 631, 636 und *P. M. Huber*, JZ 2003, 290, 295, beide unter Hinweis auf § 8 ProdSG.
[615] BVerfG NJW 2002, 2626, 2630; s. schon BVerfGE 49, 89, 126; 76, 1, 75; ablehnend *P. M. Huber*, JZ 2003, 290, 294 f.

a) Verbandskompetenz

Die Verbandskompetenz betrifft die Frage, ob der Bund oder die Länder die Informationsaufgabe erfüllen dürfen. Der Bund ist zuständig, „wenn Vorgänge wegen ihres Auslandsbezugs[616] oder ihrer länderübergreifenden Bedeutung[617] überregionalen Charakter haben und eine bundesweite Informationsarbeit der Regierung die Effektivität der Problembewältigung fördert."[618] Dabei ist auch von Bedeutung, ob eine länderübergreifende Koordination geboten ist und ob ein durch die Medien und durch das Handeln von anderen Staatsorganen erzeugtes überregionales Informationsinteresse besteht.[619] Von Bedeutung ist ferner, ob dem Bund die Gesetzgebungszuständigkeit zusteht;[620] bei produktbezogenen Informationen wird dies beinahe stets zu bejahen sein, Art. 73 Nr. 5, Art. 74 Nrn. 11, 17, 20 GG. Zu bedenken ist schließlich, dass das Handeln des Bundes anders als bei der Gesetzgebung den Ländern weder rechtlich noch faktisch die Kompetenz zu eigener Informationsveröffentlichung nimmt.[621] Es können deshalb parallele Kompetenzen bestehen.[622]

1008

Bei der BSE-Krise etwa ist die Verbandskompetenz des Bundes demnach zu bejahen, weil die Seuche sowohl Auslandsbezug aufweist als auch länderübergreifend wirkt und die Information der Bevölkerung zentral durch die Bundesregierung effektiver als durch alle Landesminister einzeln oder zusammen vermittelt werden kann.

1009

b) Organkompetenz

Die Organkompetenz betrifft die Frage, welches Organ der verbandszuständigen Körperschaft zum Handeln berechtigt ist. Auf Bundesebene kommt es folglich darauf an, ob der Bundeskanzler oder ein Bundesminister oder das Kollegialorgan Bundesregierung zuständig ist. Das beurteilt sich nach Art. 65 GG. Regelmäßig wird also der jeweilige Fachminister zuständig sein, insbesondere der Bundesminister für Ernährung, Landwirtschaft und Verbraucherschutz.

1010

3. Handeln der Bundesregierung als staatsleitendes Organ

Dritte Voraussetzung für die Rechtmäßigkeit der Informationstätigkeit der Bundesregierung ist, dass die Informationen von der Bundesregierung bzw. den Bundesministern *gerade in ihrer Eigenschaft als staatsleitende Organe* abgegeben wurden. Dazu muss die Informationstätigkeit nach „Zielsetzung, Inhalt und Wirkung als aliud zu einem Verwaltungshandeln konzipiert" sein.[623] Die Informationsveröffentlichung darf nicht zum gefahrenbekämpfenden Rechtsgüterschutz im konkreten Einzelfall und zur Beseitigung von Nachteilen für einzelne Personen oder Personen-

1011

---

[616] Im Falle eines Auslandsbezugs kommen auch an unionsrechtliche Staatshaftungsansprüche insbesondere wegen Verletzung der Warenverkehrsfreiheit in Betracht.
[617] BVerfG NJW 2002, 2621, 2623; zustimmend *Ohler*, ZLR 2002, 631, 636.
[618] BVerfG NJW 2002, 2621, 2623; ablehnend *P. M. Huber*, JZ 2003, 290, 296.
[619] BVerfG NJW 2002, 2621, 2625.
[620] BVerwGE 87, 37, 51; BVerfG NJW 2002, 2621, 2623; ablehnend *Schoch*, DVBl. 1991, 667, 673 (zu BVerwGE 87, 37).
[621] BVerfG NJW 2002, 2621, 2623.
[622] BVerfG NJW 2002, 2621, 2623; *Murswiek*, NVwZ 2003, 1, 7; zustimmend *Ohler*, ZLR 2002, 631, 636.
[623] BVerfG NJW 2002, 2621, 2624; ablehnend *Murswiek*, NVwZ 2003, 1, 7 und *P. M. Huber*, JZ 2003, 290, 296, die die Informationstätigkeit für „Verwaltung" halten; zustimmend hingegen *Ohler*, ZLR 2002, 631, 635 f.

gruppen herangezogen werden, sondern muss auf Krisenbewältigung in komplexer, auf den Markt in seiner Gesamtheit bezogenen Weise zielen.[624]

4. Richtigkeit und Sachlichkeit der Information

1012   Zum Vierten schließlich muss die staatliche Informationstätigkeit den Geboten der Richtigkeit und Sachlichkeit der Information genügen.

a) Richtigkeit

1013   Richtig ist die Information, wenn sie mit der Wirklichkeit übereinstimmt. Lässt sich bei einer ex-ante-Beurteilung nicht mit letzter Gewissheit bestimmen, ob die herauszugebende Information tatsächlich richtig ist, muss auf diesen Mangel zumindest hingewiesen werden; im Übrigen bestehen hohe Anforderungen an die Sachverhaltsermittlung.

b) Sachlichkeit

1014   Sachlich ist die Information, wenn sie sich an den Funktionserfordernissen der Marktverhältnisse orientiert, zur Krisenbewältigung geeignet ist und sich unter Berücksichtigung möglicher nachteiliger Wirkungen für die betroffenen Wettbewerber[625] auf das zur Informationsgewährung Erforderliche beschränkt, mithin das Gebot angemessener Zurückhaltung wahrt.[626] Letztlich kommt es damit darauf an, ob sich die Informationstätigkeit im Hinblick auf das Ziel, die Markttransparenz zu sichern und die Bürger zu einer eigenverantwortlichen Entscheidung zu befähigen, als verhältnismäßig erweist.

1015   Wertungen sind damit nicht prinzipiell ausgeschlossen. Sie dürfen aber nicht auf sachfremden Erwägungen beruhen oder rein subjektiv sein, sondern müssen als objektives Urteil zu verstehen sein.[627]

1016   Die Anforderungen insbesondere an die Erforderlichkeit und das Maß der Zurückhaltung hängen von der Art bzw. Qualität der Information ab. Ist die Produktinformation neutral und sachlich gehalten, zielt sie also nicht auf eine Beeinflussung der Marktverhältnisse, so werden die Kriterien der Erforderlichkeit und der angemessenen Zurückhaltung deutlich eher erfüllt sein als bei Warnungen und Empfehlungen, weil die Belastungsintensität für den Betroffenen geringer ist.[628]

aa) Abgrenzung zwischen neutraler Information und Warnung bzw. Empfehlung

1017   Eine Warnung oder Empfehlung liegt vor, wenn die Information schon als solche betitelt ist oder diese Begriffe zumindest im Text verwendet werden. Die Grenze zur Neutralität ist ferner auch dann überschritten, wenn der Staat durch den Inhalt der Information eine Lenkung des Verbraucherverhaltens bezweckt und bewirkt, selbst wenn er äußerlich neutral informiert, er also nicht die Worte „Warnung" oder „Empfehlung" verwendet.[629] Selbst eine bloß faktische Warnwirkung genügt für die Umqualifizierung eines Hinweises in eine Warnung. Denn solange der Staat auch

---

[624] BVerfG NJW 2002, 2624.
[625] Die von *Ohler*, ZLR 2002, 631, 637, geäußerte Kritik, das BVerfG berücksichtige nicht die Position der Betroffenen, trifft deshalb nicht zu.
[626] BVerfG NJW 2002, 2621, 2624.
[627] BVerfG NJW 2002, 2621, 2624.
[628] Vgl. zu dieser Differenzierung *Murswiek*, DVBl. 1997, 1021, 1027; ders., NVwZ 2003, 1, 4 f. Der Streit, ob trotz neutraler Information ein (rechtfertigbarer) Eingriff in ein Grundrecht zu bejahen ist, ist allein von dogmatischem Interesse und soll hier nicht vertieft werden.
[629] BVerfG NJW 2002, 2621, 2623 f.

ohne Lenkungsabsicht das Verbraucherverhalten allein aufgrund einer tatsächlichen Information (faktisch) dadurch lenkt, dass die Verbraucher mit der staatlichen Information eine Gefahr assoziieren, ist das Verbraucherverhalten dem Staat zurechenbar, weil es insoweit erklärbar und prognostizierbar ist.

Lediglich ein Hinweis kann damit als neutral angesehen werden, weil er sich auf die Offenbarung von Produktkennzeichen und Problemzusammenhängen beschränkt und keine wertende Stellungnahme im Sinne einer Handlungsempfehlung beinhaltet. 1018

bb) Maßstab

Empfehlungen oder Warnungen wirken deutlich intensiver als bloße Feststellungen oder Hinweise. Sie genügen dem Gebot der Erforderlichkeit und dem Gebot der angemessenen Zurückhaltung nur, wenn sie sich als unumgänglich erweisen, wenn also ein Hinweis nicht zur Krisenbewältigung genügen würde. Das beurteilt sich wiederum vor allem nach dem Ausmaß der Krise und dem Grad der Gefahren, anders gewendet danach, in welchem Umfang der durch die Krise verunsicherte Bürger eine Orientierung durch die mit staatlicher Autorität versehene Information der Bundesregierung erwarten kann: genügt ihm eine bloße Darstellung des Sachverhaltes oder muss ihm darüber hinaus gehend eine Verhaltensrichtlinie in Form einer Empfehlung oder einer Warnung an die Hand gegeben werden?[630] 1019

II. Amtspflichtverletzungen bei Information durch die Bundesregierung

Der durch die höchstrichterliche Rechtsprechung skizzierte rechtliche Rahmen für die Informationstätigkeit der Bundesregierung bildet die Grundlage für die Formulierung von Amtspflichten, deren Verletzung Amtshaftungsansprüche gegen die Bundesrepublik Deutschland begründen kann. 1020

1. Amtspflicht zur sachgemäßen Sachverhaltsermittlung

Wie bei der administrativen Informationstätigkeit können auch bei der Information durch die Bundesregierung Fehler bei der Diagnose einer Krise und bei der Ermittlung der zur Gefahrenbestimmung notwendigen Tatsachen eine Verletzung der Amtspflicht zur sachgemäßen Sachverhaltsermittlung darstellen. Der „Sachverhalt muss vor seiner Verbreitung im Rahmen des Möglichen sorgsam und unter Nutzung verfügbarer Informationsquellen, gegebenenfalls auch unter Anhörung Betroffener, sowie in dem Bemühen um die nach den Umständen erreichbare Verlässlichkeit aufgeklärt" werden.[631] Es muss der notwendige wissenschaftliche Sachverstand beigezogen werden und ein der jeweiligen Situation angemessener Entscheidungsprozess durchlaufen werden. 1021

Lässt sich letzte Gewissheit über das Vorliegen einer Gefahr nicht erlangen, darf zwar die Information trotzdem verbreitet werden; es muss aber ein öffentliches Interesse gerade an der Verbreitung einer letztlich nicht sicheren Information bestehen, etwa bei Vorliegen eines konkreten Verbraucherrisikos,[632] und es muss deutlich auf das Aufklärungsdefizit hingewiesen werden. 1022

---

[630] Vgl. BVerfG NJW 2002, 2621, 2623.
[631] BVerfG NJW 2002, 2621, 2624.
[632] BVerfG NJW 2002, 2621, 2624.

2. Amtspflicht zu richtiger und sachlicher Information

1023   Die Informationen müssen ferner richtig sein und sachlich veröffentlicht werden. Im Hinblick auf das Kriterium der Richtigkeit liegt eine Amtspflichtverletzung vor, wenn schon von vornherein eine falsche Information verbreitet wird, sei es, dass nicht richtig ermittelt wurde, die Falschinformation also den Umständen nach hätte vermieden werden können,[633] oder sei es, dass sie sogar als falsch bekannt war. Ebenso handelt die Bundesregierung amtspflichtwidrig, wenn eine zwar korrekt ermittelte, sich aber nachträglich als falsch herausstellende Information[634] nicht richtiggestellt oder sogar weiterverbreitet wird, sofern sie für das Marktgeschehen weiter von Belang ist.[635]

1024   Zur gebotenen Richtigstellung ist erforderlich, dass alle potentiellen Empfänger der Falschinformation von der neuen Information erreicht werden und die Unrichtigkeit der früheren Information unmissverständlich deutlich gemacht wird. Dazu können grundsätzlich die gleichen Informationswege verwendet werden wie bei der früheren Informationsvermittlung, sofern der gleiche Erfolg eintritt. Im Einzelfall kann aber auch der Einsatz anderer Informationsmittel notwendig sein, insbesondere wenn man berücksichtigt, dass die (unwahre) Information über eine Krise bei reißerischer Berichterstattung leichter Verbreitung findet als die Richtigstellung der als falsch erkannten Information.

1025   Die Pflicht zur Sachlichkeit, d. h. die Pflicht, nur im erforderlichen Umfang zu informieren und dabei angemessene Zurückhaltung zu üben, ist verletzt, wenn die Bundesregierung Warnungen oder Empfehlungen ausspricht, obwohl bloße Hinweise genügt hätten, oder wenn sie betont forciert über ein Geschehen informiert und es dadurch mehr Aufmerksamkeit auf sich zieht als nach Lage der Dinge angemessen wäre.

1026   Allerdings verfügt die Bundesregierung im Hinblick auf das Gebot der Erforderlichkeit über einen Einschätzungsspielraum.[636] Eine Amtspflichtverletzung kann daher nur angenommen werden, wenn die Bundesregierung deutlich über den ihr gesteckten Rahmen hinaus geht.

3. Amtspflicht zu zuständigkeits- und verfahrensgemäßem Handeln

1027   Die Amtspflicht zu zuständigkeitsgemäßem Handeln ist verletzt, wenn der Bundesregierung die Verbandskompetenz fehlt, weil die Krise nicht länderübergreifend war oder die Länderminister in gleichem Maße effektiv gehandelt haben. Ebenso ist die Amtspflicht verletzt, wenn nicht das zuständige Organ handelte, etwa der Verteidigungsminister statt des Verbraucherschutzministers oder nur ein Minister statt des Kollegialorgans Bundesregierung.

1028   Eine Amtspflicht zu verfahrensgemäßem Handeln dergestalt, dass die Bundesregierung die Betroffenen anzuhören habe, besteht nicht.[637] Die Anhörung der Betroffenen kann allenfalls im Rahmen der Pflicht zur korrekten Sachverhaltsermittlung relevant werden. Darüber hinaus kann sich die unterlassene Anhörung bei der Erforderlichkeit der Informationstätigkeit auswirken: Hätte sich bei der Anhörung

---

[633] *Murswiek*, NVwZ 2003, 1, 8.
[634] Auf die tatsächliche Kenntnis des Organs kommt es dabei nicht an. Vielmehr ist allein die *pflichtgemäße* Kenntnis entscheidend; s. *Murswiek*, NVwZ 2003, 1, 8.
[635] BVerfG NJW 2002, 2621, 2624.
[636] Vgl. BVerfG NJW 2002, 2621, 2623.
[637] Vgl. *Ossenbühl*, Umweltpflege, S. 68 ff., *Dolde*, Behördliche Warnungen, S. 48, *Philipp*, Staatliche Verbraucherinformation, S. 227 f.; *Hochhuth*, NVwZ 2003, 30.

herausgestellt, dass das Risiko für die Verbraucher durch unternehmenseigene Maßnahmen, etwa einen öffentlichen Rückruf der Produkte, genauso wirkungsvoll hätte beseitigt werden können, ist ein Einschreiten der Bundesregierung nicht erforderlich gewesen.

III. Weitere Voraussetzungen einer Amtshaftung wegen fehlerhafter Informationstätigkeit der Bundesregierung

Die Mitglieder der Bundesregierung sind Beamte im haftungsrechtlichen Sinn, weil sie in einem öffentlich-rechtlichen Amts- und Treueverhältnis zur Bundesrepublik Deutschland stehen; § 1 BMinG.

Da die Bundesregierung gerade als staatsleitendes Organ tätig wird, handelt sie darüber hinaus in Ausübung eines öffentlichen Amtes, nämlich des Amtes „Staatsleitung durch Information".

Die im vorherigen Abschnitt skizzierten Amtspflichten erfüllen auch die Voraussetzung der Drittgerichtetheit. Denn ihre Verletzung stellt einen Eingriff in Art. 12 GG dar, sodass der Individualbezug ohne Weiteres zu bejahen ist.

Schwierigkeiten kann allerdings die Frage der Kausalität bereiten. Denn es muss nachgewiesen werden, dass gerade das Handeln der Bundesregierung den eingetretenen Schaden, etwa die Umsatzeinbußen, herbeigeführt hat. Haben indes bereits die Medien ausführlich über die Problematik berichtet und reiht sich die Bundesregierung nur in den Chor der Warnenden ein, so muss die Kausalität verneint werden, weil dann die Umsatzeinbußen bereits durch die schon zuvor erfolgten Mediendarstellungen verursacht wurden.[638]

Auch die Voraussetzung des Verschuldens ist nicht unproblematisch. Die Bundesregierung hat nämlich bei der Staatsleitung einen weiten Einschätzungs- und Beurteilungsspielraum, der sich sowohl auf das „Ob" als auch auf das „Wie" der Informationstätigkeit erstreckt.[639] Von einer subjektiven Pflichtwidrigkeit kann daher nur ausgegangen werden, wenn die Grenzen des Beurteilungsspielraums überschritten sind,[640] es mithin für ein oder mehrere Mitglieder der Bundesregierung zwingend erkennbar war, dass sie nicht oder nicht so informieren dürfen.

Ist die Information inhaltlich falsch, lässt sich das Verschulden in drei Fällen bejahen: Zum Ersten kann es dann angenommen werden, wenn der Sachverhalt nicht korrekt ermittelt wurde, also der notwendige wissenschaftliche Sachverstand nicht einbezogen wurde oder der Entscheidungsprozess nicht strukturiert und überlegt abgelaufen ist, sodass dem Organ der Vorwurf des Organisationsverschuldens gemacht werden kann. Zum Zweiten liegt ein Verschulden dann vor, wenn trotz Unsicherheiten bei der Ermittlung die Information als sicher verbreitet und nicht auf die verbleibenden Ungewissheiten hingewiesen wurde. Und zum Dritten schließlich muss von einem Verschulden ausgegangen werden, wenn eine als unrichtig erkannte Information nicht zurückgezogen oder sogar weiterverbreitet wurde. Dem steht gleich, wenn eine ursprünglich richtige Information aufgrund von tatsächlichen Veränderungen mittlerweile unrichtig geworden ist, die Bundesregierung aber dennoch keine Entwarnung gibt und die unrichtige Information weiterhin Wirkung entfaltet. In allen diesen Fällen liegt die Pflichtwidrigkeit greifbar auf der Hand.

---

[638] Vgl. OLG Düsseldorf VersR 1994, 96 – *Hormonskandal*.
[639] BVerfG NJW 2002, 2621, 2623 („soweit sie dies zur Problembewältigung für erforderlich hält"); *P. M. Huber*, JZ 2003, 290, 293.
[640] *Maurer* § 26, Rn. 18.

1035 Der in § 839 Abs. 3 BGB normierte Vorrang des Primärrechtsschutzes, d.h. die Obliegenheit, gegen die rechtswidrige Informationstätigkeit der Bundesregierung Rechtsmittel einzulegen, wird nur selten zum Tragen kommen. In Betracht kommen zwar eine verwaltungsgerichtliche Unterlassungsklage[641] gegen drohende Informationstätigkeit der Bundesregierung oder eine allgemeine Leistungsklage auf Widerruf[642] der Information, evtl. verbunden mit einstweiligen Anordnungen nach § 123 Abs. 5 VwGO. Ersteres scheitert indes schon aus faktischen Gründen regelmäßig daran, dass dem Betroffenen nicht bekannt sein wird, dass die Bundesregierung eine bestimmte Information verbreiten wird; überdies ist fraglich, ob der Verwaltungsrechtsweg eröffnet ist, weil die Bundesregierung gerade als staatsleitendes Organ tätig wird. Und die Klage auf Widerruf wird keinen praktischen Nutzen haben, weil sie regelmäßig zu spät kommt, wenn und weil der Schaden durch das nur schwer revidierbare Verbraucherverhalten bereits eingetreten ist.

F. Staatliche Haftung für Verstöße gegen das Datenschutzrecht infolge der Verwendung von EDV und IuK-Technologie

1036 Die öffentliche Verwaltung setzt die elektronische Datenverarbeitung (EDV) zur Erfüllung ihrer Aufgaben bereits seit Ende der 50er Jahre des letzten Jahrhunderts ein.[643] Jedoch bringt die Informations- und Kommunikationstechnologie erst in den letzten Jahren entscheidende Veränderungen für Struktur und Handlungsformen der Verwaltung. Kennzeichnend hierfür ist die Ablösung der Verwaltung vom Informationsträger Papier und eine Wandlung von der Papierverwaltung zur elektronischen Verwaltung.[644]

1037 Zunehmende Bedeutung erlangen elektronische Register wie das elek-tronische Handelsregister[645] und das elektronische Grundbuch[646]. Durch das Dritte Verwaltungsverfahrensänderungsgesetz (3. VwVfÄG)[647] wurde u. a. mit der Einführung des elektronischen Verwaltungsakts und der Anerkennung der elektronischen Form das elektronische Verwaltungsverfahren ermöglicht.[648] Das Vierte Verwaltungsverfahrensänderungsgesetz (4. VwVfÄndG)[649] hat mit § 71e VwVfG einen Anspruch auf Durchführung eines elektronischen Verwaltungsverfahrens eingeführt.

1038 Unter dem Oberbegriff „Electronic Government"[650] wird eine Vielzahl von Projekten umgesetzt, die das Verwaltungshandeln erleichtern und beschleunigen sollen.

---

[641] *Kopp/Schenke*, Vorb § 40 VwGO, Rn. 4.
[642] *Kopp/Schenke*, Vorb § 40 VwGO, Rn. 4.
[643] Vgl. hierzu und zum Faktor technischer Möglichkeiten in der Verwaltung *Wolf/Bachof/Stober*, Verwaltungsrecht I, § 5 VII. Zur Verwaltungsautomation allgemein *Maurer*, § 18, Rn. 1 ff.
[644] Vgl. *Roßnagel*, NJW 2003, 469, 470.
[645] Hierzu *Bergmann*, K&R 2003, 228.
[646] Hierzu *Göttlinger*, DNotZ 2002, 743.
[647] BGBl. I 2002 S. 2322. Zeitgleich haben viele Länder ihre Verwaltungsverfahrensgesetze angepasst, etwa durch das ebenfalls zum 1.2.2003 in Bayern in Kraft getretene Gesetz zur Stärkung elektronischer Verwaltungstätigkeit, GVBl. 2002, 962. Ausführlich dazu: *Deubert*, BayVBl. 2003, 426.
[648] Hierzu *Roßnagel*, NJW 2003, 469; *Schlatmann*, LKV 2002, 489.
[649] Das Gesetz ist zum 18.12.2008 in Kraft getreten.
[650] Eine allgemeingültige Definition ist hierzu noch nicht gefunden. Im wesentlichen wird unter „Electronic Government" bzw. „E-Government" wohl ganz allgemein das IT-gestützte Handeln des öffentlichen Sektors zu verstehen sein. Zur Praxis im Verwaltungsalltag *Heckmann*, K&R 2003, 425; zur Modernisierung der Verwaltung durch eGovernment: *Schuppan/Reichard*, LKV 2002, 105; zur historischen Entwicklung des eGovernment: *Boehme-Neßler*, NVwZ 2001, 374, 375. Zu den rechtlichen Rahmenbedingungen für eGovernment siehe das *E-Government Handbuch* des Bundesamtes für Sicherheit in der Informationstechnik (BSI), http://www.bsi.de.

12. Kapitel. Amtshaftung im Bereich des Öffentlichen Informationsrechts

2003 haben Bund und Länder die gemeinsame E-Government-Strategie Deutschland-Online beschlossen, deren Ziel es ist, eine effizientere Verwaltung zu schaffen, indem bestimmte Verwaltungsvorgänge unter Nutzung der Informationstechnik vereinfacht und automatisiert werden. Im Rahmen des Projektes „Bund Online 2005" hat die Bundesverwaltung zum Ende des Jahres 2005 insgesamt 440 internetfähige „Dienstleistungen" online zur Verfügung gestellt.[651] Hierzu zählen Leistungen in folgenden Bereichen: Bereitstellung von Informationen, Beratung, die Vorbereitung politischer Entscheidungen, Zusammenarbeit mit Behörden, Antragsverfahren, Förderungen, Beschaffungsvorhaben[652] und Durchführung von Aufsichtsmaßnahmen. Vergleichbare Bestrebungen gibt es auch auf Ebene der Länder[653] und der Kommunen.[654] Aufbauend auf dem Aktionsplan E-Government der europäischen Initiative i2010, den Erfahrungen mit BundOnline 2005 und Deutschland-Online hat der Bund schließlich Ende 2006 das Programm E-Government 2.0 beschlossen, um das Regierungsprogramm Zukunftsorientierte Verwaltung durch Innovation zu konkretisieren. Im Jahr 2009 wurde mit dem neu geschaffenen Art. 91c GG eine stärkere Bund-Länder-Zusammenarbeit etabliert. Nächstes Ziel ist die Ausweitung des E-Government auf verbindlichere Verfahren; dazu gehört der elektronische Identitätsnachweis des neuen Personalausweises und die De-Mail-Infrastruktur.[655] Insgesamt soll eine neue rechtliche Grundlage durch das geplante E-Governement-Gesetz (EGovG)[656] geschaffen werden.

1039 Mit dem zunehmenden Einsatz[657] der Informations- und Kommunikationstechnologien insbesondere im Bereich des hoheitlichen Handelns mehren sich für die Verwaltung aber auch die technologietypischen Risiken und rechtlichen Probleme. Besonders das Datenschutzrecht gewinnt wegen der gesteigerten Gefahr der missbräuchlichen Verarbeitung personenbezogener Daten besondere Bedeutung. Die technischen Möglichkeiten, Informationen in jedem Umfang zu speichern, an jedem gewünschten Ort verfügbar zu halten und abzurufen und mit anderen Informationen zu verknüpfen, sind eine potentielle Gefährdung für die Persönlichkeitsrechte der betroffenen Personen.[658] Bei Verletzung von Datenschutzbestimmungen, die unmittelbar den Schutz der personenbezogenen Daten des Einzelnen bezwecken, kommen Amtshaftungsansprüche der Betroffenen gem. § 839 BGB i.V.m. Art. 34 GG in Betracht. Zudem finden sich in den Datenschutzgesetzen bislang nur wenig beachtete Anspruchsnormen, die dem Betroffenen eine im Vergleich zur Amtshaftung wesentlich einfachere Durchsetzung von Schadensersatzansprüchen ermöglichen.

1040 Die Datenschutzgesetze sehen zur Sicherung des „Rechts auf informationelle Selbstbestimmung"[659] bzw. dem „Grundrecht auf Datenschutz"[660] neben Informa-

---

[651] Vgl. die eGovernment Initiative des Bundes vom September 2000: http://www.bundonline 2005.de.
[652] Hierzu *Heckmann*, K&R 2003, 97.
[653] Vgl. die eGovernment Initiative der Bayerischen Staatsregierung unter: http://www.bayern.de.
[654] Vgl. http://www.idw-online.de. Media@Komm geht auf eine Initiative der Bundesregierung aus dem Jahr 1998 zurück, die den Aufbau von virtuellen Rathäusern in Städten und Gemeinden unter Verwendung der elektronischen Signatur fördert.
[655] S. dazu www.cio.bund.de.
[656] Vgl. Gesetzentwurf vom 21.9.2012, BT-Drs. 557/12.
[657] Siehe dazu die Studie zur Nutzung und Akzeptanz von elektronischen Bürgerdiensten eGovernement Monitor 2011, abrufbar unter www.initiatived21.de
[658] Einen guten Überblick über die möglichen Bedrohungen bietet das *E-Government Handbuch* des Bundesamtes für Sicherheit in der Informationstechnik (BSI), *Modul: Datenschutzgerechtes E-Government*, S. 24 ff, abrufbar unter: www.bsi.de.
[659] BVerfGE 65, 1 (Volkszählung).

tions-, Auskunfts-, Berichtigungs- und Löschungsansprüchen auch Schadensersatzansprüche des Betroffenen vor.

1041 Das BDSG[661] enthält insofern zwei Anspruchsnormen, die für den Geschädigten erhebliche Erleichterungen bei der Anspruchdurchsetzung bringen, sich in Anspruchsvoraussetzungen und Rechtsfolgen aber nicht unerheblich voneinander unterscheiden.[662] § 7 BDSG sieht eine Verschuldenshaftung vor, weist jedoch der verantwortliche Stelle die Beweislast dafür zu, dass sie kein Verschulden trifft. § 8 BDSG enthält demgegenüber einen echten Gefährdungshaftungstatbestand bei automatisierter Datenverarbeitung durch öffentliche Stellen.

I. Verschuldensabhängige Haftung nach § 7 BDSG

1042 Durch die Neufassung des § 7 BDSG im Zuge der Umsetzung der EG- Datenschutzrichtlinie[663] ist im BDSG erstmals eine eigenständige Verschuldenshaftung geschaffen worden. Die Bestimmung sieht aber eine Umkehr der Beweislast vor, der zufolge die verantwortliche Stelle nachzuweisen hat, dass sie kein Verschulden trifft.

1043 Fügt eine verantwortliche Stelle einem Betroffenen durch eine nach dem BDSG oder nach einer anderen Vorschrift über den Datenschutz unzulässige oder unrichtige Erhebung, Verarbeitung oder Nutzung personenbezogener Daten schuldhaft einen Schaden zu, ist sie oder ihr Träger gem. § 7 Satz 1 BDSG dem Betroffenen zum Schadensersatz verpflichtet. Die Ersatzpflicht entfällt nach § 7 Satz 2 BDSG, soweit die verantwortliche Stelle die nach den Umständen des Falles gebotene Sorgfalt beachtet hat.

1. Schutzgut und Anspruchsberechtigte

1044 „Schutzgut" der Vorschrift sind „personenbezogene Daten". Personenbezogene Daten sind gem. § 3 Abs. 1 BDSG Einzelangaben über persönliche oder sachliche Verhältnisse einer bestimmten oder bestimmbaren natürlichen Person.[664]

1045 „Betroffene" und damit Anspruchsberechtigte gem. § 7 BDSG können damit nur natürliche Personen, nicht aber juristische Personen sein. [665]

2. Verantwortliche Stelle

1046 „Verantwortliche Stelle" ist gem. § 3 Abs. 7 BDSG jede Person oder Stelle, die personenbezogene Daten für sich selbst erhebt, verarbeitet oder nutzt oder dies durch andere im Auftrag vornehmen lässt. Eine öffentliche Stelle haftet folglich gem. § 11 Abs. 1 BDSG auch für Datenschutzverstöße externer Dienstleister, die im Rahmen eines EDV-Outsourcing in Gestalt der Auftragsdatenverarbeitung datenschutzrelevante Aufgaben übernommen haben.

3. Unzulässige oder unrichtige Verarbeitung

1047 „Unzulässig" ist jede unerlaubte Erhebung, Verarbeitung oder Nutzung. Gem. § 4 Abs. 1 BDSG ist die Erhebung, Verarbeitung und Nutzung personenbezogener Da-

---

[660] BVerfGE 85, 386 (Fangschaltung).
[661] BDSG in der Fassung der Bekanntmachung vom 14. Januar 2003, BGBl. I S. 66.
[662] Die Landesdatenschutzgesetze enthalten zum Teil weitergehende Regelungen, etwa Art. 14 BayDSG.
[663] Vgl. Art. 23 der Richtlinie 1995/46/EG des Europäischen Parlaments und des Rates vom 24. Oktober 1995 zum Schutz natürlicher Personen bei der Verarbeitung personenbezogener Daten und zum freien Datenverkehr, ABl. 1995, Nr. L 281, S. 31.
[664] VG Wiesbaden DuD 2011, 142.
[665] *Simitis*, § 7 BDSG, Rn. 9; *Gola/Schomerus*, § 7 BDSG, Rn. 6.

ten nur zulässig, soweit das BDSG oder eine andere Rechtsvorschrift dies erlaubt oder anordnet oder der Betroffene eingewilligt hat. „Unrichtig" ist eine Datenverarbeitung, wenn die Daten nicht mit der Wirklichkeit übereinstimmen, wenn sie unvollständig sind und damit ein falsches Bild über den Betroffenen geben oder wenn sie wegen eines Programmfehlers unrichtig verarbeitet werden. Die Begriffe „unzulässig" und „unrichtig" überschneiden sich, da die Verarbeitung unrichtiger Daten regelmäßig auch unzulässig ist.[666]

Eine unzulässige Datenverarbeitung liegt auch dann vor, wenn personenbezogene Daten an Dritte übermittelt werden, obwohl die Voraussetzungen der §§ 15 f. BDSG nicht vorliegen oder zwischenzeitlich entfallen sind. Die Übermittlung personenbezogener Daten an Dritte setzt die Daten einer potenziell stärkeren Gefährdung aus, da die Daten den Kontext verlassen, in dem sie erhoben und gespeichert wurden. Im neuen Sachzusammenhang können sie ein anderes Gewicht oder einen neuen Informationsgehalt erlangen. 1048

4. Verschulden und Umkehr der Beweislast

Die Haftung nach § 7 BDSG setzt des Weiteren ein Verschulden der verantwortlichen Stelle voraus. Die Ersatzpflicht entfällt jedoch, wenn diese die nach den Umständen des Falles gebotene Sorgfalt beachtet hat. Hinsichtlich des Verschuldens ordnet § 7 Satz 2 BDSG eine Umkehr der Beweislast an. Die verantwortliche Stelle muss also den Entlastungsbeweis hinsichtlich des fehlenden Verschuldens führen. 1049

Ob die gebotene Sorgfalt gewahrt wurde, ist u. a. danach zu beurteilen, ob die verantwortliche Stelle die erforderlichen technischen und organisatorischen Anforderungen gem. § 9 BDSG getroffen hat.[667] Nach einer in der Literatur vertretenen Auffassung soll die gebotene Sorgfalt im Sinne des § 7 Satz 2 BDSG schon dann gewahrt sei sein, wenn sich die getroffenen Maßnahmen nur am unteren Rand des Erforderlichen befinden.[668] Nach Erwägungsgrund 55 der EG-Datenschutzrichtlinie entfällt das Verschulden dagegen nur bei Vorliegen höherer Gewalt und bei eigenem Fehlverhalten des Betroffenen. Der Maßstab ist damit offensichtlich enger. 1050

5. Kausalität und ersatzfähiger Schaden

Der Ersatzanspruch erfasst den Schaden, der als adäquat kausale Folge durch eine unzulässige oder unrichtige Erhebung, Verarbeitung oder Nutzung personenbezogener Daten entstanden ist. Hierbei kommt es – anders als bei dem Anspruch gem. § 8 BDSG – nicht darauf an, ob es sich um automatisierte oder nicht-automatisierte Datenverarbeitung handelt.[669] Der Betroffene muss den Eintritt des Schadens darlegen und beweisen. 1051

Im Schrifttum besteht Uneinigkeit darüber, ob der Betroffene auch den Kausalzusammenhang zwischen dem Verhalten der verantwortlichen Stelle und dem Schaden nachzuweisen hat oder ob umgekehrt die verantwortliche Stelle beweisen muss, dass ein Kausalzusammenhang nicht gegeben ist.[670] 1052

Ersatzfähig ist nur der materielle Schaden. § 7 BDSG gewährt keinen Anspruch auf Ersatz immaterieller Schäden; dies ergibt aus einem Umkehrschluss zu § 8 Abs. 2 BDSG, wo der Ersatz von Nichtvermögensschäden bei schwerer Verletzung 1053

---

[666] *Gola/Schomerus*, § 7 BDSG, Rn. 4.
[667] Vgl. zu den notwendigen Datenschutzmaßnahmen *Gola/Schomerus*, § 9 BDSG, Rn. 10 ff.
[668] *Rossnagel/Wedde*, Handbuch Datenschutzrecht, S. 566, Rn. 92.
[669] *Rossnagel/Wedde*, Handbuch Datenschutzrecht, S. 566, Rn. 91.
[670] *Schaffland/Wiltfang*, § 7 BDSG, Rn. 2 m. w. N.

des Persönlichkeitsrechts ausdrücklich vorgesehen ist. Bei solchen Schäden müssen daher sicherheitshalber zusätzlich Amtshaftungsansprüche geltend gemacht werden, auch wenn sehr fraglich ist, ob nicht die Rechtsprechung zum Schutz des Allgemeinen Persönlichkeitsrechts und die Reform des § 253 BGB zu einer erweiternden Auslegung von § 7 BDSG zwingen.[671]

6. Verjährung

1054   Die Ansprüche aus § 7 BDSG verjähren grundsätzlich drei Jahre, nachdem der Geschädigte den Schaden festgestellt und erfahren hat, gegen wen der Anspruch zu richten ist, spätestens aber 30 Jahre nach der Datenschutzverletzung, § 195 BGB. § 7 BDSG geht anders als § 8 Abs. 6 BDSG nicht ausdrücklich auf die Verjährung ein, sodass die allgemeinen Verjährungsvorschriften anzuwenden sind.[672]

7. Anforderungen an die Darlegungslast

1055   Der Schutz des verfassungsrechtlich fundierten Rechts auf informationelle Selbstbestimmung wäre unvollständig, wenn es durch schwer oder nicht zu erfüllende verfahrensrechtliche Anforderungen ausgehöhlt werden könnte. Im Einzelfall können daher die vom Betroffenen vorgetragenen Indizien einen prima-facie-Beweis hinsichtlich der Kausalität der Datenschutzverletzung für den Schaden begründen.[673] Die verantwortliche Stelle ist auch zu einer verstärkten Mitwirkung im Sinne einer Umkehr der subjektiven Darlegungslast verpflichtet, wenn der Betroffene Anhaltspunkte für einen Datenschutzverstoß dargelegt hat.[674]

II. Gefährdungshaftung bei automatisierter Datenverarbeitung nach § 8 BDSG

1056   § 8 BDSG sieht eine Gefährdungshaftung[675] öffentlicher Stellen für materielle und immaterielle Schäden infolge einer unzulässigen oder unrichtigen automatisierten Datenverarbeitung vor. Auch die Haftung für technisches Versagen und Softwarefehler wird erfasst.[676] Diese Sonderhaftungsnorm des öffentlichen Rechts wird wie ihre Vorgängernorm im haftungsrechtlichen Schrifttum nur wenig beachtet.[677]

1057   Grundlage der Gefährdungshaftung ist der Einsatz einer zwar erlaubten aber gleichwohl „gefährlichen" Technik.[678] Dem Betroffenen soll es in Anbetracht der komplexen, für Außenstehende kaum noch nachvollziehbaren Vorgänge bei der automatisierten Datenvereinbarung nicht zugemutet werden, dem Betreiber ein Verschulden nachweisen zu müssen.

1058   Fügt eine verantwortliche öffentliche Stelle dem Betroffenen durch eine nach dem BDSG oder nach einer anderen Vorschrift über den Datenschutz unzulässige oder unrichtige automatisierte Erhebung, Verarbeitung oder Nutzung seiner personenbezogenen Daten einen Schaden zu, ist ihr Träger dem Betroffenen gem. § 8 Abs. 1 BDSG unabhängig von einem Verschulden zum Schadensersatz verpflichtet.

---

[671] *Simitis*, § 7 BDSG, Rn. 33.
[672] *Simitis*, § 7 BDSG, Rn. 48.
[673] *Däubler/Klebe/Wedde/Weichert*, § 7 BDSG, Rn. 18.
[674] *Däubler/Klebe/Wedde/Weichert*, § 7 BDSG, Rn. 18.
[675] *Schaffland/Wiltfang*, § 8 BDSG, Rn. 4 m.w.N.
[676] Vgl. *Taeger*, RDV 1996, 77, 80.
[677] *Taeger*, RDV 1996, 77, 80 (zu § 7 BDSG a.F.).
[678] *Schaffland/Wiltfang*, § 8 BDSG, Rn. 4.

Bei einer schweren Verletzung des Persönlichkeitsrechts ist dem Betroffenen gem. § 8 Abs. 2 BDSG der Schaden, der nicht Vermögensschaden ist, angemessen in Geld zu ersetzen.

Ansprüche nach § 8 Abs. 1 und Abs. 2 BDSG sind gem. § 8 Abs. 3 BDSG insgesamt auf einen Betrag von 130.000 € begrenzt.

1. Schutzgut und Anspruchsberechtigte

„Schutzgut" der Vorschrift sind wie bei § 7 BDSG „personenbezogene Daten". „Betroffene" und damit Anspruchsberechtigte gem. § 8 BDSG sind damit ebenfalls nur natürliche Personen, nicht aber juristische Personen.[679]

2. Verantwortliche Stelle

Handelnde Stelle muss eine „verantwortliche öffentliche Stelle" sein. Der Begriff der öffentlichen Stelle ist in § 2 BDSG definiert. Die Definition für die „verantwortliche Stelle" findet sich in § 3 Abs. 7 BDSG. Schädigende Stelle kann auch ein öffentlich-rechtliches Wettbewerbsunternehmen sein.[680]

Die öffentlichen Stellen müssen auch als Auftraggeber Schadensersatz leisten, wenn die den Schaden verursachende Datenverarbeitung bei der Auftragsdatenverarbeitung durch einen Dritten erfolgte. Der Auftraggeber bleibt gem. § 11 Abs. 1 BDSG auch bei einer von ihm veranlassten Datenverarbeitung durch einen Dritten haftungsrechtlich verantwortlich.[681]

3. Automatisierte Datenverarbeitung

Der Anspruch setzt eine Schädigung infolge einer automatisierten Datenverarbeitung voraus. Automatisierte Verarbeitung ist gem. § 3 Abs. 2 Satz 2 BDSG die Erhebung, Verarbeitung oder Nutzung personenbezogener Daten unter Einsatz von Datenverarbeitungsanlagen.

§ 8 BDSG findet bei manueller Datenverarbeitung keine Anwendung. Eine Haftung tritt z. B. dann nicht ein, wenn die Daten deshalb unrichtig gespeichert wurden, weil ein Erhebungsbogen fehlerhaft ausgefüllt wurde.[682] Andererseits werden Eingabefehler bereits dem durch die automatisierte Verarbeitung geschaffenen Gefahrenbereich zugeordnet.[683]

4. Unzulässige oder unrichtige Verarbeitung

Die Datenverarbeitung muss des Weiteren unzulässig oder unrichtig sein. „Unzulässig" ist jede unerlaubte Erhebung, Verarbeitung oder Nutzung. Gem. § 4 Abs. 1 BDSG ist die Erhebung, Verarbeitung und Nutzung personenbezogener Daten nur zulässig, soweit das BDSG oder eine andere Rechtsvorschrift dies erlaubt oder anordnet oder der Betroffene eingewilligt hat.

Das Tatbestandsmerkmal „unzulässig" ist i.Ü. im Sinne von „rechtswidrig" zu verstehen; damit ist eine Datenverarbeitung auch unzulässig, wenn die datenverarbeitende Stelle z. B. Daten speichert, ohne die gesetzlich vorgesehene Beteiligung des Betroffenen vorzunehmen.[684]

---

[679] *Schaffland/Wiltfang*, § 8 BDSG, Rn. 9.
[680] *Schaffland/Wiltfang*, § 8 BDSG, Rn. 4a.
[681] Vgl. auch *Taeger*, RDV 1996, 77, 80.
[682] *Schaffland/Wiltfang*, § 8 BDSG, Rn. 10.
[683] Vgl. *Schaffland/Wiltfang*, § 8 BDSG, Rn. 10; *Taeger*, RDV 1996, 77, 81.
[684] *Schaffland/Wiltfang*, § 8 BDSG, Rn. 11.

1068 „Unrichtig" ist jede Verarbeitung falscher, unvollständiger oder durch den Verarbeitungsprozess verfälschter Daten.[685] Insbesondere ein Fehler der zur Datenverarbeitung eingesetzten Computerprogramme kann dazu führen, dass richtige Daten durch Änderung, Vertauschen, Hinzufügen oder Löschen verfälscht und damit unrichtig werden.[686] Die Verarbeitung von „unrichtigen Daten" ist auch „unzulässig".[687]

1069 Sofern ein Programmfehler bewirkt, dass richtige Daten genutzt oder an Dritte übermittelt werden, obwohl die Erlaubnistatbestände gem. § 14 BDSG bzw. § 15 f. BDSG dafür nicht vorliegen oder nicht mehr vorliegen, führt dies zu einer Haftung wegen einer unzulässigen automatisierten Datenverarbeitung gem. § 8 BDSG.[688]

5. Rechtswidrigkeit und Verschulden nicht erforderlich

1070 Rechtswidriges Verhalten als solches ist keine Haftungsvoraussetzung, da die Haftung die „typische Automationsgefährdung"[689] erfassen soll; im Sinne des Erfolgsunrechts muss die Datenverarbeitung aber rechtswidrig sein.

1071 Ein Verschulden der öffentlichen Stelle ist gem. § 8 Abs. 1 BDSG nicht erforderlich. § 8 BDSG sieht keine Exkulpationsmöglichkeit für die öffentlich Stelle vor.[690] Der Geschädigte muss damit lediglich nachweisen, dass ihm eine verantwortliche öffentliche Stelle durch eine unzulässige bzw. unrichtige Datenverarbeitung adäquat kausal ein Schaden zugefügt hat.[691]

6. Ersatzfähiger materieller und immaterieller Schaden; Haftungshöchstgrenze

1072 Ersatzfähig ist gem. § 8 Abs. 1 BDSG der materielle Schaden, gem. § 8 Abs. 2 BDSG bei besonders schweren Verletzungen des Persönlichkeitsrechts auch der immaterielle Schaden. Der Betroffene kann danach insbesondere Schmerzensgeld verlangen.

1073 Allerdings ist die Haftung für materielle und immaterielle Schäden gem. § 8 Abs. 3 BDSG insgesamt auf den Betrag von 130.000 € beschränkt. Diese Haftungsbegrenzung wird in Teilen des Schrifttums als unangemessen niedrig kritisiert.[692]

1074 Diese summenmäßige Begrenzung gilt auch bei sog. Serienschäden: Ist aufgrund desselben Ereignisses an mehrere Personen Schadensersatz zu leisten, der insgesamt den Höchstbetrag von 130.000 € übersteigt, so verringern sich die einzelnen Schadensersatzleistungen in dem Verhältnis, in dem ihr Gesamtbetrag zu dem Höchstbetrag steht.

7. Benennung des Schädigers bei Datenpool nicht erforderlich

1075 Sind bei einer automatisierten Verarbeitung mehrere Stellen speicherungsberechtigt (sog. Datenpool) und ist der Geschädigte nicht in der Lage, die speichernde Stelle festzustellen, so haftet gem. § 8 Abs. 4 BDSG jede dieser Stellen. Der Betroffene muss deshalb grundsätzlich nicht den konkreten Verletzer benennen.

---

[685] *Schaffland/Wiltfang*, § 8 BDSG, Rn. 10; ähnlich *Taeger*, RDV 1996, 77, 81.
[686] *Taeger*, RDV 1996, 77, 81.
[687] *Taeger*, RDV 1996, 77, 81.
[688] *Taeger*, RDV 1996, 77, 81.
[689] *Gola/Schomerus*, § 8 BDSG, Rn. 9.
[690] *Schaffland/Wiltfang*, § 8 BDSG, Rn. 4; *Taeger*, RDV 1996, 77, 80 (zu § 7 BDSG a. F.).
[691] *Simitis*, § 8 BDSG, Rn. 14.
[692] Vgl. *Taeger*, RDV 1996, 77, 81 (zu § 7 BDSG a. F.) m. w. N.

8. Mitverschulden

Ein „Mitverschulden" muss sich der Geschädigte gem. § 8 Abs. 5 BDSG in entsprechender Anwendung des § 254 BGB zurechnen lassen; Mitverschulden ist hier untechnisch zu verstehen, weil es auf ein Verschulden des Schädigers gerade nicht ankommt und damit auch nicht von einem Mitverschulden des Geschädigten gesprochen werden kann. Ein Schadensersatzanspruch entfällt demnach etwa, wenn die Unrichtigkeit der Daten selbst verschuldet war, weil der Geschädigte falsche Angaben gemacht hat. 1076

9. Verjährung

Der Anspruch aus § 8 BDSG verjährt gem. § 8 Abs. 6 BDSG i. V. m. § 195 BGB drei Jahre, nachdem der Geschädigte den Schaden festgestellt und auch erfahren hat, gegen wen der Anspruch zu richten ist. 1077

III. Weitere Anspruchsgrundlagen bei Verstößen gegen Datenschutzbestimmungen

Neben § 7 BDSG und § 8 BDSG kommen als weitere Anspruchsgrundlagen bei hoheitlicher Tätigkeit insbesondere der Amtshaftungsanspruch gem. § 839 BGB i. V. m. Art. 34 GG und im fiskalischen Bereich §§ 280 ff., 311 BGB bei vorvertraglicher bzw. §§ 280 ff. BGB bei vertraglicher Pflichtverletzung sowie §§ 823 ff., 31, 89 bzw. 831 BGB bei deliktischer – nicht-hoheitlicher – Schädigung in Betracht.[693] 1078

§ 7 BDSG und § 8 BDSG sind nicht abschließend gegenüber anderen Anspruchsgrundlagen.[694] 1079

Das bei anderen Anspruchsgrundlagen stets vorausgesetzte Verschulden kann insbesondere in einem Organisationsverschulden bestehen. Dies dürfte regelmäßig dann vorliegen, wenn die nach § 9 BDSG erforderlichen technischen und organisatorischen Maßnahmen zum Schutz der personenbezogenen Daten nicht getroffen wurden.[695] 1080

IV. Rechtsweg

Schadensersatzansprüche aus § 7 BDSG sind vor den ordentlichen Gerichten geltend zu machen, § 40 Abs. 2 Satz 1 VwGO. 1081

Dies gilt auch für Ansprüche aus § 8 BDSG. Nach der Rechtsprechung des BGH sind Ansprüche aus Gefährdungshaftung vor den ordentlichen Gerichten geltend zu machen.[696] Gleichwohl ist die Anwendbarkeit des § 40 Abs. 2 Satz 1 VwGO auf Ansprüche aus Gefährdungshaftung nicht unumstritten.[697] Aus diesem Grund wäre eine Klarstellung des Gesetzgeber in § 8 BDSG wünschenswert gewesen. Wie sich jedoch aus der Gesetzgebungshistorie ergibt, hielt der Gesetzgeber eine entsprechende Regelung für verzichtbar, da die Anwendbarkeit des § 40 Abs. 2 Satz 1 VwGO als selbstverständlich vorausgesetzt wurde. 1082

---

[693] *Gola/Schomerus*, § 7 BDSG, Rn. 17 ff.; *Schaffland/Wiltfang*, § 7 BDSG, Rn. 5 ff. mit Beispielen.
[694] *Gola/Schomerus*, § 8 BDSG, Rn. 2.
[695] *Simitis*, § 7 BDSG, Rn. 61.
[696] BGHZ 55, 180, 182.
[697] Vgl. *Kopp/Schenke*, § 40 VwGO, Rn. 70.

1083 Die Vorgängervorschrift des § 8 BDSG, § 7 BDSG a. F. enthielt eine ausdrückliche Regelung zum Rechtsweg. Diese wurde im Gesetzgebungsverfahren zunächst aufgegriffen: Der Gesetzentwurf der Bundesregierung vom 18.8.2000 (BR-Drs. 461/00) stellte in § 7 Abs. 4 E-BDSG fest, dass der Rechtsweg zu den ordentlichen Gerichten offen steht. § 8 Abs. 3 E-BDSG besagte dann, dass § 7 Abs. 2 bis 4 E-BDSG entsprechend anzuwenden sind. Die darauf folgenden Empfehlungen des Innenausschusses verlangten demgegenüber, § 7 Abs. 4 E-BDSG zu streichen, da § 7 E-BDSG einen deliktischen Anspruch normiere, sodass §§ 823 ff. BGB gelten, weshalb unproblematisch der Rechtsweg zu den ordentlichen Gerichten eröffnet sei und § 7 Abs. 2 bis 4 E-BDSG überflüssig wären. Allerdings sollte in einem neuen § 8 VIII E-BDSG klargestellt werden, dass der Rechtsweg zu den ordentlichen Gerichten offen stehe, denn bei Schadensersatzansprüchen gegen öffentliche Stellen sei es nicht zwingend, dass der Rechtsweg zu den ordentlichen Gerichten gegeben sei. Der neue Gesetzentwurf der Bundesregierung vom 13.10.2000 (Drs. 14/4329) änderte jedoch den ursprünglichen Entwurf nicht ab. Der Bundesrat blieb demgegenüber in seiner Stellungnahme zu diesem geänderten Gesetzentwurf (Drs. 14/4329) bei seiner Auffassung.

1084 Erst die Gegenäußerung der Bundesregierung vom 31.10.2000 (Drs. 14/4458) brachte die Änderung, die nunmehr geltendes Recht ist. Danach wurden sowohl § 7 Abs. 4 E-BDSG als auch der vom Bundesrat vorgeschlagene § 8 VIII E-BDSG als unnötig erachtet, da sich die Zuständigkeit der ordentlichen Gerichte schon aus § 40 Abs. 2 Satz 1 VwGO ergebe, der sinngemäß auch für Ansprüche aus Gefährdungshaftung gilt. Infolgedessen enthält das neue BDSG keine Regelung mehr zum Rechtsweg. Dem stimmte der Innenausschuss in seiner Beschlussempfehlung vom 4.4.2001 (Drs. 14/5793) mit der Erwägung zu, § 7 Abs. 2 bis 4 E-BDSG hätten nur deklaratorische Bedeutung, sodass sie entfallen könnten.

13. Kapitel. Amtshaftung im Bereich der Wirtschaftsaufsicht

Im Zuge einer immer weiter voranschreitenden Vernetzung von Wirtschaftsunternehmen über die Ländergrenzen hinweg steigen auch die Anforderungen an die Wirtschaftsaufsicht. Exemplarisch hierfür ist die Situation bei den Finanzdienstleistungsunternehmen, was die weltweite Finanzkrise eindrücklich vor Augen geführt hat. Die mit dieser Ausweitung der Aufgaben einhergehende Haftungszunahme hat den Gesetzgeber aber bewogen, erhebliche Restriktionen bei der Ausgestaltung des Drittschutzes der zu beachtenden Amtspflichten zu erlassen und damit das Haftungsrisiko praktisch auszuschließen.

1085

A. Finanzdienstleistungsaufsicht

I. Amtspflichten

Der Bundesanstalt für Finanzdienstleistungsaufsicht obliegen umfangreiche Amtspflichten bei der Prüfung der von ihr zu beaufsichtigenden Finanzdienstleistungsinstitute. Im Falle einer rechtswidrigen Schließung eines Kreditinstituts sind daher Amtshaftungsansprüche möglich.[698]

1086

Gegenüber mittelbar Betroffenen, wie etwa Bankkunden oder Unternehmensgläubigern, kommt diesen Amtspflichten dagegen keine drittschützende Wirkung zu. Vielmehr werden diese Amtspflichten nach § 4 Abs. 4 FinDAG[699] ausschließlich im öffentlichen Interesse wahrgenommen.[700] Wegen der beträchtlichen Haftungsrisiken hat der Gesetzgeber die Drittbezogenheit ausdrücklich ausgeschlossen, nachdem der BGH zu dem Ergebnis gekommen war, dass die allgemeine Bankenaufsicht nicht nur die Funktionsfähigkeit des Kreditapparates bewahren, sondern zugleich auch die Einlagegläubiger der beaufsichtigten Kreditinstitute schützen soll.[701]

1087

Entsprechende Regelungen finden sich in § 81 Abs. 1 Satz 3 VAG für die Versicherungsaufsicht und in § 3 Abs. 3 BörsG für die Börsenaufsicht. Auch hier bestehen daher keine Amtspflichten gegenüber dem einzelnen Versicherungsnehmer oder gegenüber oder dem materiell von einer Versicherung Begünstigten.[702] Auch der einzelne Anleger fällt nicht in den Schutzbereich der bei Zulassung von Wertpapieren[703] oder Aussetzung des Terminhandels[704] zu beachtenden Amtspflichten.

1088

Gegen die Verfassungsmäßigkeit von § 4 Abs. 4 FinDAG bestehen allerdings erhebliche Bedenken, weil nach Art. 34 Satz 1 GG die Amtshaftung für staatliches Handeln nicht völlig ausgeschlossen werden darf.[705] Zudem ist § 4 Abs. 4 FinDAG

1089

---

[698] *Fett*, WM 99, 613, 619.
[699] Vormals § 6 Abs. 4 KWG.
[700] BGH NJW 2005, 742; BGH NJW-RR 2005, 1406; *Häde*, EuZW 2005, 39 ff.
[701] Vgl. BGHZ 74, 144, 147 f.; BGHZ 75, 120, 122 ff.
[702] BGHZ 1958, 96; OLG Frankfurt a. M. VersR 1970, 657.
[703] OLG Frankfurt a. M. NJW-RR 2006, 416.
[704] OLG Frankfurt a. M. ZIP 2001, 730.
[705] Vgl. hierzu *Schenke/Ruthig* NJW 1994, 2324, die von einer teilweisen Unanwendbarkeit des § 6 Abs. 3 KWG a. F. auch unter unionsrechtlichen Gesichtspunkten ausgehen; MünchKommBGB/*Papier*, § 839 BGB, Rn. 252 ff.; *Ossenbühl* (Staatshaftungsrecht), S. 63 f.; nach *Ossenbühl/Cornils* (Staatshaftungsrecht), S. 66 ist dieser Streitpunkt „für die Praxis erledigt".

unter dem Gesichtspunkt der Normenklarheit sehr problematisch, weil unter dem Deckmantel der Zweckbestimmung von Amtspflichten der Sache nach ein totaler Haftungsausschluss verfügt wird. Der BGH hat den Ausschluss des Drittschutzes aber auch unter europarechtlichen Gesichtspunkten – einem Urteil des EuGH folgend[706] – akzeptiert.[707]

II. Garantiezusage der Bundesregierung im Zuge der Finanzmarktkrise

1090   Vor dem Hintergrund eines drohenden Zusammenbruchs großer deutscher Banken hatte die Bundesregierung am 5.10.2008 eine unbeschränkte Garantie für alle Spareinlagen in Deutschland gegeben. Bundesfinanzminister Steinbrück erklärte dabei, dass „die Sparerinnen und Sparer in Deutschland nicht befürchten müssen, einen Euro ihrer Einlagen zu verlieren".[708] Bundeskanzlerin Merkel wird mit den Worten zitiert: „Wir sagen den Sparerinnen und Sparern, dass ihre Einlagen sicher sind. Auch dafür steht die Bundesregierung ein."[709]

1091   Die Parlamentarische Staatssekretärin im Bundesministerium der Finanzen Kressl hat dagegen auf eine schriftliche Frage von MdB Ströbele[710] in ihrer schriftlichen Antwort ausgeführt, dass die Erklärung der Bundeskanzlerin und des Bundesfinanzministers vom 5.10.2008 eine politische Erklärung darstellte, mit welcher die Bundesregierung versichere, dass die privaten Spareinlagen der Bürgerinnen und Bürger auch im äußerst unwahrscheinlichen Fall des Versagens der bestehenden Sicherungssysteme gesichert sind. Hieraus lasse sich aber für die Bürger keine rechtsverbindliche und damit selbstständig einklagbare Garantieerklärung ableiten.[711]

1092   Indes ist sehr zweifelhaft, ob nach dem Empfängerhorizont gemäß §§ 133, 157 BGB tatsächlich keine verbindliche Garantieerklärung vorliegt. Selbst wenn aber davon ausgegangen werden sollte, dass eine Garantieerklärung nicht abgegeben werden sollte, handelt es sich bei der Erklärung der Bundesregierung jedenfalls um eine Zusage, die auch mündlich abgegeben werden kann. Anders lässt sich die Formulierung „einstehen", die die Bundeskanzlerin verwendet hatte, nur schwerlich deuten. Sollte die Zusage im Schadensfall dann nicht eingehalten werden, wären Amtshaftungsansprüche begründet.[712]

B. Gewerberecht

I. Amtspflichten

1093   Bei der Behandlung von Anträgen auf Erteilung einer gewerberechtlichen Erlaubnis haben Amtsträger über die allgemeinen Amtspflichten hinaus die besondere Amtspflicht zur raschen Sachentscheidung, wenn eine Rechtsänderung bevorsteht, die sich auf die Genehmigungsfähigkeit der gestellten Anträge auswirken kann.[713]

---

[706] EuGH NJW 2004, 3479.
[707] BGH NJW 2005, 742.
[708] Zitiert nach den Informationsseiten des Bundesfinanzministeriums zur Finanzmarktkrise, www.bundesfinanzministerium.de.
[709] www.bundeskanzleramt.de/Presse
[710] BT-Drs. 16/10 519, Frage 35.
[711] Plenarprotokoll 16/182, S. 19412 (Anlage 14).
[712] A. A. *Roth*, NJW 2009, 566.
[713] BGH NVwZ 1991, 298.

In einem vom BGH entschiedenen Fall beantragte der Geschädigte die Erlaubnis für den 1094
Betrieb einer Spielhalle. Da dem verantwortlichen Amtsträger bekannt war, dass eine Änderung der Spielverordnung bevorstand und das Vorhaben des Geschädigten nur nach Maßgabe der bisherigen Rechtslage genehmigungsfähig war, zögerte er die Entscheidung solange hinaus, bis das Vorhaben wegen des Inkrafttretens der neuen Verordnung nicht mehr im geplanten Umfang genehmigungsfähig war.[714]

Bei Kenntnis oder Erkennbarkeit der Eilbedürftigkeit eines Antrags ist der Amts- 1095
träger auch verpflichtet, bei Einholung notwendiger Auskünfte von einer anderen Fachabteilung auf die Eilbedürftigkeit der Angelegenheit hinzuweisen. So stellt ein Zeitraum von elf Tagen für die Einholung einer Rechtsauskunft beim Rechtsamt der zuständigen Behörde eine unnötige Verzögerung dar. Den verantwortlichen Amtsträger trifft zugleich die Pflicht, die Fragestellung hinreichend präzise zu formulieren, um eine Verzögerung bei der Bearbeitung zu verhindern. Steht eine Rechtsänderung bevor, die sich auf die Genehmigungsfähigkeit der gestellten Anträge auswirken kann, ist der Amtsträger nach Maßgabe dieser Pflichten gehalten, dem Begehren des Antragstellers zum Erfolg zu verhelfen, auch wenn das beantragte Vorhaben den Intentionen der neuen Rechtslage zuwiderläuft.[715]

II. Drittbezogenheit der Amtspflicht

Verzögerte Entscheidungen über die beantragte Genehmigung eines Gewerbebe- 1096
triebs verletzen eine dem Antragsteller gegenüber obliegende Amtspflicht.[716]

Demgegenüber sind die Amtspflichten, die bei Einschaltung einer anderen Behörde 1097
in einem rein innerdienstlichen Vorgang zu beachten sind, jedenfalls nach früherer Rechtsprechung nicht drittschützend. Dementsprechend ist die Amtspflicht staatlicher Gewerbeaufsichtsämter, immissionsschutzrechtliche Belange im Baugenehmigungsverfahren zu prüfen, keine drittbezogene Amtspflicht gegenüber den Beteiligten des Baugenehmigungsverfahrens, weil diese gegenüber dem Gewerbeaufsichtsamt keine „Dritten" darstellen.[717] Nach neuester Rechtsprechung kommt es jedoch für den Drittschutzcharakter darauf an, ob bei einem Zusammenwirken mehrerer Ämter dergestalt, dass die eine Behörde nur intern für die andere tätig wird und nur letztere nach außen in Erscheinung tritt, die wahrzunehmenden Amtspflichten gebieten, auf schutzwürdige Interessen eines erkennbar abgegrenzten Kreises Dritter in qualifizierter und zugleich individualisierbarer Weise Rücksicht zu nehmen.[718] Eine pauschale Verneinung des Drittschutzes ist also in diesen Fällen nicht mehr möglich.

III. Verschulden

Hat ein Kollegialgericht in einem verwaltungsgerichtlichen Verfahren die Versa- 1098
gung einer Gewerbeerlaubnis für rechtmäßig erklärt, lässt sich im Regelfall kein Schuldvorwurf gegen den verantwortlichen Amtsträger erheben, sodass ein Amtshaftungsanspruch des Gewerbetreibenden ausscheidet.[719] Dieser Grundsatz greift jedoch dann nicht ein, wenn besondere Umstände dafür sprechen, dass der Beamte es „besser" als das Kollegialgericht hätte wissen müssen.[720]

---

[714] BGH NVwZ 1991, 298.
[715] BGH NVwZ 1991, 298.
[716] Für Erlaubnisse für den Betrieb von Spielhallen vgl. BGH NVwZ 1991, 298.
[717] BGH NVwZ 1991, 707.
[718] BGHZ 146, 365, 368 – Gutachterausschuss.
[719] BVerwG NVwZ 1992, 378 – Spielhallenerlaubnis.
[720] BVerwG NVwZ 1991, 270 m. w. N.

C. Gaststättenrecht

I. Amtspflichten

1099 Wird eine gaststättenrechtliche Erlaubnis nach §§ 2, 4 GastG schuldhaft rechtswidrig versagt oder unter schuldhafter Verzögerung erteilt, kommt ein Amtshaftungsanspruch des Antragstellers in Betracht.[721] Dies gilt insbesondere für die Pflicht zur sachgerechten Entscheidung, die auch durch eine stattgebende Entscheidung verletzt werden kann.[722] Die Amtspflicht geht allerdings nicht so weit, den Antragsteller in seinen Planungen zu kontrollieren und ihn vor Vermögensnachteilen zu bewahren.[723]

II. Drittbezogenheit der Amtspflicht

1. Zuverlässigkeitsprüfung gem. § 4 Abs. 1 Satz 1 Nr. 1 GastG

1100 Gem. § 4 Abs. 1 Satz 1 Nr. 1 GastG ist die Erlaubnis zum Betrieb eines Gaststättengewerbes zu versagen, wenn Tatsachen die Annahme rechtfertigen, dass der Antragsteller die für den Gewerbebetrieb erforderliche Zuverlässigkeit nicht besitzt. Die sich hieraus ergebende Amtspflicht der Behörde zur Prüfung der Zuverlässigkeit des Antragstellers bezweckt allein den Schutz der Allgemeinheit, nicht aber den Schutz eines bestimmten Dritten. Personen, die nach Erteilung der Erlaubnis wegen der Unzuverlässigkeit des Gewerbetreibenden einen Schaden erleiden, können aus einer unzureichenden Überprüfung der Zuverlässigkeit des Antragstellers durch die Behörde keinen Amtshaftungsanspruch herleiten.

1101 Das GastG bezweckt mit der der Erlaubniserteilung vorgeschalteten Zuverlässigkeitsprüfung die Verhinderung des Alkoholmissbrauchs, den Schutz der Jugend und der Familie vor den Folgen des Alkoholmissbrauchs sowie den Schutz der Jugend vor Ausbeutung ihres Leichtsinns und ihrer Unerfahrenheit und damit lediglich den Schutz der Allgemeinheit.[724]

1102 **Beispiel:**[725] Beantragt der Pächter einer Gastwirtschaft die Erteilung einer Schankerlaubnis, so dient die Zuverlässigkeitsprüfung nicht dem Schutz des Verpächters vor dem wirtschaftlichen Verlust, den er durch vertragswidriges Verhalten des Pächters erleidet, weil es nicht Aufgabe der Zuverlässigkeitsprüfung ist, dem Verpächter das Erfüllungsrisiko abzunehmen.[726]

1103 Vergleichbares gilt für die Ausstellung eines Führungszeugnisses im Zusammenhang mit der Erlaubniserteilung nach dem GastG. Zwar trifft den Registerführer die Amtspflicht, das Zeugnis richtig und im Rahmen der gesetzlichen Bestimmungen zu erteilen.[727] Das Zeugnis dient aber ausschließlich der Vorbereitung der Entscheidung über den Antrag auf Erteilung der Erlaubnis nach § 2 GastG. Die Amtspflicht des Registerführers zur richtigen Zeugniserteilung besteht allein gegenüber der Empfängerbehörde, nicht aber gegenüber einem „Dritten", der vom Antragsteller geschädigt wird.[728]

---

[721] *Michel/Kienzle/Pauly*, § 4 GastG, Rn. 86.
[722] *Michel/Kienzle/Pauly*, § 4 GastG, Rn. 87 a. E.
[723] Vgl. BGHZ 60, 112, 118 f. (für Erteilung einer Baugenehmigung).
[724] BGH NJW 1981, 2347 f.; *Michel/Kienzle/Pauly*, GastG, Einl., Rn. 13.
[725] BGH NJW 1981, 2347.
[726] *Michel/Kienzle/Pauly*, § 4 GastG, Rn. 87; OLG Saarbrücken, Urt. v. 8.5.2001, Az. 4 U 537/00.
[727] BGH NJW 1981, 2347.
[728] BGH NJW 1981, 2347.

Ein drittschützender Charakter der im Rahmen der Zuverlässigkeitsprüfung bestehenden Pflichten kann auch nicht daraus abgeleitet werden, dass sich die für die Annahme der Unzuverlässigkeit maßgebliche Prognose realisiert hat.[729]   1104

Allerdings kann die staatliche Aufsicht über private Wirtschaftsunternehmen, die grundsätzlich nur der Wahrung der allgemeinen öffentlichen Interessen dient,[730] ausnahmsweise drittschützende Wirkung i. S. d. § 839 BGB entfalten, wenn sich der Dritte an die Erlaubnisbehörde oder an deren vorgesetzte Behörde gewandt hat und dadurch eine besondere Beziehung zwischen Bürger und Behörde begründet worden ist.[731] In diesem Fall trifft die Behörde die Amtspflicht, den Dritten vor gesetzeswidrigen Maßnahmen zu bewahren und – soweit ein Eingriff in seine Rechtssphäre bereits erfolgt ist – für ihre Beseitigung zu sorgen.[732]   1105

Die sich bei der Zuverlässigkeitsprüfung ergebenden Amtspflichten sind darüber hinaus drittbezogen, wenn der Dritte zu dem unzuverlässigen Gewerbetreibenden in Rechtsbeziehungen steht, die kraft Gesetzes begründet sind und vom Dritten nicht einseitig beendet werden können. Dies betrifft insbesondere Sozialversicherungsträger, wenn die Verletzung sozialversicherungsrechtlicher Pflichten die Annahme der Unzuverlässigkeit des Gewerbetreibenden rechtfertigt.[733]   1106

2. Amtspflichten gem. § 4 Abs. 1 Satz 1 Nr. 2 und 3 GastG

Nach § 4 Abs. 1 Satz 1 Nr. 2 GastG ist die Erlaubnis zu versagen, wenn die zum Betrieb des Gaststättengewerbes bestimmten Räume den notwendigen Anforderungen zum Schutz von Beschäftigten und Gästen nicht genügen. Gem. § 4 Abs. 1 Satz 1 Nr. 2a GastG ist die Erlaubnis zu versagen, wenn die zum Betrieb des Gewerbes für Gäste bestimmten Räume von behinderten Menschen nicht barrierefrei genutzt werden können und die Räumlichkeiten in einem Gebäude liegen, für das nach dem 1.11.2002 erstmalig eine Baugenehmigung erteilt wurde. Nach § 4 Abs. 1 Satz 1 Nr. 3 GastG darf die Erlaubnis nicht erteilt werden, wenn der Gewerbebetrieb schädliche Umwelteinwirkungen für die Nachbarschaft befürchten lässt. Diese Vorschriften dienen jeweils dem Schutz eines bestimmten Personenkreises, beispielsweise § 4 Abs. 1 Satz 1 Nr. 3 Alt. 1 GastG dem Schutz der Nachbarschaft.[734] Die Amtspflicht zur nachgereichten Entscheidung über die Erteilung oder Versagung der Erlaubnis ist insoweit drittbezogen.   1107

Trifft die Behörde ihre Versagungs- oder Erlaubnisentscheidung unter Verstoß gegen § 4 Abs. 1 Satz 1 Nr. 2, 2a und 3 GastG, so besteht für einen insoweit geschützten Dritten grundsätzlich die Möglichkeit, einen Amtshaftungsanspruch geltend zu machen.[735]   1108

3. Anordnung von Auflagen gem. § 5 GastG

§ 5 GastG entfaltet drittschützende Wirkung gegenüber dem in dieser Vorschrift aufgeführten Personenkreis.[736]   1109

---

[729] *Michel/Kienzle/Pauly*, § 4 GastG, Rn. 87.
[730] BGHZ 58, 96, 100.
[731] Vgl. BGH NJW 1971, 1699, 1700 m. w. N.
[732] BGH NJW 1971, 1699, 1700; BGH NJW 1956, 1028.
[733] *Michel/Kienzle/Pauly*, § 4 GastG, Rn. 87.
[734] *Metzner*, § 4 GastG, Rn. 341.
[735] Vgl. BGH NJW 1979, 34; *Michel/Kienzle/Pauly*, § 4 GastG, Rn. 87.
[736] BVerwGE 11, 331, 333; BGH NJW 1959, 767 f., jeweils für § 11 GastG a. F., der inhaltlich § 5 GastG entspricht; vgl. auch *Michel/Kienzle/Pauly*, § 5 GastG, Rn. 26; *Metzner*, § 4 GastG, Rn. 337.

1110   Ist die Abwendung von Gefahren für Leben, Gesundheit oder Sittlichkeit der Gäste, Angestellten oder Arbeiter geboten, oder ist ein Schutz der Bewohner des Grundstücks oder der Nachbargrundstücke gegen erhebliche Nachteile oder Belästigungen erforderlich, so obliegt der zuständigen Behörde die Amtspflicht, diesen Gefahren, Nachteilen oder Belästigungen mit entsprechenden Auflagen zu begegnen. Da diese Amtspflicht zur Erteilung von Auflagen gerade den Schutz bestimmter Personen bezweckt, ist sie drittbezogen i. S. d. § 839 BGB.[737]

1111   Hierbei steht es trotz des unklaren Wortlauts von § 5 GastG, wonach einem Gewerbetreibenden Auflagen gemacht werden „können", nicht im Ermessen der Behörde, *ob* sie Auflagen macht (Entschließungsermessen). Vielmehr hat sie unter diesen Umständen, soweit es nach Lage des Falles erforderlich ist, Auflagen zu verfügen;[738] der Wortlaut des § 5 GastG stellt es lediglich in das pflichtgemäße Ermessen der Behörde, die Wahl unter verschiedenen in Betracht kommenden und zur Gefahrenabwehr gleichermaßen geeigneten Auflagen zu treffen (Auswahlermessen).[739]

4. Sperrzeit

1112   Die Pflicht zu sachgemäßer Entscheidung über Abweichungen von der allgemeinen Sperrzeit aufgrund einer Einzelfallanordnung ist eine Amtspflicht i. S. d. § 839 BGB gegenüber dem Gewerbetreibenden, die im Einzelfall auch durch eine stattgebende Entscheidung verletzt werden kann.[740] Sie besteht als drittbezogene Amtspflicht auch gegenüber den Bewohnern des Betriebsgrundstücks und der Nachbargrundstücke.[741]

III. Gaststätten- und Bauordnungsrecht

1113   Amtspflichten nach dem GastG stehen selbständig neben Amtspflichten aufgrund baurechtlicher Genehmigungs- und Prüfungsvorschriften, weil grundsätzlich[742] weder der Gaststättenerlaubnis noch der Baugenehmigung eine Konzentrationswirkung zukommt, die eine anderweitig erforderliche öffentlich-rechtliche Genehmigung in vollem Umfang ersetzen würde.[743] Wegen der Vielzahl der Berührungspunkte von Gaststättenrecht und Bauordnungsrecht ist immer auch die mögliche Verletzung von Amtspflichten zu berücksichtigen, die sich aus baurechtlichen Vorschriften ergeben.

1114   So hat die Gewerbeaufsichtsbehörde im Verfahren auf Erteilung einer gaststättenrechtlichen Erlaubnis die Bauaufsichtsbehörde zu beteiligen. Diese prüft, ob die Ausübung der konkret beantragten gewerblichen Tätigkeiten in den dafür vorgesehenen Räumen bauplanungs- und bauaufsichtsrechtlich zulässig ist.[744] Ist eine erforderliche Baugenehmigung ohnehin be-

---

[737] BGH NJW 1959, 767 f. für § 11 GastG a. F.
[738] *Hoffmann/Pöltl/Seitter*, § 5 GastG, Rn. 16; BGH NJW 1959, 767 f.; BVerwGE 11, 331, 333; zu den im Rahmen des Entschließungsermessens zu berücksichtigenden Erwägungen für die Erforderlichkeit siehe *Michel/Kienzle/Pauly*, § 5 GastG, Rn. 26.
[739] BGH NJW 1959, 767.
[740] *Michel/Kienzle/Pauly*, § 18 GastG, Rn. 31.
[741] *Michel/Kienzle/Pauly*, § 18 GastG, Rn. 32.
[742] § 67 I 2 BbgBauO normiert seit 1.9.2003 eine teilweise Konzentrationswirkung der Baugenehmigung: hiervon nicht erfasst werden persönliche oder so genannte „gemischte" Zulassungen, deren Erteilung auch von der Person des Anlagenbetreibers abhängt (wie etwa eine Gaststättenerlaubnis); vgl. hierzu *Knuth*, LKV 2004, 193 ff.; *Ortloff*, NVwZ 2003, 1218 ff.
[743] *Landmann/Rohmer*, Bd. II, GastG, Anm. 2 d;; beachte aber zur Bindung der Gewerberechtsbehörde durch eine Baugenehmigung hinsichtlich § 4 Abs. 1 Satz 1 Nr. 3 GastG z. B. BVerwG NVwZ 1990, 559; vgl. für Bayern Simon/Busse-*Lechner*, Art. 55 BayBO, Rn. 65, Art. 68, Rn. 219.
[744] Hierbei ist die GastbauV besonders zu berücksichtigen; vgl. dazu auch BVerwG NVwZ 1990, 559.

standskräftig abgelehnt oder steht die baurechtliche Genehmigungsfähigkeit der Gaststätte nicht fest, so kann das Sachbescheidungsinteresse für die Gaststättenerlaubnis fehlen, wenn sich dieses baurechtliche Hindernis schlechthin nicht mehr ausräumen lässt.[745] Außerdem hat die Gewerbeaufsichtsbehörde den bauplanungsrechtlichen Charakter eines Gebiets zu berücksichtigen, um etwa über die Rechtmäßigkeit von Abweichungen bei der Sperrzeit zu entscheiden.[746]

D. Handwerksrecht

Die Wirtschafts- und Berufsaufsicht wird nicht nur durch unmittelbare staatliche Stellen, sondern auch von Trägern mittelbarer Staatsverwaltung ausgeübt, wie dies etwa bei den Handwerkskammern oder den Industrie- und Handelskammern[747] der Fall ist. 1115

I. Amtspflichten gegenüber den Mitgliedern

1. Führung der Handwerksrolle

Die Handwerkskammern führen gemäß § 6 Abs. 1 HwO die Handwerksrolle. Nach § 7 HwO ist eine natürliche oder juristische Person bzw. eine Personengesellschaft als Inhaber eines Betriebes eines zulassungspflichtigen Handwerks auf Antrag in die Handwerksrolle einzutragen, wenn der Betriebsleiter die Voraussetzungen für die Eintragung in die Handwerksrolle erfüllt. Entsprechend ist die Eintragung gemäß § 13 HwO zu löschen, wenn die Eintragungsvoraussetzungen weggefallen sind[748] oder von Anfang an nicht vorlagen. Eine Handwerkskammer handelt demnach amtspflichtwidrig, wenn sie eine Eintragung ablehnt oder verzögert, obwohl die Eintragungsvoraussetzungen vorliegen, oder wenn sie von Amts wegen eine Eintragung löscht, obwohl die Eintragungsvoraussetzungen nicht weggefallen sind bzw. weiterhin bestehen. Ebenfalls handelt sie amtspflichtwidrig, wenn sie eine Eintragung in die Handwerksrolle trotz Fehlens der Eintragungsvoraussetzungen vornimmt oder eine Eintragung trotz Wegfalls der Eintragungsvoraussetzungen nicht löscht. 1116

Geschützter Dritter ist in diesen Fällen zunächst der unmittelbar Betroffene, also der Antragsteller bzw. der Eingetragene. Noch nicht geklärt ist hingegen die Frage, ob auch weitere Personen in den Schutzbereich dieser Amtspflichten einbezogen sind.[749] Richtigerweise dürfte dies nur dann der Fall sein, wenn sich eine besondere Rechtsbeziehung zwischen dem Dritten und der Handwerkskammer, etwa aufgrund einer Beratungsleistung, etabliert hat. 1117

2. Erlass von Beitragssatzungen

Die Handwerkskammern erheben ferner zur Deckung ihrer Ausgaben Beiträge und Gebühren. Rechtsgrundlage für die Beitragserhebung ist § 113 HwO, der den Handwerkskammern die Befugnis zum Erlass von Beitragssatzungen gewährt. Sind diese Satzungen wegen eines Verstoßes gegen höherrangiges Recht insbesondere unter dem Gesichtspunkt der Beitragsgerechtigkeit rechtswidrig und nichtig, erfüllt 1118

---

[745] BVerwG NVwZ 1990, 559. Da in einem solchen Fall aus baurechtlichen Gründen von der Gaststättenerlaubnis kein Gebrauch gemacht werden kann, darf die Gewerberechtsbehörde die Erlaubnis versagen, vgl. Simon/Busse/*Lechner*, Art. 72 BayBO, Rn. 245 (Stand: 87. EL, 2007).
[746] Vgl. z. B. BVerwG NVwZ-RR 1990, 405; vgl. auch VGH Mannheim NVwZ-RR 2003, 745 ff.
[747] Zu deren Amtshaftung OLG Zweibrücken, Urt. v. 28.5.2009, Az. 6 U 1/08.
[748] *Honig/Knörr*, § 13 HwO, Rn. 7 für den Fall der Aufhebung einer Ausnahmebewilligung.
[749] *Tremml/Luber*, GewArch 2007, 393, 396 ff.

dies zugleich den Tatbestand der Amtspflichtverletzung unter dem Gesichtspunkt des normativen Unrechts bei Satzungen.[750] Auch die Drittbezogenheit der Amtspflichten ist bei Beitragssatzungen zu bejahen, da der geschützte Personenkreis sowohl in räumlicher als auch in personaler Hinsicht klar umgrenzt ist. Regelmäßig wird es aber an einem Schaden, der über die Rückerstattung zuviel gezahlter Beiträge einschließlich von Zinsen hinausgeht, fehlen.

II. Amtspflichten im Rahmen der Aufsicht über andere Handwerksorganisationen

1119 Den Handwerkskammern obliegt ferner die Aufsicht über die Handwerksinnungen und Kreishandwerkerschaften, §§ 75, 89 HwO. Zweck der Aufsicht ist es sicherzustellen, dass die Innungen und Kreishandwerkerschaften ihre gesetzlichen und satzungsgemäßen Pflichten ordnungsgemäß erfüllen.[751] Die Handwerkskammern dürfen daher nur dann Aufsichtsmittel ergreifen, wenn diese Aufgabenerfüllung gefährdet ist. Die entsprechenden Amtspflichten entfalten aber regelmäßig keinen Drittschutz zugunsten der Handwerksinnungen und Kreishandwerkerschaften.[752] Zwar hat der BGH entschieden, dass die Kommunalaufsicht eine drittschützende Wirkung zugunsten der Gemeinden entfaltet.[753] Zwischen Gemeinden und Handwerksinnungen bzw. Kreishandwerkerschaften bestehen aber hinsichtlich ihrer staatsrechtlichen Funktion und ihres verfassungsrechtlichen Rechtsstatus derart erhebliche Unterschiede, dass eine Übertragung der Rechtsprechung des BGH ausscheidet. Den Handwerkskammern obliegen daher grundsätzlich keine drittschützenden Amtspflichten gegenüber den Handwerksinnungen und Kreishandwerkerschaften.[754]

E. Freie Berufe

1120 Der Gesetzgeber hat schließlich zahlreiche freie Berufe einer umfassenden Berufsaufsicht unterworfen, etwa Rechtsanwälte mit der Bundesrechtsanwaltsordnung, Steuerberater mit dem Steuerberatungsgesetz, Notare mit der Bundesnotarordnung, Architekten mit den Architektengesetzen und Ärzte und Zahnärzte mit den Ärztegesetzen der Länder. Die dort geregelten Berufszulassungsvoraussetzungen sind von den Berufsorganisationen zu beachten und begründen entsprechende Amtspflichten. Dementsprechend haftet etwa eine Architektenkammer als Körperschaft des Öffentlichen Rechts gegenüber einem Bewerber, wenn sie pflichtwidrig die Eintragung in die Architektenliste verweigert.[755]

1121 Im Einzelfall können diese Amtspflichten auch eine drittschützende Wirkung hinsichtlich weiterer Personen entfalten. Hat sich etwa ein Geschädigter mit Eingaben an die Aufsichtsbehörde gewandt und war diese ohne weiteren Ermessensspielraum zum Handeln verpflichtet, ist der Dritte in den Schutzbereich der Amtspflicht zur ordnungsgemäßen Kontrolle der Aufsichtsunterworfenen verpflichtet.[756] Aufgrund von § 839 Abs. 1 Satz 2 BGB können Amtshaftungsansprüche aber erst dann mit Erfolg geltend gemacht werden, wenn gegen den Berufsträger selbst Ersatzansprüche nicht durchsetzbar sind.

---

[750] *Tremml/Luber*, GewArch 2007, 393, 396.
[751] *Honig/Knörr*, § 75 HwO, Rn. 3.
[752] *Tremml/Luber*, GewArch 2007, 393, 397.
[753] BGH NVwZ 2003, 643, 653.
[754] *Tremml/Luber*, GewArch 2007, 393, 397 auch zu möglichen Ausnahmen.
[755] BGH NVwZ 1992, 298.
[756] BGHZ 135, 354, 364 ff. für den Fall einer Amtsenthebung eines Notars.

14. Kapitel. Amtshaftung im Bereich des Steuerrechts

Angesichts der immer weiter zunehmenden Komplexität des Steuerrechts und des täglichen Massengeschäfts in den Finanzämtern ist es kaum verwunderlich, dass Rechtsanwendungsfehler zu Tage treten. Entsteht dem Steuerpflichtigen dadurch ein Schaden, können Amtshaftungsansprüche geltend gemacht werden. Die Erfolgsaussichten unterscheiden sich dabei je nachdem, ob es um eine Amtshaftung wegen rechtswidriger Steuergesetze, wegen einer Pflichtverletzung im Besteuerungsverfahren oder wegen einer unzutreffenden Auskunft geht.

A. Rechtswidrige Steuergesetzgebung

In der Literatur finden sich wiederholt Ansätze, Amtshaftungsansprüche bei rechtswidrigen Steuergesetzen zu begründen.[757] Ansatzpunkt für die Begründung der Verfassungswidrigkeit des Steuergesetzes ist dabei regelmäßig entweder ein Verstoß gegen das Gleichbehandlungsgebot nach Art. 3 GG oder eine verfassungswidrige Rückwirkung des Gesetzes. Unstreitig liegt darin zwar eine Amtspflichtverletzung. Es fehlt aber an einer drittschützenden Wirkung dieser Amtspflichtverletzung zugunsten der Normunterworfenen, weil der Personenkreis nicht klar umgrenzt ist.[758] Dies gilt auch dann, wenn das Steuergesetz evident verfassungswidrig ist.[759] Denn auch in den Fällen einer evidenten Verfassungswidrigkeit ist der von der Norm betroffene Personenkreis prinzipiell unbeschränkt. Eine Amtshaftung für evident verfassungswidrige Normen könnte daher nur vom Gesetzgeber selbst verfügt werden.[760] Im Übrigen ist ohnehin kaum ein Fall vorstellbar, in dem ein Steuerpflichtiger bereits aufgrund eines Gesetzes selbst ohne weiteren – selbständig angreifbaren – Normvollzug einen Schaden erleidet; eine praktische Relevanz dieses Streits dürfte deshalb ausgeschlossen sein.

1123

B. Rechtswidriges Besteuerungsverfahren

Ungleich haftungsträchtiger ist dagegen die Durchführung des Besteuerungsverfahrens. Zu Amtspflichtverletzungen kann es auf allen Ebenen kommen, angefangen bei der Steuerveranlangung und -festsetzung über das Erhebungs- und Vollstreckungsverfahren bis hin zum Steuerstraf- und Bußgeldverfahren.[761]

1124

I. Amtspflichten

In sämtlichen Stufen des Besteuerungsverfahrens haben die Amtswalter die Amtspflicht zur raschen Sachentscheidung,[762] zur korrekten Ermessensausübung[763] und

1125

---

[757] Vgl. etwa *Kleinert/Podewils*, BB 2008, 2329, 2330 ff.
[758] *Kleinert/Podewils*, BB 2008, 2329, 2331.
[759] A. A. *Kleinert/Podewils*, BB 2008, 2329, 2331 ff.
[760] Dies wäre allerdings kaum sinnvoll, da ein Zivilgericht nicht befugt ist, die Verfassungswidrigkeit eines Gesetzes festzustellen, und deshalb beim BVerfG nicht nur um die Frage der Verfassungswidrigkeit als solcher, sondern auch um die Frage der Evidenz eines Verfassungsverstoßes durch mehrere oberste Verfassungsorgane gestritten werden müsste.
[761] *Wagner*, ZSteu 2011, 337.
[762] BGH VersR 1965, 285; BGH WM 1963, 349; BGH NJW 1955, 297.

zur Gewährung rechtlichen Gehörs gemäß § 91 AO[764] zu beachten. Die Amtspflicht, Veranlagung, Erhebung und Beitreibung nur im Rahmen der gesetzlichen Befugnisse vorzunehmen, entfaltet stets drittschützende Wirkung zugunsten des Steuerpflichtigen.[765]

1. Amtspflichten bei der Steuerveranlagung

1126   Vor dem Erlass eines Steuerbescheids muss das Finanzamt den für die Besteuerung maßgeblichen Sachverhalt von Amts wegen aufklären,[766] den ermittelten Sachverhalt steuerrechtlich zutreffend würdigen, den Steuerpflichtigen gegebenenfalls zu beabsichtigten Abweichungen von der eingereichten Steuererklärung anhören und die festzusetzende Steuer zutreffend ermitteln.[767] Den Amtswalter trifft also eine Amtspflicht zur Sachverhaltsaufklärung auch zugunsten des Steuerpflichtigen.[768] Eine Schätzung nach § 162 AO darf er nur als ultima ratio durchführen.[769] Eine unbegründete Steuerveranlagung ist per se amtspflichtwidrig.[770] Den Amtsträger trifft ferner die Pflicht, die jeweils aktuellen Vorschriften des Steuerrechts anzuwenden und auch die hierzu ergangenen Entscheidungen der Finanzgerichte und des Bundesfinanzhofs in die Prüfung miteinzubeziehen.[771] Dabei kann auch die Nichtanwendung höchstrichterlicher Urteile aufgrund eines Nichtanwendungserlasses eine Amtspflichtverletzung darstellen.[772] Amtshaftungsansprüche sind auch bei einer fehlerhaften EDV-Unterstützung gegeben.[773] Insgesamt ist jede falsche Steuerfestsetzung amtspflichtwidrig.[774]

1127   Betriebsprüfern obliegt die Amtspflicht, die Besteuerungsgrundlagen entsprechend den gesetzlichen Vorschriften festzustellen.[775]

1128   Amtspflichtverletzungen von Betriebsprüfern begründen grundsätzlich aber keinen Drittschutz gegenüber anderen Personen als dem Steuerpflichtigen.[776] Äußert sich ein Betriebsprüfer allerdings gegenüber dem Steuerpflichtigen nachteilig über einen Dritten, etwa den Steuerberater des Steuerpflichtigen, liegt darin die Verletzung einer drittschützenden Amtspflicht auch gegenüber diesem Dritten.[777]

1128a   Auch die Amtspflichten des Finanzamts im Gewerbesteuerverfahren entfalten keine drittschützende Wirkung gegenüber den von der Gewerbesteuer begünstigten Gemeinden.[778] Ebenso wenig können die von einem Gewerbesteuerausfall betroffe-

---

[763] Vgl. OLG Hamm, Urt. v. 8.3.1995, Az. 11 U 13/94.
[764] OLG München NJW 1996, 1971.
[765] BGH WM 1968, 1168; OLG Düsseldorf NVwZ 1995, 200; OLG München DstRE 2002, 1154. Die Gemeinde ist bei einem rechtswidrigen Gewerbesteuermessbescheid hingegen nicht geschützter Dritter, OLG Saarbrücken NVwZ 1995, 203, BGH NVwZ 2004, 127.
[766] Brandenburgisches OLG DStRE 2009, 1140. Zum Absehen von weiterer Sachaufklärung mit anschließender Schätzung OLG Sachsen-Anhalt, Urt. v. 12.5.2010, Az. 2 U 1/10.
[767] *Nissen*, Amtshaftung, S. 29.
[768] OLG Karlsruhe VersR 2007, 359; OLG München NJW 1996, 1971; OLG Düsseldorf NJW 1993, 1210.
[769] OLG Düsseldorf NJW 1993, 1210; BGH VersR 1961, 533.
[770] RGZ 165, 259.
[771] OLG Koblenz OLGR 2002, 29; OLG Düsseldorf NVwZ 1995, 200; OLG München BB 1979, 1335; LG München DStR 2002, 1154.
[772] OLG Koblenz NVwZ-RR 2003, 168; *Spindler*, DStR 2007, 1066; *Pezzer*, DStR 2004, 525, 532.
[773] LG Offenburg NJW-CoR 1996, 56.
[774] LB Berlin DStRE 1998, 688; LB Berlin DStRE 2000, 444.
[775] BGH NJW 1987, 434; BGH VersR 1975, 568; LG München I VersR 2003, 1308.
[776] LG Karlsruhe NJOZ 2005, 3335.
[777] OLG Hamm OLGR 1993, 290.
[778] BGH NVwZ 2004, 127; krit. *Braun/Spannbrucker*, NVwZ 2011, 82.

2. Amtspflichten bei der Steuererhebung

Im Erhebungsverfahren geht es um die Verwirklichung der festgesetzten Steueransprüche bzw. um die Auszahlung von festgesetzten Steuererstattungsansprüchen. Dementsprechend ist die fehlerhafte Verbuchung von eingegangenen Zahlungen amtspflichtwidrig.[780] Auch eine unzulässige Aufrechnung durch das Finanzamt ist eine Amtspflichtverletzung.[781] Schließlich stellt auch die verspätete Auszahlung von Steuererstattungsansprüchen eine Amtspflichtverletzung dar.[782]

1129

3. Amtspflichten bei der Vollstreckung

Das Vollstreckungsverfahren dient schließlich der zwangsweisen Durchsetzung des festgesetzten Steueranspruchs. Da das Finanzamt für die von ihm selbst geschaffenen Verwaltungsakte gleichzeitig auch Vollstreckungsbehörde ist, ist das Risiko, in diesem Steuerverfahrensabschnitt amtspflichtwidrig einen Schaden zu verursachen, besonders hoch.[783] Dementsprechend umfangreich ist die Judikatur zu Amtshaftungsansprüchen im Rahmen des Vollstreckungsverfahrens.

1130

Den Amtswalter trifft die Amtspflicht, nicht aus einem unrichtigen Steuerbescheid zu vollstrecken,[784] nicht einen unberechtigten Insolvenzantrag zu stellen,[785] Vollstreckungsmaßnahmen nicht ohne Vorliegen der formalen Vollstreckungsvoraussetzungen zu ergreifen,[786] nicht in schuldnerfremde Gegenstände zu vollstrecken,[787] nicht voreilig unter Verstoß gegen § 254 Abs. 1 AO zu vollstrecken,[788] eine Arrestanordnung nicht ohne Vorliegen eines Arrestgrundes zu verfügen,[789] einen Antrag auf Vollstreckungsschutz nicht unberechtigt abzulehnen[790] und den Verhältnismäßigkeitsgrundsatz bei der Wahl des Vollstreckungsmittels zu beachten[791]. Ferner hat das Finanzamt gemäß § 316 Abs. 3 AO i. V. m. § 842 ZPO die Amtspflicht, gepfändete Forderungen möglichst rasch zu realisieren und überwiesene Forderungen einzuziehen; eine verzögerte Beitreibung kann deshalb Amtshaftungsansprüche auslösen, etwa wenn zwischenzeitlich die Forderungen verjährt sind.[792] Die Verwertung von verbrauchssteuerpflichtigen Waren nach § 76 Abs. 1 AO ist amtspflichtwidrig, wenn die diesbezügliche Absicht des Finanzamts zur Verwertung etwa durch freihändigen Verkauf nicht dem Eigentümer angezeigt wird, auch wenn dieser nicht Vollstreckungsschuldner ist.[793] Eine Amtspflichtverletzung liegt auch in der auf unzutreffende Tatsachen gestützten

1131

---

[779] VGH Baden-Württemberg, Urt. v. 29.3.2010, Az. 2 S 939/08; OLG München, Urt. v. 18.6.2009, Az. 1 U 1602/09.
[780] LG Düsseldorf, Urt. v. 8.4.1987, Az. 2 O 400/86; *Nissen*, Amtshaftung, S. 43; vgl. auch RG JW 1938, 2399 zur Geldübergabe in der Steuerkasse an einen unzuständigen Beamten.
[781] BGH VersR 1991, 335.
[782] *Nissen*, Amtshaftung, S. 45.
[783] *Nissen*, Amtshaftung, S. 52.
[784] BGH BB 1995, 1663; BGHZ 39, 77.
[785] BGH NVwZ 1990, 1103.
[786] BGH NVwZ 1982, 393.
[787] OLG München, Urt. v. 26.6.2012, Az. 1 U 1409/11; OLG München NJW-RR 2010, 1112.
[788] BGH NJW 1992, 2086; BGH BB 1982, 1451.
[789] BGH NJW 1986, 2952.
[790] BGH BB 1982, 1451.
[791] BGH NJW 1973, 814; OLG Frankfurt NVwZ-RR 2002, 814; BGH WM 2001, 160.
[792] OLG München, Beschl. v. 28.11.2011, Az. 1 W 1242, 11.
[793] BGH NJW 2005, 1865.

Erwirkung und anschließenden Vollziehung eines Durchsuchungs- und Beschlagnahmebeschlusses.[794] Schließlich kann auch darin, dass die Finanzbehörde Medienvertretern gestattet, sie bei einem Vollstreckungsversuch in der Wohnung des Steuerschuldners zu begleiten, eine Amtspflichtverletzung liegen.[795]

4. Amtspflichten im Steuerstraf- und Bußgeldverfahren

1132   Die Ermittlungsmaßnahmen im Steuerstrafverfahren können für den Betroffenen besonders einschneidend sein und stellen sich daher aus Sicht des Finanzamts als sehr schadensträchtig dar.[796] Die Anforderungen an die zu beachtenden Amtspflichten unterscheiden sich allerdings nicht von anderen Strafverfahren. Die Entscheidungen der Strafverfolgungsbehörden hinsichtlich der Einleitung, Fortsetzung und der Art des Abschlusses des Ermittlungsverfahrens sind daher nicht auf ihre Richtigkeit zu überprüfen, sondern allein auf ihre Vertretbarkeit.[797]

1133   Im Bußgeldverfahren ist aufgrund des Opportunitätsgrundsatzes nach § 47 OWiG entscheidend, ob sich die Behörde innerhalb der Grenzen des ihr eingeräumten Ermessens gehalten hat.[798]

1133a   Bei Falschauskünften eines Steuerfahnders gelten allerdings die herkömmlichen Haftungsgrundsätze zu behördlichen Auskünften, sodass auch für einfache Fahrlässigkeit gehaftet wird.[799]

5. Wahrung des Steuergeheimnisses

1134   Die Finanzämter haben schließlich das Steuergeheimnis strikt zu wahren.[800] Eine Durchbrechung des Steuergeheimnisses ohne Rechtfertigungsgrund ist daher amtspflichtwidrig[801] und verletzt zugleich die Amtspflicht zur Amtsverschwiegenheit.[802]

II. Verschulden

1135   An die Finanzverwaltung sind besonders hohe Anforderungen zu stellen, da sie für sich selbst Vollstreckungstitel schafft.[803] Der Hinweis auf unvermeidbare Flüchtigkeitsfehler aufgrund des Massengeschäfts vermag deshalb ein Verschulden nicht auszuschließen.[804] Das Verschulden entfällt aber, wenn die Rechtsauffassung von einem Kollegialgericht, etwa dem Senat eines Finanzgerichts, bestätigt wurde.[805]

III. Schaden

1. Zinsaufwand und Beeinträchtigung von Eigentumsrechten

1136   Ersatzfähig ist zunächst der Zinsaufwand, der dem Steuerpflichtigen wegen einer zu hoch festgesetzten Steuer durch die Inanspruchnahme eines Bankdarlehens[806]

---
[794] BGH VersR 1983, 37.
[795] KG Berlin NJW 2011, 2446, 2447.
[796] Nissen, Amtshaftung, S. 62.
[797] BGH VersR 1994, 676.
[798] Nissen, Amtshaftung, S. 65; BGH VersR 1994, 676.
[799] OLG München, Urt. v. 4.2.2010, Az. 1 U 3877/08.
[800] FG Baden-Württemberg, Urt. v. 17.7.2007, BeckRS 2007, 26024060.
[801] BGH NJW 1982, 1648; OLG Zweibrücken OLGR 1999, 175.
[802] BGH NJW 1982, 1648.
[803] OLG Düsseldorf NJW 1993, 1210.
[804] LG Offenburg Stbg 1995, 333; LG Bochum Stbg 1994, 30.
[805] BGH NJW 1998, 2909.
[806] OLG Düsseldorf NJW 1993, 1210.

oder wegen einer rechtswidrigen Pfändung in das Geldvermögen[807] entstanden ist. Ebenso ersatzfähig ist ein entgangener Zinsgewinn.[808]

Pfändet und verwertet das Finanzamt Gegenstände, die nicht im Eigentum des Vollstreckungsschuldners stehen, muss es dem Eigentümer den Wert des Gegenstandes ersetzen.[809] Auch die bloße Nutzungsbeeinträchtigung durch die rechtswidrige Pfändung eines Gegenstandes begründet einen ersatzfähigen Schaden, insbesondere in Form notwendiger Mietzahlungen für einen Ersatzgegenstand oder in Gestalt eines Nutzungsausfallschadens.[810] Die Qualität eines Eigentumsrechts kommt ferner dem eingerichteten und ausgeübten Gewerbebetrieb zu, sodass dessen Substanzwert eine Schadensposition sein kann, wenn eine unberechtigte Vollstreckung zum Zusammenbruch des Unternehmens führt.[811] Nicht ersatzfähig ist hingegen ein Schaden aus dem Abbruch von Geschäftsbeziehungen wegen unzulässiger Vollstreckungsmaßnahmen.[812]

1137

2. Steuerberaterkosten

Außerordentlich umstritten ist die Frage, inwieweit Steuerberaterkosten für die Durchführung des Einspruchsverfahrens ersatzfähig sind.[813] § 839 Abs. 3 BGB steht einem solchen Schadensersatzanspruch nicht entgegen, da die Kosten gerade zur Durchführung des Rechtsmittelverfahrens entstanden sind. Relevant wird die Frage allein deshalb, weil die Steuerberaterkosten mangels einer flexiblen Kostentragungsvorschrift nicht bereits durch eine entsprechende Kostenentscheidung im Rechtsbehelfsverfahren durch das Finanzamt übernommen werden können.[814]

1138

Unstrittig ist im Grundsatz, dass die Kosten für die Einschaltung eines Steuerberaters bei einem rechtswidrigen Steuerbescheid einen ersatzfähigen Schaden bilden können.[815] Umstritten ist aber, wann der Steuerpflichtige die Beiziehung eines Steuerberaters tatsächlich für erforderlich halten durfte.[816] Dies betrifft die Fälle, in denen den Finanzämtern offensichtliche Fehler unterlaufen sind, die zu teilweise astronomisch hohen Steuerforderungen führen. Die Zivilgerichte sind hier bemüht, mit verschiedensten Begründungen[817] die Honorarforderung des Steuerberaters und damit den Umfang des zu ersetzenden Schadens zu begrenzen.[818] Entscheidend ist, dass dem Steuerpflichtige einerseits zwar nicht die Konsultation eines Steuerberaters verwehrt werden kann, dass er andererseits aber auch nicht Kosten verursachen darf, die er, müsste er sie selbst tragen, offensichtlich und ohne große Schwierigkeiten vermieden hätte. Der vom OLG Brandenburg aufgezeigte Weg, in Fällen eines offensichtlichen, mit einem einzigen Telefonanruf korrigierbaren Fehlers nur eine

1139

---

807 BGH WM 2001, 160.
808 OLG Düsseldorf NVwZ 1995, 200; LG Bochum Stbg 1994, 30.
809 *Nissen*, Amtshaftung, S. 81.
810 *Nissen*, Amtshaftung, S. 81.
811 BGH WM 1982, 824.
812 BGH NJW 1986, 2952.
813 S. die Verfügung der *OFD München/OFD Nürnberg* v. 1.10.2003, DStR 2004, 777; *Neusel*, Stbg 2003, 366, 367.
814 *Stein/Itzel/Schwall*, Rn. 746.
815 BGHZ 21, 359 ff.; BGH NJW 1975, 972; OLG München BB 1979, 335; OLG Frankfurt BB 1981, 228; OLG Koblenz OLGR 2002, 29.
816 OLG Celle, Urt. v. 23.8.2012, Az. 16 U 8/12; OLG Nürnberg, Beschl. v. 23.7.2007, Az. 4 U 1073/07; OLG Celle DStRE 2002, 1152; LG Hannover DStR 1992, 234 (auch zur Zulässigkeit der Abtretung des Schadensersatzanspruchs an den Steuerberater).
817 Absenken des Gegenstandswerts, Mitverschulden des Steuerpflichtigen, vorrangiger Ersatzanspruch gegen den Steuerberater.
818 OLG Brandenburg NVwZ-RR 2007, 369.

Beratungsgebühr gemäß § 21 Abs. 1 StBGebV zuzuerkennen, nicht aber eine Einspruchsgebühr nach § 40 StBGebV, ist deshalb zutreffend.[819] Lässt also der Steuerpflichtige den Einspruch durch einen Steuerberater einlegen, trägt er das Risiko der möglich Nichtrealisierbarkeit der Kostenerstattung; die insofern bestehende Rechtsunsicherheit ist aber für den Steuerpflichtigen tragbar, zumal auch in sämtlichen Widerspruchsverfahren eine Kostenerstattung nicht gesichert ist. Reagiert im Übrigen das Finanzamt dann nicht sofort auf den offensichtlich begründeten Einspruch, kann die Berechnung einer Einspruchsgebühr bei einer weiteren Vertretung durch den Steuerberater nicht verwehrt werden.

IV. Verjährung

1139a   Die Verjährung eines Amtshaftungsanspruchs beginnt mit der Bestandskraft des Steuerbescheids; das gilt auch dann, wenn der Steuerbescheid unter dem Vorbehalt der Nachprüfung steht.[820] Beantragt der Steuerpflichtige vor Ablauf der Festsetzungsfrist nach § 164 Abs. 2 Satz 2 AO die Änderung eines unter dem Vorbehalt der Nachprüfung stehenden Steuerbescheids, hat dies für einen Amtshaftungsanspruch verjährungshemmende Wirkung.[821]

C. Rechtswidrige Auskunft

1140   Das Finanzamt trifft die Amtspflicht zur Beratung des Steuerpflichtigen in den Grenzen des § 89 AO. Gibt das Finanzamt Auskünfte, müssen diese richtig, klar, vollständig und unmissverständlich sein.[822] Dies gilt auch für Unbedenklichkeitsbescheinigungen.[823] Der Umfang der Auskunftspflicht hängt dabei auch vom Inhalt der konkret gestellten Frage ab.[824] Auch eine Gemeinde kann wegen einer unrichtigen Auskunft zu steuerrechtlichen Fragen und ihren Anknüpfungstatsachen, etwa den Folgen der Begründung eines Wohnsitzes durch einen Ausländer, haftbar gemacht werden.[825]

D. Prozessuale Fragen

I. Rechtsweg

1141   Der Ausschluss des Rechtswegs zu den Zivilgerichten in „Steuersachen" steht der Geltendmachung eines Amtshaftungsanspruchs im ordentlichen Rechtsweg nicht entgegen.[826] Auf § 717 Abs. 2 ZPO kann ein Schadensersatzanspruch aber nicht gestützt werden.[827]

---

[819] OLG Brandenburg NVwZ-RR 2007, 369; a. A. OLG Düsseldorf, Urt. v. 10.11.2010, Az. 18 U 56/10; *Buchbinder*, DStZ 2009, 250; *Kilian/Schwerdtfeger*, DStR 2006, 1773.
[820] BGHZ 189, 365, 382 f.
[821] BGHZ 189, 365, 382 f. mit zustimmender Anm. *Widmann*, BB 2011, 2342, 2343 und *Fuhrmann/Potsch*, NZG 2011, 1218, 1219.
[822] OLG Saarbrücken NVwZ 1995, 199; OLG Köln NJW 1955, 106.
[823] OLG Düsseldorf NVwZ 1995, 201.
[824] BGH NJW 1991, 3027.
[825] BGH NVwZ-RR 2008, 509.
[826] BGH WM 1960, 721; Staudinger/*Wurm*, § 839 BGB, Rn. 741.
[827] BGH NJW 2001, 1067.

II. Vorverfahren

Wegen § 839 Abs. 3 BGB muss der Betroffene zunächst gegen den belastenden Verwaltungsakt Einspruch einlegen und dann vor den Finanzgerichten Klage erheben. Ist der Verwaltungsakt bestandskräftig geworden, scheiden Amtshaftungsansprüche regelmäßig aus.[828] Der Geschädigte ist andererseits nicht verpflichtet, statt oder zusätzlich zum Einspruch Abänderungs- oder Berichtigungsanträge zu stellen.[829]

1142

Ein bestimmtes Vorverfahren speziell vor Erhebung der Amtshaftungsklage ist dagegen nicht vorgeschrieben. Zweckmäßigerweise sollte der Anspruch aber zunächst bei dem Finanzamt geltend gemacht werden, bei dem der Rechtsverstoß erfolgte. Bei grundsätzlicher Bedeutung oder einer hohen Schadenssumme wird regelmäßig die Oberfinanzdirektion bzw. das Landesamt für Steuern hinzu gezogen. Aus der Begründung einer etwaigen Anspruchsablehnung lassen sich daher wichtige Schlüsse für die Formulierung der Klage ziehen. Das nichtförmliche Vorverfahren ist kostenfrei.

1143

Die Ablehnung des Anspruchs stellt keine Verwaltungsakt dar, sodass Rechtsbehelfe nach der Abgabenordnung oder der Finanzgerichtsordnung nicht gegeben sind. Vielmehr ist unmittelbar Klage zum zuständigen Landgericht – unabhängig von der Höhe des Streitwerts – zu erheben.

1144

III. Zulässigkeit einer Fortsetzungsfeststellungsklage

Grundsätzlich kann auch vor den Finanzgerichten eine Anfechtungs- oder Verpflichtungsklage nach Erledigung des Rechtsstreits in eine Fortsetzungsfeststellung umgestellt werden, um eine für den Amtshaftungsprozess bindende Entscheidung der Finanzgerichte über die Rechtswidrigkeit des behördlichen Handelns zu erreichen. Eine Fortsetzungsfeststellungsklage zur Vorbereitung eines Amtshaftungsanspruchs ist allerdings dann ausgeschlossen, wenn es in der nachfolgenden Amtshaftungsklage allein um den Ersatz der vorgerichtlichen und gerichtlichen Kosten für den Rechtsstreit gehen soll.[830] Der Kläger muss also einen weitergehenden Schaden vortragen, um die Zulässigkeitsvoraussetzungen für eine Fortsetzungsfeststellungsklage zu erfüllen.

1145

---

[828] Zu Ausnahmen s. *de Weerth*, DStR 2008, 1669 (rückwirkende EuGH-Urteile) und *Albrecht/Lustig*, DStR 2008, 409 (Grundlagen- und Folgebescheid).
[829] OLG Celle, Urt. v. 23.8.2012, Az. 16 U 8/12.
[830] BFH DStRE 2008, 1483.

15. Kapitel. Amtshaftung im Rechtspflegebereich

1146   Mit den Entscheidungen des EuGH zur Staatshaftung für judikatives Unrecht etwa in der Rechtssache *Köbler* ist die Amtshaftung im Rechtspflegebereich ins Zentrum der Aufmerksamkeit gerückt. Der Fokus richtet sich dort aber auf die Amtshaftung wegen fehlerhafter Urteile. Im Rechtspflegebereich bestehen allerdings zahlreiche weitere Amtspflichten außerhalb des Bereichs des eigentlichen Urteilserlasses, die wegen der Nichtanwendbarkeit des Richterspruchprivilegs sehr haftungsträchtig sind. Das gilt insbesondere für die strafprozessualen Zwangsmaßnahmen im Ermittlungsverfahren.[831]

A. Amtshaftung bei richterlichem Handeln

1147   In der Mehrzahl der Fälle kann ein Amtshaftungsprozess wegen einer richterlichen Amtspflichtverletzung keinen Erfolg haben, weil das Richterspruchprivileg des § 839 Abs. 2 BGB anspruchsausschließend eingreift. Geht es allerdings bei der rechtswidrigen richterlichen Handlung nicht um die Vorbereitung oder den Erlass eines Urteils oder einer einem Urteil gleichgestellten Entscheidung, so greift das Richterspruchprivileg nicht und eröffnet damit den Anwendungsbereich der Amtshaftung.

I. Grundsatz der richterlichen Unabhängigkeit

1148   Bei einer richterlichen Amtspflichtverletzung können nicht die gleichen Maßstäbe wie bei einer Amtspflichtverletzung durch Verwaltungsbehörden herangezogen werden. Der Verfassungsgrundsatz der richterlichen Unabhängigkeit verlangt nämlich, dass der für den Amtshaftungsanspruch notwendige Schuldvorwurf erst dann relevant wird, wenn dem Richter besonders grobe Verstöße unterlaufen sind;[832] im Ergebnis bedeutet das eine Haftung nur bei Vorsatz und grober Fahrlässigkeit.[833] Richterliche Anordnungen können deshalb nur auf ihre Vertretbarkeit, nicht aber auf ihre sachliche Richtigkeit hin überprüft werden, wenn es um die Feststellung einer Amtspflichtverletzung geht.[834]

1149   Sind dem Richter dagegen Fehler bei der von Amts wegen vorzunehmenden Sachverhaltsaufklärung unterlaufen, greifen die vorgenannten Einschränkungen nicht.[835] Bei der Sachverhaltsermittlung steht dem Richter kein Bewertungs- und Urteilsspielraum zu, weil es dort allein um die tatsachenbasierte Feststellung eines Geschehensablaufs geht.

---

[831] Überblick bei *Grau/Blechschmidt*, BB 2011, 2378 ff.
[832] BGH NJW 2003, 3052; Staudinger/*Wurm*, § 839 BGB, Rn. 655.
[833] OLG München, Beschl. v. 25.11.2011, Az. 1 W 2105/11; OLG München, Beschl. v. 16.9.2010, Az. 1 U 2562/10; Palandt/*Sprau*, § 839 BGB, Rn. 53.
[834] BGH NJW 2011, 1072; BGH NJW 2003, 3052, 3053; Staudinger/*Wurm*, § 839 BGB, Rn. 659.
[835] BGH NJW-RR 1995, 248, 249; Staudinger/*Wurm*, § 839 BGB, Rn. 672.

II. Amtspflichten

1. Amtspflicht zur raschen Entscheidung

Den Gerichten[836] obliegt die Amtspflicht zur beschleunigten Bearbeitung von Verfahren.[837] Diese Beschleunigungspflicht ergibt sich aus Art. 19 Abs. 4 GG und Art. 6 Abs. 1 EMRK und verlangt, dass innerhalb angemessener Zeit eine abschließende gerichtliche Entscheidung vorliegen muss.[838] Die aus dem Rechtsstaatsprinzip abzuleitende Rechtsschutzgarantie gewährleistet in zivilrechtlichen Streitigkeiten ebenso wie Art. 19 Abs. 4 GG für den Bereich des Öffentlichen Rechts nicht nur, dass überhaupt ein Rechtsweg zu den Gerichten offen steht, sondern auch, dass strittige Rechtsverhältnisse im Interesse der Effektivität des Rechtsschutzes und der Rechtssicherheit in angemessener Zeit geklärt werden.[839] Damit kann eine unvertretbare Verschleppung von Gerichtsverfahren zu einer Amtshaftung führen, mit der Folge, dass der Verzögerungsschaden zu ersetzen ist.[840] Das Richterspruchprivileg findet dabei nach dem ausdrücklichen Wortlaut des § 839 Abs. 2 Satz 2 BGB keine Anwendung. Das LG München I etwa hat mit Urteil vom 12.1.2005 entschieden, dass die Untätigkeit eines Gerichts über vier Jahre hinweg amtspflichtwidrig ist; dem Kläger wurde daher Schadensersatz für die Rechtsanwaltskosten, die zur Erhebung einer Untätigkeitsbeschwerde beim BVerwG angefallen waren, zuerkannt.[841] Auch die sechsmonatige Nichtbearbeitung einer Verfahrensakte trotz Verkündungstermins löst nach Ansicht des OLG Dresden Amtshaftungsansprüche aus.[842]

1150

Ein Zivilgericht begeht eine Amtspflichtverletzung, wenn es die Entscheidung über einen Prozesskostenhilfeantrag solange verzögert, bis das Hauptverfahren nicht mehr betrieben werden kann, weil sich der Streit wegen Zeitablaufs inzwischen erledigt hat.[843]

1151

2. Amtspflichten im Strafverfahren

Im Strafverfahren obliegt dem Richter die (punktuelle) Überwachung des Ermittlungsverfahrens, weil ihm die Anordnung bestimmter Zwangsmaßnahmen vorbehalten ist, und die Durchführung des Hauptverfahrens. Handelt er in der Funktion des Ermittlungsrichters, so greift das Richterspruchprivileg regelmäßig nicht. Die Durchführung des Hauptverfahrens unterfällt dagegen zwar grundsätzlich dem Richterspruchprivileg. Doch gibt es auch hier bestimmte Konstellationen, in denen ausnahmsweise Amtshaftungsansprüche durchgreifen.

1152

a) Amtspflichten bei der Anordnung von Zwangsmaßnahmen im strafrechtlichen Ermittlungsverfahren

Der Strafrichter, der auf Ersuchen der Staatsanwaltschaft oder der Polizei den Einsatz von besonderen Ermittlungsmaßnahmen oder Zwangsmaßnahmen anord-

1153

---

[836] Zur Haftung von Schiedsrichtern *Hildebrandt/Kaestner*, BauR 2010, 2017 ff.
[837] Zum Ganzen *Remus*, NJW 2012, 1403 ff.
[838] BVerfG NJW 2008, 503; *Jarass/Pieroth*, Art. 19 GG, Rn. 45 m.w.N.
[839] BVerfG NJW 1993, 1635; BVerfG NJW 2008, 503.
[840] BGH NJW 2011, 1072. Zum Ganzen *Terhechte*, DVBl. 2007, 1134 ff.
[841] LG München I DRiZ 2006, 49.
[842] OLG Dresden NVwZ 2010, 471. Weitere Fälle: BVerfG NJW 2008, 503; BGH NJW 2007, 830; Schleswig-Holsteinisches OLG, Urt. v. 2.2.2012, Az. 11 U 144/10; OLG Celle, Urt. v. 23.6.2011, Az. 16 U 130/10; OLG Hamm, Urt. v. 17.6.2011, Az. 11 U 27/06.
[843] BGH MDR 1960, 117.

nen soll, muss trotz seiner richterlichen Unabhängigkeit besondere Sorgfaltspflichten gegenüber dem Beschuldigten erfüllen, die aus seiner Stellung als Ermittlungsrichter und damit als Garant für die Rechte des Beschuldigten resultieren. Er begeht deshalb eine Amtspflichtverletzung, wenn er überhaupt nicht prüft, ob etwa die gesetzlichen Voraussetzungen für die Anordnung, im Ermittlungsverfahren verdeckte technische Mittel einzusetzen, vorliegen[844] oder wenn er bei Erlass eines Haftbefehls nicht alle Umstände berücksichtigt, die den dringenden Tatverdacht zerstreuen.[845] Solange ihm hingegen keine derart signifikanten Fehler unterlaufen, mithin seine Entscheidung nicht unvertretbar ist, begründet eine fehlerhafte Anordnung von Zwangsmaßnahmen keinen Amtshaftungsanspruch.

b) Amtspflichten in der Hauptverhandlung

1154   Das Richterspruchprivileg findet grundsätzlich hinsichtlich derjenigen Amtspflichten, die im Zusammenhang mit der Durchführung der Hauptverhandlung bestehen, Anwendung. Nur in besonderen Ausnahmefällen ist § 839 Abs. 2 BGB nicht anwendbar. Dies ist etwa dann der Fall, wenn der Strafrichter in der öffentlichen Hauptverhandlung unzulässigerweise das Vorstrafenregister eines Zeugen (nicht des Angeklagten) verliest und ihm dadurch einen Vermögensschaden zufügt,[846] weil diese Maßnahme eine von der Sachentscheidung unabhängige Pflichtverletzung ist.[847] Ebenso wenig kommt § 839 Abs. 2 BGB zur Anwendung, wenn die Urteilsbegründung Bewertungen enthält, die zur Begründung des Urteilsspruchs nicht erforderlich sind, etwa wenn der Richter Zeugen zu Unrecht als „Sympathisanten der Terrorszene" apostrophiert.[848]

3. Amtspflichten in den Verfahren der Freiwilligen Gerichtsbarkeit und im Zwangsversteigerungsverfahren

1155   Die Verfahren nach dem Gesetz über die Freiwillige Gerichtsbarkeit sind ebenso zahlreich wie heterogen. Im Grundsatz ist ihnen aber wegen des Verfassungsgrundsatzes der richterlichen Unabhängigkeit gemeinsam, dass der Richter erst dann amtspflichtwidrig handelt, wenn seine Entscheidung so fehlsam erscheint, dass sie mit den an eine ordnungsgemäße Richtertätigkeit zu stellenden Anforderungen schlechterdings – d.h. jedem sachlich Beurteilenden einleuchtend – unvereinbar ist.[849] Bei einer rechtswidrigen einstweiligen Anordnung, die sich gegen eine vorläufige Unterbringung richtet, kann also ein Amtshaftungsanspruch erst dann Platz greifen, wenn die Entscheidung des Richters unvertretbar ist.[850]

1156   Eine Amtspflichtverletzung kann andererseits aber schon dann bejaht werden, wenn der Richter nicht alle relevanten Umstände aufgeklärt hat, etwa in einem vormundschaftsgerichtlichen Verfahren nicht die Vermögensverhältnisse der Beteiligten in Erfahrung gebracht hat.[851] Gerade in solchen Verfahren mit Amtsermittlungsgrundsatz empfiehlt sich also zur Vorbereitung eines Amtshaftungsprozesses die Prüfung, ob der Richter alle nach Lage der Dinge erforderlichen Sachverhaltsumstände ermittelt hat.

---

[844] BGH NJW 2003, 3693, 3695.
[845] RGZ 62, 367, 370; BGHZ 27, 338, 348; Staudinger/*Wurm*, § 839 BGB, Rn. 659.
[846] BGHZ 50, 14.
[847] *Ossenbühl/Cornils* (Staatshaftungsrecht), S. 104; a. A. BGHZ 50, 14, 16.
[848] *Ossenbühl/Cornils* (Staatshaftungsrecht), S. 104.
[849] OLG München, Beschl. v. 25.5.2009, Az. 1 U 5249/08; Staudinger/*Wurm*, § 839 BGB, Rn. 672.
[850] BGH NJW 2003, 3052, 3053.
[851] BGH NJW-RR 1995, 248; Staudinger/*Wurm*, § 839 BGB, Rn. 672.

Diese Grundsätze gelten auch für das Handeln von Rechtspflegern, etwa bei der 1157
Führung des Handelsregisters oder des Grundbuchs,[852] weil Rechtspfleger gemäß
§ 9 RPflG in ihrer Amtsausübung in gleicher Weise sachlich unabhängig und nur an
Recht und Gesetz gebunden sind wie Richter; ein Verschulden des Rechtspflegers
kann deswegen erst dann bejaht werden, wenn die seiner Entscheidung zugrunde
gelegte Rechtsansicht objektiv nicht mehr vertretbar erscheint.[853]

Im Übrigen müssen auch im Bereich der vorsorgenden Rechtspflege anhängige 1158
Verfahren ohne vermeidbare Verzögerung abgeschlossen werden; bei der Führung
des Grundbuchs kann dementsprechend eine Bearbeitungszeit von 1 Jahr und
8 Monaten seit Stellung des letzten Antrags amtspflichtwidrig sein.[854] Gerade im
Bereich der Grundbuchführung bestehen zudem regelmäßig auch Ansprüche aus
enteignungsgleichem Eingriff, sodass es auf ein Verschulden nicht ankommt.[855]

Im Zwangsversteigerungsverfahren gelten die gleichen Grundsätze. Maßnahmen
des Vollstreckungsgerichts oder des Rechtspflegers sind deshalb nur amtspflichtwidrig, wenn sie unvertretbar sind.[856] Die Amtspflichten entfalten dabei auch eine drittschützende Wirkung zugunsten des Vollstreckungsgläubigers.[857]

4. Amtspflichten beim Abschluss eines Prozessvergleichs

Nach § 278 Abs. 1 ZPO soll das Gericht in jeder Lage des Verfahrens auf eine 1159
gütliche Beilegung des Rechtsstreits oder einzelner Streitpunkte bedacht sein. Schon
aus arbeitsökonomischen Gründen sind die Gerichte dabei verstärkt um Vergleichsabschlüsse bemüht.

Schlägt das Gericht einen Prozessvergleich mit einem bestimmten Inhalt vor, muss 1160
es die Parteien dazu anhören und eine ausgewogene Regelung vorschlagen.[858]

Das Richterspruchprivileg greift nicht ein, weil es zu keinerlei gerichtlichen Entscheidung gekommen ist.[859] 1161

III. Anderweitige Ersatzmöglichkeit

Ungeklärt ist bislang, inwieweit § 839 Abs. 1 Satz 2 BGB einem Amtshaftungsanspruch entgegen gehalten werden kann. Entscheidungen des BGH liegen bislang nur 1162
zu der Frage vor, ob ein Rechtsanwalt trotz eines Fehlers des Gerichts haftbar gemacht werden kann;[860] die umgekehrte Konstellation – Haftung des Gerichts statt
des Rechtsanwalts – ist noch nicht behandelt worden.[861]

Das Bundesverfassungsgericht hat in einem Nichtannahmebeschluss, allerdings 1163
nur in einem obiter dictum, ausgeführt, dass „die Gerichte verfassungsrechtlich
nicht dazu legitimiert sind, den Rechtsanwälten auf dem Umweg über den Haftungsprozess auch die Verantwortung für die richtige Rechtsanwendung zu über-

---

[852] BGH NJW 2007, 224, 227; BGH NJW 2007, 830.
[853] BGH NJW 2004, 224, 225.
[854] BGH NJW 2007, 830.
[855] BGH NJW 2007, 830.
[856] OLG Oldenburg, Urt. v. 11.9.2009, Az. 6 U 13/08.
[857] BGH NJW-RR 2009, 601.
[858] *Dietrich*, ZZP 120, 443, 448 ff.
[859] A. A. *Dietrich*, ZZP 120, 443, 455.
[860] BGH AnwBl. 2008, 204; BGH NJW 2003, 2002, 204; BGH NJW-RR 2003, 850, 854.
[861] Das OLG Dresden hat das Bestehen einer anderweitigen Ersatzmöglichkeit in Form eines Schadensersatzanspruchs gegen den Rechtsanwalt geprüft, im Ergebnis aber verneint, OLG Dresden NVwZ 2010, 471.

bürden" und „Rechtsanwälte nicht ersatzweise für Fehler der Rechtsprechung haften, nur weil sie haftpflichtversichert sind".[862] Der BGH beschränkt dementsprechend die Anwaltshaftung in bestimmten Konstellationen.[863]

1164   Diese Rechtsprechung hat für die Anwendung von § 839 Abs. 1 Satz 2 BGB jedoch erhebliche Bedeutung. Insbesondere in Fällen, in denen ein Anwaltsfehler völlig hinter den Gerichtsfehler zurücktritt und damit ein Schadensersatzanspruch gegen den Rechtsanwalt nicht besteht, kann nämlich § 839 Abs. 1 Satz 2 BGB keine Anwendung finden, weil es dann an einer durchsetzbaren anderweitigen Ersatzmöglichkeit fehlt.

B. Handeln der Staatsanwaltschaft

1165   Nicht zuletzt medienwirksame Wirtschaftsstrafverfahren gegen die ehemaligen Mitglieder des Mannesmann-Aufsichtsrates bzw. -Vorstandes haben die Amtshaftung für das Handeln der Staatsanwaltschaften in das juristische Bewusstsein gerückt. Die Staatsanwaltschaften haben nämlich umfangreiche Amtspflichten unterschiedlichster Art gegenüber den durch (eventuelle) Straftaten Verletzten, gegenüber den Beschuldigten und gegenüber Dritten einzuhalten.

I. Amtspflichten

1. Amtspflichten gegenüber dem Verletzten

1166   Amtspflichten gegenüber dem Verletzten bestehen nur ausnahmsweise.[864] Die Pflicht der Staatsanwaltschaft zum Einschreiten wegen strafbarer Handlungen gemäß § 152 Abs. 2 StPO oder zur Erwirkung von Zwangsmaßnahmen im Ermittlungsverfahren besteht nur gegenüber der Allgemeinheit, nicht aber gegenüber dem Dritten; sie ist also keine drittgerichtete Amtspflicht im Sinne des Amtshaftungsrechts.[865] Die pflichtwidrig unterlassene Verfolgung einer strafbaren Handlung stellt deshalb keine Amtspflichtverletzung gegenüber dem durch die Straftat Verletzten dar.[866] Das ist zwar vor dem Hintergrund der gefestigten Stellung des Opfers im Strafverfahren, insbesondere im Hinblick auf die Möglichkeit des Opfers, ein Klageerzwingungsverfahren nach §§ 172 ff. StPO durchzuführen, und aufgrund der grundrechtlichen Schutzpflichten mehr als zweifelhaft,[867] entspricht jedoch ständiger Rechtsprechung. Auch wenn die Staatsanwaltschaft (pflichtwidrig) die Verhaftung eines Beschuldigten unterlässt, liegt darin keine Verletzung einer drittgerichteten Amtspflicht, weil die Verhaftung des Beschuldigten nicht dem materiellen Interesse des Verletzten dient.[868] Verschleppt jedoch die Staatsanwaltschaft die Sachverhaltserforschung oder führt sie diese in unvertretbarer Weise überhaupt

---

[862] BVerfG NJW 2002, 2937, 2938.
[863] Hierzu *Seyfarth*, AnwBl. 2009, 48.
[864] Vgl. Geigel/Schlegelmilch/*Kapsa*, Kap. 20, Rn. 121; *Steffen*, DRiZ 1972, 153.
[865] RGZ 108, 249, 250; RGZ 154, 266, 267 f.; RGZ 172, 13; BGHSt 16, 228; Staudinger/*Wurm*, § 839 BGB, Rn. 660.
[866] BGH NJW 1996, 2373; OLG Düsseldorf NJW 1996, 530 (Balsam AG); a. A. *Hörstel*, NJW 1996, 497.
[867] *Vogel*, NJW 1996, 3401; *Hörstel*, NJW 1996, 497, 498; *Ossenbühl/Cornils* (Staatshaftungsrecht), S. 71.
[868] Staudinger/*Wurm*, § 839 BGB, Rn. 660; etwas anderes gilt für Amtspflichtverletzungen der Polizei, BGH LM § 839 BGB Nr. 5.

nicht durch, so muss in Anlehnung an § 839 Abs. 2 Satz 2 BGB und im Hinblick auf das Akteneinsichtsrecht nach § 406e StPO eine Amtspflichtverletzung insbesondere aufgrund des Interesses des Geschädigten, die potentiellen Ergebnisse der staatsanwaltschaftlichen Ermittlungen in einem späteren Zivilprozess zu verwerten, bejaht werden.[869]

Die unterlassene Sicherstellung der Diebesbeute begründet demgegenüber eine Amtspflichtverletzung zu Lasten des Bestohlenen, weil insoweit eine konkrete Schutzpflicht der Staatsanwaltschaft gegenüber dem durch eine Straftat Geschädigten im Rahmen des *laufenden* Ermittlungsverfahrens entstanden ist.[870] Allerdings soll nach der älteren Rechtsprechung keine Pflicht der Staatsanwaltschaft zur rechtzeitigen Erwirkung der Beschlagnahme hinsichtlich der entzogenen Sachen bestehen;[871] vielmehr soll sie gemäß §§ 111b Abs. 3, 111k StPO nur die Pflicht haben, die spätere Rückgabe bereits beschlagnahmter oder sichergestellter Sachen nicht unmöglich zu machen.[872] 1167

2. Amtspflichten gegenüber dem Beschuldigten

Im Grundsatz begründen alle strafprozessualen Vorschriften, die dem Schutz und der Verteidigung des Beschuldigten dienen, entsprechende Amtspflichten zu Gunsten des Beschuldigten.[873] Allerdings ist der Staatsanwaltschaft bei ihren Entscheidungen regelmäßig ein Beurteilungsspielraum eröffnet, der dazu führt, dass ihre Entscheidungen nicht uneingeschränkt auf ihre Richtigkeit, sondern nur auf ihre Vertretbarkeit hin überprüft werden können.[874] Vertretbar ist dabei eine Entscheidung nur dann nicht, wenn bei voller Würdigung auch der Belange einer funktionstüchtigen Strafrechtspflege die Vornahme einer Maßnahme gegen den Beschuldigten nicht mehr verständlich ist.[875] Allerdings kann sich eine Amtspflichtverletzung unabhängig von der Vertretbarkeit der Maßnahme als solcher auch aus der Art des Vorgehens ergeben.[876] 1168

Die Staatsanwaltschaft hat zunächst die Pflicht zu prüfen, ob der angezeigte Sachverhalt überhaupt in denkbarer Weise unter einen Straftatbestand fällt, bevor sie weiter ermittelt.[877] 1169

Die sich daran anschließende Entscheidung über die Einleitung oder Fortführung von Ermittlungen ist amtspflichtwidrig, wenn sie unvertretbar ist; das Unterlassen einer Einstellung ist dementsprechend nur dann amtspflichtwidrig, wenn die Einstellung der Ermittlungen die einzig vertretbare Entscheidung gewesen wäre.[878] Strafrechtliche Ermittlungen sind zwar überwiegend mit Eingriffen in das Allgemeine Persönlichkeitsrecht verbunden. Wegen des strafrechtlichen Legalitätsprinzips sind sie aber bei entsprechendem Anfangsverdacht rechtmäßig und werden auch nicht dadurch unrechtmäßig, dass sie sich am Ende als ungerechtfertigt erweisen.[879] Als Mittel zur Aufklärung schwerer Straftaten kann daher auch die Nutzung öffentlicher Medien – wie etwa Fernsehen, Hörfunk, Printmedien und Internet – zulässig 1170

---

[869] Vgl. *Vogel*, NJW 1996, 3401, 3402; *Hörstel*, NJW 1996, 497, 498.
[870] BGH NJW 1996, 2373; *Steffen*, DRiZ 1972, 153; Staudinger/*Wurm*, § 839 BGB, Rn. 660.
[871] RGZ 108, 249, 251.
[872] RGZ 108, 249, 251.
[873] Staudinger/*Wurm*, § 839 BGB, Rn. 661.
[874] BGH NJW 1989, 96; Schleswig-Holsteinisches OLG, Urt. v. 14.8.2012, Az. 11 U 128/10; OLG Frankfurt NStZ-RR 2009, 282 (für die Beantragung einer Auslieferungshaft nach §§ 16, 15 IRG).
[875] Vgl. BGH NJW 1989, 96.
[876] BGH NJW 2003, 3693.
[877] BGHZ 20, 178, 180.
[878] BGH NJW 1989, 96; OLG Düsseldorf NJW 2005, 1791.
[879] OLG Celle NJW-RR 2008, 1262; Palandt/*Sprau*, § 823 BGB, Rn. 37.

sein. Die Einrichtung eines Internetforums („Fahndungsblog") durch die Strafverfolgungsbehörden, in dem Mitteilungen von Hinweisgebern von jedem anderen Nutzer weltweit abgerufen werden können, ist jedoch regelmäßig unverhältnismäßig und verletzt das Allgemeine Persönlichkeitsrecht des Betroffenen.[880]

1171 In diesem Zusammenhang hat auch die Amtspflicht zur raschen Sachentscheidung besondere Relevanz: Die Staatsanwaltschaft muss die Ermittlungen zügig durchführen und nach ihrem Abschluss in angemessener Zeit entweder Anklage erheben oder das Verfahren einstellen.[881] Außerdem muss sie das den Beschuldigten am wenigsten belastende Vorgehen wählen, mithin den fundamentalen Grundsatz der Verhältnismäßigkeit strikt beachten.[882]

1172 Die Beantragung und der Vollzug einer Durchsuchungs- oder Beschlagnahmeanordnung sind nur amtspflichtwidrig, wenn die diesbezügliche Entscheidung unvertretbar ist.[883] Gleiches gilt für den Antrag auf Erlass eines Haftbefehls.[884] Die Beantragung eines Haftbefehls begründet allerdings dann Amtshaftungsansprüche, wenn dem Ermittlungsrichter nicht alle Ermittlungsergebnisse vorgelegt werden und der Ermittlungsrichter bei Kenntnis von allen Ermittlungsergebnissen den Haftbefehl nicht erlassen hätte.[885] Kann dagegen ein beschlagnahmter Gegenstand aufgrund Verlustes später nicht mehr herausgegeben werden, sind Amtshaftungsansprüche ohne Weiteres begründet.[886]

1173 Besonderheiten gelten bei der Auskunft über den Stand eines Ermittlungsverfahrens. Die Staatsanwaltschaft darf keine unrichtigen Auskünfte erteilen, etwa einen bestehenden Tatverdacht unzutreffend wiedergeben; dabei entscheidet nicht nur der reine Wortlaut der Auskunft, sondern auch der Eindruck, den die Auskunft bei Lesern der durch die Presse weiterverbreiteten Auskunft hervorruft, insbesondere im Hinblick auf Art und Umfang der erhobenen Vorwürfe.[887] Darüber hinaus ist von einer Amtspflichtverletzung auszugehen, wenn nach Art und Umfang der erhobenen Vorwürfe kein berechtigtes Informationsinteresse der Öffentlichkeit besteht, sodass die Auskunft über das Ermittlungsverfahren hätte unterbleiben müssen.[888] Geboten ist dabei eine Abwägung zwischen dem Informationsrecht der Presse und dem Allgemeinen Persönlichkeitsrecht in Gestalt des Geheimhaltungsinteresses des Beschuldigten. Danach sind die schutzwürdigen Interessen des Beschuldigten schon dann missachtet, wenn die Presse bestimmte Informationen zum Stand des Ermittlungsverfahrens erhält, noch bevor der Beschuldigte selbst über den aktuellen Stand unterrichtet wurde.[889] Ob die gebotene Abwägung korrekt vorgenommen wurde, unterliegt dabei der vollen Kontrolle durch das Gericht; ein eingeschränkter Prüfungsmaßstab wie bei den meisten anderen Entscheidungen der Staatsanwaltschaft besteht hier nicht.[890] Das erklärt sich daraus, dass es bei der Auskunft nicht um originäre Strafrechtspflege geht, sondern um eine reine behördliche Tätigkeit.

---

[880] OLG Celle NJW-RR 2008, 1262.
[881] BGH VersR 1983, 754.
[882] OLG Koblenz MDR 1984, 144; Geigel/Schlegelmilch/*Kapsa*, Kap. 20, Rn. 121.
[883] BGH NJW 1989, 1924; BGH VersR 1997, 1363; BGHR BGB § 839 Abs. 1 Satz 1 Staatsanwaltschaft 2; OLG München, Beschl v. 11.10.2011, Az. 1 U 708/11.
[884] BGH NJW 1998, 751; OLG München, Beschl. v. 28. 6.2010, Az. 1 W 1548/09.
[885] BGHR BGB § 839 Abs. 1 Satz 1 Staatsanwaltschaft 3; BGH NJW 1998, 751; NJW 2003, 3693, 3694 f.
[886] LG Dortmund, Urt. v. 14.10.2011, Az. 25 O 6/11.
[887] BGHZ 27, 338.
[888] Staudinger/*Wurm*, § 839 BGB, Rn. 662; *Gounalakis*, NJW 2012, 1473.
[889] OLG Düsseldorf NJW 2005, 1791; Staudinger/*Wurm*, § 839 BGB, Rn. 662.
[890] Staudinger/*Wurm*, § 839 BGB, Rn. 662.

Gleichfalls handelt die Staatsanwaltschaft amtspflichtwidrig, wenn sie eine falsche   1174
öffentliche Bekanntmachung einer Verfügung nicht umgehend beseitigt, nachdem sie
bei einer Nachprüfung den Fehler festgestellt hat.[891] Hier erweckt sie nämlich durch
das „Stehenlassen" der Verfügung den Eindruck, als ob die der Verfügung zugrundeliegende Beschuldigung zutreffend sei.

Bei der Anklageerhebung handelt die Staatsanwaltschaft dagegen nur amts-   1175
pflichtwidrig, wenn diese unvertretbar ist,[892] d. h. wenn ohne greifbare positive
Hinweise auf eine Täterschaft Anklage erhoben wird,[893] oder wenn sie in keinem
angemessenen zeitlichen Verhältnis zum Abschluss der Ermittlungen steht.

Zudem begeht die Staatsanwaltschaft eine Amtspflichtverletzung, wenn sie ein   1176
noch nicht rechtskräftiges Strafurteil nach § 346 Abs. 2 Satz 2 StPO sofort vollzieht,
obwohl sie erkannt hat oder jedenfalls hätte erkennen müssen, dass dem Revisionsgericht ein Fehler unterlaufen ist und das Urteil keinen Bestand haben kann, weil
das Revisionsverfahren noch fortgesetzt werden kann.[894]

3. Amtspflichten gegenüber Dritten

Amtspflichten der Staatsanwaltschaften können schließlich auch gegenüber Drit-   1177
ten, also anderen Personen als Verletztem und Beschuldigtem bestehen.[895] Das besondere Problem liegt hier bei der Begründung der Drittgerichtetheit der Amtspflicht. Dargelegt werden muss, warum die Amtspflicht, deren Verletzung durch
eine fehlerhafte Anklageerhebung, Durchsuchung oder Beschlagnahme behauptet
wird, den Zweck hat, gerade das im Einzelfall berührte Individualinteresse des Geschädigten wahrzunehmen.[896] Freilich ist dies unproblematisch, wenn der Dritte von
der Maßnahme, etwa einer Durchsuchung, gerade unmittelbar betroffen ist, weil
etwa seine Wohnung durchsucht wird.[897]

Der BGH hat einen Amtshaftungsanspruch für den Fall grundsätzlich bejaht, dass   1178
einer Gesellschaft eine Versicherungssumme aus einer Feuerversicherung verspätet
ausgezahlt wurde, weil gegen ihre Geschäftsführer in unvertretbarer Weise Anklage
wegen Brandstiftung erhoben wurde; wegen der typischen und schwerwiegenden
Folgen des Ermittlungsverfahrens für die Versicherung wurde die versicherte Gesellschaft als Dritte angesehen.[898] Ebenso bejahte der BGH den Entschädigungsanspruch eines Dritten, der Wein bei einem Zwischenhändler gekauft hatte, der dort
aber von der Staatsanwaltschaft noch vor Auslieferung rechtswidrig beschlagnahmt
wurde und deshalb nur noch zu einem geringeren Preis verkauft werden konnte.[899]

II. Sonstige Anspruchsvoraussetzungen

1. Anwendbarkeit der Kollegialgerichtrichtlinie

Bei der Tätigkeit von Staatsanwälten stellt sich in besonderem Maße die Frage   1179
nach der Anwendbarkeit der Kollegialgerichtrichtlinie, nach der ein Verschulden des

---
[891] RGZ 113, 104, 106.
[892] OLG München, Beschl. v. 30.5.2011; Az. 1 U 5217/10.
[893] Geigel/Schlegelmilch/*Kapsa,* Kap. 20, Rn. 121.
[894] BGH VersR 1966, 388, 389.
[895] Geigel/Schlegelmilch/*Kapsa,* Kap. 20, Rn. 122, 155.
[896] Geigel/Schlegelmilch/*Kapsa,* Kap. 20, Rn. 155.
[897] LG Berlin, Urt. v. 18.8.2010, Az. 86 O 652/09.
[898] BGH NJW 2000, 2672, 2675.
[899] BGH VersR 1997, 1363, 1364 f.

Amtsträgers entfällt, wenn ein Kollegialgericht die Amtshandlung als rechtmäßig beurteilt hat. Das Vorgehen der Staatsanwaltschaft wird nämlich regelmäßig zuvor von Strafgerichten, etwa bei der Anordnung der Untersuchungshaft, bei der Haftbeschwerde oder bei der Zulassung der Anklage, überprüft. Auch auf diese strafrichterliche Überprüfung ist die Kollegialgerichtrichtlinie prinzipiell anwendbar. Entscheidet dabei tatsächlich ein Kollegialgericht (etwa das Landgericht) und folgt es dem Antrag der Staatsanwaltschaft, ist das Verschulden regelmäßig zu verneinen.

1180   Die Anwendbarkeit der Kollegialrichtrichtlinie ist jedoch in zahlreichen Fällen ausgeschlossen:[900] Erstens, wenn sich das Kollegialgericht bereits im Ausgangspunkt nicht von einer rechtlich verfehlten Betrachtungsweise freimachen konnte;[901] zweitens, wenn das Kollegialgericht die Anklageerhebung lediglich nach einem gegenüber der eigenen Prüfungspflicht der Staatsanwaltschaft reduzierten Prüfungsmaßstab gebilligt hat, indem es auf Vertretbarkeit, nicht aber auf Richtigkeit hin geprüft hat;[902] und schließlich drittens, wenn keine umfassende und sorgfältige Rechtmäßigkeitsprüfung durch das Kollegialgericht erfolgt ist, etwa bei der Entscheidung einer Strafkammer über eine Haftbeschwerde, bei der wegen der Zeitnot und des Aktenumfangs keine detaillierte Prüfung erfolgte.[903]

1181   Zu beachten ist darüber hinaus, dass das Zivilgericht nicht an die Entscheidungen des Strafgerichts gebunden ist.[904] Ein Freispruch durch ein Strafgericht führt also nicht notwendig dazu, dass eine Amtspflichtverletzung zu bejahen ist. Umgekehrt führt die Zulassung der Anklage durch einen Strafrichter nicht notwendigerweise dazu, dass eine Amtspflichtverletzung durch die Staatsanwaltschaft ausgeschlossen ist.

2. Verjährung

1182   Ansprüche wegen Amtspflichtverletzung verjähren gemäß § 195 BGB in drei Jahren von dem Zeitpunkt an, in dem der Geschädigte Kenntnis vom Schädiger und den den Schaden begründenden Umständen erlangt hat oder grob fahrlässig in Unkenntnis geblieben ist, § 199 BGB. Bei Amtshaftungsansprüchen wegen unvertretbarer Anklageerhebung beginnt der Lauf der Verjährungsfrist mit der rechtskräftigen Ablehnung, das Hauptverfahren zu eröffnen.[905]

3. Schuldhafter Nichtgebrauch eines Rechtsmittels

1182a   § 839 Abs. 3 BGB findet auch bei Zwangsmaßnahmen der Ermittlungsbehörden Anwendung. Gegen eine Beschlagnahme muss der Betroffene daher zunächst die nach der StPO vorgesehenen Rechtsbehelfe ergreifen.[906]

III. Anspruch auf Schmerzensgeld

1183   In besonderen Fällen kann über den materiellen Schaden hinaus Schmerzensgeld verlangt werden, § 253 Abs. 2 BGB. Voraussetzung dafür ist eine schwerwiegende Beeinträchtigung des Persönlichkeitsrechts. Bejaht wurde dies von der Recht-

---

[900] *Fluck*, NJW 2001, 202.
[901] BGH NJW 1989, 96, 97.
[902] BGH NJW 1998, 751, 752.
[903] BGHZ 27, 338, 349.
[904] *Fluck*, NJW 2001, 202.
[905] BGH NJW 1998, 2051.
[906] OLG München, Beschl. v. 26.8.2011, Az. 1 U 708/11.

sprechung bei rechtswidriger Untersuchungshaft über einen längeren Zeitraum,[907] ebenso bei rechtswidrigen Abhörmaßnahmen über einen sehr langen Zeitraum (20 Monate)[908] und schließlich bei einer negativen Berichterstattung in der Presse aufgrund einer unrichtigen Auskunft.[909]

IV. Weitere Anspruchsgrundlagen

Neben dem Anspruch aus § 839 BGB kommen Entschädigungsansprüche aus den Landespressegesetzen und aus dem Gesetz betreffend die Entschädigung für Strafverfolgungsmaßnahmen in Betracht. 1184

Mehrere Landespressegesetze sehen bei unzulässiger oder ungerechtfertigter Beschlagnahme bzw. bei vorläufiger Sicherstellung von Druckerzeugnissen durch die Staatsanwaltschaften eine Entschädigungspflicht des Landes vor.[910] 1185

Ansprüche auf Entschädigung für Strafverfolgungsmaßnahmen können neben Amtshaftungsansprüchen geltend gemacht werden.[911] Anders als bei Amtshaftungsansprüchen ist bei Ansprüchen nach dem Strafverfolgungsentschädigungsgesetz kein Verschulden erforderlich – es handelt sich um einen der wenigen Fälle verschuldensunabhängiger Staatshaftung.[912] Allerdings kann dem Anspruchssteller nur in wenigen Fällen über das Strafverfolgungsentschädigungsgesetz besser zu einer adäquaten Entschädigung verholfen werden als über eine Amtshaftungsklage.[913] Das liegt daran, dass der tatbestandliche Anwendungsbereich deutlich enger ist als beim Amtshaftungsanspruch und der Umfang der Entschädigung gemäß § 7 StrEG als immaterieller Schadensersatz für jeden Tag der Freiheitsentziehung nur elf Euro beträgt.[914] Zudem ist die Drei-Monats-Frist nach § 13 Abs. 1 Satz 2 StrEG zu beachten, die allerdings auch durch einen Prozesskostenhilfeantrag gewahrt werden kann.[915] Der Schaden muss zudem beim Beschuldigten selbst eingetreten sein und also nicht im Vermögen eines Dritten.[916] Oft wird es daher ratsam sein, neben diesen Entschädigungsansprüchen zugleich Amtshaftungsansprüche geltend zu machen. Gleichwohl gibt es auch Fälle, in denen bereits eine Klage allein gestützt auf § 7 StrEG erfolgreich ist, etwa wegen entgangenen Gewinns (Verlust des Arbeitsplatzes).[917] 1186

Über die Verpflichtung zur Entschädigung dem Grunde nach entscheidet das Strafgericht im sog. Grundverfahren, §§ 8, 9 StrEG. Über den Umfang der Entschädigung entscheidet die Justizverwaltung. Gegen deren Entscheidung ist der Rechts- 1187

---

[907] BGH NJW 2003, 3693, 3698.
[908] BGH NJW 2003, 2693, 3698.
[909] BGH NJW 1994, 1950; LG Düsseldorf NJW 2003, 2536, 2541 f. ; a. A. Staudinger/*Wurm*, § 839 BGB, Rn. 662.
[910] Dazu *Galke*, DVBl. 1990, 145, 146; *Koebel*, NJW 1967, 321, 325.
[911] *Fluck*, NJW 2001, 202, 203.
[912] *Galke*, DVBl. 1990, 145, 145 f.
[913] Vgl. *Fluck*, NJW 2001, 202, 203.
[914] Die Justizministerkonferenz hat im November 2008 beschlossen, den Betrag auf 25 Euro pro Tag anzuheben; eine gesetzliche Umsetzung ist bislang nicht erfolgt. Die Financial Times Deutschland weist in einem Artikel vom 26.11.2008 zu Recht darauf hin, dass im Reiserecht die Entschädigung für „entgangene Urlaubsfreude" deutlich höher ist als diejenige für „entgangene Freiheitsfreude".
[915] BGH NJW 2007, 439.
[916] OLG Nürnberg, Urt. v. 23.7.2012, Az. 4 U 2315/11.
[917] LG München I, Urt. v. 7.11.2007, Az. 9 O 7163/05. Die verhinderte Nutzung eines PKW begründet dagegen keinen ersatzfähigen Vermögensschaden, OLG Koblenz, Beschl. v. 18.5.2010, Az. 1 U 296/10.

weg zu den ordentlichen Gerichten eröffnet, §§ 10 Abs. 2, 13 Abs. 1 StrEG.[918] In diesem Verfahrensstadium kann die Entscheidung über die Haftung dem Grunde nach indes nicht mehr überprüft werden; vor den ordentlichen Gerichten können allein Fragen der Anspruchshöhe behandelt werden.[919] Das bedeutet, dass nur hinsichtlich der im Grundverfahren festgestellten Strafverfolgungsmaßnahmen, für die das Strafgericht einen Entschädigungsanspruch ausgesprochen hat, eine Entschädigung gewährt werden kann.[920]

C. Die Haftung des gerichtlichen Sachverständigen

I. Einführung

1188 Im Zuge der Schadensrechtsänderung vom 1.8.2002 wurde mit § 839a BGB eine eigene Vorschrift zur Haftung des gerichtlichen Sachverständigen in das BGB eingefügt. Grund für die Neuaufnahme dieser Regelung war die nach bisherigem Recht bestehende Haftungsdivergenz, je nachdem, ob der Sachverständige vereidigt worden war oder nicht.[921] Im ersten Fall haftete er gemäß § 823 Abs. 2 BGB i. V. m. §§ 154, 155, 163 StGB auch bei bloßer Fahrlässigkeit für Vermögensschäden, im letzteren Fall für Vermögensschäden nur bei Vorsatz gemäß § 826 BGB und für sonstige Rechtsgutsverletzungen nur bei grober Fahrlässigkeit gemäß § 823 Abs. 1 BGB.[922] Diese unterschiedlichen Haftungsvoraussetzungen sollten beseitigt werden,[923] da die Vereidigung im Bezug auf die Haftung kein geeignetes Differenzierungskriterium ist.[924] Nach § 839 BGB war und ist der Sachverständige ohnehin nicht haftbar, da er, auch wenn er vom Gericht bestellt ist, keine hoheitliche Tätigkeit ausübt;[925] insofern erweist sich die systematische Stellung des § 839a BGB direkt im Anschluss an § 839 BGB als problematisch, weil der Sachverständige eben keine spezielle hoheitliche Tätigkeit ausübt.[926]

1189 Aus Praxissicht hat sich mit § 839a BGB für den Geschädigten eine Verbesserung ergeben, da es keiner Vereidigung mehr bedarf, um die Haftung für Vermögensschäden zu begründen. Allerdings muss jetzt vor Abschluss eines Vergleichs sehr sorgfältig geprüft werden, ob das Sachverständigengutachten nicht grob fahrlässig falsch erstattet wurde, da mit Vergleichsabschluss der Anspruch gegen den Sachverständigen verloren geht.

II. Die Haftungsvoraussetzungen

1190 Nach § 839a BGB ist ein gerichtlicher Sachverständiger zum Ersatz verpflichtet, wenn er vorsätzlich oder grob fahrlässig ein unrichtiges Gutachten erstattet und eine darauf beruhende gerichtliche Entscheidung einem der Verfahrensbeteiligten

---

[918] OLG Nürnberg, Urt. v. 23.7.2012, Az. 4 U 2315/11; *Galke,* DVBl. 1990, 145, 146.
[919] *Galke,* DVBl. 1990, 145, 147.
[920] ThüringerOLG, Beschl. v. 30.4.2012, Az. 4 W 94/12.
[921] Staudinger/*Wurm,* § 839a BGB, Rn. 3; *Wagner,* NJW 2002, 2049, 2062; *Jacobs,* ZRP 2001, 489, 490 f.
[922] Staudinger/*Wurm,* § 839a BGB, Rn. 4 f.
[923] Bamberger/Roth/*Reinert,* § 839a BGB, Rn. 3.
[924] BT-Drs. 14/7752, S. 28, vgl. auch BVerfGE 49, 304.
[925] BGH NJW 2003, 2825; OLG Düsseldorf NJW 1986, 2891; Palandt/*Sprau,* § 839a, Rn. 2; Staudinger/*Wurm,* § 839a BGB, Rn. 2; Bamberger/Roth/*Reinert,* § 839a BGB, Rn. 2.
[926] *Jacobs,* ZRP 2001, 489, 492.

Schaden zufügt, sofern es der Verfahrensbeteiligte nicht schuldhaft unterlassen hat, Rechtsmittel gegen die Entscheidung einzulegen. Erforderlich ist also ein zweiaktiger Geschehensablauf, nämlich ein unrichtiges Gutachten, das zu einer entsprechend unrichtigen gerichtlichen Entscheidung geführt hat.[927]

1. Gerichtlicher Sachverständiger

Anspruchsverpflichtet ist allein der gerichtlich bestellte Sachverständige als natürliche Person, nicht aber der Arbeitgeber, eine juristische Person oder weitere Sachverständige in einer Gesellschaft bürgerlichen Rechts.[928] Auch der von einer Partei beauftragte Privatgutachter ist kein gerichtlicher Sachverständiger. Der von einem Schiedsgericht zugezogene Sachverständige wird kraft Ermächtigung (im Auftrag und in Vollmacht) der Parteien von den Schiedsrichtern mit der Erstattung des Gutachtens beauftragt; er haftet deshalb nicht nach § 839a BGB, sondern nach allgemeinen vertragsrechtlichen Grundsätzen gegenüber beiden Parteien, mithin nicht nur bei grober Fahrlässigkeit.[929]

1191

2. Gerichtliche Entscheidung

Weitere Anspruchsvoraussetzung ist, dass es zu einer gerichtlichen Entscheidung gekommen ist. Daran fehlt es, wenn die Parteien den Prozess übereinstimmend für erledigt erklärt[930] oder durch einen Vergleich beendet haben.[931] Damit entsteht eine unerwartete Haftungsfalle für den Rechtsanwalt:[932] Bei einer Prozessbeendigung durch Vergleich ist, abgesehen von der Haftung nach § 826 BGB, jegliche Haftung des Sachverständigen ausgeschlossen, da § 839a BGB eine § 823 BGB verdrängende Spezialnorm ist.[933] Sollte der Anwalt auch nur fahrlässig übersehen, dass das Gutachten des Sachverständigen grob fahrlässig falsch erstattet wurde, haftet er dem Mandanten für den dadurch entstandenen Schaden.[934]

1192

3. Pflichtverletzung und Drittschutz

Die Pflichtverletzung des Sachverständigen liegt in der Erstattung eines unrichtigen Gutachtens. Unrichtig ist das Gutachten insbesondere, wenn es von einem unzutreffenden Sachverhalt ausgeht, etwa aufgrund einer fehlerhaften oder unvollständigen Befunderhebung, oder wenn es aus dem Sachverhalt die falschen Schlüsse zieht.[935]

1193

Geschützte Dritte sind nur die am Verfahren Beteiligten. Maßgeblich ist insoweit aber nicht ein förmlicher, sondern ein materieller Beteiligtenbegriff, der zur Bestimmung des personalen Schutzbereichs auf die Grundsätze zur drittschützenden Wirkung von Amtspflichten im Sinne von § 839 BGB abstellt.[936]

1194

---

[927] BGH NJW 2006, 1733; Staudinger/*Wurm*, § 839a BGB, Rn. 7.
[928] OLG Hamm BauR 2010, 1811.
[929] *Wagner*, NJW 2002, 2049, 2063; jetzt auch Staudinger/*Wurm*, § 839a BGB, Rn. 34; a. A. zur alten Rechtslage BGHZ 42, 313, 317.
[930] Palandt/*Sprau*, § 839a BGB, Rn. 4; a. A. wohl Jauernig-*Teichmann*, §§ 839a BGB, Rn. 1 („Endet ein Verfahren ohne gerichtliche Entscheidung, so bleibt es bei den bisherigen Anspruchsgrundlagen").
[931] OLG Nürnberg NJW-RR 2011, 1216, 1217; BT-Dr 14/7752, S. 28; *Wagner*, NJW 2002, 2049, 2063; *Huber*, NJW-Editorial, Heft 19/2003.
[932] *Huber*, NJW-Editorial, Heft 19/2003.
[933] BT-Drs. 14/7752, S. 28, Palandt/*Sprau*, § 839a BGB, Rdn.1; *Huber*, NJW-Editorial, Heft 19/2003.
[934] *Huber*, NJW-Editorial, Heft 19/2003.
[935] Palandt/*Sprau*, § 839a BGB, Rn. 3; Überblick bei *Schöpflin*, ZfS 2004, 241, 243.
[936] BGH NJW 2006, 1733.

4. Verschulden

1195   Die Haftung bei einem falschen Gutachten tritt ferner nur dann ein, wenn der Sachverständige das Gutachten grob fahrlässig oder vorsätzlich falsch erstattet hat. Das bringt gegenüber der bisherigen Rechtslage einerseits eine Haftungserweiterung,[937] andererseits aber auch eine Haftungseinschränkung. Blieb der Sachverständige nämlich unbeeidigt, haftete er für Vermögensschäden nur bei Vorsatz; wurde er dagegen vereidigt, haftete er auch bei leichter Fahrlässigkeit für Vermögensschäden.

Grobe Fahrlässigkeit aufgrund unzureichenden Aufwands bei der Begutachtung liegt aber nicht vor, wenn das Gericht die vom Sachverständigen offen gelegte Vorgehensweise als ausreichend erachtet und damit billigt.[938]

5. Ausschluss durch Rechtsmittelversäumnis

1196   Ausgeschlossen ist die Haftung, wenn es der geschädigte Verfahrensbeteiligte schuldhaft unterlassen hat, die gerichtliche Entscheidung durch ein Rechtsmittel anzufechten, §§ 839a Abs. 2, 839 Abs. 3 BGB. Damit wird der Geschädigte regelmäßig erst dann nach § 839a BGB gegen den Sachverständigen vorgehen können, wenn er zuvor eine letztinstanzliche Entscheidung herbeigeführt hat.[939] Ferner ist auch ein Antrag, den gerichtlichen Sachverständigen zur mündlichen Erläuterung seines Gutachtens zu laden, ein Rechtsmittel im Sinne des § 839a Abs. 2 i.V.m. § 839 Abs. 3 BGB;[940] für die Fälle des § 411a ZPO, mithin bei der Verwertung eines Gutachtens aus einem anderen gerichtlichen Verfahren, dürfte dies aber nicht gelten, da es hier an einer direkten Rechtsbeziehung zu dem Sachverständigen fehlt, aufgrund derer eine gerichtliche Ladung ergehen könnte. Auf die Ladung des Sachverständigen wie auch auf Gegenvorstellungen und formelle Beweisanträge auf Einholung eines neuen (Ober-)Gutachtens darf grundsätzlich keinesfalls verzichtet werden.[941]

III. Prozessuale Fragen

1. Sachliche Zuständigkeit

1197   § 71 Abs. 2 GVG findet für die Sachverständigenhaftung keine Anwendung. Beträgt der geltend gemachte Schadensersatzanspruch daher nicht mehr als 5.000 €, ist die Klage vor den Amtsgerichten zu erheben.[942]

2. Beweislast

1198   Der Geschädigte hat nach allgemeinen Grundsätzen die objektiven und subjektiven Haftungsvoraussetzungen des § 839a BGB darzulegen und zu beweisen; beim Verschulden kann aber von der Art des Fehlers auf den Verschuldensgrad rückgeschlossen werden.[943] Für die Schuldhaftigkeit des Nichtgebrauchs eines Rechtsmittels ist dagegen der Sachverständige darlegungs- und beweispflichtig.[944]

---

[937] *Jacobs*, ZRP 2001, 489, 491.
[938] LG Ulm, Urt. v. 6.11.2009, Az. 3 O 261/09.
[939] *Wagner*, NJW 2002, 2049, 2061.
[940] BGHZ 173, 98; OLG Hamm. Beschl. v. 9.12.2010, Az. 6 U 131/10.
[941] BGHZ 173, 98, 100 f.; BGH NJW-RR 2006, 1454 f.
[942] Staudinger/*Wurm*, § 839a BGB, Rn. 30.
[943] Staudinger/*Wurm*, § 839a BGB, Rn. 28.
[944] Staudinger/*Wurm*, § 839a BGB, Rn. 28.

3. Streitverkündung

Nach § 72 Abs. 2 ZPO ist die Streitverkündung gegenüber dem Sachverständigen 1199
in dem Prozess, in dem er das potentiell fehlerhafte Gutachten erbracht hat, unzulässig.[945]

D. Amtshaftung bei zwangsweiser Unterbringung

Einen Grenzbereich der Amtshaftung im Rechtspflegebereich stellt die Maßnahme 1200
der zwangsweisen Unterbringung eines Patienten in einer psychiatrischen Klinik
dar, weil es sich hier nicht nur um eine juristische, sondern zugleich auch um eine
kurative Maßnahme zum Wohl des Patienten handelt. Zwei Konstellationen erweisen sich insofern als außerordentlich haftungsrelevant: Amtshaftungsansprüche
können sich zum einen daraus ergeben, dass ein Patient rechtswidrig einer ärztlichen Behandlung als hoheitlich angeordnete Zwangsmaßnahme unterzogen wird,
und zum anderen daraus, dass den Gefahren, die von den in einem Krankenhaus
untergebrachten Patienten ausgehen, nicht wirksam begegnet wurde.

I. Amtshaftung gegenüber dem Patienten

Amtshaftungsansprüche des Patienten setzen voraus, dass er zwangsweise in einer 1201
Klinik untergebracht wurde.

Die richterliche Unterbringungsentscheidung selbst löst Amtshaftungsansprüche 1202
aus, wenn sie sich als nicht mehr vertretbar und damit als rechtswidrig erweist.

Ein Amtsarzt verletzt in diesem Zusammenhang seine Amtspflicht, wenn er ein 1203
Gutachten unterzeichnet, das zur Einweisung des Patienten in eine geschlossene Heilanstalt führt, ohne den Patienten gesehen, geschweige denn untersucht zu haben.[946]

Der Krankenhausträger[947] ist während des Krankenhausaufenthaltes haftbar, 1204
etwa wenn der Patient eine fehlerhafte Zwangsbehandlung erleidet[948] oder wenn
das Krankenhauspersonal seine Sorgfaltspflichten gegenüber dem Patienten verletzt,
indem es ihn nicht durch fortlaufende, wenn auch nicht lückenlose Überwachung
und Sicherung vor Selbstschädigungen schützt.[949] Die Haftung des Krankenhausträgers bejahte die Rechtsprechung etwa in dem Fall, dass sich eine suizidgefährdete
Patientin selbst anzündete und dadurch schwere Brandwunden davontrug.[950] Der
Krankenhausträger haftet auch dann, wenn sich ein Patient aus einem gewaltsam
geöffneten Fenster stürzt, weil das Krankenhauspersonal das Fenster besser hätte
sichern müssen, weil es mit dem Verhalten des Patienten hätte rechnen müssen.[951]

II. Amtshaftung gegenüber Dritten

Noch völlig ungeklärt ist hingegen die Frage, ob sich Amtshaftungsansprüche 1205
auch zugunsten von dritten Personen ergeben können, die durch untergebrachte Pa-

---

[945] § 72 Abs. 2 ZPO idF des Zweiten Justizmodernisierungsgesetzes vom 30.12.2006; s. a. BGH NJW 2006, 3214.
[946] BGH NJW 1995, 2412; OLG Naumburg GesR 2010, 318; OLG Oldenburg NJW-RR 1996, 566; OLG Oldenburg VersR 1991, 306, 307.
[947] Hierzu OLG München, Urt. v. 29.3.2012, Az. 1 U 4444/11.
[948] OLG München, Urt. v. 29.3.2012, Az. 1 U 4444/11.
[949] BGH NJW 2008, 1444; BGH VersR 1993, 751 f.; BGH VersR 1987, 985.
[950] BGH VersR 1993, 751 f.
[951] BGH VersR 1987, 985; LG Magdeburg, Urt. v. 14.9.2011, Az. 9 O 1041/08.

tienten geschädigt werden.⁹⁵² Das wird etwa in dem Fall relevant, wenn leitende Ärzte einer psychiatrischen Klinik einem dort Untergebrachten Ausgang gewähren, obwohl dieser weiterhin eine Gefahr darstellt, und er während des Ausgangs Schäden anrichtet.

1206 Anlass für diese Überlegung gibt eine BGH-Entscheidung, die die Strafbarkeit von Personen, die in einer psychiatrischen Klinik mit Leitungsfunktionen betraut sind, wegen fahrlässiger Tötung bzw. fahrlässiger Körperverletzung grundsätzlich bejaht, weil sie einem erkennbar tatgeneigten, in ihrer Klinik untergebrachten Patienten Ausgang gewährten und dieser den Ausgang zur Begehung von Tötungs- und Körperverletzungsdelikten missbrauchte.⁹⁵³ Ist aber die Frage der Strafbarkeit grundsätzlich bejaht, liegt auch der objektive Tatbestand einer Amtspflichtverletzung vor.

1. Anwendungsbereich

1207 Sind die Klinikärzte verbeamtet, und ist der Untergebrachte zwangsweise eingewiesen, so üben sie als Beamte im haftungsrechtlichen Sinn ein öffentliches Amt aus; der Anwendungsbereich für Amtshaftungsansprüche ist damit grundsätzlich eröffnet.⁹⁵⁴

2. Amtspflicht

1208 Den Klinikärzten obliegt die Amtspflicht zu rechtmäßigem Handeln. Insbesondere dürfen sie nicht gegen Schutzgesetze im Sinne des § 823 Abs. 2 BGB verstoßen.⁹⁵⁵ Zu diesen Schutzgesetzen gehören auch § 222 StGB und § 229 StGB. Eine Amtspflichtverletzung liegt demnach vor, wenn die Klinikärzte dem Untergebrachten einen (unbeaufsichtigten) Ausgang gewähren, obwohl er weiterhin die Neigung zu Straftaten hat, die Entscheidung mithin den Regeln der psychiatrischen Kunst nicht entspricht, und der Untergebrachte während des Ausgangs anderen Menschen körperlichen Schaden zufügt.⁹⁵⁶

1209 Gleichermaßen handeln sie pflichtwidrig, wenn sie ihre im Ergebnis falsche Prognose auf relevant unvollständiger Tatsachengrundlage oder unter unrichtiger Bewertung der festgestellten Tatsachen getroffen haben.⁹⁵⁷

3. Drittgerichtetheit der Amtspflicht

1210 Anknüpfungspunkt für die Amtspflichtverletzung ist die Verletzung eines Schutzgesetzes im Sinne des § 823 Abs. 2 BGB, nämlich § 222 StGB oder § 229 StGB. Beide Normen schützen unstreitig das Interesse des einzelnen Rechtsgutsträgers an seiner körperlichen Unversehrtheit. Dementsprechend entfaltet auch die darauf aufbauende Amtspflicht drittschützende Wirkung gegenüber dem Geschädigten.

1211 Dieser Interpretation steht auch nicht ein Urteil des Europäischen Gerichtshofs für Menschenrechte entgegen, das die Verantwortung des Staates Italien für einen durch beurlaubte Gefangene begangenen Mord verneint hat.⁹⁵⁸ Nach Auffassung des Gerichts besteht eine Schutzpflicht des Staates zwar nur dann, wenn eine oder

---

⁹⁵² Vgl. BGH DVBl. 2006, 182 für eine ähnliche Fallkonstellation (Aufsicht über Gefangene dient auch dem Schutz anderer Justizvollzugsbediensteter).
⁹⁵³ BGH NJW 2004, 237.
⁹⁵⁴ Vgl. BGH NJW 2008, 1444.
⁹⁵⁵ Palandt/*Sprau*, § 839 BGB, Rn. 37; MünchKommBGB/*Papier*, § 839 BGB, Rn. 199.
⁹⁵⁶ Vgl. BGH NJW 2004, 237, 239.
⁹⁵⁷ BGH NJW 2004, 237, 239.
⁹⁵⁸ EGMR NJW 2003, 3259.

mehrere bestimmte Personen potentielle Mordopfer sind.[959] Im Amtshaftungsrecht geht es aber nicht um eine präventive Schutzpflicht des Staates, sondern um eine reaktive Schadensausgleichspflicht. Das Kriterium des Drittschutzes kann daher keinesfalls auf die Fälle verengt werden, in den zugleich ein staatliche – grundrechtlich fundierte – Schutzpflicht gegenüber dem Einzelnen besteht. Vielmehr lässt sich der Amtshaftungsanspruch als Fortsetzung des originären grundrechtlichen Abwehranspruchs begreifen, der deutlich weiter als der grundrechtliche Schutzanspruch ist.

4. Zurechnungszusammenhang

Der Zurechnungszusammenhang ist in den Fällen zu bejahen, in denen der eingetretene Schaden nach dem Maßstab des gewöhnlichen Erfahrungsbereichs auf den festgestellten psychischen Störungen beruht, insbesondere wenn eine besondere und spezifische Tatgeneigtheit festzustellen ist.[960] Er kann also nur dann verneint werden, wenn der Untergebrachte während des Ausgangs völlig untypische Verhaltensweisen zeigt, die noch nie vorher bei ihm beobachtet wurden. Demnach wäre der Schaden etwa dann nicht mehr zurechenbar, wenn der wegen mehrfacher Vergewaltigung Untergebrachte während des Ausgangs eine Brandstiftung begeht.

1212

5. Verschulden

Das Verschulden ist indiziert, wenn die Entscheidung nicht mehr mit den Regeln der psychiatrischen Kunst vereinbar ist.[961] Insbesondere ist gerade bei einem tatgeneigten Untergebrachten auch subjektiv vorhersehbar, dass er Straftaten begehen wird.[962]

1213

6. Anspruchsausschluss nach § 839 Abs. 1 BGB

Der Ausschlusstatbestand der anderweitigen Ersatzmöglichkeit, § 839 Abs. 1 Satz 2 BGB ist zu berücksichtigen, wenn gegen den Täter selbst Schadensersatzansprüche geltend gemacht und auch durchgesetzt werden können.

1214

E. Amtshaftung im Haftvollzug

Die Rechtsprechung zur Amtshaftung im Haftvollzug ist aufgrund verschiedener verfassungsgerichtlicher Urteile in Bewegung gekommen. Im Zentrum steht dabei die Haftung wegen menschenunwürdiger Unterbringung in einer Justizvollzugsanstalt.

1214a

Die Inhaftierung in einem Einzelhaftraum von einer Größe zwischen fünf und acht Quadratmetern mit einer baulich nicht abgetrennten, im selben Raum befindlichen Toilette verstößt nach Ansicht der Rechtsprechung gegen das Gebot der menschenwürdigen Behandlung von Strafgefangenen gemäß Art. 1 und 2 GG.[963] Damit verletzt das jeweilige Land, zu dessen hoheitlichen Aufgaben der Strafvollzug gehört, eine dem Inhaftierten gegenüber bestehende Amtspflicht. Das Verschulden lässt sich

1214b

---

[959] EGMR NJW 2003, 3259, 3261.
[960] Vgl. BGH NJW 2004, 237, 239.
[961] Vgl. BGH NJW 2004, 237, 239.
[962] Vgl. BGH NJW 2004, 237, 239.
[963] BVerfG NJW-RR 2011, 1043 ff. m. w. N.; BGHZ 161, 33; OLG München, Beschl. v. 7.2.2012, Az. 1 W 102/12; OLG Hamm Urt. v. 8.4.2011, Az. 11 U 76/09; LG Berlin, Urt. v. 30.11.2011, Az. 86 O 360/10.

allein aus der Tatsache der menschenunwürdigen Unterbringung im Sinne eines Organisationsverschuldens ableiten.[964] Die Rechtsprechung erkennt dann eine Entschädigung – in Anlehnung an die Regelung des § 7 Abs. 3 StrEG – zwischen 10 € und 30 € pro Hafttag zu. Eine Geldentschädigung kommt allerdings nicht in Betracht, wenn es der Strafgefangene versäumt hat, ein Verfahren nach §§ 109, 114 StVollzG einzuleiten und er allenfalls für die Dauer des Verfahrens weiterhin menschenunwürdig untergebracht geblieben wäre.[965] Wurde die Antragstellung dagegen unverschuldet unterlassen, ist der Entschädigungsanspruch gegeben.[966]

1214c Der Justizverwaltung ist es im Übrigen unter dem Gesichtspunkt der unzulässigen Rechtsausübung verwehrt, gegenüber dem Anspruch eines Strafgefangenen auf Geldentschädigung wegen menschenunwürdiger Haftbedingungen mit einer Gegenforderung auf Erstattung offener Kosten des Strafverfahrens aufzurechnen.[967]

F. Entschädigung bei überlangen Gerichtsverfahren

1214d Der EGMR hatte die Bundesrepublik Deutschland verpflichtet, bis Ende 2011 einen wirksamen Rechtsbehelf gegen überlange Gerichtsverfahren einzuführen. Der Gesetzgeber hat darauf reagiert und das Gesetz über den Rechtsschutz bei überlangen Gerichtsverfahren und strafrechtlichen Ermittlungsverfahren geschaffen, das am 3.12.2011 in Kraft getreten ist.[968] Es handelt sich dabei aber nicht um ein eigenständiges Gesetz, sondern der Entschädigungsanspruch wurde in §§ 198 ff. GVG normiert.[969]

I. Anspruchsvoraussetzungen

1. Gerichtsverfahren

1214e Erste Anspruchsvoraussetzung ist, dass ein Gerichtsverfahren rechtshängig ist. Dazu gehören die Verfahren der ordentlichen Gerichtsbarkeit, der freiwilligen Gerichtsbarkeit, die Verfahren nach der VwGO, der FGO, dem SGG und dem ArbGG wie auch Verfahren auf Gewährung vorläufigen Rechtsschutzes und zur Bewilligung von Prozess- oder Verfahrenskostenhilfe. Grundsätzlich ausgenommen ist dagegen das Insolvenzverfahren, § 198 Abs. 6 Nr. 1 GVG. Auch das Widerspruchsverfahren gehört nicht zu den Gerichtsverfahren.[970]

1214f Zu den Gerichtsverfahren gehört nach § 199 GVG auch das strafrechtliche Ermittlungsverfahren.

2. Unangemessene Verfahrensdauer

1214g Zentrale Anspruchsvoraussetzung ist die unangemessene Verfahrensdauer. Die Dauer des Verfahrens muss also gerade in Bezug auf dieses konkrete Verfahren unangemessen lang sein. Das verlangt eine Abwägung aller Umstände im Einzelfall,

---

[964] *Eichinger*, JR 2012, 57 ff.; *Lindemann*, JR 2010, 469.
[965] BGH NJW-RR 2010, 1465; OLG Düsseldorf, Urt. v. 25.8.2010, Az. I-18 U 21/10; OLG Köln, Urt. v. 8.10.2009, Az. 7 U 48/09.
[966] OLG Hamm, Beschl. v. 13. 8.2010, Az. 11 U 190/10.
[967] BGH NJW-RR 2010, 167.
[968] BGBl I, S. 2302. Zur zeitlichen Anwendbarkeit OLG Celle, Urt. v. 24.10.2012, Az. 23 SchH 5/12; OLG Karlsruhe, Beschl. v. 2.8.2012, Az. 23 SchH 5/12 EntV; OLG Celle, Beschl v. 9.5.2012, Az. 23 SchH 6/12.
[969] *Ossenbühl/Cornils* (Staatshaftungsrecht), S. 460 ff.
[970] OVG Berlin-Brandenburg, Urt. v. 27.3.2012, Az. OVG 3 A 1.12.

wobei es entscheidend auf die Schwierigkeit des Verfahrens in tatsächlicher oder rechtlicher Hinsicht und auf die Bedeutung des Verfahrens ankommt.[971] Das Kriterium der Bedeutung des Verfahrens spielt insbesondere bei Musterprozessen, bei Verfahren über das Sorge- oder Umgangsrecht für Kinder oder bei Arbeitssachen eine besondere Rolle;[972] auch existentielle Folgen für eine Prozesspartei können eine besondere Bedeutung begründen.

Das Verhalten der Verfahrensbeteiligten und weiterer Dritter darf bei der Prüfung der Unangemessenheit der Verfahrensdauer nicht ausgeblendet werden. Das Wahrnehmen der von der jeweiligen Prozessordnung vorgesehenen Verfahrenshandlungen durch die Parteien führt per se nicht zu einer unangemessenen, sondern gerade zu einer angemessenen Verfahrensdauer. Allerdings muss sich das Gericht bei zunehmender Verfahrensdauer nachhaltig um eine Beschleunigung bemühen.[973] 1214h

3. Erheben der Verzögerungsrüge

Dritte Voraussetzung ist, dass der Verfahrensbeteiligte, der einen Entschädigungsanspruch geltend machen will, zuvor bei dem mit der Sache befassten Gericht die Dauer des Verfahrens gerügt hat, also die sog. Verzögerungsrüge erhoben hat. Darin kommt der Grundsatz des Vorrangs des Primärrechtsschutzes zum Ausdruck, wie er auch in § 839 Abs. 3 BGB angelegt ist.[974] Bei Inkrafttreten der §§ 198 ff. GVG bereits laufenden Prozessen musste die Verzögerungsrüge unverzüglich danach erhoben werden.[975] 1214i

Die Verzögerungsrüge kann allerdings erst erhoben werden, wenn Anlass zur Besorgnis besteht, dass das Verfahren nicht in einer angemessenen Zeit abgeschlossen wird, und zwar innerhalb der Instanz.[976] Für das Ausgangsverfahren ist das freilich ohne Bedeutung, weil das Gericht nicht gesondert im Sinne einer eigenen Verfahrenshandlung auf die Verzögerungsrüge reagieren muss. Für das Entschädigungsverfahren kann sich hier aber eine erhebliche Haftungsfalle auftun: Wurde die Verzögerungsrüge zu früh erhoben, also noch bevor Anlass zur Besorgnis bestand, dass das Verfahren nicht in einer angemessenen Zeit abgeschlossen wird, entfaltet die Verzögerungsrüge keine Wirksamkeit. Es fehlt dann aber an einer materiell-rechtlichen Voraussetzung für das Entstehen des Entschädigungsanspruchs.[977] Ein „prophylaktisches" Erheben der Verzögerungsrüge ist also sinnlos.[978] 1214j

II. Entschädigung

Nach § 198 Abs. 1 Satz 1 GVG wird für die erlittenen Nachteile eine angemessene Entschädigung gewährt. 1214k

Handelt es sich um materielle Nachteile, so erfolgt gleichwohl keine vollständige, sondern lediglich eine angemessene Entschädigung.[979] Ausgeschlossen ist damit ins- 1214l

---

[971] *Althammer/Schäuble*, NJW 2012, 1, 2; OLG Karlsruhe, Beschl. v. 2.8.2012, Az. 23 SchH 5/12 EntV.
[972] *Althammer/Schäuble*, NJW 2012, 1, 2.
[973] BVerfG NJW 2001, 214, 215; *Althammer/Schäuble*, NJW 2012, 1, 2.
[974] *Althammer/Schäuble*, NJW 2012, 1, 3.
[975] OLG Celle, Beschl. v. 15.2.2012, Az. 23 SchH 1/12.
[976] *Remus*, NJW 2012, 1403, 1408; offen gelassen von OVG Berlin-Brandenburg, Urt. v. 27.3.2012, Az. OVG 3 A 1.12.
[977] *Althammer/Schäuble*, NJW 2012, 1, 3; *Ossenbühl*, DVBl. 2012, 857, 858.
[978] *Remus*, NJW 2012, 1403, 1408.
[979] Kritisch *Ossenbühl*, DVBl. 2012, 857, 859.

besondere ein Ersatz des entgangenen Gewinns.⁹⁸⁰ Ersatzfähig sind etwa Kostenerhöhungen im Ausgangsverfahren aufgrund der Verzögerung.

1214m Darüber hinaus sind auch immaterielle Nachteile entschädigungsfähig. § 198 Abs. 2 Satz 3 GVG sieht als Entschädigung einen Betrag von 1.200 € für jedes Jahr der Verzögerung vor,⁹⁸¹ der aber vom Gericht nach unten oder nach oben hin korrigiert werden kann.

1214n Eine Entschädigung in Geld für immaterielle Nachteile kommt aber nur in Betracht, wenn nicht bereits auf andere Weise eine Wiedergutmachung möglich ist, § 198 Abs. 2 Satz 2 i. V. m. Abs. 4 GVG. Ausreichend kann insofern die (bloße) gerichtliche Feststellung der unangemessenen Verfahrensdauer sein. Das kann auch schon im Prozesskostenhilfeverfahren erfolgen mit der Konsequenz, dass keine Prozesskostenhilfe gewährt wird, weil die Entschädigungsklage unbegründet sein soll.⁹⁸²

III. Verhältnis zur Amtshaftung

1214o Der Entschädigungsanspruch nach § 198 GVG lässt einen Anspruch aus § 839 BGB i. V. m. Art. 34 GG unberührt, es besteht echte Anspruchskonkurrenz.⁹⁸³

1214p Auf Tatbestandsseite bestehen insofern Unterschiede, als der Amtshaftungsanspruch ein Verschulden voraussetzt.

1214q Auf Rechtsfolgenseite unterscheiden sich der Amtshaftungsanspruch und der Entschädigungsanspruch insofern, als bei der Amtshaftung einerseits eine vollständige Restitution nach §§ 249 ff. BGB erfolgt, andererseits aber immaterielle Nachteile nicht ausgeglichen werden.⁹⁸⁴

IV. Prozessuale Geltendmachung

1. Aktiv- und Passivlegitimation

1214r Der Entschädigungsanspruch steht gemäß § 198 Abs. 1, Abs. 6 Nr. 2 GVG nur einem Verfahrensbeteiligten zu. Verfahrensbeteiligte sind die jeweiligen Prozessparteien⁹⁸⁵ oder die Beteiligten im Sinne des FamFG, nicht aber Nebenintervenienten.⁹⁸⁶

1214s Passivlegitimiert ist das Land, dessen Gerichte die überlange Verfahrensdauer zu verantworten habe, bzw. der Bund bei Handeln eines Bundesgerichts, § 200 GVG.

2. Gerichtliche Zuständigkeit

1214t Im zivilrechtlichen Bereich ist das jeweilige OLG bzw. bei einer Verfahrensverzögerung durch den BGH der BGH selbst erstinstanzlich zuständig. Damit ist eine parallele Geltendmachung von Amtshaftungs- und Entschädigungsanspruch zunächst ausgeschlossen, weil für Amtshaftungsansprüche erstinstanzlich ausschließlich die Landgerichte zuständig sind. Im Berufungsrechtszug des Amtshaftungsprozesses vor

---

⁹⁸⁰ *Althammer/Schäuble*, NJW 2012, 1, 3.
⁹⁸¹ Nach *Ossenbühl*, DVBl. 2012, 857, 861 hat dies „allenfalls symbolische Bedeutung".
⁹⁸² OLG Karlsruhe, Beschl. v. 2.8.2012, Az. 23 SchH 5/12 EntV.
⁹⁸³ *Remus*, NJW 2012, 1403, 1408; *Althammer/Schäuble*, NJW 2012, 1, 5; *Ossenbühl*, DVBl. 2012, 857, 859; *Ossenbühl/Cornils* (Staatshaftungsrecht), S. 463.
⁹⁸⁴ *Althammer/Schäuble*, NJW 2012, 1, 5.
⁹⁸⁵ Unklar ist aber, ob das in kontradiktorischen Verfahren für beide Parteien gilt, s. *Remus*, NJW 2012, 1403, 1408. Die Frage ist zu bejahen. Entscheidend ist vielmehr, ob auch beiden Parteien Nachteile entstanden sind.
⁹⁸⁶ *Althammer/Schäuble*, NJW 2012, 1.

dem OLG müsste es dagegen möglich sein, zusätzlich die Entschädigungsklage zu erheben und die beiden Verfahren miteinander zu verbinden.

Eine vorherige Antragstellung bei der Behörde ist nicht erforderlich.[987]

1214u

3. Fristen

Die Entschädigungsklage kann frühestens sechs Monate nach Erhebung der Verzögerungsrüge erhoben werden, § 198 Abs. 5 GVG. Es ist also möglich, dass das Ausgangsverfahren und die Entschädigungsklage parallel geführt werden; das Entschädigungsgericht kann aber in diesem Fall das Verfahren gemäß § 201 Abs. 3 GVG aussetzen.

1214v

Die Entschädigungsklage muss ferner spätestens sechs Monate nach Eintritt der Rechtskraft der verfahrensbeendenden Entscheidung oder anderweitigen Verfahrenserledigung erhoben werden. Nach richtiger Auffassung hemmt die Erhebung der Amtshaftungsklage zugleich den Lauf dieser Frist entsprechend § 213 BGB.[988]

1214w

4. Prozesskostenhilfe

Auch für die Erhebung der Entschädigungsklage kann Prozesskostenhilfe beantragt werden.[989] Erstinstanzlich zuständig ist das für die Entschädigungssachen zuständige Oberlandesgericht bzw. das nach den anderen Prozessordnungen zuständige Obergericht. Gegen eine Entscheidung des OLG ist nur die Rechtsbeschwerde statthaft.[990]

1214x

---

[987] OVG Berlin-Brandenburg, Urt. v. 27.3.2012, Az. OVG 3 A 1.12.
[988] Vgl. *Althammer/Schäuble*, NJW 2012, 1, 6.
[989] OLG Karlsruhe, Beschl. v. 2.8.2012, Az. 23 SchH 5/12 EntV; OLG Celle, Beschl v. 9.5.2012, Az. 23 SchH 6/12.
[990] BGH NJW 2012, 2449.

16. Kapitel. Amtshaftung für gescheiterte Vertragsbeziehungen

1215a Als neueste Entwicklung im Staatshaftungsrecht zeichnet sich die Amtshaftung für gescheiterte zivilrechtliche Vertragsbeziehungen ab. Im Kern geht es darum, dass die öffentliche Hand dafür haften soll, dass bei einem Dritten ein Schaden aufgrund eines unterbliebenen oder eines nachteiligen Vertragsschlusses eingetreten ist. Hierbei lassen sich verschiedene Fallgruppen unterscheiden: Den stärksten Bezug zur hoheitlichen Betätigung haben die Fälle, in denen eine staatliche Genehmigung zu Unrecht versagt oder erteilt wurde. Ein daran anknüpfender Bereich betrifft die Fälle der mangelhaften staatlichen Beaufsichtigung des Vertragspartners, bei deren korrekter Wahrnehmung es gar nicht erst zu einem (in der Folge nachteiligen) Vertragsschluss gekommen wäre. Ferner kann auch der Staat selbst rechtswidrig, nämlich unter Verstoß gegen Vergaberecht, einen Vertragsschluss mit ihm verhindern. Und schließlich sind Fälle denkbar, in denen der Staat in ein Wettbewerbsverhältnis zwischen Privaten eingreift und dadurch einen Vertragsschluss zugunsten einer Partei ermöglicht, zu Lasten einer anderen aber verhindert, oder selbst – im Rahmen der kommunalwirtschaftlichen Betätigung – einen privaten Mitwettbewerber durch eine eigene – erfolgreiche – Angebotsabgabe verdrängt.

A. Rechtswidrig versagte Genehmigung des Vertragsschlusses

1215b Zum Scheitern einer angestrebten Vertragsbeziehung kann es in erster Linie kommen, wenn eine Zustimmung oder Genehmigung durch die öffentliche Hand nicht erteilt wird. In der Praxis handelt es sich dabei zum einen um Fälle der Kommunalaufsicht und zum anderen um verweigerte vormundschafts- bzw. familiengerichtliche Genehmigungen.

I. Kommunalaufsichtsbehördliche Genehmigung

1215c Der kommunalen Rechtsaufsichtsbehörde obliegen nach dem inzwischen gesicherten Stand der Rechtsprechung bei der kommunalrechtlichen Genehmigung von Verträgen der Gemeinde Amtspflichten zum Schutz der Gemeinde.[991] Der BGH hat dies zwar bislang nur für die positive Erteilung einer Genehmigung entschieden. Es kann aber nichts anderes für den Fall gelten, dass die Genehmigung (zunächst) zu Unrecht versagt wurde. Denn die rechtswidrige Versagung einer Genehmigung greift noch stärker in die gemeindliche Rechtssphäre ein als die rechtswidrige Erteilung einer Genehmigung. Verweigert also die Aufsichtsbehörde die Erteilung einer Genehmigung und kann deshalb der von der Gemeinde angestrebte Vertrag nicht wirksam abgeschlossen werden, handelt sie amtspflichtwidrig und muss deshalb den aufgrund des unterbliebenen Vertragsschlusses eingetretenen Schaden ersetzen.

1215d Die Gemeinde muss in diesen Fällen aber zunächst gegen die Versagung der Genehmigung vor den Verwaltungsgerichten vorgehen, § 839 Abs. 3 BGB. Erstreitet sie dann erfolgreich die Genehmigung, liegt der ersatzfähige Schaden im sog. Verzögerungsschaden. Nur wenn zu diesem Zeitpunkt der Vertragsschluss nicht mehr mög-

---

[991] BGH NJW 2003, 1318.

lich ist, kann etwa der entgangene Gewinn ersetzt verlangt werden. Ein ersatzfähiger Schaden könnte ebenso in den im Rahmen eines neuen Vertragsschlusses anfallenden höheren Kosten für den Bezug der Leistung liegen.

II. Vormundschaftsgerichtliche Genehmigung

Dem Vormundschaftsgericht obliegt in verschiedenen Fällen die Genehmigung von Verträgen zum Schutz einer Vertragspartei. Verweigert das Gericht zu Unrecht die Genehmigung, handelt es amtspflichtwidrig.[992] Das Land haftet in diesen Fällen für den durch den unterbliebenen Vertragsschluss eingetretenen Schaden. 1215e

B. Rechtswidrig erteilte Genehmigung

Ansatzpunkt für die staatliche Haftung bei der rechtswidrigen Erteilung einer Genehmigung ist die positive behördliche Genehmigung eines Vertragsschlusses. Praxisrelevant ist insofern vor allem der Bereich der Kommunalaufsicht, etwa wenn die Kommunalaufsichtsbehörde ein riskantes Investitionsprojekt der Gemeinde genehmigt, das später aber scheitert,[993] wie auch der Bereich der vormundschafts- bzw. familiengerichtlichen Genehmigung. 1215f

I. Kommunalaufsichtsbehördliche Genehmigung

Der Kommunalaufsichtsbehörde obliegt die Amtspflicht, die Gemeinde vor möglichen Selbstschädigungen zu bewahren; sie darf also eine Genehmigung nicht erteilen, wenn der beabsichtigte Vertragsschluss gegen die Gemeindeordnung verstößt. Bei einer gleichwohl erteilten Genehmigung haftet der Träger der Kommunalaufsichtsbehörde für den der Gemeinde aus dem nachteiligen Vertragsschluss entstehenden Schaden.[994] 1215g

II. Vormundschaftsgerichtliche Genehmigung

Auch dem Vormundschaftsgericht obliegt eine drittschützende Amtspflicht zugunsten derjenigen Vertragspartei, für deren rechtsgeschäftliche Willenserklärung die Genehmigung des Vormundschaftsgerichts eingeholt wird, keine rechtswidrige Genehmigung zu erteilen. Insbesondere muss der Vormundschaftsrichter den Sachverhalt hinreichend aufklären.[995] Dazu gehört auch, die wirtschaftlichen Folgen des zu genehmigenden Rechtsgeschäfts sowie die daraus etwa drohenden finanziellen Nachteile und Risiken zu ermitteln.[996] 1215h

Im Hinblick auf die Kausalität zwischen Amtspflichtverletzung und Schaden muss der Geschädigte vortragen, dass die Genehmigung nicht hätte erteilt werden dürfen. Bleibt im Amtshaftungsprozess offen, ob die Genehmigung auch bei amtspflichtgemäßem Verhalten hätte erteilt werden können, geht dies zu Lasten des Geschädigten.[997] 1215i

---

[992] OLG München NJW-RR 1992, 672.
[993] *Stein/Itzel/Schwall*, Rn. 732.
[994] BGH NJW 2003, 1318; Thüringer OLG, Urt. v. 25.6.2008, Az. 4 U 939/06.
[995] BGH NJW 1986, 2829; BGH VersR 1983, 1080.
[996] BGH NJW 1986, 2829.
[997] BGH NJW 1986, 2829.

C. Unterlassene Kontrolle des Vertragspartners

1215j Ausgangspunkt der Amtshaftung ist hier nicht mehr ein staatliches Verwaltungshandeln, das unmittelbar zu einem Schaden führt, sondern eine gescheiterte Vertragsbeziehung zu einem Dritten, insbesondere aufgrund eines betrügerischen Vorgehens oder einer Insolvenz des Dritten, für die der Staat (!) in Regress genommen werden soll. Zentraler Vorwurf ist dabei entweder ein gesetzgeberisches Unterlassen hinsichtlich notwendiger Regularien zur Überwachung der Geschäftstätigkeit des Vertragspartners oder eine mangelhafte Aufsichtstätigkeit der staatlichen Behörden über die Geschäftstätigkeit des Dritten. In der ersten Konstellation geht es nahezu ausschließlich um eine fehlerhafte Umsetzung von EU-Richtlinien, etwa im Fall der Phoenix-Insolvenz um eine Richtlinie über den Anlegerschutz, die den geschädigten Vertragspartner vor dem erlittenen Schaden bewahrt hätte. In der zweiten Konstellation gründet der Amtshaftungsanspruch auf eine mangelhafte Aufsicht, etwa die Bankenaufsicht oder die Kommunalaufsicht hinsichtlich der rechtsgeschäftlichen Betätigung der Gemeinde, oder auf eine mangelhafte Prüfung durch die steuerliche Betriebsprüfung oder die kommunalen Prüfungsverbände. Allen diesen Fällen ist gemeinsam, dass nicht das staatliche Unterlassen unmittelbar zu einem Schaden geführt hat, sondern der Vertragsschluss mit einem Dritten, der sich im Nachhinein als ungünstig erweist – sei es aufgrund einer Insolvenz des Vertragspartners oder aufgrund (betrügerisch) überhöhter Entgelte, wie dies in den Schrottimmobilienfällen oder den Fällen der fehlerhaften Kommunalaufsicht der Fall ist.

1215k Problematisch ist in diesen Fällen weniger die Amtspflichtverletzung als vielmehr die Frage des Drittschutzes. Entscheidend ist hier letztlich, ob der eigentliche Grund für die Überwachung der Geschäftstätigkeit zumindest auch dem Schutz potentieller Vertragspartner des zu Überwachenden dient oder ob er „lediglich" in der Sicherung des öffentlichen Interesses an der Ordnungsmäßigkeit wirtschaftlicher Betätigung liegt. Dafür kommt es maßgeblich auf den Inhalt der Geschäftstätigkeit an: Je stärker dieser im Bereich der elementaren Daseinsvorsorge liegt und je mehr der Bürger auf die Inanspruchnahme entsprechender Leistungen angewiesen ist, desto eher lässt sich auch eine drittschützende Wirkung bejahen, sofern die Überwachungtätigkeit überhaupt einen Bezug zum Inhalt der Betätigung hat und darin zumindest auch ihre Rechtfertigung findet. Das ist etwa bei der steuerlichen Betriebsprüfung klar zu verneinen.

D. Schadensersatz nach § 126 GWB wegen eines rechtswidrig verweigerten Vertragsschlusses

1215l Amtshaftungsansprüche wegen einer gescheiterten Vertragsbeziehung sind auch in der Konstellation denkbar, dass die öffentliche Hand den Vertragsschluss mit einem Bieter verweigert und zu Unrecht einen anderen Bieter vorzieht. Hier kommt allerdings vorrangig § 126 GWB zur Anwendung. Eine Amtshaftung kommt im Übrigen nur dann in Betracht, wenn der Vertragsschluss in den Bereich der hoheitlichen Betätigung fällt.[998]

I. Überblick

1215m Nach § 126 GWB kann ein Unternehmen vom öffentlichen Auftraggeber Schadensersatz verlangen, wenn der Auftraggeber gegen eine den Schutz von Unterneh-

---

[998] Immenga/Mestmäcker, § 126 GWB, Rn. 37.

men bezweckende Vorschrift verstoßen hat und das Unternehmen ohne diesen Verstoß bei Wertung der Angebote eine echte Chance gehabt hätte, den Zuschlag zu erhalten.[999] § 126 GWB stellt eine eigenständige Schadensersatzregelung dar, die mit Wirkung vom 1.1.1999 in das GWB eingefügt wurde.[1000] Die Norm schafft durch den erweiterten Kreis der Anspruchsberechtigten[1001] eine erhebliche Verbesserung für die Bieter, weil die allgemeinen Haftungsregeln des BGB regelmäßig nur dem erstrangigen Bieter Aussicht auf Erfolg bieten.[1002] Insofern liegt für den Auftraggeber in § 126 GWB aber auch eine Art Sanktion, weil er gegenüber allen Bietern, die eine echte Chance gehabt hätten, zum Schadensersatz verpflichtet wird, er für den bei der Vergabe begangenen Rechtsfehler also „bestraft" wird.[1003]

II. Anspruchsvoraussetzungen

1. Verstoß gegen eine bieterschützende Vorschrift

Zunächst muss ein Verstoß gegen eine bieterschützende Vorschrift vorliegen. 1215n

Bieterschützend sind diejenigen Vorschriften, die dem Gebot der Fairness, der 1215o Transparenz und der Gleichbehandlung dienen und Ausdruck der in § 97 Abs. 1–5 GWB angelegten Grundsätze sind.[1004] Maßgeblich ist insofern die Rechtsprechung zu § 97 Abs. 7 GWB und § 107 Abs. 2 Satz 1 GWB.[1005] Mit Blick auf die Einleitung des Verfahrens sind bieterschützend die Vorschriften zur Art der Ausschreibung und zu den zu beteiligenden Unternehmen.[1006]

Ob ein Verstoß gegen diese Schutznormen gegeben ist, wird regelmäßig aufgrund 1215p der – gemäß § 124 Abs. 1 GWB bindenden[1007] – Entscheidung der Vergabekammern feststehen. Die Durchführung des Nachprüfungsverfahrens ist aber nicht Voraussetzung für die Geltendmachung des Schadensersatzanspruchs.[1008]

2. Sog. echte Chance

Erforderlich ist zweitens, dass der Bieter eine sog. echte Chance auf den Zuschlag 1215q hatte. Eine echte Chance besteht nur, wenn das Angebot besonders qualifizierte Aussichten auf die Zuschlagserteilung gehabt hätte; es genügt hingegen nicht, dass das Angebot in die engere Wahl gelangt wäre.[1009] Entscheidend ist letztlich, ob das Angebot nach dem dem Auftraggeber zustehenden Wertungsspielraum den Zuschlag hätte erhalten können.[1010] Das ist bei einem zweitplatzierten Angebot zu bejahen.[1011] An einer echten Chance fehlt es hingegen, wenn die Leistungsbeschreibung fehlerhaft war und deshalb mangels Vergleichbarkeit die abgegebenen Ange-

---

[999] Siehe zu einzelnen Schadenskonstellationen *Willenbruch*, VergabeR 2010, 859.
[1000] OLG Koblenz, Urt. v. 15.1.2007, Az. 12 U 1016/05.
[1001] *Immenga/Mestmäcker*, § 126 GWB, Rn. 2.
[1002] *Horn/Graef*, NZBau 2005, 505, 506.
[1003] *Immenga/Mestmäcker*, § 126 GWB, Rn. 2.
[1004] OLG Koblenz, Urt. v. 15.1.2007, Az. 12 U 1016/05.
[1005] *Pünder/Schellenberg*, § 126 GWB, Rn. 20.
[1006] OLG Koblenz, Urt. v. 15.1.2007, Az. 12 U 1016/05.
[1007] *Pünder/Schellenberg*, § 126 GWB, Rn. 112.
[1008] *Immenga/Mestmäcker*, § 126 GWB, Rn. 5.
[1009] OLG Koblenz, Beschl. v. 4.2.2009, Az. 1 Verg 4/08; kritisch zur Vereinbarkeit mit der Rechtsprechung des EuGH *Prieß/Hölzl*, NZBau 2011, 21.
[1010] BGH MDR 2008, 567.
[1011] OLG Koblenz, Urt. v. 15.1.2007, Az. 12 U 1016/05.

bote von vornherein nicht gewertet werden können.[1012] Die Darlegungs- und Beweislast für das Vorliegen einer echten Chance liegt beim Kläger.[1013]

3. Auftragswert

1215r   Voraussetzung ist ferner, dass der Auftragswert oberhalb des gemäß § 100 Abs. 1 GWB i. V. m. § 2 VgV liegenden Schwellenwerts liegt.[1014] Hingegen ist es nicht erforderlich, dass die Vergabestelle überhaupt das Verfahren nach §§ 97 ff. GWB eingeleitet hat; entscheidend ist allein, dass sie es gemäß § 100 Abs. 1 GWB hätte einleiten müssen.[1015]

4. Kausalzusammenhang

1215s   Schließlich muss auch ein Kausalzusammenhang zwischen dem Schutznormverstoß und dem Schaden bestehen.[1016] Daran fehlt es etwa, wenn sich der Vergaberechtsverstoß nicht auf die Abgabe des Angebots ausgewirkt haben kann.

5. Verschulden

1215t   Ein Verschulden ist ausweislich des Wortlauts nicht erforderlich.[1017] Diese im Schrifttum umstrittene Frage[1018] ist nunmehr durch die Rechtsprechung des BGH geklärt.

6. Umfang des Schadensersatzes

1215u   Vom Umfang her ist der Schadensersatz begrenzt auf die Kosten der Vorbereitung des Angebots und[1019] der Teilnahme am Vergabeverfahren. Der entgangene Gewinn ist also nicht ersatzfähig.[1020] Ersatzfähig sind aber etwa die Kosten der Beschaffung der Verdingungsunterlagen, der Stellung eines Teilnahmeantrages, des Eignungsnachweises, der Angebotsbearbeitung, der Ausarbeitung von Unterlagen, von Ortbesichtigungen, der Sicherheitsbeschaffung und der Abgabe des Angebots sowie der Teilnahme am Eröffnungstermin.[1021] Kosten für die aufgewendete Arbeitszeit von Mitarbeitern sind nur dann ersatzfähig, wenn die Mitarbeiter ohne Teilnahme an der Ausschreibung nicht hätten bezahlt werden müssen oder wenn sie sonst anderweitig eingesetzt worden wären.[1022]

7. Verjährung

1215v   Hinsichtlich der Verjährung ist mangels spezieller Regelung im GWB § 195 BGB anwendbar, sodass für den Schadensersatzanspruch nach § 126 GWB die dreijährige Verjährungsfrist gilt.[1023]

[1012] BGH NZBau 2007, 58; KG Berlin NZBau 2004, 167, 168.
[1013] *Pünder/Schellenberg*, § 126 GWB, Rn. 110.
[1014] Schleswig-Holsteinisches OLG, Urt. v. 25.9.2009, Az. 1 U 42/08; OLG Stuttgart BauR 2008, 567.
[1015] OLG Koblenz, Urt. v. 15.1.2007, Az. 12 U 1016/05.
[1016] LG Leipzig VergabeR 2007, 417, 420. Nach *Immenga/Mestmäcker*, § 126 GWB, Rn. 12, muss ein Kausalzusammenhang zwischen dem Normverstoß und der Beeinträchtigung der echten Chance bestehen.
[1017] BGH MDR 2008, 567.
[1018] *Immenga/Mestmäcker*, § 126 GWB, Rn. 9 gehen davon aus, dass ein Verschulden erforderlich ist.
[1019] Eine Alternativität zwischen beiden Schadensposten besteht entgegen des Wortlauts nicht, *Pünder/Schellenberg*, § 126 GWB, Rn. 47.
[1020] OLG Düsseldorf NZBau 2003, 459, 461; *Pünder/Schellenberg*, § 126 GWB, Rn. 126.
[1021] *Immenga/Mestmäcker*, § 126 GWB, Rn. 11.
[1022] KG Berlin NZBau 2004, 167, 169; *Pünder/Schellenberg*, § 126 GWB, Rn. 48.
[1023] *Immenga/Mestmäcker*, § 126 GWB, Rn. 17.

III. Konkurrenzen

Neben dem Anspruch aus § 126 GWB können Ansprüche nach §§ 280, 311 BGB (culpa in contrahendo) und nach §§ 823 ff. BGB, insbesondere § 823 Abs. 2 BGB i. V. m. Bestimmungen der VOB/A bzw. VOL/A oder § 826 BGB,[1024] geltend gemacht werden; diese Anspruchsgrundlagen werden nicht durch § 126 GWB verdrängt.[1025] Im Übrigen können sie auch dann herangezogen werden, wenn § 126 GWB tatbestandlich nicht anwendbar ist, weil die maßgeblichen Schwellenwerte nicht überschritten werden.

1215w

E. Eingriff in ein Wettbewerbsverhältnis zwischen Privaten

Der Staat kann ferner in ein Wettbewerbsverhältnis zwischen Privaten eingreifen, indem er eine Partei, die sich um einen Vertragsschluss mit einem Dritten bemüht, unterstützt und ihr dadurch einen Vorteil gegenüber der anderen Partei ermöglicht. Der BGH hatte im Jahr 2000 eine Fall zu beurteilen, bei dem ein Ortsbürgermeister einen Bieter in einem Zwangsversteigerungsverfahren durch Stellung einer Bürgschaft unterstützte, sodass die andere Partei gezwungen war, ihr Angebot nochmals zu erhöhen; ohne die Unterstützung hätte sie den Zuschlag bereits zu dem niedrigeren Angebot bekommen.[1026] Das OLG Zweibrücken ging hier von einer Amtspflichtverletzung des Bürgermeisters aus und verurteilte die Gemeinde zum Schadensersatz nach § 839 BGB i. V. m. Art. 34 GG.[1027] Der BGH hat das Urteil zwar aufgehoben, weil er die Ausübung eines öffentlichen Amtes durch den Bürgermeister verneinte, hielt aber im Ansatz einen Amtshaftungsanspruch für möglich.

1215x

F. Rechtswidrige „Verdrängung" eines Privaten

In dieser Konstellation liegt das haftungsbegründende Verhalten der öffentlichen Hand darin, dass sie einen Privaten von einem in Aussicht genommenen Vertragsschluss „verdrängt", indem sie selbst den Vertrag mit dem Dritten schließt. Praxisrelevant sind hier zwei Fallgruppen, nämlich einerseits die rechtswidrige Ausübung eines Vorkaufsrechts und andererseits der unter Verstoß gegen Vorschriften des Gemeinderechts erfolgende Wettbewerb gemeindlicher Unternehmen mit Privatunternehmen.

1215y

I. Rechtswidrige Ausübung eines Vorkaufsrechts

Bei der Ausübung eines Vorkaufsrechts zieht die öffentliche Hand einen bereits mit einem Dritten geschlossenen Vertrag „an sich". Die rechtswidrige Ausübung des Vorkaufsrechts ist amtspflichtwidrig.[1028] Die Behörde hat die Amtspflicht, den Antrag auf Erteilung einer Grundstücksverkehrsgenehmigung, mithin die Entscheidung über die Ausübung des Vorkaufsrechts, im Einklang mit dem geltenden Recht ge-

1215z

[1024] Immenga/Mestmäcker, § 126 GWB, Rn. 35 f.
[1025] Immenga/Mestmäcker, § 126 GWB, Rn. 17.
[1026] BGH NJW 2000, 2810.
[1027] OLG Zweibrücken, Urt. v. 20.5.1999, Az. 6 U 30/98.
[1028] Schleswig-Holsteinisches OLG, Urt. v. 21.12.2006, Az.11 U 69/05; OLG Hamm NVwZ-RR 1998, 354; OLG München, Urt. v. 27.5.1993, Az. 1 U 5787/92.

wissenhaft, förderlich und sachdienlich zu behandeln, ihn ohne Verzögerung innerhalb angemessener Frist zu bescheiden und dabei jede vermeidbare Schädigung des Antragstellers zu unterlassen.[1029] Die rechtswidrige Ausübung des Vorkaufsrechts verletzt jedenfalls gegenüber dem verdrängten Vertragspartner als auch gegenüber dem Veräußerer eine drittschützende Amtspflicht.[1030]

II. Kommunalwirtschaftliche Betätigung

1216 Im letzten Jahrzehnt haben die Kommunen ihre wirtschaftliche Betätigung zunehmend auch auf andere als die angestammten Tätigkeitsfelder ausgeweitet und treten privaten Unternehmern damit immer mehr als Konkurrenten gegenüber.[1031] Demzufolge haben auch die gerichtlichen Auseinandersetzungen zugenommen, in denen Private Rechtsschutz gegen die wirtschaftliche Betätigung der Kommunen gesucht haben, wobei sowohl Verfahren vor den Verwaltungsgerichten als auch vor den Zivilgerichten angestrengt wurden.

1216a Darüber hinaus kommen Amtshaftungsansprüche in Betracht, wenn eine Kommune Vorschriften des kommunalen Wirtschaftsrechts verletzt und insofern eine Amtspflichtverletzung begeht. Ebenso sind Entschädigungsansprüche des privaten Konkurrenten gegen die Kommune aus enteignungsgleichem Eingriff denkbar. Diese zweite Ebene des Rechtsschutzes gegen eine rechtswidrige kommunalwirtschaftliche Betätigung ist bislang aber kaum beschritten worden.

1. Vorrang des Primärrechtsschutzes

1216b Außerordentlich umstritten ist bereits im Ansatz, ob dem privaten Unternehmen überhaupt Unterlassungsansprüche gegen den kommunalen Wettbewerber zustehen, wenn dieser unter Verstoß gegen gemeindewirtschaftliche Normen, etwa Art. 87 GO, am Markt auftritt. Amtshaftungsrechtlich ist dies für die Frage, ob der private Unternehmer zunächst Primärrechtsschutz in Anspruch nehmen muss, von entscheidender Bedeutung.

a) Entwicklung der Rechtsprechung bis 2002

1216c Die Verwaltungsgerichte haben bis 2002 öffentlich-rechtliche Ansprüche bei einem Verstoß gegen kommunalrechtliche Vorschriften des Wirtschaftsverwaltungsrechts wie etwa Art. 87 BayGO mangels drittschützenden Charakters derartiger Normen regelmäßig verneint.[1032] Die Vorschriften des Gemeindewirtschaftsrechts seien ausschließlich für den Schutz der Gemeinden vor sich selbst bestimmt, insbesondere vor den möglichen finanziellen Folgen von Verlustgeschäften.[1033] Es sollen damit allein die Kommunen vor einer wirtschaftlichen Betätigung bewahrt werden, die ihre finanzielle Leistungsfähigkeit übersteigt bzw. gefährdet und damit auch die Erfüllung der ihr obliegenden Aufgaben in Frage stellt.

1216d Eine Klagebefugnis von Privaten konnte auch nicht mit einer Verletzung des Art. 12 GG begründet werden, da die Verwaltungsgerichte in Anlehnung an die Rechtsprechung des Bundesverfassungsgerichts den Nachweis verlangten, dass die wirtschaftliche Betätigung der öffentlichen Hand die Wettbewerbsfreiheit in uner-

---

[1029] OLG Hamm, Urt. v. 9.12.1998, Az. 11 U 42/98.
[1030] OLG Hamburg, Urt. v. 30.4.1999, Az. 1 U 151/96; OLG Hamm NVwZ-RR 1998, 354.
[1031] *Pitschas/Schoppa*, DÖV 2009, 469 ff.
[1032] *Ziekow*, Öffentliches Wirtschaftsrecht, § 7 Rn. 56 ff.
[1033] BVerwGE 39, 329.

träglichem Maße einschränke,[1034] eine Auszehrung der Konkurrenz vorliege,[1035] oder eine Monopolstellung der öffentlichen Hand bestehe.[1036]

Auf dem Verwaltungsrechtsweg konnten daher private Konkurrenten Unterlassungs- und Abwehransprüche gegen kommunale Unternehmen und/oder Gemeinden nicht durchsetzen.   1216e

Dagegen war der Zivilrechtsweg grundsätzlich eröffnet. Die Zivilgerichte hatten nämlich diese Lücke im Rechtsschutz dadurch geschlossen, dass es privaten Konkurrenten erfolgversprechend möglich war, sich mit wettbewerbsrechtlichen Unterlassungsklagen vor den Zivilgerichten gegen kommunale Wirtschaftsbetätigungen zur Wehr zu setzen. Derartige Klagen wurden auf die Argumentation gestützt, dass die Gemeindeordnungen die kommunale wirtschaftliche Betätigung auch zum Schutz privater Mitbewerber eingegrenzt hätten und im Falle eines Verstoßes gegen diese gemeinderechtlichen Vorschriften zugleich eine Verletzung der guten Sitten im Wettbewerb i. S. d. § 3 UWG (§ 1 UWG a. F.) liege. Der BGH hatte diese Rechtsprechung zunächst auch bestätigt. Wenn eine öffentlich- rechtliche Vorschrift die Zulässigkeit und Grenzen einer wirtschaftlichen Betätigung der öffentliche Hand in einer Weise regele, dass es der öffentlichen Hand verwehrt sei, in den Wettbewerb im Markt einzugreifen, so sei ein Gesetzesverstoß regelmäßig auch als wettbewerbswidrig i. S. d. § 3 UWG zu beurteilen.[1037]   1216f

b) Rechtsprechungsänderung des BGH

Mit seinem Grundsatzurteil vom 25. April 2002[1038] hat der BGH dieser Judikatur aber den Boden entzogen. Danach soll ein Verstoß gegen Art. 87 BayGO, der der erwerbswirtschaftlichen Tätigkeit der Gemeinden Grenzen setzt, nicht zur Sittenwidrigkeit i. S. d. § 3 UWG führen. § 3 UWG dient nämlich nicht dazu, einen Wettbewerber unter Berufung auf ein den Marktzutritt verbietendes Gesetz vom Markt fernzuhalten, wenn das betreffende Gesetz den Markteintritt aus Gründen verhindern will, die den Schutz des lauteren Wettbewerbs nicht berühren.[1039] Dies wäre nur dann möglich, wenn die verletzte Norm eine zumindest sekundär wettbewerbsbezogene, d. h. eine auf die Lauterkeit des Wettbewerbs bezogene Schutzfunktion hat,[1040] um so im Falle eines Verstoßes zugleich den Vorwurf der Wettbewerbswidrigkeit zu begründen. Art. 87 BayGO kommt aber nach Auffassung des BGH eine solche Schutzfunktion nicht zu.   1216g

Die wettbewerbsrechtliche Beurteilung einer Konkurrenzsituation durch die Zivilgerichte könne sich lediglich auf die Art und Weise, mithin das „Wie" der Beteiligung der öffentlichen Hand am Wettbewerb, beziehen, nicht jedoch darauf, „ob" sich die öffentliche Hand überhaupt erwerbswirtschaftlich betätigen dürfe und welche Grenzen ihr insoweit gesetzt seien.[1041] Die Beantwortung der Frage, ob eine wirtschaftliche Bestätigung einer Gemeinde rechtmäßig ist, sei Aufgabe der Gesetzgebung und Verwaltung, der parlamentarischen Kontrolle und, für Gemeinden und Landkreise, der Kommunalaufsicht, nicht aber der ordentlichen Gerichte.[1042]   1216h

---
[1034] BVerwGE 30, 191, 198.
[1035] OVG NRW GewArch 1986, 157, 159.
[1036] BVerwGE 17, 306, 314.
[1037] BGHZ 110, 278, 290 f.; BGH GRUR 1965, 373, 375; BGH GRUR 1974, 733, 734.
[1038] BGH NVwZ 2002, 1141 ff.
[1039] BGH NVwZ 2002, 1141 ff.; vgl. hierzu *Faßbender*, DÖV 2005, 89 und *Köhler/Bornkamm*, § 4 UWG, Rn. 13.56.
[1040] BGH NVwZ 2002, 1141, 1142.
[1041] BGH NVwZ 2002, 1141, 1143.
[1042] BGH NVwZ 2002, 1141, 1143.

c) Konsequenzen für die Frage des Primärrechtsschutzes

1216i Nach der neueren BGH-Rechtsprechung können private Konkurrenten also auch auf dem Zivilrechtsweg nicht mehr erfolgreich gegen kommunale Wirtschaftsunternehmen vorgehen, wenn diese gegen kommunalrechtliche Betätigungsschranken, etwa Art. 87 BayGO, § 102 BWGO, § 107 NRWGO, § 71 ThürGO oder Art. 85 RhPfGO, verstoßen, da diese Rechtsverletzung nicht mehr zugleich auch sittenwidrig i. S. d. § 3 UWG ist.[1043]

1216j Andererseits garantiert das formelle Hauptgrundrecht des Art. 19 Abs. 4 GG Bürgern und juristischen Personen des Privatrechts gegen Hoheitsträger und privatrechtlich organisierte Unternehmen der öffentlichen Hand bei Rechtsverletzungen lückenlosen und effektiven Rechtsschutz.[1044] Eine generelle Verneinung der drittschützenden Wirkung von kommunalwirtschaftsrechtlichen Normen ist daher nicht zu halten.[1045] In der Konsequenz liegt, dass die bei den Verwaltungsgerichten erhobenen Unterlassungsklagen privater Wettbewerber von Kommunalunternehmen bei deren rechtswidrigem Marktzutritt zulässig sind.[1046]

1216k Amtshaftungsrechtlich folgt daraus, dass wegen des Vorrangs des Primärrechtsschutzes nach § 839 Abs. 3 BGB zunächst eine Unterlassungsklage vor den Verwaltungsgerichten zu erheben ist.

2. Weitere Anspruchsvoraussetzungen

1216l Mit der Anerkennung der Zulässigkeit von Unterlassungsklagen vor den Verwaltungsgerichten ist auch die Frage des drittschützenden Charakters der verletzten Amtspflicht dem Grunde nach positiv entschieden.

1217 Weitaus größere Schwierigkeiten bereitet dagegen die Begründung der haftungsausfüllenden Kausalität. Es muss vorgetragen werden können, dass etwaige Umsatzeinbußen gerade auf dem Marktzutritt des kommunalen Unternehmens beruhen.

[1043] *Hoppe-Uechtritz* „Handbuch kommunale Unternehmen", § 6 Rn. 130 ff.; *Köhler/Bornkamm*, § 4 UWG, Rn. 13.56.
[1044] Maunz/Dürig-*Schmidt-Aßmann*, Art. 19 GG, Rn. 58.
[1045] *Brüning*, NVwZ 2012, 671; *Möstl*, WiVerw 2011, 231.
[1046] So OVG NW NVwZ 2008, 1031; VGH BW, NVwZ-RR 2006, 714; VerfGH RP DVBl 2000, 992, 995.

17. Kapitel. Amtshaftung für Truppenschäden

A. Bundeswehr

Die Bundesrepublik Deutschland hat mit der Bundeswehr entsprechend Art. 87a Abs. 1 Satz 1 GG Streitkräfte zu ihrer Verteidigung aufgestellt. Soweit die Bundeswehr im Rahmen ihrer dienstlichen Tätigkeit Schäden verursacht, bestehen für eine Haftung grundsätzlich keine Besonderheiten zur bereits dargestellten Amtshaftung.[1047] So obliegt der Bundeswehr insbesondere – nicht nur gegenüber der Allgemeinheit – eine Amtspflicht, zu Übungszwecken nur die dafür zugelassenen Grundstücke zu benutzen. Als weitere wesentliche Amtspflicht besteht zudem die Verpflichtung militärischer Aufsichtspersonen, eine vorschriftswidrige Benutzung von Dienstkraftfahrzeugen im öffentlichen Straßenverkehr zu verhindern. Verletzungen dieser Dienstpflichten können daher Amtshaftungsansprüche begründen.[1048] Auch bei einer Waffenschau bestehen besondere Sicherungspflichten, deren Verletzung Amtshaftungsansprüche auslösen können.[1049] Bei Verkehrsunfällen mit Bundeswehrfahrzeugen liegt jedenfalls bei einer Transportfahrt der Bundeswehr zur Verbringung von Soldaten zu einem Truppenübungsplatz eine Amtspflichtverletzung vor.[1050]

1217a

Angesichts zunehmender Auslandseinsätze der Bundeswehr stellt sich ferner die Frage, ob § 839 BGB i.V.m. Art. 34 GG auch auf militärische Handlungen von Bundeswehrsoldaten im Ausland anwendbar ist. Zwar sind die Regeln über die Amtshaftung in Ausnahme zu Art. 40 EGBGB grundsätzlich räumlich anwendbar.[1051] Problematisch ist aber, ob das nationale Staatshaftungsrecht neben den Regelungen des Kriegsvölkerrechts anwendbar ist.[1052] Schwierigkeiten bereitet ferner die Feststellung der Amtspflichtverletzung und der Drittbezogenheit der Amtspflicht.[1053]

1217b

Begehen Soldaten allerdings Straftaten außerhalb des Bereichs der unmittelbaren Kriegshandlungen, ist das deutsche Staatshaftungsrecht unproblematisch anwendbar. Auch die Frage des Drittschutzes ist bei Straftaten etwa gegen die körperliche Unversehrtheit unproblematisch.

1217c

Schadensersatzansprüche eines Soldaten gegen die Bundesrepublik Deutschland können gemäß § 91a Abs. 1 Satz 2 SVG nach den allgemeinen Vorschriften des § 839 BGB i.V.m. Art. 34 GG nur geltend gemacht werden, wenn die Wehrdienstbeschädigung des Soldaten durch eine vorsätzliche unerlaubte Handlung einer im Dienst der Bundesrepublik Deutschland stehenden Person verursacht worden ist.[1054]

1217d

[1047] Zur Amtshaftung bei der Zertifizierung von privaten Sicherheitsdiensten s. *Salomon/ tho Pesch*, ZRP 2012, 1
[1048] Staudinger/*Wurm*, § 839 BGB, Rn. 734.
[1049] OLGR München 1998, 130.
[1050] Brandenburgisches OLG, Urt. v. 23.10.2008, Az. 12 U 70/08.
[1051] MünchKommBGB/*Papier*, § 839 BGB, Rn. 187a; *Terwiesche*, NVwZ 2004, 1324, 1326.
[1052] Offengelassen von BVerfG, NJW 2006, 2542 ff.; BGHZ 155, 279 (hier kam bereits der Haftungsausschluss gem. § 7 RBHG a.F. zur Geltung) und BGHZ 169, 348 ff. Gegen parallele Anwendbarkeit LG Bonn NJW 2004, 525, 526; MünchKommBGB/*Papier*, § 839 BGB, Rn. 187a (völkerrechtliches Haftungsregime als lex specialis); für parallele Anwendbarkeit OLG Köln NJW 2005, 2860; *Meinert/Strauß*, Jura 2011, 321 ff.; *Terwiesche*, NVwZ 2004, 1324, 1326. Zusammenfassung des Streitstandes bei *Dutta*, AöR 133 (2008), 192.
[1053] *Ossenbühl/Cornils* (Staatshaftungsrecht), S. 43.
[1054] BGH NJW 1992, 744; OLG Stuttgart GesR 2009, 663.

Dies gilt auch für Ansprüche der Eltern eines bei einem Bundeswehreinsatz zu Tode gekommenen Soldaten insbesondere auf Gewährung von Schmerzensgeld.[1055]

1218 Geht es dagegen nicht um eine Wehrdienstbeschädigung, sondern um allgemeine vermögensrechtliche – beamtenrechtliche – Ansprüche, bleiben die allgemeinen Vorschriften anwendbar.[1056]

B. Andere Streitkräfte

1219 Auf dem Hoheitsgebiet der Bundesrepublik Deutschland befinden sich neben der Bundeswehr auch Truppen verbündeter Streitkräfte (NATO-Truppen).[1057] Zudem ist die Bundesregierung ausdrücklich ermächtigt worden, weiteren ausländischen Truppen den vorübergehenden Aufenthalt für Übungen, zur Durchreise auf dem Landweg sowie zur Ausbildung von Einheiten zu gestatten, sofern diese Staaten im Gegenzug auch der Bundeswehr den Aufenthalt in ihrem Hoheitsgebiet erlauben.[1058] Kommt es unter Beteiligung von Mitgliedern dieser Streitkräfte zu Schäden (insbesondere zu Manöverschäden oder Verkehrsunfällen) so gelten im Rahmen der Amtshaftung Besonderheiten, da in der Regel kein Staat für Amtspflichtverletzungen der Amtsträger eines anderen Staates haftet.[1059]

I. Ausländische NATO-Truppen

1220 Truppenschäden in den Alten Bundesländern[1060], die von ausländischen NATO-Truppen, ihren Mitgliedern oder dem zivilen Gefolge in Ausübung des Dienstes verursacht werden, beurteilen sich nach dem NATO-Truppenstatut (NTS)[1061], dem Zusatzabkommen (ZA)[1062], dem Unterzeichnungsprotokoll zum Zusatzabkommen (UP)[1063] sowie dem Gesetz zum NATO-Truppenstatut und den Zusatzvereinbarungen (NTS-AG)[1064]. Das NTS gilt im Verhältnis zu Belgien, Frankreich, Norwegen, den USA, Dänemark, Italien, Kanada, Luxemburg, den Niederlanden, Portugal, dem Vereinigten Königreich, Griechenland, der Türkei, Spanien, Lettland, Litauen, der Slowakei, Slowenien sowie Ungarn, das ZA und UP ergänzend im Verhältnis zu Belgien, Frankreich, Kanada, den Niederlanden, dem Vereinigten Königreich sowie den USA. Nach Art. VIII Abs. 5 lit. a NTS finden daher – mit Abweichungen – die Grundsätze Anwendung, die bei gleichem Geschehensablauf gelten würden, wenn die Schädigung durch Angehörige der Bundeswehr in Ausübung von Hoheitsaufgaben erfolgt wäre.[1065]

[1055] NZWehrR 2007, 259 ff.
[1056] OLGR Frankfurt 2004, 105 ff.
[1057] Vgl. zu den Grundlagen der Stationierung *Raap*, MDR 1991, 1129, 1129.
[1058] Vgl. Art. 1 des Vertrages über den Aufenthalt ausländischer Streitkräfte in der Bundesrepublik Deutschland vom 23.10.1954, in *Reuschle* (Hrsg.), NATO-Truppenstatut und Zusatzvereinbarungen, 8. Aufl. 2002, Nr. 2 sowie Art. 1 des Gesetzes über die Rechtsstellung ausländischer Streitkräfte bei vorübergehenden Aufenthalten in der Bundesrepublik Deutschland (SKAufG) vom 20.7.1995, in *Reuschle* (Hrsg.), a. a. O., Nr. 11.
[1059] Staudinger/*Wurm*, § 839 BGB, Rn. 735; BGHZ 19, 341, 344.
[1060] Zur Rechtslage in Berlin und den Neuen Bundesländern vgl. Geigel/Schlegelmilch/*Kapsa*, Kap. 34 Rn. 4 ff.
[1061] Vgl. Art. VIII Abs. 5 NTS vom 19. 6.1951, in *Reuschle* (Hrsg.), a. a. O., Nr. 3.
[1062] Art. 41 ZA vom 3.8.1959, in *Reuschle* (Hrsg.), a. a. O., Nr. 6 – zu den Änderungen durch das Abkommen zur Änderung des ZA vgl. Burkhardt/Granow, NJW 1995, 424 ff.
[1063] UP vom 3.8.1959, in *Reuschle* (Hrsg.), a. a. O., Nr. 6a.
[1064] Art. 6 ff. NTS-AG vom 18.8.1961, in *Reuschle* (Hrsg.), a. a. O., Nr. 4.
[1065] Vgl. dazu auch *Dumbs*, VersR 2007, 27.

Nach Art. II NTS haben ausländische NATO-Streitkräfte die Pflicht, das Recht des Aufnahmestaates zu achten, wobei diese Verpflichtung für den besonders wichtigen Bereich der Bauvorhaben sowie der Benutzung von Liegenschaften durch Art. 49 und 53 ZA näher konkretisiert wird. Ist gemäß Art. 53A ZA eine besondere Erlaubnis, Zulassung oder sonstige öffentlich-rechtliche Genehmigung erforderlich, so werden die deutschen Behörden in Verfahrensstandschaft[1066] für die Truppe tätig, wodurch jedoch die Stellung des Entsendestaats als materiell-rechtlich Berechtigter oder Verpflichteter unberührt bleibt und insoweit keine eigenen Rechte oder Pflichten der deutschen Bundesbehörde begründet werden.[1067] Für bauliche Maßnahmen der Stationierungsstreitkräfte ist somit grundsätzlich das gesamte deutsche Bau- und Umweltrecht anwendbar.[1068] Sofern für eine fremde Truppe dennoch Befreiungen von deutschen Vorschriften bestehen, ist zu beachten, dass diese nach Art. 41 Abs. 8 ZA keine Haftungsbefreiung gegenüber Dritten zur Folge haben.[1069] Stehen allerdings der Bundeswehr gleiche Befreiungen zu, so ist eine Entschädigung nach Art. 41 Abs. 8 Satz 2 ZA nur zu gewähren, wenn und soweit auch die Bundeswehr eine Entschädigung zu gewähren hätte. 1221

Eine Haftung tritt zudem selbst dann ein, wenn das Verhalten eines Angehörigen der NATO-Truppe nach den Dienstvorschriften seines Landes einwandfrei ist, das entsprechende Verhalten eines Angehörigen der Bundeswehr aber eine haftungsrechtliche Amtspflichtverletzung im Sinne von § 839 BGB i. V. m. Art. 34 GG darstellen würde.[1070] Benutzt also eine fremde Truppe ein Fahrzeug mit unzulänglicher Beleuchtung, weil die Truppenvorschriften nicht mit deutschen Bestimmungen übereinstimmen, so ist eine Pflichtwidrigkeit zu bejahen, weil auch deutsche Truppen ein solches Fahrzeug im Verkehr nicht mit dieser Beleuchtung benutzen durften, mithin eine Pflichtverletzung begehen würden. 1222

II. Andere ausländische Truppen

Für die Abgeltung von Schäden, die andere ausländische Truppen verursachen, wird grundsätzlich auf die Regelungen für NATO-Streitkräfte verwiesen.[1071] Insbesondere die Fristen sowie die Folgen von deren Versäumnis gelten in gleichem Maße, sodass auf die nachfolgenden Ausführungen zu den Bestimmungen des NATO-Truppenstatuts verwiesen werden kann. 1223

C. Schadensfälle nach dem NTS

Die Entsendestaaten (vgl. Art. I Abs. 1 lit. d NTS) und ihre Truppen (vgl. Art. I Abs. 1 lit. a NTS) unterliegen als solche nicht der deutschen Zivilgerichtsbarkeit. Die rechtliche Grundlage für eine Schadensabgeltung – und somit eine Verzahnung mit dem deutschen Schadensersatzrecht – bildet Art. VIII NTS, mit dem auf Grund- 1224

[1066] Vgl. hierzu *Scheidler*, VBlBW 2006, 224 ff.
[1067] Vgl. Art. 21c Abs. 1 NTS-AG.
[1068] Näher hierzu *Scheidler*, BayVBl. 2004, 101, 102; Dies gilt auch für das deutsche Vergaberecht, sofern die Stationierungsstreitkräfte ihre mit Heimatmitteln finanzierten Baumaßnahmen nicht selbst ausführen, sondern durch die zuständige deutsche Baubehörde durchführen lassen, vgl. BKartA IBR 2006, 223.
[1069] *Arndt*, VersR 1973, 481, 482; *Geißler*, NJW 1980, 2615, 2615.
[1070] *Arndt*, VersR 1973, 483.
[1071] Art. 2 § 16, Art. 3 § 5 SKAufG, sowie Art. 2 des Gesetzes zum PfP-Truppenstatut vom 9.7.1998, in: *Reuschle* (Hrsg.), a. a. O., Nr. 12b.

lage des NATO-Truppenstatuts Entschädigungsansprüche des deutschen Rechts gegen den Entsendestaat geschaffen werden, die sonst nicht bzw. nicht in gleicher Art bestehen würden.[1072] Nachdem aber das ZA sowie das UP hierzu nicht gegenüber allen Entsendestaaten Anwendung findet, ist jeweils zu prüfen, welche Rechtsgrundlagen im Einzelfall zur Anwendung gelangen.

I. Grundlagen

1225   Neben den verfahrensrechtlichen Besonderheiten bei der Geltendmachung und Weiterverfolgung von Truppenschäden erfordern regelmäßig nachfolgende Gesichtspunkte besondere Aufmerksamkeit:

1. Ersatzverpflichteter

1226   Schuldner der Schadenersatzforderungen sind die Entsendestaaten, die gegebenenfalls gesamtschuldnerisch haften, z. B. wenn als Verursacher eines Drittschadens nur Streitkräfte der Vertragsparteien in Frage kommen, jedoch ein bestimmter Verursacher nicht zu ermitteln ist. Der Regelung des Kostenausgleiches im Innenverhältnis nach Art. VIII Abs. 5 lit. e NTS liegt nämlich der Gedanke einer Gefahrengemeinschaft der Vertragsparteien zugrunde, dem eine gesamtschuldnerische Haftung entspricht.[1073]

1227   Klagegegner ist aber, obwohl sich die Ansprüche gegen den Entsendestaat richten, aufgrund von Art. 12 Abs. 2 i. V. m. 25 NTS-AG die Bundesrepublik Deutschland. Diese führt den Rechtsstreit im eigenen Namen (Prozessstandschaft). Der Klageantrag und – bei einer Verurteilung – auch das Urteil haben auf Verurteilung der Bundesrepublik Deutschland zur Leistung für den Entsendestaat, dem die Leistung obliegt, zu lauten.[1074]

2. Handlung oder Unterlassung

1228   Von Art. VIII Abs. 5 NTS werden alle Ansprüche erfasst, die sich daraus ergeben, dass durch Handlungen oder Unterlassungen von Mitgliedern einer Truppe[1075] oder des zivilen Gefolges in Ausübung des Dienstes oder durch eine andere Handlung, Unterlassung oder Begebenheit, für die eine Truppe oder ziviles Gefolge rechtlich verantwortlich ist, im Hoheitsgebiet des Aufnahmestaates einem Dritten ein Schaden zugefügt worden ist.

Ausgenommen sind aber – neben der außerdienstlichen Schädigung einschließlich der unbefugten Kraftfahrzeugbenutzung[1076] – ausdrücklich vertragliche Ansprüche, wozu auch Ansprüche aus vertragsähnlichen Verhältnissen gehören.[1077] Hier kann sich ein deutscher Gläubiger nach der deutschen Zivilprozessordnung unmittelbar an seinen Schuldner wenden, da die einzelnen Mitglieder der Truppe der deutschen Zivilgerichtsbarkeit grundsätzlich unterworfen sind.[1078] Allerdings ist hierbei nach Art. 34 Abs. 3 ZA zu beachten, dass Dienstbezüge, die einem Soldaten von seiner

---

[1072] Geigel/Schlegelmilch/*Kapsa*, Kap. 34 Rn. 9; *Heitmann*, VersR 1992, 160, 161.
[1073] Geigel/Schlegelmilch/*Kapsa*, Kap. 34 Rn. 12; BGH, NJW 1976, 1030, 1032.
[1074] Art. 25 NTS-AG.
[1075] Über Art. I a NTS hinaus werden nach Art. 41 Abs. 7 i. V. m. 71 Abs. 2 ZA, UP zu Art. 71 zudem bestimmte Organisationen wie Bestandteile einer Truppe angesehen.
[1076] Vgl. Art. VIII Abs. 6 und 7 NTS.
[1077] Vgl. UP zu Art. 41 ZA Abs. 1: „Art. 41 wird auf Ansprüche wegen Schäden aus Verträgen *oder vertragsähnlichen Rechtsverhältnissen* nicht angewendet."
[1078] Vgl. Art. VIII Abs. 9 NTS i. V. m. Art. 31–35 ZA.

Regierung zustehen, der Zwangsvollstreckung auf Anordnung eines deutschen Gerichtes nur insoweit unterworfen sind, als das auf dem Gebiet des Entsendestaates anwendbare Recht die Zwangsvollstreckung gestattet – so ist z.B. nach amerikanischem Recht eine Pfändung von Wehrsold mit Ausnahme von Unterhaltsansprüchen auch in der Bundesrepublik Deutschland nicht gestattet.[1079]

3. In Ausübung des Dienstes

Zusätzlich ist nach Art. VIII Abs. 5 NTS erforderlich, dass die betreffende Handlung oder Unterlassung in Ausübung des Dienstes erfolgt ist. Notwendig ist daher ein enger sachlicher Zusammenhang zwischen den dienstlichen Aufgaben und der Schadenszufügung.[1080] Dieser scheidet nach Art. VIII Abs. 7 NTS bei einer Schadensverursachung durch eine unbefugte Benutzung von Fahrzeugen der Streitkräfte immer aus. 1229

Über die Frage, ob dienstliches Handeln vorgelegen hat bzw. die Fahrzeugnutzung unbefugt gewesen ist, stellt die Truppe nach Art. 41 Abs. 11 lit. a ZA eine Bescheinigung aus, die auf Ersuchen der deutschen Behörden nochmals überprüft wird. Bestehen zwischen der Truppe und den deutschen Behörden oder Gerichten danach auch weiterhin Meinungsverschiedenheiten hinsichtlich der Beurteilung dieser Frage, kann nach Art. 41 Abs. 11 lit. b ZA i.V.m. Art. VIII Abs. 8 NTS die Entscheidung eines Schiedsrichters herbeigeführt werden. Nach Art. 41 Abs. 11 lit. c ZA treffen die deutschen Behörden oder Gerichte ihre Entscheidung im Einklang mit der Bescheinigung oder gegebenenfalls der Entscheidung des Schiedsrichters, sodass sie für die deutschen Behörden und Gerichte bindende Wirkung entfaltet.[1081] 1230

Steht danach fest, dass ein Schaden nicht in Ausübung des Dienstes verursacht worden ist, so scheidet die Möglichkeit einer Schadensabwicklung nach Art. VIII Abs. 5 NTS aus. Zwar bestehen dann keine Rechtsansprüche gegen den Entsendestaat, jedoch sieht das NATO-Truppenstatut die Möglichkeit einer freiwilligen Leistung des Entsendestaates (sog. „ex gratia payment") vor, d.h. nach Art. VIII Abs. 6 NTS besteht die Möglichkeit einer Zahlung ohne Anerkennung einer Rechtspflicht, wobei die Höhe einer solchen Abfindung im ausschließlichen Ermessen des Entsendestaates liegt. Dieses gilt nach Art. VIII Abs. 7 NTS ebenfalls für die unbefugte Benutzung von Fahrzeugen der Streitkräfte, es sei denn, die Truppe oder das zivile Gefolge ist rechtlich – z.B. aufgrund der Halterhaftung nach § 7 Abs. 3 StVG – verantwortlich. 1231

Unterliegt die Schädigung der Regelung des Art. VIII Abs. 6 oder 7 NTS, so kann grundsätzlich der Schädiger persönlich verklagt werden.[1082] Die Möglichkeit einer direkten Inanspruchnahme scheidet allerdings aus, sofern der Geschädigte eine „exgratia-Leistung" nach Art. VIII Abs. 6 lit. c NTS als volle Befriedigung seines Anspruches angenommen hat. Eine gerichtliche Durchsetzung ist nach Art. VIII Abs. 6 lit. d NTS nämlich nur möglich, sofern und solange nicht eine Zahlung als volle Befriedigung des Anspruches geleistet worden ist. 1232

4. Drittschaden

Drittschäden sind Schäden, die einem Dritten durch Handlungen oder Unterlassungen von Mitgliedern einer Truppe oder eines zivilen Gefolges in Ausübung des 1233

[1079] Vgl. näher hierzu *Kraatz*, NJW 1987, 1126 ff.
[1080] Vgl. *Jarass/Pieroth*, Art. 34, Rn. 10 zur ähnlichen Konstruktion des Art. 34 Satz 1 GG.
[1081] Vgl. Geigel/Schlegelmilch/*Kapsa*, Kap. 34 Rn. 18.
[1082] Vgl. Art. VIII Abs. 9 NTS, der keine über Art. VIII Abs. 5 lit. g NTS hinausgehende Befreiung zulässt.

Dienstes oder durch eine andere Handlung, Unterlassung oder Begebenheit, für die eine Truppe oder ein ziviles Gefolge rechtlich verantwortlich ist, im Hoheitsgebiet der Bundesrepublik Deutschland zugefügt werden. Man unterscheidet dabei je nach Art des schadenbringenden Ereignisses:

1234   Belegungsschäden sind Schäden an Sachen, insbesondere an Grundstücken, die den Truppen aufgrund der deutschen Zwangsleistungsgesetze zur Nutzung überlassen sind und nicht oder nur in verschlechtertem Zustand zurückgegeben werden können. Die Schäden gelten dabei nach Art. 7 NTS-AG – erst – als im Augenblick der Freigabe entstanden.

1235   Manöverschäden liegen vor, wenn durch Handlungen oder Unterlassungen der an einem Manöver teilnehmenden Truppen an Grundstücken, baulichen Anlagen sowie Verkehrsanlagen und Verkehrseinrichtungen entstehen. Bei der Geltendmachung eines Anspruches auf Ersatz nach § 76 BLG sind in diesem Fall die Verfahrensbesonderheiten des Art. 14 NTS-AG zu berücksichtigen.

1236   Unrechtsschäden sind solche, die durch unerlaubte Handlungen oder im Rahmen einer Gefährdungshaftung herbeigeführt worden sind. Als Anspruchsgrundlagen kommen insbesondere die Amtshaftungsvorschriften des § 839 BGB i.V.m. Art. 34 GG in Betracht, wobei auch die Subsidiaritätsklausel des § 839 Abs. 1 Satz 2 BGB zur Anwendung gelangt.[1083]

II. Behördliches Verfahren

1237   Nach Art. 6 Abs. 1 NTS-AG sind auf Art. VIII Abs. 5 NTS beruhende Ansprüche gegen die Entsendestaaten in einem besonderen Verfahren geltend zu machen.

1. Frist

1238   In diesem besonderen Verfahren ist zunächst die Beachtung der vorgeschriebenen Fristen erforderlich. Ausgangspunkt ist dabei Art. 6 Abs. 1 NTS-AG, nach dem die Entschädigungsansprüche innerhalb von drei Monaten bei der zuständigen deutschen Behörde geltend zu machen sind. Diese Dreimonatsfrist beginnt grundsätzlich mit dem Zeitpunkt, zu welchem der Geschädigte von dem Schaden und den Umständen Kenntnis erlangt, aus denen sich die rechtliche Verantwortung einer Truppe oder die Schadensverursachung durch ein Mitglied einer Truppe ergibt. Bei Belegungsschäden ist allerdings in diesem Zusammenhang Art. 7 NTS-AG zu beachten.

1239   Die dreimonatige Anmeldefrist ist gemäß Art. 6 Abs. 4 NTS-AG auf einen Zeitraum von zwei Jahren, gerechnet ab dem schädigenden Ereignis, begrenzt. War der Schaden allerdings bis zum Ablauf dieser zwei Jahre objektiv[1084] nicht erkennbar, so beginnt diese zweijährige Frist erst mit dem Zeitpunkt zu laufen, in dem der Geschädigte bei Anwendung der im Verkehr erforderlichen Sorgfalt hätte Kenntnis erlangen können. Fristwahrende Wirkung i.S.d. Art. 6 Abs. 4 NTS-AG kommt auch der Schadensmeldung eines Verletzten an die Bundesrepublik Deutschland zugunsten der beteiligten Versicherungsträger zu, wenn seine Ansprüche wegen von ihnen vorgenommener oder vorzunehmender Ansprüche auf diese übergegangen sind oder übergehen.[1085]

1240   Unabhängig von einer Kenntnis des Geschädigten sieht Art. 6 Abs. 4 Satz 2 Halbs. 2 NTS-AG einen Verweis auf § 852 Abs. 1 Halbs. 2 BGB (a.F.) als Höchst-

---

[1083] Vgl. BGHZ 49, 267, 274.
[1084] Vgl. *Geißler*, NJW 1980, 2615, 2617.
[1085] OLG Oldenburg NJW-RR 2005, 617f.

grenze vor. Nach den Änderungen des Verjährungsrechtes durch das Schuldrechtsmodernisierungsgesetz gelten nunmehr als „erkennbarkeitsunabhängige" Frist statt § 852 Abs. 1 Halbs. 2 BGB vielmehr § 199 Abs. 2 und Abs. 3 BGB.

Bei den Fristen des Art. 6 NTS-AG handelt es sich um materiellrechtliche Ausschlussfristen. Dies hat zur Folge, dass eine Versäumung der Anmeldefrist zum Verlust der Ansprüche führt und der Ablauf der Ausschlussfrist in einem gerichtlichen Verfahren von Amts wegen zu berücksichtigen ist.[1086] Eine gleichwohl erhobene Klage wäre daher nicht unzulässig, sondern unbegründet.[1087] Auf die Fristen sind nach Art. 6 Abs. 3 NTS-AG zudem die Vorschriften der Zivilprozessordnung über Notfristen anzuwenden, sodass nach § 224 ZPO weder eine Verkürzung noch eine Verlängerung möglich ist. Darüber hinaus kann bei unverschuldeter Fristversäumnis unter den Voraussetzungen der §§ 233 ff. ZPO Wiedereinsetzung in den vorigen Stand beantragt werden – die Unkenntnis von dem Fristerfordernis dürfte allerdings keinen Wiedereinsetzungsantrag begründen, da ein vernünftiger und sorgsamer Geschädigter Erkundigungen nach der Rechtslage einziehen würde.[1088]

1241

2. Zuständige Behörde

Die – fristgerechte – Geltendmachung hat bei der zuständigen deutschen Behörde, nach Art. 8 NTS-AG bei den Behörden der Verteidigungslastenverwaltung[1089], zu erfolgen. Sachlich zuständig sind dabei seit dem 1.1.2003 – für die Bundesländer Bayern, Hessen und Niedersachsen erst seit dem 1.1.2005 – die Schadensregulierungsstellen des Bundes (SRB), die zunächst innerhalb der Oberfinanzdirektionen angesiedelt waren.[1090] Zum 1.1.2005 wurden die SRB in die neu gegründete Bundesanstalt für Immobilienaufgaben (BImA) eingegliedert.[1091] Örtlich zuständig für die Schadensregulierung ist eines der vier Regionalbüros der BImA in Erfurt, Koblenz, Soltau und Nürnberg,[1092] je nachdem, wo das schädigende Ereignis stattgefunden hat.

1242

Die Dreimonatsfrist gilt nach Art. 6 Abs. 2 NTS-AG auch dann als gewahrt, wenn der Anspruch rechtzeitig bei einer Dienststelle des Entsendestaates geltend gemacht wird, die generell für die Behandlung von Entschädigungsansprüchen zuständig ist oder der ein am Schadensfall beteiligtes Mitglied untersteht.

1243

3. Form

Die Ansprüche sind nach Art. 9 Abs. 1 NTS-AG durch Einreichung eines Antrags auf Entschädigung geltend zu machen, wobei der Antrag schriftlich[1093] oder zur Niederschrift bei der zuständigen Behörde zu stellen ist und die geltend gemachten

1244

[1086] Vgl. Palandt/*Ellenberger,* vor § 194 BGB, Rdn 13.
[1087] Vgl. BGH, NJW 1968, 2009, 2009.
[1088] Vgl. Zöller/*Greger,* § 233 ZPO, Rn. 23 – Rechtsirrtum; näher zur Wiedereinsetzung *Geißler,* NJW 1980, 2615, 2618 f.
[1089] Allgemein zur Schadensregulierung in der Verteidigungslastenverwaltung nach dem NATO-Truppenstatut vgl. *Dumbs,* VersR 2007, 27 ff.
[1090] Vgl. Art. 1 Verteidigungslastenzuständigkeitsänderungsgesetz (VertLastÄndG) vom 19.9.2002 sowie die Bekanntmachung der für die Durchführung von Verwaltungsaufgaben auf dem Gebiet der Verteidigungslasten zuständigen Behörden vom 22.10.2002, Bundesanzeiger vom 5.12.2002, S. 25833.
[1091] Vgl. *Dumbs,* VersR 2007, 27, 31 m. w. N.
[1092] Vgl. Mitteilung NZV 2005, 452
[1093] Abweichend von § 126 BGB ist hier jedoch keine eigenhändige Unterschrift des Antragstellers erforderlich, vgl. BGH, NJW 1975, 494, 494.

Ansprüche dem Grunde und – soweit möglich – auch bereits der Höhe nach zu bezeichnen sind. Eine bloße Unfallanzeige im Sinne von § 15 StVG genügt der Anforderung des Art. 9 Abs. 2 NTS-AG nicht. Vielmehr muss die zuständige Behörde durch die Anmeldung in die Lage versetzt werden, sich ein ungefähres Schadensbild zu machen sowie zu überschlagen, welche Ersatzleistungen voraussichtlich erbracht werden müssen.[1094]

1245 Darüber hinaus soll der Antrag alle für die Bearbeitung wesentlichen Angaben enthalten und auf Beweismittel, soweit diese nicht ohnehin beigefügt werden, Bezug nehmen. Sofern dem Antragsteller bekannt ist, dass auch andere Personen einen Entschädigungsanspruch geltend machen können, hat er nach Art. 9 Abs. 3 NTS-AG auch dies anzugeben.

4. Entschließung

1246 Die zuständige Behörde hat nach Art. 10 Abs. 1 NTS-AG den Eingang des Antrags schriftlich zu bestätigen und sodann gemäß Art. 11 Abs. 1 NTS-AG im Rahmen einer Entschließung darüber zu befinden, ob und inwieweit sie den Anspruch als zulässig und begründet erachtet. Die Entschließung ergeht in einem vereinfachten Verwaltungsverfahren in Ausübung fiskalischer Tätigkeit und hat die Bedeutung eines Anerkenntnisses eigener Prägung, das den Anspruch des Antragstellers nach Grund und Höhe verbindlich festlegt.[1095]

1247 Die Mitteilung über die Entschließung ist nach Art. 11 Abs. 2 NTS-AG dem Antragsteller mit einem Hinweis auf seine Klagemöglichkeit nach Art. 12 NTS-AG zuzustellen. Sofern der geltend gemachte Anspruch nicht oder nicht in vollem Umfange als begründet anerkannt worden ist, hat die Behörde nach Art. 11 Abs. 1 Satz 1 NTS-AG dem Antragsteller auch die Gründe mitzuteilen, auf denen ihre Entschließung beruht.

III. Klageverfahren

1248 Hat die Behörde den geltend gemachten Anspruch nicht oder nicht in vollem Umfang anerkannt, so kann der Antragsteller Klage gegen die Bundesrepublik Deutschland erheben. Zuständig sind nach Art. 12 Abs. 1 NTS-AG immer die ordentlichen Gerichte, auch wenn der Anspruch sonst – wie etwa der Anspruch einer Polizeibehörde auf Erstattung der Kosten für eine polizeiliche Ersatzvornahme – vor andere Gerichte gehören würde.[1096]

1249 Die Klage muss nach Art. 12 Abs. 3 NTS-AG innerhalb von zwei Monaten nach Zustellung der Entschließung der Behörde erhoben werden, sofern der Antragsteller die Entscheidung der Behörde für nicht ausreichend erachtet. Auch bei dieser Frist handelt es sich um eine Ausschlussfrist, die weder verlängert noch verkürzt werden kann und deren Ablauf den Rechtsweg vollständig ausschließt. Ihre Versäumung kann weder durch Verzicht noch durch rügelose Verhandlung geheilt werden. Allerdings sind gemäß Art. 12 Abs. 3 Satz 2 NTS-AG auch auf die Klagefrist die Vorschriften der Zivilprozessordnung über Notfristen entsprechend anzuwenden, sodass ebenfalls die Wiedereinsetzung in den vorigen Stand möglich ist.

[1094] Vgl. BGH VersR 1976, 490, 491.
[1095] BGH NVwZ 2012, 581; vgl. Geigel/Schlegelmilch/*Kapsa*, Kap. 34 Rn. 36. Zur Frage, wann eine Bindung der Bundesrepublik an ein vom Berechtigten nicht angefochtene Entschließung entfallen kann s. BGH NJW 1970, 1418 und BGH VersR 1979, 423 f.
[1096] Vgl. BGHZ 54, 21, 28.

Ebenfalls steht die Bestandskraft der Entschließung einer Klage nicht entgegen, 1250
wenn die Rechtsbeziehungen der Beteiligten noch nicht endgültig bereinigt worden
sind oder wenn ein neuer Sachverhalt vorliegt, der noch nicht endgültig beschieden
worden ist.[1097]

Auch ohne vorherige Entschließung über die Anerkennung des Entschädigungs- 1251
anspruches ist nach Art. 12 Abs. 4 NTS-AG eine Klage möglich, wenn die zuständige Behörde dem Antragsteller nicht innerhalb einer angemessenen Frist nach Eingang seines Antrags ihre Entschließung mitgeteilt hat. Die angemessene Frist darf
allerdings nicht weniger als fünf Monate betragen.

[1097] OLGR Celle 2006, 482 f.

5. Teil. Der Europäische Amtshaftungsprozess

Dass das europäische Recht immer weiter und immer tiefer in die verschiedensten nationalen Rechtsgebiete vordringt, ist bekannt. Ebenso wenig überraschend ist, dass es auch vor den Toren des Amtshaftungsrechts nicht halt macht und eine weitere Ausdifferenzierung dieses ohnehin schon komplexen Rechtsgebietes erzwingt. Die dadurch bewirkten materiell-rechtlichen und prozessualen Modifikationen des deutschen Rechts sind mittlerweile derart vielgestaltig, dass die Bezeichnung „Europäischer Amtshaftungsprozess" bei Haftungsprozessen wegen der Verletzung europäischen Unionsrechts ohne Weiteres adäquat ist. Geht es also nicht allein um die Verletzung innerstaatlichen Rechts durch die nationalen Behörden, sondern um einen qualifizierten Verstoß gegen individualschützende Normen des Unionsrechts durch nationale Behörden und Organe[1], finden die maßgeblich vom EuGH entwickelten Grundsätze über die unionsrechtliche Staatshaftung der Mitgliedstaaten Anwendung. Eine Heranziehung der für rein innerstaatliche Rechtsverletzungen entwickelten Maßstäbe wäre schlicht falsch.

1252

Durch die Übertragung von Hoheitsrechten auf die Europäische Union erhält diese zunehmende Befugnisse zu Eingriffen in die Rechtssphäre der Unionsbürger. Verstoßen die Unionsorgane oder -behörden gegen Unionsrecht, so kann der Geschädigte die Union auf Schadensersatz in Anspruch nehmen. Wichtigste Anspruchsgrundlage ist diesbezüglich Art. 340 Abs. 2 AEUV, der die „außervertragliche Haftung" (oder „Amtshaftung") der Europäischen Union regelt. Zur Geltendmachung dieses Amtshaftungsanspruchs ist eine Klage vor den europäischen Gerichten erforderlich, die eigenen, vom deutschen Prozessrecht teilweise deutlich abweichenden Regeln folgt. Auch insofern kann von einem eigenständigen „Europäischen Amtshaftungsprozess" gesprochen werden.

1253

Durch den am 1.12.2009 in Kraft getretenen Vertrag von Lissabon wurde die Europäische Union auf eine neue rechtliche Grundlage gestellt. Der bis dahin geltende Vertrag zur Gründung der Europäischen Gemeinschaft wurde durch den Vertrag über die Arbeitsweise der Europäischen Union (AEUV) abgelöst. Der neue Vertrag über die Europäische Union (EUV) ist an die Stelle des bisherigen Vertrags über die Europäische Union – der parallel zum EG-Vertrag galt – getreten. Beide Verträge, also der EUV und der AEUV, bilden als rechtlich gleichrangige Verträge die Grundlage der Europäischen Union, Art. 1 Abs. 3 Satz 2 EUV. Die Europäische Union ist dabei als Rechtsnachfolgerin an die Stelle der Europäischen Gemeinschaft getreten, Art. 1 Abs. 3 Satz 3 EUV. Konsequenterweise wird in der Folge nicht mehr von der gemeinschaftsrechtlichen Staatshaftung, sondern von der unionsrechtlichen Staatshaftung gesprochen, weil die Union an die Stelle der Gemeinschaft getreten ist.[2]

1253a

---

[1] In Bezug auf die Anwendung des Unionsrechts durch den nationalen Richter ist daher z.T. auch der Begriff des „funktionalen Unionsrichters" gebräuchlich, vgl. dazu *Radermacher*, NVwZ 2004, 1415, 1416.
[2] So auch die Terminologie von *Dörr*, EuZW 2012, 86, 87.

18. Kapitel. Unionsrechtliche Staatshaftung der Mitgliedstaaten

1254   Die unionsrechtliche Staatshaftung der Mitgliedstaaten ist mittlerweile fester Bestandteil des nationalen Haftungsrechts und basiert auf einer gesicherten Rechtsprechung des EuGH. Ihre praktische Bedeutung ist groß. So hatte z. B. die Bundesrepublik Deutschland in Folge der Insolvenz des Reiseveranstalters *MP Travel Line* bis Ende 1998 über 9.000 Schadensersatzforderungen abzuwickeln, weil sie eine Richtlinie über den Insolvenzschutz des Verbrauchers bei Reiseverträgen verspätet umgesetzt hatte.[3]

1255   Der EuGH hat, beginnend mit der Entscheidung *Francovich* aus dem Jahre 1991,[4] eine „Europäische Haftung aus Richterhand"[5] geschaffen, die sich zunehmend auf das nationale Staatshaftungsrecht auswirkt und dieses modifiziert.[6] Zunächst stand nur die Haftung der Mitgliedstaaten für Schäden wegen der Nichtumsetzung bzw. der nicht rechtzeitigen Umsetzung von EU-Richtlinien im Vordergrund. Später nahm der EuGH auch zur unionsrechtlichen Staatshaftung wegen Falschumsetzung einer EU-Richtlinie,[7] wegen mitgliedstaatlicher Verstöße gegen primäres Unionsrecht[8], wegen administrativen Unrechts,[9] zur Haftung von nachgeordneten Körperschaften eines Bundesstaats[10] und schließlich zur Haftung für eine Unionsrechtsverletzung durch ein mitgliedstaatliches Obergericht[11] Stellung.

A. Rechtsgrundlage der unionsrechtlichen Staatshaftung

1256   Der EuGH stützt die unionsrechtliche Staatshaftung auf den allgemeinen Grundsatz des Unionsrechts, nach dem die Mitgliedstaaten zum Ersatz der Schäden verpflichtet sind, die dem einzelnen Unionsbürger durch ihnen zuzurechnende Verstöße gegen das Unionsrecht entstehen.[12] Diese Verpflichtung wird aus dem Erfordernis der Gewährleistung voller Wirksamkeit unionsrechtlicher Bestimmungen (*effet utile*) hergeleitet. Die volle Wirksamkeit unionsrechtlicher Bestimmungen wäre nach Auffassung des EuGH beeinträchtigt und der Schutz der durch sie begründeten Rechte gemindert, wenn die einzelnen Bürger der Union nicht die Möglichkeit hätten, für den Fall eines ihre Rechte verletzenden Verstoßes gegen Unionsrecht Entschädigung zu verlangen.[13] Darüber hinaus zieht der EuGH Art. 4 Abs. 3 UAbs. 2 EUV (Art. 10 EG a. F.) heran, nach dem die Mitgliedstaaten alle geeigneten Maßnahmen zur Erfüllung ihrer Verpflichtungen aus dem Unionsrecht zu treffen haben.

---

[3] *Stöhr*, NJW 1999, 1063, 1065.
[4] EuGH NJW 1992, 165 – *Francovich*.
[5] *v. Danwitz*, DVBl. 1997, 1.
[6] *Kremer*, NJW 2004, 480, 482 spricht von einer „Europäisierung des nationalen Staatshaftungsrechts".
[7] EuGH EuZW 1996, 274 – *British Telecommunications*; EuGH EuZW 1996, 695 – *Denkavit*; EuGH NJW 2001, 3401 – *Haim II*.
[8] EuGH NJW 1996, 1267 – *Brasserie du Pêcheur/Factortame III*.
[9] EuGH EuZW 1996, 435 – *Lomas*.
[10] EuGH EuZW 1999, 635 – *Konle*.
[11] EuGH NJW 2003, 3539 – *Köbler*; EuGH NJW 2006, 3337 ff. – *Traghetti*.
[12] EuGH NJW 1996, 1267, Tz. 17 und 31 – *Brasserie du Pêcheur/Factortame III*; EuGH NJW 1992, 165, Tz. 31 ff. – *Francovich*.
[13] EuGH NJW 1992, 165, Tz. 33 – *Francovich*.

Zu diesen Verpflichtungen gehört auch, die rechtswidrigen Folgen eines Verstoßes gegen das Unionsrecht zu beheben.¹⁴ Ergänzend greift der EuGH schließlich auf Art. 340 Abs. 2 AEUV (Art. 288 Abs. 2 EG a. F.) zurück, dem er den allgemeinen Rechtsgrundsatz entnimmt, dass eine rechtswidrige Handlung oder Unterlassung grundsätzlich die Verpflichtung öffentlicher Stellen zum Ersatz der in Ausübung ihrer Amtstätigkeit verursachten Schäden nach sich zieht.¹⁵

B. Rechtsnatur des Anspruchs

Obwohl der EuGH seit der *Francovich*-Entscheidung in einer Reihe von Folgeentscheidungen die Grundlagen und Voraussetzungen des unionsrechtlichen Haftungstatbestands weiter konkretisiert hat, bleiben zahlreiche wichtige Fragen offen. Insbesondere ist nach wie vor nicht eindeutig geklärt, ob es sich um einen eigenständigen unionsrechtlichen Staatshaftungsanspruch sui generis handelt, der neben die Haftungstatbestände des nationalen Rechts tritt, oder ob es sich lediglich um unionsrechtliche Mindestvorgaben für einen Anspruch auf der Grundlage des jeweiligen nationalen Staatshaftungsrechts handelt.¹⁶ Nach der Rechtsprechung des EuGH findet der Anspruch seine Grundlage „unmittelbar im Unionsrecht", die Folgen des verursachten Schadens sind hingegen im Rahmen des nationalen Haftungsrechts zu beheben.¹⁷ Hieraus sind unterschiedliche Folgerungen gezogen worden. Im Schrifttum wird teilweise vertreten, das Unionsrecht bediene sich zur Staatshaftung modifizierter nationaler Normen, wie etwa im deutschen Recht § 839 BGB i.V.m. Art. 34 GG¹⁸ oder des enteignungsgleichen Eingriffs.¹⁹ Teilweise wird ein unterteilter Haftungstatbestand angenommen, dessen erste Tatbestandsebene die unionsrechtlich gebildeten Haftungsvoraussetzungen umfasst, während auf der zweiten Tatbestandsebene nationale Haftungsvoraussetzungen zur Anwendung kommen.²⁰ Der BGH nimmt hingegen im Einklang mit Teilen der Literatur²¹ einen eigenständigen unionsrechtlichen Staatshaftungsanspruch an, der neben dem Anspruch aus § 839 BGB i.V.m. Art. 34 GG geltend gemacht werden kann (Anspruchskonkurrenz)²². Dementsprechend prüft er die Voraussetzungen des unionsrechtlichen Staatshaftungsanspruchs gesondert, wenn und weil er zuvor einen Amtshaftungsanspruch nach § 839 BGB i.V.m. Art. 34 GG und einen Anspruch aus enteignungsgleichem Eingriff abgelehnt hat.²³ Die Anforderungen müssen dabei aber in jedem Fall so ausgestaltet sein, dass die Erlangung einer Entschädigung nicht praktisch unmöglich oder übermäßig erschwert wird.²⁴

1257

---

¹⁴ EuGH NJW 1992, 165, Tz. 36 – *Francovich*.
¹⁵ EuGH NJW 1996, Tz. 28 f. – *Brasserie du Pêcheur/Factortame III*.
¹⁶ Vgl. hierzu sowie allgemein zur Rechtsqualität der unionsrechtlichen Staatshaftung *Säuberlich*, EuR 2004, 954 ff.; kritisch zur Bedeutung dieses Streits *Kischel*, EuR 2005, 441, 444 f;.
¹⁷ EuGH NJW 1996, 1267, 1270, Tz. 67 – *Brasserie du Pêcheur/Factortame III*.
¹⁸ *Saenger*, JuS 1997, 865, 869; *Diehr*, ThürVBl. 1998, 224, 225; in diese Richtung auch MünchKommBGB/*Papier*, § 839 BGB, Rn. 103.
¹⁹ Vgl. *Bröhmer*, JuS 1997, 117.
²⁰ So die kritische Analyse bei *v. Danwitz*, DVBl. 1997, 1, 6 f.
²¹ *Ossenbühl/Cornils* (Staatshaftungsrecht), S. 628; *Detterbeck*, AöR 125, 202, 229; *Kischel*, EuR 2005, 441.
²² *Dörr*, EuZW 2012, 86, 87.
²³ BGH NJW 1997, 123 f.
²⁴ EuGH EuZW 2007, 477; BGHZ 134, 30 – *Brasserie du Pêcheur*.

C. Voraussetzungen der unionsrechtlichen Staatshaftung

1258 Die Voraussetzungen der mitgliedstaatlichen Haftung hat der EuGH im Verlauf seiner Rechtsprechung in Anlehnung an die Vorschrift über die außervertragliche Haftung der Union (Art. 340 Abs. 2 AEUV, Art. 288 Abs. 2 EG a. F.) entwickelt und näher entfaltet.[25] Danach erkennt das Unionsrecht einen Entschädigungsanspruch an, wenn drei Voraussetzungen erfüllt sind:[26]

(1) Die verletzte Rechtsnorm bezweckt, dem Einzelnen Rechte zu verleihen.
(2) Der Verstoß gegen das Unionsrecht ist hinreichend qualifiziert.
(3) Zwischen dem Verstoß gegen die dem Staat obliegende Verpflichtung und dem den geschädigten Personen entstandenen Schaden besteht ein unmittelbarer Kausalzusammenhang.

I. Unionsrechtliche Rechtsnormen mit Individualschutzcharakter

1259 Unionsrechtliche Normen mit Individualschutzcharakter finden sich zunächst im EU- und im AEUV-Vertrag (Primärrecht). Der EuGH hat bislang unter anderem Art. 34 AEUV (Art. 28 EG a. F.) (Verbot mengenmäßiger Einfuhrbeschränkungen),[27] Art. 49 AEUV (Art. 43 EG a. F.) (Abbau der Beschränkungen des freien Niederlassungsrechts)[28] und Art. 35 AEUV (Art. 29 EG a. F.) (Verbot mengenmäßiger Ausfuhrbeschränkungen)[29] herangezogen. Eine Rechtsnorm mit Individualschutzcharakter kann sich ferner aus dem Sekundärrecht, insbesondere einer Verordnung oder einer Richtlinie, ergeben.[30] Eine Richtlinie gewährt dabei Individualschutz, wenn wirtschaftliche oder sonstige Interessen von Privaten in den durch die Unionsnorm spezifisch geregelten Sektor fallen. Dies setzt voraus, dass der Betroffene faktisch in einem Recht beeinträchtigt wird, das von der als verletzt gerügten Rechtsnorm geschützt wird.[31] Nach der Rechtsprechung des EuGH ist dies z. B. der Fall, wenn das in der Richtlinie vorgeschriebene Ziel die Verleihung eines Rechts an einen Pauschalreisenden umfasst, mit dem die Erstattung der von diesem gezahlten Beträge und seine Rückreise im Fall der Zahlungsunfähigkeit oder des Konkurses des Veranstalters sichergestellt werden;[32] ebenso vermittelt die Richtlinie Drittschutz, wenn es etwa ihr Ziel ist, einen Mindestschutz des Arbeitnehmers hinsichtlich nicht erfüllter Ansprüche für den Fall der Zahlungsunfähigkeit des Arbeitgebers zu gewährleisten.[33]

---

[25] Vgl. hierzu auch unter besonderer Berücksichtigung der EU-Umweltrichtlinien *Berkemann/ Halama*, Rn. 350 ff.
[26] EuGH NVwZ 2009, 771 – *Danske Slagterier;* EuGH NJW 1997, 2585, 2586, Tz. 35 – *Maso;* EuGH NJW 1996, 3141, 3142, Tz. 21 – *Dillenkofer;* EuGH NJW 1996, 1267, 1269, Tz. 51 – *Brasserie du Pêcheur/Factortame* III; zusammenfassend EuGH Slg. 2001, I – 493, Rn. 51 – *Lindöpark.* Vgl. zusammenfassend auch die Urteile EuGH NJW 1999, 3181 – *Rechberger, Greindl* u.a., EuGH NJW 2001, 3401 – *Haim II.*
[27] EuGH NJW 1996, 1267, 1269, Tz. 54 – *Brasserie du Pêcheur/Factortame III;* BGH UPR 2010, 79 (zu Art. 34 AEUV – Art. 28 EG a. F.).
[28] EuGH NJW 1996, 1267, 1269, Tz. 54 – *Brasserie du Pêcheur/Factortame III.*
[29] EuGH EuZW 1996, 435, Tz. 27 – *Lomas.*
[30] *Saenger*, JuS 1997, 865, 870.
[31] Dazu *Schoch*, NVwZ 1999, 457, 463 f.; *Winter*, NVwZ 1999, 467, 473; *Escher*, EuZW 2000, 105, 109.
[32] EuGH NJW 1996, 3141, 3143, Tz. 33 ff. – *Dillenkofer.*
[33] EuGH NJW 1992, 165 – *Francovich;* zur verspäteten Umsetzung der Richtlinie 80/897/EWG nach *Francovich* auch noch EuGH NJW 1997, 2585 – *Maso.*

Auf eine Vorlage des BGH³⁴ hin hat der EuGH dagegen die Frage verneint, ob die Einlagensicherungs- und Finanzdienstleistungsrichtlinien ein subjektives Recht verleihen,³⁵ wenn und weil die in den europäischen Einlagensicherungssystemen vorgesehenen Entschädigungen gewährleistet sind.³⁶ Für die Richtlinie zur Finanzaufsicht über Wertpapierdienstleistungsunternehmen wurde diese Frage bereits von den Instanzgerichten verneint.³⁷ Auch im Zusammenhang mit Umweltrichtlinien wird der Individualschutzcharakter eher zurückhaltend beurteilt.³⁸

Insgesamt sind die Anforderungen allerdings deutlich niedriger als bei der Frage einer Verletzung subjektiver öffentlicher Rechte, da selbst eine reflexartige Wirkung zur Bejahung des Individualschutzes genügt.³⁹ **1260**

Andererseits genügt die Verleihung von Rechten als solchen aber auch nicht, wenn sich der Inhalt des fraglichen Rechts nicht allein auf Grundlage des Unionsrechts bestimmen lässt.⁴⁰ Das ist etwa bei der Antidiskriminierungsrichtlinie der Fall, weil sie den Mitgliedstaaten hinsichtlich der Art der Sanktionen Wahlfreiheit belässt.⁴¹ **1260a**

II. Hinreichend qualifizierter Verstoß gegen Unionsrecht durch mitgliedstaatliches Organ

Maßgebliches haftungseinschränkendes Kriterium ist der hinreichend qualifizierte Verstoß gegen das Unionsrecht. Mit anderen Worten: Das Vorliegen eines hinreichend qualifizierten Verstoßes ist der „Dreh- und Angelpunkt" eines jeden gerichtlichen Verfahrens.⁴² Gewisse Unterschiede ergeben sich bei der Konkretisierung je nachdem, ob das verantwortliche Organ des Mitgliedstaates dem Bereich der Exekutive, der Legislative oder der Judikative zuzuordnen ist. **1261**

1. Kriterien zur Feststellung eines hinreichend qualifizierten Verstoßes

Eine Rechtsverletzung ist hinreichend qualifiziert, wenn ein Mitgliedstaat oder eines seiner Organe die Grenzen, die seinem Ermessen gesetzt sind, offenkundig und erheblich überschritten hat.⁴³ Insoweit gehören zu den zu berücksichtigenden Gesichtspunkten⁴⁴ **1262**

- das Maß an Klarheit und Genauigkeit der verletzten Vorschrift;
- der Umfang des Ermessensspielraums, den die verletzte Vorschrift den nationalen Behörden belässt;
- die Frage, ob der Verstoß vorsätzlich begangen oder der Schaden vorsätzlich zugefügt wurde;
- die Entschuldbarkeit eines etwaigen Rechtsirrtums;

---

34 BGH NJW 2002, 2464.
35 So z. T. die Literatur, *Seidel/Reimer/Möstl*, S. 121; *Gratias*, NJW 2000, 786, 787.
36 EuGH NJW 2004, 3479 ff. – *Paul u. a.*, im Anschluss hieran BGH NJW 2005, 742 ff.; vgl. hierzu auch *Häde*, EuZW 2005, 39 ff.
37 OLG Köln EWiR 2000, 231.
38 *Escher*, EuZW 2000, 105, 108; *Scheuing*, NVwZ 1999, 475, 484.
39 MünchKommBGB/*Papier*, § 839 BGB, Rn. 100a.
40 KG Berlin NVwZ 2009, 1445.
41 KG Berlin NVwZ 2009, 1445.
42 *Dörr*, EuZW 2012, 86, 87.
43 EuGH NJW 1996, 1267, 1270, Tz. 55 – *Brasserie du Pêcheur/Factortame III*; EuGH EuZW 2007, 182, 184, Tz. 70 – *Robins*.
44 EuGH NVwZ 1996, 677 – *British Telecom*; EuGH NJW 2001, 3401 – *Haim II*;

– der Umstand, dass die Verhaltensweisen eines Unionsorgans möglicherweise dazu beigetragen haben, dass nationale Maßnahmen oder Praktiken in unionsrechtswidriger Weise unterlassen, eingeführt oder aufrechterhalten wurden.[45]

1263 Der Verstoß gegen Unionsrecht ist jedenfalls dann offenkundig qualifiziert, wenn er fortbesteht, nachdem der EuGH einen Verstoß bereits festgestellt hat. Dies kann insbesondere durch ein Urteil im Vorabentscheidungsverfahren der Fall sein. Das gleiche gilt, wenn sich die Pflichtwidrigkeit des fraglichen Verhaltens aus einer einschlägigen, gefestigten Rechtsprechung des EuGH ergibt.[46]

1264 Ein Indiz gegen die hinreichende Qualifikation kann darin gesehen werden, dass die Kommission trotz entsprechender Beschwerden kein Vertragsverletzungsverfahren gegen den Mitgliedstaat eingeleitet hat.[47]

1265 Das Verschuldenserfordernis des deutschen Staatshaftungsrechts wird nach der Rechtsprechung des EuGH durch das Merkmal des qualifizierten Rechtsverstoßes ersetzt. Der Schadensersatzanspruch ist deshalb nicht davon abhängig, dass den staatlichen Amtsträger, dem der Verstoß zuzurechnen ist, ein Verschulden (Vorsatz oder Fahrlässigkeit) trifft, das über den hinreichend qualifizierten Verstoß gegen das Unionsrecht hinausgeht.[48] Obwohl das Verschulden keine Haftungsvoraussetzung darstellt, können dennoch subjektive Gesichtspunkte bei der Ermittlung der hinreichenden Qualifiziertheit eine Rolle spielen, die ansonsten nur im Rahmen einer Verschuldensprüfung zum Tragen kämen.[49]

2. Mitgliedstaatliche Organe

1266 Die Haftung ist dem Grunde nach nicht davon abhängig, welches mitgliedstaatliche Organ durch sein Handeln oder Unterlassen den Verstoß begangen hat.[50] Damit haftet der Mitgliedstaat nicht nur für Verstöße der Verwaltungsbehörden, sondern auch für Verstöße der Legislativorgane[51] und der letztinstanzlichen Gerichte.[52]

a) Legislatives Unrecht

1267 Nach der Rechtsprechung des EuGH haften die Mitgliedstaaten für legislatives Unrecht. In der Entscheidung *Francovich* hatte der EuGH erstmals zu den Voraussetzungen der unionsrechtlichen Staatshaftung wegen der Nichtumsetzung oder der nicht fristgerechten Umsetzung einer Richtlinie Stellung genommen.[53] Der Umstand, dass der zur Last gelegte Verstoß dem nationalen Gesetzgeber zuzurechnen ist, ist nicht geeignet, die unionsrechtliche Staatshaftung in Frage zu stellen.[54] Damit greift der EuGH gravierend in das deutsche nationale Recht ein, dem eine Staatshaftung für Gesetzgebungsorgane an sich fremd ist.[55]

---

[45] EuGH NJW 1996, 1267, 1270, Tz. 56 – *Brasserie du Pêcheur/Factortame III*; EuGH EuZW 2007, 182, 184, Tz. 77 – *Robins*.
[46] EuGH NJW 1996, 1267, 1270, Tz. 57 – *Brasserie du Pêcheur/Factortame III*.
[47] LG Hamburg NVwZ 2000, 477, 478; MünchKommBGB/*Papier*, § 839 BGB, Rn. 100b.
[48] EuGH NJW 1996, 1267, 1270, Tz. 75 ff., Tz. 80 – *Brasserie du Pêcheur/Factortame III*; hierzu *v. Danwitz*, DVBl. 1997, 1, 6.
[49] Vgl. Staudinger/*Wurm*, § 839 BGB, Rn. 535; in diese Richtung auch Grabitz/Hilf/*v. Bogdandy*, Art. 288 EG, Rn. 159.
[50] EuGH NHW 2003, 3539; EuGH NJW 1996, 1267, 1268, Tz. 32 – *Brasserie du Pêcheur/Factortame III*.
[51] EuGH NJW 1996, 1267, 1269, Tz. 34 – *Brasserie du Pêcheur/Factortame III*.
[52] EuGH NJW 2003, 3539 – *Köbler*; EuGH NJW 2006, 3337 ff. – *Traghetti*.
[53] EuGH NJW 1992, 165, 167, Tz. 39 f. – *Francovich*.
[54] EuGH NJW 1996, 1267, 1269, Tz. 35 f. – *Brasserie du Pêcheur/Factortame III*.
[55] *Saenger*, JuS 1997, 865, 867.

Nach deutschem Recht ist nämlich eine Staatshaftung für legislatives Unrecht 1268
grundsätzlich ausgeschlossen: Eine Amtshaftung nach § 839 BGB i. V. m. Art.
34 GG scheitert regelmäßig am Erfordernis der Drittbezogenheit der verletzten Amtspflicht.
Die Legislativtätigkeit beim Erlass formeller Gesetze dient ausschließlich dem Allgemeininteresse.[56] Ebenso wenig hat der Gesetzgeber im Regelfall die drittgerichtete Amtspflicht, ein nach den Umständen möglicherweise erforderliches Gesetz zu erlassen,[57] zumal ihm diesbezüglich ein weiter Gestaltungsspielraum eingeräumt ist.[58]
Die Verletzung einer drittgerichteten Amtspflicht liegt nach der Rechtsprechung allenfalls dann vor, wenn dem Gesetzgeber eine evidente Verletzung der in den Grundrechten verkörperten Grundentscheidungen zur Last gelegt werden kann.[59] Ein Anspruch aus dem richterrechtlich geprägten und ausgestalteten Haftungsinstitut des enteignungsgleichen Eingriffs bei legislativem Unrecht scheitert daran, dass im deutschen Recht eine hinreichende Legitimation für die richterrechtliche Einführung und Ausgestaltung der Staatshaftung für die Folgen formeller Gesetze, die gegen höherrangiges Recht verstoßen, fehlt.[60] Der BGH hält diese Rechtsprechung auch nach der Entscheidung des EuGH in der Sache *Brasserie du Pêcheur* aufrecht und passt die Tatbestandsmerkmale des § 839 BGB i. V. m. Art. 34 GG und des enteignungsgleichen Eingriffs nicht den unionsrechtlichen Anforderungen an. Vielmehr zieht er die unionsrechtliche Staatshaftung als eigenständige Anspruchsgrundlage bei legislativem Unrecht heran.[61]

Mit dem Erfordernis des „hinreichend qualifizierten Unionsrechtsverstoßes" wird 1269
allerdings die Haftung des Gesetzgebers deutlich beschränkt. Je größer sein Gestaltungs- und Ermessensspielraum ist, desto schwieriger ist die Bejahung eines qualifizierten Verstoßes.[62] In Fallgestaltungen, in denen das Unionsrecht das Ermessen des nationalen Gesetzgebers durch die Statuierung von Ergebnispflichten oder Verhaltens- bzw. Unterlassungspflichten beschränkt, sind die Anforderungen an die hinreichende Qualifiziertheit dagegen deutlich niedriger.[63]

Bei der fehlerhaften Umsetzung von Richtlinien ist zu unterscheiden: 1270

Geht es um eine verspätete oder gar völlig unterbliebene Umsetzung einer Richt- 1271
linie, so ist per se von einem hinreichend qualifizierten Rechtsverstoß auszugehen, da dem nationalen Gesetzgeber insoweit kein Ermessen eingeräumt ist.[64] Allerdings kann ein hinreichend qualifizierter Verstoß dann zu verneinen sein, wenn der Mitgliedstaat davon ausgehen konnte, dass die Richtlinie durch die vorhandenen innerstaatlichen Rechtsvorschriften bereits korrekt umgesetzt sei.[65]

Wurde eine Richtlinie dagegen inhaltlich fehlerhaft umgesetzt, kann ein hinrei- 1272
chend qualifizierter Rechtsverstoß nur unter Würdigung aller Umstände festgestellt werden.[66] Ist die Umsetzung zwar unrichtig, aber immer noch vertretbar, weil sie sich im Rahmen des Ermessensspielraums hält, so fehlt es an einem hinreichend

---

[56] Vgl. BGH NJW 1997, 123, 124 – *Brasserie du Pêcheur*; BayObLG NJW 1997, 1514 f.; BGHZ 56, 40, 44; RGRK-*Kreft*, § 839 BGB, Rn. 219 ff. m. w. N.; MünchKommBGB/*Papier*, § 839 BGB, Rn. 260 f. m. w. N.; kritisch zu dieser Rspr. *Schenke/Guttenberg*, DÖV 1991, 945 und *Maurer*, § 26, Rn. 51 f.
[57] BGH NJW 1997, 123, 124; BGHZ 102, 350, 367 f.
[58] BGHZ 102, 350, 365 f.
[59] BGHZ 102, 350, 366.
[60] BGH NJW 1987, 1875.
[61] BGH NJW 1997, 123 f. – *Brasserie du Pêcheur*.
[62] BGH NVwZ 2001, 465.
[63] MünchKommBGB/*Papier*, § 839 BGB, Rn. 100.
[64] BGH, Beschl. v. 26.4.2012, Az. III ZR 215/11.
[65] BGH, Beschl. v. 26.4.2012, Az. III ZR 215/11.
[66] BGH NJW 2009, 2534, 2536.

qualifizierten Verstoß.⁶⁷ Nur bei Unvertretbarkeit der Entscheidung kann eine hinreichend qualifizierte Rechtsverletzung angenommen werden. Das ist insbesondere dann der Fall, wenn bewusst von der Richtlinie abgewichen wird,⁶⁸ oder wenn der Mitgliedstaat zum Zeitpunkt der Rechtsverletzung über einen erheblich verringerten oder gar auf Null reduzierten Gestaltungsspielraum verfügte.⁶⁹ Schadensersatzansprüche in den Fällen des „Führerscheintourismuses" wegen eines Verstoßes gegen die „Führerschein-Richtlinie" sind daher ausgeschlossen.⁷⁰ In den sog. „Schrottimmobilienfällen", bei denen eine Staatshaftung wegen fehlerhafter Umsetzung der Haustürgeschäftewiderrufsrichtlinie⁷¹ grundsätzlich in Betracht kommt, dürfte ein hinreichend qualifizierter Verstoß zugunsten der geschädigten Erwerber kaum zu begründen sein.⁷² Hingegen dürfte ein hinreichend qualifizierter Verstoß im Hinblick auf etwaige geschädigte Banken, die Darlehen ohne Widerrufsbelehrung ausgegeben haben, deutlich eher zu bejahen sein, da die Banken unmittelbare Normadressaten sind.⁷³

Ist dagegen die Umsetzung allein deshalb rechtswidrig, weil die Richtlinie selbst gegen primäres Unionsrecht verstößt, die Umsetzung in nationales Recht also keinen darüber hinaus gehenden, eigenständigen Fehler aufweist, scheidet eine Haftung aus.⁷⁴

1273   Auch bei einem möglichen Verstoß von nationalem Recht gegen primäres Unionsrecht, etwa gegen die Grundfreiheiten (Art. 34, 35, 49, 56 AEUV; Art. 28, 29, 43, 49 EG a. F.), bedarf es einer umfassenden Würdigung des Einzelfalls, weil auch hier den Mitgliedstaaten regelmäßig ein Ermessensspielraum zusteht, sofern nicht ausnahmsweise spezielle sekundärrechtliche Harmonisierungsregelungen (z. B. nach Art. 114, 115 AEUV; Art. 94, 95 EG a. F.) bestehen.⁷⁵ Für den Verstoß des Sportwettenmonopols gegen Unionsrecht wurde ein hinreichend qualifizierter Verstoß von der Rechtsprechung verneint.⁷⁶ Ob die Normenkollision darüber hinaus evident sein muss, ist umstritten.⁷⁷

1274   Wendet ein Mitgliedstaat verspätet erlassene Bestimmungen zur Durchführung einer Richtlinie zugunsten der Betroffenen rückwirkend an, so entfällt hierdurch der Verstoß nicht;⁷⁸ allerdings kann dadurch gegebenenfalls der Schaden entfallen oder sich auf einen etwaigen Verzögerungsschaden beschränken.

b) Administratives Unrecht

1275   In der Entscheidung *Hedley Lomas*⁷⁹ hat der EuGH klargestellt, dass auch administratives Unrecht eine unionsrechtliche Staatshaftung begründen kann. Administratives Unrecht kann darin liegen, dass die Verwaltung Unionsrecht außer Acht

---

⁶⁷ EuGH NVwZ 1996, 677 – *British Telecommunications;* zu den beispielhaften Problemen bei der Umsetzung der Telekommunikationsrichtlinien durch das neue TKG vgl. *Koenig,* MMR 2004, 139.
⁶⁸ BGH UPR 2010, 79.
⁶⁹ BGH BayVBl. 2011, 480.
⁷⁰ BGH NJW 2008, 3558.
⁷¹ EuGH NJW 2002, 281.
⁷² Palandt/*Sprau,* § 839 BGB, Rn. 9; ausführlich zum Streitstand *Späth,* ZflR 2007, 568.
⁷³ *Nettesheim,* WM 2006, 457.
⁷⁴ OLG Sachsen-Anhalt, Urt. v. 20.9.2012, Az. 2 U 9/12.
⁷⁵ OLG Köln, Urt. v. 23.2.2012, Az. 7 U 99/11; *Ossenbühl/Cornils,* (Staatshaftungsrecht), S. 611.
⁷⁶ BGH, Urt. v. 18.10.2012, Az. III ZR 197/11; OLG Köln, Urt. v. 23.2.2012, Az. 7 U 99/11; OLG München, Urt. v. 15.7.2011, Az. 1 U 392/11; OLG Braunschweig, Beschl. v. 5.5.2011, Az. 3 W 24/11.
⁷⁷ Bejahend *Ossenbühl/Cornils* (Staatshaftungsrecht), S. 611; ablehnend *Baumeister,* BayVBl. 2000, 225, 228.
⁷⁸ EuGH NJW 1997, 2585, 2587, Tz. 39 – *Maso.*
⁷⁹ EuGH EuZW 1996, 435 ff.

lässt, fehlerhaft anwendet, eine ausnahmsweise bestehende unmittelbare Wirkung einer Richtlinie nicht beachtet[79a] oder nationales Recht nicht unionsrechtskonform auslegt. Administratives Unrecht kann aber auch dadurch entstehen, dass die anzuwendende Norm selbst unionsrechtswidrig ist und sich ihr Fehler damit in der (an sich korrekten) Anwendung der Norm fortsetzt.[80]

Auch die Staatshaftung für administratives Unrecht setzt einen hinreichend qualifizierten Rechtsverstoß voraus. Die Anforderungen hierfür sind jedoch weniger weitreichend als bei legislativem Unrecht.[81] Bei klarer Rechtslage wird deshalb immer von einer hinreichenden Qualifiziertheit auszugehen sein.[82]

1276

c) Judikatives Unrecht

Auch bei judikativem Unrecht, d.h. bei einem Verstoß gegen Unionsrecht durch die Rechtsprechung, ist ein unionsrechtlicher Staatshaftungsanspruch gegeben, weil alle staatlichen Gewalten, also auch die Gerichte, an das Unionsrecht gebunden sind.[83] Außerdem wird im Völkerrecht der Staat, dessen Haftung wegen Verstoßes gegen eine völkerrechtliche Verpflichtung ausgelöst wird, als Einheit betrachtet, ohne dass danach unterschieden würde, ob der schadensverursachende Verstoß der Legislative, der Judikative oder der Exekutive zuzurechnen ist. Dasselbe muss erst recht in der Unionsrechtsordnung gelten, da dort die Verpflichtung aller staatlichen Instanzen zur Beachtung des Unionsrechts noch schärfer ausgeprägt ist.[84]

1277

Der EuGH hat dementsprechend in mehreren Entscheidungen die Voraussetzungen für eine unionsrechtliche Staatshaftung für judikatives Unrecht herausgearbeitet[85] und konkretisiert.[86] Voraussetzung ist danach, dass ein letztinstanzliches Gericht[87] gegen eine Norm verstoßen hat, die dem Einzelnen ein Recht zu verleihen bezweckt, dieser Verstoß hinreichend qualifiziert ist und zwischen Verstoß und Schaden ein unmittelbarer Kausalzusammenhang besteht.[88] Bei der Voraussetzung des hinreichend qualifizierten Verstoßes müssen allerdings die Besonderheiten der richterlichen Funktion sowie die berechtigten Belange der Rechtssicherheit berücksichtigt werden.

1278

aa) Besonderheiten der Judikative

Letztinstanzlichen Entscheidungen kommt mit Blick auf die Grundsätze der Rechtskraft der Urteile und der Rechtssicherheit eine besondere Bedeutung zu. Ferner hat

1279

[79a] Für die UVP-Richtlinie EuGH NVwZ 2013, 565.
[80] BGH UPR 2010, 79 (an sich korrekte Anwendung des § 17 FlHV, der aber mit Unionsrecht unvereinbar ist); *Baumeister/Ruthig*, JZ 1999, 117.
[81] *Ossenbühl/Cornils* (Staatshaftungsrecht), S. 612.
[82] EuGH EuZW 1996, 435 – *Lomas*.
[83] EuGH NJW 2003, 3539, 3540 – *Köbler*; EuGH NJW 1996, 1267 – *Brasserie du Pecheur/Factortame III*.
[84] EuGH NJW 2003, 3539, Tz. 32 – *Köbler*.
[85] EuGH NJW 2003, 3539, 3541, Tz. 51 ff. – *Köbler*
[86] EuGH NJW 2006, 3337 ff. – *Traghetti*
[87] Nur bei letztinstanzlichen Entscheidungen kann eine Rechtsverletzung nicht mehr rückgängig gemacht werden kann, sodass nur noch der Weg der Staatshaftung zur Beseitigung der Rechtsverletzung bleibt, vgl. EuGH, NJW 2003, 3539, 3540, Tz. 34 – *Köbler*; am Erfordernis einer letztinstanzlichen Entscheidung ändert sich auch dann nichts, wenn ein Rechtsmittel angesichts einer gefestigten obergerichtlichen Rechtsprechung von vornherein keine Aussicht auf Erfolg gehabt hätte, vgl. OLG Karlsruhe, NJW-RR 2006, 1459 ff. Hinsichtlich der Bestimmung des letztinstanzlichen Gerichts ist nicht auf eine abstrakt-institutionelle, sondern im Hinblick auf den Individualrechtsschutz auf die konkrete Betrachtungsweise abzustellen, vgl. Calliess/Ruffert – *Wegener*, Art. 234 EG, Rn. 24; *Kremer*, NJW 2004, 480, 481.
[88] EuGH NJW 2003, 3539 – *Köbler*.

die richterliche Unabhängigkeit im Unterschied zu administrativen Akten eine herausgehobene Funktion im Sinne des Gewaltenteilungsgrundsatzes als rechtsstaatlichem Grundpfeiler. Eine schrankenlose Konterkarierung letztinstanzlicher Urteile auf dem Weg des Staatshaftungsrechts kommt daher nicht in Betracht. Nach Auffassung des EuGH werden durch die Haftung der Mitgliedstaaten jedoch weder der Grundsatz der Rechtskraft[89] noch der Rechtssicherheit unterminiert, da ein Staatshaftungsverfahren regelmäßig nicht denselben Gegenstand und nicht zwingend dieselben Parteien hat wie das Verfahren, das zur rechtskräftigen Entscheidung geführt hat.[90] Die obsiegende Partei erreicht im Staatshaftungsverfahren vielmehr allein die Verurteilung zur Leistung von Schadensersatz, nicht aber die Aufhebung der rechtskräftigen Gerichtsentscheidung[91], die den Schaden verursacht hat.[92] Auch eine Gefährdung der Unabhängigkeit der Richter des letztinstanzlichen Gerichts verneint der EuGH, da es nicht um die persönliche Haftung des Richters, sondern um die des Staates geht.[93] Ferner zieht der EuGH zur Stützung seiner Rechtsauffassung eine Parallele zu Art. 41 EMRK und der hierzu ergangenen Rechtsprechung des EGMR, derzufolge einer in ihren Konventionsrechten verletzten Partei auch dann eine Entschädigung zugesprochen werden kann, wenn die Verletzung auf der Entscheidung eines nationalen letztinstanzlichen Gerichts beruht.[94]

1280 Diese von einer rein formalen Betrachtungsweise geprägte Argumentation des EuGH wird in der Literatur z. T. heftig kritisiert, da durch die Entscheidung im Haftungsprozess gerade doch zweckgerichtet über die Richtigkeit der letztinstanzlichen Entscheidung befunden werde, sodass das Ausgangsverfahren nach wie vor Hauptbezugspunkt des Haftungsverfahrens bleibe.[95] Die Begründung über die EMRK wird als dogmatisch nur teilweise überzeugend angesehen, da im Rahmen der EMRK – gerade anders als bei der unionsrechtlichen Staatshaftung – eine explizite völkervertragliche Einigung der Mitgliedstaaten über die Schadensersatzpflicht aus Art. 41 EMRK vorliegt.[96]

1281 Im Ergebnis trägt der EuGH den Besonderheiten der Judikative jedoch dadurch Rechnung, dass er besondere Anforderungen an die Voraussetzung des „hinreichend qualifizierten Verstoßes" stellt.[97] Der Staat haftet daher „für eine unionsrechtswidrige Entscheidung nur in dem Ausnahmefall, dass das Gericht offenkundig gegen das geltende Recht verstoßen hat."[98]

bb) Offenkundiger Verstoß gegen Unionsrecht

1282 Als Anhaltspunkte für einen offenkundigen Verstoß gegen Unionsrecht durch ein mitgliedstaatliches Höchstgericht dienen folgende Kriterien:

---

[89] Die Wichtigkeit dieses Grundsatzes wird vom EuGH ausdrücklich anerkannt, vgl. EuGH, NJW 2003, 3539, 3540, Tz. 38 – *Köbler* unter Hinweis auf EuZW 1999, 565, 568, Tz. 46 – *Eco Swiss*.
[90] EuGH, NJW 2003, 3539, 3540, Tz. 39 – *Köbler*.
[91] Aus Art. 4 Abs. 3 UAbs. 2 EUV (Art. 10 EG a. F.) ergibt sich keine Verpflichtung zur Überprüfung und Aufhebung einer rechtskräftigen – auch europarechtswidrigen – Entscheidung durch ein nationales Gericht, vgl. EuGH, EuZW 2006, 241 ff. – *Kapferer*.
[92] EuGH, NJW 2003, 3539, 3540, Tz. 39 – *Köbler*.
[93] EuGH, NJW 2003, 3539, 3540, Tz. 42 – *Köbler*.
[94] *EGMR*, Urt. v. 21.3.2000 – *Dulaurans/Frankreich*.
[95] *Schöndorf-Haubold*, JuS 2006, 112, 115.
[96] *Radermacher*, NVwZ 2004, 1415, 1418.
[97] *Epiney*, NVwZ 2004, 1067, 1068; kritisch zu diesen besonderen Anforderungen an die Qualifiziertheit des Verstoßes *Obwexer*, Anm. EuZW 2003, 726, 728.
[98] EuGH NJW 2003, 3539, 3541, Tz. 53 – *Köbler*; Zur Bedeutung der Entscheidung des EuGH in der Rs. *Köbler* für die Rechte des Klägers im Berufs- und Revisionsrecht vgl. *Kiethe/Groeschke*, WRP 2006, 29 ff.

– das Maß an Klarheit und Präzision der verletzten Vorschrift,
– die Vorsätzlichkeit des Verstoßes,
– die Entschuldbarkeit des Rechtsirrtums,
– gegebenenfalls die Stellungnahme eines Unionsorgans,
– die Verletzung der Vorlagepflicht nach Art. 267 Abs. 3 AEUV (Art. 234 Abs. 3 EG a. F.) oder
– das völlige Verkennen einer einschlägigen Rechtsprechung des EuGH.[99]

Dabei kann ein offenkundiger Verstoß gegen das Unionsrecht nicht nur in der Außerachtlassung von unionsrechtlichen Regeln oder in der fehlerhaften Auslegung von nationalen Rechtsvorschriften, sondern auch in einer fehlerhaften Beweis- oder Sachverhaltswürdigung liegen.[100]

Hinsichtlich des Kriteriums der Verletzung der Vorlagepflicht nach Art. 267 Abs. 3 AEUV (Art. 234 Abs. 3 EG a. F.) ist allerdings das Verhältnis zwischen unionsrechtlichem Staatshaftungsanspruch und der Verfassungsbeschwerde (Rüge des willkürlichen[101] Verstoßes gegen die Vorlagepflicht als Verletzung des Rechts auf den gesetzlichen Richter) sehr problematisch.[102]

1283

1284

cc) Konsequenzen für das Richterspruchprivileg des § 839 Abs. 2 BGB

Bisher war in der Literatur umstritten, ob die engen Voraussetzungen des § 839 Abs. 2 BGB auch bei der Anwendung von Unionsrecht durch nationale Gerichte Geltung beanspruchen können.[103] Inzwischen hat der EuGH in der Rechtssache *Traghetti* entschieden, dass das Unionsrecht nationalen Regelungen entgegensteht, die allgemein die Haftung des Mitgliedstaats für Schäden ausschließen, die dem Einzelnen durch einen einem letztinstanzlichen Gericht zuzurechnenden Verstoß gegen das Unionsrecht entstanden sind. Dasselbe gilt, wenn die jeweiligen nationalen Rechtsvorschriften die Haftung auf Fälle von Vorsatz oder grob fehlerhaftem Verhalten des Richters begrenzen, sofern dies dazu führt, dass die Haftung des betreffenden Mitgliedstaats in Fällen ausgeschlossen ist, in denen ein offenkundiger Verstoß gegen das Unionsrecht begangen wurde.[104] Zwar betrifft die Entscheidung des EuGH in der Sache *Traghetti* Regelungen des italienischen Rechts[105] über den Ausschluss der Haftung des Staats für in Ausübung der Rechtsprechung verursachte Schäden.[106] Die dort aufgestellten Grundsätze sind aber auf das Richterspruchprivi-

1285

---

[99] EuGH NJW 2003, 3539, 3541, Tz. 55 f. – *Köbler*.
[100] EuGH NJW 2006, 3337, 3339, Tz. 35 ff. – *Traghetti*.
[101] Gegen eine zwar nicht willkürlich, aber dennoch unter Verstoß gegen Art. 267 Abs. 3 AEUV (Art. 234 Abs. 3 EG a. F.) nicht erfolgte Vorlage ist die Verfassungsbeschwerde hingegen nicht möglich, vgl. *Kenntner*, EuZW 2005, 235, 237.
[102] *Schöndorf/Haubold*, JuS 2006, 112, 115; *Storr*, DÖV 2004, 545, 549 ff.
[103] Ablehnend: *Beul*, EuZW 1996, 748 ff.; *Geigel/Schlegelmilch/Kapsa*, Kap. 20, Rn. 316; *Kluth*, DVBl. 2004, 393, 402; bejahend: *Ossenbühl* (Staatshaftungsrecht), S. 514, aufgegeben von *Ossenbühl/Cornils* (Staatshaftungsrecht), S. 614; für eine grundsätzliche Anerkennung der Beschränkung der Haftung für richterliche Tätigkeiten auch aus unionsrechtlicher Sicht *Wegener*, EuR 2002, 785, 795 ff. m. w. N.
[104] EuGH NJW 2006, 3337, 3340, Tz. 46.
[105] Art. 2 Abs. 1 und 2 des Gesetzes Nr. 117 vom 13. April 1988 über den Ersatz der in Ausübung der Rechtsprechung verursachten Schäden und die Haftung der Richter (legge n° 117 [sul] risarcimento dei danni cagionati nell'esercizio delle funzioni giudiziarie e responsabilità civile dei magistrati), GURI Nr. 88 vom 15. April 1988, S. 3, nachfolgend Gesetz Nr. 117/88.
[106] Im Unterschied zu § 839 Abs. 2 S. 1 BGB schließt Art. 2 Abs. 2 des Gesetzes Nr. 117/88 die Haftung des Staates für bestimmte Bereiche der Rechtsprechungstätigkeit generell aus; Art. 2 Abs. 1 der italienischen Regelung beschränkt die Staatshaftung für judikatives Unrecht auf Vorsatz oder grobe Fehlerhaftigkeit richterlichen Verhaltens, vgl. *Tietjen*, EWS 2007, 15, 17 f.

leg nach § 839 Abs. 2 Satz 1 BGB übertragbar. Im Bereich des unionsrechtlichen Staatshaftungsanspruchs ist das Richterspruchprivileg daher unanwendbar[107].

d) Zurechenbarkeit des Verstoßes

1286   Voraussetzung der mitgliedstaatlichen Haftung ist schließlich, dass das Schaden stiftende Unrecht den nationalen Organen oder Behörden zugerechnet werden kann.[108] Dies ist dann nicht der Fall, wenn die nationalen Behörden zum Vollzug einer EU-Norm verpflichtet sind und die Rechtswidrigkeit des Vollzugsakts ausschließlich auf der Rechtswidrigkeit der EU-Norm beruht.[109] Die Verantwortlichkeit des Mitgliedstaats ist also ausgeschlossen, wenn der mitgliedstaatliche Umsetzungs- oder Ausführungsakt an keinen selbstständigen Nichtigkeitsgründen leidet[110] und nicht selbst konstitutiv rechtswidrige Elemente aufweist.[111]

1287   Problematisch ist allerdings der Fall, dass sowohl das Unionsorgan als auch der Mitgliedstaat eine Ursache für den Rechtsverstoß gesetzt haben. Die Behandlung solcher Haftungslagen ist noch nicht abschließend geklärt.[112] Der EuGH schien bisher von einer Subsidiarität der Haftung der Union auszugehen.[113] Von dieser Rechtsprechung hat sich der EuGH zwar bislang nicht ausdrücklich distanziert, es liegen aber Hinweise auf eine Änderung der Rechtsprechung dahingehend vor, dass sich die Schadensverantwortlichkeit nunmehr nach den tatsächlich ausgeübten Einflussnahmen richtet.[114]

1288   Wenn der Verstoß allein der Union zuzurechnen ist, muss der Betroffene einen Anspruch gegen die Union aus Art. 340 Abs. 2 AEUV (Art. 288 Abs. 2 EG a. F.) geltend machen; eine Klage vor nationalen Gerichten gegen die Union wäre dabei mangels Rechtswegeröffnung unzulässig, gegen die nationalen Behörden mangels Anspruchsgrundlage unbegründet.[115]

III. Unmittelbarer Kausalzusammenhang

1289   Das Tatbestandsmerkmal des unmittelbaren Kausalzusammenhangs zwischen Rechtsverstoß und eingetretenem Schaden[116] ist bislang nur teilweise durch den EuGH präzisiert worden; der EuGH geht aber von einem sehr weiten Kausalverständnis aus. Selbst durch außergewöhnliche und unvorhersehbare Umstände wird der Kausalzusammenhang nicht unterbrochen, wenn die unionsrechtliche Bestimmung die Mitgliedstaaten verpflichtet, einen absoluten Schutz vor einem bestimmten Risiko (Garantie) zu gewährleisten.[117]

---

[107] BGH NJW 2005, 747; Grabitz/Hilf/*v. Bogdandy*, Art. 288 EG, Rn. 153b; ebenso unter Rückgriff auf das Effektivitätsgebot *Kremer*, NJW 2004, 480, 482; *Lindner*, Anm. BayVBl. 2006, 696, 697.
[108] Zur Zurechnung von Äußerungen eines Beamten EuGH EuZW 2007, 477.
[109] Vgl. EuGH NVwZ 1992, 1077 – *Mulder*; vgl. auch *Maurer*, § 31, Rn. 5.
[110] BGH NVwZ-RR 1993, 449 – *Milchgarantiemengenverordnung*.
[111] BGH NJW 1994, 858, 859 – *Irak-Embargo*.
[112] Hierzu *Rengeling/Middeke/Gellermann*, § 9 Rn. 25.
[113] EuGH Slg. 1967, 332 – *Kampffmeyer*. Allerdings ging es in diesem Fall um das Verhältnis eines öffentlich-rechtlichen Erstattungsanspruchs gegen den Mitgliedstaat zu einem Haftungsanspruch aus Art. 340 Abs. 2 AEUV (Art. 288 Abs. 2 EG a. F.) gegen die Union; hierzu *André*, NJW 1968, 331; Grabitz/Hilf/*v. Bogdandy*, Art. 288 EGV, Rn. 58 f. m. w. N.
[114] Grabitz/Hilf/*v. Bogdandy*, Art. 288 EGV, Rn. 57.
[115] Vgl. BGH NJW 1994, 858, 859 – *Irak-Embargo*: Weder Ansprüche aus Amtshaftung noch aus enteignungsgleichem Eingriff.
[116] S. dazu KG Berlin GewArch 2011, 503; *Ossenbühl/Cornils* (Staatshaftungsrecht), S. 609.
[117] Calliess/Ruffert/*Ruffert*, Art. 288 EG, Rn. 67.

Ob das Merkmal der Unmittelbarkeit hingegen eine engere, an Schutzzweckerwägungen orientierte Betrachtungsweise ermöglicht, hat der BGH bislang nicht eindeutig geklärt.[118] Hinsichtlich des Kausalzusammenhangs bei einer fehlerhaften Richtlinienumsetzung hat er aber darauf hingewiesen, dass es auch auf den Schutzzweck der Richtlinie ankomme.[119] In der Literatur wird die Frage bejaht und der Terminus als Hinweis auf die Zulässigkeit von Haftungsbeschränkungen im Sinne einer Schadensminderungs- oder Schadensabwendungspflicht gedeutet.[120]

1290

Problematisch bleibt jedoch, wie der Betroffene den unmittelbaren Kausalzusammenhang prozessual nachweisen kann.[121] Nicht genügen kann jedenfalls, dass bloß die Möglichkeit einer Kausalität behauptet wird. Ausreichend für die richterliche Überzeugungsbildung muss aber eine deutlich überwiegende, auf gesicherter Grundlage beruhende Wahrscheinlichkeit sein. Für den Nachweis des Kausalzusammenhangs kann sich der Geschädigte dabei auf die Beweiserleichterung nach § 287 ZPO stützen.[122]

1291

IV. Weitere Haftungsvoraussetzungen nach nationalem Recht

Mit den vorgenannten Kriterien ist der Tatbestand der europäischen Staatshaftung noch nicht abschließend definiert, da auch die nationalen Haftungsregeln zur Anwendung kommen.[123]

1292

Diesbezüglich weist der EuGH allerdings ausdrücklich darauf hin, dass die im Schadensersatzrecht der einzelnen Mitgliedstaaten festgelegten materiellen und formellen Voraussetzungen nicht ungünstiger sein dürfen als bei entsprechenden innerstaatlichen Ansprüchen (Grundsatz der Gleichwertigkeit oder Äquivalenz)[124]. Auch dürfen diese Voraussetzungen nicht so ausgestaltet sein, dass die Erlangung der Entschädigung praktisch unmöglich gemacht oder übermäßig erschwert wird (Grundsatz der Effektivität).[125]

1293

Dies hat zur Folge, dass die Voraussetzungen des nationalen Rechts insoweit zu modifizieren sind, als sie der unionsrechtlich geforderten Entschädigung entgegenstehen.[126]

1294

1. Verschulden

Der Ersatz des Schadens darf vom einzelnen Mitgliedstaat nicht davon abhängig gemacht werden, dass den staatlichen Amtsträger, dem der Verstoß zuzurechnen ist, ein Verschulden (Vorsatz oder Fahrlässigkeit) trifft, das über den hinreichend qualifizierten Verstoß gegen das Unionsrecht hinausgeht.[127]

1295

---

[118] BGHZ 134, 34, 40.
[119] BGH NJW 2006, 690.
[120] *v. Danwitz*, DVBl. 1997, 1, 7, m.w.N. in Fn. 92; vgl. auch *Staudinger/Wurm*, § 839 BGB, Rn. 537; *Detterbeck/Windthorst/Sproll*, § 6 Rn. 46; *Ossenbühl/Cornils* (Staatshaftungsrecht), S. 609.
[121] Hierzu *Nassal*, WM 1999, 657, 662.
[122] *Nassal*, WM 1999, 657, 663.
[123] EuGH NJW 1992, 165, 167, Tz. 42 f. – *Francovich*; *v. Danwitz*, DVBl. 1997, 1, 6.
[124] EuGH NVwZ 2010, 629 – *Transportes Urbanos*.
[125] EuGH NVwZ 2010, 629 – *Transportes Urbanos*; EuGH EuZW 2007, 480, 485, Tz. 89, 96 – *A.G.M.-COS.MET Srl*; EuGH NJW 2003, 3539, 3541, Tz. 58 – *Köbler*; EuGH EuZW 1997, 538, 539, Tz. 27 – *Bonifaci*; EuGH NJW 1996, 1267, 1270, Tz. 67 – *Brasserie du Pêcheur/Factortame III*; EuGH NJW 1992, 165, 167, Tz. 42 f. – *Francovich*.
[126] *Saenger*, JuS 1997, 865, 871.
[127] EuGH NJW 1996, 1267, 1270, Tz. 75 ff., Tz. 80 – *Brasserie du Pêcheur/Factortame III*; hierzu *v. Danwitz*, DVBl. 1997, 1, 6.

2. Ausschlussfristen

1296   Eine Ausschlussfrist von einem Jahr für die Einreichung einer Klage auf Ersatz des durch die verspätete Umsetzung der Richtlinie verursachten Schadens ist mit dem Grundsatz der Effektivität vereinbar, weil die Festsetzung angemessener Rechtsbehelfsfristen ein Anwendungsfall des grundlegenden Prinzips der Rechtssicherheit ist.[128] Die Ausschlussfrist ist aber nur anwendbar, wenn sie auch bei der Geltendmachung innerstaatlicher Amtshaftungsansprüche Anspruchsvoraussetzung ist (Grundsatz der diskriminierungsfreien Rechtsanwendung).[129]

3. Vorrang des Primärrechtsschutzes

1297   Der § 839 Abs. 3 BGB zugrunde liegende Rechtsgedanke findet auf den unionsrechtlichen Staatshaftungsanspruch Anwendung.[130] Grundsätzlich gilt daher auch im Rahmen des unionsrechtlichen Staatshaftungsanspruchs der Vorrang des Primärrechtsschutzes.[131]

1297a   Für die Frage des Vorrangs des Primärrechtsschutzes hat der EuGH aber ausdrücklich festgestellt, dass der Gebrauch des fraglichen Rechtsmittels dem Geschädigten auch zumutbar sein muss.[132] In der Rechtssache des Feuerwehrbeamten *Fuß* hat er die Zumutbarkeit beispielsweise verneint.[133] Andererseits kann die Zumutbarkeit nicht allein deshalb verneint werden, weil es im Rahmen des Klageverfahrens möglicherweise zu einem – mit einer erheblichen Zeitverzögerung einhergehenden – Vorabentscheidungsverfahren beim EuGH kommt.[134]

1298   Bei legislativem Unrecht besteht allerdings nach deutschem Recht grundsätzlich keine unmittelbare Klagemöglichkeit; eine Anwendung des § 839 Abs. 3 BGB ist insofern ausgeschlossen.[135] Ist hingegen zunächst ein Verwaltungsakt erlassen worden, muss dieser Verwaltungsakt angegriffen werden. Im Rahmen dieses Klageverfahrens wird dann gegebenenfalls im Wege eines Vorabentscheidungsverfahrens über die Unionsrechtswidrigkeit des deutschen Gesetzes inzident entschieden – wie dies auch bei der Verfassungswidrigkeit des Gesetzes im Wege einer konkreten Normenkontrolle der Fall wäre; insofern liegt auch keine Ungleichwertigkeit der Verfahren vor.[136]

4. Subsidiarität

1298a   Nach § 839 Abs. 1 Satz 2 BGB ist der Amtshaftungsanspruch subsidiär zu Schadensersatzansprüchen gegen Dritte, wenn dem handelnden Amtswalter nur Fahrlässigkeit zur Last fällt (sog. Verweisungsprivileg). Der EuGH hat bislang noch nicht zu der Frage Stellung genommen, ob die Subsidiaritätsklausel beim unionsrechtlichen Staatshaftungsanspruch Anwendung findet. Im Schrifttum wird diese Frage zutreffend verneint.[137]

---

[128] EuGH EuZW 1997, 538, 539, Tz. 28 f. – *Palmisani*.
[129] EuGH EuZW 1997, 538, 539, Tz. 32 ff. – *Palmisani*.
[130] BGH NJW 2004, 1241, 1242.
[131] Palandt/*Sprau*, § 839 BGB, Rn. 5; *Ossenbühl/Cornils* (Staatshaftungsrecht), S. 620; BGH NJW 2004, 1241, 1242.
[132] EuGH NVwZ 2009, 771 – *Danske Slagterier*.
[133] EuGH NZA 2011, 53 – *Fuß II*.
[134] BGH UPR 2010, 79.
[135] *Dörr*, EuZW 2012, 86, 91.
[136] Vgl. EuGH NVwZ 2010, 629 – *Transportes Urbanos*.
[137] *Ossenbühl/Cornils* (Staatshaftungsrecht), S. 622 m.w.N.

D. Umfang der Entschädigung

Nach der Rechtsprechung des EuGH muss die Entschädigung den erlittenen Schaden angemessen kompensieren, um einen effektiven Rechtsschutz zu gewährleisten.[138] Eine nationale Regelung, wonach der dem Einzelnen durch den Verstoß gegen Unionsrecht entgangene Gewinn generell vom ersatzfähigen Schaden ausgeschlossen ist, ist mit dem Unionsrecht deshalb nicht vereinbar.[139] Der Anspruch darf also nicht dadurch beschränkt werden, dass für primäre reine Vermögensschäden kein Ersatz geleistet wird. Dieses Problem tritt beim enteignungsgleichen Eingriff auf, der nach nationalem Recht die Verletzung eines durch Art. 14 GG geschützten Rechtsguts zur Voraussetzung hat. Der EuGH unterscheidet nicht zwischen Rechtsgutverletzung und Schaden. Deshalb ist z. B. der entgangene Gewinn ohne Rücksicht darauf zu ersetzen, ob er durch die Verletzung eines bestimmten, individuell geschützten Rechtsguts, wie z. B. dem Eigentum, oder aufgrund einer allgemeinen Vermögensverletzung entstanden ist.[140]

1299

Der § 254 BGB zugrunde liegende Rechtsgedanke findet auf den unionsrechtlichen Staatshaftungsanspruch Anwendung.[141] Grundsätzlich gilt daher auch im Rahmen des unionsrechtlichen Staatshaftungsanspruchs die Schadensminderungspflicht des Geschädigten.[142]

1299a

Wendet ein Mitgliedstaat verspätet erlassene Bestimmungen zur Durchführung einer Richtlinie zugunsten der Betroffenen rückwirkend an, so ermöglicht dies grundsätzlich die Behebung des Schadens.[143] Der Betroffene ist jedoch für solche Schäden zu entschädigen, die ihm dadurch entstanden sind, dass er nicht rechtzeitig in den Genuss der durch die Richtlinie garantierten Vergünstigungen gelangt ist.[144]

1300

E. Verjährung

Die Verjährungsproblematik ist durch die Rechtsprechung des EuGH mittlerweile geklärt. Umstritten war bislang, ob insbesondere eine nach nationalem Recht geltende kürzere Verjährungsfrist als die fünfjährige Verjährungsfrist nach Art. 340 Abs. 2 AEUV (Art. 288 Abs. 2 EG a. F.) i. V. m. Art. 46 EuGH-Satzung zulässig ist; nach deutschem Recht ist dies die dreijährige Frist des § 195 BGB analog (früher § 852 BGB).[145] Der BGH ging davon aus, dass die Verjährungsvorschriften des § 195 BGB (bzw. § 852 BGB a. F. für Altfälle) auch auf den unionsrechtlichen Staatshaftungsanspruch anwendbar sind.[146] Mit Vorlagebeschluss vom 12.10.2006[147] hatte er dem EuGH mehrere Fragen zur Verjährungsproblematik, insbesondere zu

1301

---

138 EuGH NJW 1996, 1267, 1271, Tz. 82. – *Brasserie du Pêcheur/Factortame III;* EuGH NJW 1997, 2585, 2586, Tz. 36 – *Maso;* EuGH EuZW 2007, 480, 485, Tz. 90 – *A. G. M.-COS.MET Srl.*
139 EuGH EuZW 2007, 480, 485, Tz. 94 f. – *A. G. M.-COS.MET Srl.*
140 EuGH NJW 1996, 1267, 1271, Tz. 86 f. – *Brasserie du Pêcheur/Factortame III.*
141 BGH NJW 2004, 1241, 1242.
142 Palandt/*Sprau*, § 839 BGB, Rn. 5; BGH NJW 2004, 1241, 1242.
143 Die Haftung für die verspätete Umsetzung tritt auch in diesen Fällen dem Grunde nach ein, vgl. o. Rn. 1181.
144 EuGH NJW 1997, 2585, 2587, Tz. 41 f. – *Maso;* EuGH EuZW 1997, 534, 538, Tz. 54 – *Bonifaci.*
145 Bejahend Geigel/Schlegelmilch/*Kapsa*, Kap. 20, Rn. 327 f.; verneinend *Detterbeck/Windthorst/Sproll*, § 6 Rn. 79; unentschieden Staudinger/*Wurm*, § 839 BGB, Rn. 547.
146 BGH NVwZ 2007, 362, 364 f., Tz. 19 ff.
147 BGH NVwZ 2007, 362 ff.

Verjährungsbeginn, -hemmung und -unterbrechung, zur Vorabentscheidung vorgelegt. Der EuGH hat nunmehr entschieden, dass die nationale Verjährungsfrist von drei Jahren angemessen ist, dass der Grundsatz der Schadenseinheit für die Frage des Verjährungsbeginns angewendet werden kann und dass die Verjährungsfrist für einen Staatshaftungsanspruch wegen fehlerhafter Umsetzung einer Richtlinie bereits zu einem Zeitpunkt zu laufen beginnen kann, der vor der ordnungsgemäßen Umsetzung dieser Richtlinie liegt.[148] Die Durchführung eines Vertragsverletzungsverfahrens unterbricht die Verjährung nicht.[149] Der Geschädigte muss also unabhängig von einem Vertragsverletzungsverfahren eine Staatshaftungsklage erheben.

F. Prozessuale Durchsetzung

I. Gerichtsbarkeit und Rechtsweg

1302   Der unionsrechtliche Staatshaftungsanspruch ist vor den Gerichten des jeweiligen Mitgliedstaats geltend zu machen. Die nationalen Gerichte haben grundsätzlich die ausschließliche Zuständigkeit zur Sachverhaltsfeststellung und -bewertung.[150] Eine Klage des Geschädigten unmittelbar zum EuG oder zum EuGH ist nicht zulässig, da die europarechtlichen Bestimmungen keine Klagemöglichkeit für Fälle vorsehen, in denen ein Einzelner durch unionswidriges Verhalten eines Mitgliedstaats geschädigt wird.

1303   Sofern jedoch unklar ist, ob ein Verstoß gegen Unionsrecht vorliegt, muss das nationale Gericht die Frage gem. Art. 267 Abs. 3 AEUV (Art. 234 Abs. 3 EG a. F.) dem EuGH vorlegen. Eine Vorlage durch das Gericht kann auch durch die Parteien angeregt werden.[151] Im Übrigen hat das nationale Gericht die Rechtsverletzung grundsätzlich selbst festzustellen. Die unionsrechtliche Staatshaftung ist nicht davon abhängig, dass der EuGH zunächst einen dem Mitgliedstaat zuzurechnenden Verstoß gegen Unionsrecht feststellt.[152]

1304   Welches Gericht jeweils zuständig ist, entscheidet sich allein nach den nationalen Rechtsordnungen.[153] Bei Klagen gegen die Bundesrepublik Deutschland oder eine andere deutsche juristische Person des öffentlichen Rechts ist gem. Art. 34 Satz 3 GG, § 40 Abs. 2 Satz 1 VwGO der ordentliche Rechtsweg gegeben, da es sich um einen „Schadensersatzanspruch aus der Verletzung öffentlich-rechtlicher Pflichten" handelt.[154] Erstinstanzlich zuständig ist das Landgericht. Bei der unionsrechtlichen Staatshaftung wegen judikativen Unrechts überprüft daher zunächst das Landgericht die Rechtmäßigkeit der Anwendung des Unionsrechts durch den BGH; angesichts der eingeschränkten Berufungs- und Revisionsmöglichkeiten kann es deshalb zu der bedenklichen Situation kommen, dass ein Untergericht die Rechtsprechung des BGH auf dem haftungsrechtlichen Weg „korrigiert".[155]

---

[148] EuGH NVwZ 2009, 771 – *Danske Slagterier*.
[149] EuGH NVwZ 2009, 771 – *Danske Slagterier*; *Armbrüster/Kämmerer*, NJW 2009, 3601.
[150] *v. Danwitz*, DVBl. 1991, 1, 9.
[151] Hierzu *Huff*, BRAK-Mitteilungen 1998, 11.
[152] EuGH NJW 1996, 3141, 3142, Tz. 28 – *Dillenkofer*.
[153] EuGH NJW 2003, 3539 – *Köbler*.
[154] *Ossenbühl*, DVBl. 1992, 994, 996; vgl. auch VGH Kassel UPR 2000, 198.
[155] *Schöndorf/Haubold*, JuS 2006, 112, 114; ähnlich und darüber hinaus auf mögliche Probleme in einem etwaigen Rechtsmittelverfahren hinweisend *Haratsch*, Anm. JZ 2006, 1176, 1178.

II. Aktivlegitimation

Da der Anspruch im Unionsrecht wurzelt, ist jeder Staatsangehörige eines EU-Mitgliedstaats anspruchsberechtigt.[156]   1305

III. Passivlegitimation

1. Der Mitgliedstaat und seine nachgeordneten (Gebiets-)körperschaften

Adressat der Haftung ist grundsätzlich der Mitgliedstaat. Bei der Nichtumsetzung von Richtlinien oder bei administrativem Unrecht kommt – abhängig von der innerstaatlichen Kompetenzverteilung – auch eine Haftung der Bundesländer[157] oder anderer juristischer Personen des öffentlichen Rechts[158] in Betracht.[159] In der Entscheidung Konle hatte der EuGH den Mitgliedstaaten insoweit eine Gestaltungsfreiheit eingeräumt.[160] Dies bedeutet, dass der Mitgliedstaat seine bestehenden Haftungsregeln anwenden darf, auch wenn dadurch nicht er selbst, sondern eine andere innerstaatliche Körperschaft haftet.[161] Voraussetzung ist allerdings, dass die Durchsetzung des Unionsrechts dadurch nicht unmöglich oder übermäßig erschwert wird.[162] Es haftet also nur diejenige öffentlich-rechtliche Körperschaft, der der Verstoß zuzurechnen ist.[163] Demnach haftet ein Bundesland, wenn die Gesetzgebungszuständigkeit beim Land liegt oder die Verletzung des Unionsrechts allein den Landesorganen zuzurechnen ist.[164] Folglich ist auch eine Gemeinde passivlegitimiert, wenn sie Unionsrecht verletzt hat.[165] Eine Haftung des Bundes besteht daneben weder primär noch subsidiär, solange die Länder leistungsfähig sind.[166] Dasselbe gilt für die Haftung einer öffentlich-rechtlichen Körperschaft neben derjenigen eines Mitgliedstates.[167] Der Mitgliedstaat haftet aber dann, wenn sonst kein anderer haftender Rechtsträger zur Verfügung steht.[168]   1306

Der durch die Föderalismusreform I neu eingefügte, für Fälle sowohl legislativen, exekutiven als auch judikativen Fehlverhaltens geltende Art. 104a Abs. 6 GG enthält darüber hinaus eine eigenständige Regelung zur Lastenverteilung. Danach wird die Last entsprechend dem Verursacherprinzip grundsätzlich der nationalen Ge-   1307

---

[156] *Prieß*, NVwZ 1993,118, 124; anders bei Staatshaftungsklagen, die gegen die Union gerichtet sind, vgl. Rn. 1242 und 1260, wo auch unionsexterne Personen aktivlegitimiert sein können.
[157] EuGH EuZW 1999, 635 – *Konle*.
[158] EuGH NJW 2001, 3401 – *Haim II*.
[159] Vgl. hierzu auch *Dörr*, EuZW 2012, 86, 91 f.; *ders.*, DVBl. 2006, 598, 603 f.
[160] EuGH EuZW 1999, 635 – *Konle*.
[161] So auch: EuGH NJW 2001, 3401 – *Haim II*; die Frage nach der haftenden Körperschaft i. S. d. Art. 34 GG entscheidet sich danach, welche Körperschaft den fehlerhaft handelnden Amtsträger mit der Aufgabendurchführung betraut hatte; grundsätzlich unbeachtlich ist in diesem Zusammenhang, ob die fragliche Aufgabe in den Aufgabenkreis der (Anstellungs-) Körperschaft fällt, vgl. *Dörr*, DVBl. 2006, 598, 604 m. w. N.
[162] EuGH EuZW 1999, 635 – *Konle*; EuGH NJW 2001, 3401 – *Haim II*.
[163] EuGH NJW 2001, 3401 – *Haim II*; siehe auch BGH NVwZ-RR 2006, 28, 31 f., Der Möglichkeit der Haftung eines Beamten neben derjenigen des Mitgliedstaats steht das Unionsrecht nicht entgegen, verlangt sie aber nicht, vgl. EuGH, EuZW 2007,480,485,Tz.99 – *A. G. M. COS.MET Srl*.
[164] *Gundel*, DVBl. 2001, 95, 99.
[165] EuGH, Urt. v. 25.11.2010, Rs. C-429/09 – *Fuß*; BGH NVwZ 2001, 465.
[166] BGH NVwZ-RR 2006, 28, 32; *Gundel*, DVBl. 2001, 95, 99; *Detterbeck/Windthorst/Sproll*, § 6 Rn. 73 ff.; Staudinger/*Wurm*, § 839 BGB, Rn. 540; *Burger*, DVBl 2012, 207, 212.
[167] EuGH NJW 2001, 3401 – *Haim II*; BGH NVwZ-RR 2006, 28, 32.
[168] EuGH EuZW 1999, 635 – *Konle*; EuGH NJW 2001, 3401 – *Haim II*.

bietskörperschaft zugerechnet, in deren Zuständigkeits- und Aufgabenbereich die lastenbegründende Pflichtverletzung stattgefunden hat.[169] Auf einfach-gesetzlicher Ebene ist dieses Verursacherprinzip in § 1 Abs. 1 des Gesetzes zur Lastentragung im Bund-Länder-Verhältnis bei Verletzung von supranationalen oder völkerrechtlichen Verpflichtungen (LastG)[170] verankert.

2. Haftung als Gesamtschuldner

1308   Zu einer gesamtschuldnerischen Haftung von Bund und Ländern kann es nur kommen, wenn diesen jeweils ein eigenes Fehlverhalten vorwerfbar ist.[171] Dies ist etwa der Fall, wenn eine Richtlinie vom Bundesgesetzgeber nicht umgesetzt wird und die Landesbehörden eine direkte Anwendung der Richtlinie rechtswidrig ablehnen oder wenn der zuständige Bundesgesetzgeber ein vertragswidriges Gesetz nicht den Anforderungen des Unionsrechts anpasst und dieses Gesetz von den zuständigen Landesbehörden oder einer unabhängigen Körperschaft[172] unter Missachtung des Vorrangs des Unionsrechts weiter angewandt wird.[173] Freilich müssen jeweils die tatbestandlichen Voraussetzungen des Staatshaftungsanspruchs erfüllt sein, also insbesondere im Fall des Vollzugs eines unionsrechtswidrigen Gesetzes ein hinreichend qualifizierter Verstoß gegen Unionsrecht auch im Vollzug selbst liegen.[174]

1309   Die Frage des Regresses zwischen Bund und Ländern ist durch Art. 104a Abs. 6 GG i.V.m. § 1 Abs. 2 LastG gesetzlich geregelt worden: Die Lastentragungspflicht von Bund und Ländern bemisst sich bei festgestellten Pflichtverletzungen im innerstaatlichen Zuständigkeits- und Aufgabenbereich sowohl des Bundes als auch der Länder grundsätzlich nach dem Verhältnis des Umfangs, in dem ihre Pflichtverletzungen zur Entstehung der Leistungspflicht beigetragen haben. Gemäß § 5 Abs. 1 LastG kann der Bund, soweit er die Leistungspflichten im Außenverhältnis zu der zwischenstaatlichen Einrichtung erfüllt hat, bei den Ländern für die aufgewendeten Beträge im Verhältnis der jeweiligen Lastentragung Regress nehmen.[175]

IV. Subsidiarität der Amtshaftungsklage

1. Feststellung des Rechtsverstoßes durch den EuGH

1310   Der unionsrechtliche Entschädigungsanspruch ist nicht davon abhängig, dass der EuGH einen dem Mitgliedstaat zuzurechnenden Verstoß gegen Unionsrecht festgestellt hat.[176] Sofern unklar ist, ob eine Rechtsverletzung besteht, kann der Betroffene vor den nationalen Gerichten unmittelbar auf Entschädigung klagen und gegebenenfalls eine Vorlage nach Art. 267 AEUV (Art. 234 EG a.F.) anregen. Das ändert aber nichts daran, dass grundsätzlich die nationalen Gerichte für die Beurteilung, ob ein Verstoß gegen Unionsrecht hinreichend qualifiziert ist, zuständig sind.[177]

---

[169] Epping/Hillgruber/*Kube*, Art. 104a GG, Rn. 60
[170] LastG vom 5.9.2006, BGBl. I S. 2098.
[171] *Detterbeck* AöR 125, 202, 248; *Burger*, DVBl. 2012, 207, 214.
[172] EuGH NJW 2001, 3401 – *Haim II.*
[173] *Gundel*, DVBl. 2001, 95, 99 mit Beispielen aus der Rechtsprechung.
[174] BGH NJW 2007, 123.
[175] BVerwG NVwZ 2007, 1198 ff.; BVerwG NVwZ 2008, 86 ff.; *Berkemann/Halama*, Rn. 367.
[176] EuGH NJW 1996, 3141, 3142, Tz. 28 – *Dillenkofer.*
[177] EuGH NJW 1999, 635 – *Konle.*

2. Primärrechtsschutz

Der Geschädigte ist grundsätzlich gehalten, den Rechtsverstoß durch die Inanspruchnahme von Primärrechtsschutz zu unterbinden. Der Amtshaftungsanspruch ist nur „letztes Mittel", wenn alle anderen Maßnahmen vorher erfolglos geblieben sind.[178] Fristversäumnisse etwa in Anfechtungsklagen können nicht durch eine anschließende Amtshaftungsklage „geheilt" werden. Der EuGH hat aber ausdrücklich festgestellt, dass der Gebrauch des fraglichen Rechtsmittels dem Geschädigten auch zumutbar sein muss.[179] In der Rechtssache des Feuerwehrbeamten *Fuß* hat er die Zumutbarkeit beispielsweise verneint.[180]

1311

3. Verweisung auf andere Klagemöglichkeiten

Ob die Subsidiaritätsklausel nach § 839 Abs. 1 Satz 2 auch auf den unionsrechtlichen Staatshaftungsanspruch übertragen werden kann, ist bislang vom EuGH noch nicht entschieden worden. Da jedoch die Verweisung auf einen anderen Haftungsschuldner die Durchsetzung des Unionsrechts erheblich erschweren könnte, ist von der Unanwendbarkeit der Subsidiaritätsklausel auszugehen.[181]

1312

---

[178] EuGH Slg. 1993, I-6911 Rn. 23 – *Wagner Miret*.
[179] EuGH NVwZ 2009, 771 – *Danske Slagterier*.
[180] EuGH NZA 2011, 53 – *Fuß II*.
[181] *Ossenbühl/Cornils* (Staatshaftungsrecht), S. 622; Staudinger/*Wurm*, § 839 BGB, Rn. 543.

19. Kapitel. Amtshaftung der Europäischen Union bei einem Verstoß gegen Unionsrecht

A. Allgemeines

1313   Deutsches Staatshaftungsrecht kommt nur dann zur Anwendung, wenn die Amtspflichtverletzung einem Träger der deutschen öffentlichen Gewalt zurechenbar ist.[182] Wird der Einzelne hingegen durch eine Rechtsverletzung geschädigt, die von Organen oder Bediensteten der Europäischen Union herrührt, stehen ihm weder Ansprüche aus § 839 BGB i. V. m. Art. 34 GG noch aus enteignungsgleichem oder aufopferungsgleichem Eingriff zu.[183] Die Haftung der Union richtet sich vielmehr nach Art. 340 AEUV (Art. 288 EG a. F.), der zwischen vertraglicher und außervertraglicher Haftung unterscheidet und dem nach Art. 41 Abs. 3 EU-Grundrechtecharta Grundrechtsqualität zukommt.

1314   Die außervertragliche Haftung nach Art. 340 Abs. 2 AEUV (Art. 288 Abs. 2 EG a. F.) wird auch als Amtshaftung der Union bezeichnet.[184] In der Tat weist der Haftungstatbestand Parallelen zu § 839 BGB auf. Anders als das deutsche Amtshaftungsrecht verzichtet der unionsrechtliche Amtshaftungstatbestand jedoch auf die Überleitung einer persönlichen Haftung des Amtsträgers auf die Körperschaft. Nach Art. 340 Abs. 2 AEUV (Art. 288 Abs. 2 EG a. F.) haftet die Union vielmehr unmittelbar.[185] Art. 340 Abs. 2 AEUV (Art. 288 Abs. 2 EG a. F.) erfordert außerdem keine Verletzung einer drittbezogenen Amtspflicht. Zwar muss ein Verstoß gegen eine Rechtsnorm, die auch den Schutz des Betroffenen bezweckt, vorliegen. Die Anforderungen an den Drittschutzcharakter der Norm sind im Unionsrecht aber wesentlich geringer als im nationalen Amtshaftungsrecht. Im Unterschied zum deutschen Recht kennt das Unionsrecht außerdem eine Haftung für legislatives Unrecht. Schließlich verzichtet der EuGH bei der unionsrechtlichen Amtshaftung auf das Erfordernis einer schuldhaften Rechtsverletzung.

1315   Art. 340 Abs. 2 AEUV (Art. 288 Abs. 2 EG a. F.) enthält nur einen „Rumpftatbestand" mit wenigen subsumtionsfähigen Merkmalen.[186] Die Vorschrift lautet:

> „Im Bereich der außervertraglichen Haftung ersetzt die Union den durch ihre Organe oder Bediensteten in Ausübung ihrer Amtstätigkeit verursachten Schaden nach den allgemeinen Rechtsgrundsätzen, die den Rechtsordnungen der Mitgliedstaaten gemeinsam sind."

1316   Die Verweisung auf die den Mitgliedstaaten gemeinsamen allgemeinen Rechtsgrundsätze wirft erhebliche Auslegungsprobleme auf.[187] Nach allgemeiner Auffassung enthält diese Verweisung eine Ermächtigung des EuGH zur Rechtsfortbildung und Entwicklung unionsrechtlicher Haftungskriterien.[188] In seiner Spruchpraxis nimmt der EuGH dabei nur selten rechtsvergleichende Betrachtungen über die Haf-

---

[182] MünchKommBGB/*Papier*, § 839 BGB, Rn. 98.
[183] MünchKommBGB/*Papier*, § 839 BGB, Rn. 98 m. w. N.
[184] *Gündisch/Wienhues*, S. 144; *Rengeling/Middeke/Gellermann*, § 9 Rn. 4.
[185] Hierzu *Ossenbühl/Cornils* (Staatshaftungsrecht), S. 667.
[186] *Rengeling/Middeke/Gellermann*, § 9 Rn. 30.
[187] *Rengeling/Middeke/Gellermann*, § 9 Rn. 30.
[188] Grabitz/Hilf/*v. Bogdandy*, Art. 288 EGV, Rn. 29.

tungssysteme der Mitgliedstaaten vor,[189] sondern entwickelt im Einzelfall einen eigenen richterrechtlichen Haftungstatbestand.[190] Die Rechtsprechung zur europäischen Amtshaftung hat sich dadurch inzwischen so sehr verselbstständigt, dass zahlreiche Grundsätze des nationalen Haftungsrechts nur noch eingeschränkte oder gar keine Beachtung mehr finden.

B. Materiell-rechtliche Haftungsvoraussetzungen

I. Ausübung einer Amtstätigkeit durch ein Organ oder einen Bediensteten der Union

1. Organe und Bedienstete der Union

1317 Unionsorgan i. S. d. Art. 340 Abs. 2 AEUV (Art. 288 Abs. 2 EG a. F.) sind in erster Linie die in Art. 13 EUV (Art. 7 EG a. F.) genannten Organe, also das Europäische Parlament, der Rat, die Kommission, der Rechnungshof und der EuGH. In der Praxis sind bislang nur Ansprüche wegen Maßnahmen des Rates oder der Kommission relevant geworden.[191]

1318 Der Organbegriff des Art. 340 AEUV (Art. 288 EG a. F.) ist jedoch weiter als der des Art. 13 EUV (Art. 7 EG a. F.) und umfasst alle Einrichtungen, die „im Namen und für Rechnung" der Union handeln.[192] Umstritten ist die Organqualität von Ausschüssen, die durch den Vertrag selbst oder durch Handlungen der Organe eingesetzt worden sind.[193] Eine bloß beratende Funktion schließt jedenfalls eine Haftung der Union für den Ausschuss nicht aus, da auch durch Beratung einem Rechtsträger ein Schaden zugefügt werden kann.[194]

1319 Keine Organe im Sinne des Art. 340 AEUV (Art. 288 EG a. F.) sind Fraktionen des Europäischen Parlaments. Ein Anspruch auf Schadensersatz wegen einer Fraktionstätigkeit kann deshalb allein vor den nationalen Gerichten und nur gegenüber den handelnden Personen geltend gemacht werden.[195]

1320 Bedienstete sind – vergleichbar den „Beamten im haftungsrechtlichen Sinn" im deutschen Amtshaftungsrecht – die Beamten und sonstigen Bediensteten der Union.[196] Zu den Bediensteten zählen auch Beliehene.[197] In diesem Rahmen haftet die Union auch für nationale Behörden, die auf Weisung der Kommission Entscheidungen treffen.[198]

2. Amtstätigkeit

1321 Die „Amtstätigkeit" ist wie im deutschen Amtshaftungsrecht im Sinne eines „hoheitlichen Handelns" zu interpretieren.[199] Das haftungsrelevante Verhalten umfasst

---

[189] Kritisch hierzu Grabitz/Hilf/*v. Bogdandy*, Art. 288 EGV, Rn. 29.
[190] Calliess/Ruffert/*Ruffert*, Art. 288 EG, Rn. 5.
[191] *Ossenbühl*/Cornils (Staatshaftungsrecht), S. 684.
[192] Vgl. Calliess/Ruffert/ *Ruffert*, Art. 288 EG, Rn. 8 mit Hinweis auf EuGH Rs. C-370/89, Slg. 1992, I-6211, Tz. 16 – *SGEEM und Etroy/EIB*.
[193] Grabitz/Hilf/*v. Bogdandy*, Art. 288 EGV, Rn. 62.
[194] Vgl. Grabitz/Hilf/*v. Bogdandy*, Art. 288 EGV, Rn. 62.
[195] Vgl. EuGH, Slg. 1990, I-1183, Tz. 14f. – *Le Pen*; Grabitz/Hilf/*v. Bogdandy*, Art. 288 EGV, Rn. 62.
[196] *Ossenbühl*/Cornils (Staatshaftungsrecht), S. 684; Calliess/Ruffert/*Ruffert*, Art. 288 EG, Rn. 9.
[197] Rengeling/Middeke/*Gellermann*, § 9 Rn. 32.
[198] Grabitz/Hilf/*v. Bogdandy*, Art. 288 EGV, Rn. 63; *Detterbeck*, AöR 125, 202, 209.
[199] Rengeling/Middeke/*Gellermann*, § 9 Rn. 33; für ein weiteres Begriffsverständnis von der Groeben/Schwarze/*Gilsdorf/Niejahr*, Art. 288 EG, Rn. 28.

aktives Handeln und – sofern eine Rechtspflicht zum Handeln besteht – auch das Unterlassen.[200]

1322 Unter den Begriff der Amtstätigkeit fällt jedes Verhalten der Organe oder der Bediensteten der Union, das eine „unmittelbare innere Beziehung" zu den von den Organen wahrzunehmenden Aufgaben aufweist.[201] Handlungen der Organe sind jedenfalls insoweit Amtshandlungen, als sie die im EU- und AEUV-Vertrag eingeräumten Kompetenzen wahrnehmen.[202] Bei Beamten oder anderen Bediensteten fehlt es dementsprechend an einer Amtstätigkeit, wenn die schadenstiftende Handlung außerhalb oder nur bei Gelegenheit der Amtstätigkeit erfolgt. Es reicht gerade nicht aus, dass die schädigende Handlung während des Dienstes oder am Dienstort erfolgt ist.[203]

1323 Für Schäden, die Beamte oder Bedienstete außerhalb der Amtstätigkeit verursachen, haften diese persönlich nach den allgemeinen zivilrechtlichen Bestimmungen.[204] Die Haftung richtet sich dann nach dem Recht des Tatorts.[205]

II. Rechtsverletzung

1324 Anders als bei § 839 BGB i. V. m. Art. 34 GG knüpft die Haftung nach Art. 340 Abs. 2 AEUV (Art. 288 Abs. 2 EG a. F.) nicht an die Verletzung einer (dem Beamten obliegenden) Amtspflicht, sondern schlicht an die Verletzung von Unionsrecht an. Allerdings reicht der bloße Verstoß gegen Unionsrecht nicht aus. Vielmehr muss die verletzte Norm dazu bestimmt sein, die Interessen des Betroffenen zu schützen.[206] Dieser Schutznormgedanke hat haftungseinschränkende Funktion.[207]

1325 An den Schutznormcharakter werden jedoch keine allzu hohen Anforderungen gestellt: Ein Individualschutz wird auch dann angenommen, wenn die Norm in erster Linie allgemeine Interessen schützt und nur reflexartig auch individuelle Interessen erfasst.[208] Schutznormen finden sich sowohl im EU-Vertrag als auch im sekundären Unionsrecht und können sich überdies aus allgemeinen Rechtsgrundsätzen ergeben.[209] Relevant sind insbesondere:
– das Diskriminierungsverbot;
– der allgemeine Grundsatz der Gleichbehandlung;
– das Eigentumsrecht und das Recht am eingerichteten und ausgeübten Gewerbebetrieb;
– der Grundsatz des Vertrauensschutzes;
– der Grundsatz der Verhältnismäßigkeit;
– das Prinzip der Rechtssicherheit.

1326 Ferner können schwere Verfahrensfehler der Kommission eine Schutznormverletzung darstellen. Dies gilt etwa für die Verletzung des Anhörungsrechts eines Unternehmens aus Art. 18 FKVO durch die Kommission.[210] Auch Fehler der Kommission

---

[200] *Ossenbühl/Cornils* (Staatshaftungsrecht), S. 685; Detterbeck, AöR 125, 202, 210.
[201] *Detterbeck*, AöR 125, 202, 210; Grabitz/Hilf/*v. Bogdandy*, Art. 288 EGV, Rn. 65.
[202] Grabitz/Hilf/*v. Bogdandy*, Art. 288 EGV, Rn. 64. f.
[203] Grabitz/Hilf/*v. Bogdandy*, Art. 288 EGV, Rn. 66.
[204] *Ossenbühl/Cornils* (Staatshaftungsrecht), S. 668.
[205] *Rengeling/Middeke/Gellermann*, § 9 Rn. 38.
[206] Vgl. hierzu von der Groeben/Schwarze/*Gilsdorf/Niejahr*, Art. 288 EG, Rn 41 ff.
[207] *Ossenbühl/Cornils* (Staatshaftungsrecht), S. 698.
[208] EuGH Slg. 1967, 332, 354 – *Kampffmeyer*.
[209] Weiterführend Grabitz/Hilf/*v. Bogdandy*, Art. 288 EGV, Rn. 70 ff.; *Ossenbühl/Cornils* (Staatshaftungsrecht), S. 699 ff., jeweils mit weiteren Nachweisen aus der Rechtsprechung.
[210] EuGH, Urt. v. 16.7.2009, Rs. C-440/07 P; EuG, Urt. v. 11.7.2007 – Rs. T-351/03 – *Schneider Electric III*; zu den vorangegangenen Entscheidungen in Sachen *Schneider Electric* vgl. die instruktiven Darstellungen bei *Seitz*, EuZW 2007, 659 f. und *Steinle/Schwartz*, BB 2007, 1741.

bei der ökonomischen Analyse eines Unternehmenszusammenschlusses können grundsätzlich eine Schutznormverletzung darstellen.[211]

Die Rechtsverletzung kann sich schließlich auch aus einem Verstoß gegen völkerrechtliche Verträge ergeben.[212] Umstritten ist allerdings, ob auch die Berufung auf GATT-widriges Verhalten der Union möglich ist. Der EuGH hat hierzu festgestellt, dass die WTO-Übereinkünfte wegen ihrer Natur und ihrer Systematik grundsätzlich nicht zu den Vorschriften gehören, an denen die Rechtmäßigkeit von Handlungen von Unionsorganen gemessen werden kann;[213] nur ausnahmsweise, wenn die Union eine bestimmte, im Rahmen der WTO übernommene Verpflichtung erfüllen wollte oder wenn die Unionshandlung ausdrücklich auf spezielle Bestimmungen der WTO-Übereinkünfte verweist, können die entsprechenden WTO-Vorschriften als Prüfungsmaßstab herangezogen werden.[214] Diese neuere Rechtsprechung wurde von Teilen der Literatur begrüßt.[215] Inzwischen hat der EuGH von dieser Tendenz allerdings wieder Abstand genommen.[216]

Die Verletzungshandlung als solche kann in einem Verwaltungshandeln, der Rechtsetzung oder einer Rechtsprechungstätigkeit liegen:[217] Beim administrativen Unrecht geht es um den Erlass oder pflichtwidrigen Nichterlass eines Rechtsakts oder die Vornahme oder Nichtvornahme von Realakten. Bei rechtswidrigen Rechtsetzungsakten spricht man von normativem Unrecht. Judikatives Unrecht schließlich liegt bei einer fehlerhaften Rechtsprechung des EuGH oder des EuG vor.

1. Administratives Unrecht

Administratives Handeln (oder Unterlassen) ist dann rechtswidrig, wenn es gegen irgendeine Rechtsnorm verstößt; insbesondere kommt es auf den Rang der verletzten Norm nicht an, da für das administrative Handeln jeder Rechtssatz verbindlich ist. Auch Realakte und Maßnahmen ohne rechtlichen Entscheidungsgehalt können eine Haftung auslösen.[218]

2. Normatives Unrecht

Im Unterschied zum deutschen Recht haftet die Union grundsätzlich auch für Schäden infolge rechtswidriger Rechtsetzungsakte. Die Gründe hierfür sind in erster Linie rechtspolitischer Art. Im Wege der Haftung der Union für legislatives Unrecht sollen Defizite ausgeglichen werden, die in den nationalen Rechtsordnungen der Mitgliedstaaten nicht oder nicht in dieser Schärfe bestehen: Zum einen sehen die europäischen Verträge keinen ausreichenden Rechtsschutz gegen rechtswidrige Verordnungen vor. Zum anderen weisen die europäischen Rechtsetzungsorgane derzeit keine ausreichende demokratische Legitimation auf und werden vom Europäischen Parlament mangels der erforderlichen Befugnisse bislang nur partiell ausreichend kontrolliert.[219]

---

[211] EuG, Urt. v. 11.7.2007 – Rs. T-351/03, Tz. 129 – *Schneider Electric III*.
[212] Grabitz/Hilf/*v. Bogdandy*, Art. 288 EGV, Rn. 73; *Reinisch*, EuZW 2000, 42, 46.
[213] Kritisch hierzu *Maczynski*, EuZW 2006, 459, 461.
[214] EuGH EuZW 2003, 758 – *Biret International*; vgl. hierzu auch von der Groeben/Schwarze/Gilsdorf/*Niejahr*, Art. 288 EG, Rn. 39;
[215] Calliess/Ruffert/*Ruffert*, Art. 288 EG, Rn. 18.
[216] EuGH EuZW 2005, 214 ff. – *Van Parys*, vgl. hierzu auch die Urteilsanmerkung von *Steinbach*, EuZW 2005, 331 ff.
[217] *Detterbeck*, AöR 125, 202, 211.
[218] Grabitz/Hilf/*v. Bogdandy*, Art. 288 EGV Rn. 55 ff. und 77 jeweils m. w. N.
[219] Ossenbühl/Cornils (Staatshaftungsrecht), S. 692.

1331 Die Erfolgsaussichten von Schadensersatzklagen wegen normativen Unrechts sind allerdings nur sehr schwer abzuschätzen. Nicht ohne Grund wird deshalb empfohlen, entsprechende Klagen nur dann zu erheben, wenn zum einen die Rechtswidrigkeit offenkundig und der betroffene Personenkreis klar abgrenzbar ist und zum anderen mit der Klage weniger die Erlangung von Schadensersatz als vielmehr eine Warnung der Unionsorgane bezweckt wird, nicht mit ihrem rechtswidrigen Verhalten fortzufahren.[220]

3. Judikatives Unrecht

1332 Die Union haftet schließlich für eine fehlerhafte Rechtsprechungstätigkeit des EuGH und des EuG, auch wenn freilich nur die Tätigkeit des EuG[221] praktische Bedeutung erlangen wird, weil der EuGH kaum eine eigene Entscheidung als rechtswidrig beurteilen[222] und daraus Schadensersatzansprüche zuerkennen wird.[223]

III. Maß der Rechtsverletzung

1333 Nach der Rechtsprechung des EuGH kann eine außervertragliche Haftung ferner nur ausgelöst werden, wenn eine hinreichend qualifizierte Verletzung einer höherrangigen[224], dem Schutz des Einzelnen dienenden Rechtsnorm vorliegt.[225] Nach der neueren Rechtsprechung des EuGH findet dieses Merkmal, das ursprünglich im Rahmen der Haftung für legislatives Unrecht entwickelt wurde, nicht nur auf alle generellen, sondern auch auf alle einzelfallbezogenen Akte Anwendung, soweit das entscheidende Organ einen Ermessensspielraum hat.[226] Die damit einhergehende Haftungsbeschränkung gilt also nicht, wenn das Organ keinen Gestaltungsspielraum hatte, mithin eine zumindest faktisch gebundene Entscheidung zu treffen war.[227]

1334 Die genaue Tragweite des Merkmals der „hinreichend qualifizierten Verletzung des Unionsrechts" zu bestimmen, bereitet erhebliche Schwierigkeiten. Eine solche Verletzung liegt dann vor, wenn das handelnde Organ die Grenzen, die seinem Ermessen gesetzt sind, offenkundig und erheblich überschritten hat.[228] Insofern besteht eine Parallelisierung zur Haftung der Mitgliedstaaten für Verstöße gegen das Unionsrecht.[229] Für die Bestimmung einer hinreichend qualifizierten Verletzung des Unionsrechts sind vor allem die folgenden Kriterien entscheidend:
– die Bedeutung der verletzten Norm;
– die Zahl der von der rechtswidrigen Norm Betroffenen;

---

[220] *Gündisch/Wienhues*, S. 152.
[221] Für die Bejahung einer Haftung der Union für offenkundig rechtswidrige Entscheidungen des EuG auch *Kremer*, NJW 2004, 480, 481.
[222] In seinen Schlussanträgen in der Rs C-185/95 P – *Baustahlgewerbe*, Tz. 65 ff., äußerte GA *Léger* die Ansicht, dass sich der Anwendungsbereich des Art. 288 EG wohl auch auf den EuGH und das EuG erstrecke; zum Meinungsstand in der Lit. vgl. auch *Wegener*, EuR 2002, 785, 790, Fn. 24.
[223] Vgl. *Detterbeck*, AöR 125, 202, 212; Calliess/Ruffert/*Ruffert*, Art. 288 EG, Rn. 23;
[224] In seiner jüngsten Rspr. nimmt das EuG vom Kriterium der Höherrangigkeit jedoch Abstand, vgl. EuG, Rs. T-47/03, Tz. 234 – *José Maria Sison*.
[225] EuGH Slg. 1971, 975, 984 – *Schöppenstedt*.
[226] EuGH Urteil v. 4.7.2000, Rs. C – 352/98 – *Laboratoires pharmaceutiques Bergaderm*; vgl. dazu Grabitz/Hilf/*v. Bogdandy*, Art. 288 EGV, Rn. 84 f. m. w. N.
[227] Grabitz/Hilf/*v. Bogdandy*, Art. 288 EGV, Rn. 84. f.
[228] EuG EuZW 1996, 121, 123, Tz. 32; EuGH NVwZ 1992, 1077, 1078, Tz. 12 – *Mulder*; EuGH Rs. C-472/00 P, Tz. 26 – *Fresh Marine*; EuGH Slg. 2005 I-6357 Rn. 63 – *CEVA Santé Animale SA*.
[229] Grabitz/Hilf/*v. Bogdandy*, Art. 288 EGV, Rn. 84 f.

– die Höhe des Schadens;
– das Fehlen einer hinreichenden Begründung für das Verhalten der Unionsorgane.[230]

Der mit der Verletzung einhergehende Schaden darf außerdem nicht über die Grenzen der wirtschaftlichen Risiken hinausgehen, die eine Betätigung in dem betreffenden Wirtschaftsfeld üblicherweise mit sich bringt.[231] Teilweise wird schließlich auch geprüft, ob die Grenze zur Willkür erreicht ist.[232] Im Einzelnen fehlt es der Rechtsprechung insgesamt an einer klaren Linie, die eine hinreichende Systematisierung der Kriterien zuließe.[233]   1335

IV. Rechtswidrigkeit

Bei einem Verstoß gegen individualschützendes Unionsrecht muss die Rechtswidrigkeit nicht gesondert geprüft werden; sie ist bei unionsrechtswidrigem Handeln regelmäßig indiziert.[234]   1336

V. Zurechenbarkeit der Rechtsverletzung

Voraussetzung einer Haftung ist, dass das schädigende Unrecht der Gemeinschaft zugerechnet werden kann. Dies ist zu verneinen, wenn für die Maßnahme letztendlich der Mitgliedstaat verantwortlich ist, weil dessen Organe oder Behörden bei der Umsetzung oder Ausführung der unionsrechtlichen Vorgabe fehlerhaft gehandelt und damit eine selbstständige Ursache für die Rechtswidrigkeit gesetzt haben. In diesem Fall kommt eine Haftung des Mitgliedstaats in Betracht.[235] Ferner ist eine Zurechnung dann nicht möglich, wenn die fehlerhafte nationale Maßnahme schon bestand, bevor sie unionsrechtlich angeordnet wurde.[236] Der EuGH prüft die Frage der Zurechenbarkeit der Rechtsverletzung zumeist bereits bei der Zulässigkeit der Klage.[237]   1337

VI. Verschulden

Auf ein Verschulden der handelnden Organe oder Bediensteten der Union kommt es nicht an.[238] In der Rechtsprechung des EuGH findet das Verschuldenskriterium seit längerem keine Erwähnung mehr.[239] Dem hat sich das EuG angeschlossen.[240]   1338

---

230 Vgl. *Grabitz/Hilf/v. Bogdandy*, Art. 288 EGV, Rn. 86 ff. m. w. N.
231 EuGH NVwZ 1992, 1077, 1078, Tz. 13 – *Mulder*.
232 *Rengeling/Middeke/Gellermann*, § 9 Rn. 44.
233 Kritisch zu den fehlenden dogmatischen Grundlagen der Rechtsprechung des EuGH deshalb auch das überwiegende Schrifttum; vgl. etwa *Rengeling/Middeke/Gellermann*, § 9 Rn. 45; Grabitz/Hilf/*v. Bogdandy*, Art. 288 EGV, Rn. 88; *Gündisch/Wienhues*, S. 152.
234 Vgl. *Rengeling/Middeke/Gellermann*, § 9 Rn. 40.
235 Vgl. dazu im einzelnen oben Rn. 1175
236 *Grabitz/Hilf/v. Bogdandy*, Art. 288 EGV, Rn. 106 m. w. N.
237 EuGH NVwZ-RR 1992, 1077 – *Mulder*; kritisch hierzu Calliess/Ruffert/*Cremer*, Art. 235 EG, Rn. 7.
238 Ein Verschulden nicht für erforderlich halten *Grabitz/Hilf/v. Bogdandy*, Art. 288 EGV, Rn. 110 m. w. N. aus der Rspr. und *Ossenbühl/Cornils* (Staatshaftungsrecht), nach deren Meinung das Verschulden in der qualifizierten Rechtswidrigkeit enthalten ist, S. 718; so auch *Rengeling/Middeke/Gellermann*, § 9 Rn. 47; vgl. auch: *Reinisch*, EuZW 2000, 42, 50.
239 In seiner Entscheidung in der Rs. C-267/82, Slg. 1986, 1907, Tz. 33 – *Dévelopement SA und Clemessy/Kommission* hatte der EuGH diese Frage ausdrücklich offen gelassen.
240 Siehe hierzu Rechtsprechungsanalyse bei *Grabitz/Hilf/v. Bogdandy*, Art. 288 EGV, Rn. 110.

VII. Schaden und Kausalität

1. Schadensersatz

1339   Die außervertragliche Haftung umfasst jeden Nachteil, den der Betroffene durch ein bestimmtes Ereignis an seinem Vermögen oder an seinen sonstigen rechtlich geschützten Gütern erleidet.[241] Ersatzfähig sind alle Vermögensschäden.[242] Hierzu gehören zunächst alle unmittelbaren Vermögenseinbußen und grundsätzlich auch der entgangene Gewinn.[243] Ersatzfähig sind ferner immaterielle Schäden.[244] Vermögenseinbußen, die auf typische wirtschaftliche Risiken des jeweiligen Wirtschaftssektors zurückzuführen sind, werden hingegen nicht anerkannt.[245] Der Schaden wird nach der Differenzhypothese berechnet.[246] Es ist ein Vergleich des tatsächlich bestehenden Zustands mit dem Zustand anzustellen, der bestehen würde, wenn das schädigende Ereignis nicht eingetreten wäre. Dabei ist gegebenenfalls eine Vorteilsausgleichung zu berücksichtigen. Neben dem Geldanspruch wird grundsätzlich auch ein Zinsanspruch anerkannt.[247] Ein Mitverschulden des Geschädigten kann zum Ausschluss bzw. zur Minderung des Ersatzanspruchs führen.[248]

1340   Bei Klageeinreichung noch nicht entstandene Schäden sind ersatzfähig, soweit sie unmittelbar bevorstehen und mit hinreichender Sicherheit vorhersehbar sind. Beziffert der Kläger den Schaden dementsprechend erst während des Prozesses, so liegt hierin keine unzulässige Klageänderung.[249]

1341   Der Schadensersatzanspruch kann auf Folgenbeseitigung, Geldersatz und ausnahmsweise auf Naturalrestitution gerichtet sein.[250] Eine Naturalrestitution ist durch Art. 340 Abs. 2 AEUV (Art. 288 Abs. 2 EG a. F.) nicht ausdrücklich ausgeschlossen, ist aber problematisch, weil das Gericht nicht ohne Weiteres in die Kompetenzbereiche der anderen Unionsorgane eingreifen darf.[251] Der Kläger kann mit der Schadensersatzklage hingegen keine Nichtigerklärung der Amtshandlung eines Organs erzwingen. Eine Verurteilung von Unionsorganen zur Vornahme oder Aufhebung von Amtshandlungen kann nur im Wege der Untätigkeitsklage gem. Art. 265 AEUV (Art. 232 EG a. F.) oder der Nichtigkeitsklage gem. Art. 263 AEUV (Art. 230 EG a. F.) erfolgen.

2. Kausalität

1342   Zwischen dem fehlerhaften Handeln oder Unterlassen und dem Schaden muss außerdem ein unmittelbarer ursächlicher Zusammenhang bestehen.[252] Der EuGH geht hierbei von einer weit gefassten Adäquanztheorie aus. Kein Zurechnungszu-

---

[241] Grabitz/Hilf/*v. Bogdandy*, Art. 288 EGV, Rn. 100.
[242] Grabitz/Hilf/*v. Bogdandy*, Art. 288 EGV, Rn. 100.
[243] *Rengeling/Middeke/Gellermann*, § 9 Rn. 50.
[244] Grabitz/Hilf/*v. Bogdandy*, Art. 288 EGV, Rn. 103; Calliess/Ruffert/*Ruffert*, Art. 288 EG, Rn. 30.
[245] EuGH NVwZ 1992, 1077, 1078, Tz. 9; Grabitz/Hilf/*v. Bogdandy*, Art. 288 EGV, Rn. 102.
[246] Grabitz/Hilf/*v. Bogdandy*, Art. 288 EGV, Rn. 104; Calliess/Ruffert/*Ruffert*, Art. 288 EG, Rn. 29.
[247] *Rengeling/Middeke/Gellermann*, § 9 Rn. 53; *Detterbeck*, AöR 125, 202, 218; zur Höhe des Zinssatzes vgl. Calliess/Ruffert/*Ruffert*, Art. 288 EG, Rn. 31.
[248] *Rengeling/Middeke/Gellermann*, § 9 Rn. 55 ff; Calliess/Ruffert/*Ruffert*, Art. 288 EG, Rn. 32.
[249] EuGH NJW 1976, 2072, 2073.
[250] Grabitz/Hilf/*v. Bogdandy*, Art. 288 EGV, Rn. 112.
[251] *Rengeling/Middeke/Gellermann*, § 9 Rn. 52.
[252] EuGH BayVBl. 2003, 142, 143; *Rengeling/Middeke/Gellermann*, § 9 Rn. 49, 54.

sammenhang besteht, wenn der Schaden auch bei rechtmäßigem Alternativverhalten eingetreten wäre.[253]

VIII. Verjährung

Ansprüche aus außervertraglicher Haftung der Union verjähren gem. Art. 46 Satz 1 EuGH-Satzung in fünf Jahren. Obwohl es sich hierbei auf den ersten Blick um eine materiell-rechtliche Bestimmung handelt, wird die Verjährungsfrist prozessual als eine Zulässigkeitsvoraussetzung für die Schadensersatzklage behandelt.[254] Es handelt sich aber um eine echte Einrede, die nicht von Amts wegen geprüft wird.[255]   1343

Die Verjährungsfrist beginnt erst, wenn alle Voraussetzungen, von denen die Ersatzpflicht abhängt, erfüllt sind und sich der zu ersetzende Schaden konkretisiert hat.[256] Auf eine Kenntnis des Geschädigten kommt es nicht an.[257] Zinsansprüche sind ohne Einfluss auf die Verjährungsfrist.[258] Der für den Verjährungsbeginn erforderliche konkretisierte Schaden tritt bei der Haftung für normatives Unrecht nach der Rechtsprechung des EuG bereits mit Inkrafttreten der qualifiziert rechtswidrigen Norm ein.[259] Die Verjährung wird durch Einreichung einer Klageschrift oder dadurch unterbrochen, dass der Geschädigte seinen Schadensersatzanspruch gegenüber dem zuständigen Organ der Union geltend macht, Art. 46 Satz 2 EuGH-Satzung. Dabei kann die Verjährungsunterbrechung nur durch den jeweiligen Anspruchsinhaber selbst herbeigeführt werden; Musterprozesse haben auf die Verjährung anderer Verfahren keine Auswirkung.[260] Bei fortgesetzten Schädigungen ist die Verjährung nicht allein vom ersten Schadenseintritt ab zu berechnen,[261] der nach deutschem Recht maßgebliche Gedanke der Schadenseinheit findet keine Anwendung.   1344

C. Exkurs: Haftung bei rechtmäßigem Handeln und vertragliche Haftung

I. Haftung bei rechtmäßigem Handeln

Trotz des Fehlens von entsprechenden Grundlagen in den mitgliedstaatlichen Rechtsordnungen käme zwar grundsätzlich auch ein unionsrechtlicher Ersatzanspruch für rechtmäßiges Handeln in Betracht. Nach anfänglichen Zweifelsfragen[262] hat der EuGH aber eine Haftung für rechtmäßiges Handeln strikt abgelehnt.[263] Die Einzelheiten sind aber noch völlig ungeklärt, weil in besonderen Einzelfällen eine Haftung möglicherweise doch in Betracht kommt.[264]   1345

---

[253] *Rengeling/Middeke/Gellermann*, § 9 Rn. 49.
[254] EuG, Beschl. v. 4.8.1999 Rs T-106/98 – *Fratelli Murri*; Grabitz/Hilf/*v. Bogdandy*, Art. 288 EGV, Rn. 111; für anspruchausschließende Einrede: *Núñez Müller*, EuZW 1999, 611 f.
[255] EuGH Slg. 1989, 1553, 1586; *Ossenbühl/Cornils* (Staatshaftungsrecht), S. 682.
[256] EuGH Slg. 2007, I-2941 Rn. 29; EuG Urt. v. 25.11.1998, Tz. 31 Rs. T-222/97 – *Steffens*; EuG Urt. v. 11.1.2002 Rs. T-174/00, Tz. 38 – *Biret International*; EuG Urt. v. 21.4.2005 Rs. T-28/03, Tz. 59 – *Holcim*.
[257] EuGH Slg. 2002, I-6565 Rn. 31; *Ossenbühl/Cornils* (Staatshaftungsrecht), S. 681.
[258] *Núñez Müller*, EuZW 1999, 611 f.
[259] Z. B. bei sog. Milchquotenfälle: EuG, Urt. v. 25.11.1988 Rs. T – 222/97 – *Steffens*.
[260] *Núñez Müller*, EuZW 1999, 611, 614.
[261] EuG Slg. 1998, II-4175 Rn. 32 – *Steffens*.
[262] Vgl. die Nachweise bei Grabitz/Hilf/*v. Bogdandy*, Art. 288 EGV, Rn. 93.
[263] EuGH, Urt. v. 9.9.2008, verb. Rs. 120 u. 121/06, Rn. 169 – *FIAMM*; *Ossenbühl/Cornils* (Staatshaftungsrecht), S. 695.
[264] *Frenz/Götzkes*, DVBl. 2009, 1052, 1053.

II. Vertragliche Haftung

1346 Unter die vertragliche Haftung der Union nach Art. 340 Abs. 1 AEUV (Art. 288 Abs. 1 EG a. F.) fällt die Haftung aus zivilrechtlichen[265] und öffentlich-rechtlichen[266] Verträgen mit der Union.

1347 Gemäß Art. 340 Abs. 1 AEUV (Art. 288 Abs. 1 EG a. F.) bestimmt sich die vertragliche Haftung der Union nach dem Recht des jeweils anwendbaren privatrechtlichen oder öffentlich-rechtlichen Vertrages,[267] den die Union in Ausübung der ihr zugewiesenen Befugnisse mit Dritten abgeschlossen hat. Dritter kann jede natürliche oder juristische Person sein. Hierzu zählen auch Mitgliedstaaten, Gebietskörperschaften oder internationale Organisationen.

1348 Lässt sich das auf den Vertrag anzuwendende Recht weder diesem selbst noch dem erkennbaren Parteiwillen entnehmen, sind die Regeln des Internationalen Privatrechts anzuwenden.[268] Hiernach kommt es in der Regel zur Anwendung des belgischen bzw. luxemburgischen Haftungsrechts als Recht des Sitzlandes.[269]

1349 Nicht einheitlich beantwortet wird die Frage, wie der Begriff der „vertraglichen Haftung" zu verstehen ist. Teilweise wird er in einem weiten Sinn ausgelegt, sodass neben der Haftung für Nicht- oder Schlechterfüllung auch das Verschulden bei Vertragsschluss, Ansprüche aus Geschäftsführung ohne Auftrag sowie Bereicherungsansprüche umfasst sind.[270] Insbesondere eine Entscheidung des EuG, in der eine Schadensersatzklage wegen vergeblicher Aufwendungen aufgrund eines in Aussicht gestellten, aber letztlich nicht zustande gekommenen Vertragsabschlusses nicht unter dem Gesichtspunkt eines vorvertraglichen Schuldverhältnisses, sondern als außervertragliches Haftungsverhältnis wegen Verstoßes gegen den Vertrauensschutz behandelt wurde, spricht jedoch für eine engere Auslegung des Begriffs.[271] So wird demgemäß auch vertreten, dass nur Rechtsverhältnisse, die durch übereinstimmende Willenserklärung zustande gekommen sind, als „Vertrag" im Sinne des Art. 340 AEUV (Art. 288 EG a. F.) zu verstehen seien.[272]

1350 Für vertragliche Haftungsansprüche gegen die Union sind gem. Art. 274 AEUV (Art. 240 EG a. F.) die einzelstaatlichen Gerichte zuständig.[273] Nach Art. 272 AEUV (Art. 238 EG a. F.) kann aber auch in einer Schiedsklausel die Zuständigkeit des EuGH vereinbart werden, was bei öffentlich-rechtlichen Verträgen häufig geschieht. Für solche Klagen ist nunmehr das Gericht der Europäischen Union zuständig, Art. 256 Abs. 1 UAbs. 1 Satz 1 AEUV (Art. 225 Abs. 1 UAbs. 1 Satz 1 EG a. F.).

D. Haftung der Europäischen Zentralbank und ihrer Bediensteten nach Art. 340 Abs. 3 AEUV

1351 Nach Art. 340 Abs. 3 AEUV (Art. 288 Abs. 3 EG a. F.) findet Art. 340 Abs. 2 AEUV in gleicher Weise für den durch die EZB oder ihre Bediensteten in Ausübung

---

[265] Grabitz/Hilf/*v. Bogdandy*, Art. 288 EGV, Rn. 23; *Detterbeck*, AöR 125, 202, 205.
[266] Grabitz/Hilf/*v. Bogdandy*, Art. 288 EGV, Rn. 24 m. w. N.; *Rengeling/Middeke/Gellermann*, § 9 Rn. 1; *Detterbeck*, AöR 125, 202, 208.
[267] Hierzu vgl. Grabitz/Hilf/*v. Bogdandy*, Art. 288 EGV, Rn. 24; *Bleckmann*, DVBl. 1981, 889.
[268] Grabitz/Hilf/*v. Bogdandy*, Art. 288 EGV, Rn. 23.
[269] *Pieper*, NJW 1992, 2454, 2455.
[270] *Detterbeck/Windthorst/Sproll*, § 5 Rn. 12.
[271] EuG Rs. T-203/96, *Embassy Limousines & Services*, Slg. 1998, II – 4239, Rn. 74 ff.
[272] Grabitz/Hilf/*v. Bogdandy*, Art. 288 EGV, Rn. 20.
[273] *Gündisch/Wienhues*, S. 146; *Detterbeck*, AöR 125, 202, 208.

ihrer Amtstätigkeit verursachten Schaden Anwendung. Art. 340 Abs. 3 AEUV sieht dabei eine direkte Haftung der EZB vor. Passivlegitimiert ist die EZB als solche.[274]

E. Gerichtliche Durchsetzung des Amtshaftungsanspruchs gegen die Union

I. Zulässigkeit der Klage

1. Zuständiges Gericht und Rechtsweg

Für Amtshaftungsklagen gem. Art. 268, 340 Abs. 2 AEUV (Art. 235, 288 Abs. 2 EG a. F.) ist das Gericht der Europäischen Union (EuG) zuständig, Art. 256 Abs. 1 UAbs. 1 Satz 1 i. V. m. Art. 268 AEUV (Art. 225 Abs. 1 UAbs. 1 Satz 1 EG i. V. m. Art. 235 EG a. F.).[275] Die nationalen Gerichte sind ausnahmslos unzuständig; auch ein Vorverfahren vor einem nationalen Gericht, in dem die Rechtswidrigkeit des Handelns eines Organs der EU geprüft werden soll, ist unzulässig.[276]   1352

2. Ordnungsgemäße Klageerhebung

Die Klageschrift muss den Anforderungen der Art. 43f. der Verfahrensordnung des Gerichts (EuG-VfO) bzw. der Art. 37f. VerfO-EuGH i. V. m. Art. 21 EuGH-Satzung genügen. Dementsprechend hat sie die Anträge des Klägers zu enthalten und den Streitgegenstand unter Darstellung der Klagegründe zu bezeichnen. Die wesentlichen haftungsbegründenden Tatsachen sind im Sinne einer schlüssigen Darlegung substantiiert vorzutragen, sodass der Erfolg der Klage zumindest als möglich erscheinen muss.[277] Auch wenn der EuGH in verschiedenen Urteilen an die Erfüllung dieser Darlegungspflicht nur relativ geringe Anforderungen gestellt hat,[278] ist der Kläger gut beraten, so präzise wie möglich zum Schaden und zur Kausalität vorzutragen.[279]   1353

Sofern sich die Höhe des Schadens zum Zeitpunkt der Klageerhebung noch nicht beziffern lässt, kann der Kläger zunächst die Feststellung der Haftung dem Grunde nach beantragen; hierüber wird gegebenenfalls durch ein Grundurteil entschieden.[280] Sobald der Schaden feststeht, kann der Feststellungsantrag in einen Leistungsantrag umgeändert[281] bzw. der ersatzfähige Schaden durch ein weiteres Urteil festgesetzt werden.[282] Die Klageschrift muss bei einem Feststellungsantrag neben den Darlegungen zur Rechtsverletzung vor allem Angaben enthalten, die den unmittelbar bevorstehenden Eintritt eines Schadens als hinreichend sicher erscheinen lassen.[283]   1354

---
[274] Grabitz/Hilf/v. Bogdandy, Art. 288 EGV, Rn. 120.
[275] Mit Ratsbeschluss 88/591 zur Errichtung eines Gerichts erster Instanz der Europäischen Gemeinschaften (nunmehr das Gericht der Europäischen Union) vom 14.10.1988, ABl. EG 1988 Nr. L 319/1 ist die vormalige Zuständigkeit des EuGH nach Art. 178 EGV (alt) auf das EuG übergeleitet worden, vgl. *Rengeling/Middeke/Gellermann*, § 9 Rn. 6.
[276] EuGH EuZW 2003, 54. – *First und Franex*.
[277] EuGH Slg. 1990, 2181 Rn. 13 ff. – *Asia Motor France*; *Rengeling/Middeke/Gellermann*, § 9 Rn. 17.
[278] EuGH Slg. 1998, II-4073 – *Team Srl*.
[279] Grabitz/Hilf/v. Bogdandy, Art. 288 EGV, Rn. 32.
[280] Grabitz/Hilf/v. Bogdandy, Art. 288 EGV, Rn. 33.
[281] EuGH NJW 1976, 2072, 2073.
[282] *Rengeling/Middeke/Gellermann*, § 9 Rn. 18 m. w. N. aus der Rspr.
[283] Grabitz/Hilf/v. Bogdandy, Art. 288 EGV, Rn. 33.

1355   Ob eine präventive Unterlassungsklage im Fall einer drohenden, mithin noch nicht eingetretenen Rechtsverletzung nach Art. 340 Abs. 2 AEUV (Art. 288 Abs. 2 EG a. F.) zulässig ist, hat der EuGH noch nicht entschieden. In der Literatur wird diese Frage unter Hinweis auf die EuGH-Rechtsprechung zum Ersatz zukünftiger Schäden jedenfalls dann bejaht, wenn die Handlung mit hoher Wahrscheinlichkeit vorgenommen wird und mit der Handlung zwangläufig ein Schaden eintreten wird.[284]

3. Klagebefugnis

1356   Natürliche oder juristische Personen, die ihren Sitz im Geltungsbereich des Unionsrechts haben, sind unproblematisch klagebefugt. Auch unionsexternen natürlichen und juristischen Personen wird allgemein eine Klagebefugnis zugebilligt,[285] sofern es sich nicht um Drittstaaten selbst oder öffentliche Rechtssubjekte aus Drittstaaten handelt.[286]

4. Vorverfahren

1357   Eines der Klageerhebung vorangehenden Vorverfahrens bedarf es nicht. Der Betroffene ist nicht gezwungen, die Union vor Beschreiten des Rechtswegs zur Schadensersatzleistung aufzufordern.[287] Stellt der Betroffene einen entsprechenden Antrag an das zuständige Organ, so wird gem. Art. 46 Satz 2 EuGH-Satzung die Verjährungsfrist unterbrochen.[288]

5. Klagefrist und Verjährung

1358   Nach Art. 46 Satz 3 EuGH-Satzung hat der Kläger im Falle der vorgerichtlichen Geltendmachung seines Schadensersatzanspruches innerhalb der in Art. 263 Abs. 6 AEUV (Art. 230 Abs. 5 EG a. F.) vorgesehenen Frist von zwei Monaten Klage zu erheben. Die Formulierung dieser Vorschrift ist missverständlich und könnte dahingehend interpretiert werden, dass nach Ablauf der Zweimonatsfrist eine Klage unzulässig ist. Nach der Rechtsprechung des EuGH verlängert jedoch Art. 46 Satz 3 EuGH-Satzung vielmehr den Ablauf der verjährungsrechtlichen Fünfjahresfrist, wenn der Geschädigte seinen Anspruch innerhalb der Frist vorher geltend macht.

1359   Die in Art. 46 Satz 1 EuGH-Satzung geregelte Verjährungsfrist von fünf Jahren für Ansprüche aus außervertraglicher Haftung wird – obwohl es sich nach deutschem Verständnis um eine materiell-rechtliche Bestimmung handelt – als Zulässigkeitsvoraussetzung behandelt.[289] Die Einhaltung der Frist ist nicht von Amts wegen, sondern nur auf prozesshindernde Einrede des Beklagten zu beachten.[290]

1360   Die Erhebung der Nichtigkeitsklage hemmt die Verjährung nicht.[291]

---

[284] Grabitz/Hilf/*v. Bogdandy*, Art. 288 EGV, Rn. 34a.
[285] Grabitz/Hilf/*v. Bogdandy*, Art. 288 EGV, Rn. 35; *Rengeling/Middeke/Gellermann*, § 9 Rn. 14.
[286] *Rengeling/Middeke/Gellermann*, § 9 Rn. 15: In diesem Fall handelt es sich um eine Frage der völkerrechtlichen Haftung; Grabitz/Hilf-*v.Bogdandy*, Art. 288 EGV, Rn. 36.
[287] Grabitz/Hilf/*v. Bogdandy*, Art. 288 EGV, Rn. 60.
[288] Vgl. EuGH Slg. 1967, 332, 354 – *Kampffmeyer*; Grabitz/Hilf/*v. Bogdandy*, Art. 288 EGV, Rn. 60.
[289] Grabitz/Hilf/*v. Bogdandy*, Art. 288 EGV, Rn. 41; zum Streitstand auch: *Núnez Müller*, EuZW 1999, 611 ff.; vgl. auch oben bei Rdn. 1343.
[290] EuGH Slg. 1989, 1553 Rn. 12 – *Roquette*; *Núñez Müller* EuZW 1999, 611, 614.
[291] EuG Slg. 1998, II-171, Rn. 68 – *Büring*.

6. Rechtsschutzbedürfnis

An dem erforderlichen Rechtsschutzbedürfnis des Klägers fehlt es, wenn das von ihm verfolgte Klageziel auf sachgerechtere Weise, insbesondere durch vorrangige Rechtsschutzmöglichkeiten verwirklicht werden kann.[292]   1361

a) Rechtsschutzmöglichkeiten des Unionsrechts

Die Nichtigkeitsklage gem. Art. 263 AEUV (Art. 230 EG a. F.) und die Untätigkeitsklage gem. Art. 265 AEUV (Art. 232 EG a. F.) haben keinen Vorrang. Der Betroffene kann deshalb sogleich Schadensersatzklage erheben und ist nicht gehalten, gegen das Schaden stiftende Verhalten zunächst mit einer dieser Klagen vorzugehen;[293] in der Praxis werden Nichtigkeits- und Schadensersatzklagen allerdings häufig miteinander verbunden.   1362

Allerdings darf es dadurch nicht zu einer Umgehung der besonderen Voraussetzungen der Art. 263, 265 AEUV (Art. 230, 232 EG a. F.) kommen.[294] Kann die Erhebung einer Nichtigkeits- oder Unterlassungsklage die Entstehung eines Schadens verhindern, ist bei deren Versäumen eine nachfolgende Schadensersatzklage unzulässig.[295]   1363

b) Vorrang nationaler Rechtsbehelfe

Ferner stellt sich die – bisher nur unzureichend geklärte – Frage, wie das unionsrechtliche Haftungssystem vom jeweiligen nationalen Haftungssystem abzugrenzen ist.[296] Für den Betroffenen, der nicht immer mit Sicherheit beurteilen kann, ob die Rechtsverletzung der Union oder dem Mitgliedstaat zuzurechnen ist, besteht die Gefahr, in haftungsrechtlichen Gemengelagen gegen den falschen Gegner vorzugehen, während sein Anspruch gegen den eigentlich Passivlegitimierten zu verjähren droht. Gegebenenfalls ist es geboten, Parallelprozesse gegen die Union und den Mitgliedstaat zu führen.   1364

Im Wesentlichen sind die folgenden Konstellationen zu unterscheiden: 1365

aa) Ausschließliche Verantwortlichkeit der Union

Grundsätzlich ist die Klage gegen die Union zu richten, wenn die nationalen Behörden zum Vollzug einer EU-Norm verpflichtet sind und die Rechtswidrigkeit des Vollzugsakts ausschließlich auf der Rechtswidrigkeit der EU-Norm beruht.[297] Dies wird in erster Linie für solche Fälle zutreffen, in denen das nationale Organ bzw. die nationale Behörde zwar im eigenen Namen tätig wurde, jedoch über keinen eigenen Ermessensspielraum verfügt, um von der unionsrechtlichen Vorgabe inhaltlich abzuweichen.[298] Eine ausschließliche Verantwortlichkeit der Union ist anzunehmen, wenn ein Unionsorgan von seiner Befugnis Gebrauch macht, den nationalen Behörden den Erlass oder Nichterlass bestimmter Entscheidungen vorzuschreiben und der Behörde eine entsprechende Weisung erteilt.[299]   1366

Beruft sich das beklagte Unionsorgan außerdem nicht darauf, dass die nationalen Behörden außerhalb der ihnen eingeräumten Befugnisse gehandelt haben, ist zu   1367

---

[292] *Rengeling/Middeke/Gellermann*, § 9 Rn. 22.
[293] *Grabitz/Hilf/v. Bogdandy*, Art. 288 EGV, Rn. 42 f.
[294] EuGH Slg. 1998, II-3380, Rn. 62 – *Oleifici*.
[295] EuGH Slg. 1981, 2669 Rn. 28 – *Birke*.
[296] Vgl. dazu bereits oben Rn. 1286 ff.
[297] Vgl. EuGH NVwZ 1992, 1077 – *Mulder*; *Maurer*, § 31, Rn. 5; *Jarass*, NJW 1994, 881, 886; differenzierend hierzu Grabitz/Hilf/*v. Bogdandy*, Art. 288 EGV, Rn. 49 ff.
[298] *Schockweiler*, EuR 1993, 107, 128.
[299] EuGH Slg. 1986, 753, 768 – *Krohn*.

unterstellen, dass das zur Begründung der Schadensersatzklage geltend gemachte rechtswidrige Verhalten nicht von einer nationalen Stelle, sondern vom Unionsgesetzgeber ausgeht, sodass letzterem auch eventuelle Schäden zuzurechnen sind.[300]

1368 Dementsprechend ist aus der Sicht des BGH eine Verantwortlichkeit des Mitgliedstaats jedenfalls dann ausgeschlossen, wenn der mitgliedstaatliche Umsetzungs- oder Ausführungsakt an keinen selbstständigen Nichtigkeitsgründen leidet[301] und keine rechtswidrigen selbstständigen konstitutiven Elemente aufweist.[302]

1369 Der Betroffene muss in diesen Fällen einen Anspruch gegen die Union aus Art. 340 Abs. 2 AEUV (Art. 288 Abs. 2 EG a. F.) geltend machen.[303] Eine Klage zum nationalen Gericht wäre mangels Anspruchsgrundlage unbegründet.[304]

bb) Ausschließliche Verantwortung des Mitgliedstaates

1370 Sofern die unionsrechtliche Norm rechtmäßig war und die Rechtswidrigkeit der Maßnahme lediglich auf einer fehlerhaften Umsetzung oder Ausführung durch nationale Organe oder Behörden beruht, kann der Schaden nicht der Union zugerechnet werden. Der Betroffene hat dann den Mitgliedstaat in Anspruch zu nehmen.[305] Eine Klage gegen die Union wäre mangels Rechtsschutzbedürfnisses unzulässig. Der EuGH hat wiederholt Klagen als unzulässig abgewiesen, weil das Klageziel auf dem nationalen Rechtsweg erreichbar gewesen sei.[306]

1371 Eine ausschließliche Verantwortlichkeit des Mitgliedstaates wird vom EuGH grundsätzlich auch dann angenommen, wenn die nationale Behörde eigenverantwortlich unter Aufsicht der Kommission gehandelt hat.[307] Dasselbe gilt, wenn die nationale Behörde auf eine Meinungsäußerung der Kommission hin gehandelt hat. Maßgebend ist bei beiden Konstellationen, dass die Einflussnahme des Unionsorgans keinen rechtlich bindenden Charakter für die nationale Behörde hatte und lediglich Ausdruck der notwendigen internen Zusammenarbeit zwischen den nationalen Stellen und den Stellen der Union ist.[308]

cc) Gemeinsame Verantwortlichkeit

1372 Erhebliche Probleme bereiten „Gemengelagen", in denen zur Fehlerhaftigkeit des Rechtsetzungsaktes der Union noch die Rechtswidrigkeit der nationalen Durchführungsmaßnahme hinzutritt. Die Behandlung solcher Haftungslagen ist noch nicht abschließend geklärt.[309] Der EuGH schien hier bisher von einer Subsidiarität der Haftung der Union auszugehen.[310] Teile des Schrifttums gehen demgegenüber von

---

[300] EuGH NVwZ 1992, 1077 f., Tz. 9 – *Mulder*; Rengeling/Middeke/Gellermann, § 9 Rn. 7.
[301] BGH NVwZ-RR 1993, 449 – *Milchgarantiemengenverordnung*.
[302] BGH NJW 1994, 858, 859 – *Irak-Embargo*.
[303] *Schockweiler*, EuR 1993, 107, 129.
[304] Vgl. BGH NJW 1994, 858, 859 – *Irak-Embargo*: Weder Ansprüche aus Amtshaftung noch aus enteignungsgleichem Eingriff.
[305] *Schockweiler*, EuR 1993, 107, 127.
[306] Vgl. etwa EuGH Slg. 1979, 3657, 3671 f. – *Wagner*; EuGH Slg. 1980, 1299, 1311 – *Sucrimex*; EuGH Slg. 1982, 2233, 2247 f. – *Interagra*; EuGH Slg. 1986, 753, 769 – *Krohn*; kritisch hierzu Calliess/Ruffert/*Cremer*, Art. 235, Rn. 7, der diese Problematik im Rahmen der Begründetheitsprüfung verorten möchte.
[307] EuGH Slg. 1978, 553 – *Debayser*.
[308] Vgl. EuGH Slg. 1989, 1299, 1310 – *Sucrimex*; hierzu *Schockweiler*, EuR 1993, 107, 128.
[309] Hierzu Rengeling/Middeke/Gellermann, § 9 Rn. 25 ff.; zur Widersprüchlichkeit der Rechtsprechung des EuGH *Schockweiler*, EuR 1993, 107, 129 ff.
[310] EuGH Slg. 1967, 332 – *Kampffmeyer*. Allerdings ging es in diesem Fall um das Verhältnis eines öffentlich-rechtlichen Erstattungsanspruchs gegen den Mitgliedstaat zu einem Haftungsanspruch aus Art. 340 Abs. 2 AEUV (Art. 288 Abs. 2 EG a. F.) gegen die Union; hierzu *André*, NJW 1968, 331; Grabitz/Hilf/*v. Bogdandy*, Art. 288 EGV, Rn. 58 f. m. w. N.

einer Gesamtschuldnerschaft der Union und des Mitgliedstaats aus.[311] Zwar hat sich der EuGH von seiner bisherigen Rechtsprechung nicht distanziert, jedoch liegen Hinweise auf eine Änderung der Rechtsprechung dahingehend vor, dass sich die Schadensverantwortlichkeit nunmehr nach den tatsächlich ausgeübten Einflussnahmen richtet.[312]

Macht der Betroffene wegen eines auch von einer nationalen Behörde zu verantwortenden Schadens einen Anspruch aus § 839 BGB i. V. m. Art. 34 GG geltend, so stellt sich die Frage, ob eine möglicherweise gleichzeitig bestehende Haftung der Union nach Art. 340 Abs. 2 AEUV (Art. 288 Abs. 2 EG a. F.) als eine anderweitige Ersatzmöglichkeit i. S. v. § 839 Abs. 1 Satz 2 BGB anzusehen ist.[313] In einer älteren Entscheidung hat der BGH die Verweisung auf Ansprüche gegen die Union für unzumutbar gehalten und deshalb eine Anwendbarkeit des Verweisungsprivilegs verneint.[314] Wenigstens im Kern zutreffend dürfte die Auffassung sein, dass der Mitgliedstaat und die Union als eine „Einheit der öffentlichen Hand" zu betrachten sind, sodass eine Verweisung ausscheidet.[315] 1373

7. Aktivlegitimation

Aktivlegitimiert sind alle Rechtssubjekte, die durch das Verhalten eines Organs oder eines Bediensteten der Union einen Schaden erlitten haben. Dazu gehören alle natürlichen und juristischen Personen der Mitgliedstaaten. Aber auch unionsexternen Personen wird grundsätzlich ein Klagerecht zuerkannt.[316] Selbst Rechtssubjekte des öffentlichen Rechts, also Gemeinden oder Bundesländer, zählen zum Kreis der Aktivlegitimierten.[317] Auch ein Klagerecht der Mitgliedstaaten ist nicht von vornherein ausgeschlossen. Allerdings sollen diese gehalten sein, vorab von den ihnen speziell zustehenden Rechtsbehelfen der Art. 263, 265 AEUV (Art. 230, 232 EG a. F.) Gebrauch zu machen.[318] 1374

Eine Schadensersatzklage aus abgetretenem Recht ist zulässig, wenn feststeht, dass die Abtretung der Schadensersatzforderung nicht missbräuchlich erfolgte.[319] 1375

8. Passivlegitimation

Die Schadensersatzklage nach Art. 268, 340 AEUV (Art. 235, 288 EG a. F.) ist gegen die Union zu richten, vertreten durch das Unionsorgan, dem das haftungsbegründende Verhalten zuzurechnen ist.[320] Da die Frage der Zurechenbarkeit häufig schwer zu beantworten ist, genügt es beim Zusammenwirken mehrerer Organe, die Klage allein gegen die Union zu richten.[321] 1376

---

311 *Rengeling/Middeke/Gellermann*, § 9 Rn. 28 m. w. N; *Grabitz/Hilf/v. Bogdandy*, Art. 288 EGV, Rn. 59 m. w. N.
312 *Grabitz/Hilf/v. Bogdandy*, Art. 288 EGV, Rn. 57.
313 Vgl. *Rengeling/Middeke/Gellermann*, § 9 Rn. 26.
314 BGH NJW 1972, 383, 384.
315 So OLG Köln NJW 1968, 1578.
316 *Grabitz/Hilf/v. Bogdandy*, Art. 288 EGV, Rn. 35, *Rengeling/Middeke/Gellermann*, § 9 Rn. 9.
317 *Rengeling/Middeke/Gellermann*, § 9 Rn. 9.
318 Vgl. EuGH Slg. 1982, 1855, 1874 f. – *Bundesrepublik Deutschland ./. Kommission*; *Rengeling/Middeke/Gellermann*, § 9 Rn. 9; ähnlich *Grabitz/Hilf/v. Bogdandy*, Art. 288 EGV, Rn. 36.
319 *Grabitz/Hilf/v. Bogdandy*, Art. 288 EGV, Rn. 37.
320 EuGH Slg. 1973, 1229, 1247 – *Werhahn ./. Rat*.
321 *Grabitz/Hilf/v. Bogdandy*, Art. 288 EGV, Rn. 39.

II. Beweisführung und Beweislast

1377 Da der EuGH in der Rechtsmittelinstanz grundsätzlich auf die Prüfung von Rechtsfragen beschränkt ist, konzentriert sich die Beweisführung und Beweisaufnahme im Wesentlichen auf das Verfahren vor dem Gericht der Europäischen Union.[322]

1. Beweisverfahren vor dem EuG

a) Darlegungs- und Beweislast; Ermittlung des Streitstoffs

1378 Im Verfahren vor den europäischen Gerichten überwiegen die Elemente der Verhandlungsmaxime. Es obliegt den Parteien, dem Gericht substantiiert die entscheidungserheblichen Tatsachen vorzutragen und diese so weit wie möglich durch entsprechende Unterlagen und Dokumente zu belegen.[323] Allerdings kann das Gericht auch von Amts wegen Ermittlungen aufnehmen.[324]

1379 Den Parteien in Verfahren vor dem EuG obliegt damit letztlich keine echte subjektive Beweis(führungs)last. Das Gericht hat von sich aus zu ermitteln, ob die von den Parteien aufgestellten Behauptungen zutreffen, auch wenn diese ihre Behauptungen nicht unter Beweis gestellt haben.[325]

1380 Die Verteilung der objektiven Beweislast (Feststellungslast) ist in den unionsrechtlichen Verfahrensvorschriften nicht geregelt. Aus diesem Grund wird auf allgemeine Erwägungen zurückgegriffen.[326] Grundsätzlich wird man davon ausgehen können, dass bei Schadensersatzklagen die objektive Beweislast auf Seiten des Klägers liegt.[327] Derjenige, der sich zur Verfolgung seines Prozessziels auf eine Rechtsnorm beruft, ist mit dem Risiko belastet, dass die zur Tatbestandserfüllung der Norm erforderlichen Tatsachen nicht zur Überzeugung des Gerichts festgestellt werden können.[328]

b) Beweismittel

1381 Die den Parteien zur Verfügung stehenden Beweismittel sind in Art. 65 EuG-VfO genannt. Sie umfassen das persönliche Erscheinen der Parteien, die Einholung von Auskünften und die Vorlage von Dokumenten, die Vernehmung von Zeugen, Sachverständigen und der Parteien selbst, sowie die Einnahme des Augenscheins. Bei der Parteieinvernahme eines Mitgliedstaates, eines Unionsorgans oder juristischer Personen werden die jeweils Bevollmächtigten vernommen. Der Vorlage von Dokumenten dürfte insgesamt die größte Bedeutung zukommen. Umstritten ist, ob darüber hinaus noch weitere Beweismittel zulässig sind, etwa Bild- oder Tonaufzeichnungen und Gutachten.[329]

1382 Die Parteien haben die Beweismittel bereits in der Klageschrift und der Klageerwiderung zu benennen. Gem. Art. 48 EuG-VfO ist ein späterer Vortrag in der Erwiderung und Gegenerwiderung nur zulässig, wenn die Verspätung begründet wird. Im Übrigen können neue Angriffs- und Verteidigungsmittel im Laufe des Verfahrens

---

[322] Vgl. *Gündisch/Wienhues*, S. 176.
[323] *Rengeling/Middeke/Gellermann*, § 9 Rn. 1.
[324] *Rengeling/Middeke/Gellermann*, § 24 Rn. 1.
[325] Vgl. *Rengeling/Middeke/Gellermann*, § 24 Rn. 18.
[326] Einen Überblick zu den im deutschen Schrifttum vorgenommen Analysen der Rechtsprechung des EuGH zur Frage der objektiven Beweislast geben *Rengeling/Middeke/Gellermann*, § 24 Rn. 6 ff.
[327] Vgl. *Rengeling/Middeke/Gellermann*, § 24 Rn. 10.
[328] EuGH Slg. 1992, I-359, 417 – Finsider.
[329] Hierzu *Rengeling/Middeke/Gellermann*, § 24 Rn. 26 m. w. N.

nicht vorgebracht werden, es sei denn, dass sie auf tatsächliche oder rechtliche Gründe gestützt werden, die erst während des Verfahrens zutage getreten sind.

Von beweis- und verfahrensrechtlicher Bedeutung ist die prozessuale Mitwirkungspflicht der Parteien, sich im Rahmen ihrer Möglichkeiten an der Erforschung des Sachverhalts zu beteiligen. Zu diesem Zweck kann das EuG gem. Art. 65 EuG-VfO i. V. m. Art. 24 Abs. 1 Satz 1 EuGH-Satzung von den Parteien die Vorlage aller Urkunden und die Erteilung aller Auskünfte verlangen, die es für erforderlich hält. Eine Verweigerung dieser Mitwirkungspflicht hat das EuG gem. Art. 24 Abs. 1 Satz 2 EuGH-Satzung ausdrücklich festzustellen. Weitergehende Rechtsfolgen, wie etwa im deutschen Prozessrecht Beweiserleichterungen und Beweislastumkehrungen in Fällen der Beweisvereitelung, sind in Art. 24 EuGH-Satzung nicht enthalten. Allerdings wird das EuG die Verletzung der Mitwirkungspflicht im Rahmen der freien Beweiswürdigung nachteilig berücksichtigen und in die Kostenentscheidung einfließen lassen.[330]

c) Beweisaufnahme und Beweiswürdigung

Die Beweisaufnahme wird gem. Art. 66 § 1 EuG-VfO mit Beweisbeschluss angeordnet. Sie erfolgt aufgrund des Vorberichts des Berichterstatters sowie der Anhörung des Generalanwalts und der Parteien. Der Beschluss hat neben den zu beweisenden Tatsachen auch die Beweismittel aufzuführen.

Regeln zur Beweiswürdigung sind weder in den Verfahrensordnungen noch in den Satzungen enthalten. Allgemein dürfte der Grundsatz der freien Beweiswürdigung gelten.[331] Eine bestrittene Tatsache ist bewiesen, wenn sie nach der Beweisaufnahme zur Überzeugung des Gerichts feststeht. Als Beweismaß ist erforderlich, dass keine vernünftigen Zweifel am Vorliegen der behaupteten Tatsache bestehen. Für die Überzeugungsbildung ist deshalb nicht das Maß der absoluten Gewissheit zu verlangen; sie muss aber in sich widerspruchsfrei sein und darf den Denkgesetzen nicht widersprechen.[332]

2. Beweisverfahren beim EuGH

Das Verfahren der Beweisaufnahme beim EuGH ist in den Art. 45–54a VerfO-EuGH geregelt. Wegen seiner Funktion als Rechtsmittelinstanz wird es allerdings nur in seltenen Fällen zu einer eigenen Beweisaufnahme kommen, da der EuGH bei fehlenden Tatsachenfeststellungen zu einer Zurückverweisung an das EuG verpflichtet ist.

III. Rechtsmittel

1. Statthaftigkeit

Nach Art. 56 Abs. 1 EuGH-Satzung können gegen die Endentscheidungen des EuG Rechtsmittel zum EuGH eingelegt werden. Rechtsmittel sind auch statthaft gegen Entscheidungen, die über einen Teil des Streitgegenstandes ergangen sind oder die einen Zwischenstreit beenden, der eine Einrede wegen der Unzuständigkeit oder Unzulässigkeit zum Gegenstand hatte.

Eine nähere Bezeichnung und Einordnung des „Rechtsmittels" enthalten die Verfahrensvorschriften nicht. Es orientiert sich an der Kassationsbeschwerde des nieder-

---
[330] Vgl. *Rengeling/Middeke/Gellermann*, § 24 Rn. 17.
[331] *Rengeling/Middeke/Gellermann*, § 24 Rn. 33.
[332] *Rengeling/Middeke/Gellermann*, § 24 Rn. 33.

ländischen, belgischen und französischen Rechts.³³³ Nach Art. 58 Abs. 1 EuGH-Satzung ist das Rechtsmittel auf die Überprüfung von Rechtsfragen beschränkt. Es kann nur auf die Unzuständigkeit des Gerichts, auf einen die Interessen des Rechtsmittelführers beeinträchtigenden Verfahrensfehler oder auf die Verletzung des Unionsrechts gestützt werden. Aufgrund dieser Einschränkungen ähnelt das Rechtsmittel der Revision im deutschen Prozessrecht.³³⁴ Eine weitere Tatsacheninstanz, bei der wie im deutschen Recht wenigstens in eingeschränktem Umfang das Vorbringen von Tatsachen möglich ist, gibt es nicht. In der Rechtsmittelinstanz sind neuer Tatsachenvortrag und neue Beweismittel ausgeschlossen.³³⁵

1389 Die Zulässigkeit des Rechtsmittels hängt bislang weder von der Höhe des Streitwerts noch von einer ausdrücklichen Zulassung ab.³³⁶

2. Rechtsmittelbefugnis

1390 Nach Art. 56 Abs. 2 EuGH-Satzung kann das Rechtsmittel von der Partei eingelegt werden, die mit ihren Anträgen vor dem EuG ganz oder teilweise unterlegen ist. Streithelfer können grundsätzlich nur dann Rechtsmittel einlegen, soweit sie von der Entscheidung des Gerichts unmittelbar berührt werden. Erforderlich ist die Verfolgung unmittelbar betroffener eigener Rechte, ein lediglich berechtigtes Interesse der Streithelfers am Ausgang des Rechtsstreits reicht nicht aus.³³⁷ Mitgliedstaaten und Unionsorgane können auch dann Rechtsmittel einlegen, wenn sie dem Rechtsstreit bislang nicht beigetreten waren, Art. 56 Abs. 3 EuGH-Satzung.

3. Rechtsmittelfrist

1391 Die Rechtsmittelfrist beträgt gem. Art. 56 Abs. 1 Halbs. 2 EuGH-Satzung zwei Monate. Es handelt sich um eine Ausschlussfrist.³³⁸ Sie beginnt mit der Zustellung der anzufechtenden Entscheidung und berechnet sich nach Art. 80 VerfO-EuGH nach den aus dem deutschen Recht bekannten Grundsätzen. Eine gesonderte Frist zur Einlegung und zur Begründung des Rechtsmittels gibt es nicht. Die Rechtsmittelschrift muss gem. Art. 112 VerfO-EuGH unter anderem die Anträge und die Begründung enthalten.

4. Rechtsmittelverfahren

1392 Der Ablauf des Rechtsmittelverfahrens richtet sich nach Art. 110 ff. VerfO-EuGH. Nach Art. 119 VerfO-EuGH kann der EuGH das Rechtsmittel jederzeit zurückweisen, wenn es offensichtlich unzulässig oder unbegründet ist. Ist das Rechtsmittel zulässig und begründet, so kann der EuGH nach Art. 61 EuGH-Satzung die Entscheidung des EuG aufheben und den Rechtsstreit selbst entscheiden, wenn die Sache spruchreif ist. Das Urteil erwächst dann mit seiner Verkündung in Rechtskraft.³³⁹ Fehlt es an der Spruchreife, so ist die Sache zur Entscheidung an das EuG zurückzuverweisen. Eine Entscheidungsreife liegt insbesondere dann nicht vor, wenn noch bestimmte klärungsbedürftige Tatsachen offen, erforderliche Beweise nicht erhoben

---

[333] *Rengeling/Middeke/Gellermann*, § 28 Rn. 4.
[334] *Gündisch/Wienhues*, S. 190.
[335] *Gündisch/Wienhues*, S. 190.
[336] *Rengeling/Middeke/Gellermann*, § 28 Rn. 4.
[337] *Rengeling/Middeke/Gellermann*, § 28 Rn. 12.
[338] *Rengeling/Middeke/Gellermann*, § 28 Rn. 16.
[339] *Rengeling/Middeke/Gellermann*, § 28 Rn. 42.

19. Kapitel. Amtshaftung der EU bei einem Verstoß gegen Unionsrecht

oder erhobene Beweise nicht gewürdigt worden sind, oder noch nicht alle rechtserheblichen Gesichtspunkte in erster Instanz mit den Parteien erörtert wurden.[340]

IV. Abschließende Entscheidung und Vollstreckung

Wird die Union zur Zahlung verurteilt, so ergeht ein Leistungsurteil. Das Leistungsurteil ist gem. Art. 280 i. V. m. Art. 299 AEUV (Art. 244 EG i. V. m. Art. 256 EG a. F.) vollstreckbar. Da der Schadensersatz in Geld festgesetzt wird, erkennt das Gericht in der Regel auch einen Zinsanspruch zu.[341] Wird lediglich beantragt, die Haftung der Union dem Grunde nach festzustellen, ergeht im Falle des Obsiegens ein Feststellungsurteil, das nicht vollstreckbar ist.

1393

---

[340] *Rengeling/Middeke/Gellermann*, § 28 Rn. 42.
[341] *Rengeling/Middeke/Gellermann*, § 9 Rn. 53.

6. Teil. Der Regressprozess

20. Kapitel. Beamtenhaftung und Rückgriff des Staates

A. Übergeleitete persönliche Beamtenhaftung

§ 839 BGB statuiert an sich die persönliche Haftung des Beamten. Diese Eigenhaftung wird jedoch durch Art. 34 GG mit schuldbefreiender Wirkung vom Beamten auf den Staat übergeleitet. Der Amtsträger wird dadurch aus seiner Haftung gegenüber dem Dritten entlassen, der Staat haftet also nicht neben dem Amtsträger, sondern an dessen Stelle. Anspruchsgegner ist deshalb nicht der Beamte, sondern der Staat, eine Klage gegen den Beamten hätte trotz des Wortlauts des § 839 BGB keine Aussicht auf Erfolg.[1] Es handelt sich mithin um eine mittelbare Staatshaftung.[2] Eine parallele Haftung ist nur ganz ausnahmsweise möglich, etwa bei einer Haftung nach § 7 StVG, wenn der Amtswalter mit seinem eigenen, auf ihn zugelassenen Kfz eine Dienstfahrt unternimmt. 1394

Die beim Inkrafttreten des BGB in § 839 BGB normierte Eigenhaftung des Beamten beruhte auf dem Verständnis des Staatsdienertums im 19. Jahrhundert. Danach wurde rechtmäßiges Handeln des Staatsdieners dem Landesherrn zugerechnet. Rechtswidriges Handeln dagegen fiel allein in die Verantwortlichkeit des Beamten, nicht zuletzt deshalb, weil nach dem geltenden Staatsverständnis vom Staat selbst kein Unrecht ausgehen konnte.[3] Eine Haftung des Staates war also nach damaligem Verständnis schon begrifflich ausgeschlossen. 1395

Art. 34 Satz 1 GG enthält dagegen im Interesse des Geschädigten eine Mindestgarantie der Staatshaftung, d. h. der Haftung des Staates für die schuldhafte Verletzung von Rechtsvorschriften.[4] Die Haftungsverlagerung gem. Art. 34 GG beruht im Wesentlichen auf zwei rechtspolitischen Erwägungen: Zum einen dient sie dem Schutz des Geschädigten, der mit dem Staat einen leistungsfähigen Schuldner erhalten soll. Zum anderen soll durch die Haftungsverlagerung die Handlungs- und Entschlussfreudigkeit der Beamten gestärkt werden. 1396

B. Rückgriff des Dienstherren gegen den Amtswalter

§ 839 BGB i. V. m. Art. 34 GG betreffen nur die Schadensersatzpflicht im Außenverhältnis, d. h. zwischen Staat bzw. Beamten einerseits und dem Bürger andererseits.[5] 1397

Damit ist nicht geklärt, ob der Schaden auch im Innenverhältnis zum Amtsträger von der öffentlich-rechtlichen Körperschaft zu tragen ist. Im Innenverhältnis kann der Staat nämlich nach Art. 34 Satz 2 GG beim Amtsträger Rückgriff nehmen, sofern dieser vorsätzlich oder grob fahrlässig gehandelt hat. Art. 34 Satz 2 GG stellt jedoch keine Anspruchsgrundlage für einen Regressanspruch dar; diesbezüglich bedarf es einer spezialgesetzlichen Vorschrift, die den Dienstherrn zum Rückgriff ermächtigt.[6] 1398

---

[1] Vgl. OLG Nürnberg NVwZ 2001, 1324 (LS 1).
[2] *Maurer*, § 26, Rn. 1.
[3] Vgl. zur historischen Rechtsentwicklung *Ossenbühl/Cornils* (Staatshaftungsrecht), S. 8 ff.; *Maurer*, § 26, Rn. 2 ff.; *Pfab*, S. 4 ff.
[4] Vgl. BVerfGE 61, 149, 199 f.; BVerfG NVwZ 1998, 271, 272; *Jarass/Pieroth*, Art. 34 GG, Rn. 2.
[5] *Maurer*, § 26, Rn. 10.
[6] *Maurer*, § 26, Rn. 10.

1399 Bei leichter oder mittlerer Fahrlässigkeit hat die öffentlich-rechtliche Körperschaft den Schaden dagegen auch im Innenverhältnis stets allein zu tragen. Dies gilt nur dann nicht, wenn die Amtspflichtverletzung durch einen auf zivilrechtlicher Grundlage beigezogenen privaten Dritten erfolgt ist.[7]

I. Rechtliche Grundlagen für einen Rückgriff

1. Anspruchsgrundlage

1400 Je nach Status des Amtswalters bestehen unterschiedliche rechtliche Grundlagen für einen Rückgriff.

1401 Bundesbeamte haften ihrem Dienstherrn gem. § 75 BBG bei Vorsatz und grober Fahrlässigkeit. Die Beamtenrechtseigenschaft muss im Zeitpunkt der schädigenden Handlung bestehen.

1402 Für Landesbeamte gilt § 48 BeamtStG[8] i. V. m. ergänzenden Vorschriften der Landesbeamtengesetze (z. B. Art. 78 BayBG[9]; Art. 49 BayKWBG a. F. ist seit 1.8.2012 außer Kraft und in § 48 BeamtStG aufgegangen[10]).

1402a Ein Rückgriff auf die Vorschriften des allgemeinen Rechts, insbesondere auch auf die deliktsrechtlichen Anspruchsgrundlagen des bürgerlichen Rechts, etwa § 823 Abs. 2 BGB i. V. m. § 266 StGB, ist dagegen nicht möglich.[11]

2. Amtsbezogenheit

1403 Grundvoraussetzung für einen Rückgriff ist der Zusammenhang der Pflichtverletzung mit der Amtsausübung, mithin die Zurechenbarkeit der schädigenden Handlung zur dienstlichen Tätigkeit. Andernfalls läge keine Dienstpflichtverletzung vor, sodass ein Rückgriff schon von vornherein ausscheiden würde (und ohnehin keine den Regress auslösende Schadensersatzpflicht des Dienstherrn bestehen dürfte).

1404 Vor allem dann, wenn eine grob fahrlässige oder sogar bedingt vorsätzliche Schädigung durch den Amtswalter im Raum steht und der dienstliche Zusammenhang fraglich ist, ist eine besonders sorgfältige Prüfung erforderlich, welche Verteidigungsstrategie aus Sicht des Amtswalters am günstigsten ist. Gerade bei einer vorsätzlichen Dienstpflichtverletzung tritt nämlich zu der Frage der Regresshaftung auch die Problematik der disziplinarrechtlichen Ahndung hinzu, sodass es im Einzelfall für den Amtswalter günstiger sein kann, wenn der dienstliche Zusammenhang verneint wird (mit der Folge, dass zwar eine direkte – aber eventuell über eine Privathaftpflichtversicherung abgesicherte – Außenhaftung besteht, die disziplinarrechtlichen Konsequenzen aber wegen der dann lediglich privaten Verfehlung deutlich weniger schwer wiegen).

3. Rückgriffsausschluss und Rückgriffsbeschränkung

a) Finanzverwaltung

1405 Für Amtsträger der Finanzverwaltung, deren Handeln der Abgabenordnung unterliegt, gilt nach § 32 AO eine Haftungsbeschränkung in zweifacher Hinsicht:

---
[7] BGH NJW 2005, 286; BVerwG DVBl. 2010, 1434, 1436.
[8] Ab 1.4.2009.
[9] Ab 1.4.2009.
[10] GVBl. 2012, 366; zur bisherigen Rechtslage s. VG München BayVBl. 2011, 674.
[11] BGH NVwZ 2009, 928; BVerwG NVwZ 1999, 77, 78.

Amtspflichtverletzungen, die nicht zugleich eine mit Strafe bedrohte Handlung darstellen, scheiden bereits von vornherein als Grundlage für einen Rückgriff aus. Und selbst wenn eine solche schwere Pflichtverletzung geschehen ist, kommt ein Regress nur in Betracht, wenn ein Schaden im Sinne der § 32 Nrn. 1 bis 3 AO entstanden ist.[12]

b) Richter

Die Rückgriffshaftung gilt grundsätzlich auch für Richter.[13] § 839 Abs. 2 BGB beschränkt jedoch bereits die Außenhaftung des Staates erheblich, sodass von vornherein kein Schaden beim Dienstherrn eintritt und daher auch die Innenhaftung entfällt. Daran ändert auch die Rechtsprechung des EuGH zur Staatshaftung wegen legislativen Unrechts nichts. Zwar kann es danach grundsätzlich zu einer Haftung des Staates kommen. Die Ausblendung von § 839 Abs. 2 BGB wirkt jedoch nur im Außenverhältnis, nicht aber im Innenverhältnis zum Richter, da eine persönliche Haftung des Richters aus europarechtlichen Gründen nicht geboten ist und damit auch eine europarechtliche Überlagerung von § 839 Abs. 2 BGB nicht Platz greifen kann.

1406

c) Verkehrshaftpflicht

Nach dem Pflichtversicherungsgesetz darf der Kfz-Haftpflichtversicherer nur in wenigen Fällen den Versicherten in Regress nehmen. Verursacht ein Beamter unter Verletzung seiner Amtspflichten einen Verkehrsunfall und liegen grundsätzlich die Voraussetzungen des Rückgriffs vor, so darf es sich deshalb für den Beamten nicht nachteilig auswirken, dass der Dienstherr und Halter des Fahrzeugs nach § 2 Abs. 1 PflVG von der Versicherungspflicht befreit ist. Der Dienstherr als Eigenversicherer darf deshalb beim Beamten nur in den gleichen Ausnahmefällen wie ein Haftpflichtversicherer bei einer Privatperson Rückgriff nehmen.[14]

1407

d) Beamtenrechtliche Fürsorgepflicht

Unter dem Gesichtspunkt der beamtenrechtlichen Fürsorgepflicht kann es schließlich im Einzelfall geboten sein, dem Beamten bei der Abwicklung des Regressanspruchs Erleichterungen (etwa durch Ratenzahlung oder Stundung) zu gewähren oder auf den Anspruch ganz oder wenigstens teilweise zu verzichten.[15] Aus dem Fürsorgegedanken ergibt sich auch eine Grenze der äußersten Inanspruchnahme des Beamten, wenn andernfalls die Lebenshaltung des Beamten in unerträglicher Weise beeinträchtigt wäre (sog. Einwand der existenzbedrohenden wirtschaftlichen Beeinträchtigung).[16] Mindestvoraussetzung dafür ist, dass durch die drohende finanzielle Belastung für den Beamten keine Aussicht mehr besteht, in einer angemessenen Zeit wieder über die vollen Einkünfte aus der eigenen Arbeitsleistung verfügen zu können.

1408

e) Schulbereich

Besonderheiten gelten auch im Schulbereich, weil Schüler und Studenten gemäß § 2 Abs. 1 Nr. 8 SGB VII in den Schutzbereich der gesetzlichen Unfallversicherung

1408a

---

[12] OVG Münster ZBR 1984, 341.
[13] OLG Dresden NVwZ 2010, 471; *Scheffer*, NVwZ 2010, 425.
[14] BGH NJW 1994, 660.
[15] *Maurer*, § 26, Rn. 10; BGHZ 124, 15, 23 ff.
[16] BGH NJW 1994, 660.

einbezogen sind. Der Rückgriff des Unfallversicherungsträgers gegen den beamteten Lehrer beurteilt sich deshalb nach § 110 SGB VII.[17]

4. Rechtswidrigkeit der Pflichtverletzung

1409   Neben den allgemeinen Rechtfertigungsgründen (die bereits eine Außenhaftung des Dienstherrn ausschließen) steht dem Beamten im Fall des Rückgriffs ein zusätzlicher Rechtfertigungsgrund zur Verfügung. Es handelt sich um die erfolglose Remonstration, die den Beamten von seiner Haftung entbindet, wenn er trotz ausdrücklichen begründeten Hinweises auf die seines Erachtens nach bestehende Rechtswidrigkeit der erwarteten Amtsausübung zu dieser angewiesen wurde.

5. Verschulden

1410   Für den Rückgriff ist ferner erforderlich, dass der Beamte vorsätzlich oder grob fahrlässig die ihm obliegenden Pflichten verletzt hat. Bei einfacher Fahrlässigkeit besteht demnach zwar ein Amtshaftungsanspruch gegen die Körperschaft, ein Rückgriff der Körperschaft gegenüber dem Beamten scheidet aber aus.

1411   Ansatzpunkt für die Verschuldensfrage ist nur die Pflichtverletzung. Der Schaden oder die Kausalität zwischen der Dienstpflichtverletzung und dem Schaden braucht demnach nicht für den Beamten vorhersehbar gewesen sein.[18]

1412   Grob fahrlässig handelt, wer die im Verkehr erforderliche Sorgfalt in besonders schwerem Maß verletzt, wer nicht beachtet, was im gegebenen Fall jedem einleuchten muss oder wer die einfachsten, ganz naheliegenden Überlegungen nicht anstellt, d.h. wenn ihm ein Versehen unterläuft, das selbst einem minder vorsichtigen Menschen normalerweise nicht zustoßen dürfte.[19] Der BGH geht aber davon aus, dass dabei nicht ein ausschließlich objektivierter Maßstab anzulegen ist, sondern dass zugunsten des Beamten auch subjektive Momente der Verantwortlichkeit zu berücksichtigen sind.[20]

6. Mitverschulden

1413   Fragen des Mitverschuldens spielen nur eine verhältnismäßig geringe Rolle. Denn wenn der Dienstherr etwa durch ein Organisationsverschulden selbst eine Ursache für die Dienstpflichtverletzung gesetzt hat, dürfte bereits ein grobes Verschulden des Amtswalters regelmäßig zu verneinen sein.

1414   Praktisch relevanter ist aber ein Mitverschulden von anderen Beamten, deren eigene Dienstpflichtverletzung mitursächlich für die Schadensentstehung war. Entsprechend den Verursachungs- und Verschuldensbeiträgen ist daher der Regressanspruch gegen den einzelnen Beamten entsprechend zu kürzen. Nur in Ausnahmefällen kann es aus Sicht des Dienstherrn ermessensgerecht sein, den Beamten in vollem Umfang in Anspruch zu nehmen und ihm den internen Schadensausgleich mit den anderen dienstpflichtwidrig handelnden Beamten aufzubürden.

7. Verjährung

1415   Nach dem ab 1.4.2009 geltenden BeamtStG bestimmt sich die Verjährung allein nach landesrechtlichen Vorschriften. In Bayern etwa beginnt eine dreijährige Verjäh-

---

[17] BGH NJW 2009, 681; *Ossenbühl/Cornils* (Staatshaftungsrecht), S. 120.
[18] BGHZ 34, 317, 322.
[19] BVerwGE 19, 243, 248.
[20] BGH NJW 1992, 2418.

rungsfrist erst ab dem Zeitpunkt zu laufen, in dem der Ersatzanspruch des Dritten vom Dienstherrn diesem gegenüber anerkannt oder dem Dienstherrn gegenüber rechtskräftig festgestellt ist.

8. Umfang des Regresses

Der Regress erstreckt sich auf sämtliche Kosten, die der haftenden Körperschaft aufgrund des verlorenen Amtshaftungsprozesses entstanden sind; dazu gehören auch die Kosten für die Rechtsverteidigung.[21] 1416

II. Geltendmachung des Rückgriffsanspruchs

1. Rechtsweg und Klageart

Gem. Art. 34 Satz 3 GG ist für Rückgriffsansprüche des Staates wegen Amtspflichtverletzungen, also bei sog. Fremdschäden[22], der ordentliche Rechtsweg zwingend vorgeschrieben; regelmäßig wird eine Leistungsklage zu erheben sein. Diese Vorschrift verwehrt es dem Dienstherrn zugleich, den Rückgriffsanspruch gegenüber dem Amtsträger durch einen Leistungsbescheid (= Verwaltungsakt) geltend zu machen und nach Verwaltungsvollstreckungsrecht durchzusetzen.[23] Denn Leistungsbescheide können nicht von Zivilgerichten überprüft und aufgehoben werden.[24] 1417

Erstinstanzlich sind gemäß § 71 Abs. 2 Nr. 2 GVG die Landgerichte ohne Rücksicht auf den Wert des Streitgegenstandes zuständig. 1418

2. Beweislastfragen

Der Dienstherr trägt die Beweislast für die Pflichtverletzung, das Verschulden des Amtswalters und den eingetretenen Schaden. Aufgrund des regelmäßig geführten Erstprozesses zur Amtshaftung im Außenverhältnis dürfte es im Bereich der Pflichtverletzung und des Schadens kaum Beweisschwierigkeiten geben. Dagegen erfordert die Frage des Verschuldens intensiven Tatsachenvortrag des Dienstherrn, da die Frage des Verschuldensgrades – einfache oder grobe Fahrlässigkeit – im Erstprozess nicht entscheidungserheblich war und hierzu regelmäßig auch keine fundierten Tatsachenfeststellungen durch das Erstgericht getroffen wurden. 1419

Der Beamte trägt dagegen die Beweislast für das Eingreifen eines Rechtfertigungstatbestandes, insbesondere die erfolglose Remonstration, für die Frage des Mitverschuldens, für die Verjährung und für die Notwendigkeit einer Haftungsbeschränkung aufgrund des Fürsorgegedankens. 1420

3. Prozessuale Konsequenzen des Erstprozesses

Das Ergebnis des Erstprozess, in dem der Dienstherr im Außenverhältnis zum Schadensersatz verurteilt wurde, entfaltet grundsätzlich keine Bindungswirkung im Regressprozess. Der Amtswalter ist also nicht gehindert, die Amtspflichtverletzung oder sein Verschulden zu bestreiten. Der Dienstherr kann dadurch allerdings in die 1421

---

[21] BayObLG VersR 1984, 990.
[22] Es geht also um die Regresshaftung des Beamten für einen mittelbaren Schaden. Bei einer unmittelbaren Schädigung des Dienstherrn, sog. Eigenschaden, ist dagegen der Verwaltungsrechtsweg maßgeblich, s. BGH NVwZ 2009, 928; MünchKommBGB/*Papier*, § 839 BGB, Rn. 373.
[23] OVG NRW, Beschl. v. 6.12.2010, Az. 6 A 338/09.
[24] MünchKommBGB/*Papier*, § 839 BGB, Rn. 373.

außerordentlich missliche Situation geraten, dass er zwar im Außenverhältnis zum Schadensersatz verurteilt wurde, im Regressprozess aber das nun zuständige Gericht etwa die Dienstpflichtverletzung verneint und daher einen Regress ablehnt. Aus Sicht der im Erstprozess beklagten Körperschaft ist es daher dringend angezeigt, bereits in diesem Prozess dem Amtswalter den Streit gemäß § 72 ZPO zu verkünden. Diese Streitverkündung löst eine Bindungswirkung aus, die sich auf alle Feststellungen zu den tatsächlichen und rechtlichen Grundlagen der Entscheidung im Erstprozess erstreckt. Diese Wirkung der Streitverkündung muss das Gericht im Regressprozess von Amts wegen berücksichtigen.[25] Die Zulässigkeit der Streitverkündung beurteilt sich nach § 72 ZPO. Nach § 73 ZPO hat die streitverkündende Partei einen Schriftsatz einzureichen, in dem der Grund der Streitverkündung und die Lage des Rechtsstreits anzugeben sind. Der Schriftsatz ist dem Streitverkündeten zuzustellen. Tritt dieser dem Rechtsstreit bei, so bestimmt sich sein Verhältnis zu den Parteien nach den Grundsätzen über die Nebenintervention, §§ 74 Abs. 1, 68 ZPO. Der Streitverkündete kann danach der unterstützten Partei später grundsätzlich nicht mehr den Einwand der mangelhaften Prozessführung entgegenhalten. Dies gilt auch dann, wenn er dem Rechtsstreit nicht beigetreten ist.[26] Im Übrigen ist der Amtsträger gehalten, aber nicht verpflichtet, den Dienstherrn im Amtshaftungsprozess weitestgehend zu unterstützen.

1422 Nicht geklärt ist, ob der streitverkündete Beamte wie ein Nebenintervenient als Zeuge vernommen werden darf oder ob er aufgrund seiner besonderen Interessenlage wie ein streitgenössischer Nebenintervenient zu behandeln wäre, der gem. § 69 ZPO in einzelnen Beziehungen als Partei anzusehen ist und deshalb lediglich als Partei gemäß §§ 445 ff. ZPO vernommen werden kann.[27] Damit der Beklagte dem Kläger durch die Streitverkündung an den Beamten nicht aus prozesstaktischen Gründen den Zeugenbeweis abschneiden kann, wird man die Anwendbarkeit des § 69 ZPO verneinen müssen.

4. Aufrechnung als Klagealternative

1423 Eine Aufrechnung des Regressanspruchs gegen Gehalts-, Lohn- oder Vergütungsansprüche des Amtswalters wird grundsätzlich als zulässig erachtet.[28] Erklärt der Dienstherr die Aufrechnung unmittelbar, ohne vorher einen – mit Widerspruch und Anfechtungsklage angreifbaren – Leistungsbescheid erlassen zu haben, bleibt dem betroffenen Amtswalter nur, eine Leistungsklage auf vollständige Besoldung zu erheben, wenn er den Regress für rechtswidrig hält.

---

[25] BGHZ 96, 50, 54.
[26] Vgl. *Thomas/Putzo*, § 74 ZPO, Rn. 4.
[27] Vgl. *Thomas/Putzo*, § 69 ZPO, Rn. 1.
[28] Vgl. BVerwGE 29, 310.

# 21. Kapitel. Die Regresshaftung der Mitglieder kommunaler Kollegialorgane

Wegen des Grundsatzes der Indemnität (Art. 46 Abs. 1 GG) findet gegen Abgeordnete grundsätzlich kein Rückgriff statt.[29] Regressklagen gegen Mitglieder der gesetzgebenden Körperschaften des Bundes und der Länder sind daher, sollte es überhaupt zu einer Amtshaftung wegen legislativen Unrechts im Außenverhältnis kommen, regelmäßig aussichtslos.

Die kommunalen Kollegialorgane Gemeinderat, Kreis- und Bezirkstag stellen demgegenüber keine Parlamente und damit Gesetzgebungsorgane dar, sondern sind Verwaltungsorgane ihrer Körperschaft. Ihre Mitglieder sind daher keine Abgeordneten, sondern Beamte im haftungsrechtlichen Sinn, die grundsätzlich regresspflichtig sind. Der Rückgriff ist aber auch hier in einigen Fällen beschränkt.

1424

1425

A. Voraussetzungen für einen Rückgriff

Gemeinderatsmitglieder und Kreisräte sind zwar Beamte im haftungsrechtlichen, nicht aber im statusrechtlichen Sinn der Beamtengesetze. Die beamtenrechtlichen Rückgriffsvorschriften sind deshalb weder direkt noch entsprechend anwendbar. Rückgriffsansprüche können daher nur auf der Grundlage von speziellen gemeinderechtlichen Vorschriften geltend gemacht werden. Fehlen derartige kommunalrechtliche Vorschriften ganz oder erfassen sie selbständige Einzelhandlungen von Mitgliedern nicht, ist die Innenhaftung ausgeschlossen.[30]

In Bayern bestimmt etwa Art. 20 Abs. 4 Satz 2 BayGO, dass sich die Haftung gegenüber der Gemeinde nach den für den ersten Bürgermeister geltenden Vorschriften und damit nach Art. 49 BayKWBG (Gesetz über kommunale Wahlbeamte) bestimmt und nur eintritt, wenn Vorsatz oder grobe Fahrlässigkeit zur Last liegt. Die Vorschrift ist jedoch im Zusammenhang mit Art. 51 Abs. 2 BayGO[31] zu sehen. Danach besteht eine Haftungsfreistellung des Mitglieds für sein Abstimmungsverhalten, soweit der Schaden auf dem Abstimmungsverhalten beruht und keine vorsätzliche Pflichtverletzung vorliegt. Es ist jedoch umstritten, ob Art. 51 Abs. 2 BayGO auf den Rückgriffsanspruch im Innenverhältnis anwendbar ist.[32] Sicherheitshalber sollten Gemeinderatsmitglieder daher unterstellen, dass sie auch bei grober Fahrlässigkeit in Regress genommen werden könnten.

1426

1427

B. Kausalität

Dem einzelnen Mitglied ist ein rechtswidriger Beschluss eines Kollegialorgans dann zuzurechnen, wenn er diesem zugestimmt hat. Auf die Mehrheitsverhältnisse bei der Beschlussfassung kommt es nicht an, da nach den Grundsätzen der kumula-

1428

---

[29] *Ossenbühl/Cornils* (Staatshaftungsrecht), S. 119 m. w. N.
[30] *Brüning*, Rn. 133; a. A. *Hüttenbrink*, DVBl 1981, 989, 991, der das Rechtsverhältnis des einzelnen Mitglieds zur Körperschaft als öffentlich-rechtliches Schuldverhältnis versteht, mit der Folge der Haftung entsprechend § 280 BGB.
[31] Gleich lautende Vorschrift in Art. 45 Abs. 2 BayLKrO.
[32] Zweifelnd *Widtmann/Grasser*, Art. 20 BayGO, Rn. 12; BayVGH BayVBl. 1986, 726; dafür *Hillermeier*, S. 166; *Brüning*, Rn. 140; *v. Klitzing*, BayBgm. 1986, 60.

tiven Kausalität Ursächlichkeit auch dann besteht, wenn mehrere, unabhängig voneinander vorgenommene Handlungen den Erfolg erst durch ihr Zusammentreffen herbeigeführt haben.[33]

1429 Bei Stimmenthaltung ist eine Kausalität erst dann zu bejahen, wenn der konkrete Beschluss bei pflichtgemäßem Abstimmungsverhalten der betreffenden Mitglieder nicht zustande gekommen wäre.[34] Dafür muss nachgewiesen werden, dass der rechtswidrige Beschluss bei pflichtgemäßer Teilnahme des betreffenden Mitglieds an der Beratung und Abstimmung mit an Sicherheit grenzender Wahrscheinlichkeit nicht gefasst worden wäre.

C. Verschulden

1430 Ein Rückgriff kommt schließlich nur bei Vorsatz und, sofern man der Auffassung folgt, dass Art. 20 BayGO durch Art. 51 BayGO nicht verdrängt wird, bei grober Fahrlässigkeit in Betracht.

1431 Für vorsätzliches Handeln genügt bereits ein Eventualvorsatz, der insbesondere dann vorliegt, wenn trotz Warnung der Verwaltung vor der (tatsächlichen) Rechtswidrigkeit der Entscheidung ein entsprechender Beschluss gefasst wird und hierfür sachfremde Erwägungen oder der bewusste Verzicht auf eigene Überlegungen maßgeblich gewesen sind.[35]

1432 Grobe Fahrlässigkeit im Sinne von Art. 20 BayGO liegt dagegen vor, wenn das Abstimmungsverhalten auf rechtlich nicht einmal auch nur gerade noch vertretbaren und nicht einmal im Ansatz nachvollziehbaren Gründen beruht.[36]

---

[33] BGHSt 37, 106.
[34] *Brüning*, Rn. 200.
[35] *Brüning*, Rn. 85.
[36] *Mader*, BayVBl. 1999, 168, 175.

22. Kapitel. Die Regresshaftung von Beliehenen und Verwaltungshelfern

A. Rechtsgrundlage

Beliehene und Verwaltungshelfer haften aus § 280 Abs. 1 BGB wegen Verletzung einer Pflicht aus dem zwischen ihnen und der öffentlich-rechtlichen Körperschaft bestehenden verwaltungsrechtlichen oder zivilrechtlichen Schuldverhältnisses.[37] Sofern die Beleihung oder die Einschaltung des Verwaltungshelfers ausdrücklich durch einen Vertrag erfolgt, ist die Annahme eines Schuldverhältnisses unproblematisch. Aber auch dann, wenn die Beleihung unmittelbar durch Gesetz erfolgt, kann der Regressanspruch auf ein verwaltungsrechtliches Schuldverhältnis gestützt werden, wenn sich aus der gesetzlichen Bestimmung ergibt, dass der Beliehene einen etwaigen Schaden tragen soll.[38]   1433

Die konkreten Pflichten ergeben sich dabei aus dem jeweiligen Vertragsverhältnis. Es handelt sich daher nicht um eine Regresshaftung im engeren Sinn, sondern um eine Haftung auf Schadensersatz nach den Regeln über die Leistungsstörungen bei Vertragsverhältnissen, wobei sich der Schaden aus dem Betrag ergibt, der von der im Außenverhältnis haftenden Körperschaft im Wege der Amtshaftung an den Geschädigten zu zahlen war.   1434

B. Anwendung des Haftungsprivilegs nach Art. 34 Satz 2 GG

Umstritten ist allerdings, ob auch das Haftungsprivileg nach Art. 34 Satz 2 GG, das einen „Regress" nur bei Vorsatz oder grober Fahrlässigkeit erlauben würde, anwendbar ist. Damit im Außenverhältnis eine Amtshaftung überhaupt Platz greift, müssen die Beliehenen bzw. Verwaltungshelfer als Beamte im haftungsrechtlichen Sinn zu qualifizieren sein. Insofern liegt es nahe, die Haftungsbegrenzung auf alle Beamten im Sinne des Art. 34 Satz 1 GG zu beziehen.[39] Der BGH ist jedoch unter Hinweis auf die Entstehungsgeschichte und den Sinn und Zweck von Art. 34 Satz 2 GG der Auffassung, dass jedenfalls bei einer Einschaltung von selbständigen Privatunternehmern durch freie Dienst- oder Werkverträge oder ähnliche Vertragsgestaltungen eine Rückgriffsbeschränkung auf Vorsatz oder grobe Fahrlässigkeit nicht in Betracht kommt.[40] In diesen Fällen haften die Verwaltungshelfer daher auch für leichte Fahrlässigkeit. Auch das BVerwG lehnt eine unmittelbare Anwendung von Art. 34 Satz 2 GG auf Beliehene ab.[41] Gleichwohl hält es einen Rückgriff bei nur einfacher Fahrlässigkeit nur dann für möglich, wenn dies ausdrücklich gesetzlich festgelegt wurde.[42]   1435

---

[37] *Ossenbühl/Cornils* (Staatshaftungsrecht), S. 119 m. w. N.; *v. Weschpfennig*, DVBl. 2011, 1137.
[38] BGHZ 135, 341, 344 ff.; *Stelkens*, NVwZ 2004, 304, 307.
[39] Vgl. BGH NJW 2005, 286, 287.
[40] BGH NJW 2005, 286, 287 f.; *Stelkens*, JZ 2004, 656, 660 f.; *Ossenbühl/Cornils* (Staatshaftungsrecht), S. 120 unter Aufgabe der abweichenden Ansicht von *Ossenbühl* (Staatshaftungsrecht), S. 120.
[41] BVerwG DVBl. 2010, 1434, 1436.
[42] BVerwG DVBl. 2010, 1434, 1436.

23. Kapitel. Regress zwischen mehreren Hoheitsträgern

1436 Regressfragen stellen sich nicht nur im Verhältnis zwischen haftender Körperschaft und Amtswalter, sondern mitunter auch im Verhältnis zwischen verschiedenen haftenden Körperschaften. Zu einer solchen Haftungskonstellation kann es insbesondere bei einer Verletzung von Unionsrecht kommen.

A. Materiell-rechtliche Grundlagen

1437 Die Frage des Regresses zwischen Bund und Ländern[43] ist durch den im Zuge der Föderalismusreform I neu eingefügten Art. 104a Abs. 6 GG i. V. m. § 1 Abs. 2 LastG gesetzlich geregelt worden: Die Lastentragungspflicht von Bund und Ländern bemisst sich bei festgestellten Pflichtverletzungen im innerstaatlichen Zuständigkeits- und Aufgabenbereich sowohl des Bundes als auch der Länder grundsätzlich nach dem Verhältnis des Umfangs, in dem ihre Pflichtverletzungen zur Entstehung der Leistungspflicht beigetragen haben. Gemäß § 5 Abs. 1 LastG kann der Bund, soweit er die Leistungspflichten im Außenverhältnis zu der zwischenstaatlichen Einrichtung erfüllt hat, bei den Ländern für die aufgewendeten Beträge im Verhältnis der jeweiligen Lastentragung Regress nehmen.[44] Für den Fall, dass mehrere Länder eine Pflichtverletzung im ausschließlichen Länderaufgabenbereich begehen, enthalten die §§ 2–4 LastG Sonderregelungen für die dort genannten Anwendungsfälle.[45] So bemisst sich nach § 3 LastG für den Fall einer Verurteilung des Bundes durch den EuGH wegen gleichartiger Verstöße im Zuständigkeits- und Aufgabenbereich mehrerer Länder der Anteil der Lastentragung der betroffenen Länder nach deren Verhältnis zueinander im Königsteiner Schlüssel.

1437a Eine weitere Fallgruppe betrifft die gesamtschuldnerische Haftung der Träger von Ausgangs- und Widerspruchsbehörde für eigene Amtspflichtverletzungen.[46] Aus Sicht der im Amtshaftungsprozess verklagten Körperschaft stellt sich hier ein besonderes Problem, weil der Ausgleichsanspruch noch während des laufenden Amtshaftungsprozesses verjähren könnte.[47] Es müssen deshalb frühzeitig verjährungshemmende Maßnahmen ergriffen werden.

B. Rechtsweg

1438 Die Ausgleichsansprüche mehrerer, als Gesamtschuldner verurteilter öffentlich-rechtlicher Körperschaften sind im Zivilrechtsweg geltend zu machen.[48] Art. 34 Satz 3 GG findet insoweit Anwendung.[49] Entsprechende Ausgleichsansprüche sind gem. § 71 Abs. 2 Nr. 2 GVG in erster Instanz ohne Rücksicht auf den Wert des Streitgegenstands vor dem Landgericht geltend zu machen.[50]

---

[43] Zum Regress zwischen Land und Kommunen *Schwarz*, KommJur 2010, 45.
[44] BVerwG NVwZ 2007, 1198 ff.; BVerwG NVwZ 2008, 86 ff.; *Berkemann/Halama*, Rn. 367.
[45] *Kemmler*, LKV 2006, 529, 534.
[46] BGH NVwZ 2009, 132.
[47] *Rohlfing*, KommJur 2011, 326.
[48] BGH NJW 1953, 785.
[49] RGRK/*Kreft*, § 839 BGB, Rn. 571 m. w. N.
[50] RGRK/*Kreft*, § 839 BGB, Rn. 587.

24. Kapitel: Regress zwischen Hoheitsträger und privatem Mitschädiger

Die Fälle, in denen ein Dritter durch eine Pflichtverletzung sowohl eines Hoheitsträgers als auch einer Privatperson geschädigt wird, sind zwar selten, kommen aber vor allem im Bereich der Verkehrssicherungspflichtverletzungen gelegentlich vor. Die Regressansprüche sind hier anders als bei der Haftung von zwei Hoheitsträgern erheblich eingeschränkt. Nach § 839 Abs. 1 Satz 2 BGB kommt nämlich bei Fahrlässigkeit des Amtsträgers ein Amtshaftungsanspruch nur in Betracht, wenn der Verletzte nicht auf andere Weise Ersatz zu erlangen vermag. Diese Subsidiaritätsklausel hat die Konsequenz, dass der private Mitschädiger, der bei Anwendbarkeit der allgemeinen deliktsrechtlichen Vorschriften gem. § 840 BGB neben dem Beamten als Gesamtschuldner zu haften hätte und dann einen entsprechenden Gesamtschuldnerregress nach § 426 BGB verlangen könnte, keinen Rückgriffsanspruch gegen den Amtsträger bzw. den Staat im Wege des internen Gesamtschuldnerausgleichs gem. § 426 BGB geltend machen kann.[51] Der Mitschädiger trägt damit das gesamte Haftungsrisiko, obwohl er nicht allein für den Schaden verantwortlich ist.

1439

Nur dann, wenn der Amtswalter grob fahrlässig oder sogar vorsätzlich gehandelt hat, ist ein Regress nach § 426 BGB möglich. Die Darlegungs- und Beweislast hierfür trägt aber der private Mitschädiger.

1440

---

[51] BGHZ 28, 297, 300f.; 37, 375, 380; 61, 351, 356ff.

7. Teil. Der Notarhaftungsprozess

Seit einigen Jahren weist die Zahl der Haftpflichtfälle im Rahmen notarieller Tätigkeit eine deutlich ansteigende Tendenz auf,[1] was auch durch die Anzahl der höchstrichterlichen Entscheidungen zu diesem Bereich belegt wird. Ein besonders hohes Haftungsrisiko tragen hierbei offensichtlich die Anwaltsnotare.[2] Die Gründe hierfür liegen unter anderem in den sich ständig ausweitenden Amtspflichten des Notars und der Fülle der von ihm zu beachtenden Rechtsänderungen. Die Haftungsrechtsprechung des BGH stellt an die Notare zunehmend schärfere Anforderungen. In jüngster Zeit hat der BGH sogar einen „sozialen Schutzauftrag" des Notars nach § 17 Abs. 1 Satz 2 BeurkG postuliert, insbesondere zugunsten unerfahrener und ungewandter Beteiligter. Vereinzelt wird deshalb die Auffassung vertreten, die Rechtsprechung tendiere zu einer Gefährdungshaftung.[3] 1441

Anders als bei der Amtshaftung nach § 839 BGB i. V. m. Art. 34 GG wird die Notarhaftung nach § 19 BNotO nicht auf den Staat übergeleitet. Der Notar haftet also persönlich.[4] Schadensersatzansprüche sind weitgehend durch die Pflichtversicherung der Notare abgesichert. Die Haftungsklage ist aber gegen den Notar zu richten. Auch wenn sich Notarhaftung und Amtshaftung in ihren wesentlichen Zügen entsprechen, bestehen nicht zuletzt wegen der ausgeschlossenen Haftungsüberleitung auf den Staat materiell-rechtliche und prozessuale Besonderheiten. 1442

---

[1] *Maass*, Rn. 1.
[2] *Maass* berichtet, dass nach Auskünften der Haftpflichtversicherer im Jahr durchschnittlich jeder vierte Anwaltsnotar einen Regressfall meldet.
[3] *Maass*, Rn. 7.
[4] *Arndt/Lerch/Sandkühler*, § 19 BNotO, Rn. 4.

25. Kapitel. Materiell-rechtliche Voraussetzungen der Notarhaftung

A. Rechtliche Grundlagen der Notarhaftung

I. § 19 BNotO als zentrale Anspruchsnorm

1443 Die Haftung der Notare im Rahmen ihrer Amtstätigkeit hat in den §§ 19, 46 und § 61 BNotO eine Sonderregelung erfahren. Materiell-rechtliche Anspruchsgrundlage für Amtspflichtverletzungen des Notars ist ausschließlich § 19 BNotO. Der allgemeine Amtshaftungsanspruch nach § 839 BGB i. V. m. Art. 34 GG wird durch § 19 BNotO verdrängt. Neben der Haftung nach § 19 BNotO kommt eine vertragliche Haftung des Notars ebenso wenig in Betracht[5] wie eine „Prospekthaftung" oder eine Haftung wegen der Verletzungen von Pflichten im Rahmen eines Verwahrungsverhältnisses.[6] Der Notarvertreter haftet gem. § 46 Satz 1 BNotO gesamtschuldnerisch neben dem Notar. Für eine Amtspflichtverletzung des Notariatsverwalters haftet die Notarkammer dem Geschädigten gem. § 61 Abs. 1 Satz 1 BNotO als Gesamtschuldner.

1444 Der wichtigste Unterschied der Notarhaftung zur Amtshaftung ergibt sich aus § 19 Abs. 1 Satz 4 BNotO. Danach haftet der Staat nicht neben dem Notar. Da die Überleitung der Haftung auf den Staat somit ausgeschlossen ist, haftet der Notar dem Geschädigten persönlich. Im Unterschied zur allgemeinen Amtshaftung hat der Geschädigte damit einen weniger leistungsfähigen Schuldner. Aus diesem Grund wurde durch § 19a BNotO eine Haftpflichtversicherung für Notare eingeführt. Dies trägt dazu bei, dass der Ausschluss der Staatshaftung nach § 19 Abs. 1 Satz 4 BNotO in Ansehung von Art. 34 GG als verfassungsrechtlich wirksam erachtet wird.[7] Die Amtshaftungsklage ist gleichwohl gegen den Notar zu richten. Nur für den Fall der Insolvenz des Notars oder wenn dessen Aufenthaltsort unbekannt ist, können die Ansprüche unmittelbar gegenüber der Berufshaftpflichtversicherung geltend gemacht werden, §§ 115, 113 VVG.

1445 Die Haftungsvoraussetzungen nach § 19 Abs. 1 BNotO unterscheiden sich nicht wesentlich von denen des § 839 BGB. Soweit § 19 Abs. 1 BNotO keine spezielle Regelung enthält, sind gem. § 19 Abs. 1 Satz 3 BNotO die Vorschriften des BGB über die Amtspflichtverletzung entsprechend anwendbar. Haftungsvoraussetzung ist die schuldhafte Verletzung einer dem Notar einem Dritten gegenüber obliegenden Amtspflicht, die für den geltend gemachten Schaden kausal ist. Der Schadensersatzanspruch ist ausgeschlossen, sofern eine anderweitige Ersatzmöglichkeit gem. § 19 Abs. 1 Satz 2 BNotO besteht oder es der Geschädigte schuldhaft versäumt hat, den Schaden durch den rechtzeitigen Gebrauch von Rechtsmitteln abzuwenden.

II. Ausnahme

1446 Übergangsweise galten für die Notare mit eigener Praxis in den neuen Bundesländern eigenständige Haftungsregeln gem. § 18 Abs. 1 NotV a.F. i.V.m. § 839

---

[5] *Haug*, Rn. 8; *Rinsche*, Rn. II. 2.
[6] Hierzu *Haug*, Rn. 9 f.
[7] BGH NJW 1997, 142; MünchKommBGB/*Papier*, § 839 BGB, Rn. 341.

BGB. Durch das Dritte Gesetz zur Änderung der BNotO vom 8. 9.1998 ist die Haftungsvorschrift des § 18 Abs. 1 NotV a. F. i. V. m. § 839 BGB weggefallen – auch die Notare in den neuen Bundesländern haften nunmehr nach § 19 BNotO.[8] Dadurch ist die dringend erwartete Rechtseinheit auf diesem Gebiet hergestellt worden.[9]

Die einzig verbliebene Ausnahme besteht damit für die in Baden-Württemberg tätigen „Notare im Landesdienst" gem. § 114 BNotO: Hier haftet der Staat nach § 839 BGB i. V. m. Art. 34 GG.[10] 1447

Entsteht ein Schaden aufgrund einer mangelhaften Dienstaufsicht über die Notare, so kann in diesem Fall der Staat haften.[11] Es handelt sich insofern aber um eine originäre Amtshaftung wegen Pflichtverletzungen der staatlichen Aufsichtsbehörden und nicht um eine „übergeleitete Notarhaftung". 1448

B. Ausübung einer Notartätigkeit

Eine Haftung nach § 19 BNotO setzt die Tätigkeit als Notar voraus. Der Notar ist unabhängiger Träger eines öffentlichen Amtes, § 1 BNotO.[12] Seine Tätigkeit ist damit grundsätzlich öffentlich-rechtlicher Natur. Wird der Notar nicht in seiner Funktion als Amtsperson tätig, so haftet er nach den allgemeinen bürgerlich-rechtlichen Vorschriften. 1449

Keine Haftung nach § 19 BNotO besteht bei einer gem. § 8 Abs. 2 und 3 BNotO genehmigten Nebentätigkeit (z. B. einer Gremientätigkeit), da der Notar diesbezüglich keine Amtsfunktion wahrnimmt.[13] Ebenso wenig greift die Amtshaftung bei Tätigkeiten, die lediglich die Voraussetzungen für die Amtstätigkeit schaffen, wie die Anmietung der Büroräume und der Abschluss von Arbeitsverträgen mit den Büroangestellten.[14] 1450

Teilweise schwierige Abgrenzungsfragen stellen sich bei Anwaltsnotaren (§ 3 Abs. 2 BNotO).[15] Diese können entweder als Anwalt oder in der Funktion als Notar tätig werden. Handelt es sich um eine dem Anwaltsbereich zuzuordnende Tätigkeit, haftet der Anwaltsnotar wegen Verletzung seiner Pflichten aus dem Anwaltsvertrag. Da Rechtsanwälte keine hoheitliche Funktion ausüben,[16] kommt bei anwaltlicher Tätigkeit eine Haftung nach § 19 BNotO nicht in Betracht. Handelt es sich aber um eine Notartätigkeit, so haftet der Anwaltsnotar nach § 19 BNotO.[17] 1451

In welchen Bereich die Tätigkeit fällt, ist nach § 24 Abs. 2 BNotO zu entscheiden. Auf die rechtliche Einordnung der Angelegenheit durch den Anwaltsnotar und/oder seinen Mandanten kommt es hierbei nicht an. Nach § 24 Abs. 2 Satz 1 BNotO ist von einer Notartätigkeit auszugehen, wenn der Anwaltsnotar eine Tätigkeit im Sinne der §§ 20 bis 23 BNotO vorbereitet oder ausführt. Im Übrigen ist im Zweifel anzunehmen, dass er als Anwalt tätig geworden ist. Erfüllt er nach den objektiven 1452

---

[3] Zur Haftung in den neuen Bundesländern nach altem Recht vgl. die 1. Auflage, Rn. 1121 ff.
[9] *Eylmann*, NJW 1998, 2929.
[10] Weiterführend hierzu *Haug*, Rn. 374 ff.
[11] OLG Schleswig DNotZ 1999, 726.
[12] Eine Ausnahme stellen die Staatsnotare in Baden-Württemberg dar.
[13] *Haug*, Rn. 4; *Arndt/Lerch/Sandkühler*, § 19 BNotO, Rn. 13.
[14] *Schippel*, § 19 BNotO, Rn. 8.
[15] Hierzu weiterführend *Haug*, Rn. 344 ff; zur Abgrenzung vgl. OLG Hamm, Urt. v. 16.2.2006 – 28 U 173/05; BGH NJW-RR 2001, 1639, 1640.
[16] BGHZ 60, 255, 260.
[17] Zu den Unterschieden zwischen der Haftung nach § 19 BNotO und der Vertragshaftung des Rechtsanwalts siehe *Maass*, Rn. 174 ff.

Umständen eine Aufgabe, die in den Bereich notarieller Amtstätigkeit fällt, bestehen allerdings keine Zweifel im Sinne von § 24 Abs. 2 Satz 1 BNotO.[18]

1453 Ergibt sich nach § 24 Abs. 2 Satz 1 BNotO keine eindeutige Zuordnung, so ist nach § 24 Abs. 2 Satz 2 BNotO zu prüfen, ob auch ohne eine vorzubereitende oder zu vollziehende Tätigkeit die Handlung im Bereich vorsorgender Rechtspflege liegt und eine neutrale, unparteiische Berücksichtigung der Belange sämtlicher Beteiligter beinhaltet oder ob sie eine Vertretung einseitiger Interessen darstellt.[19] Erst wenn die erste Möglichkeit vollständig ausscheidet, greift die Auslegungsregel des Satzes 2 ein, nach der „im Zweifel" eine Anwaltstätigkeit vorliegt.[20] In diesem Kontext sind auch die den Anwaltsnotar bindenden Mitwirkungs- bzw. Tätigkeitsverbote nach § 3 Abs. 1 Satz 1 Nrn. 7 und 8 BeurkG[21] und § 45 Abs. 1 Nr. 1 und 2 BRAO[22] zu beachten.

1454 Problematisch an der Abgrenzungsregelung des § 24 Abs. 2 BNotO ist, dass sie zwar an rein objektive Kriterien[23] anknüpft, die sich ihrerseits jedoch – zumindest aus einer ex-ante-Perspektive – kaum ohne Zuhilfenahme subjektiver Anhaltspunkte ausfüllen lassen. Deshalb ist nicht nur auf sämtliche objektiven Umstände, sondern auch auf die Vorstellungen der an dem Geschäft beteiligten Personen abzustellen.[24] Wann eine Handlung dazu „bestimmt ist, Amtsgeschäfte (...) vorzubereiten oder auszuführen", ist i.d.R. allenfalls aus nachträglicher Sicht – also im Rahmen des Haftungsprozesses – auszumachen.[25]

1455 Dies hat dazu geführt, dass sich die Abgrenzungsjudikatur wenig zu einer Systematisierung eignet und sich eine ex-ante-Darstellung der maßgeblichen Kriterien in abstrakter Form nur schwer bewerkstelligen lässt.

1456 Allerdings hat der Gesetzgeber durch die Festlegung beidseitiger Mitwirkungsverbote[26] verhindert, dass sich die objektive Zuordnung zu einem der beiden Bereiche ausschließlich nach dem Gehalt der in derselben Sache zuletzt entfalteten Tätigkeit richtet. Ein Anwaltsnotar legt sich deshalb z. B. auf eine anwaltliche Tätigkeit fest, wenn er zunächst eine objektiv einseitige Interessenwahrnehmung betreibt. Ein späteres „objektiv" notarielles Tätigwerden in derselben Sache, z. B. durch Beurkundung des zuvor ausgehandelten Vertrages, begründet wegen Verstoßes gegen § 3 Abs. 1 Satz 1 Nrn. 7 und 8 BeurkG bereits per se einen Amtspflichtverstoß,[27] für den er dann aber in seiner Eigenschaft als Notar haftet.

C. Amtspflichten

1457 Inhalt und Umfang der Amtspflichten werden in § 19 BNotO nicht definiert. Sie ergeben sich aus anderen gesetzlichen Vorschriften oder sind von der Rechtsprechung entwickelt worden. Gesetzlich normierte Amtspflichten sind u.a. die Pflicht zur Unparteilichkeit und Unabhängigkeit (§ 14 Abs. 1 Satz 2 BNotO), zur Redlich-

---

[18] OLG Frankfurt a. M. NJW-RR 2003, 1646.
[19] BGH NJW-RR 2001, 1639, 1640.
[20] *Haug*, Rn. 357.
[21] Weiterführend hierzu *Haug*, Rn. 361 ff.; *Maass*, Rn. 191 ff.
[22] Hierzu *Haug*, Rn. 370 ff.; *Maass*, Rn. 188 ff.
[23] BGH LM Nr. 1 zu § 24 BNotO; OLG Frankfurt DNotZ 1979, 119.
[24] BGH NJW 1998, 1864 (LS 3).
[25] Ähnlich *Maass*, Rn. 186.
[26] Für den Rechtsanwalt: § 45 Abs. 1 Ziff. 1, 2 BRAO; für den Notar: § 3 Abs. 1 Satz 1 Ziff. 7 und 8 BeurkG.
[27] *Maass*, Rn. 191.

keit (§ 14 Abs. 2 BNotO) sowie zur Verschwiegenheit (§ 18 BNotO). Haftpflichtrechtlich von zentraler Bedeutung ist § 17 Abs. 1 BeurkG, der den Kern der notariellen Prüfungs- und Belehrungspflichten normiert und die Pflicht begründet, den Willen der Beteiligten zu erforschen, den Sachverhalt zu klären, die Beteiligten über die rechtliche Tragweite ihres Geschäfts zu belehren und die Erklärungen klar und unzweideutig wiederzugeben. Daneben begründen die §§ 17 ff. BeurkG und die Dienstordnung für Notare (DONot) eine Reihe weiterer spezieller Amtspflichten.[28]

I. Prüfungs- und Belehrungspflichten

Über ein Drittel aller Regressfälle betrifft die Verletzung von Belehrungspflichten bei der notariellen Urkundstätigkeit.[29] 1458

Die notariellen Belehrungs-, Betreuungs-, Warn- und Schadensverhütungspflicht gewinnen dabei vor dem Hintergrund des vom BGH postulierten „sozialen Schutzauftrags" des Notars immer größere Bedeutung.[30] 1459

Allgemein ist zwischen der Belehrungspflicht aus Urkundstätigkeit und der allgemeinen Betreuungspflicht bzw. der erweiterten Belehrungspflicht aus Betreuungsverpflichtung zu unterscheiden. 1460

1. Prüfungs- und Belehrungspflichten aus Urkundstätigkeit

Im Rahmen seiner Beurkundungstätigkeit hat der Notar die Beteiligten insoweit zu befragen und zu belehren, als dies notwendig ist, um eine ihrem wahren Willen entsprechende Urkunde zu errichten. Erforderlichenfalls sind die Beteiligten über die rechtliche Bedeutung ihrer Erklärungen und die unmittelbaren Bedingungen für den Eintritt des beabsichtigten Erfolgs aufzuklären.[31] Rechtliche Grundlage dieser allgemeinen Belehrungspflichten sind in erster Linie die §§ 17 bis 21 BeurkG. Auch bei Entwurfsarbeiten besteht die volle Belehrungspflicht,[32] ebenso bei nachträglichen Änderungen eines von den Beteiligten gebilligten Entwurfs.[33] Sofern dem Notar nach der Beurkundung schadensträchtige Tatsachen bekannt werden, kann er zur Schadensverhinderung auch noch nachträglich zur Belehrung verpflichtet sein.[34] 1461

a) Pflicht zur Willenserforschung

Der Notar ist gem. § 17 Abs. 1 Satz 1 BeurkG verpflichtet, eine dem wahren Willen der Beteiligten entsprechende Urkunde zu erstellen. 1462

Er darf sich nicht darauf beschränken, die Erklärungen der Beteiligten unkritisch zu übernehmen, sondern muss bei Zweifeln aktiv nachfragen.[35] Ohnehin muss er die Beteiligten sachgerecht befragen, um den Tatsachenkern des Geschäfts aufzuklären.[36] Eine Nachfrage- und Aufklärungspflicht kann insbesondere dann bestehen, 1463

---

[28] BGH DNotZ 1972, 551; BGH DNotZ 1973, 174; BGH MDR 1980, 397; BGH DNotZ 1995, 125, 126; BVerfG NJW 1988, 191 (zum anwaltlichen Standesrecht); OLG Celle DNotZ 1989, 55, 56; Brambring/Jerschke/*Starke*, LI, Rn. 2.
[29] Vgl. *Haug*, Rn. 401.
[30] *Haug*, Rn. 401; *Ganter*, WM 1996, 701.
[31] *Haug*, Rn. 410.
[32] Das Haftungsrisiko ist besonders groß, wenn die Parteien den Entwurf später zur Grundlage eines privatschriftlichen Vertrags machen, vgl. BGH VersR 1972, 1049; 1984, 946.
[33] BGH DNotZ 1993, 459.
[34] OLG Hamm DNotZ 1983, 702; BGH WM 1986, 583.
[35] BGH NJW 2011, 1355; *Maass*, Rn. 18; *Haug*, Rn. 466.
[36] BGH DNotZ 1987, 450; Arndt/Lerch/*Sandkühler*, § 19 BNotO, Rn. 65.

wenn Beteiligte ohne rechtliche Vorkenntnisse Rechtsbegriffe verwenden, über deren Bedeutung sie sich möglicherweise nicht im Klaren sind.[37]

1464 Der Notar darf sich nicht auf die Regelung von Hauptleistungspflichten beschränken, sondern schuldet eine umfassende, ausgewogene und interessengerechte Vertragsgestaltung.[38] Hieraus folgt, dass er unter Auswertung der Erfahrungen der Kautelarjurisprudenz alle regelungsbedürftigen Fragen selbst ansprechen und den Willen der Beteiligten dazu in Erfahrung bringen muss.[39] Darüber hinaus ist der Notar zur Erforschung der Motive der Beteiligten verpflichtet, soweit dies für die Beurteilung der Tauglichkeit der von ihnen in Aussicht genommenen Urkunde oder der Zweckmäßigkeit bestimmter Regelungen notwendig erscheint.[40]

b) Pflicht zur Sachverhaltsklärung

1465 Der Umfang der Pflicht zur Sachverhaltsklärung gemäß § 17 Abs. 1 Satz 1 BeurkG richtet sich nach dem Zweck der Urkunde.

1466 Umstände tatsächlicher Art hat der Notar zu klären, soweit die Angaben der Beteiligten unvollständig, unbestimmt oder offenbar unrichtig sind. Umgekehrt braucht der Notar nicht etwa die Wohnungsgröße zu ermitteln, wenn die Beteiligten erklären, sie wollen eine im Aufteilungsplan mit einer bestimmten Nummer bezeichnete Eigentumswohnung mit dem dort angegebenen Miteigentumsanteil kaufen.[41] Der Notar hat aber die Richtigkeit der Angaben zu prüfen, wenn begründeter Anlass zu Zweifeln besteht. Generell besteht eine Pflicht zur Aufklärung des Sachverhalts nur bei einem konkreten Anlass.[42]

1467 Ein Unterfall der Sachverhaltsklärungspflicht ist die in § 21 Abs. 1 BeurkG geregelte Pflicht zur Grundbucheinsicht. Diese Pflicht besteht bei Geschäften, die unmittelbar im Grundbuch eingetragene oder einzutragende Rechte zum Gegenstand haben.[43] Sie bezieht sich auf die von den Beteiligten genannten Grundstücke, kann aber wegen der Gefahr einer Benachteiligung besonders unerfahrener Beteiligter darüber hinausgehen.[44]

1468 Die Pflicht erstreckt sich auf alle Abteilungen des Grundbuchs. Die Grundakten müssen aber nur bei besonderen Umständen eingesehen werden,[45] etwa wenn das Grundbuch auf eine Eintragungsbewilligung verweist, da in Bezug genommene Urkunden zum Grundbuchinhalt im Sinne des § 21 Abs. 1 BeurkG gehören.[46] Die Pflicht umfasst nicht die Ermittlung von Tatsachen aus dem Grundbuch, die für das Eingreifen von Steuertatbeständen von Bedeutung sein können.[47]

---

[37] BGH NJW 1996, 524, 525; BGH NJW 2007, 3566, 3567 (Hinweispflicht des Notars auf mögliche Differenzhaftung bei Kapitalerhöhung einer GmbH durch Sacheinlagen); zur Bedeutung des Begriffs „Besitz" siehe z. B. *Haug*, Rn. 466.
[38] Vgl. *Reithmann* (Hdb.), Rn. 20 ff.
[39] BGH NJW 1994, 2283; OLD Frankfurt, Urt. v. 30.3.2011 – 4 U 242/10 zu den Regelungen in einer Teilungserklärung.
[40] Bei einem Grundstücksgeschäft zum Zwecke der Bebauung ist etwa an die Vereinbarung eines Rücktrittsrechts im Falle des Nichteintritts des Vertragszwecks zu denken, vgl. auch OLG Nürnberg DNotZ 1990, 458.
[41] BGH NJW-RR 1999, 1214.
[42] OLG Frankfurt NotBZ 2011, 397.
[43] Vgl. BGH NJW 1992, 3237.
[44] OLG Saarbrücken DNotZ 1977, 495 nimmt an, der Notar könne verpflichtet sein, sämtliche Grundstücke eines Veräußerers zu ermitteln; für die Pflicht zur Einsicht in Flurkarte OLG Frankfurt NJW 1991, 154.
[45] BGHZ 179, 94.
[46] Vgl. BGHZ 35, 381; *Haug*, Rn. 519.
[47] BGH WM 1995, 1502, 1503: Zeitpunkt des im Grundbuch eingetragenen Erwerbs wegen Spekulationsgewinn. OLG München, Urt. v. 27.11.2008 – 1 U 3482/08.

Jedenfalls im Falle der selbständigen Registereinsicht durch Notargehilfen ist der 1469
Rechtsgedanke des § 278 BGB anzuwenden. Der Notar haftet deshalb für das Verschulden von Hilfspersonen bei der Grundbucheinsicht wie für eigenes Verschulden.[48]

Der Zeitraum, der zwischen Grundbucheinsicht und Beurkundung verstreichen 1470
darf, wird im Allgemeinen bei zwei Wochen gesehen.[49] Er kann sich aber wesentlich verkürzen, wenn aufgrund bestimmter Umstände mit einer kurzfristigen Änderung des Grundbuchstands zu rechnen ist.[50]

c) Pflicht zur Belehrung über die rechtliche Tragweite des Geschäfts

Die Pflicht zur Belehrung über die rechtliche Tragweite des zu beurkundenden 1471
Geschäfts (§ 17 Abs. 1 Satz 1 BeurkG) erstreckt sich auf die rechtliche Bedeutung des Erklärten sowie auf die unmittelbaren rechtlichen Voraussetzungen für den Eintritt des angestrebten Erfolgs.[51]

Die Belehrung über die rechtliche Bedeutung des Erklärten hat z. B. bei einer Adoption die 1472
Aufklärung über die erbrechtlichen Konsequenzen[52] zu enthalten, bei der Übernahme der GmbH-Gesellschaftsanteile einer GmbH & Co KG den Hinweis auf die Haftung für sämtliche KG-Verbindlichkeiten,[53] beim Entwurf einer Handelsregisteranmeldung mit Beratung über den angestrebten Firmennamen die Belehrung über die haftungsrechtlichen Risiken einer Firmenübernahme,[54] bei einem Mantelkauf die Risiken hinsichtlich einer (erneuten) Einzahlung des Stammkapitals,[55] beim Verkauf von Erbanteilen den Hinweis auf das Vorkaufsrecht der Miterben,[56] beim Grundstückskauf mit Grundpfandrechtsablösung die Auskunft, dass bei nicht mehr voll valutierten Grundpfandrechten der Rückübertragungsanspruch nicht automatisch auf den Käufer übergeht und deshalb eine gesonderte Abtretung erforderlich ist,[57] für den Fall, dass der Notar ein rechtlich undurchführbares Geschäft beurkunden soll, die Aufklärung über die rechtlichen Schwierigkeiten und die sich daraus ergebenden Haftungsrisiken,[58] bei einer Bestellung von Rechten in Abt. II des Grundbuchs die Belehrung über die Bedeutung der Rangfolge,[59] bei einer Abtretung von Grundstücksrückübertragungsansprüchen nach § 3 VermG über das Risiko der ungesicherten Vorleistung und entsprechender Sicherungsmöglichkeiten.[60] In den Fällen, in denen ein Urkundsbeteiligter nach dem Vertragsinhalt eine als solche nicht ohne Weiteres erkennbare ungesicherte Vorleistung erbringen soll, ist eine doppelte Belehrungspflicht des Notars zu beachten.[61] Die erste Belehrungspflicht besteht hinsichtlich der Folgen, die im Falle der Leistungsunfähigkeit des durch die Vorleistung Begünstigten eintreten können. Ferner obliegt es dem Notar, Wege zur Vermeidung dieser Ri-

---

[48] BGH NJW 1996, 464, 465; Änderung der Rspr.; *Arndt/Lerch/Sandkühler*, § 19 BNotO, Rn. 22.
[49] Str., LG München MittBayNotZ 1978, 237: 14 Tage ausreichend; OLG Frankfurt DNotZ 1984, 244: bei sechs Wochen altem Grundbuchauszug im Normalfall keine Pflicht zu nochmaliger Einsicht.
[50] Vgl. BGH DNotZ 1969, 496; z. B. wegen Liquiditätsschwierigkeiten.
[51] BGH NJW 2010, 3243; BGH NJW 2005, 3495; BGH DNotZ 1981, 515; 1987, 157; 1988, 383; *Huhn/v. Schuckmann*, § 17 BeurkG, Rn. 29 f.
[52] BGH DNotZ 1973, 240.
[53] OLG Karlsruhe VersR 1982, 197.
[54] BGH MittBayNot 2005, 168.
[55] OLG München, Beschl. v. 23.1.2012, Az. 1 W 1162, 11.
[56] BGH MDR 1968, 1002.
[57] BGH DNotZ 1976, 629; NJW 1978, 219.
[58] BGH NJW-RR 2004, 1704, 1705.
[59] BGH NJW 1993, 2741; vgl. ferner RG DNotZ 1934, 939 (zu § 419 BGB); OLG Bremen DNotZ 1985, 769 (zur Schadensersatzpflicht nach Rücktritt); OLG Nürnberg DNotZ 1990, 456 (Zusicherungen in einem Grundstückskaufvertrag).
[60] EGH VIZ 1998, 281.
[61] Std. Rspr., vgl. aus jüngerer Zeit BGH NJW 2008, 1319, 1320 f. (Besitzüberlassung vor Kaufpreisfälligkeit); BGH NJW 2008, 1321, 1322 f., BGH, Beschl. v. 1.8.2007, Az,; III ZR 45/06 (Erschließungs- und Anschlusskosten), vgl. zu dieser Problematik auch BGH NJW 1994, 2283 f.; BGH NJW 1999, 2188 ff.; OLG Köln, Urt. v. 23.7.2009, Az. 7 U 25/09.

siken aufzuzeigen (zweite Pflicht).⁶² Diese ursprünglich für Austauschgeschäfte entwickelten Grundsätze hat der BGH nunmehr auch auf den Fall eines Darlehensvertrages mit Sicherungsgrundschuld übertragen.⁶³ Schließlich muss der Notar bei einer Darlehensgewährung an einen mutmaßlich Zahlungsunfähigen auf eine adäquate Sicherung des Rückzahlungsanspruchs dringen.⁶⁴

1473 Der Belehrungspflicht über die Gefahren ungesicherter Vorleistungen⁶⁵ steht nicht entgegen, dass der beurkundende Notar – etwa bei einem von dritter Seite vorformulierten Angebot eines Erwerbers im steuersparenden Erwerbermodell – die Urkunde nicht selbst entworfen hat. Wenn der Urkundsentwurf – für den Notar ersichtlich – nur von einer Vertragspartei stammt und einseitig begünstigende Bestimmungen enthält, ist dies ein Anhaltspunkt für eine Pflicht des Notars zu intensiver Beratung.⁶⁶

1474 Zu den rechtlichen Bedingungen und Voraussetzungen für den Eintritt des angestrebten Erfolgs gehören die Belehrung über § 1365 BGB,⁶⁷ bei Briefrechten der Hinweis, dass zur Wirksamkeit der Abtretung die Übergabe des Briefs erforderlich ist,⁶⁸ bei Übertragung von Grundstücken bzw. ihrer Belastung mit Rechten die Belehrung, dass das Eigentum bzw. das Recht erst mit Eintragung im Grundbuch übergeht bzw. entsteht, bei einer GmbH-Gründung die Belehrung, dass die GmbH erst mit der Eintragung in das Handelsregister entsteht,⁶⁹ bei der Beurkundung einer Annahmeerklärung unter Umständen die Belehrung, dass der Vertrag nur bei Übereinstimmen von Angebot und Annahme zustande kommt.⁷⁰

d) Erörterungspflicht bei Zweifeln an der Wirksamkeit des Geschäfts

1475 Bestehen Zweifel an der Wirksamkeit eines Geschäfts, so trifft den Notar eine Erörterungspflicht gegenüber den Parteien (§ 17 Abs. 2 Satz 1 BeurkG).⁷¹ Wenn sich die Zweifel später als begründet herausstellen, kommt eine Haftung des Notars wegen Verstoßes gegen das Gebot des „sichersten Wegs" in Betracht.⁷² Zweifelt der Notar an der Wirksamkeit des Geschäfts, bestehen die Beteiligten aber trotz entsprechender Belehrung weiter auf der Beurkundung, so sollen⁷³ die Belehrung und die von den Beteiligten dazu abgegebenen Erklärungen gem. § 17 Abs. 2 Satz 2 BeurkG in der Urkunde vermerkt werden. Ist der Notar von der Unwirksamkeit des Geschäfts überzeugt, so darf er wegen § 4 BeurkG und § 14 Abs. 2 BNotO nicht beurkunden.⁷⁴ Beurkundet er dennoch, handelt er amtspflichtwidrig.⁷⁵

1476 Erfährt der Notar nach Beurkundung positiv von der Unwirksamkeit eines von ihm beurkundeten Vertrages, ohne dass er bei der Beurkundung auf Zweifel an der Wirksamkeit hingewiesen hatte, ist er verpflichtet, die Urkundsbeteiligten auf die Unwirksamkeit hinzuweisen.⁷⁶

1477 Die Belehrungspflicht hängt nicht davon ab, ob der Notar die Zweifelhaftigkeit des Geschäfts erkannt hat, sondern davon, ob er sie hätte erkennen können.

---

⁶² BGH NJW-RR 2004, 1071, 1072; BGH NJW-RR 2005, 1292, 1293 (keine ungesicherte Vorleistung des Grundstückskäufers bei Aushändigung einer § 7 MaBV entsprechenden Urkunde durch den Verkäufer); BGH NJW 2005, 3495, 3496 (erbbaurechtliche „gespaltene Eigentümerzustimmung" als mit der Gefahrenlage bei Vereinbarung einer ungesicherten Vorleistung vergleichbar).
⁶³ BGH NJW 2006, 3065, 3066 f. (m. Anm. *Krebs*).
⁶⁴ OLG München, Beschl. v. 20.9.2011, Az. 1 U 2262/11.
⁶⁵ BGH NJW-RR 2012, 300; BGH NJW 2008, 1319; OLG Frankfurt RNotZ 2012, 353.
⁶⁶ OLG Celle NZM 2004, 918.
⁶⁷ BGH DNotZ 1975, 628.
⁶⁸ BGH WM 1993, 285.
⁶⁹ *Haug*, Rn. 477, 484.
⁷⁰ BGH NJW 2012, 619.
⁷¹ Anders RG DNotZ 1939, 139.
⁷² Vgl. OLG Hamm DNotZ 1987, 696.
⁷³ A. A. OLG Frankfurt NJW 2011, 392: muss.
⁷⁴ *Haug*, Rn. 494.
⁷⁵ BGH NJW-RR 2000, 1658.
⁷⁶ OLG Frankfurt NJW 2011, 392.

e) Weitere Hinweispflichten

Besteht die Möglichkeit, dass ausländisches Recht zur Anwendung gelangt, ist der Notar verpflichtet, darauf hinzuweisen (§ 17 Abs. 3 Satz 1 BeurkG).[77] Ist ihm das anwendbare ausländische Recht unbekannt, muss er auch dies den Parteien mitteilen.[78] Belehrt er allerdings über den Inhalt ausländischer Rechtsordnungen, ohne dazu verpflichtet zu sein,[79] so haftet er, wenn diese Angaben falsch sind.[80]   1478

Der Notar hat ferner auf Genehmigungserfordernisse (§ 18 BeurkG)[81], auf die Notwendigkeit der Einholung einer Unbedenklichkeitsbescheinigung (§ 19 BeurkG) und auf das eventuelle Bestehen eines gesetzlichen Vorkaufsrechts (§ 20 BeurkG) hinzuweisen.   1479

2. Erweiterte Belehrungspflicht aus Betreuungsverpflichtung

Die Belehrungspflichten des Notars können in besonderen Einzelfällen erweitert sein. Die aus einer Betreuungsverpflichtung resultierenden Belehrungspflichten[82] bestehen aber nur bei Vorliegen besonderer Voraussetzungen.[83] Die Rechtsprechung zieht als Rechtsgrundlage § 14 Abs. 1 BNotO heran.[84]   1480

Von dieser belehrenden Betreuungspflicht nach § 14 BNotO ist die sog. selbständige Betreuungstätigkeit nach § 23 BNotO (Verwahrung) und nach § 24 Abs. 1 BNotO aufgrund eines eigenständigen Auftrags zu unterscheiden, die für die Frage des Wegfalls der Haftungssubsidiarität von entscheidender Bedeutung ist.   1481

Die Pflicht greift ein, wenn nach den besonderen Umständen des Einzelfalls die Vermutung naheliegt, dass ein Beteiligter mangels Kenntnis der Rechtslage einen nicht bedachten Schaden erleiden wird.[85]   1482

Sie besteht also bei besonderer Schadensgefahr für geschäftsungewandte Beteiligte. Eine Warnpflicht des Notars greift z.B. ein, wenn einem Beteiligten die doppelte Inanspruchnahme droht.[86] Der Notar muss die Beteiligten über behördliche Hinweise unterrichten, die bei der Beurkundungstätigkeit zu seiner Kenntnis gelangen und eine Schadensgefahr für die Beteiligten begründen.[87] Hingegen ist er nicht verpflichtet, über Schäden zu belehren, die allein aufgrund der wirtschaftlichen Überlegungen eines Beteiligten drohen und in keinem Zusammenhang mit der rechtlichen Anlage des Vertrags oder der vorgesehenen Art seiner Durchführung stehen.[88]   1483

---

[77] Hierfür bedarf es eines objektiven Anhaltspunktes, vgl. BGH DNotZ 1963, 315; OLG Frankfurt NJW 2011, 392; im Einzelnen dazu *Haug*, Rn. 497.
[78] OLG Düsseldorf NJW-RR 1995, 1147, 1148.
[79] § 17 Abs. 3 Satz 2 BeurkG.
[80] *Haug*, Rn. 497.
[81] Nicht erforderlich ist eine Belehrung über die Voraussetzungen der Genehmigung oder gar eine Prüfung, ob diese im konkreten Fall erfüllt sind oder nicht, *Ganter*, DNotZ 2007, 254; a. A. LG Leipzig, Beschl. v. 14.3.2006 – 1 T 2364/04, LSK 2007, 060443; zu den Voraussetzungen einer lediglich ganz ausnahmsweise gegebenen Verpflichtung des Notars zu einem warnenden Hinweis gemäß § 14 Abs. 1 Satz 2 BNotO analog vgl. *Ganter*, DNotZ 2007, 254.
[82] Die Terminologie ist uneinheitlich. Die Rechtsprechung verwendet überwiegend den Begriff „allgemeine Betreuungspflicht" oder „betreuende Belehrungspflichten" vgl. BGH DNotZ 1987, 157; 1989, 45, 47; 1990, 450, 451; 1991, 759, 761. Geläufig ist auch der Begriff außerordentliche Belehrungspflicht oder „Belehrung aus Betreuungsverpflichtung" (*Haug*, Rn. 533).
[83] BGH WM 1995, 118, 120 m. w. N.
[84] BGH MittBayNot 2009, 394; BGH DNotZ 1991, 759, 761; BGH DNotZ 1989, 45.
[85] *Haug*, Rn. 412; Palandt/*Sprau*, § 839 BGB, Rn. 157.
[86] OLG Düsseldorf, DNotZ 1990, 62, 63.
[87] BGH NJW 1995, 2713, 2714; vgl. auch *Reithmann*, NJW 1995, 3370, 3371.
[88] *Haug*, Rn. 547; BGH DNotZ 1991, 759; LG Duisburg NJW-RR 1995, 950 (Kenntnis des Notars von finanziellen Schwierigkeiten eines Vertragsteils); BGH VersR 1978, 60, 61; 1982, 158, 159. Zu weiteren Belehrungspflichten vgl. OLG Karlsruhe BWNotZ 1991, 52; BGH NJW 1991, 1113.

1484 Bei außergewöhnlichen Vertragsgestaltungen, die einen Beteiligten benachteiligen, trifft den Notar nicht nur die Pflicht zur Aufklärung über diese Auswirkungen, er muss vielmehr auch Wege aufzeigen, wie die Benachteiligung vermieden werden kann.[89] Bei Vertragsgestaltungen, in denen übliche und zweckmäßige Regelungen fehlen, ohne dass sich im Haftpflichtfall feststellen lässt, dass dies dem Geschäftswillen der Beteiligten entsprach, liegt in der Regel eine Pflichtverletzung vor. In diesem Fall hat der Notar entweder seine Pflicht zur „Gestaltung ausgeglichener und interessengerechter Verträge"[90] oder seine Belehrungspflicht verletzt.[91]

1485 Sofern dem Notar Anhaltspunkte dafür vorliegen, dass ein Beteiligter unredliche oder gesetzwidrige Zwecke verfolgt, muss er darüber belehren. Bei erkennbar unredlichen oder gesetzwidrigen Zwecken hat er ohnehin seine Amtstätigkeit zu versagen, § 14 Abs. 2 BNotO. Andernfalls verletzt er seine Amtspflicht.[92]

1486 Solche Anhaltspunkte können sich bei der Beurkundung einseitig erklärter Schuldanerkenntnisse zum Zweck der Darlehenserlangung aus der Kenntnis von der Zerrüttetheit der Vermögensverhältnisse der Darlehensnehmer[93] oder aus der Kenntnis von Umständen, die darauf schließen lassen, dass ein Beteiligter schon früher in betrügerischer Geschäftsabsicht gehandelt hat, ergeben.[94]

1487 Eine Pflicht zur steuerrechtlichen Belehrung[95] oder zur Ermittlung von Tatsachen, die für das Eingreifen von Steuertatbeständen von Bedeutung sein können,[96] besteht im Rahmen der betreuenden Belehrungspflichten grundsätzlich nicht; eine steuerrechtliche Beratung ist nur ausnahmsweise vorgeschrieben, etwa in § 8 ErbStDV.[97] Stellen die Beteiligten aber selbst die Frage nach der Steuerpflicht oder ist dem Notar erkennbar, dass steuerliche Gesichtspunkte erheblichen Einfluss auf die Entscheidung der Beteiligten haben oder die Beteiligten sich aufgrund mangelnder Kenntnis der steuerrechtlichen Lage einer wirtschaftlichen Gefahr nicht bewusst sind, ist er verpflichtet, selbst zu belehren[98] oder die Beratung durch einen Rechtsanwalt oder Steuerberater zu empfehlen.[99] Der BGH macht das Haftpflichtrisiko von den steuerrechtlichen Kenntnissen des Notars sowie von seiner Kenntnis der steuerrechtlichen Auswirkungen des Geschäfts abhängig.[100] Belehrt der Notar allerdings über steuerrechtliche Auswirkungen des zu beurkundenden Geschäfts, ohne

---

[89] BGH DNotZ 1973, 174; 1990, 58; OLG Nürnberg DNotZ 1990, 458. Eine zu umfangreiche betreuende Belehrung kann den Notar im Einzelfall jedoch in Konflikt mit seiner Pflicht zur Unparteilichkeit bringen.
[90] *Brambring/Schippel*, NJW 1979, 1802, 1806.
[91] Beispiele sind etwa das Fehlen einer Regelung über „hängende" Erschließungskosten (vgl. hierzu BGH NJW-RR 1996, 781; BGH NJW 1994, 2283) sowie das Fehlen einer ausgewogenen Vertragsrücktrittsgestaltung (BGH WM 1988, 337).
[92] BGH NJW-RR 2001, 1639, 1640.
[93] BGH DNotZ 1981, 311; BGH DNotZ 1982, 384.
[94] BGH DNotZ 1973, 494; BGH DNotZ 1978, 373.
[95] BGH NJW 2008, 1085: keine allgemeine Belehrungspflicht bzgl. des Entstehens einer Umsatzsteuerpflicht infolge des beurkundeten Geschäfts; OLG Frankfurt DNotZ 1996, 589; OLG Hamm, Urt. v. 1.6.2011, Az. 11 U 163/09.
[96] BGH WM 1995, 1502, 1503: Zeitpunkt des im Grundbuch eingetragenen Erwerbs wegen Spekulationsgewinn.
[97] BGH VersR 1983, 181; BGH NJW 1985, 1225; OLG Oldenburg MDR 2010, 55; Geigel/Schlegelmilch/*Kapsa*, Kap. 20, Rn. 269.
[98] OLG Frankfurt DNotZ 1996, 589; BGH WM 1995, 1502, 1503; BGH WM 1992, 1533, 1535.
[99] OLG Oldenburg VersR 1971, 380; BGH DNotZ 1985, 635; BGH DNotZ 2003, 845 f. (erweiterte Belehrungspflicht bei Änderung des Vertragsentwurfs eines Steuerberaters).
[100] BGH DNotZ 2003, 845 f.; BGH DNotZ 1992, 813: Je größer die Kenntnisse, desto höher ist das Haftungsrisiko des Notars.

dazu im Rahmen seiner allgemeinen Belehrungspflichten verpflichtet zu sein, so müssen diese Belehrungen zutreffend sein.[101]

3. Belehrungsbedürftigkeit

Mit Ausnahme der gesetzlich vorgeschriebenen Belehrungen in §§ 18 bis 21 BeurkG besteht eine Belehrungspflicht nur bei Belehrungsbedürftigkeit. Die Behauptung der eigenen Unkenntnis ist daher im Notarhaftpflichtprozess eine anspruchsbegründende Tatsache. Da es sich hierbei um eine innere Tatsache handelt, stellt die Rechtsprechung auf den Grad der Geschäftsgewandtheit des Beteiligten hinsichtlich der konkreten Thematik ab. Bei rechtskundigen Beteiligten besteht die Belehrungspflicht in einem geringeren Umfang als bei rechtsunkundigen oder gar geschäftsunerfahrenen.[102] Eine Belehrungspflicht des Notars entfällt ausnahmsweise dann, wenn sich die Beteiligten über die Tragweite ihrer Erklärungen vollständig im Klaren sind und sich der Notar hiervon aufgrund der gesamten Umstände zuverlässig überzeugt hat.[103] Auch wenn die Betroffenen von dritter Seite umfassend über alle relevanten Risiken aufgeklärt worden sind, scheidet eine Haftung des Notars wegen Verletzung der Aufklärungspflicht aus. Eine Haftung des Notars entfällt auch dann, wenn die Betroffen das Rechtsgeschäft in gleicher Weise vorgenommen hätten, wenn der Notar die unterlassene Aufklärung durchgeführt hätte.[104] Besondere Bedeutung erlangt die Belehrungsbedürftigkeit bei der Übernahme einer selbstschuldnerischen Bürgschaft[105] sowie bei der Einräumung von Vorkaufsrechten, weil man Kenntnisse aus solchen Bereichen nur von rechtskundigen Personen erwarten darf.[106] Die Rechtsprechung geht insgesamt, insbesondere im Bereich der betreuenden Belehrungspflichten, eher von einem weiten Verständnis der Belehrungsbedürftigkeit aus.[107]

1488

II. Beurkundungspflichten

1. Errichtung einer formell rechtswirksamen Urkunde

An formelle Beurkundungsfehler sind im BeurkG eindeutige Rechtsfolgen geknüpft. Sie können zur Nichtigkeit der Beurkundungen führen. Soweit eine Heilung durch Neubeurkundung nicht in Betracht kommt,[108] ist eine Notarhaftung gegeben.[109]

1489

Der Notar hat die Vorschriften über das Beurkundungsverfahren zu beachten.[110] Dem Notar obliegt dementsprechend gemäß § 9 Abs. 1 Satz 1 Nr. 2, § 13 Abs. 1 Satz 1 BeurkG die Amtspflicht zur vollständigen Beurkundung.[111] Diese ist verletzt, wenn der Notar bei Beurkundung eines Grundstückskaufvertrags eine Baubeschreibung nicht mit beurkundet.[112] Der Notar hat sich ferner von der Identität, Ge-

1490

---

[101] *Haug*, Rn. 568; OLG München, RNotZ 2007, 355.
[102] OLG München, Urt. v. 17. 6.2010, Az. 1 U 3256/10.
[103] BGH NJW 1995, 331; BGH DNotZ 1997, 52; LG Stuttgart, Urt. v. 21.3.2006, Az. 15 O 33/06, BeckRS 2006, 04355.
[104] OLG Saarbrücken RNotZ 2006, 296.
[105] Belehrungspflicht verneint in BGH WM 1975, 926.
[106] BGH DNotZ 1982, 505; BGH WM 1984, 700: Belehrungspflicht gegenüber rechtskundigem Oberstadtdirektor verneint.
[107] Vgl. BGH DNotZ 1954, 319, VersR 1958, 124; dagegen *Haug*, Rn. 455, 457.
[108] Etwa wegen Versterbens des Testierenden im Falle eines formnichtigen Testaments.
[109] BGH NJW 1998, 2830 bezüglich einer Unterschriftsleistung im Ausland.
[110] BGH NJW 1991, 1172.
[111] BGH NJW-RR 2005, 1148.
[112] BGH, Urt. v. 3.7.2008, Az. III ZR 189/07, BeckRS 2008, 15251.

schäftsfähigkeit, einem hinreichenden Sprachverständnis, einer etwaigen Vertretungsmacht und der Verfügungsbefugnis der Urkundsbeteiligten zu überzeugen.[113]

2. Strikte Beachtung der Beteiligteninteressen

1491 Der Notar hat ferner sicher zu stellen, dass die von ihm errichtete Urkunde den wahren Willen der Beteiligten vollständig[114] und unzweideutig[115] wiedergibt.

3. Materielle Inhaltskontrolle

1492 Der Notar ist verpflichtet, die rechtsgeschäftlichen Vereinbarungen auf ihre materielle Vereinbarkeit mit dem Gesetz hin zu überprüfen.[116] Unwirksame Rechtsgeschäfte darf er nicht beurkunden.

1493 Im Bereich des materiellen Beurkundungsrechts unterliegen notarielle Vertragsbestimmungen der richterlichen Inhaltskontrolle nach den §§ 305 ff. BGB, soweit es sich um AGB handelt, oder nach § 242 BGB.[117] Die Amtspflicht des Notars, eine entsprechende Kontrolle selbst vorzunehmen, ergibt sich aus § 310 Abs. 3 Nr. 1 BGB.[118] § 310 Abs. 3 Nr. 1 BGB bezieht sog. Drittbedingungen, die auf Vorschlag eines Dritten, etwa eines Notars, Vertragsinhalt geworden sind, in die Inhaltskontrolle der §§ 305 ff. BGB ein.[119] Hat der Notar die Vertragsbedingungen hingegen im Auftrag des Verbrauchers vorformuliert, sind sie vom Verbraucher eingeführt. §§ 305 ff. BGB finden in diesen Fällen keine Anwendung.[120]

1494 Aufgrund der neuen Rechtslage hat der Notar die AGB-Prüfung nicht nur auf Klauseln, die für mehrere Vertragsentwürfe bestimmt sind, sondern auch auf für einen Einzelfall entworfene Vertragsbestimmungen zu erstrecken. Dies erweitert zwar seine Haftung, stärkt aber zugleich seine Stellung gegenüber dem wirtschaftlich Mächtigeren unter den Beteiligten, dessen Wille sich häufig durchsetzt.[121] Denn der Notar hat nunmehr institutionell sicherzustellen, dass der Rechtsverkehr von missbräuchlichen Formularbedingungen freigehalten wird (notarielle Inhaltskontrolle).[122]

III. Vollzugstätigkeit

1495 Der Notar hat auch den Vollzug der von ihm beurkundeten Rechtsgeschäfte zu betreiben.[123] Unwirksame Rechtsgeschäfte darf er aber nicht vollziehen.[124]

1. Umfang

1496 Der Notar ist gemäß § 53 BeurkG verpflichtet, die Einreichung der von ihm beurkundeten, beim Grundbuchamt oder Registergericht einzutragenden Willenserklärungen zu veranlassen.[125]

---

[113] Palandt/*Sprau*, § 839 BGB, Rn. 155.
[114] BGH NJW-RR 2003, 1565.
[115] BGH NJW 2004, 69.
[116] BGH NJW 1993, 2617.
[117] BGH NJW 1979, 1406; 1984, 2094; 1988, 1972; BGH NJW 1988, 135; BGH NJW 1989, 2748.
[118] Vgl. dazu *Hakenberg*, AnwBl. 1997, 56, 61 f.
[119] Vgl. Palandt/*Grüneberg*, § 310 BGB, Rn. 12.
[120] Palandt/*Grüneberg*, § 310 BGB, Rn. 13; *Bunte*, DB 1996, 1391.
[121] Vgl. *Heinrichs*, NJW 1995, 153, 158; Palandt/*Grüneberg*, § 310 BGB, Rn. 15.
[122] *Heinrichs*, NJW 1995, 153, 158; Palandt/*Grüneberg*, § 310 BGB, Rn. 12.
[123] OLG Naumburg GmbHR 2003, 1277; OLG Hamm DNotZ 2006, 682.
[124] BGH NJW-RR 2001, 1658.
[125] Gleiches gilt bei Unterschriftsbeglaubigungen, wenn der Notar das Schriftstück entworfen hat, BGH DNotZ 1983, 450; BayObLG DB 1986, 1666.

Beispiele: Soll die Eintragung erst erfolgen, nachdem dem Notar bestimmte Bestätigungen zugegangen sind, hat er dafür zu sorgen, dass derartige Bestätigungen eingehen.[126] Weisen aber die Vertragsparteien den Notar übereinstimmend an, eine Urkunde trotz Vollzugsreife erst dann beim Grundbuchamt einzureichen, wenn bestimmte Bedingungen erfüllt sind (Vorlagensperre), stellt dies keine unselbständige Vollzugstätigkeit i. S. v. § 53 BeurkG, sondern vielmehr ein selbständiges Betreuungsgeschäft i. S. v. § 24 Abs. 1 Satz 1 BNotO dar.[127] Beantragt der Notar mit der Eigentumsumschreibung zugleich die Löschung der Auflassungsvormerkung, muss er sicherstellen, dass keine vertragswidrigen Zwischenrechte eingetragen oder beantragt sind.[128] Obliegt dem Notar die Überwachung der Kaufpreiszahlung, so erstreckt sich seine Prüfungspflicht regelmäßig nicht auf die Zahlung von Nebenforderungen, außer die Parteien haben ausdrücklich eine andere Vereinbarung getroffen.[129]

Diese Pflicht entsteht mit Vollzugsreife. In Ausnahmefällen kann der Notar gehalten sein, Eintragungsanträge vorher einzureichen oder sie trotz Vorliegens der Vollzugsreife zurückzuhalten.[130] Dann hat der Betroffene allerdings zuerst das Landgericht nach § 15 BNotO anzurufen, bevor er einen Amtshaftungsanspruch geltend machen kann. 1497

Ermöglicht der Notar durch Einreichung der Auflassungsunterlagen den Vollstreckungszugriff, noch bevor der Restkaufpreis bezahlt ist, kann dies amtspflichtwidrig sein.[131] 1498

§ 53 BeurkG erfasst nicht die Beseitigung sonstiger Vollzugshindernisse, wie die Einholung von Löschungsbewilligungen, Genehmigungen oder Vorkaufsverzichtserklärungen der Gemeinde. Die Betrauung des Notars mit diesen Aufgaben gemäß § 24 Abs. 1 BNotO stellt jedoch den „sichersten Weg" dar und muss deshalb von ihm angeregt werden. Ist in der Urkunde nicht klargestellt, wer von den Beteiligten welche Vollzugstätigkeiten übernimmt, nimmt die Rechtsprechung einen stillschweigenden „Vollzugsauftrag" an den Notar an,[132] sodass er bei Untätigkeit haftet. Auch wenn bestimmte Vollzugstätigkeiten von den Beteiligten übernommen werden, haftet der Notar, wenn er nicht über deren Bedeutung für die Wirksamkeit des Geschäfts[133] oder über das Risiko von Zwischeneintragungen bei Verzögerungen belehrt. 1499

2. Zeitspanne

Gemäß § 53 BeurkG soll der Notar die Einreichung von Urkunden unverzüglich veranlassen. Die teilweise[134] noch für pflichtgemäß gehaltene Zeitspanne von acht bis zehn Arbeitstagen erscheint angesichts der modernen Büroorganisation als zu lang. Im Regelfall dürfte ein Zeitraum von drei bis vier Arbeitstagen zuzubilligen sein.[135] Bei Sicherungsmitteln wie Sicherungshypotheken oder Vormerkungen hat die Einreichung beim Grundbuchamt ohnehin am Tag der Beurkundung, spätestens jedoch zeitig am darauffolgenden Tag zu erfolgen.[136] Entsprechendes muss gelten, wenn die Gefahr von Zwischeneintragungen besteht und dies für den Notar erkennbar ist. Prinzipiell muss der Notar Willenserklärungen mit der „ihm möglichen 1500

---

[126] OLG Hamm, Urt. v. 20. 1.1983, Az. 28 U 95/23.
[127] BGH NJW-RR 2006, 1431, 1432.
[128] BGH NJW 1991, 1113; BGH VersR 1991, 1028.
[129] OLG Köln NJW-RR 2007, 1361, 1362.
[130] Ausführlich hierzu *Haug*, Rn. 621 ff.
[131] BGH NJW 2009, 71.
[132] BGH DNotZ 1956, 319; BGH DNotZ 1976, 506.
[133] BGH WM 1959, 1112.
[134] *Kanzleiter*, DNotZ 1979, 314; *Huhn/v. Schuckmann*, § 53 BeurkG, Rn. 31.
[135] Vgl. auch OLG Saarbrücken DNotZ 1973, 442; BGH VersR 1964, 282.
[136] BGH DNotZ 1979, 311 (Sicherungshypothek).

und zumutbaren Beschleunigung" beim Grundbuchamt einreichen.[137] Besonders zügig muss der Notar ferner Einreichungen zum Handelsregister bearbeiten, die Haftungsbeschränkungen oder Haftungsausschlüsse zum Inhalt haben.[138]

IV. Tatsachenbeurkundungen, Notarbestätigungen und Beglaubigungen

1501   Bei der Ausstellung von Bestätigungen und Bescheinigungen muss sich der Notar bewusst sein, dass er eine Person öffentlichen Vertrauens ist und dass deshalb von ihm verfasste Schriftstücke als besonders vertrauenswürdig angesehen werden.[139] Beurkundet der Notar die persönliche Wahrnehmung von Tatsachen, so ist er zur objektiven Wiedergabe verpflichtet. Bei der Vorlage von Schriftstücken mit Textwiedergabe, die von den Beteiligten als Originale bezeichnet werden, darf er diese nicht als solche bezeichnen, wenn er ihre Echtheit nicht nachgeprüft hat.[140] Wird ihm eine Vollmachtsurkunde vorgelegt, kann er lediglich die Vorlage beurkunden, nicht aber, dass jemand Bevollmächtigter ist.[141]

1502   Bei der Formulierung des Wahrgenommenen muss der Notar das Erwecken eines falschen Anscheins vermeiden und berücksichtigen, dass die Beteiligten ein anderes Verständnis beim Lesen der Urkunde haben könnten[142] als er selbst oder in die Gefahr eines Irrtums geraten.[143]

> **Beispiel:**[144] Erklärt der Notar im Zusammenhang mit einem Anlagegeschäft, es seien ausreichende Sicherheiten hinterlegt, ist er aber unter Verstoß gegen § 54b Abs. 3 Satz 1 BeurkG nicht im Alleinbesitz an einem Bankschließfach mit den hinterlegten Vermögenswerten, verstößt er gegen das Gebot der wahrheitsgemäßen Beurkundung, weil er den Anschein erweckt, die Sicherheiten stünden auch zukünftig uneingeschränkt zur Verfügung.

1503   Bei Unterschriftsbeglaubigungen beschränkt sich die Pflicht des Notars – neben der Amtspflicht, nur Unterschriften von anwesenden Unterzeichnern zu beglaubigen –[145] auf die Prüfung, ob Gründe für die Versagung der Amtstätigkeit vorliegen, § 40 Abs. 2 BeurkG. Etwas anderes gilt, wenn der Notar zusätzliche Tätigkeiten im Vorfeld oder im Nachgang zur bloßen Unterschriftsbeglaubigung erbringt.[146] Bei der Beglaubigung einer Unterschrift, die ein Vertreter unter die Erklärung zur Genehmigung eines vollmachtlos geschlossenen Vertrags setzt, können Rechtsbelehrungspflichten des Notars bestehen, wenn er den Entwurf der Genehmigungserklärung selbst gefertigt hat.[147] Diese betreffen allerdings nur die rechtlichen Folgen der Genehmigungserklärung, nicht aber den Inhalt des Vertretergeschäfts.[148]

Bei der Beglaubigung von Abschriften gemäß § 42 BeurkG hat der Notar die Amtspflicht, den inhaltlichen Gleichlaut der Abschrift mit der Hauptschrift zu überprüfen.[149] Eine Pflicht zur Überprüfung der Echtheit der Hauptschrift besteht

---

[137] BGH NJW 2002, 3392; Geigel/Schlegelmilch/*Kapsa*, Kap. 20, Rn. 265.
[138] *Arndt/Lerch/Sandkühler*, § 19 BNotO, Rn. 90.
[139] *Arndt/Lerch/Sandkühler*, § 19 BNotO, Rn. 94.
[140] *Haug*, Rn. 661.
[141] *Schippel*, § 20 BNotO, Rn. 32.
[142] BGH DNotZ 1973, 245.
[143] BGH NJW 1997, 661, 662 m. w. N.
[144] BGH NJW 1997, 661, 662 f.
[145] OLG Frankfurt, Urt. v. 16.12.2009, Az. 4 U 13/09.
[146] BGH MittBayNot 2005, 168; BGH DNotZ 1955, 396.
[147] BGH NJW-RR 2005, 1003, 1004.
[148] BGH NJW 1994, 1344, 1346.
[149] LG Saarbrücken, Urt. v. 7.5.2012, Az. 9 O 305/11; *Eylmann/Vaasen/Limmer*, § 42 BeurkG, Rn. 9.

nur, wenn ihr äußerer Eindruck oder der Inhalt der Urkunde offensichtliche Anzeichen für eine Fälschung enthält.[150]

V. Selbständige Betreuungstätigkeit

Die selbständige Betreuungstätigkeit umfasst die Verwahrung nach § 23 BNotO sowie sonstige rechtsgeschäftliche Beauftragungen des Notars gemäß § 24 BNotO außerhalb des Beurkundungs- und Beglaubigungsverfahrens. Ihre Bedeutung liegt darin, dass bei diesen Amtsgeschäften das Verweisungsprivileg nach § 19 Abs. 1 Satz 2 BNotO keine Anwendung findet, soweit der Notar diese Amtsgeschäfte selbständig, also gerade nicht als Hilfstätigkeit im Rahmen einer Beurkundung vornimmt.[151] 1504

1. Verwahrung gemäß § 23 BNotO

Der Notar ist grundsätzlich nicht zur Verwahrung verpflichtet. Entscheidet er sich aber zur Übernahme einer Verwahrung, so hat er verschiedene Amtspflichten zu beachten[152], die in den §§ 54a bis 54e BeurkG konkretisiert sind. 1505

a) Übernahme

In formeller Hinsicht bedarf die Hinterlegungsvereinbarung sowie die Annahme gemäß §§ 54a Abs. 4, 5 BeurkG der Schriftform. Auf das Schriftformerfordernis des § 54a Abs. 4 BeurkG sind die §§ 125, 126 BGB nach Ansicht des BGH nicht anzuwenden.[153] In materieller Hinsicht setzt ein Treuhandauftrag zunächst voraus, dass dem Notar überhaupt Verwahranweisungen erteilt werden.[154] Außerdem hat der Notar bei der Übernahme eines Verwahrungsauftrags gemäß § 54a Abs. 3 BeurkG zu prüfen, ob die Verwahrungsanweisung den Bedürfnissen einer ordnungsgemäßen Geschäftsabwicklung und eines ordnungsgemäßen Vollzugs der Verwahrung sowie dem Sicherungsinteresse aller am Verwahrungsgeschäft beteiligten Personen genügt. 1506

Beispiele: Der Notar handelt bei Übernahme eines Verwahrungsauftrags einer Kapitalanlagegesellschaft unter Verstoß gegen § 54b Abs. 3 Satz 1 BeurkG amtspflichtwidrig, wenn die Anleger ihr Kapital auf ein Notaranderkonto einzahlen sollen und die Gesellschaft aufgrund der Hinterlegungsabrede die Gelder abziehen kann oder wenn der Notar keinen Alleinbesitz an den hinterlegten Vermögenswerten hat.[155] Nach dem Gesetz zur Umsetzung der EG-Einlagensicherungsrichtlinie und der EG-Anlegerentschädigungsrichtlinie vom 16.7.1998 obliegt dem Notar ferner die Pflicht, bei der Annahme anvertrauter Gelder, die einem Notaranderkonto zuzuführen sind, die Sicherung für den Insolvenzfall zu prüfen.[156] Ebenso handelt er amtspflichtwidrig, wenn kein Bedürfnis für eine notarielle Verwahrung besteht, sondern dem Geschäft durch die notarielle Verwahrung lediglich ein „Anstrich von Seriosität" gegeben werden soll.[157]

---

[150] OLG Düsseldorf DNotZ 1985, 240; LG Saarbrücken, Urt. v. 7.5.2012, Az. 9 O 305/11.
[151] BGH NJW-RR 2003, 563.
[152] Die Beachtung der Stellung als unabhängiger Amtsträger, § 1 BNotO, Wahrung seiner Unparteilichkeit, § 14 Abs. 1 BNotO, und Versagung seiner Mitwirkung bei unredlichen Handlungen, § 14 Abs. 2 BNotO.
[153] BGH DNotZ 2006, 56, 57.
[154] OLG Frankfurt RNotZ 2011, 317.
[155] Vgl. BGH NJW 1997, 661, 662 f.
[156] BGH NJW 2006, 1129. Eine Ausnahme hiervon soll gelten, wenn die Beteiligten den Notar ausdrücklich zur Verwahrung bei einem Institut ohne Einlagensicherung anweisen, vgl. *Arndt/Lerch/Sandkühler*, BNotO § 23, Rn. 101.
[157] OLG Celle MittRhNotK 1999, 355.

1507 Den Notar treffen zudem Betreuungspflichten gegenüber dem Hinterleger[158] und dem Anweisenden. Er muss sie über die bei der Hinterlegungsvereinbarung bestehenden wirtschaftlichen Gefahren und über Sicherungsmöglichkeiten belehren.[159]

b) Auszahlungsfehler

1508 Ein wichtiger Haftungsgrund sind Fehler des Notars bei der Auszahlung.[160] Diese können auftreten, wenn der Notar mehrere miteinander unvereinbare Treuhandaufträge übernommen oder eine Hinterlegungsvereinbarung nicht mit kaufvertraglichen Bedingungen abgestimmt hat.

1509 Überweist etwa der Käufer eine Kaufpreisrate auf ein Notaranderkonto mit der Bedingung, dass eine Auszahlung an den Verkäufer erst nach Beseitigung der Mängel an dem unter Gewährleistungsausschluss verkauften Haus erfolgen darf, darf der Notar die vertragswidrige Treuhandauflage nicht missachten und auszahlen. Vielmehr muss der Notar die Übernahme des Treuhandauftrags ablehnen und das Geld zurücküberweisen, sofern der Käufer die Auflage nicht zurücknimmt.[161]

Auch die dem Notar erteilte Anweisung, eine Auszahlung vom Notaranderkonto erst nach Erteilung einer Verwalterzustimmung vorzunehmen, begründet eine zu beachtende Amtspflicht i. S. d. § 19 BNotO.[162]

1510 Weitere Fehlerquellen sind ungenau formulierte Auszahlungsvoraussetzungen.[163]

Beispiel: Ist vereinbart, dass die Auszahlung nach „Sicherstellung" der Eintragung bzw. der Löschung wegzufertigender Grundpfandrechte erfolgen darf, darf der Notar erst auszahlen, wenn zur Eintragung bzw. Herstellung des Ranges nur noch sein pflichtgemäßes Handeln und das des zuständigen Grundbuchamtes erforderlich sind,[164] die Beteiligten also ihre Löschungsbewilligungen nicht mehr widerrufen können und eine dazwischentretende Pfändung von Rückübertragungsansprüchen von dritter Seite ausgeschlossen ist.[165]

1511 Aufgrund seiner Schadensverhütungspflicht kann der Notar im Ausnahmefall sogar gehalten sein, trotz Auszahlungsreife nicht auszuzahlen. Dies kann der Fall sein, wenn dem Notar Umstände erkennbar werden, aufgrund derer eine Schädigung des Hinterlegers bei Auszahlung wahrscheinlich ist.[166] Die Anforderungen an diese Pflicht sind allerdings nicht zu hoch anzusetzen.[167]

1512 Widerspricht ein an einer mehrseitigen Hinterlegungsvereinbarung Beteiligter vereinbarungswidrig der Auszahlung vom Anderkonto, ist § 54c BeurkG anzuwenden, wonach eine Auszahlung nur in bestimmten Fällen zu unterbleiben hat.[168]

---

[158] Thüringer OLG, Urt. v. 28.4.2010, Az. 8 U 478/09.
[159] Vgl. BGH WM 1960, 980.
[160] Zur Herausgabe eines verwahrten Grundschuldbriefes OLG Hamm, Urt. v. 2. 2.2011, Az. 11 U 218/10.
[161] BGH DNotZ 1991, 555.
[162] OLG Zweibrücken MittBayNot 2007, 240.
[163] BGH WM 1985, 1109; BGH DNotZ 1986, 406; OLG Celle DNotZ 1989, 55.
[164] BGH DNotZ 1987, 560; BGH DNotZ 2004, 218, 219; KG NJOZ 2008, 1287, 1288 (Grundbucheintragung ist nicht im Sinne des Treuhandauftrags des Hinterlegers „gewährleistet", wenn die Eintragungskosten nicht gedeckt sind und der Notar nicht für diese Kosten einsteht).
[165] Vgl. dazu im Einzelnen KG DNotZ 1991, 762 und differenzierter OLG Celle DNotZ 1994, 117.
[166] BGH DNotZ 1978, 373, 374; vgl. auch OLG Frankfurt NJW-RR 1996, 507, 508; OLG Hamm DNotZ 1983, 702; *Haug*, Rn. 704; der Notar ist bei Vorliegen konkreter Anhaltspunkte verpflichtet, vor einer Auszahlung vom Notaranderkonto zu prüfen, ob ein Insolvenzverfahren über das Vermögen des anweisenden Zahlungsempfängers eröffnet ist, vgl. OLG Zweibrücken MittBayNot 2007, 240.
[167] Vgl. etwa LG Köln MittRhNotK 1986, 173 und LG Nürnberg-Fürth DNotZ 1967, 648.
[168] KG Berlin DNotZ 2011, 758; OLG Frankfurt NJW-RR 1996, 507, 508; eingehend *Haug*, Rn. 707 ff.

Macht der Widerrufende etwa substantiiert die Unwirksamkeit des Kausalgeschäfts geltend, etwa wegen Formfehlern, Geschäftsunfähigkeit oder Anfechtung, darf der Notar vorerst nicht weiter abwickeln, § 54c Abs. 3 BeurkG.[169]

2. Selbständige Betreuungstätigkeit nach § 24 BNotO

Eine selbständige Betreuungstätigkeit kann in der Übernahme von zusätzlichen selbständigen Pflichten im Rahmen des Urkundenvollzugs, in der Übernahme der Gestaltung eines beabsichtigten Rechtsgeschäfts (Entwurfsfertigung)[170] oder in einer allgemeinen Beratung und Gutachtenserstellung liegen. Zu den kraft eigenen Auftrags übernommenen Tätigkeiten im Rahmen des Urkundenvollzugs gehört etwa die treuhänderische Aufbewahrung und Auszahlung des Grundstückskaufpreises bei einer vorherigen zusätzlichen Betreuungsaufgabe[171], die Mitteilung der Kaufpreisfälligkeit[172] oder die Einholung von Genehmigungen, Vorkaufsrechtsäußerungen, Löschungen, Rangrücktritten oder Pfandfreigaben.

1513

Wesensmerkmal ist, dass es sich bei diesen Aufgaben nicht um Pflichtaufgaben des Notars im Rahmen der Amtspflicht zur Amtsbereitschaft und Amtsausübung handelt, sondern um freiwillig übernommene, rechtsgeschäftlich begründete Pflichten; gleichwohl übernimmt diese Pflichten der Notar in seiner Eigenschaft als Notar, sodass nicht eine rechtsgeschäftliche Haftung, sondern die Notarhaftung Platz greift. Die zu beachtenden Amtspflichten ergeben sich dementsprechend aus der konkret übernommenen Tätigkeit und umfassen nicht nur die Pflicht zur korrekten Durchführung des Auftrags, sondern auch im Einzelfall zusätzliche Belehrungspflichten. In Betracht kommt auch die Pflicht, gegen rechtswidrige Entscheidungen des Grundbuchamts Rechtsmittel zu ergreifen.[173]

1514

D. Drittbezogenheit der Amtspflicht: Geschützter Personenkreis

Für die Begründetheit des Anspruchs gem. § 19 BNotO ist es erforderlich, dass die verletzte Pflicht einem „anderen" gegenüber bestanden hat. Der unterschiedliche Wortlaut gegenüber § 839 BGB[174] begründet aber keinen sachlichen Unterschied. Auch hier kommt es deshalb darauf an, dass die verletzte Amtspflicht wie bei § 839 BGB im Interesse des geschädigten Beteiligten bestanden hat. Der danach zu bestimmende Kreis der Dritten ist weit zu ziehen; auf die Kenntnis des Notars kommt es dabei nicht an.[175]

1515

Ein Amtshaftungsanspruch nach § 839 BGB i. V. m. Art. 34 GG kann im Einzelfall auch gegenüber dem Präsidenten des LG gegeben sein, dem die Dienstaufsicht über Notare obliegt. Die Amtspflicht zur Dienstaufsicht ist zwar grundsätzlich nicht drittbezogener Natur. Ergeben sich aber zureichende tatsächliche Anhaltspunkte, dass Belange konkreter Rechtsuchender betroffen sind, so kann die Dienstaufsichtspflicht des Präsidenten des LG in diesem Fall drittbezogen sein.[176]

1516

---

[169] OLG Schleswig, Urt. v. 26.9.1991, Az. 2 W 62/91; OLG Köln, DNotZ 1980, 503; *Haug*, Rn. 713; *Maass*, Rn. 99; *Jansen*, § 53 BeurkG, Rn. 18; vgl. auch BGH NJW 2000. 734, 735.
[170] BGH NJW-RR 2001, 204, 207.
[171] BGH NJW 1985, 2028.
[172] BGH NJW-RR 1999, 1579.
[173] OLG Frankfurt MittBayNot 2010, 496.
[174] § 839 BGB bezieht sich auf einen „Dritten".
[175] *Arndt/Lerch/Sandkühler*, § 19 BNotO, Rn. 95.
[176] BGH NJW 1998, 142.

1517   Im Allgemeinen unterscheidet man drei Gruppen von Dritten: die unmittelbar Beteiligten, die mittelbar Beteiligten und schließlich die sonstigen Dritten.[177]

I. Unmittelbar Beteiligte

1518   Zum geschützten Personenkreis gehören die unmittelbar Beteiligten. Darunter sind nicht primär die vor dem Notar erschienenen Personen zu verstehen, sondern die materiell Beteiligten. Es ist unbeachtlich, ob sie persönlich erscheinen oder durch Dritte vertreten werden. Neben den materiell Urkundsbeteiligten sind auch solche Personen unmittelbar beteiligt, die eine Betreuungs- oder Verwahrungstätigkeit wünschen. So sind auch die Hinterleger, insbesondere die Einzahler auf ein Anderkonto des Notars, unmittelbar Beteiligte im Sinne des § 19 Abs. 1 BNotO.[178] Werden mehrere Personen beraten und kommt es zur Beurkundung der Erklärung nur einer Person, so gelten auch die übrigen Personen als unmittelbar Beteiligte.[179]

1519   Die unmittelbar Beteiligten werden grundsätzlich vom Schutzbereich der vorstehend beschriebenen Amtspflichten erfasst. Sind Dritte eingeschaltet, besteht die Amtspflicht gegenüber den unmittelbar Beteiligten, zu erfüllen ist sie jedoch gegenüber den Dritten.

II. Mittelbar Beteiligte

1520   Mittelbar Beteiligte sind Personen, die den Notar zwar nicht in eigener Sache bemühen, aber am Amtsgeschäft eines anderen ein schutzwürdiges Interesse haben und deswegen mit dem Notar in Kontakt treten und ihm eigene Belange anvertrauen.[180] Unerheblich ist, ob die Kontaktaufnahme schriftlich, fernmündlich oder durch persönliches Erscheinen geschieht. Der Umfang der Amtspflichten hängt von den Umständen des Einzelfalls ab, da er sich aus der Art des erkennbaren Interesses der mittelbar Beteiligten ableitet. Einschlägig sind meist Aufklärungs- und Belehrungspflichten.[181]

1521   Mittelbar Beteiligte sind insbesondere Personen, zu deren Gunsten Sicherheiten bestellt werden.

> **Beispiele:** Soll für den Gläubiger einer Forderung eine Hypothek bestellt werden und gibt dieser dem Notar zu erkennen, dass er glaubt, nach Stellung des Eintragungsantrags durch den Schuldner gesichert zu sein, muss der Notar ihn darüber belehren, dass ein einseitig gestellter Eintragungsantrag einseitig zurückgenommen werden kann.
>
> Ein Notar handelt amtspflichtwidrig, wenn er die einen Grundstückskauf finanzierende Bank auf Anfrage nur über die Belastungen in Abteilung III, nicht aber über diejenigen in Abteilung II des Grundbuchs informiert.[182]

1522   Eine weitere Gruppe mittelbar Beteiligter bilden Vertreter, soweit sie ersichtlich ein eigenes Interesse an dem vorzunehmenden Geschäft haben. Ein solches Eigeninteresse kann sich z. B. daraus ergeben, dass dem Vertreter Provisionsansprüche aus dem beurkundeten Geschäft[183] zustehen oder er sonst aus der Urkunde berechtigt

---

[177] Brambring/Jerschke/*Schlee*, Kap. K Rdn. 9 ff.
[178] OLG Zweibrücken VersR 1997, 324.
[179] Vgl. BGH WM 1959, 743.
[180] BGH ZIP 2004, 719, 721; OLG Schleswig NZG 2005, 89; *Arndt/Lerch/Sandkühler*, § 19 BNotO, Rn. 95.
[181] OLG Koblenz, Urt. v. 27.5.2009, Az. 1 U 596/08.
[182] BGH DNotZ 1969, 507.
[183] LG Potsdam, NZM 2006, 390 (Haftung des Notars, falls nichtiger Vertrag eine Maklerlohnklausel enthält); eine bloß zufällige Betroffenheit von der Amtspflichtverletzung (z. B. aufgrund ei-

oder verpflichtet wird.¹⁸⁴ Auch ein vollmachtloser Vertreter wird wegen seiner möglichen Eigenhaftung ein Eigeninteresse haben, das Aufklärungspflichten des Notars begründet.¹⁸⁵

Die dritte Gruppe mittelbar Beteiligter bilden unmittelbar oder mittelbar Beteiligte eines anderen Amtsgeschäfts, die erkennbar Gefahr laufen, durch ein neues Amtsgeschäft beeinträchtigt zu werden. Die für mittelbar Beteiligte nötige Kontaktaufnahme mit dem Notar ist hier durch die Stellung als Beteiligter des anderen Amtsgeschäfts gegeben.¹⁸⁶   1523

III. Sonstige Dritte

Die Funktions- und Zwecktheorie des BGH¹⁸⁷ bestimmt den Personenkreis derer, die in den Schutzbereich der Amtspflicht fallen, ohne Beteiligte zu sein, allein nach dem Schutzzweck der Amtspflicht. Zur Bestimmung dieses Schutzzwecks wird auf die besondere Natur und die vielfältigen Zwecke des der Amtspflicht zugrunde liegenden Amtsgeschäfts abgestellt.   1524

Das RG vertrat die Auffassung, dass zum geschützten Personenkreis all diejenigen zählen, „die im Vertrauen auf die Rechtsgültigkeit der Beurkundung und auf die durch das beurkundete Rechtsgeschäft geschaffene Lage in Beziehung auf diese Rechtslage im Rechtsverkehr tätig werden".¹⁸⁸ Die sog. Bezeugungstheorie¹⁸⁹ stellt indes nicht auf den subjektiven Begriff des Vertrauens ab, sondern sieht als Zweck der Beurkundung die Kundbarmachung des Beurkundeten gegenüber Dritten. Demnach zählen zum geschützten Personenkreis diejenigen, denen gegenüber das Beurkundete kundbar gemacht werden soll.¹⁹⁰   1525

So ist der Begünstigte eines Testaments, der wegen der Unwirksamkeit eines fehlerhaft beurkundeten Testaments nicht Erbe wird, nicht deshalb geschützter Dritter, weil er im Vertrauen auf die Rechtsgültigkeit der Erklärung im Rechtsverkehr tätig geworden ist, sondern weil die Interessen des Begünstigten nach der Natur des Amtsgeschäfts schutzwürdig sind und durch die Verletzung der Amtspflicht, eine rechtswirksame Urkunde zu erstellen, beeinträchtigt sind.¹⁹¹ Gegenüber dem Gläubiger des vermeintlichen Testamentserben bestünde indes selbst dann keine Amtspflicht, wenn dieser auf die Rechtswirksamkeit des Testaments vertraut hätte.   1526

Über den Bereich erbrechtlicher Verfügungen hinaus sind häufig solche Personen als „andere" i.S.d. § 19 BNotO anzusehen, die nach dem Zweck des Amtsgeschäfts ausdrücklich oder erkennbar Begünstigte sind,¹⁹² oder deren rechtliche oder wirt-   1527

---

ner rein schuldrechtlichen Beziehung zum Geschädigten) reicht hingegen nicht aus, um geschützter Dritter zu sein, vgl. *Arndt/Lerch/Sandkühler*, § 19 BNotO, Rn. 95.
¹⁸⁴ BGH DNotZ 1964, 178.
¹⁸⁵ Vgl. *Haug*, Rn. 21; *ders.*, DNotZ 1978, 514, 516f.
¹⁸⁶ Vgl. BGH DNotZ 1973, 494: Im Rahmen eines Treuhandauftrags zwischen Bank und Notar wurde ein Geldbetrag zur Finanzierung eines Grundstückskaufes auf das Notaranderkonto eingezahlt. Über eine danach beurkundete Kaufpreisreduzierung hätte der Notar die Bank informieren müssen, um dieser Gelegenheit zur Überprüfung der Werthaltigkeit ihrer Sicherheiten zu geben.
¹⁸⁷ Vgl. BGH DNotZ 1960, 157.
¹⁸⁸ Sog. Vertrauenstheorie, vgl. RGZ 78, 241, 246.
¹⁸⁹ Vgl. hierzu besonders *Reithmann* (Hdb.), Rn. 187ff.
¹⁹⁰ Der geschützte Personenkreis wird also über die der jeweiligen Urkunde immanente Kundbarmachungsreichweite definiert, die, wie etwa bei der Beurkundung der Gründung einer AG oder GmbH, jedermann umfasst.
¹⁹¹ Vgl. BGH WM 1982, 615. Auch unterlassene Belehrungen können im Rahmen der Beurkundung letztwilliger Verfügungen ihrem Zweck nach die Erben schützen, vgl. etwa BGH DNotZ 1974, 296, vgl. zu wechselbezüglichen Verfügungen BGHZ 31, 5.
¹⁹² Z.B. als Annahmeempfänger des beurkundeten Vertragsangebots, vgl. BGH WM 1960, 883; BGH DNotZ 1981, 773.

schaftliche Interessen aufgrund der Besonderheiten des Amtsgeschäfts berührt werden.[193] Maßgeblich ist, ob die möglicherweise verletzte Amtspflicht zumindest auch dem Schutz des Geschädigten diente.[194] Bei einer Vollmachtsbeurkundung, deren Zweck in der Bezeugung der Vertretungsmacht nach außen besteht, kann der Notar jedem gegenüber haftbar werden, der wegen der unwirksam beurkundeten Vollmacht Schaden erleidet.[195] Vergleichbares gilt bei irreführenden oder fehlerhaften Tatsachenbeurkundungen oder Notarbestätigungen, wenn ihre Funktion (auch) in der Vorlage an Dritte besteht.[196]

E. Rechtswidrigkeit und Verschulden

1528   Liegt eine objektive Amtspflichtverletzung vor, so ist diese regelmäßig rechtswidrig. Sollte ausnahmsweise ein Rechtfertigungsgrund bestehen, trägt der Notar hierfür die Beweislast.[197]

1529   Bei einer Pflichtenkollision, d. h. bei Unerfüllbarkeit einer Amtspflicht wegen Widerspruchs zu einer anderen Amtspflicht, entfällt die Rechtswidrigkeit, wenn die vorrangige Amtspflicht befolgt wird; das gilt insbesondere im Verhältnis der Verschwiegenheitspflicht zur Belehrungspflicht.[198]

1530   Der Notar handelt vorsätzlich und damit schuldhaft, wenn er weiß, dass er pflichtwidrig handelt oder zumindest mit der Möglichkeit pflichtwidrigen Handelns rechnet und dies in Kauf nimmt.[199] Er handelt fahrlässig, wenn er die im Verkehr erforderliche Sorgfalt außer Acht lässt, § 276 Abs. 2 BGB. Der Fahrlässigkeitsmaßstab ist objektiviert;[200] persönliche Umstände, wie Unerfahrenheit, Leistungsschwäche oder Überarbeitung, entschuldigen also nicht.[201] Abzustellen ist auf die Rechtskenntnisse, Fertigkeiten und Verhaltensweisen eines erfahrenen, pflichtbewussten und gewissenhaften Durchschnittsnotars, mithin nicht eines ideal vollkommenen Musternotars, der über die zur Führung des Amtes erforderlichen Kenntnisse verfügt.[202] Der Notar kann sich aber auch nicht darauf berufen, dass eine Vielzahl anderer Kollegen den gleichen Fehler begangen hat, weil es auf die *erforderliche* Sorgfalt ankommt.[203]

I. Rechtskenntnisse

1531   Der Notar ist verpflichtet, unter Anstellung einer Rechtsprechungsprognose[204] eine rechtswirksame Urkunde zu erstellen. Darüber hinaus kann der Notar gehalten sein, die Billigkeit gesetzlicher Normen zu überprüfen, um den Beteiligten eine andere als die (dispositive) gesetzliche Regelung vorzuschlagen.[205]

---

[193] OLG Celle RNotZ 2006, 190.
[194] *Ganter*, DNotZ 2007, 247.
[195] Vgl. BGH NJW 1985, 730; *Arndt/Lerch/Sandkühler*, § 19 BNotO, Rn. 97.
[196] Vgl. dazu auch *Haug*, Rn. 45, 655 ff.
[197] BGH NJW 1985, 2028.
[198] *Eylmann/Vaasen*, § 19 BNotO, Rn. 19.
[199] BGH VersR 1973, 443.
[200] *Arndt/Lerch/Sandkühler*, § 19 BNotO, Rn. 108.
[201] *Schippel/Schramm*, § 19 BNotO, Rn. 52.
[202] BGH NJW 2005, 3495, 3497; BGH WM 1983, 343, 345; OLG Braunschweig DNotZ 1977, 491; *Arndt/Lerch/Sandkühler*, § 19 BNotO, Rn. 108; *Schippel/Schramm*, § 19 BNotO, Rn. 51.
[203] *Eylmann/Vaasen*, § 19 BNotO, Rn. 23.
[204] Vgl. zu dieser Pflicht BGH NJW 1993, 3323.
[205] So BGH NJW 1994, 2283, 2284 hinsichtlich der „überraschenden Wirkung" von §§ 446, 103 BGB bei Erschließungsbeiträgen. Kritisch hierzu *Grziwotz*, NJW 1995, 641; *Dänekamp*, NJW 1994, 2271.

Die Kenntnis geltender deutscher Gesetze ist selbstverständlich. Hierzu gehören 1532 auch bi- und multilaterale Staatsverträge, soweit sie in Kraft getreten und gemäß Art. 59 Abs. 2 GG in staatliches Recht transformiert wurden.[206] Das Europarecht gehört nicht zum ausländischen Recht.[207] Zu Belehrungen über den Inhalt ausländischen Rechts ist der Notar nicht verpflichtet.[208] Noch nicht in Kraft getretene Gesetze muss der Notar kennen, sofern sie im Bundesgesetzblatt oder in entsprechenden Landesgesetzblättern veröffentlicht sind oder in der Literatur erörtert wurden.[209]

Veröffentlichte höchstrichterliche Rechtsprechung muss der Notar kennen.[210] Auf 1533 die gefestigte höchstrichterliche Rechtsprechung darf der Notar aber nur vertrauen, wenn keine Anzeichen für eine Änderung erkennbar sind. Ein solcher Vertrauenstatbestand besteht nicht, wenn die Rechtsfrage im Zeitpunkt der Beurkundung in Rechtsprechung und Literatur umstritten war.[211] Ferner hat der Notar ältere Rechtsprechung darauf zu überprüfen, ob mittlerweile eingetretene Gesetzesänderungen künftig abweichende Entscheidungen erwarten lassen. Er muss außerdem neue Rechtsfiguren hinsichtlich ihrer Auswirkungen auf die ältere Rechtsprechung überprüfen.[212]

Besteht keine gefestigte höchstrichterliche Rechtsprechung, muss der Notar die in 1534 Fachzeitschriften veröffentlichten obergerichtlichen Entscheidungen beachten.[213] Die Entscheidungen unterer Gerichte sind zu beachten, wenn eine einheitliche obergerichtliche Rechtsprechung nicht besteht.[214] Zur Information über die neueste höchstrichterliche Rechtsprechung hat der Notar eine Frist von zwei Wochen seit Veröffentlichung,[215] wobei die Kenntnisnahme der Leitsätze nicht ausreichen dürfte.[216]

Fachliteratur hat der Notar heranzuziehen, wenn weder eine gefestigte höchst- 1535 richterliche noch eine einheitliche obergerichtliche Rechtsprechung vorliegt.[217] Hinsichtlich der Intensität der Auseinandersetzung mit der zu klärenden Frage sind strenge Maßstäbe anzulegen.[218] Findet der Notar etwa zu einer Rechtsfrage keine Antwort in den Großkommentaren oder stößt er auf unterschiedliche Ansichten, muss er weitere Quellen heranziehen.[219]

Der Notar ist verpflichtet, bei seiner Rechtsprüfung die neueste Rechtsprechung 1535a und Fachliteratur heranzuziehen.[220] Er muss sich danach richten, auch wenn sie ihn nicht überzeugt.[221] Belehrt er trotz kontroverser Ansichten in Rechtsprechung und/oder Literatur nicht, verstößt er gegen § 17 Abs. 2 BeurkG.

---

[206] Im Bereich des IPR gehen diese gem. § 3 Abs. 2 Satz 1 EGBGB den Vorschriften des EGBGB vor und gewinnen angesichts zunehmender Fälle mit Auslandsbezug in der notariellen Praxis stetig an Bedeutung.
[207] *Schotten/Schmellenkamp*, Rn. 8; OLG Oldenburg, Urt. v. 6.1.2011, Az. 1 U 89/09.
[208] § 17 Abs. 3 Satz 2 BeurkG.
[209] *Haug*, Rn. 70 m. w. N; *Arndt/Lerch/Sandkühler*, § 19 BNotO, Rn. 110.
[210] Die Beschränkung auf die amtliche Sammlung ist überholt; vgl. noch RGZ 125, 299, 306 einerseits, BGH NJW 1952, 425, BGH VersR 1960, 209 andererseits (Anwaltshaftpflicht).
[211] So der BGH in einem Anwaltshaftpflichtfall, BGH NJW 1973, 364; vgl. auch BGH WM 1983, 343, sowie (weniger streng) BGH NJW 1972, 1048.
[212] BGH AnwBl. 1994, 34; *Maass*, Rn. 120; großzügiger noch BGH DNotZ 1983, 618, 621.
[213] Das ergibt sich mittelbar aus BGH LM § 839 BGB (ff.) Nr. 14.
[214] Weniger streng *Arndt/Lerch/Sandkühler*, § 19 BNotO, Rn. 112 f.
[215] BGH NJW 1979, 877.
[216] Vgl. OLG Düsseldorf VersR 1980, 359 (Anwaltshaftpflicht).
[217] BGH NJW 2005, 3495, 3497; BGH LM § 839 BGB Nr. 14; Schippel/*Schramm*, § 19 BNotO, Rn. 60.
[218] Vgl. etwa OLG Hamm NJW-RR 1987, 1234.
[219] Vgl. auch *Haug*, Rn. 79, *Maass*, Rn. 121.
[220] Vgl. BGH NJW 1979, 877.
[221] *Haug*, Rn. 495.

II. Gebot des sichersten Wegs

1536   Stehen zur Erreichung eines bestimmten Vertragszwecks mehrere Wege zur Verfügung, ist der Notar verpflichtet, unter ihnen den relativ sichersten und gefahrlosesten zu wählen,[222] soweit ihm die Gestaltung obliegt.[223]

> **Beispiele:** Ist fraglich, ob das Rechtsgeschäft der notariellen Beurkundung bedarf oder die privatschriftliche Form ausreicht, darf er nicht die seiner Auffassung nach zulässige privatschriftliche Form vorschlagen.[224] Soll ein zu beurkundender Vertrag Klauseln enthalten, die nicht von einem Beteiligten „gestellt" sind, sondern auf seinen eigenen Vorschlag aufgenommen werden, muss der Notar wegen § 310 Abs. 3 Nr. 1 BGB diese Klausel einer Inhaltskontrolle unterziehen[225] und hat sie entsprechend zu gestalten.

III. Billigung der Rechtsauffassung durch ein Kollegialgericht

1537   Der von der Rechtsprechung entwickelte Grundsatz, nach dem das Verschulden eines Amtsträgers in aller Regel zu verneinen ist, wenn ein mit mehreren Rechtskundigen besetztes Kollegialgericht dessen Verhalten als objektiv gerechtfertigt beurteilt hat,[226] findet auch auf die Notarhaftung Anwendung.[227] Dieser Grundsatz wird aber von zahlreichen Ausnahmen durchbrochen und findet daher nur selten Anwendung.[228]

1538   Er findet insbesondere keine Anwendung, wenn das Kollegialgericht den Sachverhalt nicht richtig oder unvollständig festgestellt,[229] nicht erschöpfend gewürdigt[230] oder rechtlich falsch beurteilt hat.[231] Darüber hinaus betont der BGH, dass dieser Grundsatz lediglich eine allgemeine Richtlinie darstellt, die nur eingreift, wenn der Notar eine wirklich zweifelhafte und nicht einfach zu lösende Rechtsfrage unrichtig beantwortet hat.[232] Allerdings hat der Notar in diesem Fall möglicherweise seine Pflicht zur Wahl des sichersten Wegs verletzt. Der kollegialgerichtlichen Entscheidung kommt dann nach Ansicht des BGH letztlich keine entlastende Wirkung zu.[233]

F. Kausalität und Schutzzweckzusammenhang

1539   Im Bereich der haftungsausfüllenden Kausalität ergeben sich bei § 19 BNotO gegenüber der allgemeinen Amtshaftung keine wesentlichen Unterschiede.[234] So muss

---

[222] BGH DNotZ 1958, 554; BGH NJW 1991, 1172; BGH NJW 2002, 3391, 3392; BGH NJW-RR 2005, 1148, Brambring/Jerschke/*Schlee*, Kap. K Rn. 19; *Rinsche*, Rn. II 148 f.
[223] BGH MittBayNot 2005, 168; BGH NJW-RR 2005, 1148.
[224] Vgl. BGH LM § 19 BNotO Nr. 1 (Nr. 41).
[225] Schon bisher unterwarf der BGH bei Verträgen über neu errichtete Häuser und Eigentumswohnungen bestimmte vom Notar vorgeschlagene Vertragsbedingungen der Inhaltskontrolle nach § 242 BGB, vgl. BGH NJW 1988, 135; BGH NJW 1989, 2748.
[226] Vgl. hierzu RGRK/*Kreft*, 839 BGB, Rn. 296 ff.
[227] Vgl. *Haug*, Rn. 32 ff. m. w. N; *Arndt/Lerch/Sandkühler*, § 19 BNotO, Rn. 116; die Bedeutung dieses Grundsatzes für die Praxis ist jedoch gering, vgl. Ganter, ZNotP 2006, 42, 46.
[228] BGH ZNotP 2005, 273, 274; BGH NJW-RR 2003, 1434; OLG Schleswig SchlHA 2005, 369.
[229] RGRK/*Kreft*, § 839 BGB, Rn. 298 f.; BGH DNotZ 1980, 563.
[230] Vgl. BGH NJW 1997, 661, 663; BGH NJW 1994, 2283, 2284; BGH NJW 2002, 1265, 1266.
[231] OLG Bremen DNotZ 1985, 769; RGRK/*Kreft*, § 839 BGB, Rn. 300.
[232] BGH NJW 1985, 42, 43; vgl. auch BGH WM 1985, 1109, 1112; BGH WM 1988, 1639; BGH WM 1988, 1853 sowie BGH DNotZ 1988, 372.
[233] BGH, NJW-RR 2005, 1148.
[234] Vgl. BGH NJW 1986, 576; BGH DNotZ 1989, 48; BGH DNotZ 1991, 321; BGH VersR 1990, 529, 531; LG Dresden NJW-RR 1996, 697 (Ersatz von Reisekosten bei nicht eingehaltenem Protokollierungstermin).

etwa beim Unterlassen einer durch den Notar gebotenen Sachverhaltsaufklärung für die Frage der Kausalität zwischen Amtspflichtverletzung und Schaden geprüft werden, welchen Verlauf die Dinge bei pflichtgemäßem Verhalten des Notars genommen hätten und wie sich die Vermögenslage des Betroffenen dann darstellen würde.[235] An einer adäquaten Schadensverursachung fehlt es zuweilen bei der Geltendmachung von Prozesskosten, die dem Geschädigten aufgrund der Amtspflichtverletzung in einem Vorprozess entstanden sind. Zur Führung eines solchen Vorprozesses darf sich der Kläger nur herausgefordert fühlen, wenn zum Zeitpunkt des Verfahrensbeginns gewisse Erfolgsaussichten bestanden haben.[236] Daran fehlt es, wenn der Geschädigte aus einem offensichtlich wegen eines Beurkundungsfehlers formnichtigen Vertrag auf Erfüllung klagt.[237]

Im Rahmen der objektiven Zurechnung ist die Tendenz zu erkennen, mit Hilfe der Schutzzwecklehre[238] die Haftung auf Fälle auszudehnen, deren Verlauf auch für einen optimalen Beobachter nicht mehr vorhersehbar gewesen[239] oder bei denen die Vermögenslage bei rechtmäßigem Alternativverhalten die gleiche gewesen wäre.[240] Der Einwand rechtmäßigen Alternativverhaltens ist aber nicht grundsätzlich abgeschnitten. So kann der Notar bei einem formfehlerhaft beurkundeten Vertrag darauf verweisen, dass der Vertrag wegen der (erst nachträglich bekannt gewordenen) Verfolgung unredlicher Vertragszwecke gar nicht beurkundet hätte werden dürfen,[241] oder dass sich die Beteiligten auch bei einer fehlerfreien Belehrung nicht anders verhalten hätten.[242] 1540

Schadensersatz kann aber nur für solche Schadensfolgen verlangt werden, die innerhalb des Schutzbereichs der verletzten Norm liegen. Es muss sich also um Folgen handeln, die in den Bereich der Gefahren fallen, um derentwillen die Rechtsnorm erlassen wurde. Zwischen der durch den Schädiger geschaffenen Gefahrenlage und dem Schaden muss also ein innerer Zusammenhang bestehen; eine bloß zufällige äußere Verbindung genügt nicht.[243] 1540a

G. Haftung des Notars für Dritte

I. Gesamtschuldnerische Haftung

Die Stellung des Notars als unabhängiger Amtsträger, der zur persönlichen Amtsausübung verpflichtet ist, begründet das Prinzip der Einzelhaftung. Eine gesamtschuldnerische Haftung der Bürogemeinschaft oder Sozietät tritt nicht ein, selbst wenn die Einnahmen des Notars einer gemeinsamen Kasse zufließen.[244] Eine gesamtschuldnerische Haftung mehrerer Notare kommt nur in Betracht, wenn sie nacheinander mit derselben Sache befasst waren und jeder eine eigene Amtspflicht 1541

---

[235] OLG Hamm, Urt. v. 10.2.2010, Az. 11 U 273/09.
[236] BGH NJW 2004, 69; BGH DNotZ 1991, 321; OLG Hamm FamRZ 2010, 1851.
[237] *Maass*, Rn. 152.
[238] BGH DNotZ 1982, 498: unter Hinweis auf das Amt des Notars, der „... den Rechtsfrieden zu sichern und für Klarheit der Rechtsverhältnisse zu sorgen habe...".
[239] Vgl. BGH DNotZ 1982, 498 m. abl. Anm. *Hanau*; kritisch auch *Haug*, Rn. 847 ff.
[240] Vgl. BGH DNotZ 1986, 406 m. abl. Anm. *Hanau*.
[241] *Arndt/Lerch/Sandkühler*, § 19 BNotO, Rn. 153.
[242] OLG Saarbrücken RNotZ 2006, 296.
[243] Zum Ganzen BGHZ 186, 335. Zum Schutzzweckzusammenhang bei einer Beglaubigung OLG Frankfurt, Urt. v. 16.12.2009, Az. 4 U 13/09.
[244] *Haug*, Rn. 108 m.w.N; *Arndt/Lerch/Sandkühler*, § 19 BNotO, Rn. 16; Schippel/-*Schramm*, § 19 BNotO, Rn. 164.

verletzt hat.²⁴⁵ Der Subsidiaritätseinwand greift hier nicht, da er wechselseitige Verweisungen zur Folge hätte.

1542 Begeht allerdings der amtlich bestellte Vertreter des Notars eine Amtspflichtverletzung, haften Notar und Notarvertreter gesamtschuldnerisch, § 46 Satz 1 BNotO.²⁴⁶ Meist wird allein der Notar verklagt,²⁴⁷ es können aber auch beide oder der Notarvertreter allein verklagt werden.

1543 Der Notar haftet auch neben dem Notarassessor gemäß § 19 Abs. 2 Satz 2 BNotO gesamtschuldnerisch, wenn er ihm Amtsgeschäfte der in §§ 23, 24 BNotO bezeichneten Art übertragen hat.²⁴⁸ Eine gesamtschuldnerische Haftung ist nach § 19 Abs. 2 Satz 4 BNotO auch dann gegeben, wenn der Notarassessor gemäß § 46 BNotO als Notarvertreter tätig geworden ist. Fehlt es an der Überlassung zur selbständigen Erledigung oder wird der Notarassessor auf anderen als den in §§ 23, 24 BNotO bezeichneten Gebieten tätig, haftet der Notar wegen ungenügender Überwachung.²⁴⁹

II. Haftung des Notars für Hilfspersonen

1544 Die Zurechnung von Pflichtverletzungen durch Hilfspersonen hängt von dem Grad der Selbständigkeit ab, mit dem sie die Aufgabe ausgeführt haben. Der BGH wendet dabei § 278 BGB analog an, wenn der Notar Hilfspersonen mit selbständigen, nicht im vollen Umfang nachprüfbaren Vorarbeiten für Urkundsentwürfe betraut hat, wie z. B. mit der selbständigen Einsicht ins Grundbuch oder in ähnliche öffentliche Register.²⁵⁰

1545 Die Änderung seiner Rechtsprechung begründet der BGH damit, dass für die Anwendbarkeit des § 278 BGB eine rechtliche Sonderverbindung auf gesetzlicher Grundlage genüge, der Grundgedanke des § 278 BGB auch im öffentlichen Recht gelte und auf nichtvertragliche öffentlich-rechtliche Sonderverbindungen anzuwenden sei, soweit diese eine dem privatrechtlichen Schuldverhältnis vergleichbare Leistungs- oder Obhutsbeziehung zum Gegenstand haben.²⁵¹

1546 Eine Haftung des Notars allein auf der Grundlage des § 831 Abs. 1 Satz 2 BGB²⁵² wegen unzulässiger Delegation²⁵³ oder unzureichender Überwachung seiner Hilfspersonen²⁵⁴ mit der Möglichkeit eines Entlastungsbeweises genügt nach Auffassung des BGH nicht. Eine Regelung, die allein auf eigene Pflichtwidrigkeiten des Notars bei der Auswahl, Anleitung und Überwachung der Hilfskräfte abstellt, gewähre dem Rechtsuchenden nicht den gebotenen Schutz. Ferner spricht gegen die Anwendung des § 831 BGB, dass der Notargehilfe durch falsche Grundbucheinsicht keine Rechtsgüter i. S. d. § 823 Abs. 1 BGB verletzt. Beim Vorliegen primärer Vermögensschäden hat der Rechtsuchende deshalb häufig keine andere Ersatzmöglichkeit als den Amtshaftungsanspruch, der nicht an die Verletzung bestimmter Rechtsgüter an-

---

²⁴⁵ *Haug*, Rn. 110; der Ausgleich im Innenverhältnis erfolgt dann über § 426 BGB.
²⁴⁶ *Peterßen*, RNotZ 2008, 181, 202.
²⁴⁷ Vgl. etwa BGH DNotZ 1985, 231; BGH WM 1985, 1109.
²⁴⁸ Schippel/*Schramm*, § 19 BNotO, Rn. 156.
²⁴⁹ So *Haug*, Rn. 123.
²⁵⁰ BGH NJW 1996, 464, 465 m. w. N.; auch der Fehler einer Notargehilfin bei der Abwicklung eines Treuhandauftrags ist nach § 278 BGB dem Notar zuzurechnen, vgl. OLG Frankfurt, Urt. v. 26.9.2007, Az. 4 U 252/06, BeckRS 2007, 18234.
²⁵¹ Zu den Erwägungen im Einzelnen siehe BGH NJW 1996, 464, 465.
²⁵² A. A. wohl OLG Köln DNotZ 1975, 369, 370 f.
²⁵³ BGH NJW 1989, 586.
²⁵⁴ Zu letzterem Fall vgl. RG DNotZ 1940, 79.

knüpft. Auch gilt das Vertrauen der Urkundsbeteiligten dem Notar als Amtsträger persönlich. Deshalb soll der Notar seine Pflichten aus diesem Vertrauensverhältnis nicht zur Arbeitserleichterung mit haftungsrechtlich befreiender Wirkung auf andere übertragen können.[255]

Soweit der Gehilfe allerdings unselbständige Vorbereitungs-, Unterstützungs- oder Ausführungsarbeiten verrichtet, können seine Pflichtverletzungen nach bisher geltender Rechtsprechung dem Notar weder nach § 278 BGB noch nach § 831 BGB zugerechnet werden.[256] Die Rechtsprechung lässt den Notar auch in diesen Fällen haften, indem sie hohe Anforderungen an seine Pflichten zur Büroorganisation und Überwachung stellt.[257] **1547**

Daneben ist es möglich, den Notariatsangestellten selbst haftbar zu machen, etwa wenn ihm eine Auflassungsvollmacht erteilt wurde und er durch fehlerhaftes Gebrauchmachen von der Vollmacht das zugrunde liegende Rechtsverhältnis, meist einen Auftrag, verletzt.[258] Tritt dabei der Notariatsangestellte seinen Freistellungs- und Regressanspruch gegen den Notar an den Geschädigten ab, kann der Geschädigte direkt gegen den Notar vorgehen. Das kann sogar dazu führen, dass der Notar auf diesem Weg für Schäden aufkommen muss, die er selbst als Anspruchsverpflichteter nach § 19 Abs. 1 BNotO wegen der Subsidiarität seiner Haftung von sich weisen könnte.[259] **1548**

H. Subsidiarität der Notarhaftung

Der Notar kann gem. § 19 Abs. 1 Satz 2 BNotO bei Fahrlässigkeit nur in Anspruch genommen werden, wenn der Geschädigte nicht auf zumutbare Weise anderweitig Ersatz erlangen kann. Seine Rechtfertigung findet dieses Verweisungsprivileg darin, dass der Notar weitgehend zur Amtstätigkeit verpflichtet ist und die damit verbundenen Haftungsrisiken nicht ablehnen kann.[260] **1549**

Die Ersatzmöglichkeit muss demselben Tatsachenkreis wie die Amtspflichtverletzung entstammen.[261] Maßgeblich ist der Zeitpunkt der letzten mündlichen Verhandlung vor dem Tatrichter.[262] Ansprüche gegen den Vertragspartner des durch eine notarielle Amtspflichtverletzung Geschädigten, der im Falle seiner Inanspruchnahme seinerseits einen Ersatzanspruch gegen den Notar hat, weil er selbst in den Schutzbereich der verletzten Amtspflicht fällt, scheiden als anderweitige Ersatzmöglichkeit jedoch regelmäßig aus.[263] Ist hingegen ein Rechtsanwalt mit der Prüfung der im Entwurf übersandten Vereinbarung beauftragt worden, besteht insofern eine anderweitige Ersatzmöglichkeit.[264] Gleiches gilt für den Fall, dass ein Steuerberater und Rechtsbeistand die Vereinbarung vorbereitend entworfen hat.[265] **1550**

---

[255] Siehe BGH NJW 1996, 464, 565 f.
[256] Vgl. BGH NJW 1996, 464, 465; BGH DNotZ 1958, 33 1976, 506; BGH WM 1988, 1853.
[257] BGH DNotZ 1958, 33; BGH DNotZ 1960, 260, 263; BGH WM 1988, 1853; OLG Köln, DNotZ 1975, 369; BGH Beschl. v. 30.4.2008, Az. III ZR 262/07, BeckRS 2008, 10390 (mit Hinweis darauf, dass andernfalls zumindest bei eigenen Angestellten des Notars eine analoge Anwendung des § 278 BGB in Betracht käme, um eine „unerträgliche Haftungslücke" zu schließen).
[258] BGH NJW 2003, 578.
[259] BGH NJW 2003, 578.
[260] *Arndt/Lerch/Sandkühler*, § 19 BNotO, Rn. 177.
[261] Vgl. BGH NJW 1993, 1589, 1590; BGH NJW 1996, 524, 526; BGH NJW-RR 2005, 284, 285
[262] BGH WM 1988, 420; *Maass*, Rn. 141.
[263] BGH NJW 2003, 202, 203 f.; BGH NJW-RR 2004, 1704, 1705.
[264] OLG Hamm, Urt. v. 24.4.2009, Az. 11 U 55/08.
[265] OLG Nürnberg NotBZ 2010, 385.

1551 Bei der Ersatzmöglichkeit muss es sich nicht notwendigerweise um einen Schadensersatzanspruch handeln. Auch Erfüllungsansprüche gegen einen Vertragspartner kommen als anderweitige Ersatzmöglichkeit in Betracht.[266] Selbst eine rein tatsächliche Möglichkeit zur Schadloshaltung genügt.[267]

I. Voraussetzungen

1. Keine vorsätzliche Amtspflichtverletzung

1552 Handelt der Notar vorsätzlich, so kann er sich nicht auf die Subsidiarität der Notarhaftung berufen. Vorsätzlich handelt der Notar, wenn er sich bewusst über die Amtspflicht hinwegsetzt oder zumindest mit der Möglichkeit eines Verstoßes rechnet und diesen billigend in Kauf nimmt.[268] Ist dem Geschädigten nicht bekannt, ob der Notar vorsätzlich oder fahrlässig gehandelt hat, kann jedoch ein Wertungswiderspruch auftreten: Nach erfolgloser Geltendmachung der anderweitigen Ersatzmöglichkeit kann gegenüber dem vorsätzlich handelnden Notar Verjährung eintreten, während gegenüber einem nur fahrlässig handelnden Notar die Verjährung für die Zeit des Vorprozesses gehemmt ist. Zur Vermeidung dieses Wertungswiderspruchs nimmt der BGH eine Verjährungshemmung an, solange die Schuldform nicht geklärt ist.[269]

2. Kein Fall der §§ 23, 24 BNotO

1553 Gegenüber dem „Auftraggeber"[270] von Verwahrungsgeschäften gem. § 23 BNotO sowie von Betreuungs- und Vertretungstätigkeiten nach § 24 BNotO gilt die Subsidiaritätsklausel nicht, weil der Notar zur Übernahme dieser Amtsgeschäfte nicht verpflichtet ist.[271]

1554 Es ist hierbei jedoch zwischen selbständigen und unselbständigen Betreuungstätigkeiten zu unterscheiden, da nur erstere unter § 24 BNotO fallen.[272] Betreuungstätigkeiten sind unselbständig, wenn sie unmittelbar in Zusammenhang mit dem Beurkundungsgeschäft stehen und mit diesem gleichsam eine Einheit bilden.[273]

1555 Dies gilt für die Übersendung einer Ausfertigung eines Grundstückskaufvertrages an den Vorkaufsberechtigten[274] sowie für Beratungen und Belehrungen im Zusammenhang mit der Beurkundung oder Beglaubigung.[275] Auch wenn der Notar einen von ihm selbst gefertigten Entwurf beurkundet oder beglaubigt, ist die Entwurfstätigkeit der Urkundstätigkeit zuzurechnen.[276] Bei der Einreichung von Anträgen zum Grundbuchamt oder Registergericht ist zu unterscheiden: Grundsätzlich stellt der Vollzug einer Urkunde durch Einreichung beim Regis-

---

[266] BGH NJW 1999, 2038; BGH NJW 1998, 142.
[267] Schippel/*Schramm*, § 19 BNotO, Rn. 111.
[268] BGH NJW-RR 2000, 1658, 1659.
[269] BGH WM 1983, 964, 965 noch zur alten Rechtslage mit der sachlich gleichbedeutenden Verjährungsunterbrechung.
[270] Zu diesem Begriff vgl. *Haug*, Rn. 201 und Rn. 204 f.
[271] BGH DNotZ 1978, 177, 181; BGH DNotZ 1978, 373, 376; *Arndt/Lerch/Sandkühler*, § 19 BNotO, Rn. 177.
[272] BGH NJW-RR 2003, 563; Schippel/*Schramm*, § 19 BNotO, Rn. 109.
[273] BGH DNotZ 1958, 557, 558.
[274] BGH NJW-RR 2003, 563 (LS).
[275] Vgl. BGH WM 1981, 942, 944; *Haug*, Rn. 177.
[276] BGH VersR 1956, 45; BGH WM 1963, 754, 758; BGH WM 1982, 1437, 1438; BGH DNotZ 1964, 699. Dasselbe kann für notarielle Bestätigungen gelten, die anlässlich einer Beurkundung erfolgen, BGH WM 1983, 964.

tergericht oder Grundbuchamt eine unselbständige Amtspflicht dar, die zum Urkundsgeschäft gehört.[277] Allerdings sieht der BGH in einem Umschreibungsantrag ein selbständiges Betreuungsgeschäft i. S. v. § 24 Abs. 1 Satz 1 BNotO, wenn trotz Vollzugsreife der Urkunde diese nach Weisung der Parteien erst nach dem – vom Notar zu überprüfenden – Eintritt bestimmter Bedingungen, insbesondere des Nachweises der vollständigen Kaufpreiszahlung, beim Grundbuchamt eingereicht werden soll.[278] Durch eine solche Vorlagensperre wird dem Notar eine selbständige Betreuungspflicht gemäß § 24 Abs. 1 Satz 1 BNotO auferlegt, für die das Verweisungsprivileg des § 19 Abs. 1 Satz 2 BNotO nicht gilt.[279]

Eine Abgrenzungshilfe geben § 147 Abs. 3 und 4 KostO: Gebührenfreie Geschäfte vorbereitender oder fördernder Natur sind als unselbständig einzustufen.[280]

1556

3. Kein Subsidiaritätseinwand eines ebenfalls Haftpflichtigen

In Fällen, in denen neben dem Notar ein weiterer Amtsträger amtspflichtwidrig gehandelt hat, ist die Verweisung auf den jeweils anderen Haftenden unstatthaft.[281] Derartige Konstellationen können sich ergeben, wenn mehrere Notare nacheinander mit der gleichen Sache befasst waren oder im Verhältnis Notar – Gerichtsvollzieher bzw. Notar – Grundbuchamt.[282] Hier haften die Amtsträger bzw. Notar und Staat als Gesamtschuldner.[283]

1557

4. Bestehen, Durchsetzbarkeit und Zumutbarkeit

Der Subsidiaritätseinwand setzt voraus, dass die andere Ersatzmöglichkeit überhaupt besteht. Auf die Rechtsnatur des Anspruchs kommt es nicht an; es kann sich mithin um Schadensersatz-,[284] Rückgewähr-[285] oder Bereicherungsansprüche[286] handeln. Die zu § 839 Abs. 1 Satz 2 BGB entwickelten Grundsätze können entsprechend herangezogen werden.[287]

1558

Eine andere Ersatzmöglichkeit besteht häufig gegenüber Beratern, die der Geschädigte eingeschaltet hat, etwa sein Rechtsanwalt, der vor der Beurkundung den Vertragsentwurf geprüft oder beim Notar an der Vertragsgestaltung mitgewirkt hat,[288] gegenüber dem Steuerberater,[289] gegenüber dem Grundstücksmakler, der den Geschädigten nicht vor einer ungesicherten

1559

---

[277] BGH WM 1958, 258; BGH DNotZ 1958, 557, 559; BGH DNotZ 1987, 177, 180; BGH NJW 2000, 664, 665; im Fall BGH DNotZ 1968, 318, 320 wurde dagegen eine über den reinen Vollzug hinausgehende Betreuungstätigkeit angenommen.
[278] BGH NJW-RR 2006, 1431.
[279] *Kapsa*, ZNotP 2007, 4.
[280] Vgl. auch *Haug*, Rn. 176; kritisch *Maass*, Rn. 137.
[281] BGH DNotZ 1960, 260, 265.
[282] BGH NJW 2001, 2714.
[283] BGH WM 1984, 364, 365; BGH WM 1964, 226; Brandenburgisches OLG, Urt. v. 17.1.2012, Az. 11 U 58/10.
[284] BGH NJW 2003, 202.
[285] BGH NJW-RR 2005, 284.
[286] BGH NJW 1993, 1589.
[287] Palandt/*Sprau*, § 839 BGB, Rn. 170.
[288] Vgl. *Maass*, Rn. 132; BGH DNotZ 1985, 231; BGH WM 1987, 1516; allerdings gegenüber einem Rechtsanwalt dann nicht, wenn dieser als organschaftlicher Vertreter, Arbeitnehmer oder in vergleichbarer Weise in den Geschäftsbetrieb des Vertretenen eingegliedert und in diesem Rahmen mit dessen Belangen befasst ist, vgl. BGH DNotZ 2005, 918 f. in Fortführung von BGH NJW-RR 2004, 1704, 1705 f.; der Käufer hat auch keine anderweitige Ersatzmöglichkeit i. S. d. § 19 Abs. 1 Satz 2 BNotO in Form eines Schadensersatzanspruchs gegen seinen Rechtsanwalt, wenn er auf dessen Rat zur Abwehr der restlichen Kaufpreisforderung eine Vollstreckungsabwehrklage erhoben und sich auf die aus dem Beurkundungsfehler des Notars folgende Formnichtigkeit des Kaufvertrags berufen hat, vgl. BGH ZIP 2008, 1697.
[289] BGH WM 1981, 942, 944.

Vorleistung gewarnt[290] oder den Vertrag selbst entworfen hat[291] sowie gegenüber Vertretern und Bevollmächtigten.[292] Wenn der Geschädigte das Rechtsgeschäft anfechten kann, um so den Kaufpreis zurückzuerlangen oder den Schaden ersetzt zu bekommen, gilt auch dies als anderweitige Ersatzmöglichkeit.[293] Im Falle eines unwirksamen Kaufvertrags über ein Grundstück, aufgrund dessen der geschädigte Käufer zwar einen Kaufpreisrückzahlungsanspruch gegen den Verkäufer hatte, dieser allerdings Zug-um-Zug gegen Erteilung einer Löschungsbewilligung für die auf dem Grundstück des Verkäufers zu Gunsten des finanzierenden Kreditinstituts eingetragene Grundschuld zu erfüllen war, der Geschädigte aber zur Ablösung des Kredits außerstande war, hat der BGH das Vorliegen einer anderweitigen Ersatzmöglichkeit verneint.[294]

1560   Die anderweitige Ersatzmöglichkeit muss auch tatsächlich durchsetzbar sein.[295] Ein bestehender, aber wegen Vermögenslosigkeit des Schuldners wertloser Anspruch genügt nicht.[296] Dazu gehört auch, dass der anderweitige Ersatz in absehbarer Zeit durchsetzbar sein muss;[297] die Aussicht, dass aus einer Insolvenzmasse irgendwann nach Erhebung der Amtshaftungsklage eine Quote von ungewisser Höhe gezahlt werden kann, reicht regelmäßig nicht aus.[298]

1561   Der Geschädigte muss sich auch nicht auf Ersatzmöglichkeiten verweisen lassen, die mit erheblichen Zweifeln und Risiken behaftet sind.[299] Entscheidet er sich aber trotzdem, eine solche Ersatzmöglichkeit vorrangig in Anspruch zu nehmen, so hat das Konsequenzen für die Verjährung[300] seines Amtshaftungsanspruchs gegen den Notar. Diesbezüglich kann sich der Kläger nämlich nicht auf eine Hinausschiebung des Verjährungsbeginns berufen.[301]

1562   Die Durchsetzung des Anspruchs muss ferner zumutbar[302] sein. Allgemeine Schwierigkeiten bei der Rechtsverfolgung begründen allerdings noch keine Unzumutbarkeit.[303]

II. Rechtsfolgen

1563   Besteht eine anderweitige Ersatzmöglichkeit, die den Schaden vollständig abdeckt, so haftet der Notar nicht;[304] deshalb steht dem Dritten, der an den Geschädigten leistet, auch kein Regressanspruch gemäß § 426 BGB gegen den Notar zu.[305] Besteht die Möglichkeit einer anderweitigen Ersatzmöglichkeit, wird die Amtshaftungsklage als „zur Zeit unbegründet" abgewiesen.[306] Stellt sich im Nachhinein heraus, dass eine andere Ersatzmöglichkeit nicht gegeben war, steht die Rechtskraft dieses Urteils

---

[290] OLG Düsseldorf VersR 1977, 1108; zu den Grenzen einer primären Maklerhaftung vgl. BGH VersR 1980, 649.
[291] BGH DB 1974, 1476; *Haug*, Rn. 195.
[292] Vgl. hierzu *Haug*, Rn. 197f.
[293] BGH WM 1960, 1012, 1014; *Maass*, Rn. 133.
[294] BGH NJW-RR 2005, 284ff.
[295] Vgl. *Maass*, Rn. 134; BGH VersR 1964, 751, 752.
[296] BGH NJW-RR 1999, 1214, 1215; *Maass*, Rn. 134.
[297] *Haug*, Rn. 188; RG DNotZ 1940, 40; BGH VersR 1966, 361, 363; BGH DNotZ 1969, 496, 499; zur Vollstreckung im Ausland siehe BGH NJW 1976, 2074; BGH WM 1988, 1143.
[298] BGH NJW 1996, 3009, 3011.
[299] BGH DNotZ 2006, 918, 919.
[300] Vgl. dazu unten Rn. 1112 ff.
[301] BGH DNotZ 2006, 918, 919 f. unter Hinweis auf die Möglichkeit der verjährungshemmenden Streitverkündung gegenüber dem Notar.
[302] BGH NJW 1995, 2713, 2714; *Arndt/Lerch/Sandkühler*, § 19 BNotO, Rn. 183.
[303] *Haug*, Rn. 185.
[304] Als lex specialis schließt § 19 Abs. 1 Satz 2 BNotO die Anwendung des § 254 BGB aus.
[305] *Arndt/Lerch/Sandkühler*, § 19 BNotO, Rn. 198.
[306] BGH NJW 1995, 2713, 2715 m. w. N.; BGH DNotZ 1964, 61, 62.

der Erhebung einer erneuten Amtshaftungsklage nicht entgegen.[307] Dies gilt nicht, wenn der Kläger nur darlegen kann, dass die andere Ersatzmöglichkeit den Schaden nicht vollständig ausgleicht. In diesem Fall sollte Feststellungsklage erhoben werden, weil mit dem Zeitpunkt dieser Kenntnis die Verjährungsfrist zu laufen beginnt.[308]

Hat es der Kläger schuldhaft unterlassen, eine andere Ersatzmöglichkeit wahrzunehmen oder hat er – z. B. im Vergleichswege – auf Ansprüche verzichtet,[309] ist er grundsätzlich[310] so zu stellen, als ob er die Ersatzmöglichkeit realisiert hätte. Dies gilt auch für verloren gegangene Ansprüche wegen nicht rechtzeitiger Anfechtung nach §§ 119, 121 BGB oder wegen Rücktritts vom Vertrag statt der Geltendmachung von Schadensersatz gemäß §§ 280 Abs. 1 und Abs. 3, 281, 283 BGB. Haften mehrere zum Ersatz Verpflichtete gesamtschuldnerisch, so ist es bei Zweifeln hinsichtlich der Zahlungsfähigkeit ratsam, alle zu verklagen. Bleibt nämlich das Vorgehen gegen nur einen Gesamtschuldner erfolglos, während die rechtzeitige Inanspruchnahme eines anderen zum Erfolg geführt hätte, gilt dies als rechtserhebliches Versäumnis.[311] 1564

K. Schuldhafter Nichtgebrauch eines Rechtsmittels

Das Haftungsprivileg des § 839 Abs. 3 BGB bei schuldhaftem Nichtgebrauch eines Rechtsmittels gilt gemäß § 19 Abs. 1 Satz 3 BNotO entsprechend für die Notarhaftung.[312] 1565

I. Rechtsmittel

Im Bereich der Notarhaftung steht dem Geschädigten die Beschwerde nach § 15 Abs. 2 BNotO zur Verfügung,[313] die über den Wortlaut der Vorschrift hinaus auch auf die notarielle Verwahrungs- und Betreuungstätigkeit (§§ 23, 24 BNotO)[314] sowie auf unerwünschtes Handeln des Notars anzuwenden ist.[315] Nicht zulässig ist die Beschwerde allerdings gegen einen „fait accompli", etwa bei bereits erfolgter Auszahlung vom Notaranderkonto.[316] Das Beschwerdegericht müsste die Sache dann entsprechend § 17a Abs. 2 GVG an das zuständige Prozessgericht verweisen.[317] 1566

Neben § 15 Abs. 2 BNotO kommen alle Rechtsbehelfe in Betracht, die die Folgen der Amtspflichtverletzung unmittelbar beseitigen oder vermindern können, also Erinnerungen, etwa an den Abschluss des Geschäfts[318] oder an noch ausstehende Vollzugshandlungen[319], Gegenvorstellungen, Mahnungen und Dienstaufsichtsbeschwer- 1567

---

[307] RGRK/*Kreft*, § 839 BGB, Rn. 511.
[308] BGH DNotZ 1988, 388.
[309] BGH WM 1965, 290, 291; BGH NJW 1995, 2713, 2714.
[310] Zu Ausnahmen bei vergleichsweisem Verzicht vgl. BGH NJW 1995, 2713, 2714 f. m. w. N.
[311] *Haug*, Rn. 208 m. w. N.
[312] BGH DNotZ 1974, 374.
[313] Vgl. zum Beschwerdeverfahren des § 15 Abs. 1 Satz 2 BNotO a. F., seine Voraussetzungen und sein Verhältnis zum Prätendentenstreit und zur Haftpflichtklage *Haug*, DNotZ 1992, 18 ff.; vgl. auch BVerfG NJW 1992, 359; OLG Frankfurt DNotZ 1992, 61.
[314] BGH NJW 1980, 1106; OLG Hamm DNotZ 1985, 56; OLG Düsseldorf DNotZ 1994, 125.
[315] *Haug*, Rn. 219; zur Statthaftigkeit der Beschwerde gegen einen die Einreichung der Urkunde zum Vollzug beim Grundbuchamt ankündigenden Vorbescheid vgl. OLG Köln, NJW-RR 2007, 1361.
[316] *Haug*, DNotZ 1992, 18, 22; *Arndt/Lerch/Sandkühler*, § 15 BNotO, Rn. 90.
[317] *Arndt/Lerch/Sandkühler*, § 15 BNotO, Rn. 126 ff.
[318] BGH NJW 1997, 2327.
[319] OLG Naumburg GmbHRundsch 2003, 1277.

den.³²⁰ Das Rechtsmittel muss dazu geeignet sein, den Schaden abzuwenden.³²¹ Aus der Kausalität zwischen Nichteinlegung des Rechtsmittels und Entstehen bzw. Weiterbestehen des Schadens folgt, dass das Haftungsprivileg des Notars nur so weit reicht, wie das Rechtsmittel den Schaden verhindert hätte. Für einen etwaigen Restschaden bleibt der Notar ersatzpflichtig.

II. Verschulden des Geschädigten

1568 Für das Verschulden des Geschädigten gilt ein subjektiver Maßstab.³²² Die Versäumung eines geeigneten Rechtsmittels ist schuldhaft, wenn der Geschädigte die Pflichtverletzung des Notars erkennen konnte und deshalb die Einlegung eines Rechtsmittels in Betracht ziehen musste. Bei Anzeichen für eine nicht ordnungsgemäße Amtsausübung, etwa bei offensichtlichen Verzögerungen,³²³ bei Nichterhalt einer Löschungsnachricht oder bei unrichtigen Eintragungen kann eine Erkundigungspflicht bestehen.³²⁴ Kommt der Geschädigte dieser Pflicht nicht nach, kann er sich nicht auf ein unverschuldetes Versäumnis wegen fehlender Kenntnis von der Amtspflichtverletzung berufen.³²⁵ Da § 839 Abs. 3 BGB lex specialis zu § 254 BGB ist, führt die Feststellung schuldhaften Unterlassens eines Rechtsmittels zum vollständigen Haftungsausschluss des Notars.³²⁶

L. Verjährung

1569 Nach § 195 BGB unterliegt der Schadensersatzanspruch einer dreijährigen Verjährungsfrist. Die Frist beginnt mit dem Schluss des Jahres, in dem der Anspruch entstanden ist und mit dem Zeitpunkt, in dem der Geschädigte von dem Schaden und der Person des Ersatzpflichtigen Kenntnis erlangt oder ohne grobe Fahrlässigkeit erlangen müsste, § 199 Abs. 1 BGB. In jedem Fall ist der Anspruch zehn Jahre nach seiner Entstehung verjährt bzw. 30 Jahre nach seiner Entstehung, wenn es um die bei der Notarhaftung freilich selten vorkommende Verletzung von Leben, Körper, Gesundheit oder Freiheit geht, und schließlich 30 Jahre nach Begehung der Amtspflichtverletzung, § 199 Abs. 2 und 3 BGB.³²⁷ Im letzteren Fall ist also nicht Voraussetzung für die Verjährung, dass der Anspruch überhaupt entstanden ist, mithin dass ein Schaden eingetreten ist.³²⁸

1570 Sind bei der Beurkundung eines Vertrags im Rahmen einer einheitlichen Amtshandlung mehrere Amtspflichten verletzt worden und stellen sich die Ersatzansprüche bzgl. Kausalverlauf und Schaden als identisch dar, bedarf es verjährungsrechtlich der genauen Differenzierung zwischen den gegebenenfalls verschiedenen Zeitpunkten der Kenntniserlangung von den unterschiedlichen Amtspflichtverletzungen.³²⁹

---

³²⁰ BGH DNotZ 1958, 557, 558; BGH DNotZ 1974, 374, 375; BGH DNotZ 1976, 506, 510; BGH DNotZ 1983, 129, 131; OLG Bremen NJW-RR 1989, 334.
³²¹ BGH NJW 2009, 71.
³²² RG DNotZ 1938, 547, 551; BGH DNotZ 1974, 374, 375; BGH MDR 1958, 912.
³²³ BGH Urt. v. 13.5.1997, Az. IX ZR 123/96 bzgl. Beurkundung eines Testaments.
³²⁴ Vgl. einerseits BGH DNotZ 1974, 374, andererseits BGH DNotZ 1958, 557; BGH DNotZ 1960, 663, 667; BGH DNotZ 1976, 506, 510.
³²⁵ *Maass*, Rn. 148.
³²⁶ BayObLGZ 14, 649, 665.
³²⁷ *Arndt/Lerch/Sandkühler*, § 19 BNotO, Rn. 260 f.
³²⁸ Vgl. BGH NJW 2000, 1498, 1499.
³²⁹ OLG Frankfurt NJOZ 2007, 3633.

Der Geschädigte hat bereits dann die notwendige Kenntnis, wenn er die Tatsachen kennt, die bei verständiger Würdigung ausreichen, um gegen den Notar Klage zu erheben.³³⁰ Der Geschädigte muss deshalb auch wissen, dass eine andere Ersatzmöglichkeit nicht besteht.³³¹ Die Kenntnis von gesetzlichen Vertretern³³² oder „Wissensvertretern"³³³ wie Rechtsanwälten werden dem Geschädigten ab dem Zeitpunkt zugerechnet, in dem diese sie erlangt haben.³³⁴ 1571

Besteht möglicherweise eine anderweitige Ersatzmöglichkeit, so beginnt die Verjährung des Schadensersatzanspruches gegen den Notar erst dann zu laufen, wenn der Geschädigte die Kenntnis oder die grob fahrlässige Unkenntnis hat, dass eine anderweitige Ersatzmöglichkeit nicht besteht.³³⁵ Das gilt auch dann, wenn der Geschädigte ohne Verschulden nicht weiß, ob der Notar vorsätzlich oder fahrlässig gehandelt hat,³³⁶ oder weil er bei Amtsgeschäften i. S. d. §§ 23, 24 BNotO davon ausgeht, er sei nicht Auftraggeber gewesen. 1572

Ist der Vertragspartner des Geschädigten in den Schutzbereich der notariellen Amtspflicht einbezogen, so beginnt die Verjährung des dem Vertragspartner zustehenden Regressanspruchs gegen den Notar erst dann zu laufen, wenn ihm ein Schaden entstanden ist. Im Zusammenhang mit anderweitigen Ersatzmöglichkeiten besteht dieser aus dem Schaden, der ihm aus der Inanspruchnahme durch den zuerst Geschädigten entsteht. So lange diese Inanspruchnahme nicht erfolgt, beginnt im Verhältnis zwischen Vertragspartner und Notar die Verjährungspflicht nicht zu laufen.³³⁷ 1573

Die – nicht unübliche – Streitverkündung gegenüber dem Notar hemmt die Verjährung gemäß § 204 Abs. 1 Nr. 6 BGB nur, wenn sie zulässig ist. Die bloße Zustellung der Streitverkündung ohne Rücksicht auf deren Zulässigkeit reicht nicht.³³⁸ 1574

Im Prozess gegen den subsidiär haftenden Notar ist die Streitverkündung gegen einen vorrangig haftenden Schädiger unzulässig, sodass auch insofern keine Verjährungshemmung eintritt.³³⁹ 1575

Die Beiladung des Notars zu einem Verwaltungsrechtsstreit bewirkt keine Hemmung der Verjährung entsprechend § 204 Abs. 1 Nr. 6 BGB.³⁴⁰ Da eine Streitverkündung im Verwaltungsrechtsstreit nicht möglich ist, muss gegen den Notar Feststellungsklage erhoben werden, um die Verjährung zu hemmen. 1576

M. Länderspezifische Besonderheiten

Hinsichtlich der landesrechtlich unterschiedlich ausgestalteten Notariatsverfassungen sind das Nur-Notariat,³⁴¹ das Anwaltsnotariat³⁴² und das staatliche Nota- 1577

---

³³⁰ BGH WM 1992, 1742; BGH WM 1993, 251; BGH BayVBl. 2004, 92.
³³¹ *Haug*, Rn. 255.
³³² Vgl. hierzu RGRK/*Kreft*, § 852 BGB, Rn. 35.
³³³ BGH NJW 1968, 988; OLG Hamburg MDR 1968, 583; OLG Köln VersR 1974, 1089.
³³⁴ Im Fall der Versäumung greift evtl. die Anwaltshaftpflicht ein, vgl. *Haug*, Rn. 270.
³³⁵ *Arndt/Lerch/Sandkühler*, § 19 BNotO, Rn. 255.
³³⁶ Vgl. BGH WM 1983, 964, 965; *Arndt/Lerch/Sandkühler*, § 19 BNotO, Rn. 254.
³³⁷ BGH NJW-RR 2004, 1704, 1706
³³⁸ BGH NJW 2008, 519, 521 f.; a. A. Bamberger/Roth/*Henrich*, § 204 BGB, Rn. 29.
³³⁹ BGH NJW 2008, 519 ff.
³⁴⁰ BGH BayVBl. 2004, 92.
³⁴¹ Bayern, Brandenburg, Mecklenburg-Vorpommern, Rheinland-Pfalz, Hamburg, Saarland, Sachsen, Sachsen-Anhalt und Thüringen, OLG-Bezirke Köln und Düsseldorf mit Ausnahme des rechtsrheinischen Bereichs des LG-Bezirks Duisburg und des AG-Bezirks Emmerich.
³⁴² Berlin, Bremen, Hessen, Niedersachsen und Schleswig-Holstein, in Nordrhein-Westfalen mit Ausnahme der oben genannten Bezirke.

riat³⁴³ zu unterscheiden. Die Strukturen des staatlichen Notariats in Baden-Württemberg sollen allerdings reformiert werden. Bis zum 1.1.2018 soll der flächendeckende Wechsel vom Amtsnotariat hin zum sogenannten Nur-Notariat vollzogen sein.³⁴⁴

1578 Beim Anwaltsnotariat ähneln sich Anwalts- und Notartätigkeit insbesondere hinsichtlich der Betreuungspflichten (§ 24 Abs. 1 BNotO). Da sich die Notarhaftung jedoch nach Voraussetzungen und Rechtsfolgen von der Anwaltshaftung unterscheidet, ist zur Vorbereitung des Haftpflichtprozesses § 24 Abs. 2 BNotO zu beachten, der die Abgrenzung zwischen beiden Tätigkeitsbereichen regelt.³⁴⁵

1579 Für den Anwaltsnotar bestehen in § 3 Abs. 1 Satz 1 Nr. 7 und 8, Abs. 2 BeurkG Mitwirkungsverbote,³⁴⁶ deren Missachtung eine Amtspflichtverletzung darstellt.³⁴⁷ § 16 BNotO erstreckt die Mitwirkungsverbote des § 3 BeurkG auf alle Amtshandlungen nach §§ 20 bis 24 BNotO, auch wenn es sich dabei nicht um Beurkundungen nach dem Beurkundungsgesetz handelt.³⁴⁸ Durch die Formulierung der Mitwirkungsverbote als Sollvorschriften wird dem Anwaltsnotar kein Ermessen eingeräumt. Es soll nur sichergestellt werden, dass die Urkunde trotz eines Verstoßes wirksam ist.

1580 Für Staatsnotare in Baden-Württemberg gilt das Landesgesetz über die freiwillige Gerichtsbarkeit (LFGG)³⁴⁹ sowie § 64 Satz 1 BeurkG. Gemäß § 20 LFGG finden die §§ 14, 15, 16, 17, 18, 21 bis 24, 28, 29 Abs. 1, 30 Abs. 1 und 31 BNotO entsprechende Anwendung. Für Amtspflichtverletzungen, die nach dem 25.11.1985 begangen wurden, tritt ausschließlich Staatshaftung gemäß § 839 BGB i. V. m. Art. 34 GG ein. § 19 BNotO ist nicht anwendbar.³⁵⁰

N. Rechtsfolgen

I. Schadensersatz

1581 Für die Schadensersatzpflicht des Notars gelten grundsätzlich die allgemeinen Vorschriften der §§ 249 ff. BGB, allerdings mit der Besonderheit, dass sich der Anspruch regelmäßig nur auf Geldzahlung richtet.³⁵¹ Ein klagbarer Anspruch auf Naturalrestitution oder auf Schadensabwehr durch Vornahme, Rücknahme oder Änderung einer notariellen Amtshandlung steht dem Geschädigten nicht zu;³⁵² solange allerdings ein Schaden noch nicht eingetreten ist, hat der Notar den Schadenseintritt möglichst durch umgehende Nachbesserung, Berichtigung, Ergänzung und notfalls

---

³⁴³ Dritte Notariatsform, sog. „Notare im Landesdienst", in Baden-Württemberg neben Nur-Notariat (teilweise im OLG-Bezirk Stuttgart) und Anwaltsnotariat bestehend aus Bezirksnotariat im OLG-Bezirk Stuttgart und dem Richternotariat im OLG-Bezirk Karlsruhe. Für sie greift die Staatshaftung (Haftungsüberleitung) gem. Art. 34 GG i. V. m. § 839 BGB ein.
³⁴⁴ S. § 46 Abs. 1 LFGG in der ab 1.1.2018 geltenden Fassung.
³⁴⁵ Einordnung streng nach objektiven Kriterien, vgl. BGH LM Nr. 1 zu § 24 BNotO; OLG Frankfurt DNotZ 1979, 119; BGH VersR 1983, 81; OLG Frankfurt DNotZ 1971, 438; OLG Hamm DNotZ 1985, 182. Ausführlich zur haftpflichtrechtlichen Relevanz der Abgrenzung *Haug*, Rn. 349 ff. Für Zusammentreffen von Anwaltshaftung nach §§ 280 Abs. 1, 281 BGB mit einer Haftung wegen Amtspflichtverletzung vgl. BGH VersR 1990, 668.
³⁴⁶ Vgl. auch das Mitwirkungsverbot des § 45 Nr. 1 und 2 BRAO.
³⁴⁷ BGH DNotZ 1985, 231, 233.
³⁴⁸ Vgl. hierzu Schippel/*Schäfer*, § 16 BNotO, Rn. 8 ff.
³⁴⁹ BaWüGBl. 1975, 116.
³⁵⁰ Zu den mehrfach geänderten früheren Rechtslagen vgl. *Haug*, Rn. 375 ff.
³⁵¹ *Arndt/Lerch/Sandkühler*, § 19 BNotO, Rn. 163.
³⁵² *Arndt/Lerch/Sandkühler*, § 19 BNotO, Rn. 163.

gebührenfreie Neubeurkundung zu vermeiden.³⁵³ Ebenso wenig kann der Geschädigte über § 19 BNotO die Rückzahlung von ihm geleisteter Notarkosten mit der Begründung, die Kostenbelastung beruhe auf einer Amtspflichtverletzung des Notars, verlangen, da § 156 KostO insoweit vorrangig ist.³⁵⁴

Der Schaden bemisst sich nach der Differenz des tatsächlichen Vermögens des Geschädigten zu der Vermögenslage, wie sie sich bei pflichtgemäßem Handeln des Notars darstellen würde.³⁵⁵ 1582

Auf das Institut der Drittschadensliquidation braucht in aller Regel nicht zurückgegriffen werden, da der Schadensausgleich des Dritten bereits durch die Bestimmung des Kreises der geschützten Dritten im Rahmen der Amtspflicht herbeigeführt werden kann, sodass der Dritte originär selbst schadensersatzberechtigt ist.³⁵⁶ 1583

Hingegen finden die Grundsätze der Vorteilsausgleichung Anwendung: Hat die Amtspflichtverletzung nicht nur zu Nachteilen, sondern auch zu Vorteilen geführt, die bei wertender Betrachtung nicht dem Geschädigten anrechnungslos verbleiben dürfen, so sind sie schadensmindernd zu berücksichtigen.³⁵⁷ 1584

II. Mitverschulden

Der Schadensersatzanspruch kann sich mindern oder sogar ganz entfallen, wenn ein mitwirkendes Verschulden im Raum steht. Der Mitverschuldenseinwand spielt allerdings in der Notarhaftung nur eine verhältnismäßig geringe Rolle.³⁵⁸ Es genügt etwa nicht, dass der Geschädigte im Fall einer fehlerhaften Rechtsanwendung durch den Notar den Fehler aufgrund eigener Rechtskenntnisse selbst hätte bemerken können.³⁵⁹ 1585

Trifft den Geschädigten ein mitwirkendes Verschulden an der Schadensentstehung oder fällt ihm ein Verstoß gegen seine Schadensabwehr- und Schadensminderungsobliegenheit zur Last, kann sein Schadensersatzanspruch nach § 254 BGB gemindert werden oder sogar ganz ausgeschlossen sein. Dabei muss aber berücksichtigt werden, dass der Rechtssuchende besonderes Vertrauen in den Notar setzen darf (vgl. auch § 14 Abs. 3 Satz 1 BNotO) und ihm dieses Vertrauen nicht im Sinne einer Obliegenheitsverletzung bei der Schadensentstehung angerechnet werden darf.³⁶⁰ 1586

Der Geschädigte muss sich auch das Verschulden seiner Erfüllungsgehilfen³⁶¹ zurechnen lassen, § 254 Abs. 2 Satz 2 BGB. 1587

Umstritten ist hingegen die Frage, ob sich der Geschädigte ein Mitverschulden eines anderen Beteiligten zurechnen lassen muss. Der BGH bejaht dies zumindest für den Fall, dass eine dem Vertrag mit Schutzwirkung für Dritte vergleichbare Konstellation gegeben ist.³⁶² 1588

---

³⁵³ BGH NJW 2002, 1655; Palandt/-*Sprau*, § 839 BGB, Rn. 171.
³⁵⁴ *Arndt/Lerch/Sandkühler*, § 19 BNotO, Rn. 164.
³⁵⁵ BGH NJW-RR 2003, 1569; Palandt/*Sprau*, § 839 BGB, Rn. 171.
³⁵⁶ *Arndt/Lerch/Sandkühler*, § 19 BNotO, Rn. 104; a. A. KG WM 2008, 852.
³⁵⁷ BGH VersR 2003, 1405; *Arndt/Lerch/Sandkühler*, § 19 BNotO, Rn. 129 f.
³⁵⁸ *Eylmann/Vaasen*, § 19 BNotO, Rn. 46.
³⁵⁹ BGH NJW 2005, 3495, 3497.
³⁶⁰ *Arndt/Lerch/Sandkühler*, § 19 BNotO, Rn. 168.
³⁶¹ Etwaige Fehler der Steuerberaterin des Klägers sind diesem nicht gemäß § 278 BGB zurechenbar, BGH NJW-RR 2006, 1431, 1432.
³⁶² BGH DNotZ 1997, 791, 793.

26. Kapitel. Prozessuale Geltendmachung

A. Zulässigkeit der Klage

1589 Ausschließlich sachlich zuständig sind gem. § 19 Abs. 3 BNotO die Landgerichte ohne Rücksicht auf den Streitwert,[363] gleichgültig ob der Notar, der Notarvertreter, der Notarverwalter oder der Notarassessor Beklagter ist. Dasselbe gilt, wenn diese Personen zusammen oder mit der Notarkammer als Gesamtschuldner verklagt werden.[364]

1590 Die Klage ist regelmäßig eine Leistungsklage auf Schadensersatz in Geld; es sind aber auch Feststellungsklagen zulässig.[365]

1591 Ist ein Erbverzichtsvertrag infolge eines Notarfehlers unwirksam, kann die Klage eines anderen Erben auf Feststellung der Notarhaftung bereits vor dem Tode des Erblassers und damit vor Bezifferbarkeit des konkreten Schadens zulässig sein, um die kurze Verjährungsfrist des § 195 BGB zu unterbrechen.[366]

B. Passivlegitimation

1592 Da die Haftungsüberleitung auf den Staat gemäß § 19 Abs. 1 Satz 4 BNotO ausgeschlossen ist, ist der Notar passivlegitimiert. Nur bei Amtspflichtverletzungen eines baden-württembergischen Staatsnotars ist das Land richtiger Beklagter. Gleiches gilt für den Fall einer Dienstaufsichtspflichtverletzung. Ein eigenständiger Anspruch gegen die Berufshaftpflichtversicherung besteht nur im Fall der Insolvenz des Notars oder wenn sein Aufenthaltsort unbekannt ist, §§ 115, 113 VVG.

C. Darlegungs- und Beweislast

1593 Die Beweislast beim Haftungsprozess gegen den Notar folgt grundsätzlich den allgemeinen Beweislastregeln, wonach der Kläger alle den Anspruch begründenden Tatsachen zu beweisen hat.[367]

I. Darlegungs- und Beweislast auf Seiten des Klägers

1. Amtspflichtverletzung

1594 Das Vorliegen einer Amtspflichtverletzung hat der Geschädigte zu beweisen.[368] Es ist grundsätzlich davon auszugehen, dass der Notar seine Amtspflichten gewissenhaft erfüllt.[369] Es gibt keine Vermutung für die Verletzung einer Amtspflicht.[370]

---

[363] *Eylmann/Vaasen,* § 19 BNotO, Rn. 61.
[364] Schippel/*Schramm,* § 19 BNotO, Rn. 165.
[365] *Arndt/Lerch/Sandkühler,* § 19 BNotO, Rn. 201; Schippel/*Schramm,* § 19 BNotO, Rn. 167.
[366] BGH NJW 1996, 1062, 1063.
[367] Vgl. nur BGH DNotZ 1961, 162.
[368] BGH DNotZ 1961, 162; BGH DNotZ 1973, 494, 498; BGH DNotZ 1989, 48; BGH WM 1984, 700, 701; BGH WM 1988, 1639, 1542.
[369] BGH NJW 1996, 3009 (Vermutung beratungsgerechten Verhaltens); RGZ 144, 399.
[370] *Riederer v. Paar,* DNotZ 1985, 25.

Dem Kläger obliegt auch der Beweis von negativen Tatbestandsmerkmalen.[371] Besteht die vom Kläger behauptete Amtspflichtverletzung in einem pflichtwidrigen Unterlassen des Notars, schmälert dies seine Darlegungs- und Beweislast nicht. Behauptet der Kläger z. B., der Notar habe seine Belehrungspflicht nicht ordnungsgemäß erfüllt, muss er beweisen, dass die Belehrung unzureichend erteilt wurde oder völlig unterblieben ist.[372]

1595

Da der Kläger beim Beweis von negativen Tatsachen leicht in Beweisnot geraten kann, darf sich der Notar aber dann nicht mit bloßem Bestreiten des klägerischen Vortrags begnügen. Er muss vielmehr substantiiert darlegen, wie z. B. die Besprechung oder Verhandlung verlaufen ist, welche Belehrungen er erteilt hat und wie der Kläger darauf reagiert hat.[373] Es ist dann wiederum Sache des Klägers, die Darstellung des Notars zu widerlegen.[374]

1596

a) Belehrungspflichten

Für den praxisrelevanten Bereich der Verletzung notarieller Belehrungspflichten durch unterlassene oder unzureichende Belehrungen hat der Kläger zunächst seine Belehrungsbedürftigkeit darzulegen und zu beweisen,[375] weil eine notarielle Belehrungspflicht ohne Belehrungsbedürftigkeit nicht besteht. Sind sich die Beteiligten über die Tragweite ihrer Erklärungen und das damit verbundene Risiko vollständig im Klaren und wollen sie die konkrete Vertragsgestaltung ernsthaft, brauchen sie nicht belehrt zu werden. Da dann eine Ausnahme von der gesetzlichen Regel nach § 17 BeurkG vorliegt, hat im Streitfall der Notar die fehlende Belehrungsbedürftigkeit nachzuweisen.[376]

1597

Wenn die Dokumentation der Belehrung gesetzlich nicht vorgeschrieben ist, kann aus der Tatsache, dass die Belehrung nicht in die Urkunde aufgenommen worden ist, nicht geschlossen werden, eine Belehrung sei unterblieben.[377] Andernfalls würde die Urkunde zweckwidrig zu einer Urkunde über das Notargespräch instrumentalisiert. Unterlassene Belehrungsvermerke, die zwar gesetzlich nicht vorgeschrieben, aber in der notariellen Praxis üblich sind, werden allerdings vereinzelt im Rahmen der Beweiswürdigung als Indiztatsache für eine Pflichtverletzung gewertet.[378]

1598

Bestreitet der Notar das klägerische Vorbringen mit Nichtwissen, so ändert dies nichts an der Beweislast des Klägers.[379] Das Bestreiten mit Nichtwissen kann sich allenfalls im Rahmen der Beweiswürdigung als Indiztatsache für den Kläger vorteilhaft auswirken.[380] Die Anforderungen an das Erinnerungsvermögen des Notars etwa hinsichtlich des Inhalts von Gesprächen dürfen hierbei jedoch nicht überspannt werden.[381] Beweisrechtliche Nachteile wegen des Bestreitens mit Nichtwissen sind nur dann gerechtfertigt, wenn eine konkrete Erinnerung billigerweise ver-

1599

---

[371] BGH VersR 1968, 1059.
[372] Vgl. *Riederer v. Paar*, DNotZ 1985, 25, 26.
[373] *Arndt/Lerch/Sandkühler,* § 19 BNotO, Rn. 30.
[374] Vgl. *Baumgärtel*, § 675 BGB, Rn. 53.
[375] BGH WM 1988, 1454.
[376] BGH WM 1995, 118, 120 m. w. N.
[377] BGH WM 1968, 1042; OLG Hamm DNotZ 1981, 777; vgl. allerdings auch BGH WM 1984, 700, 701 und OLG Stuttgart DNotZ 1983, 693; BGH NJW 2006, 3065, 3067.
[378] BGH WM 1968, 1042, 1044; BGH WM 1984, 700, 701; kritisch dazu *Haug*, Rn. 834; BGH NJW 2006, 3065, 3067; *Arndt/Lerch/Sandkühler*, § 19 BNotO, Rn. 32.
[379] OLG Hamm DNotZ 1981, 777.
[380] BGH WM 1984, 700, 701; BGH WM 1968, 1042, 1044; vgl. auch BGH NJW 1991, 2280, 2283; BGH NJW 1987, 1322, 1323 (Anwaltshaftpflichtfälle); *Riederer v. Paar*, DNotZ 1985, 25, 27; *Rinsche*, Rn. II. 310; kritisch *Haug*, Rn. 834.
[381] *Haug*, Rn. 827.

langt werden kann. Geht es um eine unterlassene Belehrung, so dürfte es daher bei lange zurückliegenden Vorgängen ausreichen, dass der Notar die Pflichtwidrigkeit bestreitet und vorträgt, ihm sei der Vorgang zwar nicht mehr erinnerlich, aber bei vergleichbaren Fällen erfolge stets eine entsprechende Belehrung.[382]

1600 Eine Umkehr der Beweislast zu Lasten des Notars tritt ein, wenn gesetzlich vorgeschrieben ist,[383] einen Belehrungsvermerk in die Urkunde aufzunehmen. Der Notar muss dann den Gegenbeweis erbringen und Tatsachen vortragen, aus denen sich ergibt, dass er die Belehrung trotz des Fehlens eines entsprechenden Vermerks in der Urkunde mündlich vorgenommen hat.[384] Beruft sich etwa der Notar auf die mündliche Änderung einer Hinterlegungsvereinbarung, für die gemäß § 54a Abs. 4 BeurkG die Schriftform vorgeschrieben ist, so ist er dafür beweispflichtig, dass diese Änderung stattgefunden hat.

b) Weisungen

1601 Behauptet der Kläger, der Notar habe eine Handlung weisungswidrig oder ohne sein konkretes Ersuchen vorgenommen, so muss er darlegen und beweisen, dass er eine andere Weisung erteilt hat[385] oder den Notar nicht konkret zur Vornahme der streitgegenständlichen Handlung angewiesen hat.

1602 Ist allerdings unstreitig oder erwiesen, dass der Kläger dem Notar eine bestimmte Weisung erteilt hat und streiten die Parteien darüber, ob der Notar weisungsgemäß gehandelt hat, so ist der Notar für die ordnungsgemäße Erfüllung der ihm erteilten Weisungen darlegungs- und beweispflichtig.[386] Diese Beweislastverteilung kann mit der in § 665 BGB getroffenen Regelung der Beweislast im Auftragsrecht gerechtfertigt werden.[387] Außerdem würden die Anforderungen an die Beweisführungspflicht des Klägers überspannt, wenn dem Kläger der Nachweis von Vorgängen im internen Bereich des Notars aufgebürdet würde.[388] Der Notar kann sich durch den Nachweis von Umständen entlasten, aufgrund derer er annehmen durfte, dass die Abweichung dem Willen oder – wenn dieser nicht zu ermitteln war – den erkennbaren Interessen des Klägers entsprach.[389]

2. Verschulden

1603 Obwohl §§ 280 Abs. 1 Satz 2, 286 Abs. 4 BGB auf den Verschuldensnachweis im Rahmen des deliktischen Amtshaftungsanspruchs gem. § 839 Abs. 1 Satz 1 BGB grundsätzlich keine Anwendung findet, wird in der Literatur die Ansicht vertreten, dass die Amtspflichtverletzung im Rahmen der Notarhaftung wegen des vertragsähnlichen Charakters[390] des öffentlich-rechtlichen Verhältnisses zwischen Notar und Beteiligten der positiven Vertragsverletzung eines Rechtsanwaltsvertrags gleichkomme, sodass sich der Notar entsprechend §§ 280 Abs. 1 Satz 2, 286 Abs. 4 BGB vom Schuldvorwurf entlasten müsse.[391]

---

[382] So auch *Rinsche*, Rn. II. 310.
[383] BGH DNotZ 1974, 296; OLG Frankfurt, Urt. v. 13. 5.1980, 14 U 70/78 bereits für Beweislastumkehr, wenn Vermerk allgemein üblich ist.
[384] BGH NJW 2006, 3065, 3067; *Arndt/Lerch/Sandkühler*, § 19 BNotO, Rn. 31.
[385] OLG Hamm, Urt. v. 12. 1.1984, 28 U 129/83.
[386] *Baumgärtel*, § 675 BGB, Rn. 51.
[387] So *Baumgärtel*, § 675 BGB, Rn. 51.
[388] OLG Koblenz VersR 1981, 85.
[389] *Haug* DNotZ 1985, 237, 238.
[390] Vgl. RGZ 156, 82, 86.
[391] *Rinsche*, Rn. II. 314; *Baumgärtel*, § 675 BGB, Rn. 57.

Die Rechtsprechung³⁹² und Teile der Literatur³⁹³ folgen dieser Ansicht allerdings nicht. Eine schematische Übertragung der Beweislastregel der §§ 280 Abs. 1 Satz 2, § 286 Abs. 4 BGB auf den deliktischen Amtshaftungsanspruch ist nämlich problematisch. Zwar stammt die Schadensursache regelmäßig aus dem Verantwortungsbereich des Notars, und dieser Umstand kann den Kläger in Beweisnot bringen. Auch erscheint es unbillig, dass ein Notar bei einem Beratungsfehler besser stehen soll als ein Rechtsanwalt in vergleichbarer Situation. Die strukturellen Unterschiede zwischen der Pflichtverletzung gemäß § 280 Abs. 1 BGB und dem deliktischen Amtshaftungsanspruch hinsichtlich der Art der Anspruchsgrundlage und der Natur der jeweiligen Pflichten erlauben aber eine solche Analogie nicht.³⁹⁴ 1604

Nach h.M. trägt der Kläger somit die Beweislast für das Verschulden nach den allgemeinen Grundsätzen der Beweislastverteilung. Angesichts der hohen Sorgfaltsanforderungen, die in einem typisierten Fahrlässigkeitsmaßstab zum Ausdruck kommen,³⁹⁵ wird die Durchsetzung eines Amtshaftungsanspruchs jedoch in den seltensten Fällen am Verschulden scheitern. 1605

Beweisschwierigkeiten können aber auftreten, wenn der Kläger im Vorsatzbereich das Bewusstsein der Pflichtwidrigkeit nachzuweisen hat. In diesen Fällen steht der Geschädigte meist vor dem Problem, dass er das Vorliegen bestimmter „innerer Tatsachen" des beklagten Notars nachweisen muss. Diese Schwierigkeiten bei der Beweisführung des Geschädigten hat der Tatrichter dadurch zu berücksichtigen, dass er die Anforderungen an die Darlegungs- und Beweislast nicht überspannt.³⁹⁶ 1606

3. Haftungsausfüllende Kausalität

Für den Nachweis des Eintritts und der Höhe des Schadens ergeben sich im Rahmen der Amtspflichtverletzung durch einen Notar gegenüber den allgemeinen Regeln keine Abweichungen.³⁹⁷ Da für den Nachweis der haftungsausfüllenden Kausalität die Beweismaßreduzierung des § 287 ZPO gilt, genügt in der Regel der Nachweis eines Schadens, der zeitlich nach der Pflichtverletzung entstanden ist und nach der freien Überzeugung des Gerichts mit deutlich überwiegender Wahrscheinlichkeit durch die Pflichtverletzung verursacht worden ist.³⁹⁸ 1607

Da § 287 ZPO die Beweislastverteilung unberührt lässt, bleibt der Kläger aber in Zweifelsfällen voll beweispflichtig. Bei unterlassenen Belehrungen können allerdings die Regeln über den Beweis des ersten Anscheins hinsichtlich eines beratungsgemäßen Verhaltens Anwendung finden, soweit es sich um einen Sachverhalt handelt, der nach der allgemeinen Lebenserfahrung auf eine bestimmte Ursache hindeutet und typischerweise in eine bestimmte Richtung verläuft.³⁹⁹ Schuldet der Notar einen bestimmten Rat oder eine bestimmte Warnung, so spricht der erste Anschein dafür, dass die Beteiligten dem Rat gefolgt wären.⁴⁰⁰ Es ist dann Sache des Notars, diesen Ablauf in Frage zu stellen, indem er Tatsachen darlegt und beweist, aus denen der 1608

---

³⁹² BGH VersR 1958, 124, 126; BGH WM 1960, 1150; BGH WM 1968, 1042, 1043f.; BGH VersR 1974, 782; BGH WM 1988, 1639, 1642.
³⁹³ *Haug*, Rn. 840.
³⁹⁴ Vgl. *Haug* a.a.O.
³⁹⁵ *Haug*, Rn. 65.
³⁹⁶ BGH DNotZ 1973, 494, 498; vgl. zu weiteren Fällen Schippel/*Schramm*, § 19 BNotO, Rn. 170ff.
³⁹⁷ BGH NJW 1992, 3237, 3241 m.w.N.
³⁹⁸ BGH NJW-RR 1996, 781 m.w.N.
³⁹⁹ BGH DNotZ 1961, 162, 163.
⁴⁰⁰ BGH DNotZ 1961, 162, 163; BGH NJW 1996, 3009, 3010 m.w.N.

ernsthafte Schluss gezogen werden kann, dass der Kläger die Warnung nicht beachtet hätte.[401]

1609 Dieser Beweis des ersten Anscheins ist indes nicht ohne Weiteres in allen Fällen unterlassener Belehrungen anwendbar. Vielmehr muss im Einzelfall festgestellt werden, ob eine tatsächliche Vermutung oder Wahrscheinlichkeit für einen typischen Ablauf spricht.[402] Insbesondere bei der Unterlassung neutraler Hinweise (z. B. darauf, dass nach den dispositiven §§ 446, 103 BGB die nach Kaufvertragsschluss entstehenden Erschließungsbeiträge vom Käufer zu tragen sind) gibt es regelmäßig keine tatsächliche Vermutung für einen typischen Ablauf. In diesen Fällen trägt der Kläger die Darlegungs- und Beweislast dafür, dass er z. B. von möglichen Belastungen rechtzeitig Kenntnis erlangt hätte und dass es ihm daraufhin gelungen wäre, eine ihm günstigere Vertragsgestaltung zu erreichen.[403] In den seltensten Fällen wird aber davon auszugehen sein, dass sich der jeweilige Vertragspartner auf eine solche Gestaltung ohne Weiteres eingelassen hätte. Deshalb wird man bei Geschäften, an denen mehrere Parteien beteiligt waren, in der Regel keine Vermutung für einen bestimmten tatsächlichen Verlauf aufstellen können.[404]

1610 Macht der Geschädigte die Kosten eines Prozesses als Schaden geltend, weil er etwa infolge der Amtspflichtverletzung des Notars über die Auslegung des beurkundeten Vertrags einen Rechtsstreit führen muss, können ihm zum Nachweis der haftungsausfüllenden Kausalität unterschiedliche Beweiserleichterungen zugute kommen. Die Art der anzuwendenden Beweiserleichterung hängt davon ab, ob ihm die Prozesskosten als Beklagter oder als Kläger entstanden sind:

1611 Ist der Geschädigte im Drittprozess mit anderen Urkundsbeteiligten Beklagter, so ist im Allgemeinen der Notar mit dem Beweis der Tatsache belastet, dass dieser Kostenschaden nicht auf seine Amtspflichtverletzung zurückzuführen ist.[405] Führt der Geschädigte den Drittprozess hingegen als Kläger (Aktivprozess), so kommt ihm lediglich ein Anscheinsbeweis für den Ursachenzusammenhang zwischen Amtspflichtverletzung und den Kosten seines Aktivprozesses zugute. Er muss jedoch den Beweis erbringen, dass für die Klageerhebung ein rechtfertigender Anlass bestanden hat oder dass diese durch die Amtspflichtverletzung des Notars „herausgefordert" worden ist und keine ungewöhnliche Reaktion auf die Pflichtverletzung darstellt.[406]

4. Anderweitige Ersatzmöglichkeit

1612 Das Tatbestandsmerkmal der anderweitigen Ersatzmöglichkeit weist im Rahmen der Notarhaftung gegenüber den bei der Amtshaftung dargestellten Grundsätzen keine Besonderheiten auf. § 839 Abs. 1 Satz 2 BGB und § 19 Abs. 1 Satz 2 Halbs. 1 BNotO sind diesbezüglich inhaltsgleich. Da es sich um eine (negative) Anspruchsvoraussetzung handelt, muss der Kläger das Fehlen einer anderweitigen Ersatzmöglichkeit vortragen.[407] Bestreitet der Notar dies und behauptet er, dass eine andere Ersatzmöglichkeit besteht, so muss der Kläger darlegen und beweisen, dass diese nicht besteht, nicht durchsetzbar oder ihre Wahrnehmung unzumutbar ist. Ist eine andere Ersatzmöglichkeit nicht ohne Weiteres erkennbar oder von vornherein un-

---

[401] OLG Stuttgart DNotZ 1977, 48.
[402] BGH DNotZ 1975, 367. Ein solcher typischer Ablauf wurde verneint in den Fällen BGH DNotZ 1982, 384, 387; OLG Stuttgart DNotZ 1977, 48; OLG Hamm DNotZ 1981, 777, 779.
[403] Vgl. BGH NJW 1994, 2283, 2284.
[404] Vgl. *Riederer v. Paar*, DNotZ 1985, 25, 31.
[405] BGH DNotZ 1963, 308.
[406] BGH LM zu § 26 BNotO Nr. 4; vgl. auch BGH NJW 1988, 1143, 1145.
[407] *Arndt/Lerch/Sandkühler*, § 19 BNotO, Rn. 202; *Schippel/Schramm*, § 19 BNotO, Rn. 124.

gewiss, so ist es Sache des Notars, das Bestehen dieser Ersatzmöglichkeit schlüssig darzulegen.[408] Gelingt ihm das, muss der Kläger das Gegenteil beweisen.[409]

Hat der Kläger die Wahrnehmung einer anderen Ersatzmöglichkeit versäumt, so ist er dafür beweispflichtig, dass dies nicht schuldhaft geschehen ist.[410]

1613

II. Darlegungs- und Beweislast auf Seiten des Beklagten

Ist gesetzlich angeordnet, dass der Notar einen Belehrungsvermerk in die Urkunde aufnimmt und hat der Notar diesen Vermerk unterlassen, greift für die Frage der Amtspflichtverletzung durch den Notar eine Umkehr der Beweislast zu dessen Lasten ein.[411] Der Notar muss in diesem Fall Tatsachen vortragen, aus denen sich ergibt, dass er die Belehrung mündlich vorgenommen hat.[412]

1614

Eine unstreitige oder erwiesene Amtspflichtverletzung des Notars indiziert die Rechtswidrigkeit seines Verhaltens. Er trägt deshalb nach den allgemeinen Grundsätzen die Darlegungs- und Beweislast für Rechtfertigungsgründe, die die Rechtswidrigkeit seiner Handlung beseitigen.

1615

Da das schuldhafte Unterlassen eines Rechtsmittels gem. § 839 Abs. 3 BGB als Ausnahmetatbestand und Einwendung formuliert ist, trifft den Notar die Darlegungs- und Beweislast.[413] Er muss nicht nur die Nichteinlegung des Rechtsmittels und ihre Schuldhaftigkeit beweisen, sondern auch, dass das Rechtsmittel dazu geeignet gewesen wäre, den Schaden abzuwenden.[414]

1616

Hinsichtlich der sonstigen prozesserheblichen Einwendungen und Einreden gelten für den Notarhaftungsprozess keine Besonderheiten.[415]

1617

D. Sonstige prozessuale Fragen

In dem zu seiner Verteidigung notwendigen Umfang entfällt die Verschwiegenheitspflicht des Notars ohne eine besondere Befreiung nach § 18 BNotO.[416] Dies gilt auch gegenüber der Berufshaftpflichtversicherung, soweit es zur Erfüllung seiner versicherungsvertraglichen Obliegenheiten und zur Gewährleistung des Versicherungsschutzes notwendig ist.[417]

1618

Die Streitverkündung des Klägers im Notaramtshaftungsprozess gegenüber einem primär haftenden Dritten oder einem gesamtschuldnerisch haftenden Dritten ist unzulässig.[418] Da dem Urteil keine Nebeninterventionswirkung zukommen kann, fehlt

1619

---

[408] BGH NJW 2003, 202, 204; *Rinsche*, Rn. II. 317.
[409] RG DNotZ 1935, 745; vgl. auch *Haug*, Rn. 213. Gänzlich ungewisse Ersatzmöglichkeiten sind allerdings nicht widerlegungsbedürftig, vgl. BGH DNotZ 1969, 496, 498.
[410] *Haug*, Rn. 210, 213.
[411] BGH DNotZ 1974, 296; OLG Frankfurt NJW 2011, 392; Schippel/*Schramm*, § 19 BNotO, Rn. 171.
[412] BGH DNotZ 1974, 296 m. Anm. *Haug*.
[413] *Arndt/Lerch/Sandkühler*, § 19 BNotO, Rn. 235.
[414] *Rinsche*, Rn. II. 318.
[415] Z. B. für Mitverschulden: BGH VersR 1988, 607, 608; *Rinsche*, Rn. II. 319.
[416] Vgl. statt aller *Arndt/Lerch/Sandkühler*, § 18 BNotO, Rn. 68. Dies gilt auch im Verfahren nach § 156 KostO, vgl. OLG Düsseldorf DNotZ 1972, 443.
[417] *Haug*, Rn. 819. Die Vorlage der Korrespondenz zwischen Notar und Berufshaftpflichtversicherung zu Beweiszwecken kann der Kläger nicht verlangen, vgl. OLG Düsseldorf VersR 1980, 270.
[418] BGH NJW 2008, 519 ff.; noch offen gelassen in BGH NJW 1989, 521; OLG Hamm, Urt. v. 2.2.2011, Az 11 U 218/10.

es am rechtlichen Interesse im Sinne von § 72 ZPO.[419] Entsprechend ist auch eine Nebenintervention des anderweitig Ersatzpflichtigen unzulässig.[420]

Der Haftpflichtversicherer eines Notars, der die Deckung für einen Schadensfall wegen einer wissentlichen Pflichtverletzung abgelehnt hat, kann in dem Prozess des Geschädigten gegen den Notar nicht dem Prozess auf Seiten des Klägers, d.h. des Geschädigten, beitreten, um zu erreichen, dass der beklagte Notar wegen einer vorsätzlichen Pflichtverletzung verurteilt wird.[421]

---

[419] *Haug*, Rn. 823; *Arndt/Lerch/Sandkühler*, § 19 BNotO, Rn. 205;
[420] *Arndt/Lerch/Sandkühler*, § 19 BNotO, Rn. 204.
[421] OLG München VersR 2009, 822.

Sachverzeichnis

Die angegebenen Zahlen beziehen sich auf die Randnummern

Abschleppfälle 58 ff.
Abwägungsgebot 695 ff.
Adäquanztheorie 168
Administratives Unrecht (Verstoß gegen Unionsrecht) 1275
Akteneinsicht 600 ff.
Altlasten 711 ff., 778
Amtsarzt 111, 1207 ff.
Amtspflichten 74 ff.,
Amtsträger 52
Anderweitige Ersatzmöglichkeit 176 ff., 483 ff.
Anhörung des betroffenen Unternehmens 995
Anscheinsbeweis 623, 643, 671, 682
Anspruchsgrundlagen 10 ff.
Antragsverfahren (StHG-DDR) 308
Anwaltsnotar 1441 ff.
Arbeitsunfälle 238
Aufopferungsanspruch 357 ff.
Aufsicht 1119, 1215c
Aufspaltung des Rechtswegs 526 ff.
Ausgleichsanspruch zw. Hoheitsträgern 1436 ff.
Auskunft 89 ff., 818 ff., 929, 942, 1140
Ausländer, Haftung gegenüber 235 ff.
Ausschlussfrist n. NATO-Truppenstatut 1238 ff.
Äußerungen, rechtsverletzende 419
Auszahlungsfehler des Notars 1508 ff.
Automatisierte Datenverarbeitung 1056 ff.

Bankenaufsicht 133
Baugenehmigung, rechtswidrige 764 ff.
Beamtenhaftung 40 ff.
Beamtenverhältnis 400
Bebauungspläne, fehlerhafte 690 ff.
Befundsicherungspflicht 646
Begründetheit der Amtshaftungsklage 555 ff.
Beibringungsgrundsatz 595
Beitragssatzung 1118
Beklagter 556 ff.
Beklagtenwechsel 569
Belehrungspflicht des Notars 1458 ff., 1597 ff.
Belehrungspflicht des Beamten 825
Beliehene 55, 290
Bergschäden 711 ff., 760 ff.
Beschuldigter, Amtspflichten gü. 1168 ff.
Beschwerde (StHG-DDR) 308
Besteuerung 1124
Betriebs- und Anlagenaufsicht 132

Beweiserleichterung 642 ff.
Beweislast 595 ff.
Beweislastumkehr 624 ff.
Beweisermittlung 597 ff.
Beweissicherungsverfahren 512
Beweisvereitelung 680 ff.
Bewerbungsverfahrensanspruch 401 ff.
Bindungswirkung von Verwaltungsakten 576 ff.
Bindungswirkung von Urteilen 579 ff.
Bodenrente 344
Bundesdatenschutzgesetz 1042 ff.
Bundesregierung, Produktinformation durch die 1002 ff.
Bundeswehr 1217a f.

Culpa in contrahendo 379, 391, 536 f.

Darlegungslast 595
Datenschutzrecht 1036 ff.
Datenverarbeitung 1056 ff.
Dienstaufsicht 128 ff.
Drittbezogenheit der Amtspflicht 98 ff.
Dritter 106 ff.
Drittschadensliquidation 269 ff.
Drittschutz bei Notarhaftung 1515 ff.
Drittschutz bei Altlasten 724 ff.
Drittwiderklage 829
Duldungspflicht, allgemeine 412
Durchsetzung des Amtshaftungsanspruchs 455 ff.

E-Government 35a f., 1036 ff.
Eigenhaftung des Beamten 228 ff.
Einzelpersonengesetz 137
Einzelprojekt-Gesetz 138
Einvernehmen 793 ff.
Empfehlung, behördliche 927 ff.
EMRK 280
Enteignungsgleicher Eingriff 311 ff.
Entgangener Gewinn 343
Entgeltfortzahlung 199
Entschädigung 264, 342 ff.
Entscheidungszeitpunkt, maßgeblicher 589 ff.
Erfolgshonorar 501
Erlöschen von Ansprüchen 341, 368
Ermessen 82 ff.
Ermittlungsverfahren, strafrechtliches 1153
Erstattungsanspruch 446 ff.
Europäische Zentralbank (EZB) 1531

Europäische Union (EU), Vertragliche Haftung der 1346 ff.
Europäische Union (EU), Amtshaftung der 1313 ff.
Europäisches Gericht (EuG) 1352 ff.
Europarecht 28 ff., 1252 ff.

Fahrlässigkeit 150 ff.
Faktische Bausperre 690
Finanzdienstleistungsaufsicht 1086 ff.
Finanzmarktkrise 1090
Flächennutzungsplan 694, 704
Folgenbeseitigung 402 ff.
Folgenentschädigungsanspruch 427a f.
Fortsetzungsfeststellungsklage 471 ff., 1145
Freie Berufe 1120
Freiwillige Gerichtsbarkeit 1155 f.
Funktions- und Zwecktheorie (Notarhaftung) 1524
Fürsorgepflicht 1408

Gaststättenrecht 1099 ff.
Gebührenbeamte 232
Gefährdungshaftung 188, 273, 277 ff.
Geldersatz 256, 402, 425 ff.
Gemeinderatsmitglieder, Verschulden der 746 ff.
Gemeindliches Einvernehmen 793 ff.
Genehmigungsfreie Bauvorhaben 811 ff.
Geräte- und Produktsicherheitsgesetz 923
Gericht der Europäischen Union (EuG) 1352 ff.
Geschäftsführung ohne Auftrag 376, 395 ff.
Gesunde Wohn- und Arbeitsverhältnisse 713 ff.
Gewährleistungsausschluss (Altlastengrundstück) 740
Gewerberecht 1093 ff.
Grundrechtsverletzung 108, 403, 411

Hafen 863
Haftungsausschluss gem. § 839 Abs. 3 BGB 209 ff.
Haftungsbeschränkungen 194 ff., 381 ff., 426
Haftungsprivilegierung 47, 194 f.
Haftungsüberleitung, Ausschluss der 228 ff.
Haftvollzug 1214a ff.
Handwerksrecht 1115 ff.
Hauptverhandlung 1154
Hinreichend qualifizierter Verstoß 1261 ff.
Hinweis, behördlicher 928
Hoheitlicher Tätigkeitsbereich 63 ff.
Hoheitlicher Eingriff 465
Höhere Gewalt (Straßenverkehr) 672

Immissionen 348, 404
Informationsbereitstellung 931 ff.
Informationstätigkeit, staatliche 916 ff.

IuK-Technologie 1036 ff.
Judikatives Unrecht (Verstoß gegen Unionsrecht) 1277 ff.

Kausalität 167 ff.,
Kfz-Fahrten 70 ff.
Klageanträge 573 ff.
Klageverfahren n. NATO-Truppenstatut 1248 ff.
Kollegialgericht 159, 1179 ff.
Kollegialorgane 1424
Kommunalaufsicht 1215c, 1215g
Kommunalwirtschaftliche Betätigung 1216 ff.
Konkurrentenstreit 401 ff.
Konkurrenzen 271a, 306, 349, 371, 430
Kostenrisiko 497 ff.

Legislatives Unterlassen 142 ff.
Legislatives Unrecht 142 ff., 1267 ff.
Leistungsfähigkeit des Verkehrssicherungspflichtigen 871 ff.

Mahnverfahren 518
Mitverschulden 1413
Musterverfahren 515

NATO-Truppen 1220 ff.
Naturalrestitution 258
Negatives Tatbestandsmerkmal 180 ff.
Nichtumsetzung einer Richtlinie 1271 ff.
Normatives Unrecht 142 ff., 1267 ff.
Normenkontrollverfahren 583
Notar, Amtspflichten des 1457 ff.
Notarassessor 1543, 1589
Notarhaftung, Subsidiarität der 1549 ff.
Notarhaftung 1441 ff.
Notarhaftung für Hilfspersonen 544 ff.
Notariatsverfassungen 1446 ff.
Notarvertreter 1589
Notarverwalter 1589

Objektivierung des Verschuldens 153 ff.
Öffentlich-rechtliche Benutzungsverhältnisse 397 ff.
Öffentlich-rechtliche Geschäftsführung ohne Auftrag 395 ff.
Öffentlich-rechtliche Forderungsverletzung 377 ff.
Öffentlich-rechtlicher Folgenbeseitigungsanspruch 402 ff.
Öffentlich-rechtlicher Erstattungsanspruch 446 ff.
Öffentliches Informationsrecht 914 ff.
Öffentlich-rechtlicher Vertrag 391
Öffentlich-rechtliche Verwahrung 392
Öffentliches Amt 51 ff., 63 ff.
Organisationsverschulden 48, 153, 155
Örtliche Zuständigkeit 554

Passivlegitimation 556 ff., 891
Planerhaltung 704 ff.
Primärrechtsschutz 465 ff.
Primärrechtsschutz, Vorrang des 209 ff.
Produktinformation 1002 ff.
Produktsicherheitsgesetz 958 ff.
Prozessfinanzierer 503 ff.
Prozesskostenhilfe 499ff.
Prozessvergleich 1159 ff.
Prüfungspflicht bei Altlasten 723
Prüfungsverfahren 150

Rasche Entscheidung, Amtspflicht zur 85 f., 1150 ff.
Räum- und Streupflicht 901 ff.
Realakt 67, 320 f., 461 ff., 1090 f., 1329
Rechtmäßiges Alternativverhalten 173, 1322
Rechtsanwendung, fehlerhafte 156 ff.
Rechtsaufsicht 128 ff.
Rechtsmittel, schuldhafter Nichtgebrauch 213 ff., 375
Rechtsschutzversicherung 498
Rechtsweg 523 ff.
Regressanspruch gegen Beamte 1397 ff.
Reichsbeamtenhaftungsgesetz 232 ff.
Richterliches Handeln 1147 ff.
Richterliche Unabhängigkeit 1148
Richterspruchprivileg 200, 1285
Rückgriff 1397 ff.
Rückwirkung 30a

Sachliche Zuständigkeit des LG 550 ff.
Sachverständiger, Haftung des gerichtlichen 1188 ff.
Satzungen 141
Schadensersatzanspruch 256 ff.
Schlichtungsverfahren 495
Schmerzensgeldanspruch 188, 263, 1183
Schutzzweck 110 ff., 174
Sonderopfer 360 ff.
Sorgfaltsmaßstab 153 ff.
Sozialrechtlicher Herstellungsanspruch 436 ff.
Sperrzeit 1112
Spruchrichterprivileg
  s. Richterspruchprivileg
Staatsanwaltschaft 1165 ff.
Staatshaftungsgesetz (DDR) 282 ff.
Steuerberaterkosten 1138 ff.
Steuererhebung 1129
Steuergesetzgebung 1123
Steuerstrafverfahren 1132
Steuerveranlagung 1126 ff.
Strafverfahren 1152 ff.
Straßenverkehr 72, 194 f.
Straßenverkehrsregelungspflicht 861
Straßenverkehrssicherungspflicht 847 ff.
Streitkräfte 1219 ff.

Streitverkündung 488
Streitwert 505, 550
Streu- und Räumpflicht 858 ff.
Stufenplan 979, 1001
Subsidiaritätsklausel (§ 839 Abs. 1 Satz 2 BGB) 47, 175, 191 ff.

Tatsächliche Vermutung (Schaden) 609, 623, 659
Teilklage 510
Tenorierung 573 ff.
Truppenschäden 1217a ff.

Überlange Gerichtsverfahren 1214d ff.
Unionsrechtliche Staatshaftung 1254 ff.
Unterbringung 1200 ff.
Unterlassen 209, 322
Urkundenprozess 520
UVP-Richtlinie 1275

Verfahrensvorschriften 79
Vergaberecht 1215l ff.
Verhältnismäßigkeitsgrundsatz 84, 970a, 972, 982, 1131, 1171
Verjährung 239, 338, 367, 428
Verkehrssicherungspflicht 833 ff.
Verlässlichkeitsgrundlage 738
Verschulden 48, 144, 265, 275, 280, 298, 331, 365, 381, 404, 440
Versicherungsaufsicht 133
Verstoß gg. Unionsrecht, hinreichend qualifizierter 1261 ff.
Vertragsbeziehungen 34 f., 374 ff., 391, 1215a ff.
Vertragliche Haftung der EU 1346 ff.
Vertrauenstatbestand s. Verlässlichkeitsgrundlage
Verwahrungstätigkeit des Notars 1505 ff.
Verwaltungshelfer 57, 1433 ff.
Verwaltungsrechtliche Schuldverhältnisse 374 ff.
Verzögerung (Baugenehmigung) 802 ff.
Verzögerungsrüge 1214i
Vollstreckung 1130
Vorbescheid 767 ff.
Vorkaufsrecht 1215z
Vorverfahren 490 ff., 1142 ff.
Vorteilsausgleichung 259

Warnung, behördliche 969 ff.
Wasserstraßen 863
Wirtschaftsaufsicht 1085 ff.

Zeitpunkt 589 ff.
Zeugenschaffung 514
Zeugnisverweigerung 682
Zulässigkeit der Amtshaftungsklage 521 ff.

Zumutbarkeit von Verkehrssicherungsmaßnahmen 865 ff.
Zurechnung 167 ff.
Zusage 89

Zuständigkeitsgemäßes Handeln, Amtspflicht zu 77 f.
Zuverlässigkeitsprüfung des Gastwirts 1100 ff.
Zwangsversteigerungsverfahren 1155 ff.